WPS Office

办公应用项目化教程

■ 主　编　陈柏林　李雅男

■ 副主编　王彦超　罗雨滋

北京希望电子出版社
Beijing Hope Electronic Press
www.bhp.com.cn

内容简介

本书以理论知识的阐述为主线，辅以众多的应用案例讲解，对 WPS Office 2019 个人版软件进行了全面介绍。根据软件功能，本书分为 WPS 文字、WPS 表格、WPS 演示和 WPS 协同应用 4 篇；根据知识点，本书共划分了 13 个项目，分别讲解了文档的创建与编辑、文档的图文混排、长文档的高级编排、表格的创建与处理、公式与函数的使用、数据的管理与分析、数据的直观化展示、工作表的打印与保护、幻灯片的创建与编辑、动画和超链接的添加、幻灯片的放映与输出、利用 WPS 协同办公、WPS 其他组件的使用等内容。

本书结构合理，图文并茂，易教易学，适合作为 WPS 办公软件应用相关课程的教材，也可作为职场人士学习办公软件应用技能的专业用书。

图书在版编目（C I P）数据

WPS Office 办公应用项目化教程 / 陈柏林, 李雅男主编. -- 北京 ：北京希望电子出版社, 2022.8（2025.7 重印）.

ISBN 978-7-83002-843-5

Ⅰ. ①W… Ⅱ. ①陈… ②李… Ⅲ. ①办公自动化－应用软件－教材 Ⅳ. ①TP317.1

中国版本图书馆 CIP 数据核字(2022)第 154597 号

出版：北京希望电子出版社
地址：北京市海淀区中关村大街 22 号
中科大厦 A 座 10 层
邮编：100190
网址：www.bhp.com.cn
电话：010-82620818（总机）转发行部
010-82626237（邮购）
传真：010-62543892
经销：各地新华书店

封面：张瑞阳
编辑：周卓琳
校对：石文涛
开本：787mm×1092mm 1/16
印张：18.75
字数：445 千字
印刷：三河市骏杰印刷有限公司
版次：2025 年 7 月 1 版 6 次印刷

定价：59.90 元

前　言
PREFACE

WPS Office是由金山公司推出的一款办公软件，它可以帮助人们制作各类办公文档，例如，通知信函、项目汇报、求职简历、行政财务的各项报表、销售数据分析等。与其他办公软件相比，它具有内存占用率低、运行速度快、提供各类文件模板、与微软Office全面兼容等优势，在职场中很受欢迎。

本书针对初、中级读者的学习特点，以理论知识结合实操案例为写作思路，循序渐进地对WPS Office软件的知识点进行了全面的解析。

写 / 作 / 特 / 色

1．一步一图，语言描述轻松易懂

非常适合追求高效卓越、崇尚学以致用的学生和企事业单位的办公人员使用。

2．理论结合实操，更贴近职场需求

本书以普及基础知识为主，并结合职场中的真实案例，让读者在掌握理论知识的基础上，轻松制作出专业与美观并举的文档。

3．知识拓展，帮助读者举一反三

正文穿插了大量“提示”和“注意事项”栏目内容，旨在让读者在本书中掌握更多的操作技巧。

4．上手练习，检测学习成果

每个项目的最后都安排了实战演练和课后作业两个部分，让读者对所学知识进行巩固并自我检测，以便强化薄弱之处。

课 / 时 / 安 / 排

全书共13个项目，分为4篇，各篇内容概述如下：

篇	章节	内容概述
WPS 文字篇	项目1～3	讲解了 WPS 文字的创建、保存、编辑、排版、各种元素的应用、审阅、修订以及文档的批量制作等操作
WPS 表格篇	项目4～8	讲解了 WPS 表格的创建与编辑、数据的输入技巧、表格的处理、数据的分析、公式与函数的应用、图表的创建和编辑，以及工作表的打印与保护等操作
WPS 演示篇	项目9～11	讲解了 WPS 演示的基本操作、母版的设计、各类元素的选择及应用、动画及页面切换效果的设计、幻灯片的放映和输出等操作
WPS 协同应用篇	项目12～13	主要讲解了三大组件的协同办公，以及脑图、PDF 组件等操作

本书由陈柏林和李雅男担任主编，由王彦超和罗雨滋担任副主编。

本书在编写过程中力求严谨细致，但由于水平有限，疏漏之处在所难免，望广大读者批评指正。

编　者

2022年5月

目 录
CONTENTS

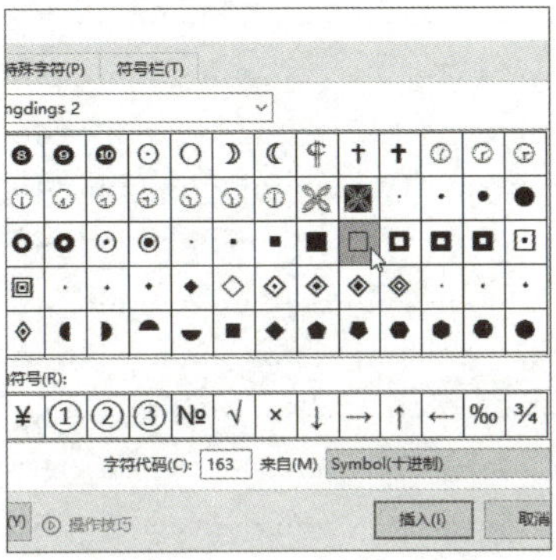

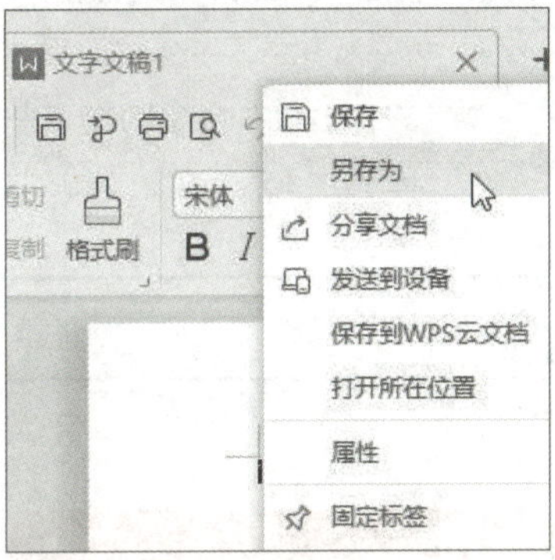

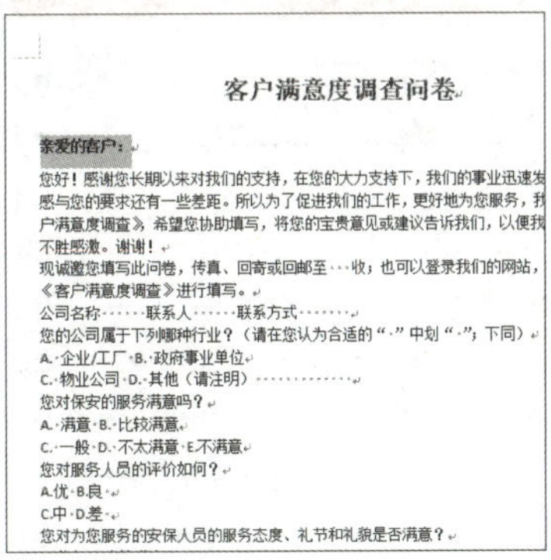

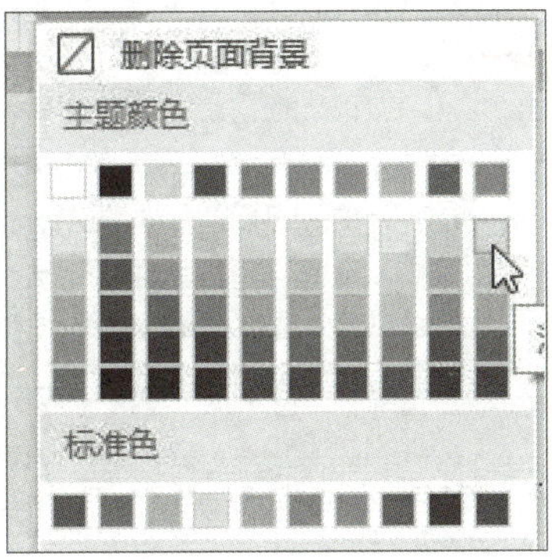

WPS 文字篇

项目1 文档的创建与编辑

项目2 文档的图文混排

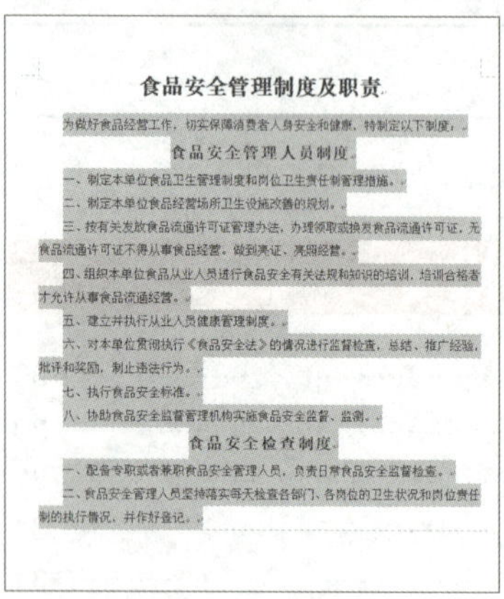

食品安全管理制度及职责

为做好食品经营工作，切实保障消费者人身安全和健康，特制定以下制度：

食品安全管理人员制度

一、制定本单位食品卫生管理制度和岗位卫生责任制管理措施。

二、制定本单位食品经营场所卫生设施改善的规划。

三、按有关发放食品流通许可证管理办法，办理领取或换发食品流通许可证，无食品流通许可证不得从事食品经营，做到亮证、亮照经营。

四、组织本单位食品从业人员进行食品安全有关法规和知识的培训，培训合格者才允许从事食品流通经营。

五、建立并执行从业人员健康管理制度。

六、对本单位贯彻执行《食品安全法》的情况进行监督检查，总结、推广经验，批评和奖励，制止违法行为。

七、执行食品安全标准。

八、协助食品安全监督管理机构实施食品安全监督、监测。

食品安全检查制度

一、配备专职或者兼职食品安全管理人员，负责日常食品安全监督检查。

二、食品安全管理人员坚持落实每天检查各部门、各岗位的卫生状况和岗位责任制的执行情况，并作好登记。

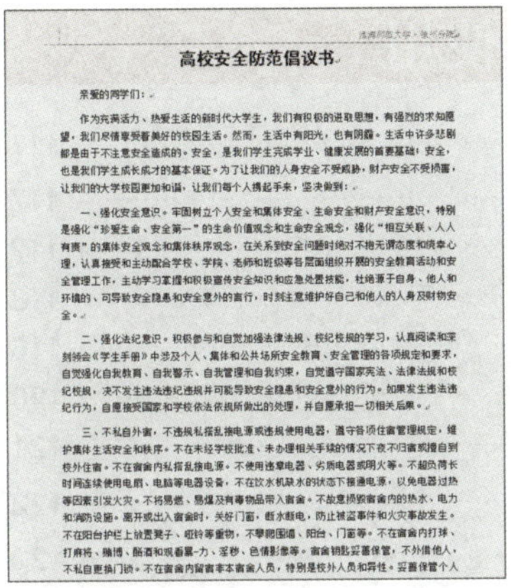
高校安全防范倡议书

WPS 表格篇

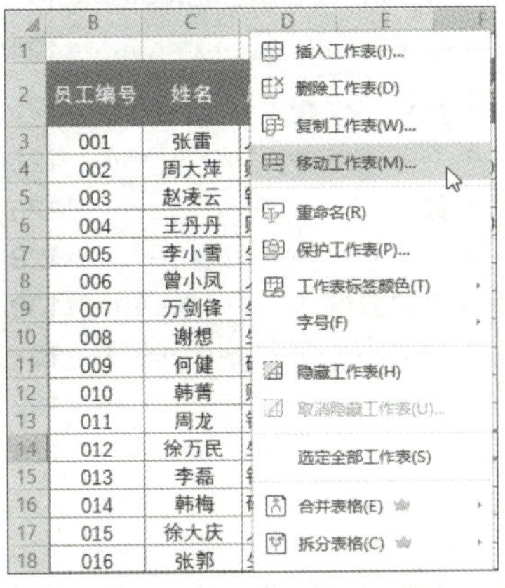

员工编号	姓名
001	张雷
002	周大萍
003	赵凌云
004	王丹丹
005	李小雪
006	曾小凤
007	万剑锋
008	谢想
009	何健
010	韩菁
011	周龙
012	徐万民
013	李磊
014	韩梅
015	徐大庆
016	张郭

项目4 表格的创建与处理

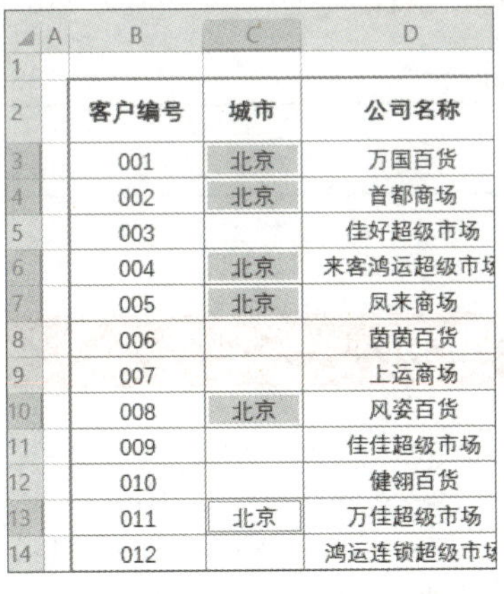

客户编号	城市	公司名称
001	北京	万国百货
002	北京	首都商场
003		佳好超级市场
004	北京	来客鸿运超级市场
005	北京	凤来商场
006		茵茵百货
007		上运商场
008	北京	风姿百货
009		佳佳超级市场
010		健翎百货
011	北京	万佳超级市场
012		鸿运连锁超级市场

姓名	性别	身份证号
盛玉兆	男	32********07230113
李思禾	女	32********11201150
李景昌	男	32********02101553
孙志丛	男	32********05160147
王春雷	男	32********11025877
张静	女	32********05191208
郭子瑞	男	32********07021451
王甜	女	32********06150354
姜清清	女	32********07192678
苏齐胜	男	32********80425363
李红霞	女	32********10915272
邱帧	男	32********71204363
范容生	男	32********01125027
李昌玉	男	32********30527273

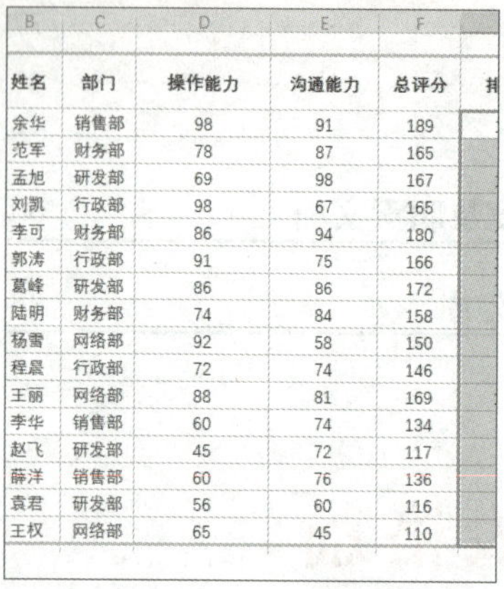

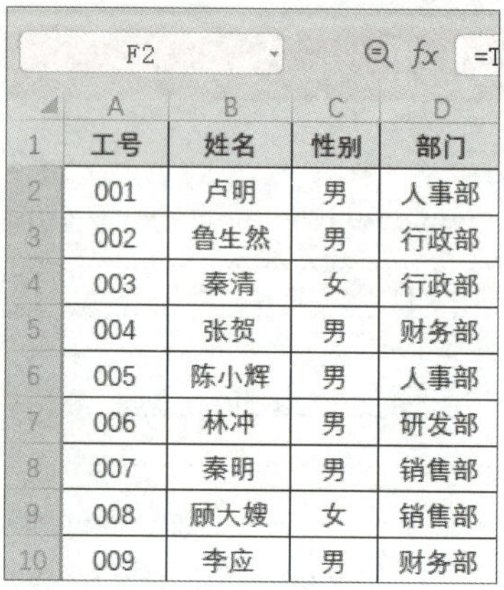

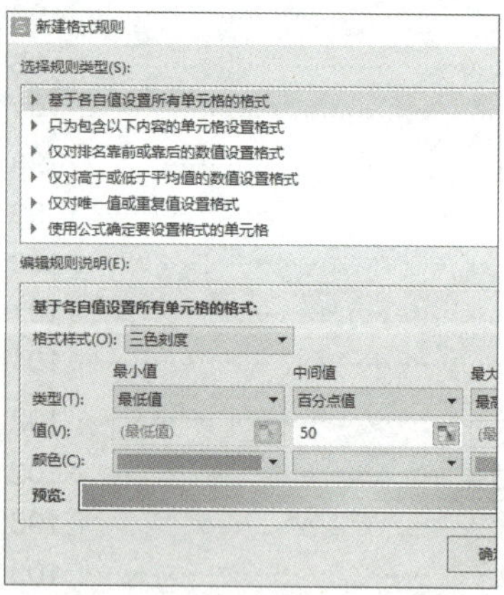

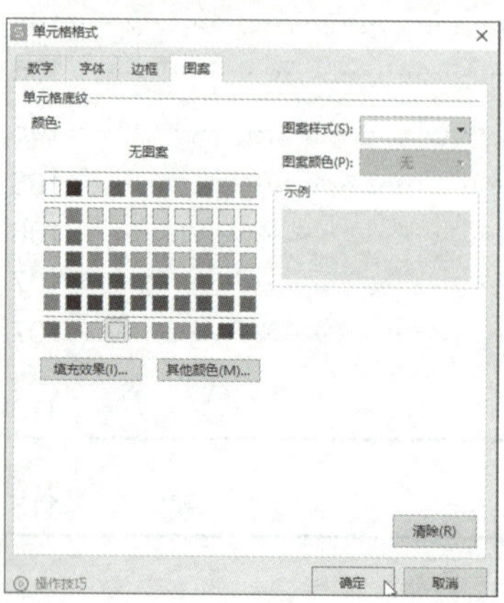

项目5 公式与函数的使用

项目6 数据的管理与分析

F	G	H
退货数量	退款金额	销售总额
1	¥118	¥54,398.00
3	¥354	¥49,796.00
1	¥118	¥48,262.00
3	¥285	¥44,175.00
1	¥104	¥43,160.00
0	¥0	¥42,845.00
0	¥0	¥40,375.00
1	¥95	¥39,805.00
0	¥0	¥38,715.00
0	¥0	¥38,285.00

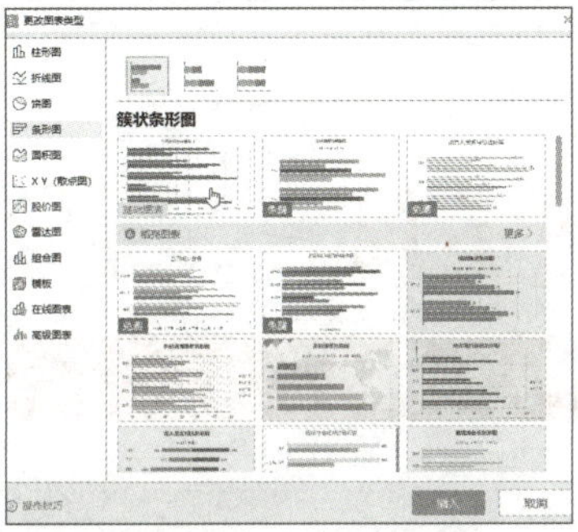

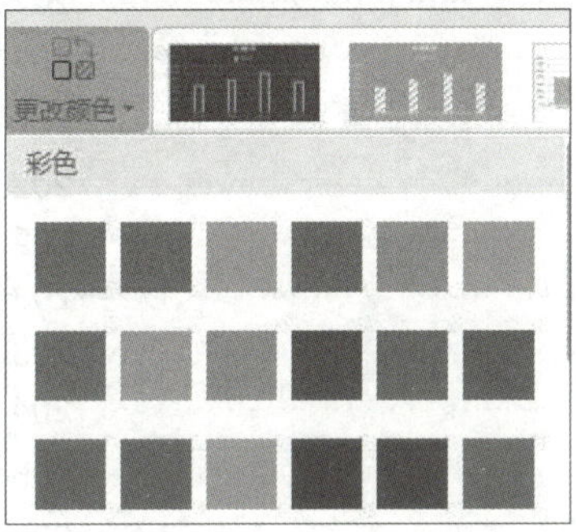

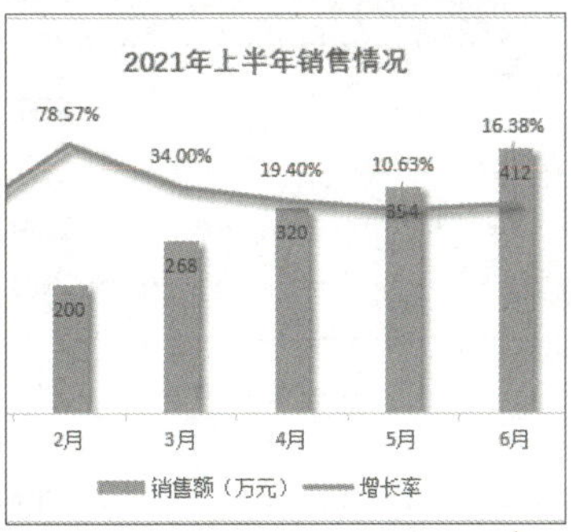

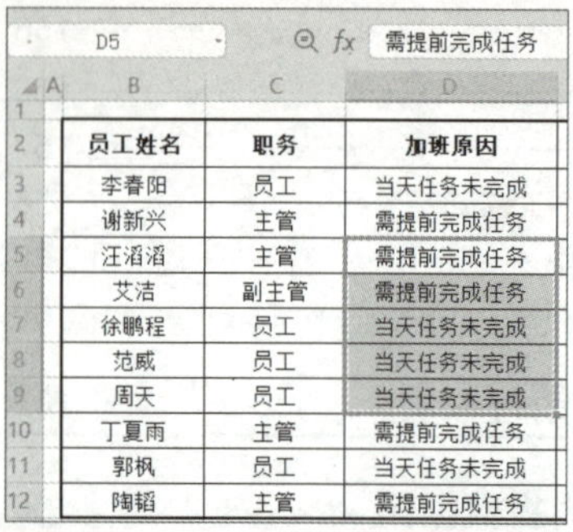

	B	C	D
2	员工姓名	职务	加班原因
3	李春阳	员工	当天任务未完成
4	谢新兴	主管	需提前完成任务
5	汪滔滔	主管	需提前完成任务
6	艾洁	副主管	需提前完成任务
7	徐鹏程	员工	当天任务未完成
8	范威	员工	当天任务未完成
9	周天	员工	当天任务未完成
10	丁夏雨	主管	需提前完成任务
11	郭枫	员工	当天任务未完成
12	陶韬	主管	需提前完成任务

WPS 演示篇

项目9 幻灯片的创建与编辑

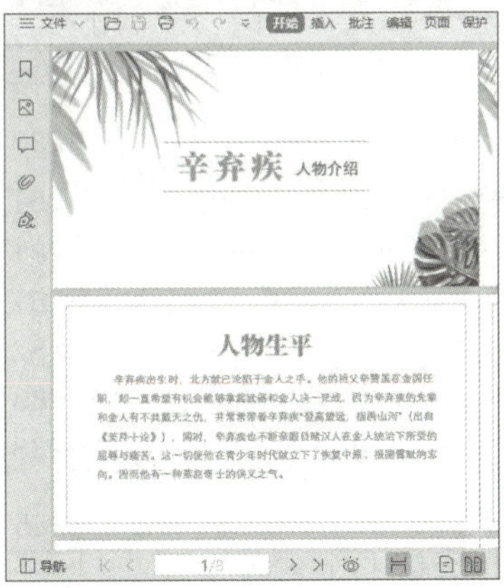

项目10 动画和超链接的添加

项目11 幻灯片的放映与输出

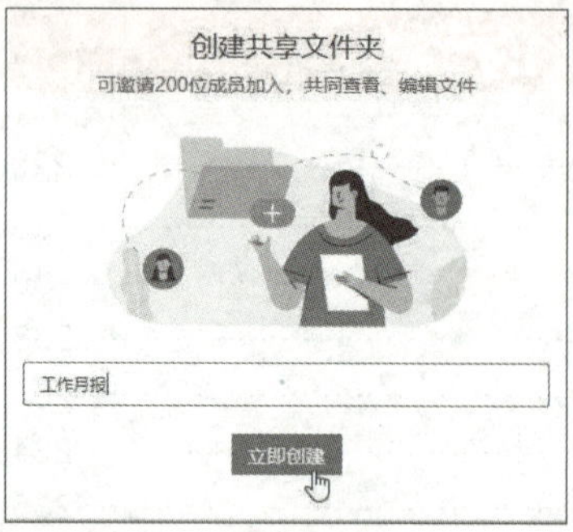

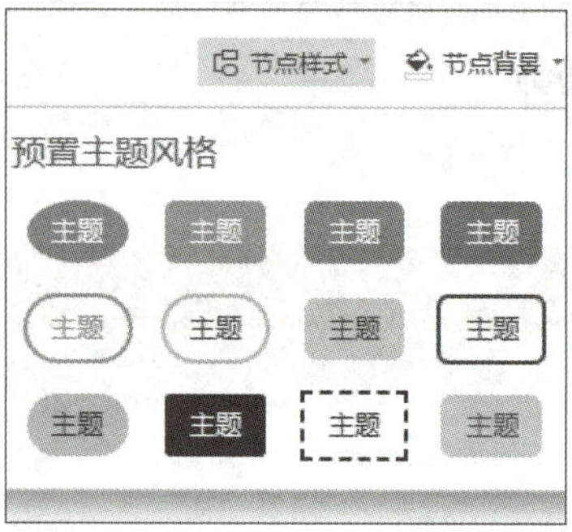

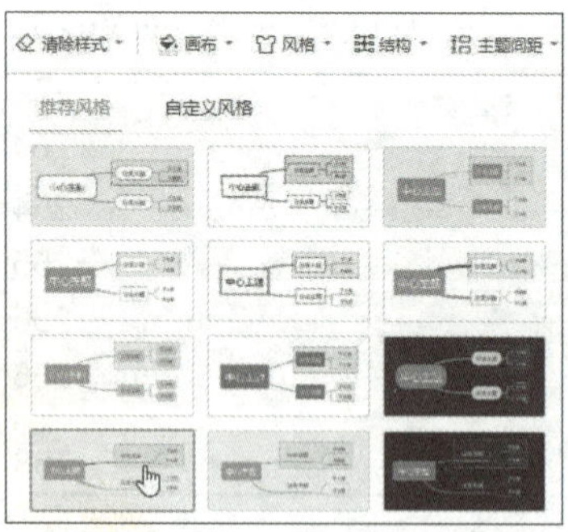

WPS 协同应用篇

项目12 利用WPS协同办公

项目13 WPS其他组件的使用

WPS 文字篇

WPS文字是金山WPS Office软件中的一款办公组件，它主要用于文档的编排。利用该软件可以制作出很多精美的文档，例如通知、商务信函、活动策划文案、各项规章制度文书、行政公文等。本篇将详细介绍WPS文档的创建、保存、编辑、打印以及保护等主要功能。

项目1

文档的创建与编辑

内容概要

本项目将介绍WPS文档的创建及编辑操作，其中包括文档的创建与保存、模板的使用、文档的输入、文本的编辑与格式的设置、文本的选择以及文档的打印与输出操作。创建与编辑文档是制作各类文档的首要步骤，因此要熟练地掌握该技能，为以后制作更复杂的文档奠定基础。

数字资源

【本项目素材来源】："素材文件\项目1"目录下

【本项目实战演练最终文件】："素材文件\项目1\实战演练"目录下

1.1 创建文档

制作文档之前需要创建空白文档，用户可以根据需要创建空白文档，或者使用系统自带的模板来创建文档。

■1.1.1 空白文档的创建与保存

启动WPS Office软件后可进入“首页”界面，单击“新建”选项卡方可进入“新建”界面，先选择“文字”选项卡，再单击“新建空白文档”选项，即可创建一份空白文档，如图1-1所示。

图 1-1

在制作文档的过程中，需要及时保存文档，以避免因计算机突然断电而产生的一些不必要的麻烦。首次按Ctrl+S组合键后，会打开“另存文件”对话框，在此设置好文件名及保存的路径，单击“保存”按钮即可，如图1-2所示。当后续按Ctrl+S组合键进行保存时，系统会自动覆盖原始文档。

如果用户想保留原始文档，同时想保存新的文档，可使用“另存为”功能进行操作。右击文档标题标签，在打开的列表中选择“另存为”选项，如图1-3所示。在“另存文件”对话框中对“文件名”重命名，单击“保存”按钮即可。

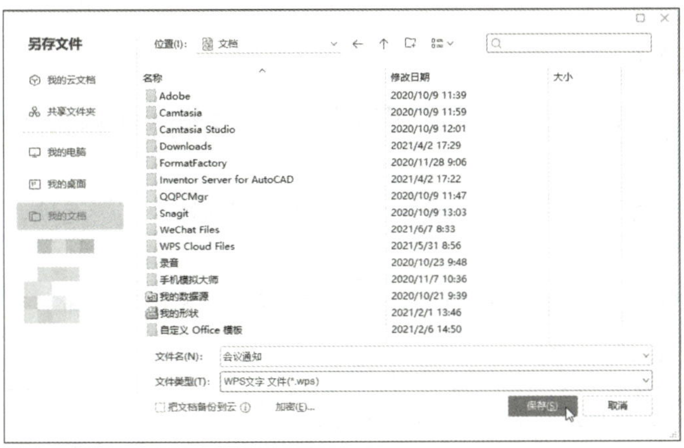

图 1-2

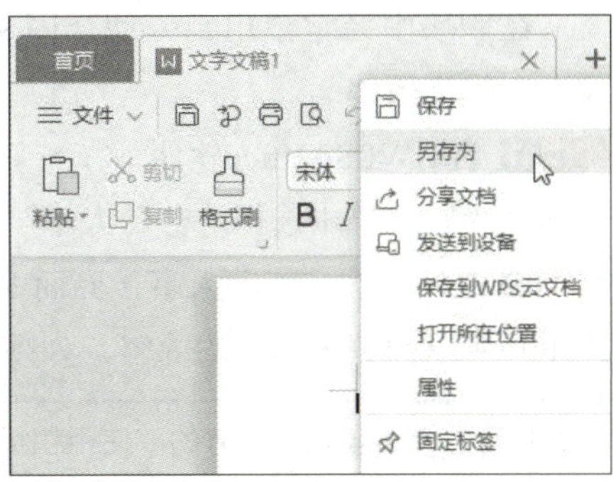

图 1-3

提示： 如果想将WPS文档与Office文档通用，在保存时需将“文件类型”设为“Microsoft Word文件（*.docx）”选项，如图1-4所示。

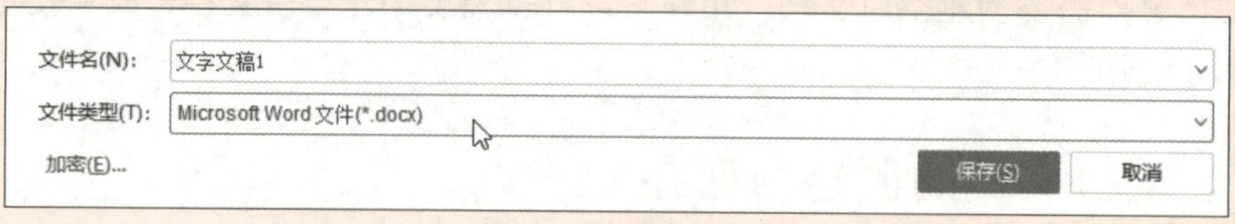

图 1-4

1.1.2 创建模板文档

利用模板可以快速创建一份精美的文档。WPS Office为用户提供了许多精美的联机模板，用户可以根据需要进行选择。在“新建”界面中根据需要在“品类专区”列表中选择文档类型，在打开的模板界面中选择一份所需的模板文档下载即可，如图1-5所示。

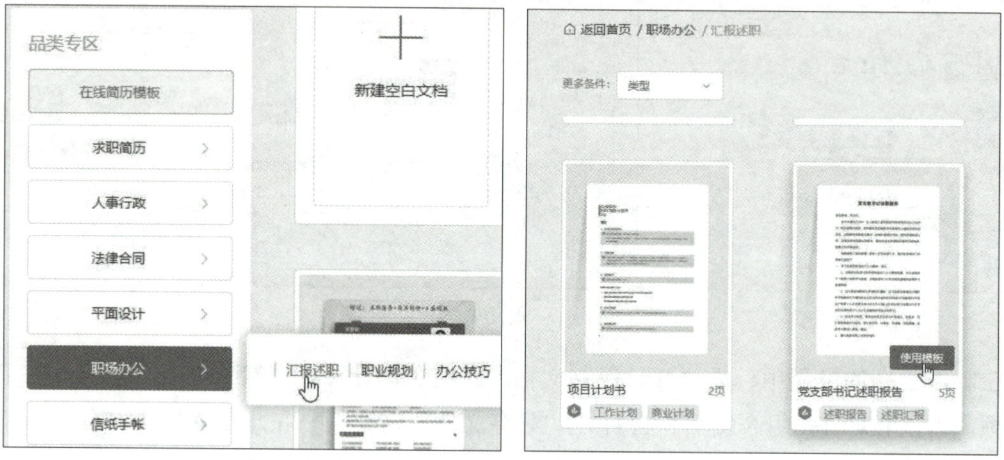

图 1-5

注意事项

在模板界面中，凡标有“免”字图标的模板文档，用户可免费下载使用；而标有“ ”图标的模板，用户需成为稻壳会员才可下载使用。

实例 创建“劳动合同模板”文档

在职场中经常会用到劳动合同文档，像这类文档，用户可以直接对照着相应的模板来制作，以提高效率。

步骤01 启动WPS Office软件，在“新建”界面的“品类专区”列表中选择“法律合同”选项，并在其级联菜单中选择“劳动人事”选项，如图1-6所示。

步骤02 在打开的“劳动人事”界面中选择一份劳动合同模板，单击该模板，进入预览界面，在此用户可以预览该模板的内容，如图1-7所示。

提示： 单击模板右下方的“使用模板”按钮可直接下载并打开该模板文档。

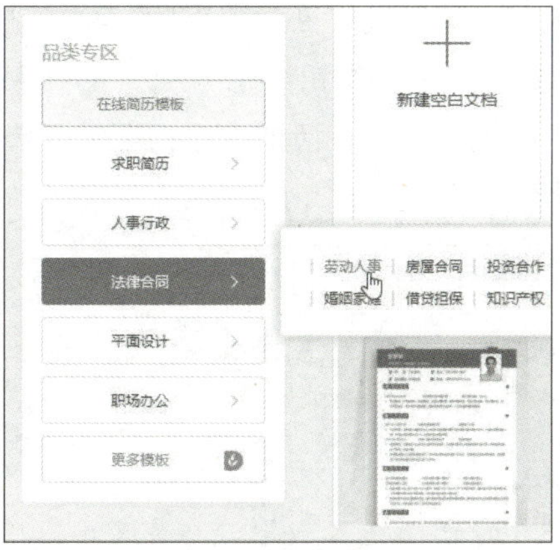

图 1-6

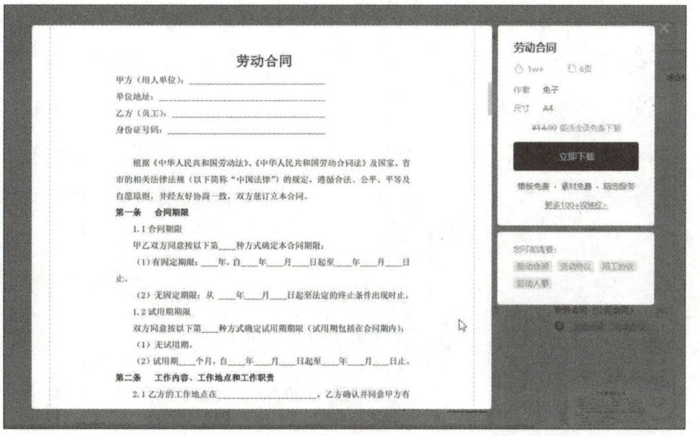

图 1-7

步骤03 确认该模板符合需求后，单击“立即下载”按钮，即可下载并打开该模板，如图1-8所示。

步骤04 修改合同内容后，执行另存为操作即可。

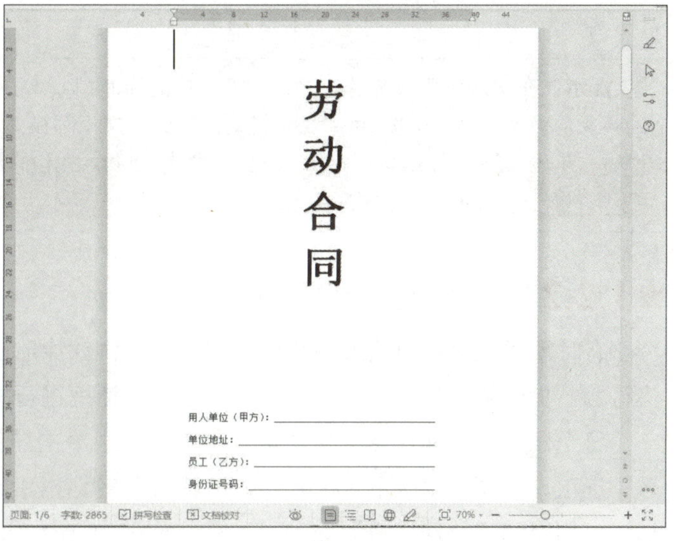

图 1-8

1.2 录入文本

文字输入的操作很简单，启动输入法即可输入。在输入过程中如果遇到一些特殊的文本内容，需要使用一定的输入技巧。

■1.2.1 中、英文的输入技巧

如果遇到中、英文混排的文档，在输入时可使用Shift键进行切换输入。例如当前输入法状态为中文状态，按Shift键后，输入法会变为英文状态，此时即可输入英文，如图1-9所示。

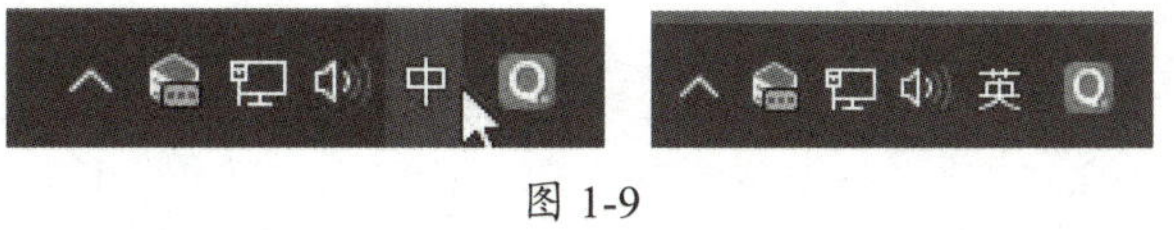

图 1-9

按Shift键后，输入的英文为小写，如果想将其更改为大写，可通过“更改大小写”功能进行操作。选中所需的英文，在“开始”选项卡中单击“拼音指南”右侧按钮，在打开的列表中选择“更改大小写”选项，如图1-10所示。在打开的“更改大小写”对话框中，根据需要选择切换的选项，完成后单击“确定”按钮即可，如图1-11所示。

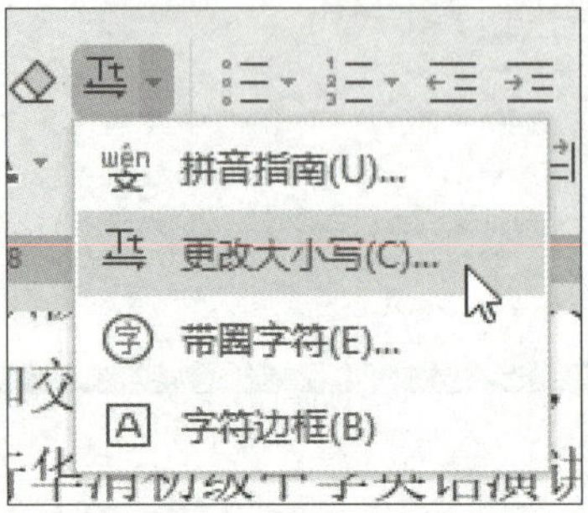

图 1-10

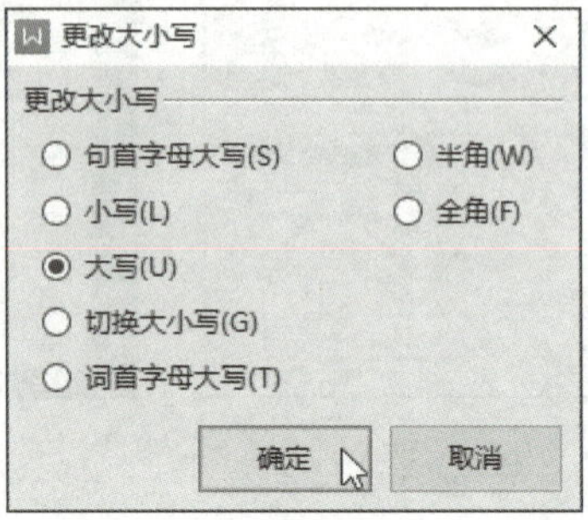

图 1-11

提示：在输入法为英文状态时，按键盘中的Caps Lock键可直接切换到英文大写模式，此时所输入的英文均为大写，再次按Caps Lock键则返回到英文小写模式。此外，选中所需英文，按1次Shift+F3组合键，可切换为“句首字母大写”模式；按2次Shift+F3组合键，可切换为“大写”模式；按3次Shift+F3组合键，可切换为“小写”模式。

1.2.2　特殊符号的输入

有时需要在文档中输入一些特殊的符号，例如注册商标®、版权所有©、各种字母符号、箭头符号、货币符号等。用户可通过“符号”对话框进行操作。

将光标定位至插入点，在“插入”选项卡中单击“符号”选项，在其列表中选择“其他符号”选项，如图1-12所示。在打开的“符号”对话框中选择所需符号即可。例如要插入注册符号，可切换到“特殊字符”选项卡，在其列表中选择“已注册”选项，单击“插入”按钮，即可将其插入文档中，如图1-13所示。

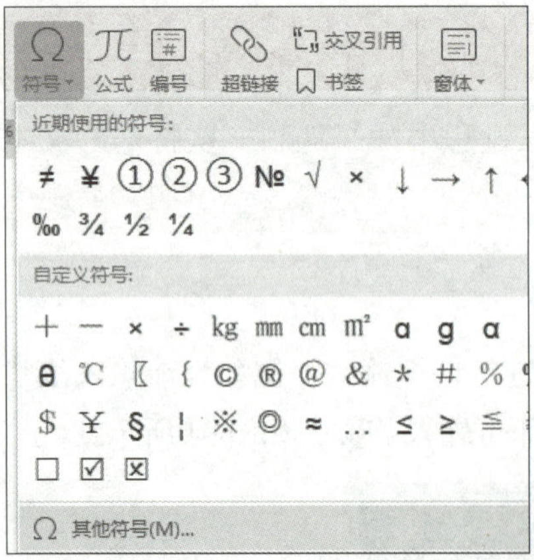

图 1-12

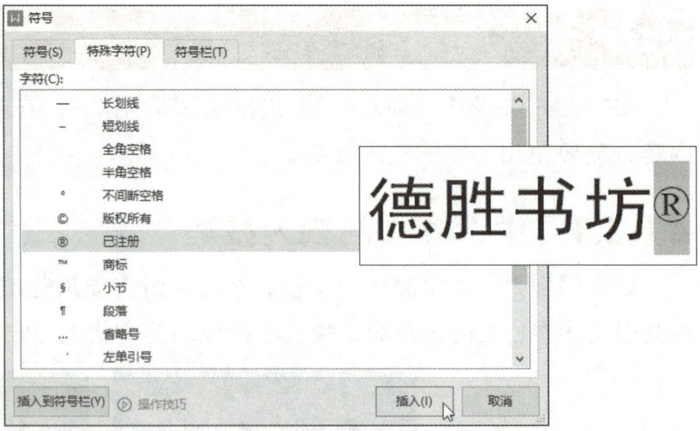

图 1-13

在“符号”对话框中通过设置“子集”选项，先指定好所需符号的类型，如图1-14所示，然后在符号列表中选择符号，将其插入即可。这样可节省查找时间，提高效率，如图1-15所示。

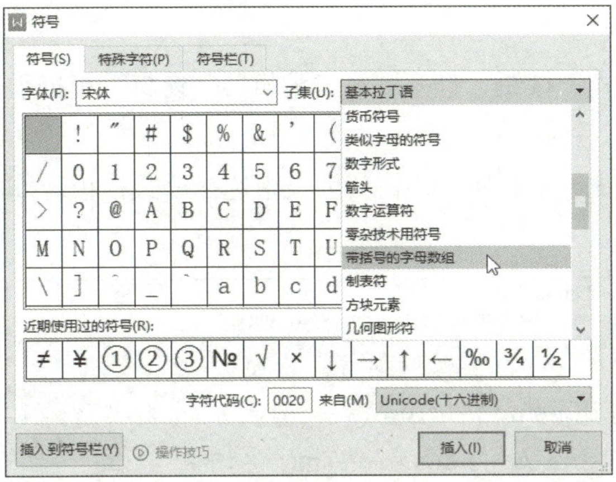

图 1-14

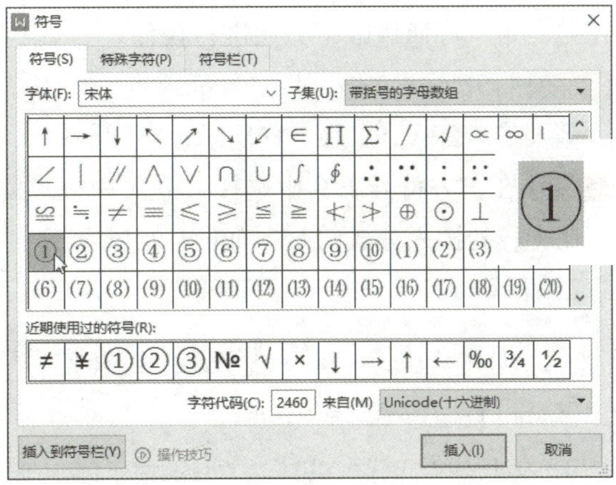

图 1-15

提示： 在“符号”对话框中单击“字体”下拉按钮，选择“Wingdings”“Wingdings 2”“Wingdings 3”选项，可快速插入各类小图标，如图1-16所示。

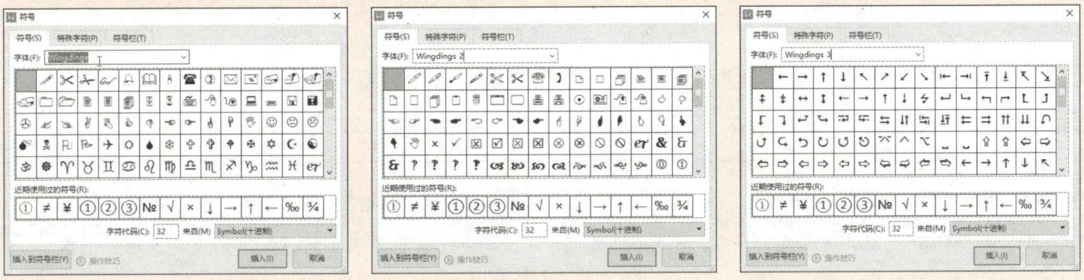

图 1-16

■1.2.3 复杂公式的输入

要在文档中输入一些较为复杂的数学公式，可通过插入“公式”命令来操作。在“插入”选项卡中单击“公式”按钮，在打开的“公式编辑器”窗口中结合各类数学符号输入公式即可，如图1-17所示。输入完成后单击菜单栏中的“文件”选项，在打开的列表中选择“退出并返回到文字文”选项即可完成公式的输入操作，如图1-18所示。

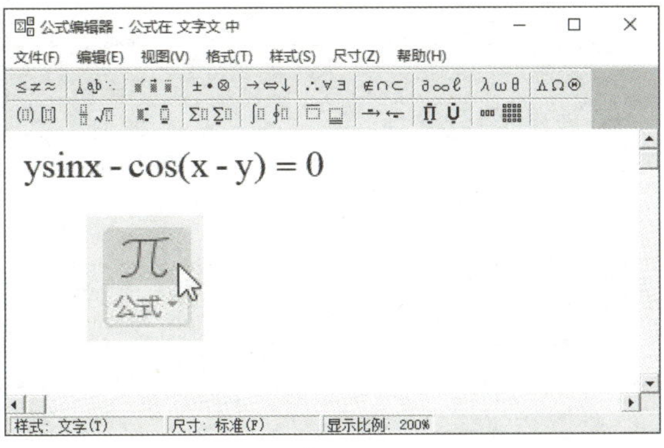

图 1-17

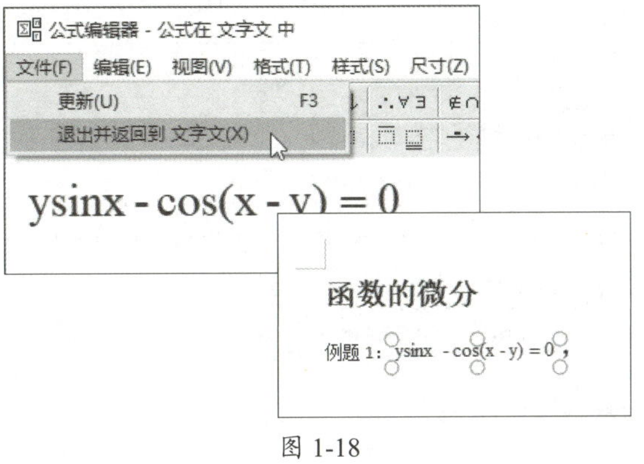

图 1-18

实例 在文档中输入数学公式

对于理科教师来说，在文档中输入各类公式是很常见的操作。如何能够既快又好地进行输入呢？用户可通过以下方法进行操作。

步骤 01 打开所需文档，指定好插入点，单击“公式”按钮，打开“公式编辑器”窗口，根据需求输入基本公式，如图1-19所示。

步骤 02 在上方符号工具中选择“分式和根式模板”工具，并在其列表中选择分式模板，即可在光标处插入分式符号，如图1-20所示。

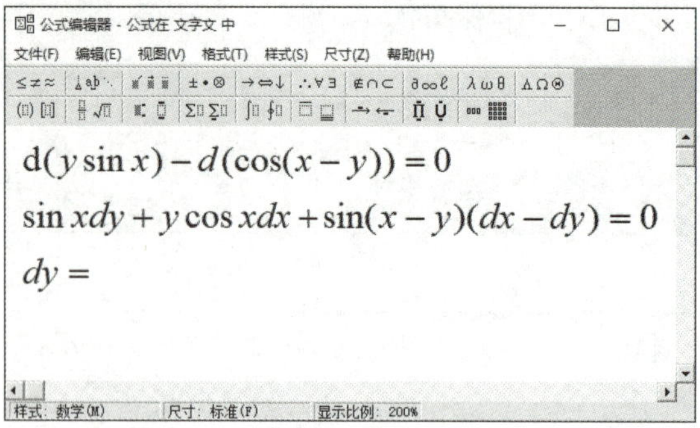

图 1-19

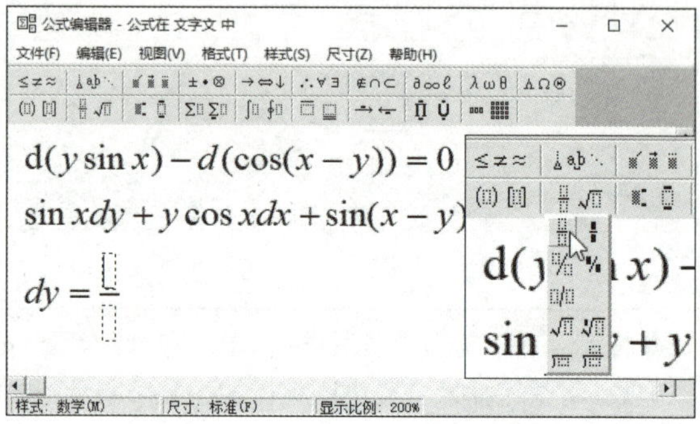

图 1-20

步骤 03 在插入的分式中，分别输入分子和分母的内容，如图1-21所示。

步骤 04 分式输入好后，将光标置于其他公式插入点，继续输入公式内容，如图1-22所示。

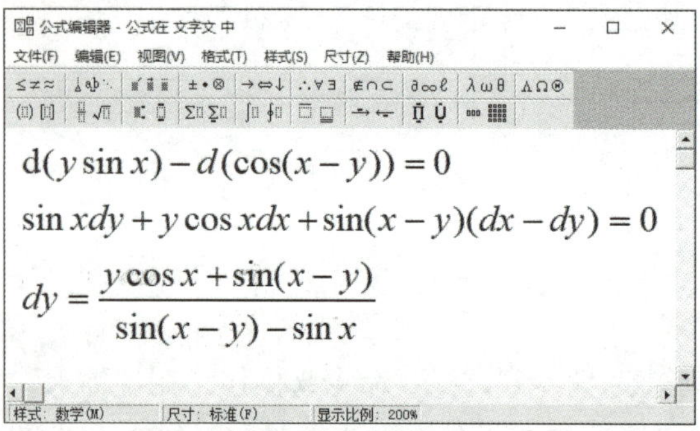

图 1-21

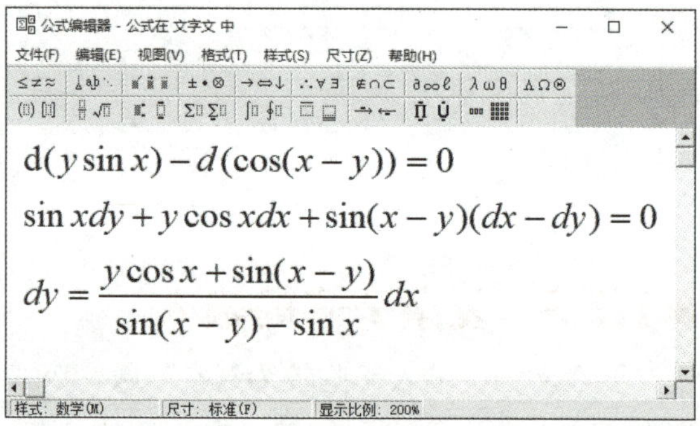

图 1-22

步骤 05 单击菜单栏中的“文件”选项，在其列表中选择“退出并返回到文字文”选项，此时所输入的公式将插入文档中，如图1-23所示。

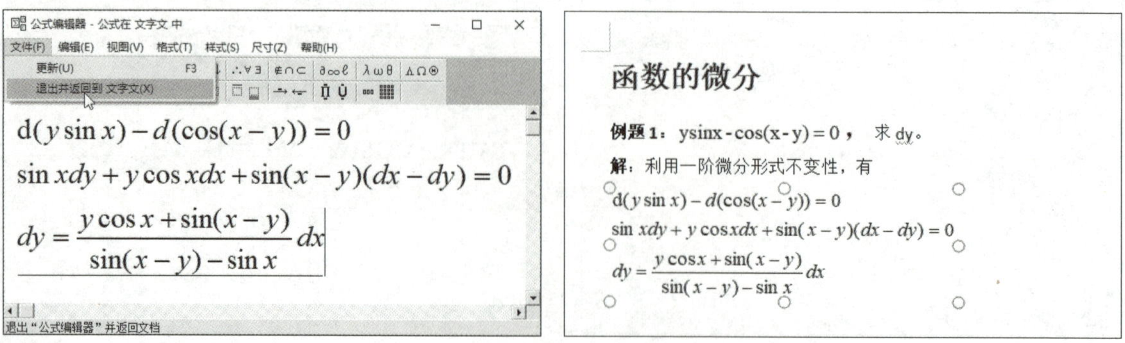

图 1-23

如果要对输入的公式内容进行修改，可双击该公式进入“公式编辑器”窗口，在此输入修改内容即可。

■1.2.4　日期和时间的快速输入

如果要输入当前的日期和时间，用户可通过系统自带的“日期和时间”命令进行操作。指定好插入点，在“插入”选项卡中单击“日期”选项，在打开的“日期和时间”对话框中，选择一款合适的日期格式，单击“确定”按钮，即可插入当前的日期或时间，如图1-24所示。

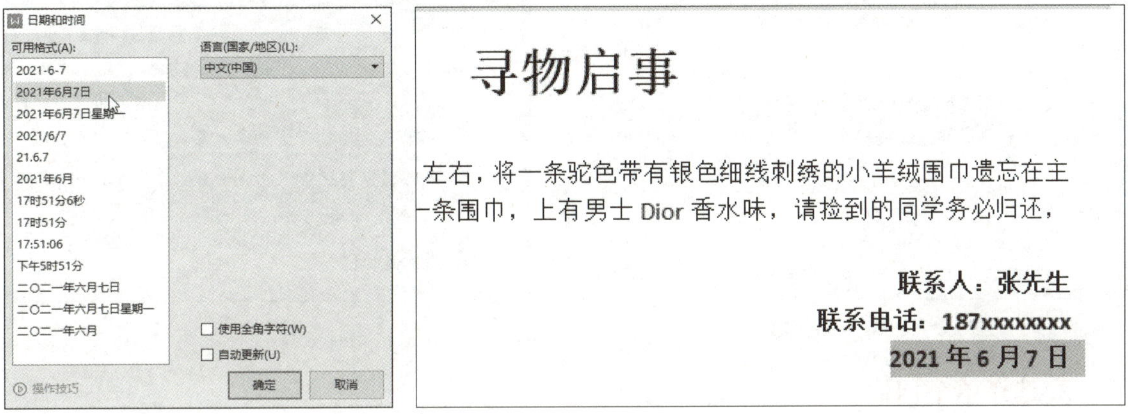

图 1-24

> **提示**：要想使插入的日期或时间能够实时更新，那么在“日期和时间”对话框中勾选“自动更新”复选框即可。

此外，用户在手动输入日期或时间内容时，系统会自动显示当前的日期或时间，按Enter键也能够快速输入，如图1-25所示。

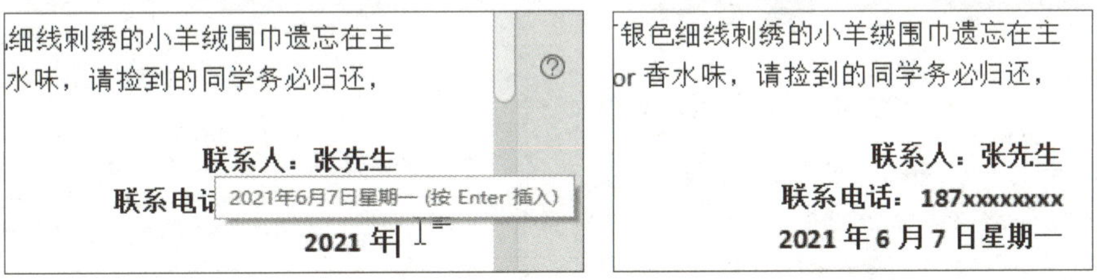

图 1-25

1.3　选择文本

要想对文档中的文本进行编辑，首先就要选择文本。下面介绍几种常见的选择方法。

■1.3.1　选择文本的基本方法

在文档中选择文本的操作有很多，例如选择连续的文本、选择单个词语、选择单行连续文本、选择整个段落或是全选文本内容等。

1. 选择连续的文本

将光标放置在文本起始位置，按住鼠标左键不放，拖动鼠标至文本结尾处，放开鼠标即可选中，如图1-26所示。

如果想要选择超长连续的文本，可结合Shift键进行操作。同样将光标放置在所需文本的起始位置，按住Shift键的同时，在指定文本结尾处单击鼠标即可选中，如图1-27所示。

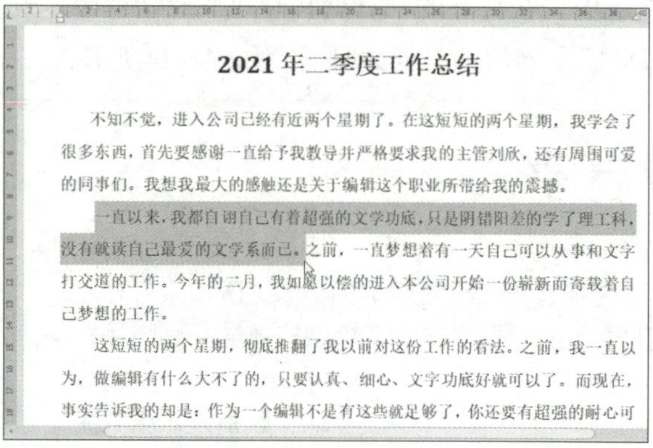

图 1-26

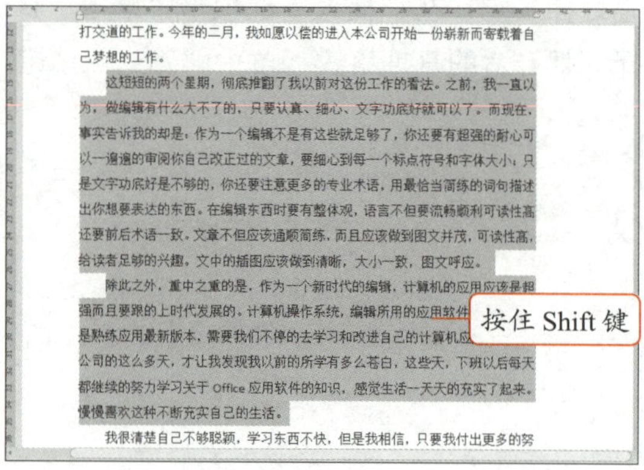

图 1-27

2. 选择单个词语

如果想要选择文档中的某词语，只需将光标放置在该词语的开始、中间或末尾处，双击鼠标，该词语将会选中，如图1-28所示。

3. 选择单行连续文本

要选择文档中的某一行连续的文本，只需将光标放置在该行文本左侧空白处，当光标呈箭头形状时，单击鼠标即可选中，如图1-29所示。

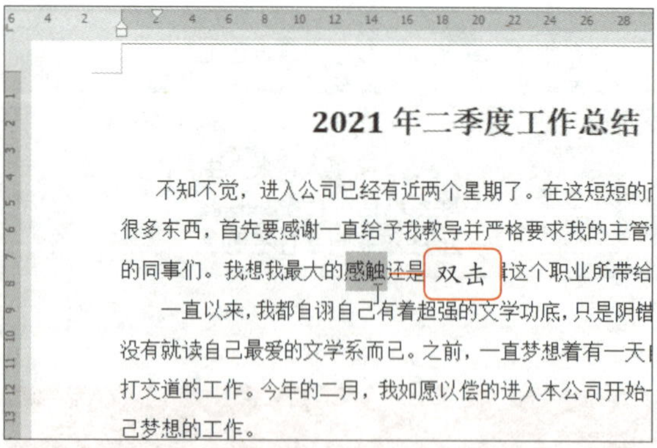

图 1-28

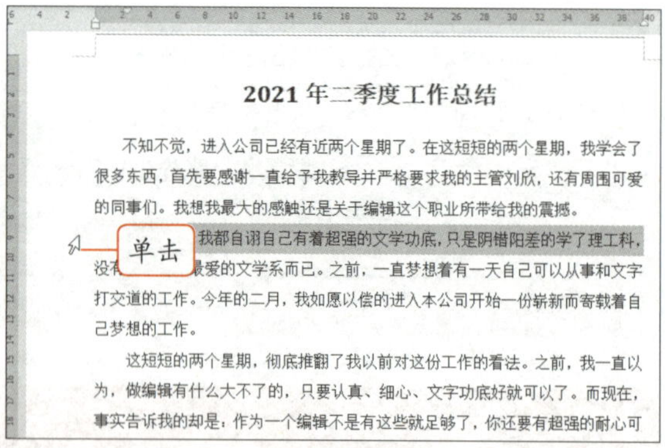

图 1-29

4. 选择整个段落

将光标放置在所需段落左侧空白处，双击鼠标即可选中对应的段落内容，如图1-30所示。

5. 全选文档内容

将光标放置文档左侧空白处，三击鼠标即可将文档全部选中，如图1-31所示。

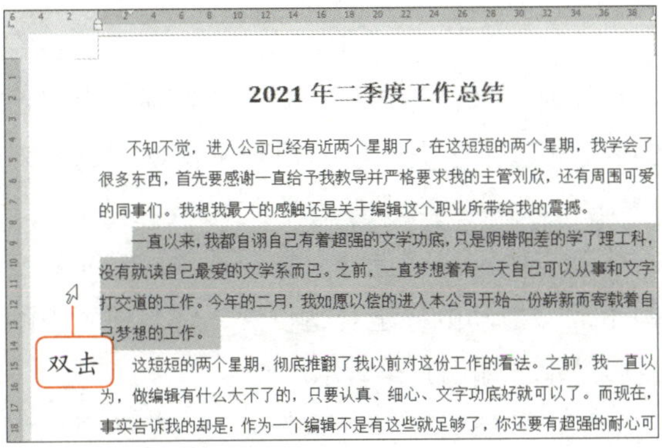

图 1-30

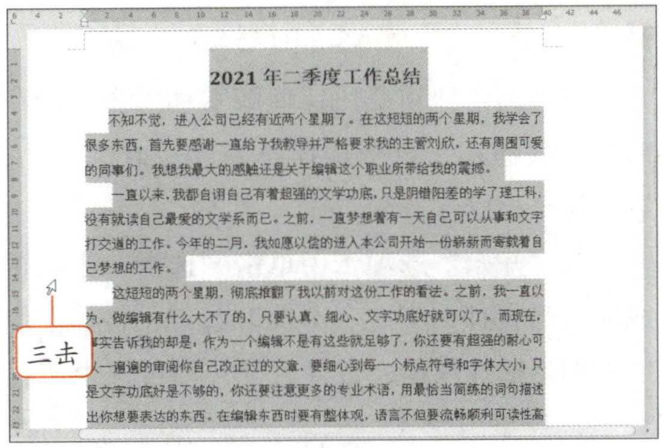

图 1-31

提示： 全选文档除了以上介绍的方法外，还可以用组合键来选择。将光标放置在文档任意位置，按Ctrl+A组合键即可全选文档。

1.3.2 选择多处不连续的文本

以上介绍的几种方法经常会使用到。而有时也会遇到一些特殊的情况，例如需要在文档中选择多处不连续的文本，此时可结合Ctrl键来选择。

先使用鼠标拖动的方法，选择一段文本内容，如图1-32所示。然后，按住Ctrl键不放，依次拖动鼠标选择其他所需文本内容，直到选择结束，放开Ctrl键便可选中多个不连续文本，如图1-33所示。

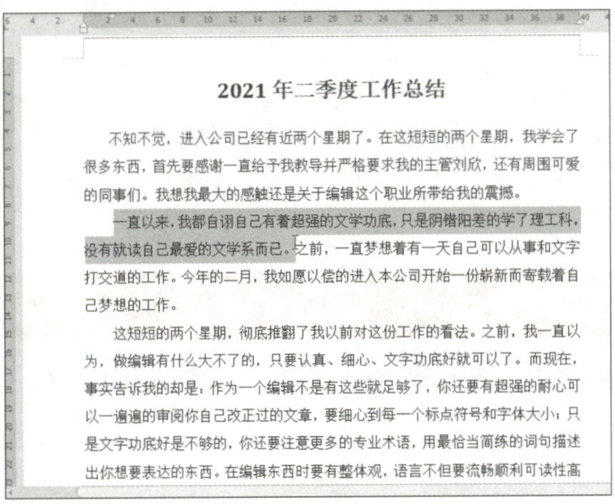

图 1-32

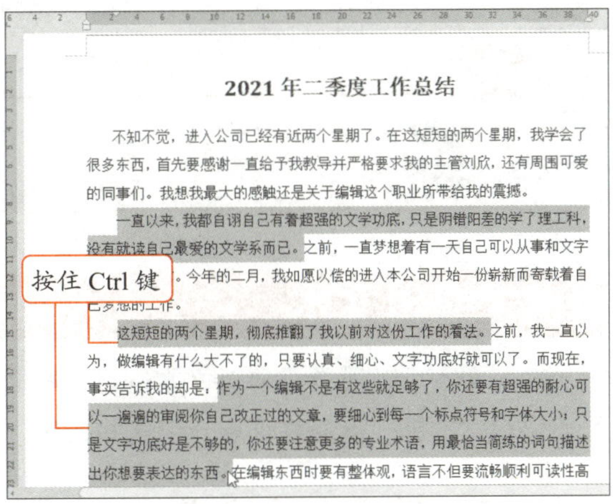

图 1-33

提示： 除了上述介绍选择文本的方法外，用户还可以使用以下方法来选择文本。

- 将光标定位在合适位置，然后按Shift+↑或者Shift+↓，即可向上或者向下选中一行。
- 将光标定位在合适位置，然后按Shift+←或者Shift+→，即可向左或者向右选中一个字符。
- 将光标定位在合适位置，然后按Ctrl+Shift+←或者Ctrl+Shift+→，即可选择光标所在处左侧或右侧的词语。
- 将光标定位在合适位置，然后按Ctrl+Shift+Home或者Ctrl+Shift+End，即可选择光标所在处至文档开始或者结束处的文本。

■1.3.3 快速选择图形对象

有时为了让观众快速理解文档内容，会在文档中添加一些注解内容。这类注解通常会以图形的方式插入，单个选择起来比较麻烦。如果想要批量选择这类注解，用户可借助“选择对象”命令来操作。

在“开始”选项卡中单击“选择”下拉按钮，从列表中选择“选择对象”选项，当光标变成箭头形状时，指定一个选取起点，按住鼠标左键不放，拖动鼠标至合适位置，将当前页中的所有图形框选在内，放开鼠标，即可选中所有的图形对象，如图1-34所示。

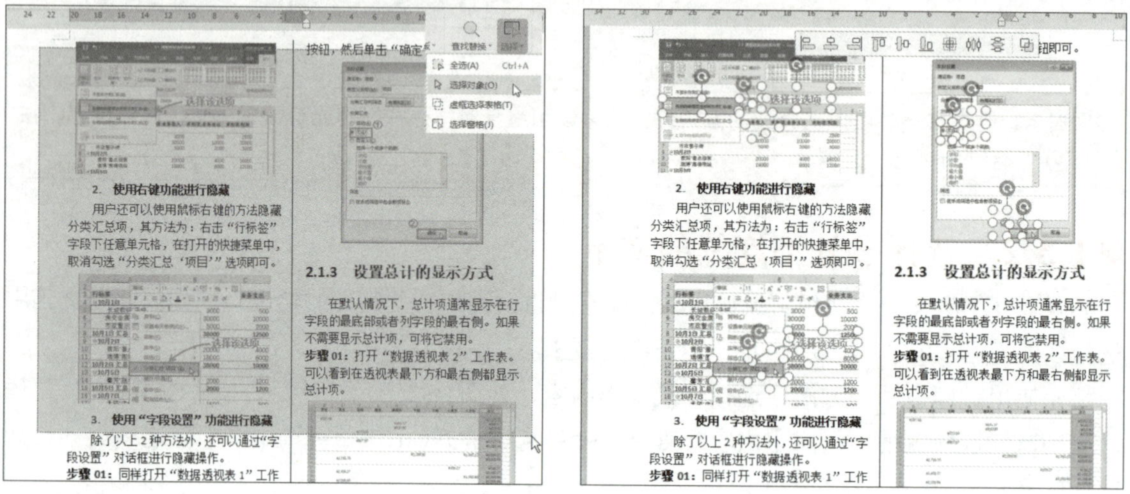

图 1-34

注意事项

如果不需要使用“选择对象”命令时，需及时将其关闭，否则文档将一直处于图形选择状态，而无法选择其他文本内容。

1.4 编辑文本

输入文本后，通常需要对文本进行一些必要的编辑，例如设置文档格式、复制移动文本、修改错误文本等。下面将重点介绍这些操作。

■1.4.1 设置文档格式

文档格式可分为文字格式和段落格式两种。文字格式主要是对文字的字体、字号、颜色以及字形进行设置，而段落格式主要是对文档段落间距、段落缩进、段落对齐方式进行设置。

1. 设置文字格式

在文档中选择所需设置的文本内容，在“开始”选项卡中可根据要求选择相应的命令进行设置，如图1-35所示。

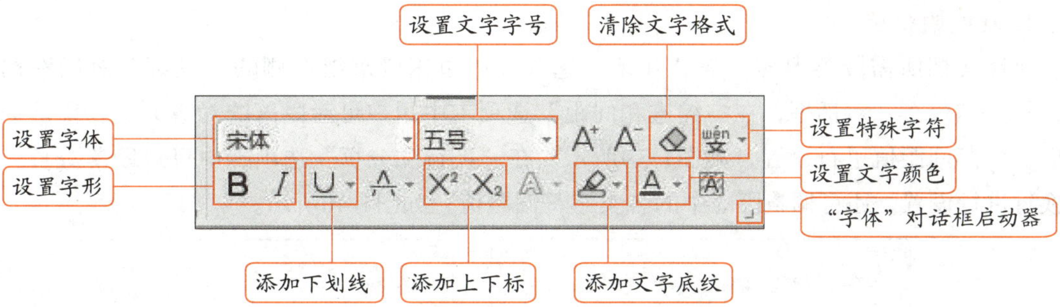

图 1-35

此外，用户还可使用“字体”对话框进行更详细的设置。单击字体组右下角对话框启动器，即可打开“字体”对话框，如图1-36所示。在“字体”选项卡中可以对字体的常规格式进行设置，在“字符间距”选项卡中可以对字符的缩放、字符间距值进行微调，如图1-37所示。

图 1-36

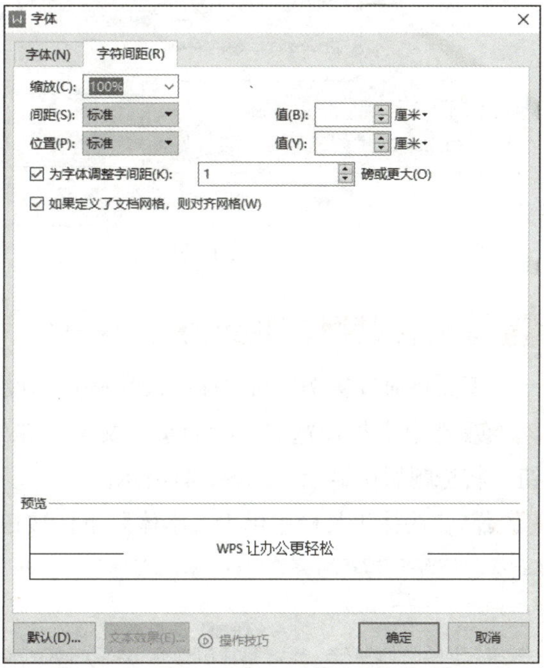

图 1-37

提示：对于中、英文混合的文档来说，最好利用“字体”对话框来对字体进行设置。该对话框可以同时对中、英文两种字体格式分开设置，相对于字体选项组中的命令要方便得多。此外，选中某文本后，在光标上方会显示快捷工具栏，在此也可以对字体格式进行设置，如图1-38所示。

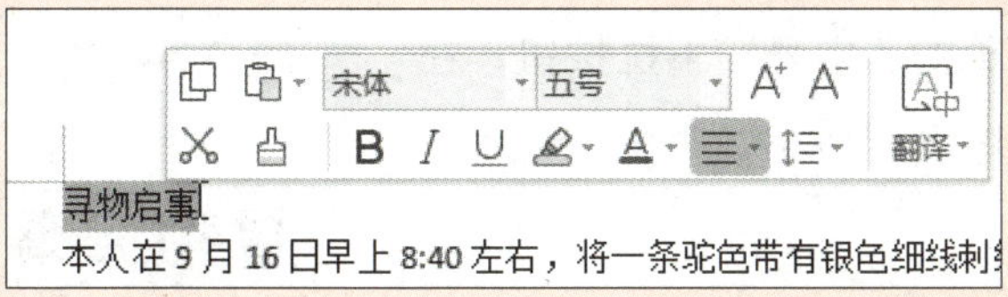

图 1-38

2. 设置段落格式

选择文档所需段落内容，在“开始”选项卡中单击段落组右侧的“段落”对话框启动器，打开“段落”对话框，在“缩进和间距”选项卡中用户可对段落的对齐方式、段落的缩进值、段落间距值进行设置，如图1-39所示。在“换行和分页”选项卡中可对段落分页、段落换行进行设置，还可调整段落中的各类字符间距值，如图1-40所示。

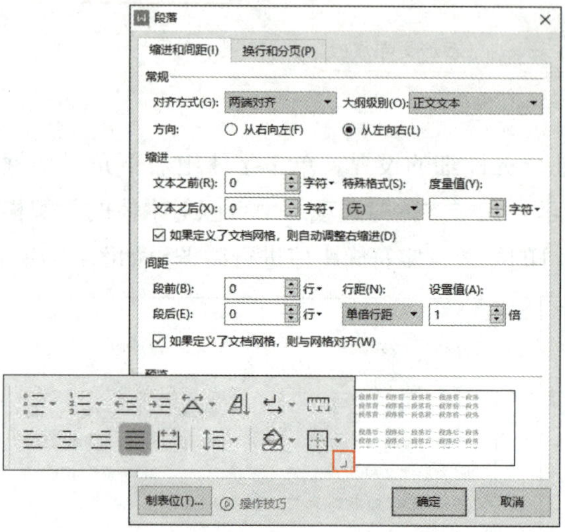

图 1-39

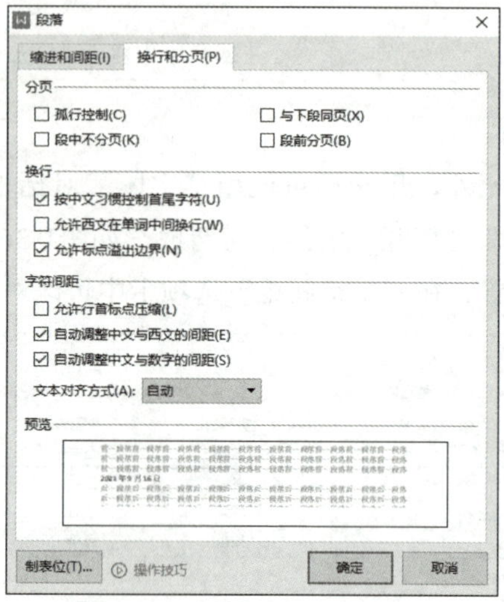

图 1-40

实例 美化寻物启事文档

下面将通过实例来对字体、段落格式的设置进行详细介绍。

步骤 01 选中文档标题“寻物启事”文本，在“开始”选项卡的段落组中单击“居中对齐”按钮，将标题居中显示，如图1-41所示。

步骤 02 在快捷工具栏中单击“字体”下拉按钮，在列表中选择“黑体”，如图1-42所示。

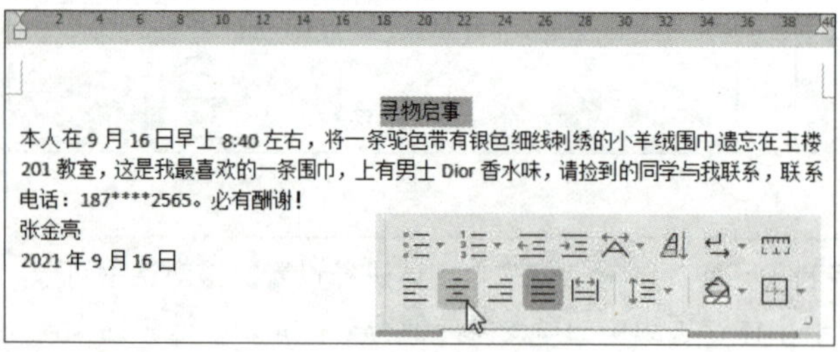

图 1-41

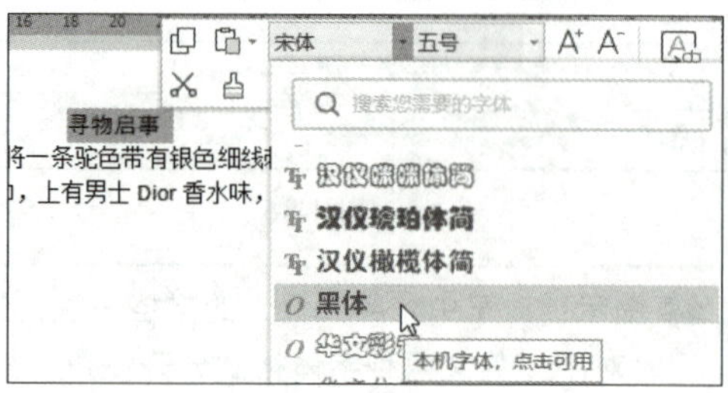

图 1-42

步骤 03 在快捷工具栏中单击“字号”下拉按钮，在列表中选择“二号”，如图1-43所示。

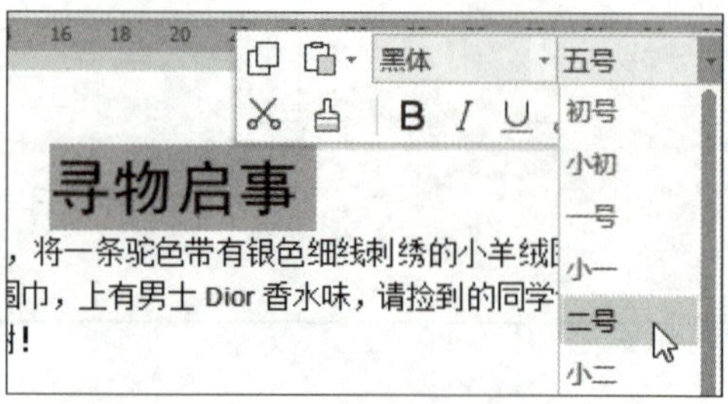

图 1-43

步骤 04 在快捷工具栏中单击“加粗”按钮，将标题加粗显示，如图1-44所示。

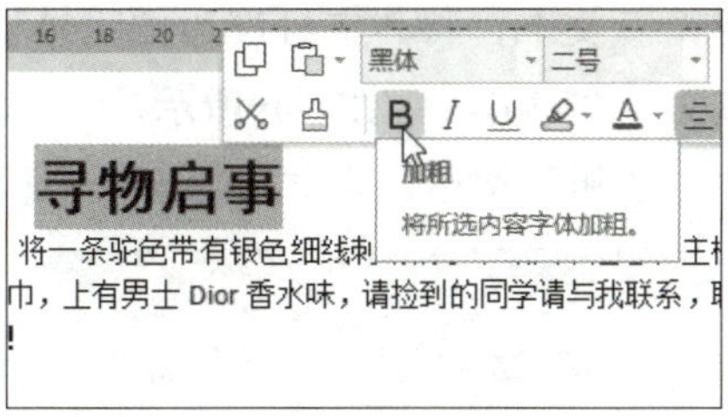

图 1-44

步骤 05 打开“字体”对话框，选择“字符间距”选项卡，将“间距”设为“加宽”，将“值”设为0.1厘米，如图1-45所示，单击“确定”按钮，完成标题格式的设置。

步骤 06 将光标放置在文档左侧空白处，双击选中文档段落内容，如图1-46所示。

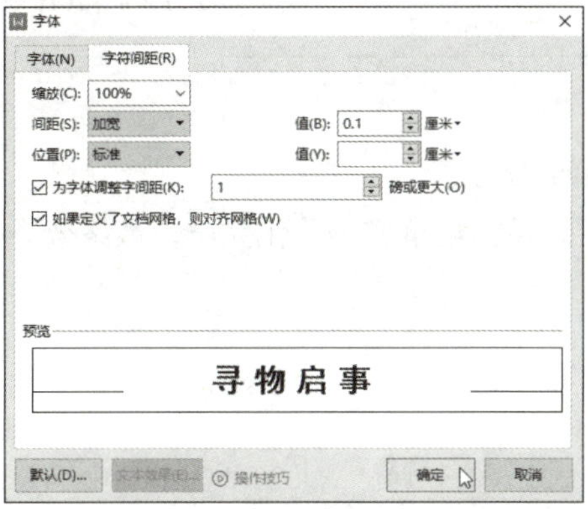

图 1-45

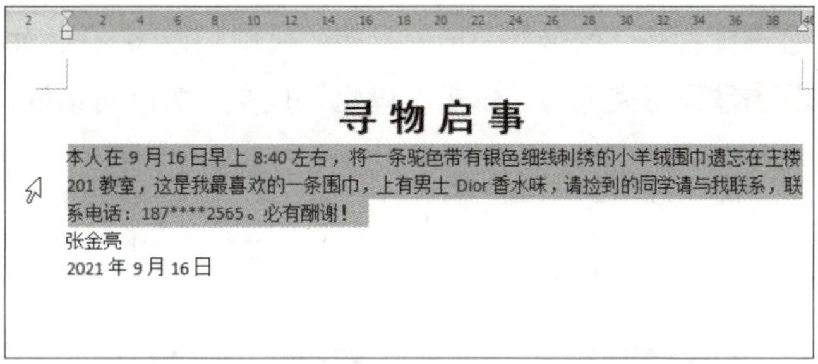

图 1-46

步骤 07 打开“段落”对话框，在“缩进和间距”选项卡中将“特殊格式”设为“首行缩进”，“度量值”设为2字符，将“行距”设为1.5倍行距，将“段前”设为1行，如图1-47所示。

步骤 08 单击“确定”按钮，关闭对话框。在字体组中将字号设为“四号”，设置结果如图1-48所示。

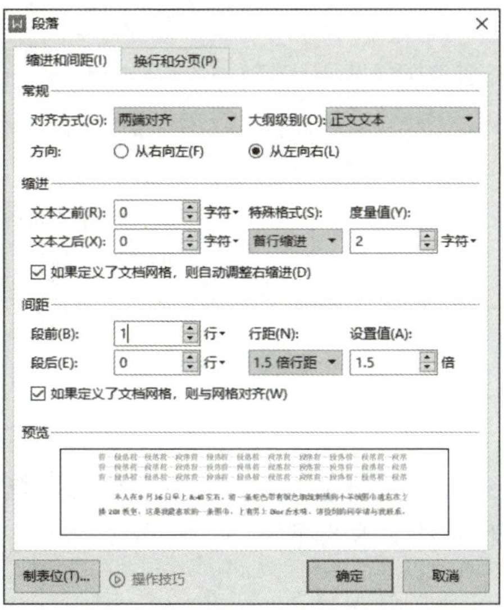

图 1-47

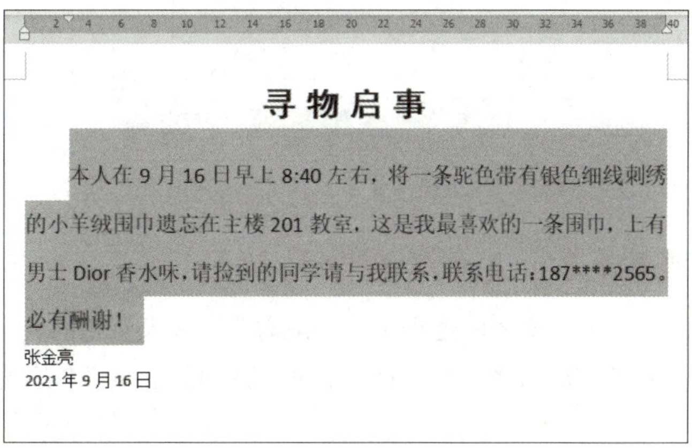

图 1-48

步骤09 选择落款文本，将其字号设为“四号”。在“开始”选项卡的段落组中单击“右对齐”按钮，将该文本右对齐，如图1-49所示。

步骤10 单击“加粗”按钮，将文本加粗显示。将光标放在落款文本起始位置，如图1-50所示。

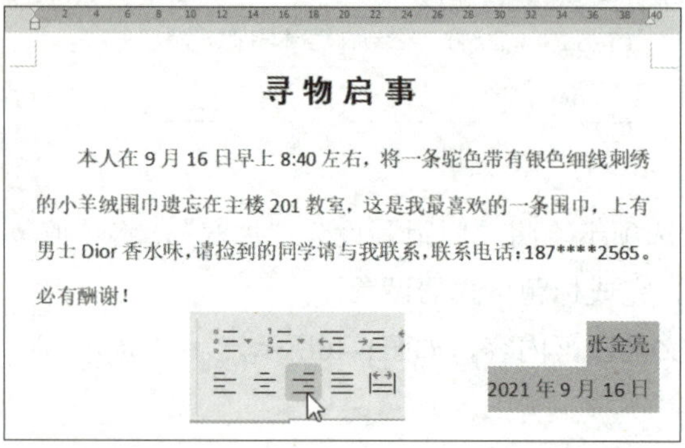

图 1-49

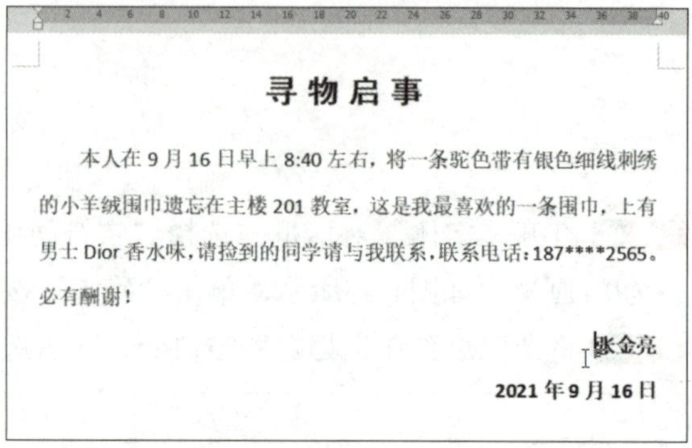

图 1-50

步骤11 打开“段落”对话框，将“段前”设为3行，如图1-51所示。

步骤12 设置完成后，单击“确定”按钮，关闭对话框。至此寻物启事文档美化完毕，最终效果如图1-52所示。

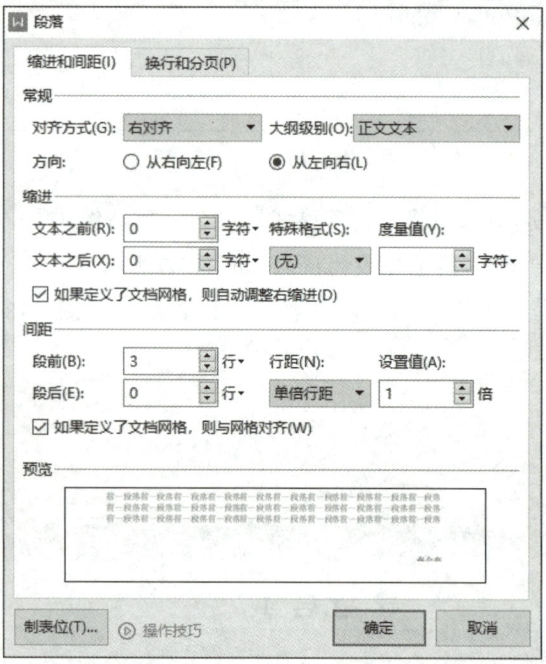

图 1-51

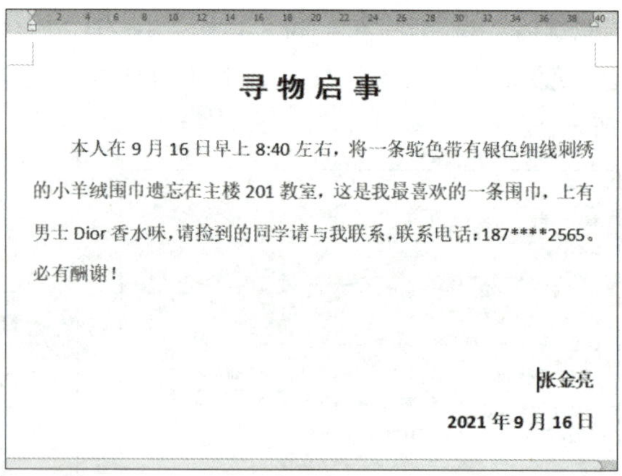

图 1-52

1.4.2 文本的复制与移动

在制作文档的过程中，如果需要输入大量相同内容的文本，可将文本进行复制；如想调整文本的前后顺序，则可对文本进行移动。下面将介绍复制和移动文本的操作。

1. 复制文本

一般情况下，用户可以使用Ctrl+C和Ctrl+V组合键进行文本复制操作。除此之外，还可以配合Ctrl键进行文本的复制。选中所需文本，按住Ctrl键，并拖动该文本至合适位置，松开Ctrl键，即可完成复制操作，如图1-53所示。

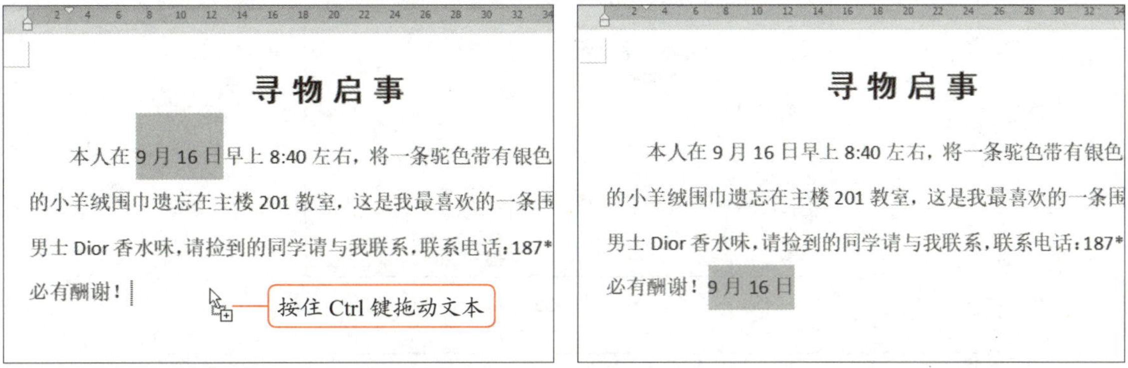

图 1-53

以上介绍的复制方法是将文本原封不动地复制，而有时需要将文本按照不同格式进行复制。如果使用Ctrl+C和Ctrl+V组合键进行复制后，还需要对复制的文本设置格式，从而保证文档格式的统一性。遇到这种情况，用户可使用“开始”选项卡中的“粘贴”功能快速解决。

选择文本，先按Ctrl+C组合键进行复制，然后将光标放在指定的新位置，在“开始”选项卡中单击“粘贴”下拉按钮，在其列表中根据需要选择相关粘贴命令即可，这里选择“匹配当前格式”选项，如图1-54所示。复制后的文本与当前段落文本格式一致。

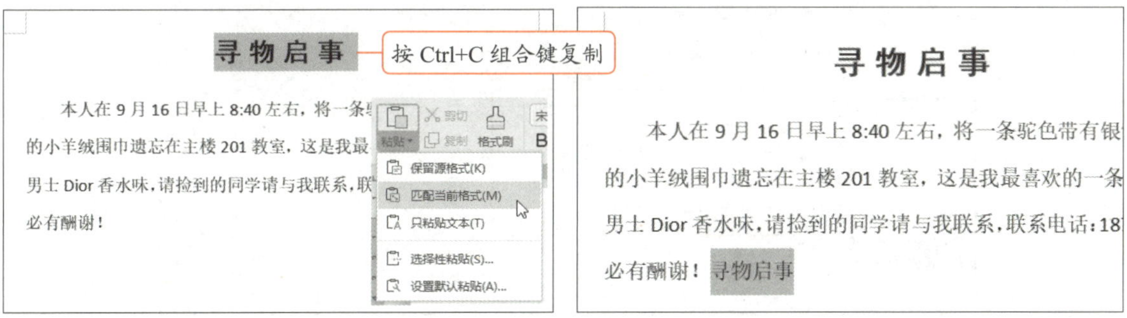

图 1-54

- **保留源格式：** 被复制内容的格式、颜色不变，仍然保持原来的模样。该选项为默认粘贴方式，其性质与Ctrl+C和Ctrl+V相同。
- **匹配当前格式：** 被复制的内容自动匹配当前文本格式，使之具有统一的格式。
- **只粘贴文本：** 被复制的内容中如有带有图片、图形、链接等元素，复制后的文本只会显示纯文本，其他元素不会被复制。
- **选择性粘贴：** 将打开“选择性粘贴”对话框，在此可以选择更多的粘贴选项，用户可以逐一去尝试，如图1-55所示。
- **设置默认粘贴：** 将打开“选项”对话框，用户可以设置各种默认粘贴的模式，如图1-56所示。

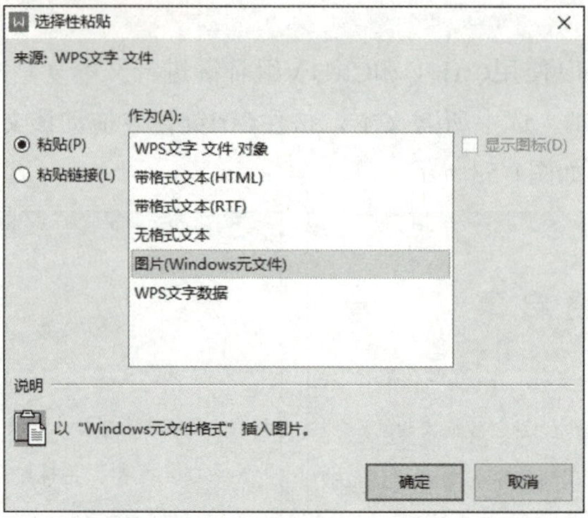

图 1-55

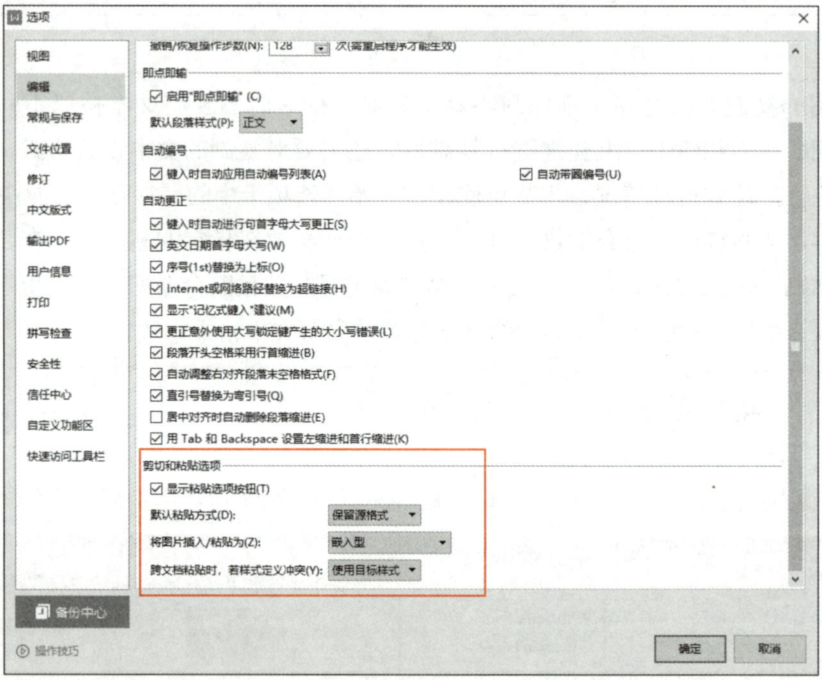

图 1-56

2. 移动文本

移动文本的操作很简单，选中所需文本，按住鼠标左键不放，将其拖动至其他位置，放开鼠标即可完成移动操作，如图1-57所示。

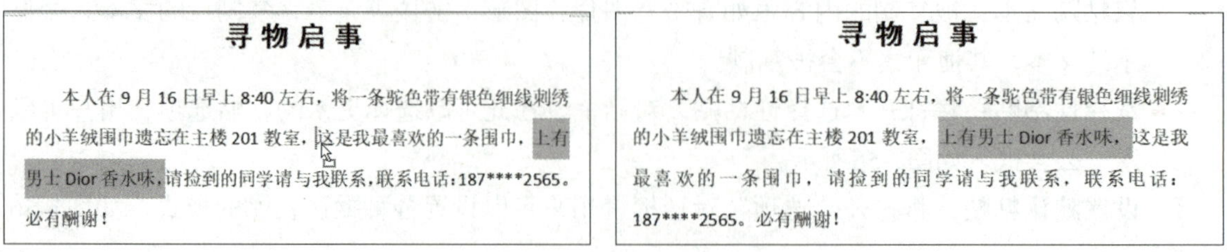

图 1-57

■1.4.3 批量修改错误内容

文档制作完毕，如果发现文档中某些字词使用不准确，可以使用“查找和替换”功能对其进行批量修改，如图1-58所示。

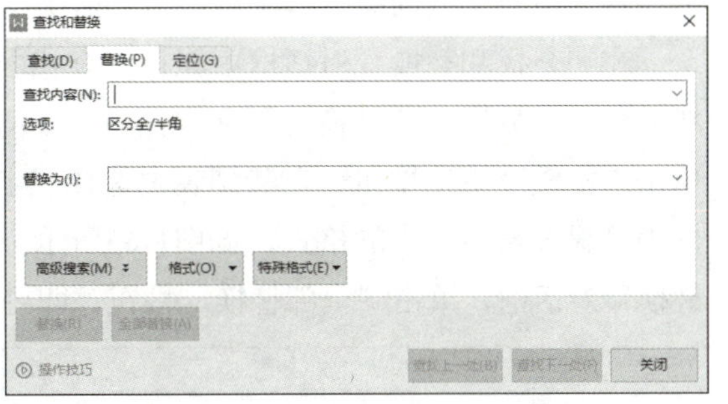

图 1-58

实例 批量修改文档内容

下面以修改春节放假通知内容为例，来介绍批量替换文本的操作方法。

步骤01 将光标放置在文档任意处，在“开始”选项卡中单击“查找替换”下拉按钮，在列表中选择“替换”选项，打开“查找和替换”对话框，在“查找内容”文本框中输入“放加”文本，如图1-59所示。

步骤02 将光标放置在“替换为”文本框中，输入“放假”文本，如图1-60所示。

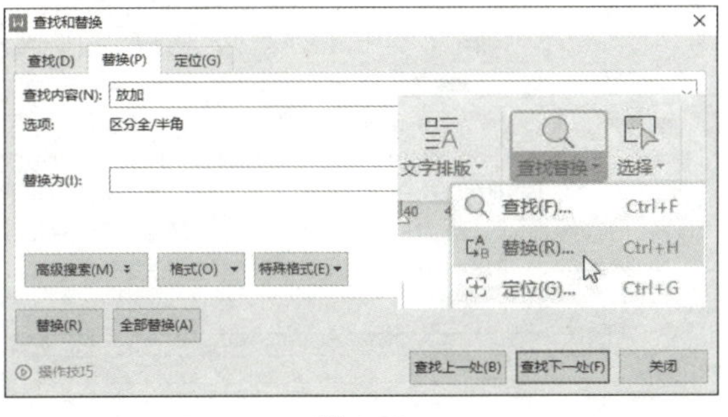

图 1-59

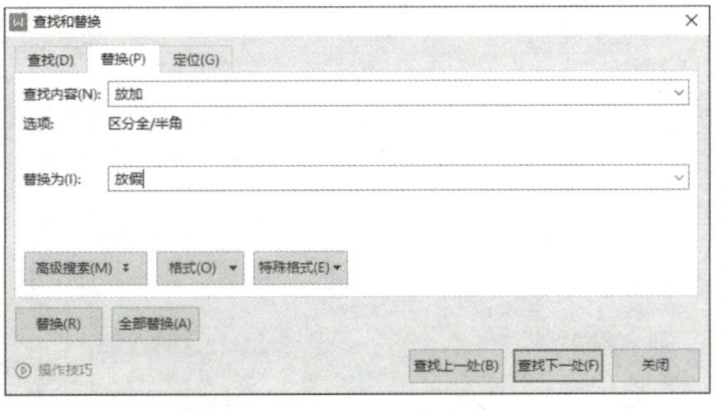

图 1-60

步骤03 单击“全部替换”按钮，在打开的提示框中，系统会给出替换的结果数，单击“确定”按钮，如图1-61所示。

步骤04 设置完成后，文档中所有“放加”文本已批量替换成正确的“放假”一词了，如图1-62所示。

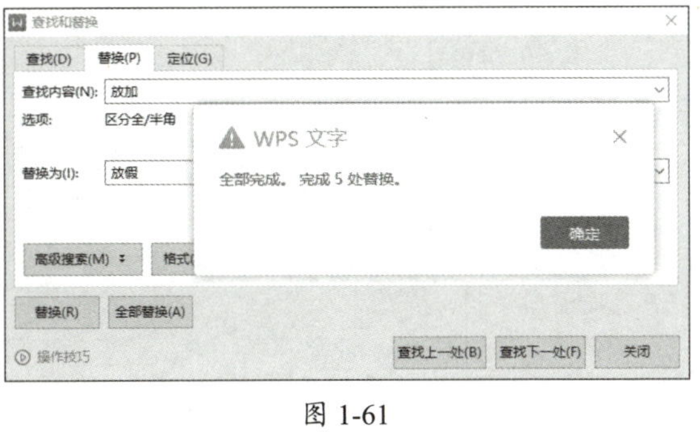

图 1-61

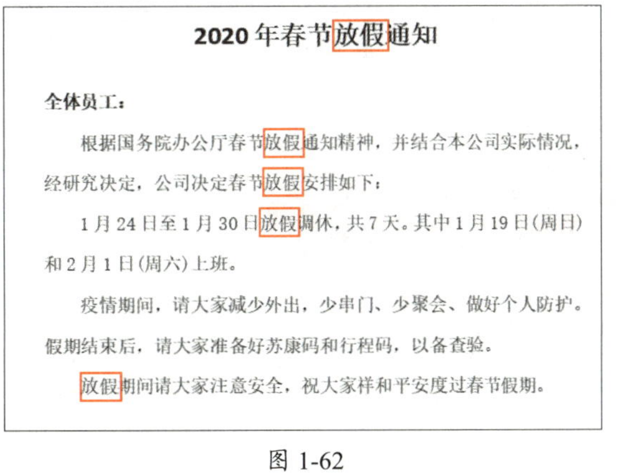

图 1-62

以上介绍的替换方法是最基本的操作。在实际工作中经常会遇到稍复杂一些的替换操作，例如将文档中某组词语突出显示，该如何操作呢？方法很简单。

在“查找和替换”对话框中先在“查找内容”文本框中输入要突显的文本，例如“放假”，然后将光标放置在“替换为”文本框中，并清空“替换为”文本框中的内容，如图1-63所示。单击“格式”下拉按钮，在其列表中选择“字体”选项，如图1-64所示。在“替换字体”对话框中设置好突显文本的格式，如图1-65所示。设置完成后，单击“确定”按钮，返回“查找和替换”对话框，单击“全部替换”按钮，即可批量更改文本格式，结果如图1-66所示。

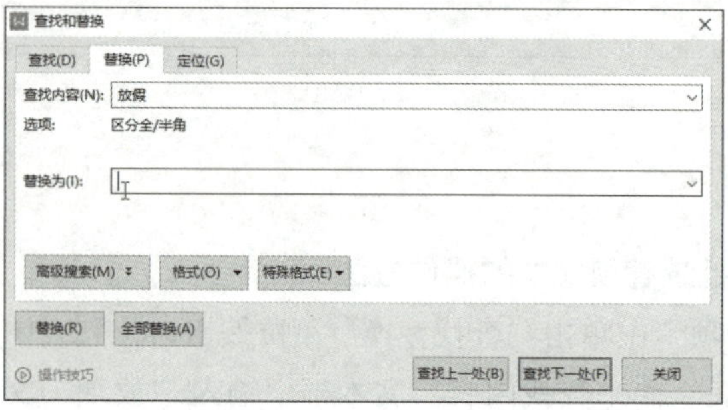

图 1-63

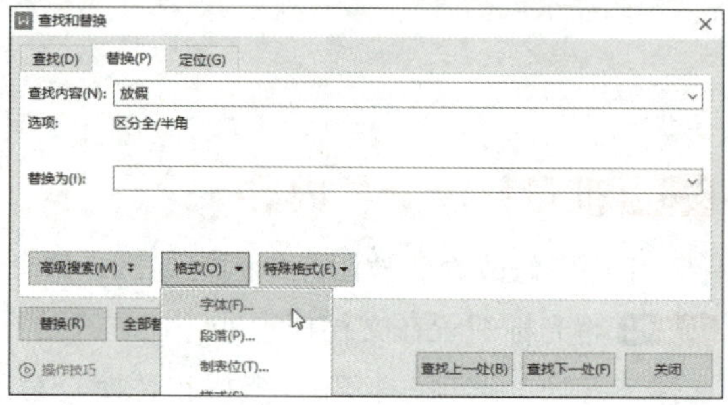

图 1-64

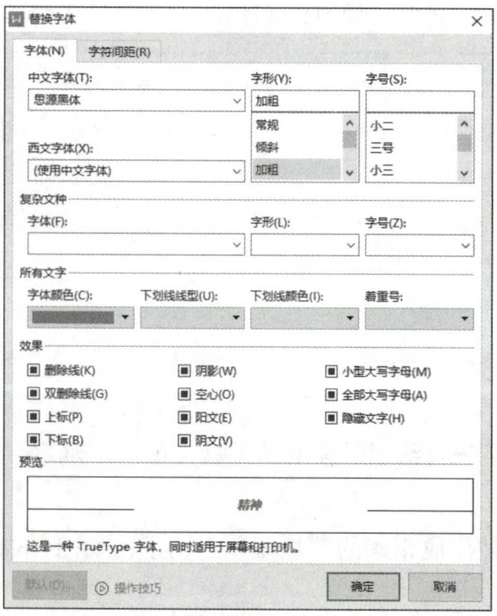

图 1-65

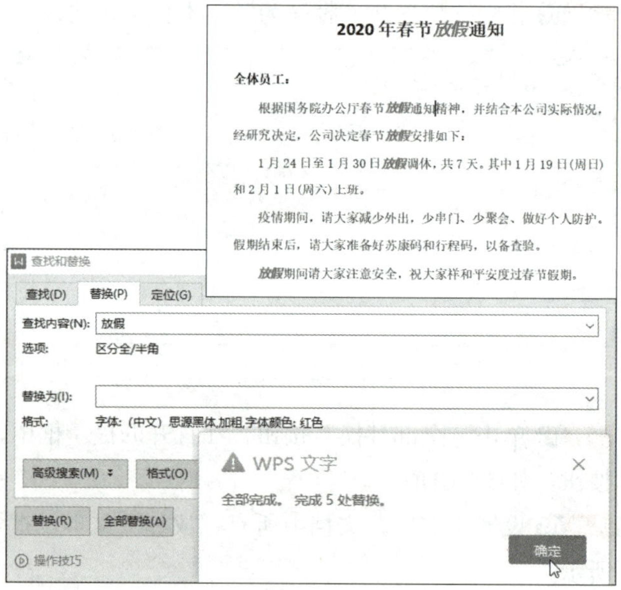

图 1-66

你学会了吗?

1.5 打印与输出文档

文档制作完成后，会根据需求对文档进行输出或打印操作。下面将对这些基本功能进行详细的介绍。

■1.5.1 将文档输出为PDF格式

如果用户希望他人只能查看文档，而不能对文档进行修改，则可以将文档更改为PDF格式。在“文件”菜单中选择“另存为”选项，在打开“另存为”对话框中，将“文件类型”设为“PDF文件格式（*.pdf）”选项，单击“保存”按钮即可，如图1-67所示。

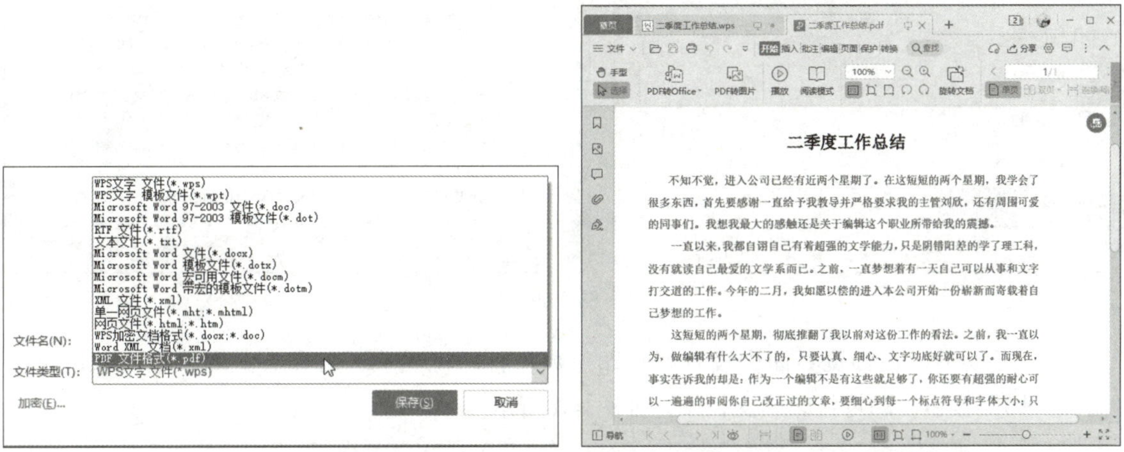

图 1-67

提示：在“文件”菜单中选择“输出为PDF”选项，在打开的“输出为PDF”对话框中设置好“保存目录”，单击“开始输出”按钮同样可将文件输出为PDF格式，如图1-68所示。此外，按照该方法，还可以将文档输出为图片、PPT等其他格式的文件。

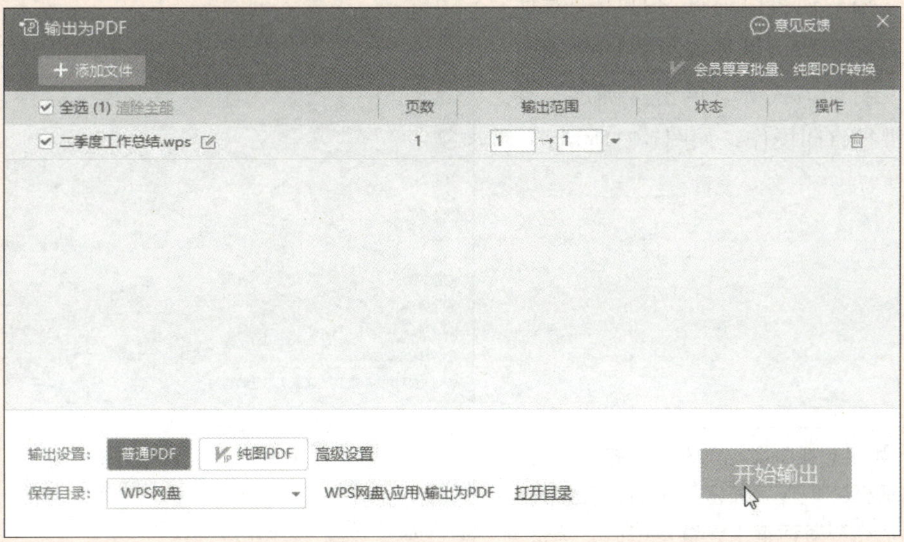

图 1-68

■1.5.2　打印文档

通常，在打印文档前需进行打印预览操作，预览无误后，再进行打印。在“文件”菜单中选择“打印”选项，在列表中选择“打印预览”选项，在“打印预览”界面中用户可查看打印效果，如图1-69所示。

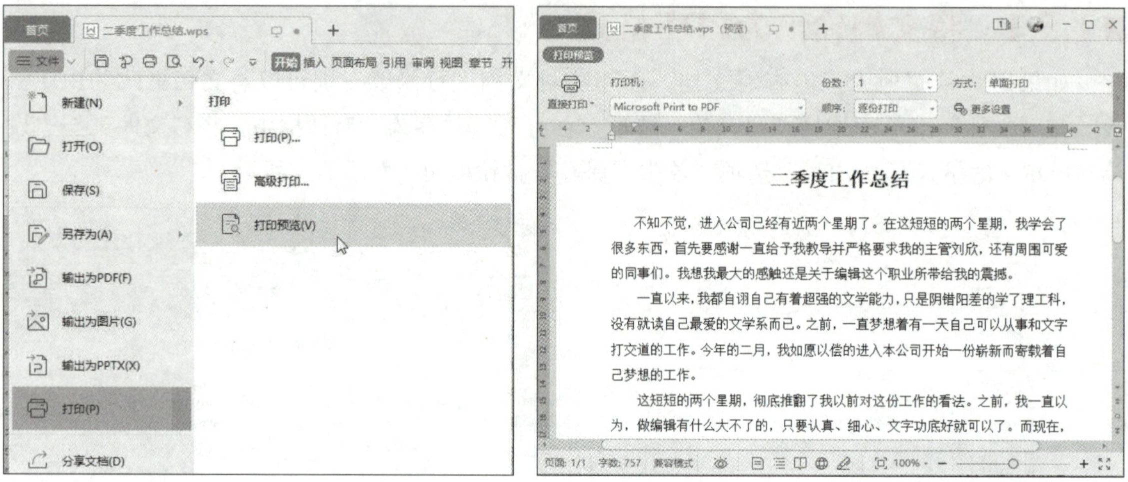

图 1-69

确认无误后，在预览界面中设置好打印份数、打印机名称、打印方式等参数，然后单击“直接打印”按钮，即可打印该文档了，如图1-70所示。

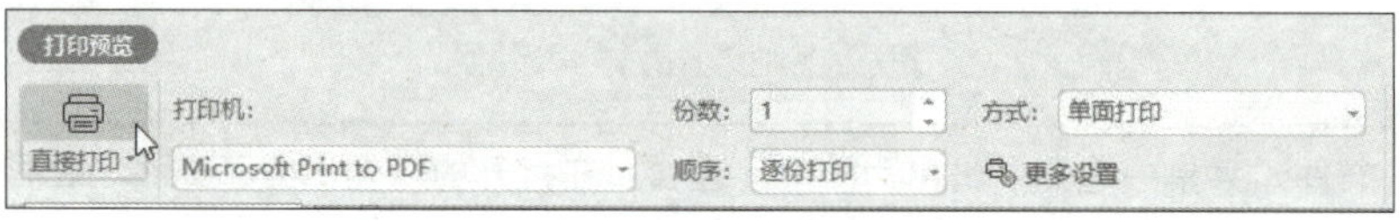

图 1-70

此外，用户还可以通过“打印”对话框来设置打印参数，例如设置打印范围、打印份数、打印方式等，单击“确定”按钮，即可进行打印操作，如图1-71所示。

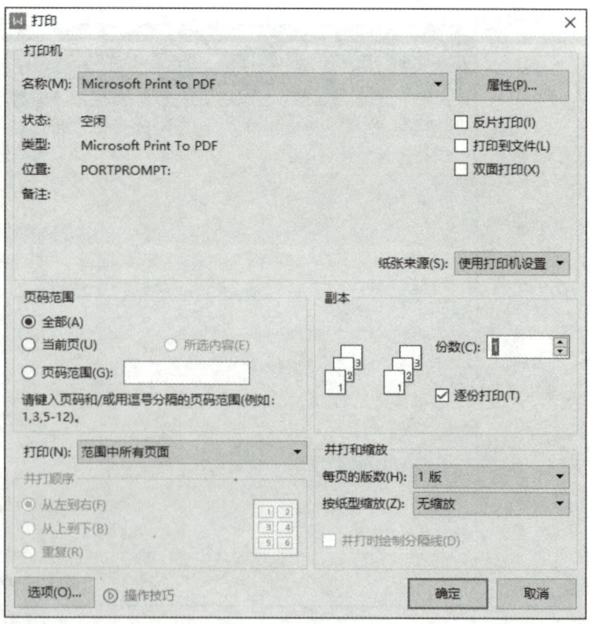

图 1-71

> **提示：** 如果想要将文档加密，可打开“另存为”对话框，单击“加密”按钮，在打开的“密码加密”对话框中设置好密码，单击“应用”按钮，保存该文档即可。

实战演练 制作客户满意度调查问卷

调查问卷文档在日常工作中是经常被用到的。下面以制作客户满意度调查问卷为例，来对本项目所学的知识内容进行巩固练习。在制作过程中所涉及的命令有插入特殊符号、设置文本和段落格式、快速对齐文本等。

步骤 01 启动WPS文字，新建空白文档，输入问卷的内容，如图1-72所示。

步骤 02 选中标题文本，先将其居中显示。然后将其字号设为“小二”，并加粗显示，如图1-73所示。

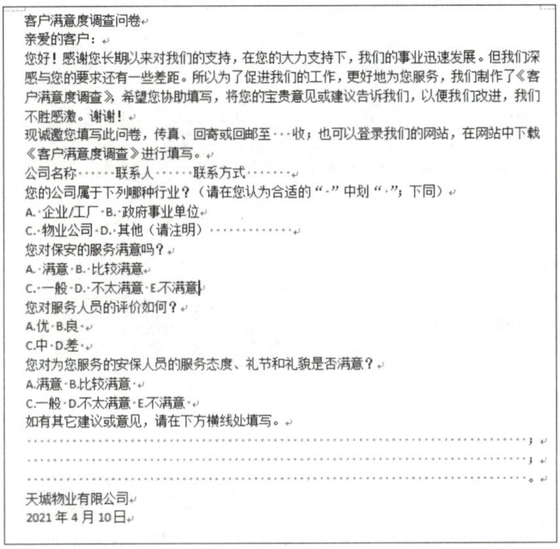
客户满意度调查问卷
亲爱的客户：
您好！感谢您长期以来对我们的支持，在您的大力支持下，我们的事业迅速发展。但我们深感与您的要求还有一些差距。所以为了促进我们的工作，更好地为您服务，我们制作了《客户满意度调查》，希望您协助填写，将您的宝贵意见或建议告诉我们，以便我们改进，我们不胜感激。谢谢！
现诚邀您填写此问卷，传真、回寄或回邮至···收；也可以登录我们的网站，在网站中下载《客户满意度调查》进行填写。
公司名称······联系人······联系方式······
您的公司属于下列哪种行业？（请在您认为合适的“·”中划“·”；下同）
A.企业/工厂 B.政府事业单位
C.物业公司 D.其他（请注明）············
您对保安的服务满意吗？
A.满意 B.比较满意
C.一般 D.不太满意 E.不满意
您对服务人员的评价如何？
A.优 B.良
C.中 D.差
您对为您服务的安保人员的服务态度、礼节和礼貌是否满意？
A.满意 B.比较满意
C.一般 D.不太满意 E.不满意
如有其它建议或意见，请在下方横线处填写。
······；
······；
······。
天城物业有限公司
2021年4月10日

图 1-72

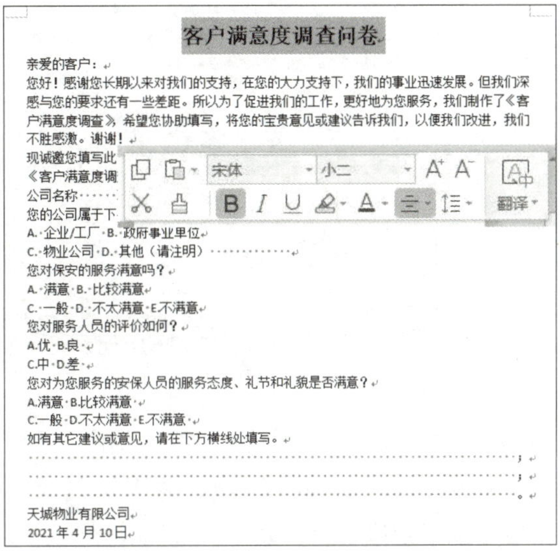
客户满意度调查问卷
亲爱的客户：
您好！感谢您长期以来对我们的支持，在您的大力支持下，我们的事业迅速发展。但我们深感与您的要求还有一些差距。所以为了促进我们的工作，更好地为您服务，我们制作了《客户满意度调查》，希望您协助填写，将您的宝贵意见或建议告诉我们，以便我们改进，我们不胜感激。谢谢！
现诚邀您填写此
《客户满意度调
公司名称······
您的公司属于下

A.企业/工厂 B.政府事业单位
C.物业公司 D.其他（请注明）············
您对保安的服务满意吗？
A.满意 B.比较满意
C.一般 D.不太满意 E.不满意
您对服务人员的评价如何？
A.优 B.良
C.中 D.差
您对为您服务的安保人员的服务态度、礼节和礼貌是否满意？
A.满意 B.比较满意
C.一般 D.不太满意 E.不满意
如有其它建议或意见，请在下方横线处填写。
······；
······；
······。
天城物业有限公司
2021年4月10日

图 1-73

步骤 03 打开“段落”对话框，将“段前”设为0.5行，将“段后”设为1行，单击“确定”按钮，完成标题格式的设置操作，效果如图1-74所示。

步骤 04 设置开头问候语格式。将该内容加粗显示，并将“段后”间距设为0.5行，如图1-75所示。

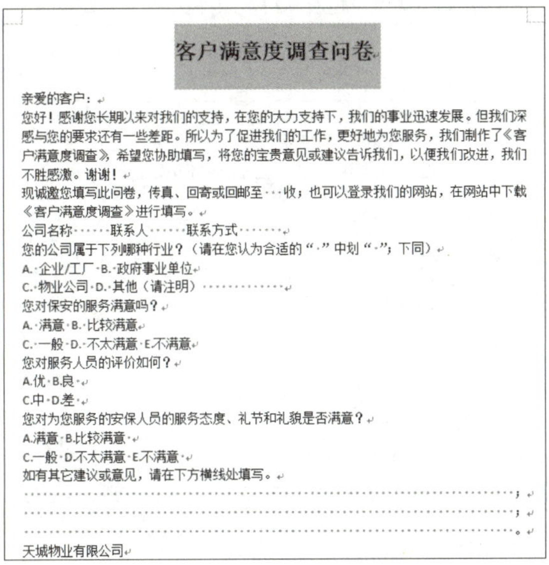
客户满意度调查问卷
亲爱的客户：
您好！感谢您长期以来对我们的支持，在您的大力支持下，我们的事业迅速发展。但我们深感与您的要求还有一些差距。所以为了促进我们的工作，更好地为您服务，我们制作了《客户满意度调查》，希望您协助填写，将您的宝贵意见或建议告诉我们，以便我们改进，我们不胜感激。谢谢！
现诚邀您填写此问卷，传真、回寄或回邮至···收；也可以登录我们的网站，在网站中下载《客户满意度调查》进行填写。
公司名称······联系人······联系方式······
您的公司属于下列哪种行业？（请在您认为合适的“·”中划“·”；下同）
A.企业/工厂 B.政府事业单位
C.物业公司 D.其他（请注明）············
您对保安的服务满意吗？
A.满意 B.比较满意
C.一般 D.不太满意 E.不满意
您对服务人员的评价如何？
A.优 B.良
C.中 D.差
您对为您服务的安保人员的服务态度、礼节和礼貌是否满意？
A.满意 B.比较满意
C.一般 D.不太满意 E.不满意
如有其它建议或意见，请在下方横线处填写。
······；
······；
······。
天城物业有限公司

图 1-74

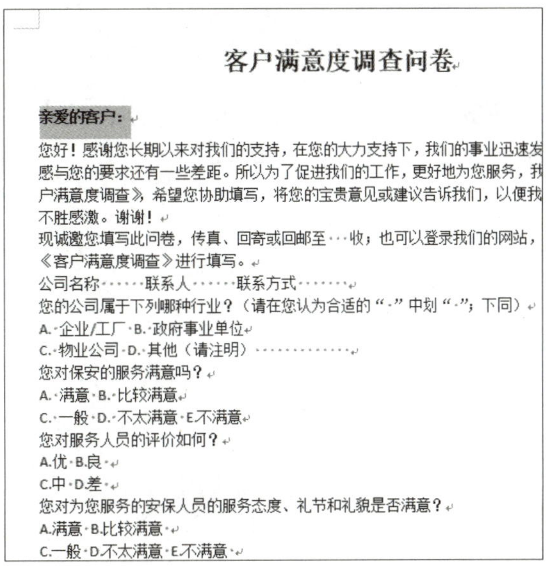
客户满意度调查问卷
亲爱的客户：
您好！感谢您长期以来对我们的支持，在您的大力支持下，我们的事业迅速发
感与您的要求还有一些差距。所以为了促进我们的工作，更好地为您服务，我
户满意度调查》，希望您协助填写，将您的宝贵意见或建议告诉我们，以便我
不胜感激。谢谢！
现诚邀您填写此问卷，传真、回寄或回邮至···收；也可以登录我们的网站，
《客户满意度调查》进行填写。
公司名称······联系人······联系方式······
您的公司属于下列哪种行业？（请在您认为合适的“·”中划“·”；下同）
A.企业/工厂 B.政府事业单位
C.物业公司 D.其他（请注明）············
您对保安的服务满意吗？
A.满意 B.比较满意
C.一般 D.不太满意 E.不满意
您对服务人员的评价如何？
A.优 B.良
C.中 D.差
您对为您服务的安保人员的服务态度、礼节和礼貌是否满意？
A.满意 B.比较满意
C.一般 D.不太满意 E.不满意

图 1-75

步骤05 选中正文内容，打开“段落”对话框，将其“行距”设为“固定值”，将“设置值”设为18磅，如图1-76所示。

步骤06 选择第1和第2段内容，再次打开“段落”对话框，将“特殊格式”设为“首行缩进”，“度量值”为2字符，将“段后”间距设为0.5行，如图1-77所示。

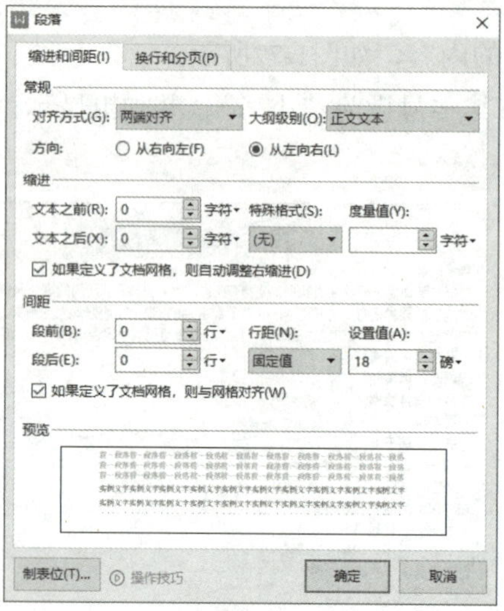

图 1-76

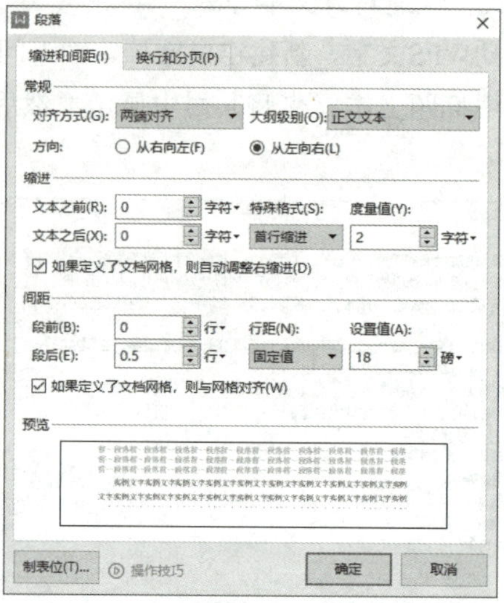

图 1-77

步骤07 选择第2段内容中的空格，单击“下划线”按钮，为其添加下划线，并多按几次空格键增加下划线长度，如图1-78所示。

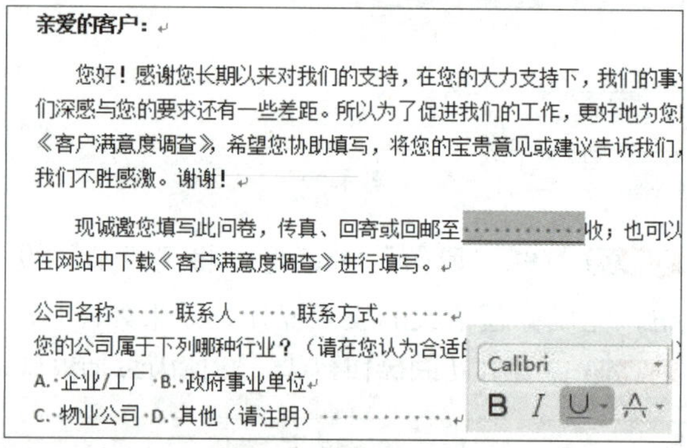

图 1-78

步骤08 按照同样的方法，将其他空格处也添加下划线，效果如图1-79所示。

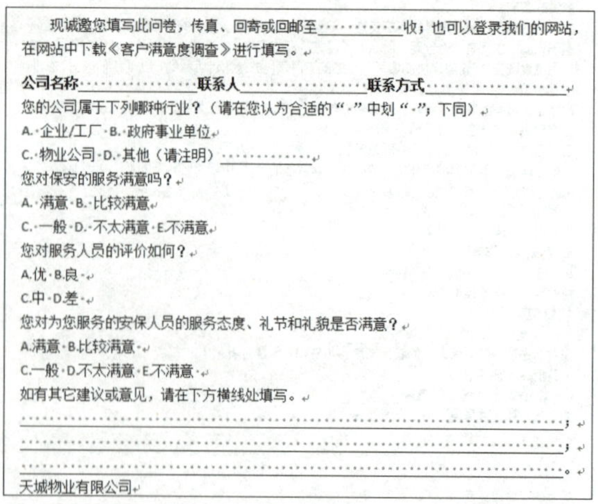

图 1-79

步骤09 在问卷内容中选择“请在您认为合适的”后的空格，在“开始”选项卡中单击“符号”按钮，打开“符号”对话框，将“字体”设为“Wingdings 2”，在符号列表中选择要添加的方框符号，如图1-80所示。

步骤10 单击“插入”按钮，关闭对话框，此时方框符号已插入文档中，如图1-81所示。

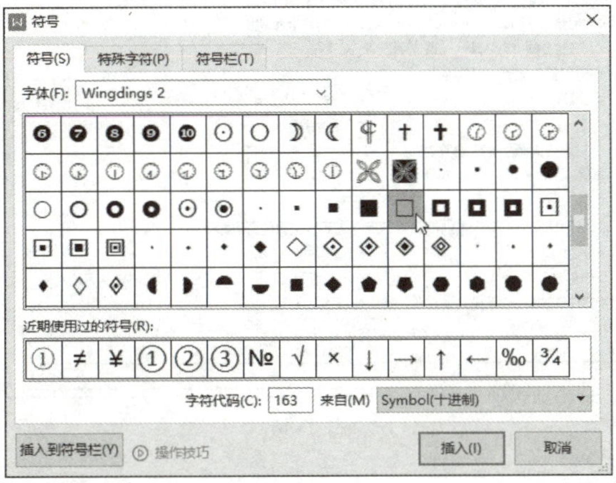

图 1-80

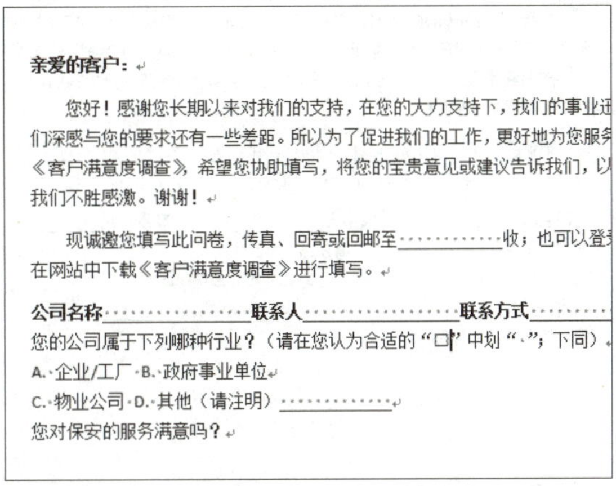
亲爱的客户：

您好！感谢您长期以来对我们的支持，在您的大力支持下，我们的事业迅……们深感与您的要求还有一些差距。所以为了促进我们的工作，更好地为您服务……《客户满意度调查》，希望您协助填写，将您的宝贵意见或建议告诉我们，以……我们不胜感激。谢谢！

现诚邀您填写此问卷，传真、回寄或回邮至…………收；也可以登录……在网站中下载《客户满意度调查》进行填写。

公司名称…………联系人…………联系方式…………

您的公司属于下列哪种行业？（请在您认为合适的“□”中划“√”；下同）

A. 企业/工厂 B. 政府事业单位

C. 物业公司 D. 其他（请注明）…………

您对保安的服务满意吗？

图 1-81

步骤11 继续选择后面的空格，在“符号”对话框中选择“√”符号，将其插入，如图1-82所示。

步骤12 按照同样的方法，在问卷内容中添加方框符号，效果如图1-83所示。

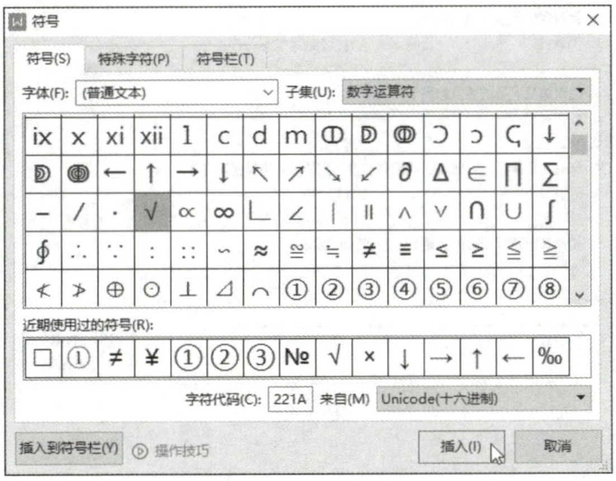

图 1-82

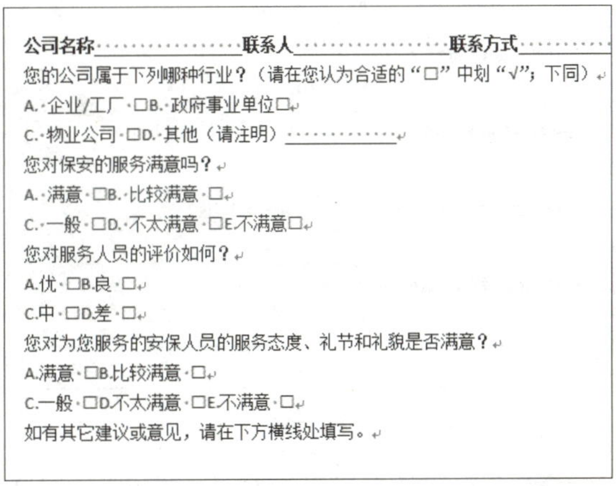
公司名称…………联系人…………联系方式…………

您的公司属于下列哪种行业？（请在您认为合适的“□”中划“√”；下同）

A. 企业/工厂 □B. 政府事业单位□

C. 物业公司 □D. 其他（请注明）…………

您对保安的服务满意吗？

A. 满意 □B. 比较满意 □

C. 一般 □D. 不太满意 □E.不满意□

您对服务人员的评价如何？

A.优 □B.良 □

C.中 □D.差 □

您对为您服务的安保人员的服务态度、礼节和礼貌是否满意？

A.满意 □B.比较满意 □

C.一般 □D.不太满意 □E.不满意 □

如有其它建议或意见，请在下方横线处填写。

图 1-83

步骤13 将光标放置在“A.企业/工厂”选项后，按Tab键5次，区分A项和B项内容，如图1-84所示。

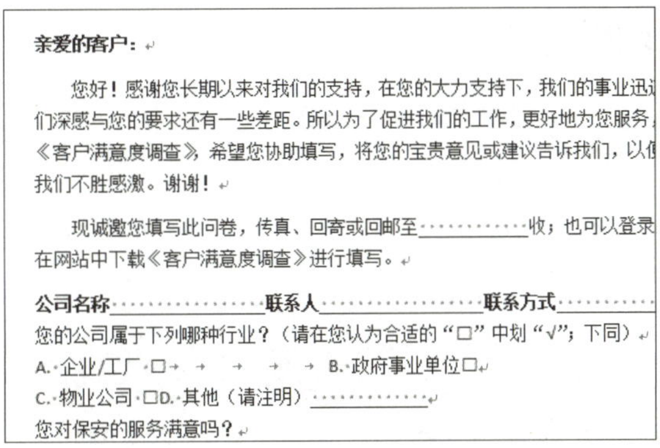
亲爱的客户：

您好！感谢您长期以来对我们的支持，在您的大力支持下，我们的事业迅……们深感与您的要求还有一些差距。所以为了促进我们的工作，更好地为您服务……《客户满意度调查》，希望您协助填写，将您的宝贵意见或建议告诉我们，以……我们不胜感激。谢谢！

现诚邀您填写此问卷，传真、回寄或回邮至…………收；也可以登录……在网站中下载《客户满意度调查》进行填写。

公司名称…………联系人…………联系方式…………

您的公司属于下列哪种行业？（请在您认为合适的“□”中划“√”；下同）

A. 企业/工厂 □ → → → → → B. 政府事业单位□

C. 物业公司 □D. 其他（请注明）…………

您对保安的服务满意吗？

图 1-84

步骤14 将光标放置“C.物业公司”选项后，同样按Tab键5次，将该选择题的B项和D项内容快速对齐，如图1-85所示。

步骤15 按照同样的方法，快速对齐其他选择题的选项内容，如图1-86所示。

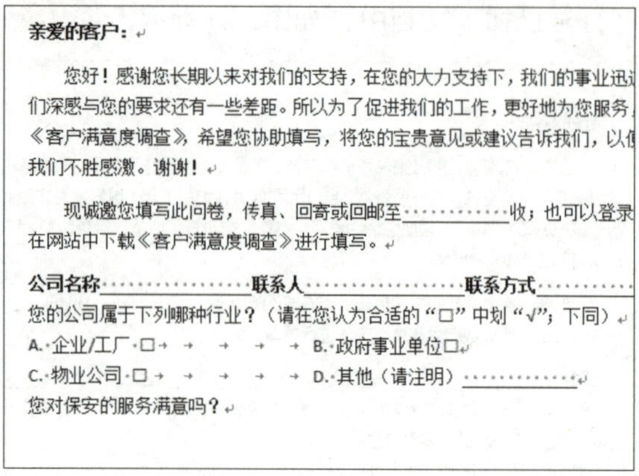
亲爱的客户：

您好！感谢您长期以来对我们的支持，在您的大力支持下，我们的事业迅速……们深感与您的要求还有一些差距。所以为了促进我们的工作，更好地为您服务……《客户满意度调查》，希望您协助填写，将您的宝贵意见或建议告诉我们，以便……我们不胜感激。谢谢！

现诚邀您填写此问卷，传真、回寄或回邮至…………收；也可以登录……在网站中下载《客户满意度调查》进行填写。

公司名称…………联系人…………联系方式…………

您的公司属于下列哪种行业？（请在您认为合适的“□”中划“√”；下同）

A.企业/工厂□　　B.政府事业单位□

C.物业公司□　　D.其他（请注明）…………

您对保安的服务满意吗？

图 1-85

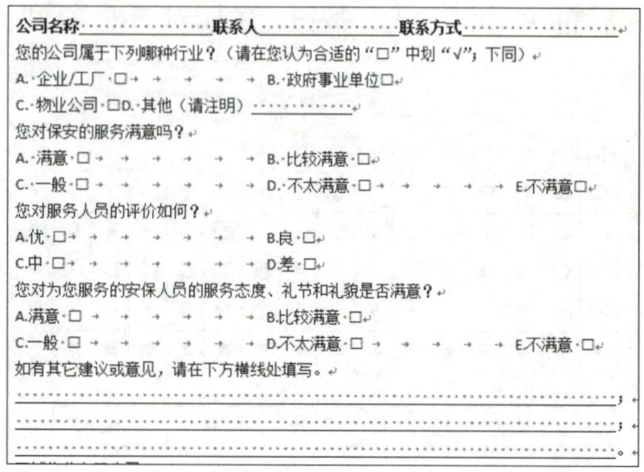
公司名称…………联系人…………联系方式…………

您的公司属于下列哪种行业？（请在您认为合适的“□”中划“√”；下同）

A.企业/工厂□　　B.政府事业单位□

C.物业公司□D.其他（请注明）…………

您对保安的服务满意吗？

A.满意□　　B.比较满意□

C.一般□　　D.不太满意□　　E.不满意□

您对服务人员的评价如何？

A.优□　　B.良□

C.中□　　D.差□

您对为您服务的安保人员的服务态度、礼节和礼貌是否满意？

A.满意□　　B.比较满意□

C.一般□　　D.不太满意□　　E.不满意□

如有其它建议或意见，请在下方横线处填写。

…………；

…………；

…………。

图 1-86

步骤16 适当调整好问卷内容的格式，效果如图1-87所示。

步骤17 选择落款内容，将其加粗显示，并进行右对齐操作，如图1-88所示。

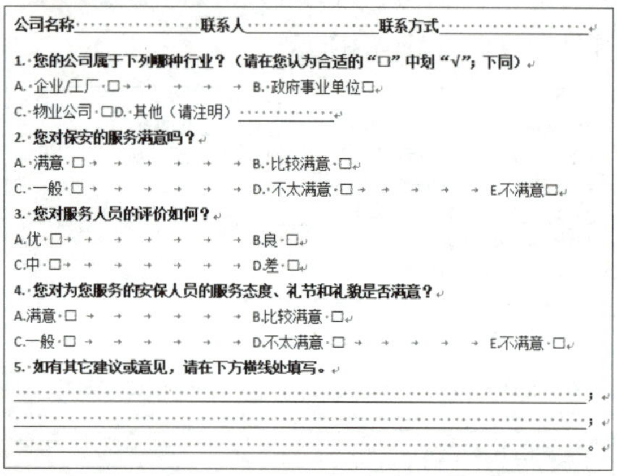
公司名称…………联系人…………联系方式…………

1.您的公司属于下列哪种行业？（请在您认为合适的“□”中划“√”；下同）

A.企业/工厂□　　B.政府事业单位□

C.物业公司□D.其他（请注明）…………

2.您对保安的服务满意吗？

A.满意□　　B.比较满意□

C.一般□　　D.不太满意□　　E.不满意□

3.您对服务人员的评价如何？

A.优□　　B.良□

C.中□　　D.差□

4.您对为您服务的安保人员的服务态度、礼节和礼貌是否满意？

A.满意□　　B.比较满意□

C.一般□　　D.不太满意□　　E.不满意□

5.如有其它建议或意见，请在下方横线处填写。

…………；

…………；

…………。

图 1-87

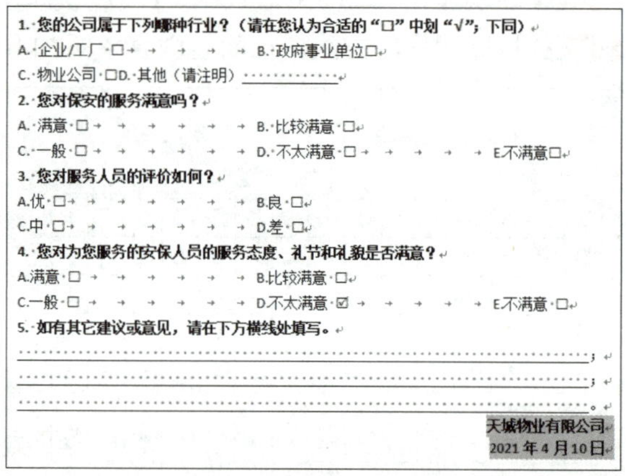
1.您的公司属于下列哪种行业？（请在您认为合适的“□”中划“√”；下同）

A.企业/工厂□　　B.政府事业单位□

C.物业公司□D.其他（请注明）…………

2.您对保安的服务满意吗？

A.满意□　　B.比较满意□

C.一般□　　D.不太满意□　　E.不满意□

3.您对服务人员的评价如何？

A.优□　　B.良□

C.中□　　D.差□

4.您对为您服务的安保人员的服务态度、礼节和礼貌是否满意？

A.满意□　　B.比较满意□

C.一般□　　D.不太满意☑　　E.不满意□

5.如有其它建议或意见，请在下方横线处填写。

…………；

…………；

…………。

天城物业有限公司

2021年4月10日

图 1-88

步骤18 将光标放置在落款内容起始处，打开“段落”对话框，将“段前”间距设为3行，如图1-89所示。

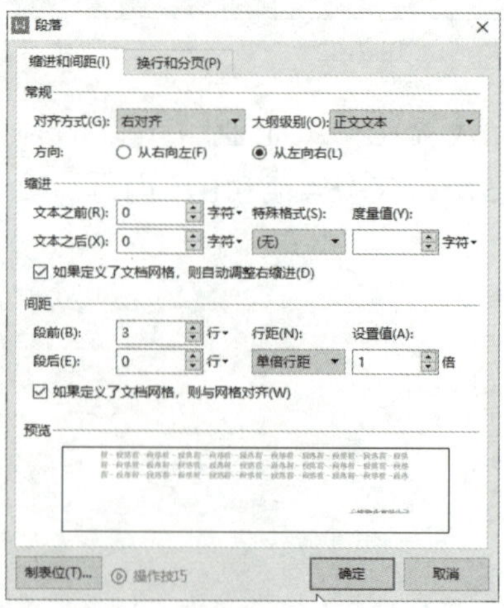

图 1-89

步骤19 在“文件”菜单中选择“打印”选项，在其列表中选择“打印预览”选项，打开预览窗口，对制作好的问卷文档进行预览，如图1-90所示。

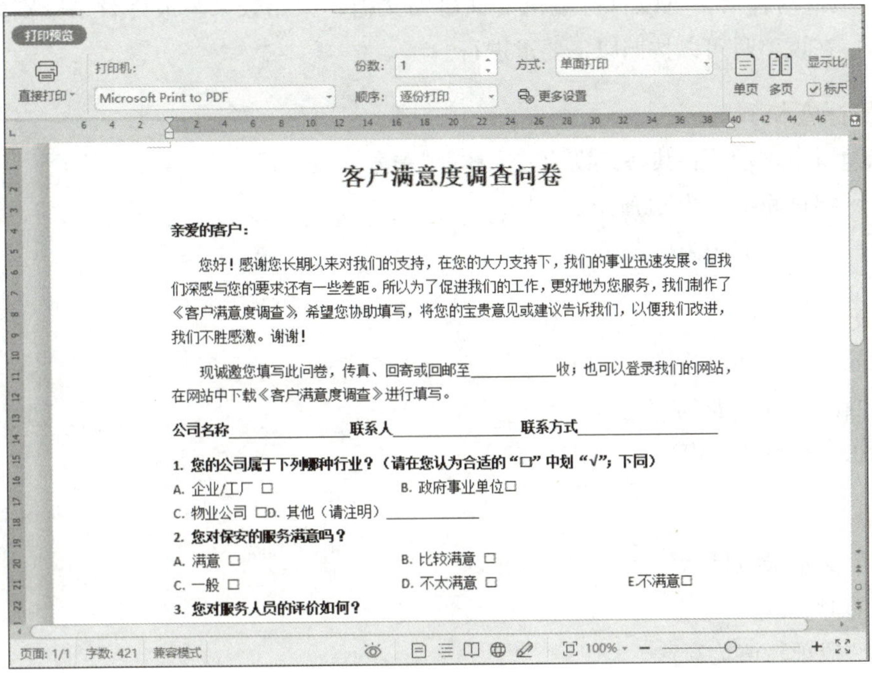

图 1-90

步骤20 确认无误后，在预览窗口中设置好打印机名称、打印份数。单击“直接打印”按钮，将问卷进行打印操作，如图1-91所示。

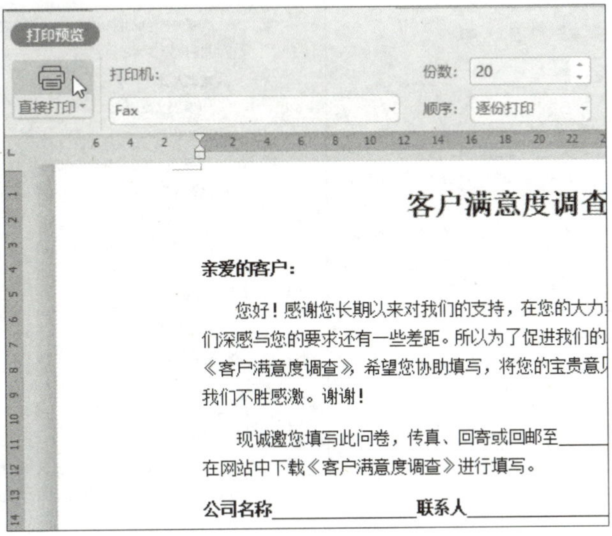

图 1-91

步骤21 打印结束后，将制作的文档进行保存即可。至此客户满意度调查问卷制作完成。

课后作业 完善培训通知文档

学习本项目内容后，可以自行编辑培训通知文档，原始效果与最终效果分别如图1-92和图1-93所示。在调整时可以按照以下要求进行。

1. 调整标题格式

- 将标题居中显示，将其格式设为“宋体”“一号”“加粗”。
- 设置“字符间距”为0.1厘米。
- 设置段前段后值均为1行。

2. 调整正文格式

- 加粗显示正文小标题。
- 设置段落首行缩进2字符。
- 设置正文行距为1.5倍。

3. 调整落款格式

- 将落款文本加粗显示。
- 设置右对齐。
- 设置“段前”值为3行。

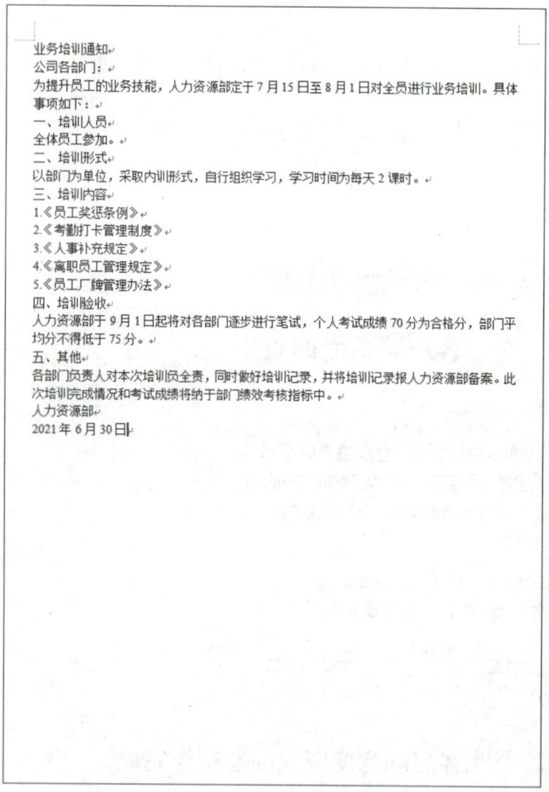

业务培训通知
公司各部门：
为提升员工的业务技能，人力资源部定于7月15日至8月1日对全员进行业务培训。具体事项如下：
一、培训人员
全体员工参加。
二、培训形式
以部门为单位，采取内训形式，自行组织学习，学习时间为每天2课时。
三、培训内容
1.《员工奖惩条例》
2.《考勤打卡管理制度》
3.《人事补充规定》
4.《离职员工管理规定》
5.《员工厂牌管理办法》
四、培训验收
人力资源部于9月1日起将对各部门逐步进行笔试，个人考试成绩70分为合格分，部门平均分不得低于75分。
五、其他
各部门负责人对本次培训负全责，同时做好培训记录，并将培训记录报人力资源部备案。此次培训完成情况和考试成绩将纳于部门绩效考核指标中。
人力资源部
2021年6月30日

图 1-92

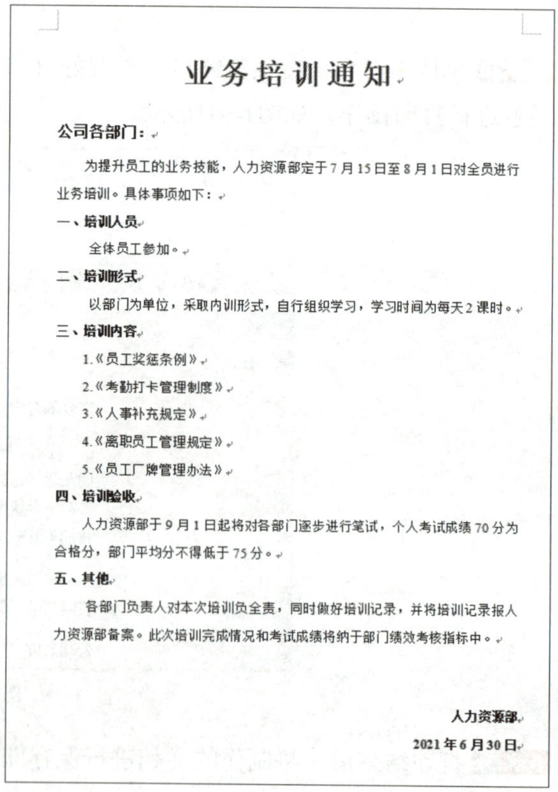

业务培训通知

公司各部门：

为提升员工的业务技能，人力资源部定于7月15日至8月1日对全员进行业务培训。具体事项如下：

一、培训人员

全体员工参加。

二、培训形式

以部门为单位，采取内训形式，自行组织学习，学习时间为每天2课时。

三、培训内容

1.《员工奖惩条例》
2.《考勤打卡管理制度》
3.《人事补充规定》
4.《离职员工管理规定》
5.《员工厂牌管理办法》

四、培训验收

人力资源部于9月1日起将对各部门逐步进行笔试，个人考试成绩70分为合格分，部门平均分不得低于75分。

五、其他

各部门负责人对本次培训负全责，同时做好培训记录，并将培训记录报人力资源部备案。此次培训完成情况和考试成绩将纳于部门绩效考核指标中。

人力资源部

2021年6月30日

图 1-93

项目2

文档的图文混排

内容概要

在文档中添加配图或一些装饰性的图形，可以提升页面展示魅力。本章将向读者介绍图片、图形、表格在文档中的应用，其中包括插入、编辑和美化操作。此外，页面布局的调整对于文档排版来说也是比较重要的，这一点希望读者不要忽视。

数字资源

【本项目素材来源】："素材文件\项目2"目录下

【本项目实战演练最终文件】："素材文件\项目2\实战演练"目录下

2.1 调整文档页面

一般来说，新建文档后，用户需先对页面布局进行必要的调整，例如设置页面大小、页面边距、纸张方向等，从而方便后期文档顺利制作。下面将对这些基本设置进行介绍。

■2.1.1 页面大小按需调整

文档默认的纸张为A4大小，用户可以根据需要将纸张设置成其他尺寸。在“页面布局”选项卡中单击“纸张大小”下拉按钮，在列表中选择合适的尺寸即可，如图2-1所示。如果在列表中没有合适的尺寸，可选择“其他页面大小”选项，在“页面设置”对话框中根据需要输入“宽度”和“高度”值，单击“确定”按钮即可，如图2-2所示。

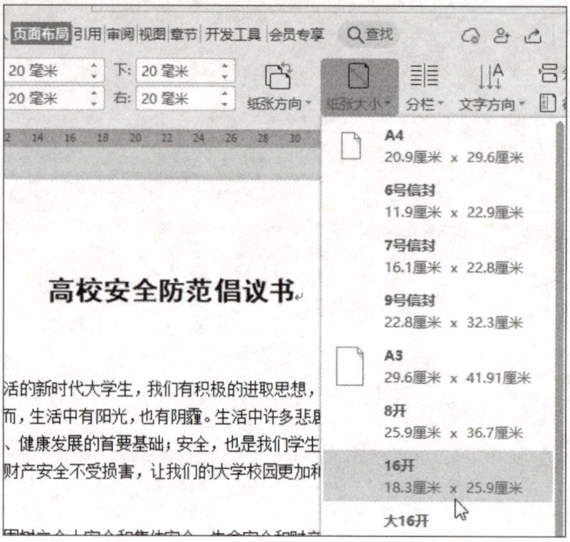

图 2-1

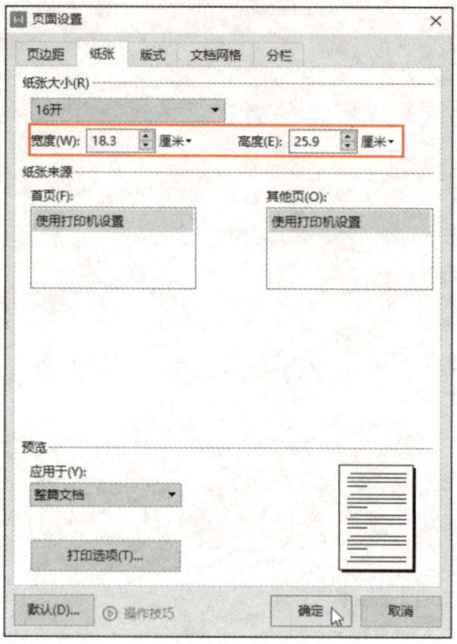

图 2-2

■2.1.2 调整页边距

有时出于页面装订和美观的需求，用户需对文档的页边距进行设置。页边距是指页面边线到文字之间的距离。同样在“页面布局”选项卡中单击“页边距”下拉按钮，在其列表中选择所需的边距值即可，如图2-3所示。此外，在“页面布局”选项卡中，用户可直接设置“上、下、左、右”的边距值。

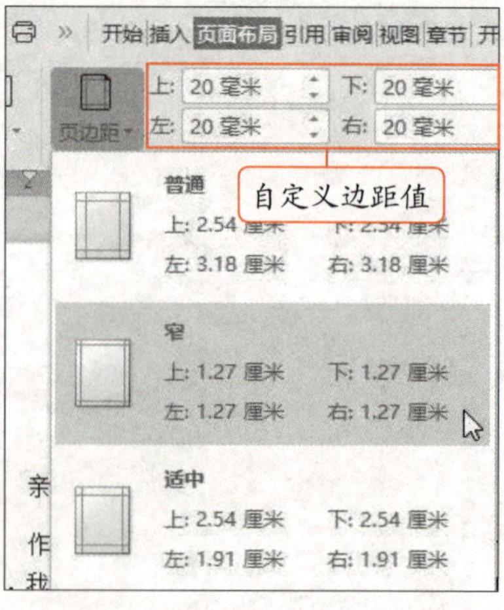

图 2-3

2.1.3 设置纸张方向

在“页面布局”选项卡中单击“纸张方向”下拉按钮，可在列表中选择文档显示方向，默认为纵向显示，如图2-4所示。用户还可以在“页面设置”对话框的“页边距”选项卡中设置纸张方向，如图2-5所示。

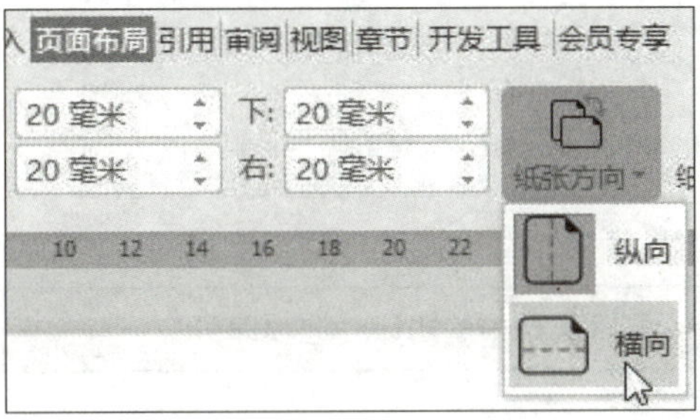

图 2-4

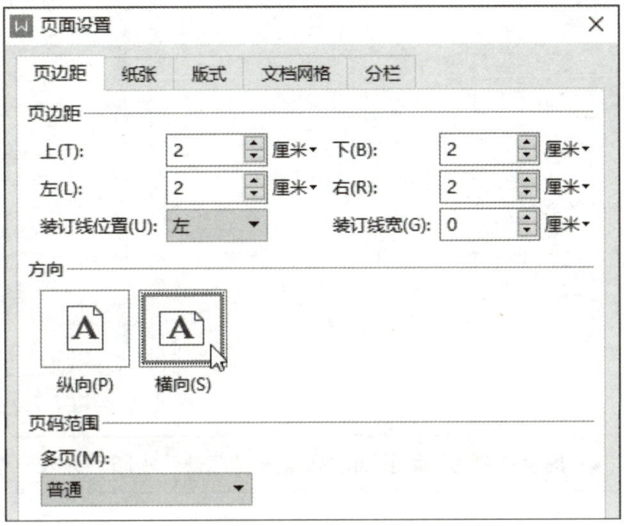

图 2-5

2.1.4 添加水印

WPS文字提供了多种水印模板，用户可直接套用。此外，也可以进行自定义水印操作。在“插入”选项卡中单击“水印”下拉按钮，在其列表中选择所需的水印模板，即可完成水印的添加操作，如图2-6所示。

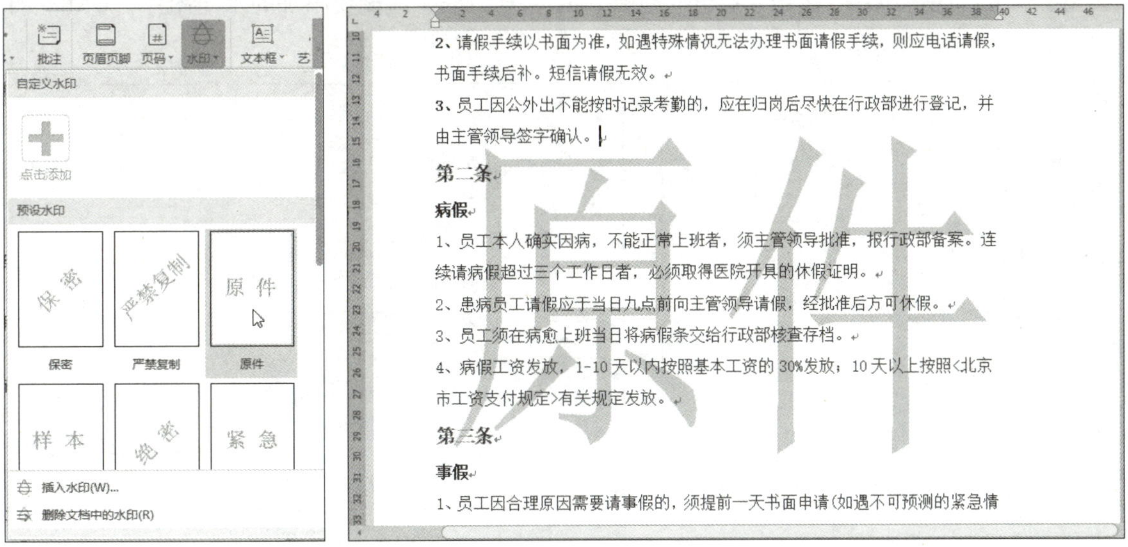

图 2-6

在“水印”列表中选择“点击添加”选项，在打开的“水印”对话框中用户可以选择“图片水印”或“文字水印”类型，然后根据需求对水印的版式、大小、对齐方式等属性进行设置，完成后单击“确定”按钮即可，如图2-7所示。

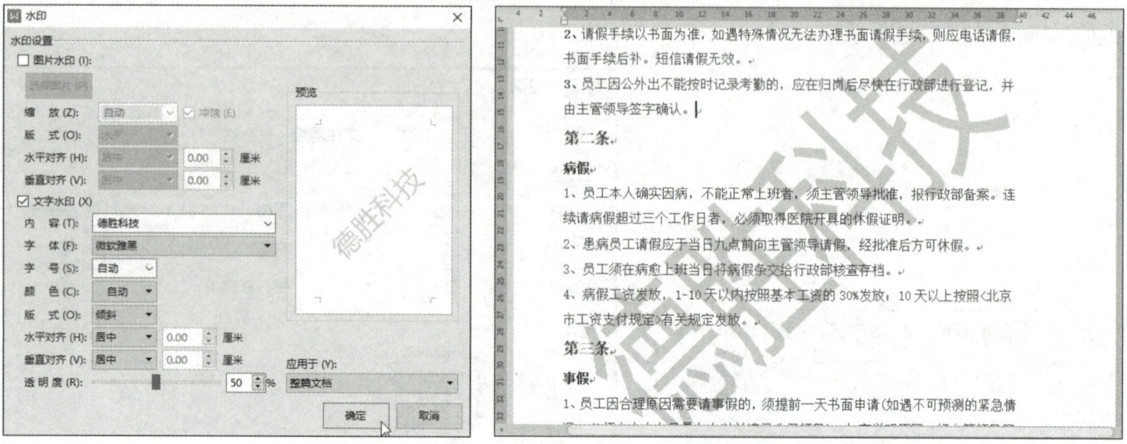

图 2-7

> **提示：**要想删除页面水印，只需打开“水印”列表，选择“删除文档中的水印”选项即可。

实例 为保密协议添加图片水印

为了避免公司重要文件被恶意复制或篡改，用户可为该文件添加水印。下面将介绍图片水印的添加操作。

步骤 01 打开文档，在“插入”选项卡中单击“水印”下拉按钮，在列表中选择“点击添加”选项，打开“水印”对话框，勾选“图片水印”复选框，如图2-8所示。

步骤 02 单击“选择图片”按钮，打开“选择图片”对话框，选择要添加的水印图片，单击“打开”按钮，如图2-9所示。

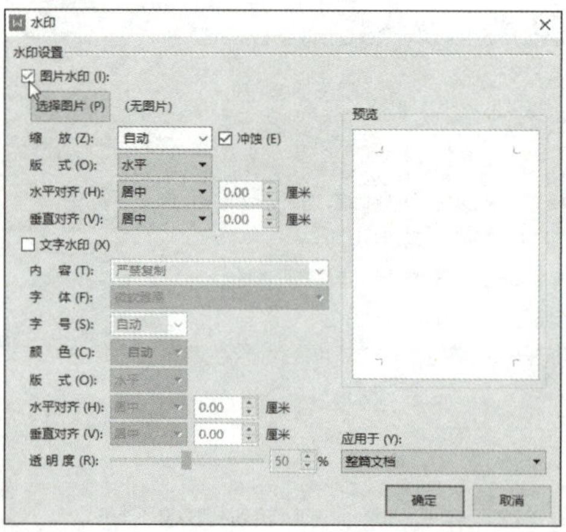

图 2-8

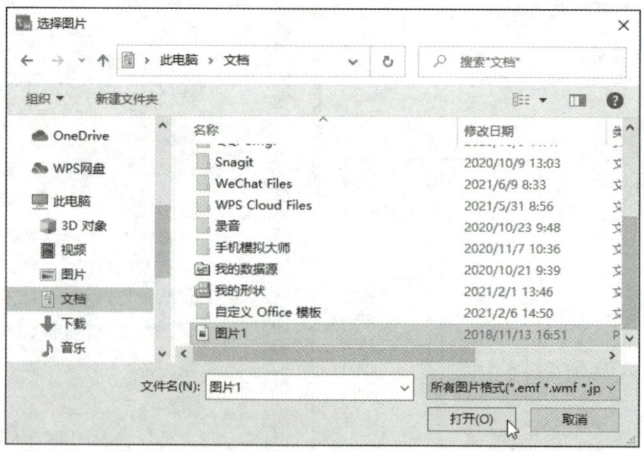

图 2-9

步骤03 返回“水印”对话框，其他选项都保持默认，单击“确定”按钮，如图2-10所示。

步骤04 再次打开“水印”列表，选择刚设置好的图片水印，即可将其插入文档中，效果如图2-11所示。

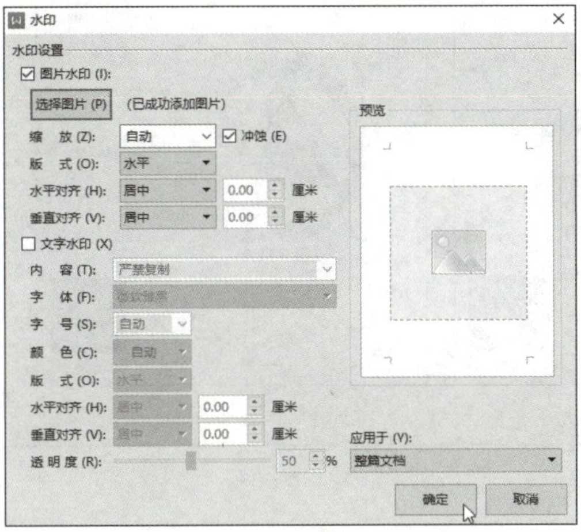

图 2-10

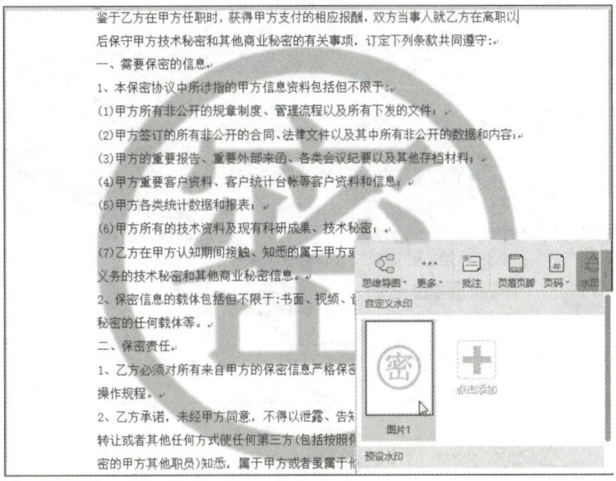

图 2-11

■2.1.5 添加页面背景

默认情况下，页面背景是白色的。如果用户认为页面效果比较单调，可以尝试为页面换个背景。页面背景可分为4大类，分别是纯色背景、渐变色背景、图片背景以及图案背景。这4种类型的背景都可在“背景”列表中进行设置。

1. 纯色背景

在“页面布局”选项卡中单击“背景”下拉按钮，在打开的列表中选择一款主题颜色或标准色，即可为当前页面添加背景色，如图2-12所示。

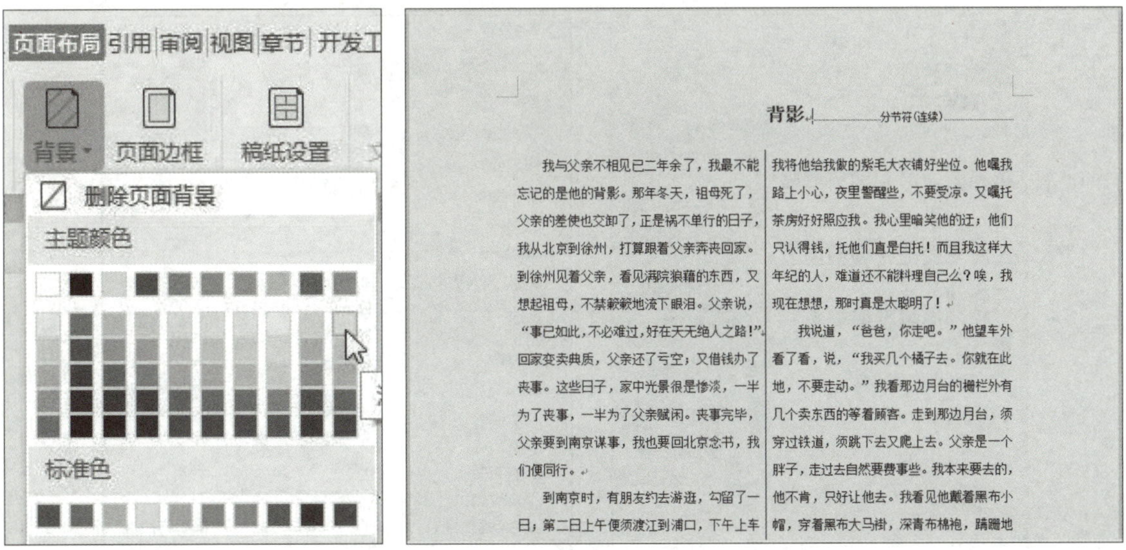

图 2-12

❗ **提示**：如果列表中没有合适的颜色，可选择“其他填充颜色”选项，在打开的“颜色”对话框中选择适合的颜色。颜色种类很多，可以满足用户日常需求，如图2-13所示。

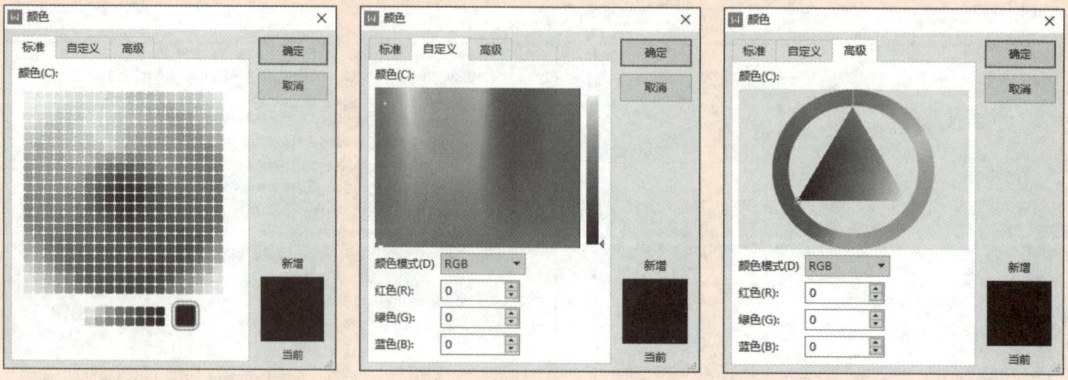

图 2-13

2. 渐变色背景

填充渐变色背景与填充纯色背景的操作相同，只需在“背景”列表的“渐变填充”选项组中选择内置的渐变色即可。如果用户是稻壳会员，还可以选择会员专享的渐变色进行填充，如图2-14所示。

如果用户想要自定义渐变色，可在“背景”列表中选择“其他背景”选项，在其级联菜单中选择“渐变”选项，如图2-15所示。在打开的“填充效果”对话框中设置渐变色即可，如图2-16所示。

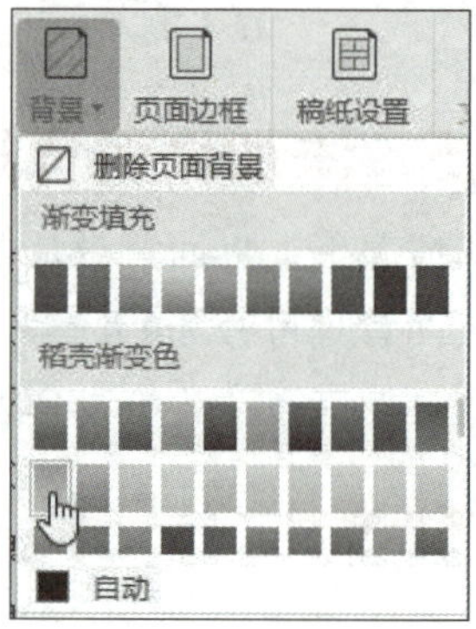

图 2-14

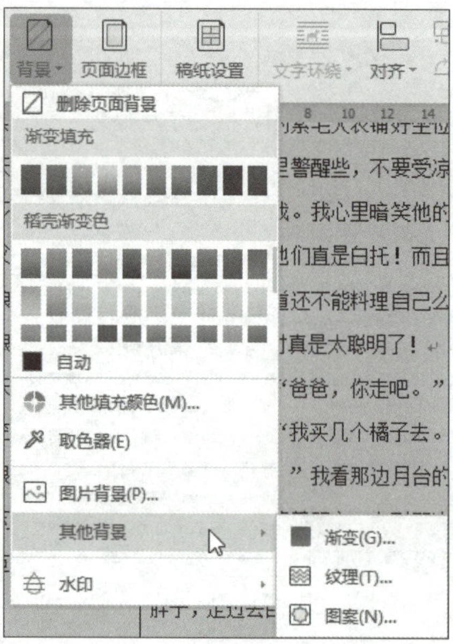

图 2-15

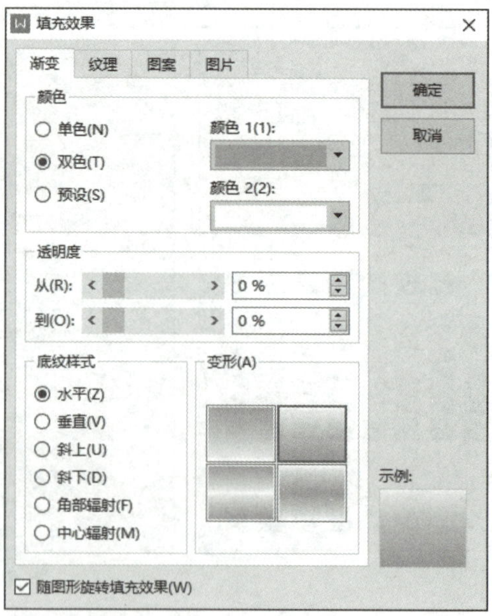

图 2-16

3. 图片背景

在“背景”列表中选择“图片背景”选项，在打开的“填充效果”对话框中单击“选择图片”按钮，如图2-17所示。打开“选择图片”对话框，在此选择所需的背景图，单击“打开”按钮，如图2-18所示。返回“填充效果”对话框，单击“确定”按钮，即可为当前文档添加背景图，如图2-19所示。

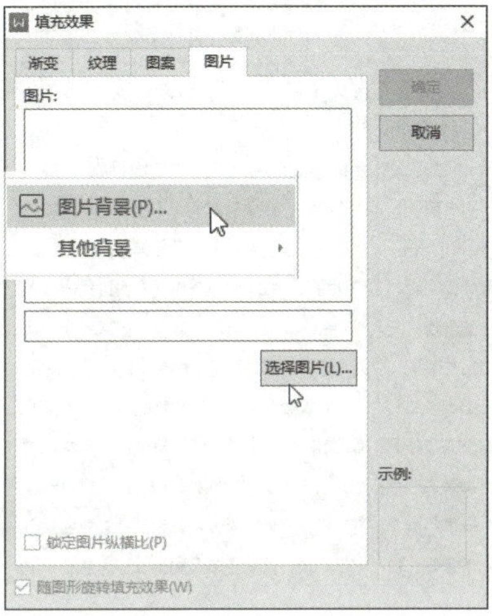

图 2-17

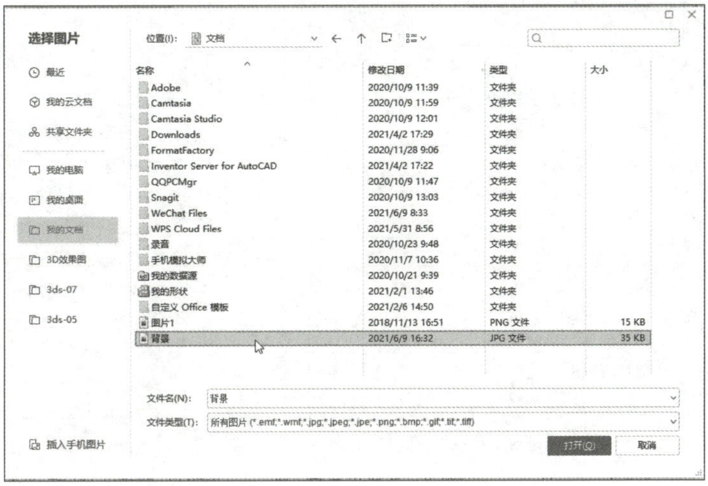

图 2-18

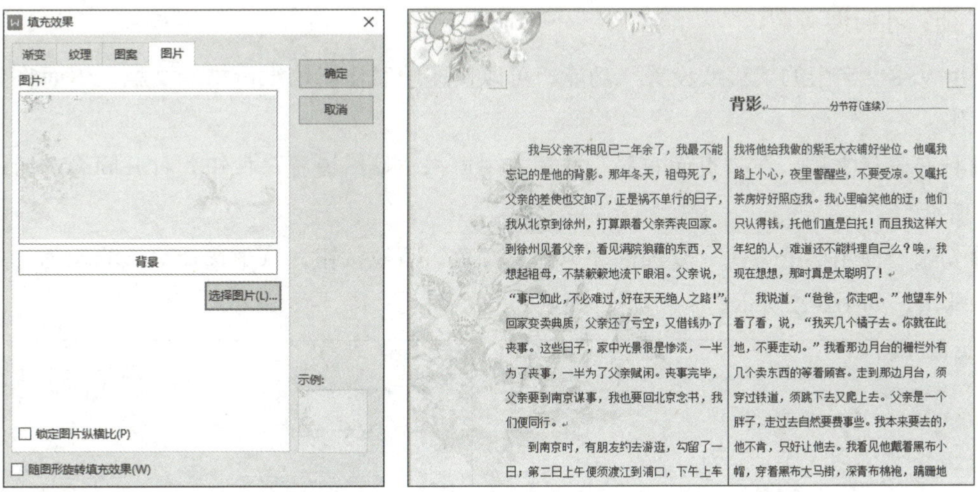

图 2-19

注意事项

利用以上方法为文档添加背景图，其选择的图片尺寸需与当前页面尺寸相同，否则会导致背景图片显示不完整的现象。

4. 图案背景

使用自带的图案背景，会让人感受到不一样的页面风格。在“背景”列表中选择“其他背景”选项，并在其级联菜单中选择“图案”选项，在打开的对话框中选择好图案样式，并设置好“前景”色和“背景”色，单击“确定”按钮即可，如图2-20所示。

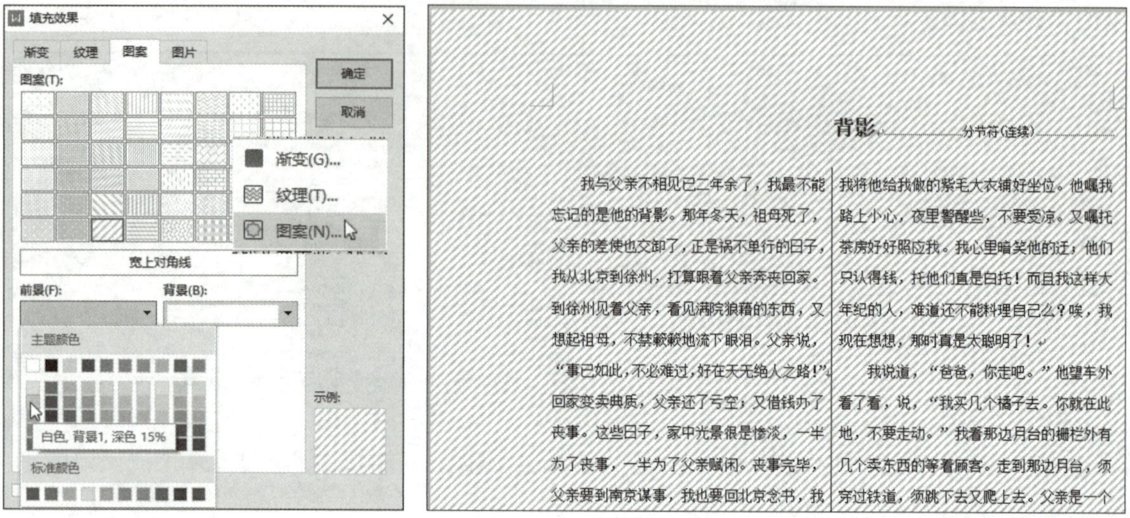

图 2-20

实例 制作信纸文档

利用WPS文字中的“稿纸设置”功能，可以快速地制作出信纸风格的文档。下面将介绍具体的操作。

步骤 01 打开素材文档，在“页面布局”选项卡中单击“稿纸设置”按钮，打开同名对话框，如图2-21所示。

步骤 02 勾选“使用稿纸方式”复选框，单击“颜色”下拉按钮，从中选择稿纸的颜色，其他选项保持默认，如图2-22所示。

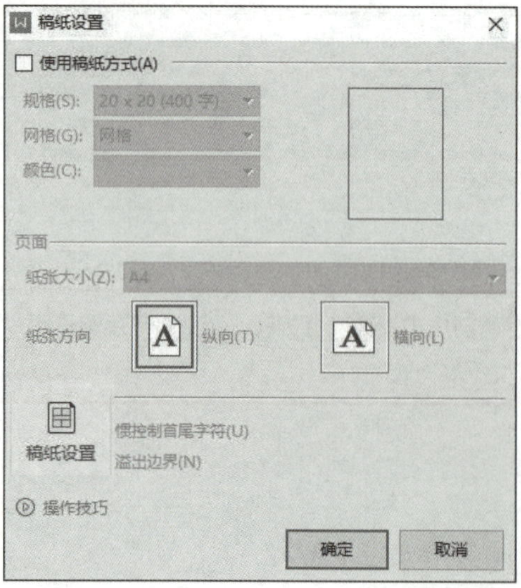

图 2-21

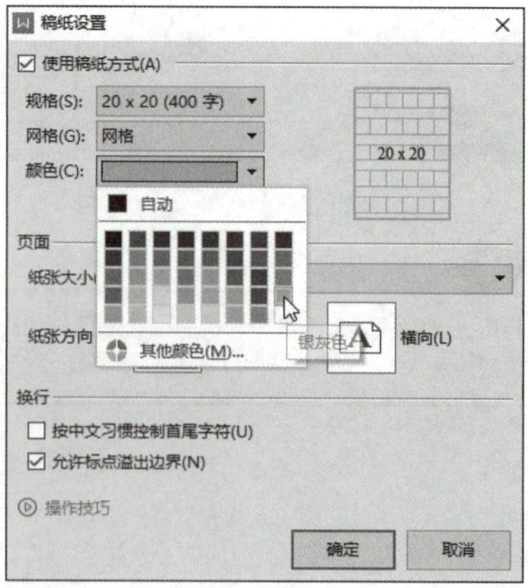

图 2-22

步骤03 单击“确定”按钮，此时当前文档会以设置的稿纸模式来显示，如图2-23所示。

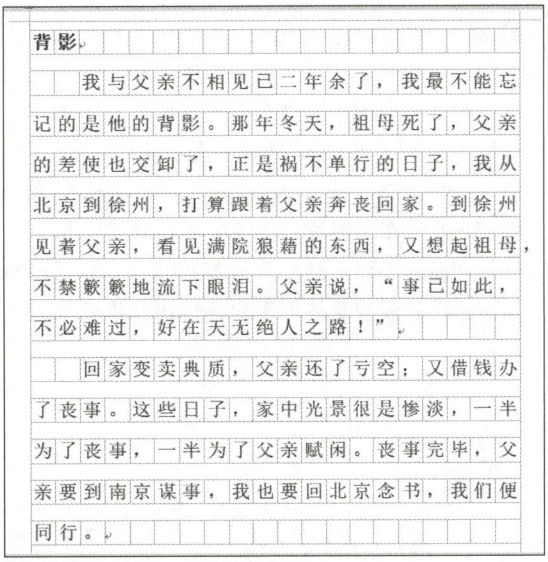

图 2-23

> **提示**：在“稿纸设置”对话框的“规格”列表中，用户可以设置每页的行数和字数；在“网格”列表中可以设置稿纸样式，默认为“网格”样式。

2.2 用图片和图形美化文档

利用图片和图形可以让呆板的页面版面丰富起来，使页面更加赏心悦目。另外，图文并茂的文档会更加具有说服力。本节将向用户介绍图片、图形、文本框、艺术字等元素的应用。

2.2.1 图片的应用

图片的基本操作包括图片的插入、编辑与美化。下面将分别对这3项基本操作进行详细的介绍。

1. 插入图片

在文档中指定好图片插入点，在“插入”选项卡中单击“图片”按钮，在“插入图片”对话框中选择好要插入的图片，单击“打开”按钮，此时，该图片已插入文档中，如图2-24所示。

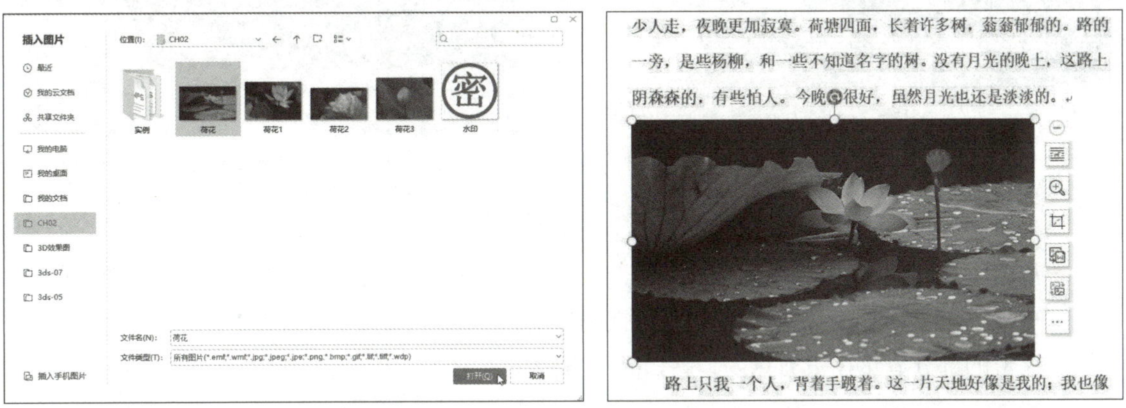

图 2-24

提示：如果用户是稻壳会员，还可以利用“在线图片”功能来选择配图。单击“图片”下拉按钮，在“稻壳图片”列表中选择所需的配图，单击鼠标，即可将该配图插入文档中，如图2-25所示。

此外，在“图片”列表中可以通过“来自手机”功能将手机中的图片插入文档中。单击该命令，会打开设置窗格，用户根据操作提示插入图片即可。

图 2-25

2. 编辑图片

在文档中插入图片后需要对图片进行一系列编辑操作，例如，更改图片的大小、裁剪图片、设置图片的环绕方式、抠除图片背景等。

- **更改图片大小**：选中图片，将光标移至图片右下角控制点上，当指针变成双向箭头形状时，按住鼠标左键不放，拖动鼠标即可调整其大小，如图2-26所示。

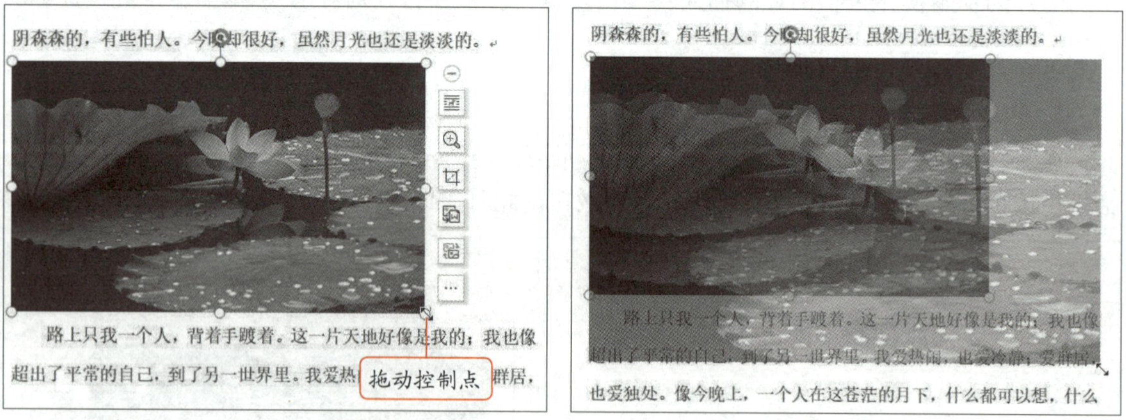

图 2-26

- **裁剪图片**：选中图片，在“图片工具”选项卡中单击“裁剪”按钮，图片四周会显示裁剪点。将光标移至任意裁剪点上，拖动裁剪点至合适位置，如图2-27所示。确保图片需保留的部分显示在裁剪点内，按Enter键即可，如图2-28所示。

图 2-27

图 2-28

提示： 用户可以将图片裁剪为想要的形状。单击“裁剪”下拉按钮，在列表中选择所需的形状，如图2-29所示。然后调整好图片保留的范围，按Enter键即可，如图2-30所示。

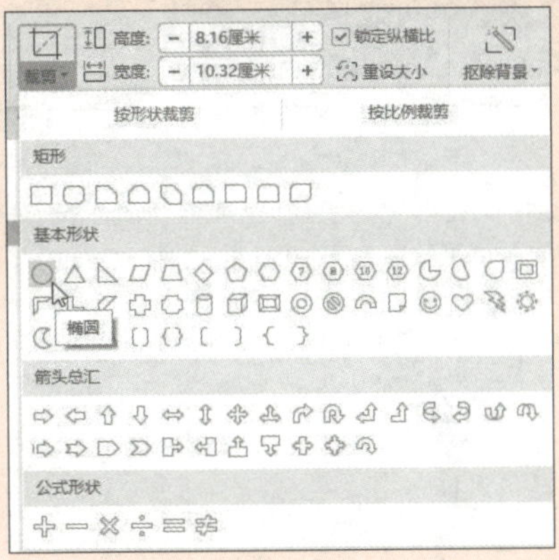

图 2-29

图 2-30

- **设置图片的环绕方式：** 默认情况下，插入的图片是以嵌入方式显示的，此时图片不能随意移动。为了能够灵活处理图片位置，可以更换其环绕方式。WPS文字为用户提供了7种环绕方式，用户可在“图片工具”选项卡中单击“文字环绕”下拉按钮，在打开的列表中选择所需的方式即可，如图2-31所示。

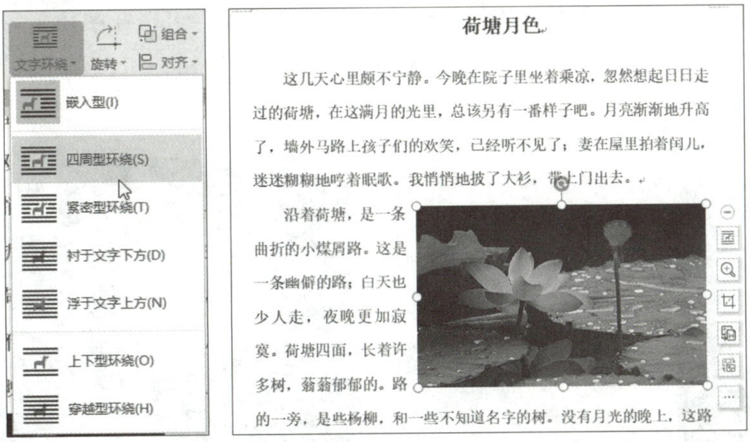

图 2-31

- **抠除图片背景**：利用“抠除背景”功能可以快速地删除图片背景。选中图片，在“图片工具”选项卡中单击“抠除背景”按钮，打开“抠除背景”设置窗口，在右侧工具栏中单击“保留”按钮，在图片中绘制出要保留的区域，如图2-32所示。单击“抠除”按钮，绘制出背景区域，如图2-33所示。单击“长按预览”按钮，预览抠除效果，单击“完成抠图”按钮即可删除背景图，如图2-34所示。

图 2-32

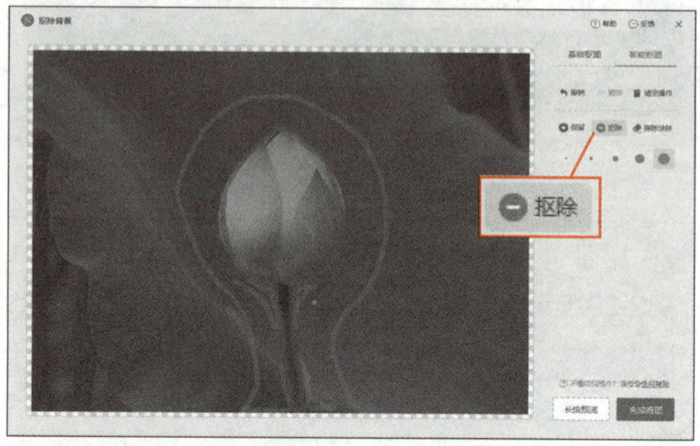

图 2-33

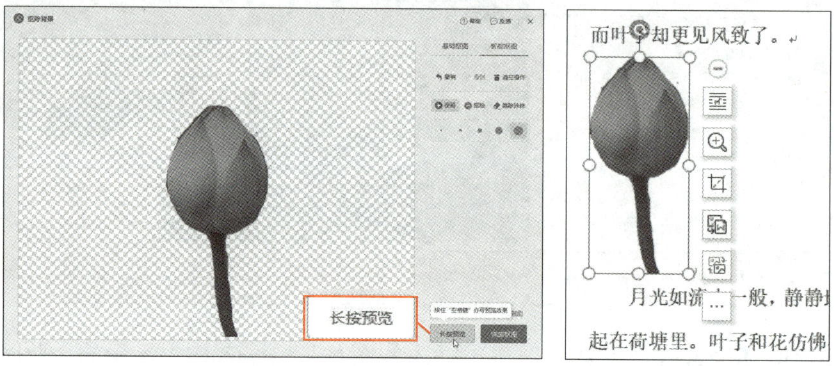

图 2-34

3. 美化图片

对图片进行编辑后，就可以对其进行美化，让图片内容变得更加丰富多彩。选中图片，在“图片工具”选项卡中单击“色彩”下拉按钮，在其列表中用户可选择图片色彩模式，如图2-35所示。单击“增加/降低对比度”或单击“增加/降低亮度”按钮，可以调节图片颜色的对比度或亮度，如图2-36所示。

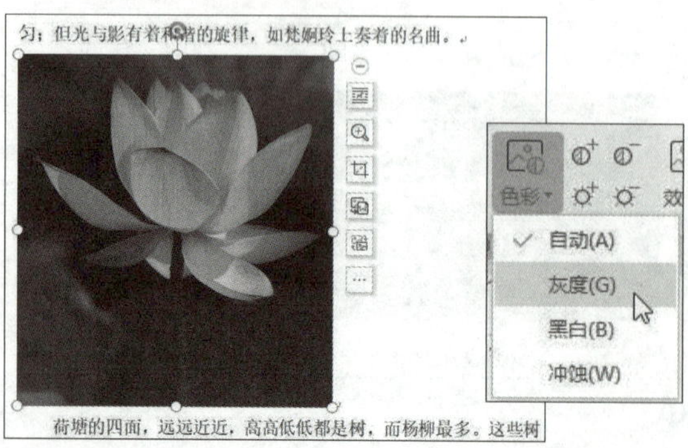

图 2-35

图 2-36

在“图片工具”选项卡中单击“效果”下拉按钮，用户可为图片添加阴影、倒影、发光、柔化边缘、三维旋转等效果，如图2-37所示。

图 2-37

在“效果”列表中，用户可以对图片进行基本的设置，如果需要调整其效果，可选择“更多设置”选项，在“属性”设置窗格中，用户可以对其效果进行详细的设置，如图2-38所示。

> ❗ **提示**：在“图片工具”选项卡中单击“重设样式”按钮，可将图片迅速恢复为原始状态，方便用户重新调整样式。

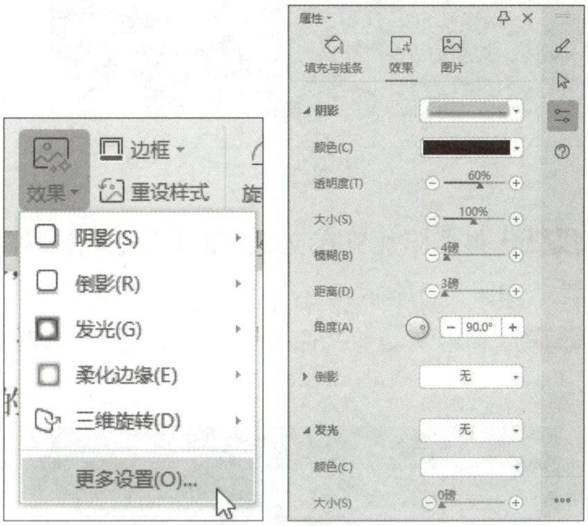

图 2-38

实例 为《寄小读者》文档添加配图

下面将利用以上所学内容，来为一篇散文文档配图。具体操作如下。

步骤 01 打开原始文档，将光标放置在文档起始位置，按Enter键另起一行，将图片素材直接拖至文档起始处，如图2-39所示。

步骤 02 选中图片，单击“裁剪”按钮，调整好裁剪范围，按Enter键对图片进行裁剪，如图2-40所示。

图 2-39

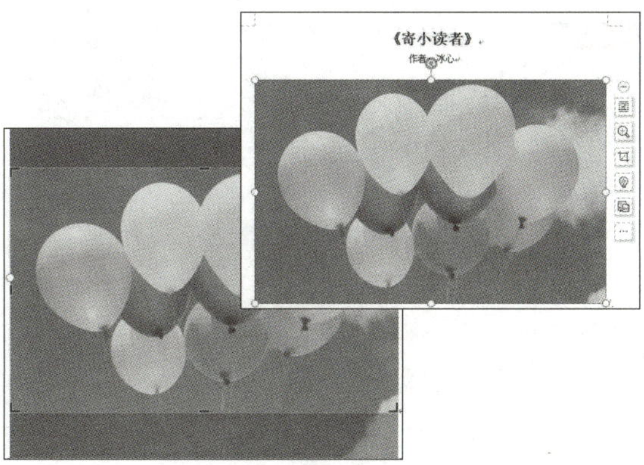

图 2-40

步骤03 选中图片，在“图片工具”选项卡中单击“增加亮度”按钮，调整图片的亮度，如图2-41所示。

步骤04 单击“效果”按钮，在其列表中选择“柔化边缘”选项，并在其级联菜单中选择合适的柔化参数，对图片边缘进行柔化操作，如图2-42所示。

图 2-41

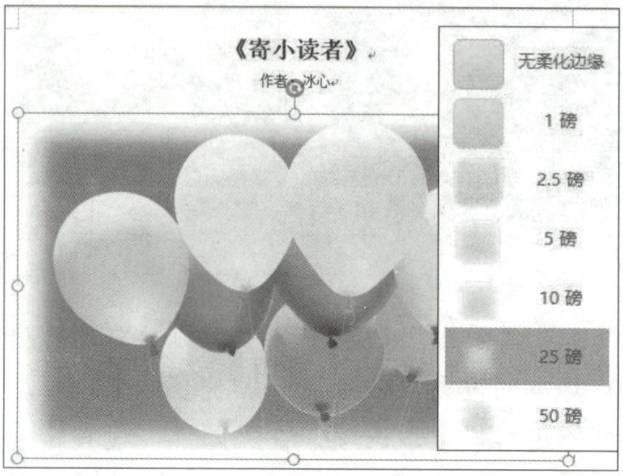

图 2-42

步骤05 将光标放置在文章第3段末尾处，按Enter键另起一行，将“配图2”图片插入相应位置，如图2-43所示。

步骤06 利用“裁剪”命令，将图片进行裁剪操作，裁剪效果如图2-44所示。

图 2-43

图 2-44

步骤07 选中该图片，单击右侧“布局选项”按钮，在打开的列表中选择“四周型环绕”选项，如图2-45所示。

图 2-45

步骤08 设置完成后，将图片移至该段落右侧合适位置，并调整好大小，如图2-46所示。

步骤09 选中该图片，将图片效果设为“柔化边缘”，其参数依然是10磅，效果如图2-47所示。

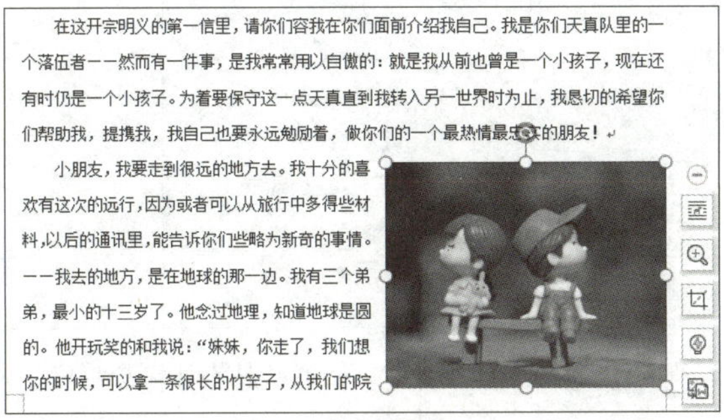

图 2-46

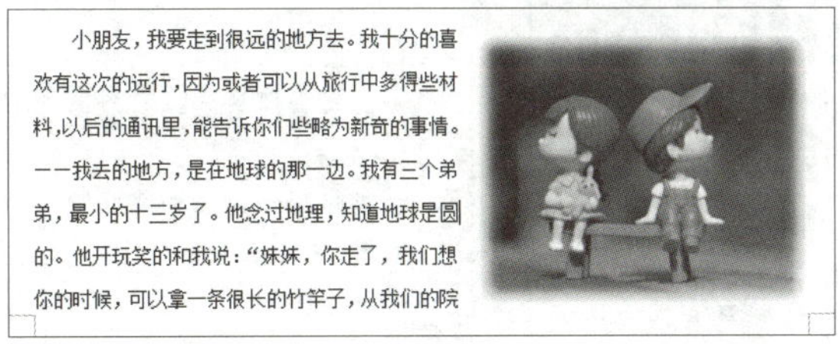

图 2-47

提示： 选中图片后，用户可在图片右侧快捷工具栏中选择相应的编辑工具进行操作。

2.2.2 图形的应用

利用图形可对文档进行修饰，从而丰富文档页面效果。WPS文字提供了多个类别的图形，例如线条、基本形状、箭头总汇等。下面将介绍图形的插入以及编辑操作。

1. 插入图形

在“插入”选项卡中单击“形状”按钮，在打开的列表中选择所需图形，如图2-48所示。然后使用鼠标拖动的方法绘制出该形状即可，如图2-49所示。

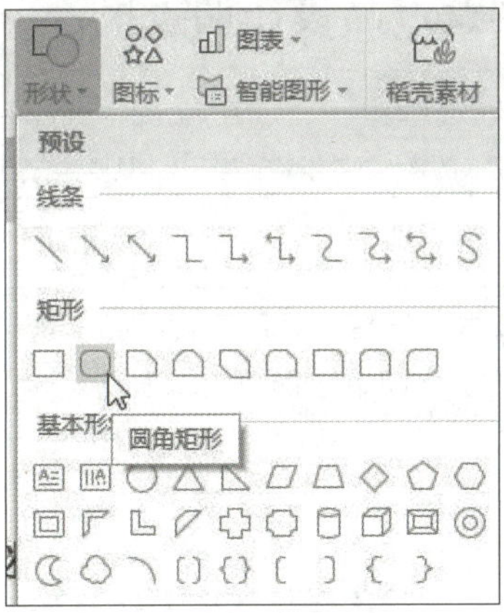

图 2-48

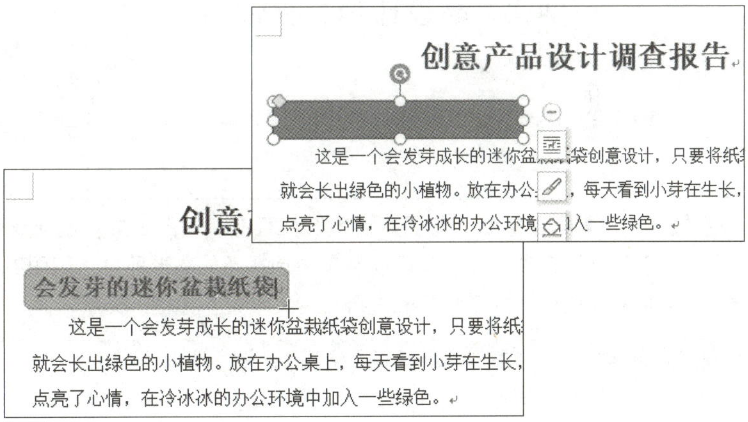

图 2-49

2. 美化编辑图形

图形绘制好后，用户可对绘制的图形进行编辑和美化操作。选中图形，在“绘图工具”选项卡中单击“填充”下拉按钮，在其列表中可以更改图形的颜色，如图2-50所示。单击“轮廓”下拉按钮，在其列表中可更改当前图形的轮廓线样式，如图2-51所示。单击“形状效果”下拉按钮，在列表中可对图形的外观效果进行设置，如图2-52所示。

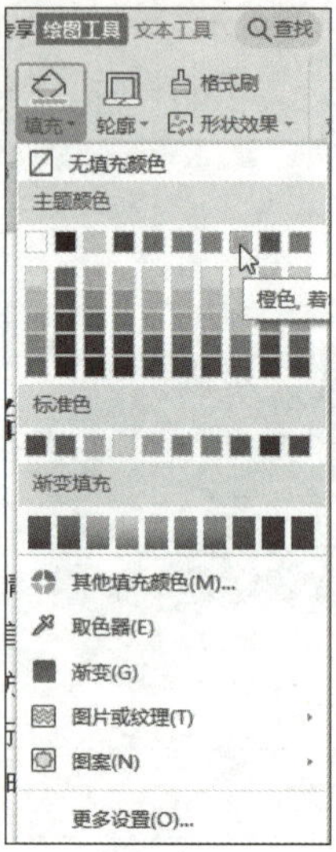

图 2-50

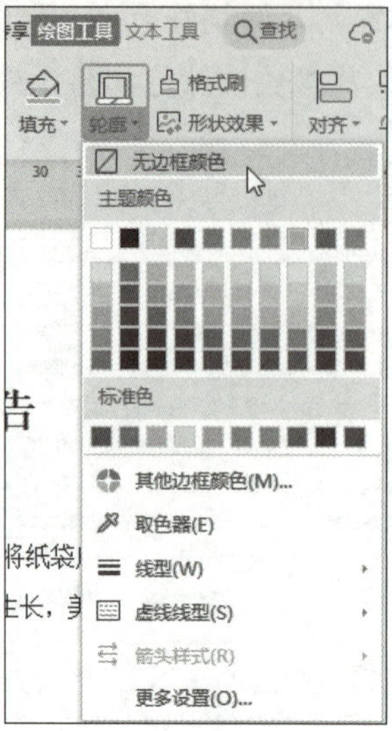

图 2-51

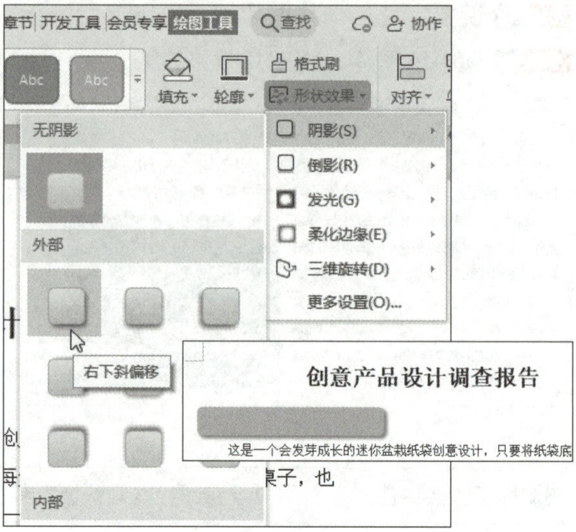

图 2-52

双击图形后，可在图形中添加文字内容，并且可设置文字的字体、字号、颜色等格式，效果如图2-53所示。

按Ctrl键并移动图形，可快速复制图形。用户可以对复制后的图形的颜色、轮廓线进行设置。单击鼠标右键，在快捷菜单中选择“置于底层”选项，可设置图形之间的排列顺序，效果如图2-54所示。

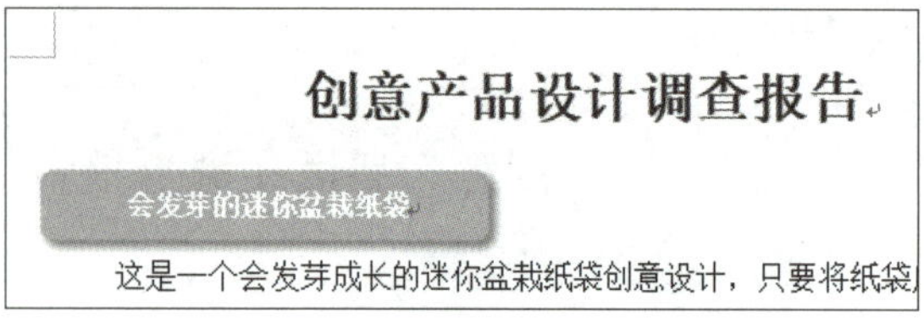

图 2-53

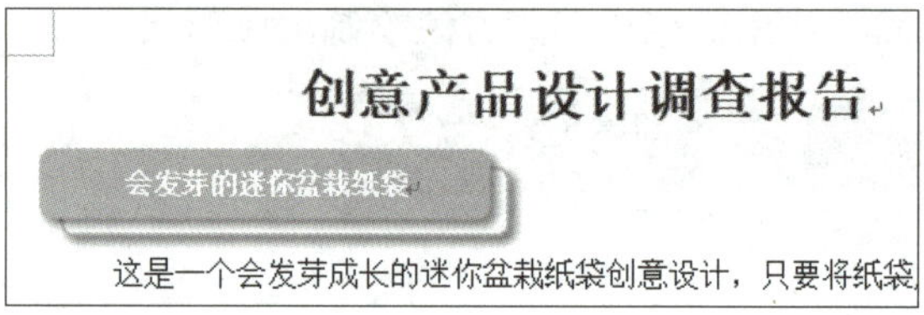

图 2-54

提示：设置好图形后，想要更换图形，可在“绘图工具”选项卡中单击“编辑形状”下拉按钮，选择“更改形状”选项，并在其级联菜单中选择新的图形即可，如图2-55所示。如果选择“编辑顶点”选项，可以对当前图形的形状轮廓进行自定义设置，如图2-56所示。

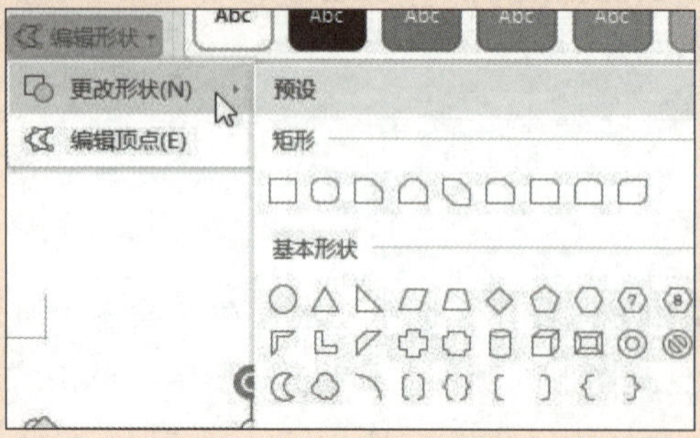

图 2-55

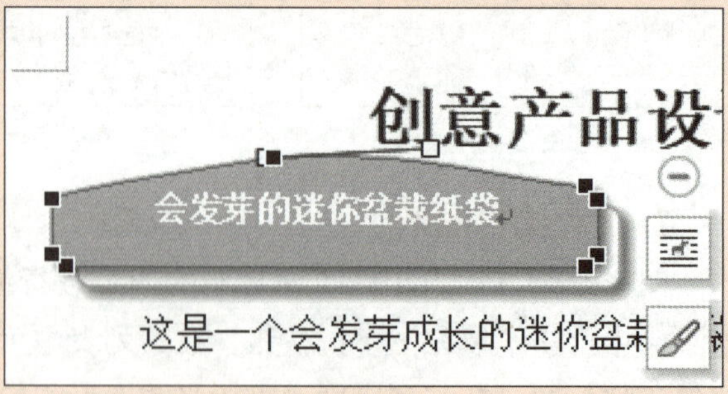

图 2-56

■2.2.3 文本框的应用

默认情况下，在输入文档内容时，只能按照页面顺序从上往下、从左往右依次输入。如果想要在文档某处添加注解或其他文字内容，就需要使用文本框了。文本框可以灵活地安排文本位置，它是页面排版的一大利器。

文本框有两种类型，分别为横排文本框和竖排文本框。用户可根据页面版式的需求来选择使用。在“插入”选项卡中单击“文本框”下拉按钮，在其列表中选择文本框的类型，然后在文档中使用鼠标拖动的方法，即可绘制出文本框，如图2-57所示。绘制完成后，可在文本框内输入文本内容，如图2-58所示。

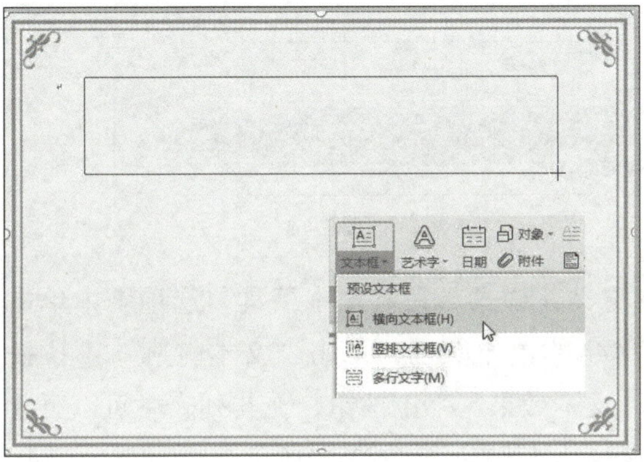

图 2-57

图 2-58

默认的文本框带有白色底纹以及黑色边框，这样的效果看上去不太美观。遇到这种情况，用户对文本框稍加美化即可。选中文本框，在“文本工具”选项卡中单击“形状填充”下拉按钮，在其列表中可以设置文本框的底纹颜色；单击“形状轮廓”下拉按钮，在其列表中可设置文本框的边框样式；单击“形状效果”下拉按钮，在其列表中可以对文本框的外观效果进行设置，方法与设置图形样式相同，如图2-59所示。

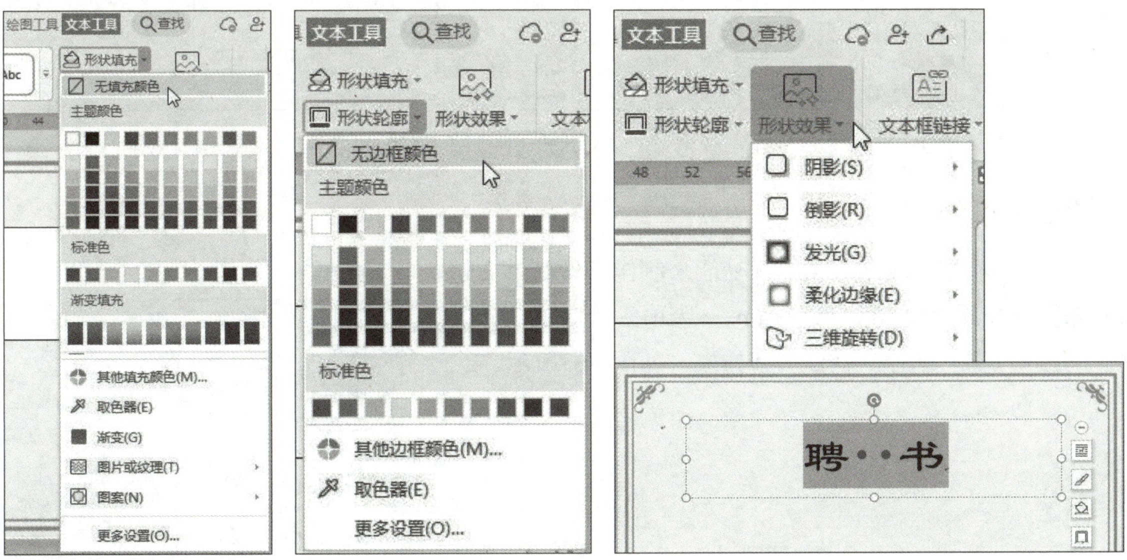

图 2-59

■2.2.4 艺术字的应用

在制作荣誉证书、聘书、贺卡、海报之类的文档时，通常需要使用艺术字来打造标题，以达到强烈、醒目的效果。下面将艺术字的应用操作进行简单介绍。

在"插入"选项卡中单击"艺术字"下拉按钮，从列表中可以选择一款满意的艺术字样式，如图2-60所示。系统会显示出相应样式的模板文本框，在此文本框中输入所需的标题内容即可，如图2-61所示。

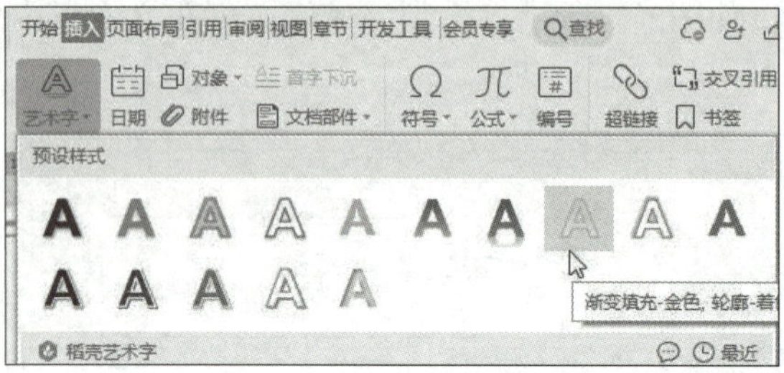

图 2-60

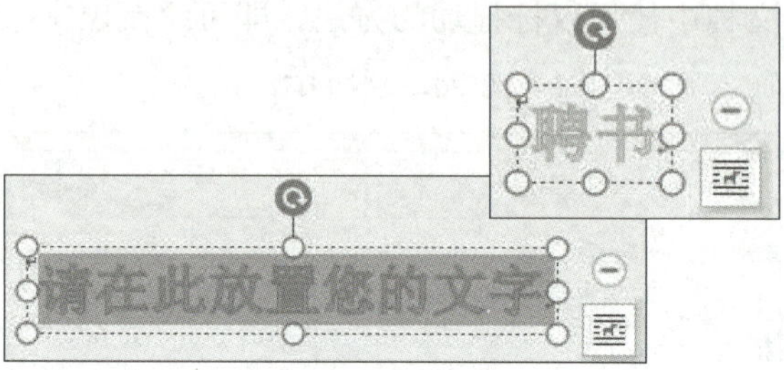

图 2-61

如果对当前艺术字样式不满意，用户可以自定义其样式。在"文本工具"选项卡中单击"文本填充"下拉按钮，在其列表中可以更改艺术字的填充颜色；单击"文本轮廓"下拉按钮，在其列表中可以更改艺术字轮廓样式；单击"文本效果"下拉按钮，在其列表中可以更改艺术字外观效果，例如阴影、发光、倒影、三维旋转、转换等，如图2-62所示。

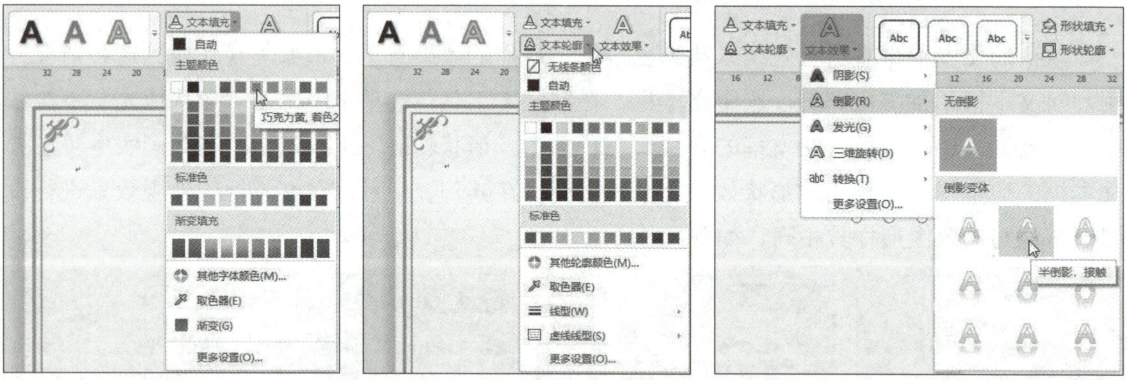

图 2-62

实例 制作聘书文档

下面将利用艺术字、文本框功能来制作一份聘书文档。

步骤 01 打开原始文档，在"插入"选项卡中单击"艺术字"下拉按钮，选择一款艺术字样式，如图2-63所示。

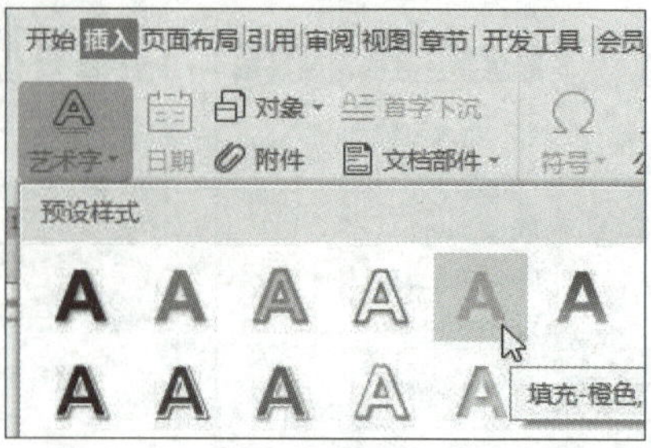

图 2-63

步骤02 输入标题内容，并设置好内容的字体和字号，如图2-64所示。

图 2-64

步骤03 选中艺术字，在“文本工具”选项卡中单击“文本填充”下拉按钮，在列表中选择“取色器”选项，当光标变成吸管形状后，单击背景边框颜色，如图2-65所示。

步骤04 单击后，艺术字将会自动填充该颜色，如图2-66所示。

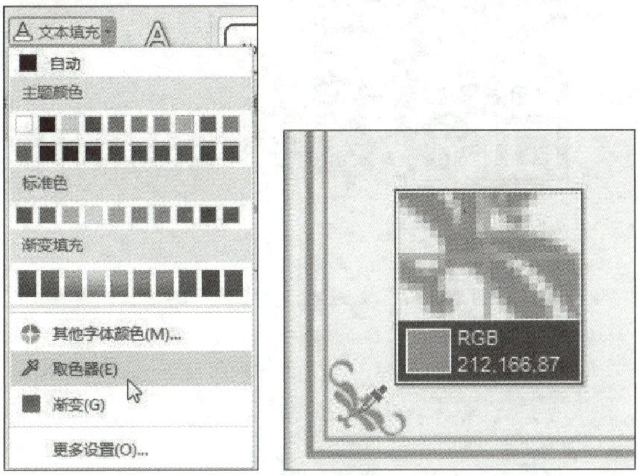

图 2-65

图 2-66

步骤05 在“插入”选项卡中单击“文本框”下拉按钮，在列表中选择“横向文本框”选项，在页面中绘制好文本框，并输入其内容，设置好文字格式，如图2-67所示。

步骤06 将文本框设置为无底纹、无边框样式，并插入公章图片至文档合适位置，如图2-68所示。至此聘书文档制作完成。

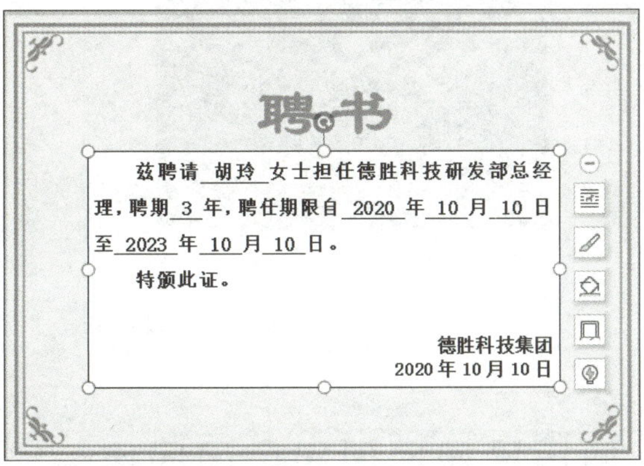

图 2-67

图 2-68

■2.2.5 制作专属二维码

WPS文字为用户提供了非常便捷的二维码生成功能，让用户能够轻松地制作出自己的专属二维码。

在“插入”选项卡中单击“更多”下拉按钮，在列表中选择“二维码”选项，在打开的“插入二维码”对话框中的“输入内容”文本框中输入所需网址内容，如图2-69所示。在右侧设置栏中，用户可对当前二维码进行美化设置。单击“颜色设置”选项卡，可更改当前二维码的颜色，如图2-70所示；单击“嵌入文字”选项卡，可以在二维码中输入文字内容；单击“图案样式”选项，并单击“定位点样式”按钮，在打开的列表中，可选择定位点的样式，如图2-71所示。

图 2-69

图 2-70

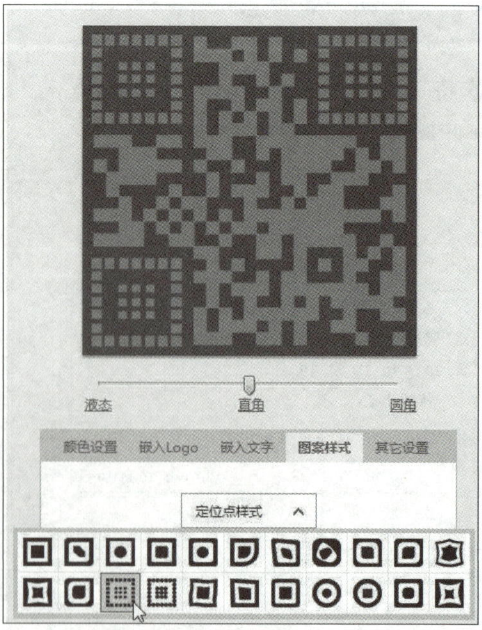

图 2-71

用户还可在“其它设置”选项卡中进行更详细的设置，设置完成后单击“确定”按钮，即可生成一个专属二维码，如图2-72所示。

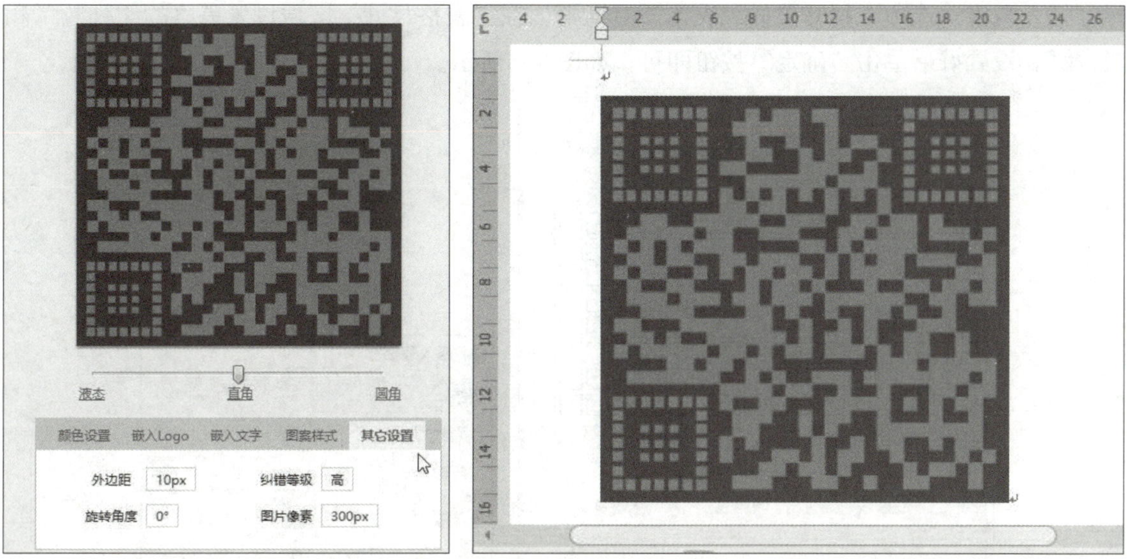

图 2-72

2.3 用表格管理数据

在WPS文字中不仅可以编辑文字，还可以插入表格。在制作课程表、请假条等文档时，就会用到表格功能。下面将对表格的创建、基本操作、美化等进行详细介绍。

2.3.1 创建表格

在文档中创建表格的方法有很多，较为常用的方法有两种，下面将分别对其进行介绍。

1. 利用快捷列表插入

在文档中将光标定位至需要插入表格的位置，在“插入”选项卡中单击“表格”下拉按钮，从展开的列表中滑动光标选取8行17列以内的方格，如图2-73所示。选择好后即可在文档中插入具有相应行、列数的表格，如图2-74所示。

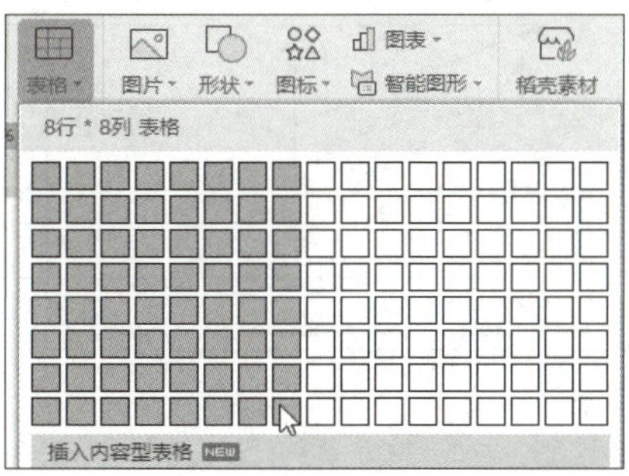

图 2-73

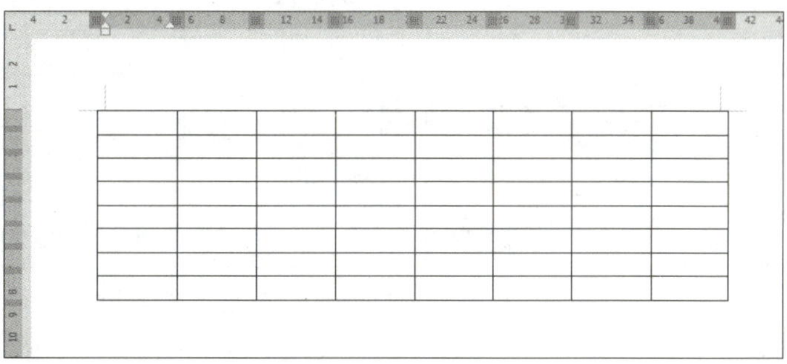

图 2-74

2. 利用对话框插入

如果插入的表格超出了8行17列的范围，可通过对话框来插入。在“表格”下拉列表中选择“插入表格”选项，打开“插入表格”对话框，在“表格尺寸”区域设置表格的“列数”和“行数”，设置好后单击“确定”按钮即可，如图2-75所示。

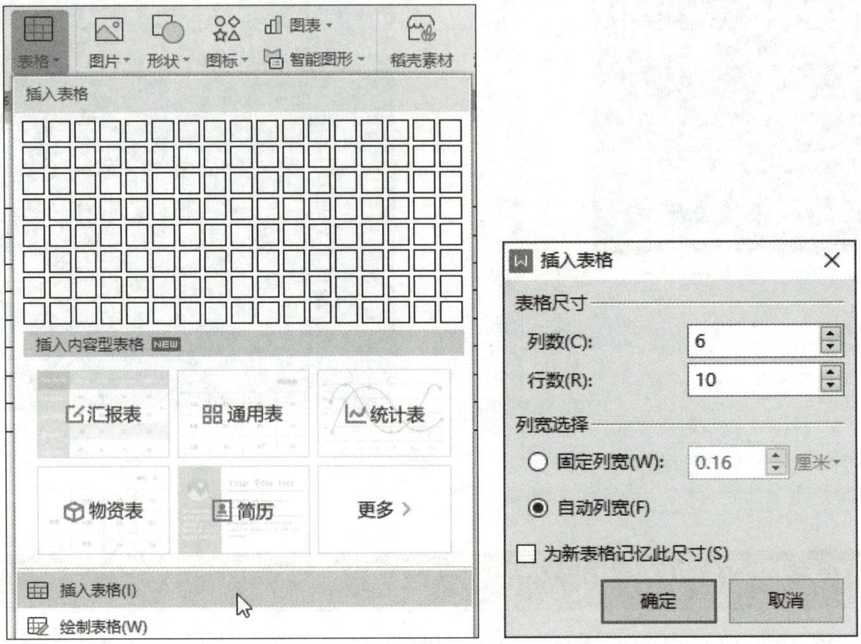

图 2-75

> **提示**：在“表格”列表中，用户还可以根据需要插入内容型表格，即在所需的表格类型上单击，然后进行插入操作即可。

■2.3.2　制作斜线表头

斜线表头在表格中是比较常见的，其位置一般在第1行的第1列。选中表格的首个单元格，在“表格样式”选项卡中单击“绘制斜线表头”按钮，打开“斜线单元格类型”对话框，在此选择斜线表头的样式，单击“确定”按钮即可完成绘制，如图2-76所示。

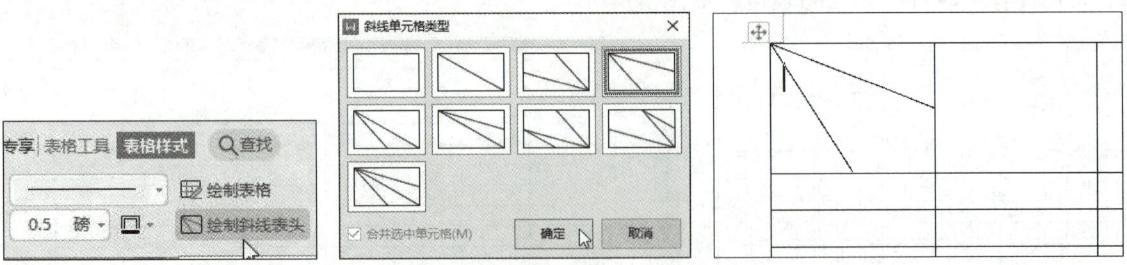

图 2-76

■2.3.3 单元格的合并与拆分

合并单元格是指对同一个表格内的多个单元格进行合并操作，而拆分单元格是将一个单元格拆分成多个单元格。下面将分别对其进行介绍。

1. 合并单元格

在表格中选择多个要合并的单元格，在“表格工具”选项卡中单击“合并单元格”按钮，此时被选中的多个单元格已合并成一个大单元格了，如图2-77所示。

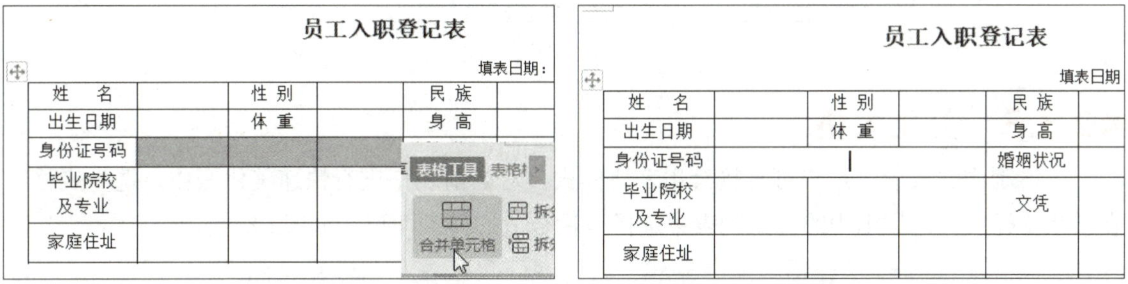

图 2-77

2. 拆分单元格

将光标定位至需要拆分的单元格中，在“表格工具”选项卡中单击“拆分单元格”按钮，打开“拆分单元格”对话框，在“列数”和“行数”数值框中输入要拆分的列数和行数，单击“确定”按钮即可，如图2-78所示。

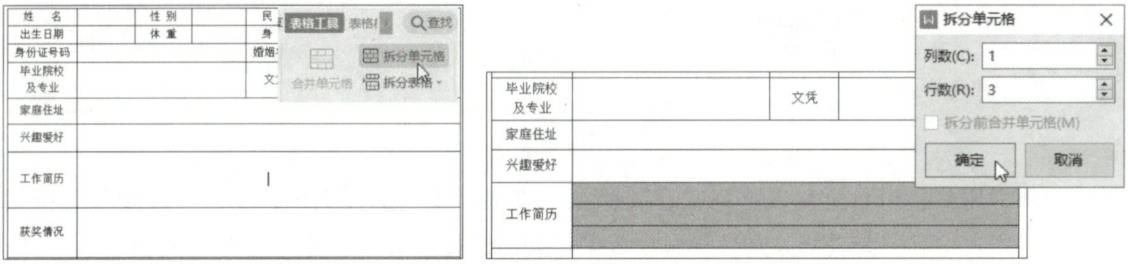

图 2-78

■2.3.4 插入或删除行或列

如果想要在表格中增加行数或列数，可先选择相邻单元行或列。在“表格工具”选项卡中根据需要单击“在上方/下方插入行”或“在左侧/右侧插入列”按钮，即可插入新行或新列，如图2-79所示。

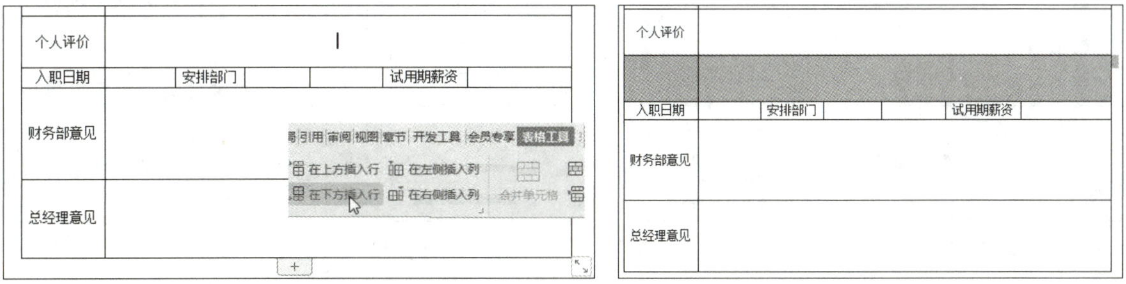

图 2-79

如果想要删除多余的行或列，可先选中想删除的行或列，然后按Backspace键即可删除。或者将光标移至想删除的行或列的分隔线上，当出现加号和减号标记时，单击减号标记同样也可删除，如图2-80所示。

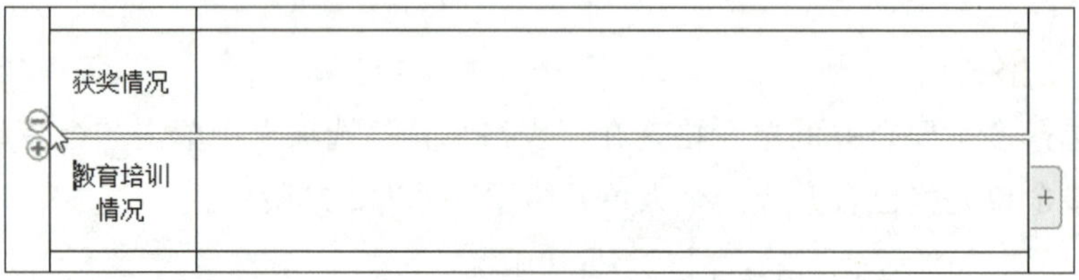

图 2-80

■2.3.5 美化表格

表格制作完成后，用户可直接套用表格样式，对当前表格进行快速美化操作。选中表格，在“表格样式”选项卡中的样式列表中选择一款合适的样式即可，如图2-81所示。

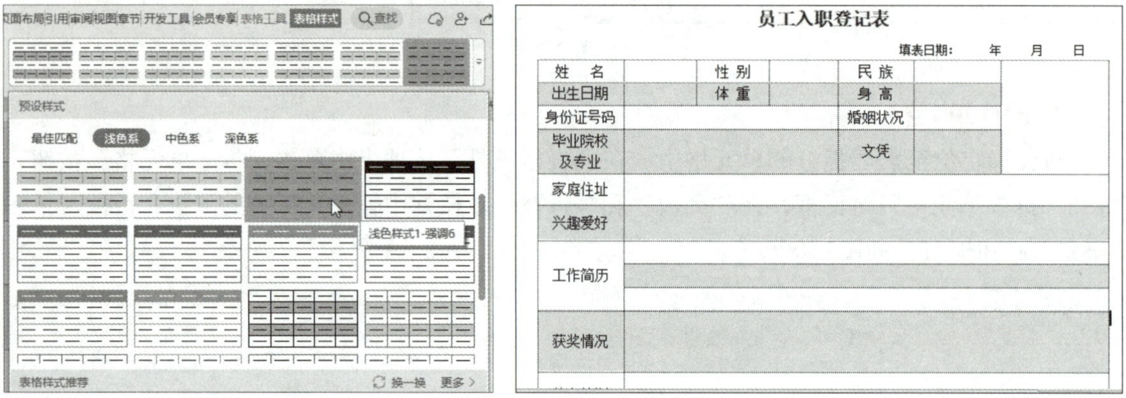

图 2-81

此外，用户也可自定义表格样式，同样在“表格样式”选项卡中，单击“底纹”下拉按钮，在其列表中可以为表格添加各种底纹效果，如图2-82所示；单击“线型”下拉按钮，可以为表格设置边框线的线型；单击“线型粗细”按钮，可以设置边框线粗细；单击“边框颜色”按钮，可以设置边框线颜色，如图2-83所示。

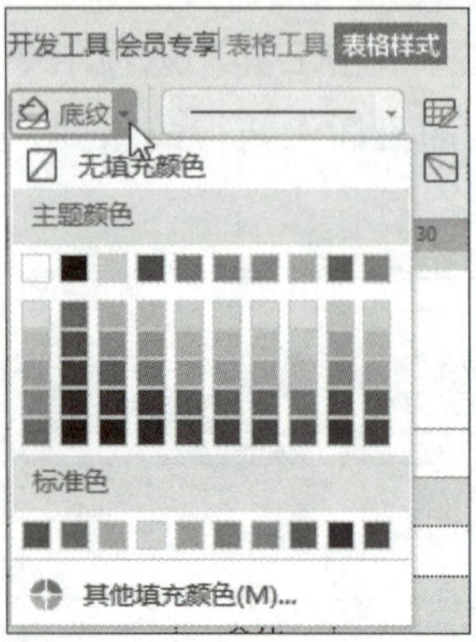

图 2-82

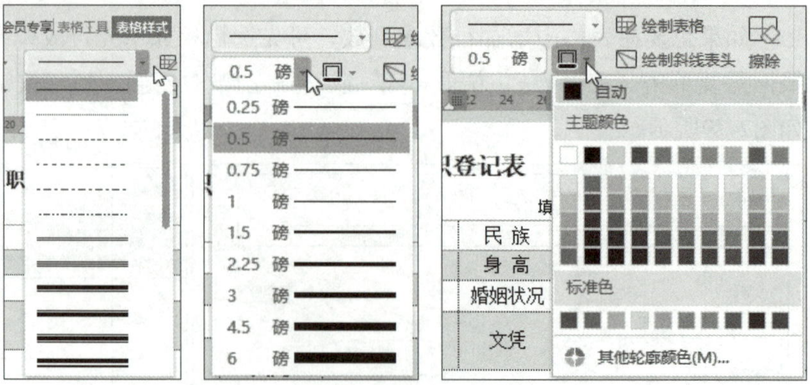

图 2-83

边框样式设置好后，单击“边框”下拉按钮，在其列表中选择要应用的边框线即可将其样式应用至表格中，如图2-84所示。

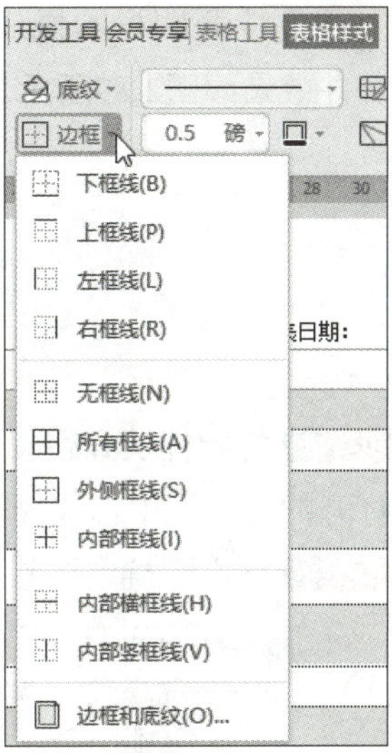

图 2-84

提示：如果用户想要清除对表格的美化设置，则可以在“表格样式”选项卡中单击“清除表格样式”按钮，如图2-85所示。

图 2-85

实例 制作校区巡逻排班表

下面将综合以上介绍的制表命令，来创建一张校区巡逻排班表。

步骤01 新建文档，并输入表格标题。按Enter键另起一行，指定表格插入点。在“表格”列表中选择“插入表格”选项，在打开的同名对话框中，设置好行数和列数，如图2-86所示。

步骤02 单击“确定”按钮，完成表格的创建操作，如图2-87所示。

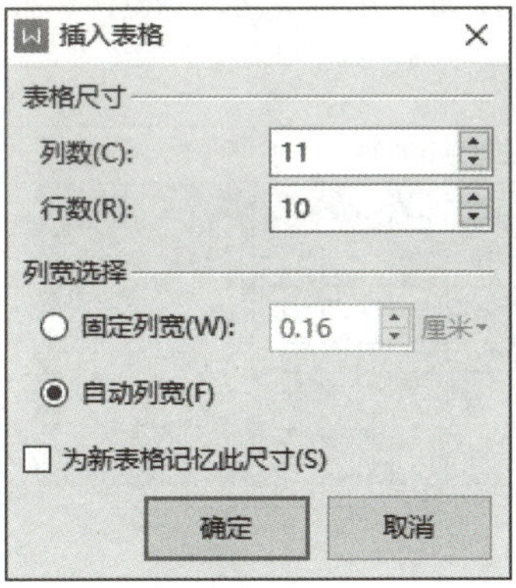

图 2-86

图 2-87

步骤03 选择表格所需单元格，单击“合并单元格”按钮，将单元格合并，如图2-88所示。

图 2-88

步骤04 按照同样的操作，合并其他单元格，合并效果如图2-89所示。

图 2-89

步骤05 将光标放置在首个单元格内，在“表格样式”选项卡中单击“绘制斜线表头”按钮，在打开的对话框中，选择一款斜线表头样式，如图2-90所示。

步骤06 单击“确定”按钮，完成斜线表头的添加操作，如图2-91所示。

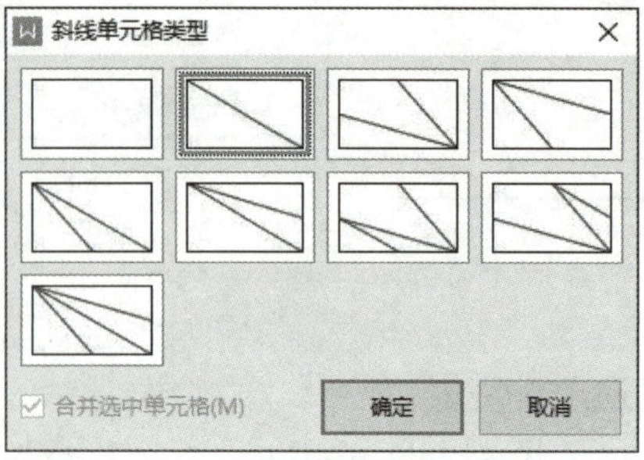

图 2-90

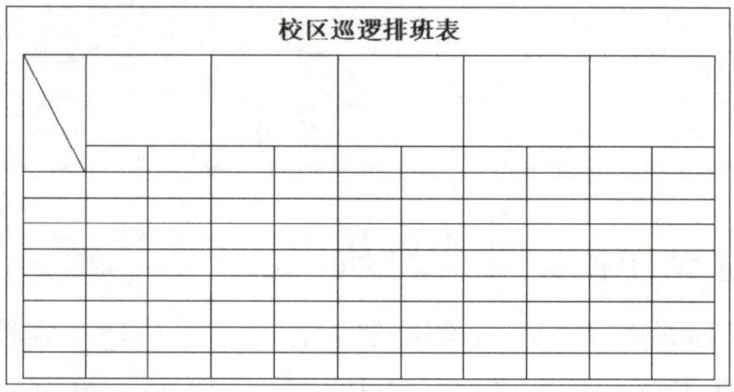

图 2-91

步骤07 调整首行的行高，然后输入表头内容以及首列单元格内容，如图2-92所示。

步骤08 全选表格，在“表格工具”选项卡中单击“对齐方式”下拉按钮，选择“水平居中”对齐方式，将表格内容居中显示，如图2-93所示。

图 2-92

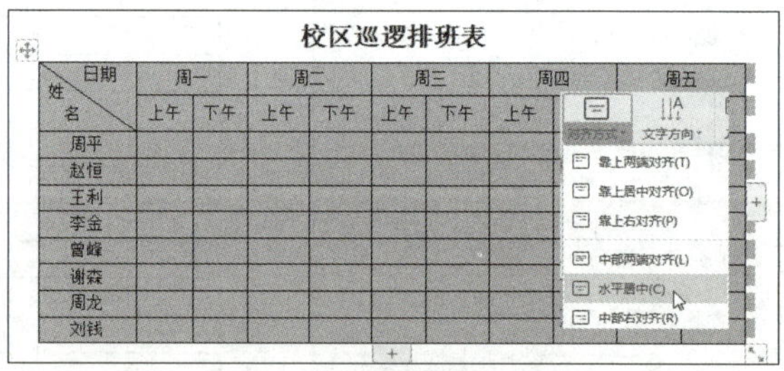

图 2-93

步骤09 将光标定位至第2列第3个单元格中，在“插入”选项卡中单击“符号”下拉按钮，在“近期使用的符号”组中选择“√”符号，插入该单元格中，如图2-94所示。

步骤10 复制该符号至其他单元格中，完成表格内容的设置操作，如图2-95所示。

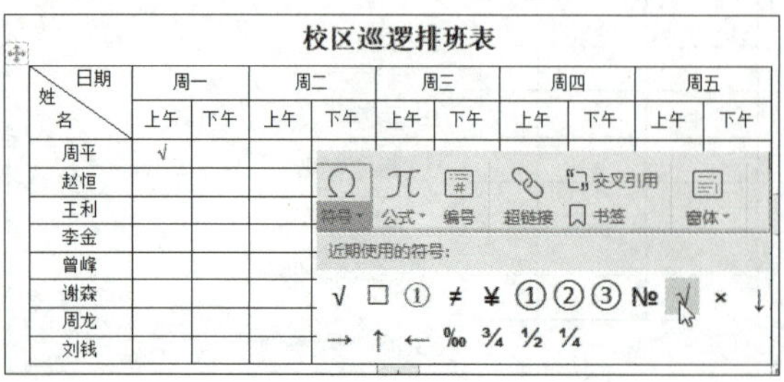

图 2-94

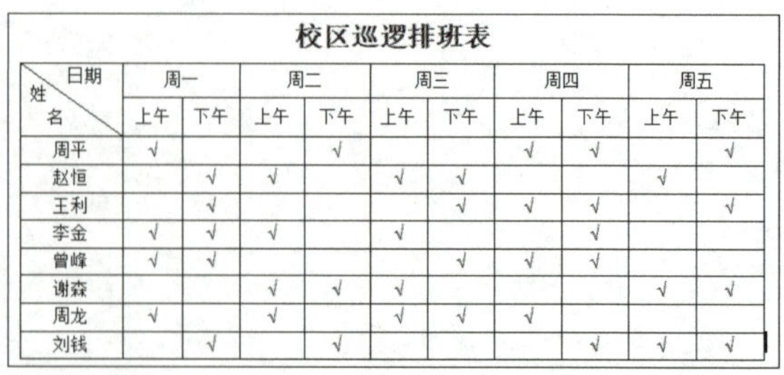

图 2-95

步骤11 全选表格，在“表格样式”选项卡的样式列表中，选择一款合适的样式，应用至该表格中，如图2-96所示。至此，校区巡逻排班表制作完成。

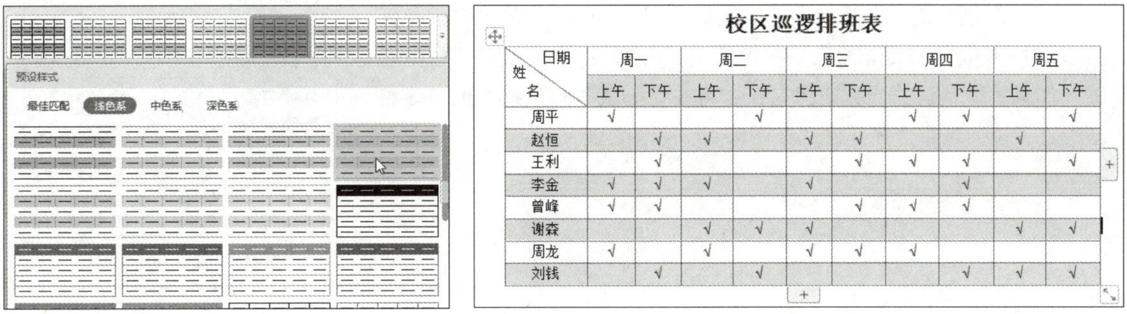

图 2-96

■2.3.6 在表格中使用公式和函数

在插入的表格中，如果需要对表格数据进行简单计算，可使用“表格工具”选项卡的“公式”命令进行操作。

将光标放置在所需结果的单元格中，在“表格工具”选项卡中单击“公式”按钮，打开“公式”对话框，如图2-97所示。默认情况下“公式”文本框中会显示求和（SUM）函数，如果想要运用其他公式或函数，在该文本框中更改即可。在“数字格式”下拉列表框中用户可设置要显示的数字格式。

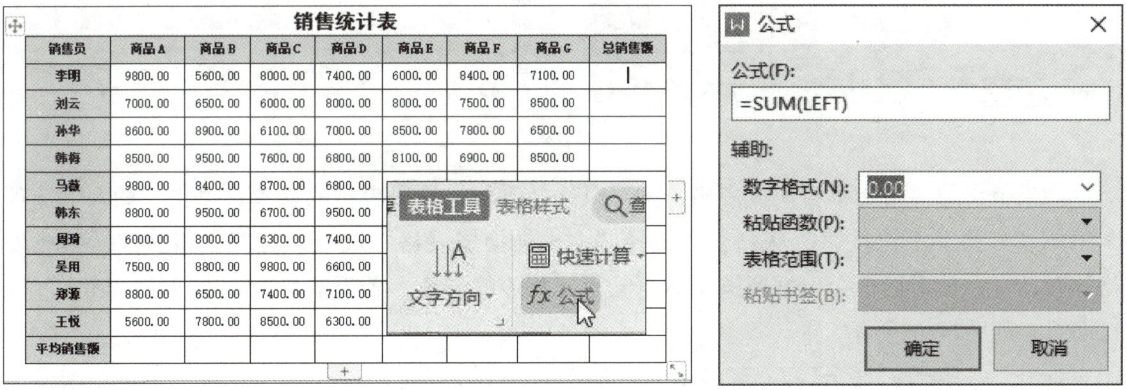

图 2-97

设置完成后，单击“确定”按钮，即可在结果单元格中按照设定的格式显示出计算结果，如图2-98所示。

销售统计表

销售员	商品A	商品B	商品C	商品D	商品E	商品F	商品G	总销售额
李明	9800.00	5600.00	8000.00	7400.00	6000.00	8400.00	7100.00	52300.00
刘云	7000.00	6500.00	6000.00	8000.00	8000.00	7500.00	8500.00	
孙华	8600.00	8900.00	6100.00	7000.00	8500.00	7800.00	6500.00	
韩梅	8500.00	9500.00	7600.00	6800.00	8100.00	6900.00	8500.00	

图 2-98

提示：在“公式”文本框中，系统会根据单元格位置的不同，自动识别计算范围。LEFT指的是当前单元格左侧所有数据范围；ABOVE指的是当前单元格以上所有数据范围；RIGHT指的是当前单元格右侧所有数据范围；BELOW指的是当前单元格下方所有数据范围。如果发现默认的计算范围有误，可在“公式”对话框中的“表格范围”下拉列表中选择正确的范围即可，如图2-99所示。

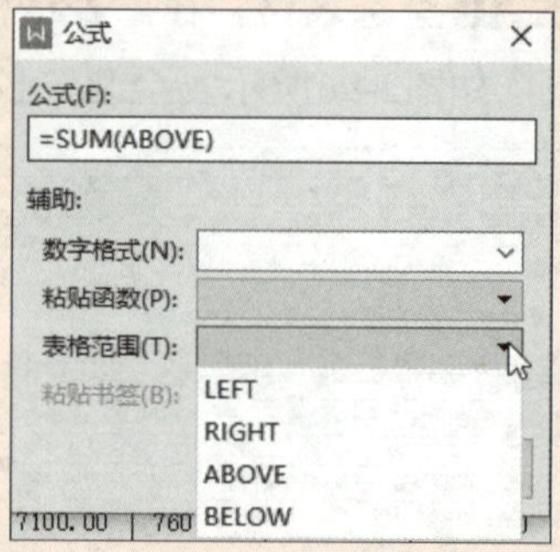

图 2-99

■2.3.7 表格与文本相互转换

全选表格内容，在“表格工具”选项卡中单击“转换成文本”按钮，在打开的对话框中，用户可对分隔符进行设置，通常保持默认设置即可，如图2-100所示。单击“确定”按钮，可将当前表格内容迅速转换成文本格式，如图2-101所示。

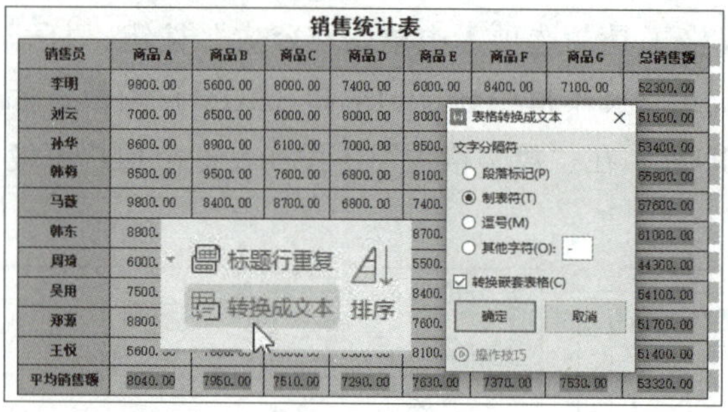

图 2-100

销售统计表

销售员	商品A	商品B	商品C	商品D	商品E	商品F	商品G	总销售额
李明	9800.00	5600.00	8000.00	7400.00	6000.00	8400.00	7100.00	52300.00
刘云	7000.00	6500.00	6000.00	8000.00	8000.00	7500.00	8500.00	51500.00
孙华	8600.00	8900.00	6100.00	7000.00	8500.00	7800.00	6500.00	53400.00
韩梅	8500.00	9500.00	7600.00	6800.00	8100.00	6900.00	8500.00	55900.00
马薇	9800.00	8400.00	8700.00	6800.00	7400.00	7900.00	8600.00	57600.00
韩东	8800.00	9500.00	6700.00	9500.00	8700.00	8200.00	9600.00	61000.00
周琦	6000.00	8000.00	6300.00	7400.00	5500.00	3600.00	7500.00	44300.00
吴用	7500.00	8800.00	9800.00	6600.00	8400.00	6500.00	6500.00	54100.00
郑源	8800.00	6500.00	7400.00	7100.00	7600.00	7000.00	7300.00	51700.00
王悦	5600.00	7800.00	8500.00	6300.00	8100.00	9900.00	5200.00	51400.00
平均销售额	8040.00	7950.00	7510.00	7290.00	7630.00	7370.00	7530.00	53320.00

图 2-101

如果用户想要将文本转换成表格，则可以选择需要转换成表格的文本，单击“插入”选项卡中的“表格”下拉按钮，从列表中选择“文本转换成表格”选项。打开“将文字转换成表格”对话框，该对话框会根据所选文本自动设置相应的参数。若无需修改，则单击“确定”按钮即可，如图2-102所示。

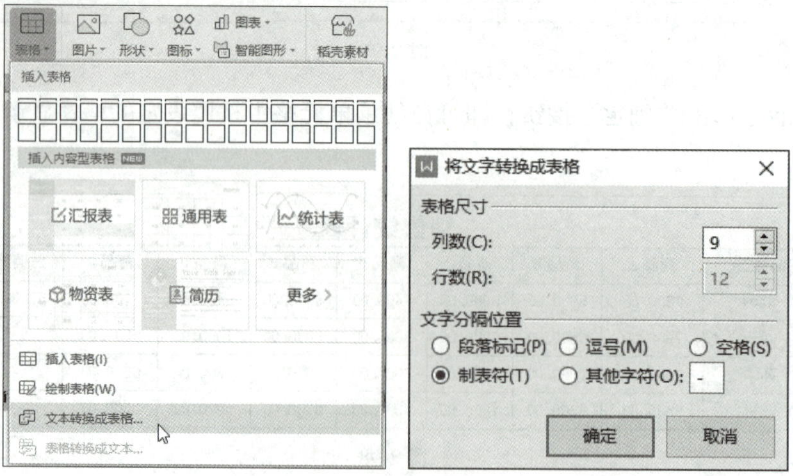

图 2-102

实战演练 制作古风风格的信纸

本案例将综合本项目所学的内容，来制作古风风格的信纸。其中涉及的主要命令有文本框的应用、图形的应用以及表格的应用等。

步骤01 打开原始文件，在“插入”选项卡中单击“文本框”下拉按钮，从列表中选择“横向文本框”选项，在页面中插入一个文本框，如图2-103所示。

步骤02 将文本框设为无填充、无边框颜色，如图2-104所示。

图 2-103

图 2-104

步骤03 在文本框中插入一个1行6列的表格，使用鼠标拖动的方法，调整表格的大小，如图2-105所示。

步骤04 选中表格，在“表格样式”选项卡中单击“边框颜色”下拉按钮，将其颜色设为红色；单击“线型粗细”下拉按钮，将其设为1磅；单击“边框”下拉按钮，选择内部框线，设置表格内框线样式，如图2-106所示。

图 2-105

图 2-106

步骤05 选中表格，同样将“边框颜色”设为红色；单击“线型”下拉按钮，选择一款线型，将“线型粗细”设为3磅；单击“边框”下拉按钮，选择“外侧框线”选项，将其样式应用于表格外框线中，如图2-107所示。

步骤06 全选表格，在“表格工具”选项卡中单击“文字方向”下拉按钮，在其列表中选择“垂直方向从右往左”选项，将表格文字设为竖排显示，如图2-108所示。

步骤07 单击“对齐方式”下拉按钮，从列表中选择“靠上居中对齐”选项，将表格文本居中对齐，如图2-109所示。

图 2-107

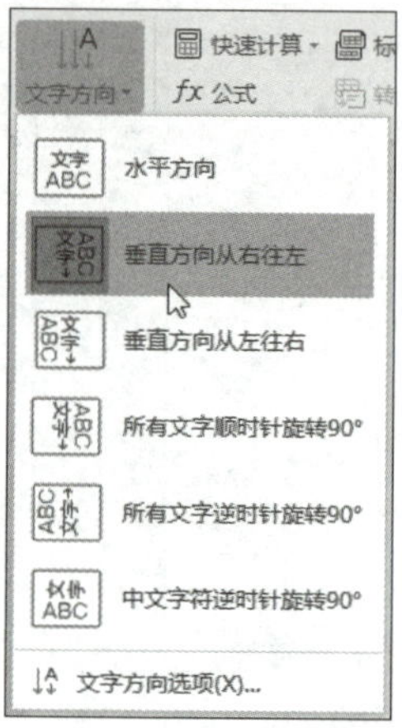

图 2-108

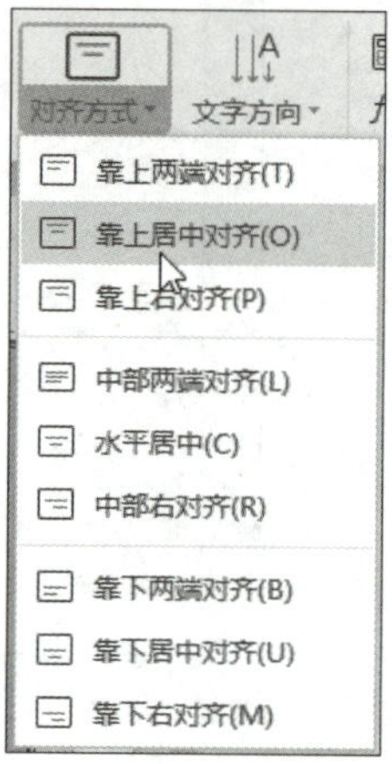

图 2-109

步骤08 选择单元格，输入表格内容，并设置好内容的字体、字号。再适当地调整一下表格的大小，如图2-110所示。

步骤09 在“插入”选项卡中单击“形状”下拉按钮，选择矩形，并在页面中绘制矩形，如图2-111所示。

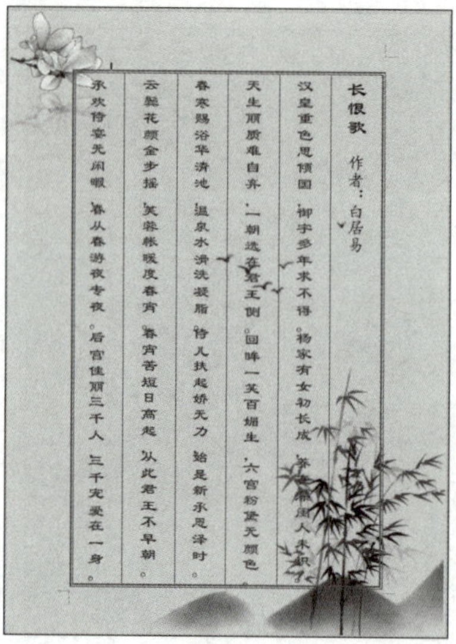

图 2-110

图 2-111

步骤10 在“绘图工具”选项卡中，单击“填充”下拉按钮，将其填充为白色；单击“轮廓”下拉按钮，选择“无边框颜色”选项，隐藏矩形边框，如图2-112所示。

步骤11 右击矩形，在快捷菜单中选择“设置对象格式”选项，如图2-113所示。

图 2-112

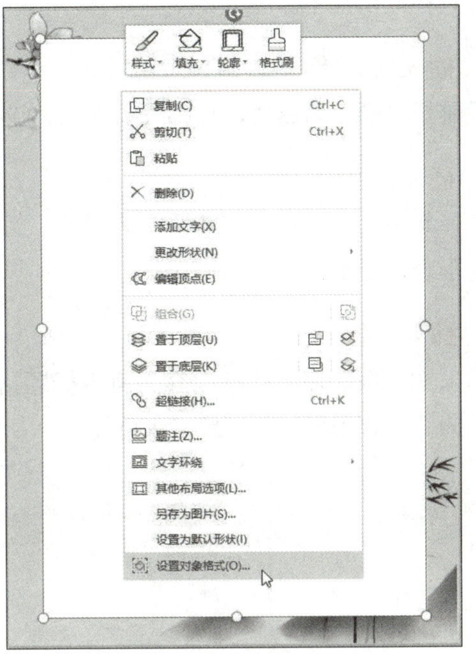

图 2-113

步骤12 在打开的“属性”窗格中将“透明度”设为70%，如图2-114所示。

步骤13 再次右击矩形，在快捷菜单中选择“置于底层”选项，将矩形置于文本框底层。至此，古风信纸制作完毕，效果如图2-115所示。

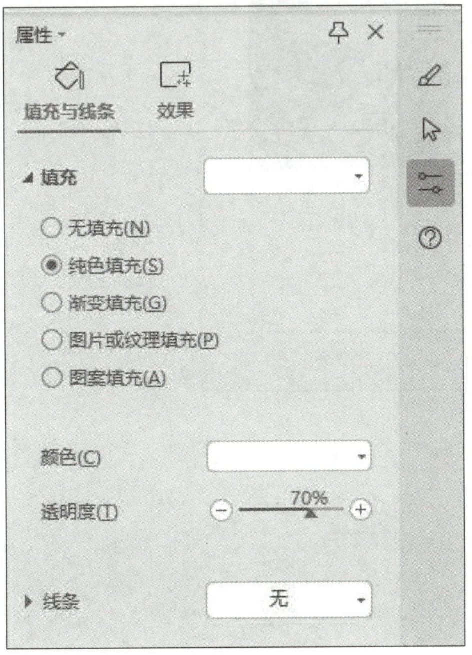

图 2-114

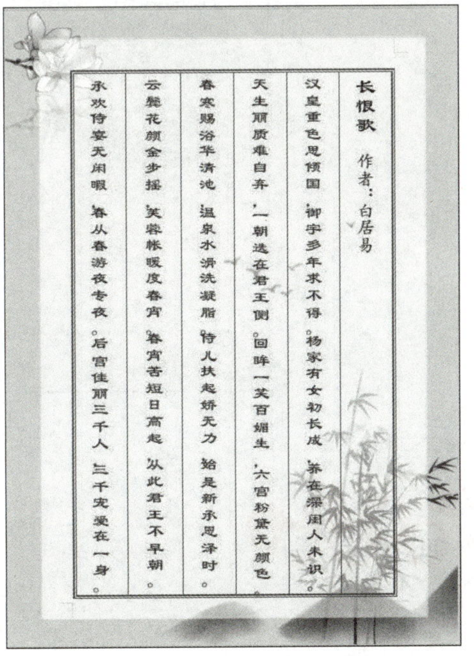

图 2-115

课后作业 制作企业宣传文案的封面

学习本项目内容后，读者可以参照图2-116所示的效果自行制作一份企宣文案的封面，相关操作过程提示如下。

1. 插入大矩形

设置矩形颜色为白色，轮廓线为黄色，设置轮廓线粗细为6磅。

2. 插入3个小矩形

选择其中两个矩形，将其填充为图片；另一个矩形设置好填充颜色，隐藏轮廓线，并放置在大矩形合适位置。

3. 插入标题

插入文本框，输入标题内容。将主标题格式设为“微软雅黑”“70号”“黄色”；将副标题格式设为“微软雅黑”“一号”“灰色”。

图 2-116

你学会了吗？

项目3

长文档的高级编排

内容概要

在日常工作中经常需要对一些长篇文档进行必要的排版和美化，例如，编排合同协议类文档、毕业论文、项目活动策划书、产品说明书等。本章将重点介绍如何对这种类型的文档进行快速排版，其涉及的知识点包括页眉页脚的添加、页码的添加、文档目录的提取、文档样式的设置、项目符号及编号的添加以及文档的审阅与修订等。

数字资源

【本项目素材来源】：“素材文件\项目3”目录下

【本项目实战演练最终文件】：“素材文件\项目3\实战演练”目录下

3.1 设计页眉与页脚

为文档添加页眉、页脚，会使文档显得更加专业、规范。本节将向用户介绍文档页眉、页脚的添加以及编辑操作，其中包括插入普通页眉、页脚，插入奇偶页不同的页眉、页脚，按需插入页码等。

■3.1.1 插入普通页眉与页脚

将光标置于文档任意位置，在“插入”选项卡中单击“页眉页脚”按钮，随即进入页眉、页脚编辑状态，如图3-1所示。在光标处可输入页眉内容，如图3-2所示。

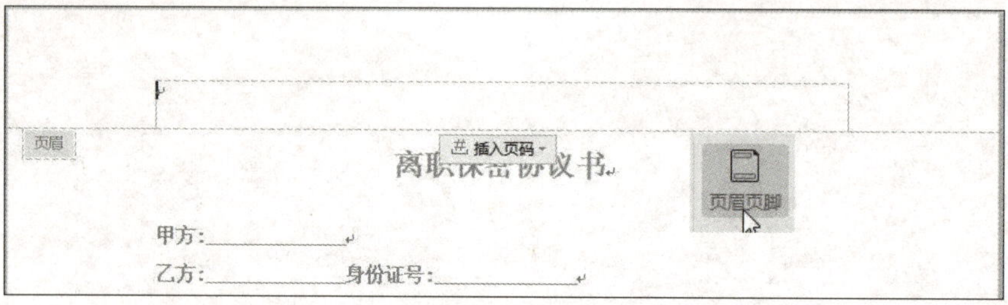

图 3-1

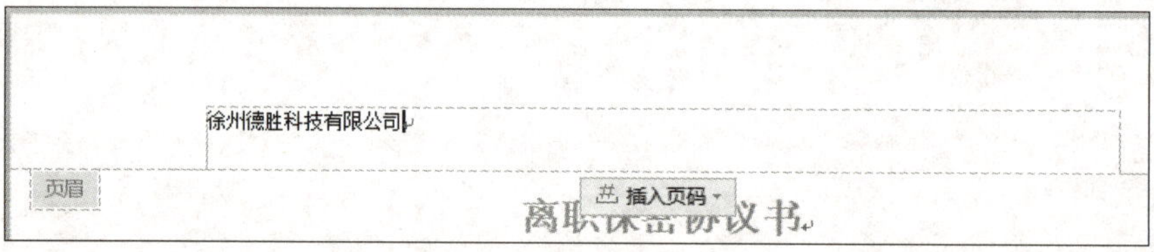

图 3-2

用户可在此对页眉内容的格式以及对齐方式进行设置。在“页眉页脚”选项卡中单击“页眉横线”下拉按钮，从列表中选择横线样式，可添加页眉分隔线，如图3-3所示。

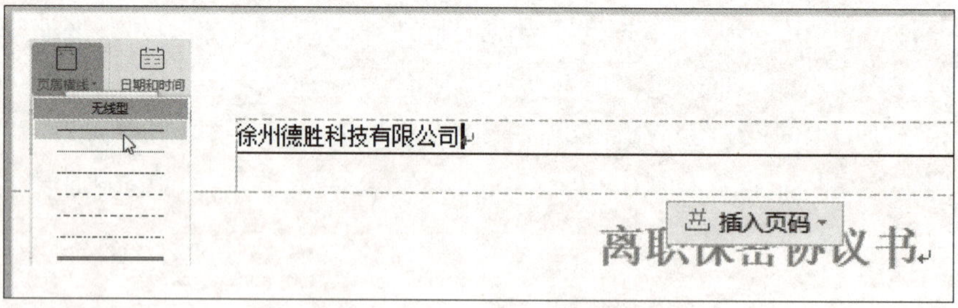

图 3-3

单击“页眉页脚切换”按钮，即可进入页脚编辑状态，在此可输入页脚内容。此外单击“插入页码”按钮，在打开的设置窗口中，可对页码的样式、位置、应用范围进行设置，如图3-4所示。设置好后单击“确定”按钮，即可完成页码的添加操作，如图3-5所示。

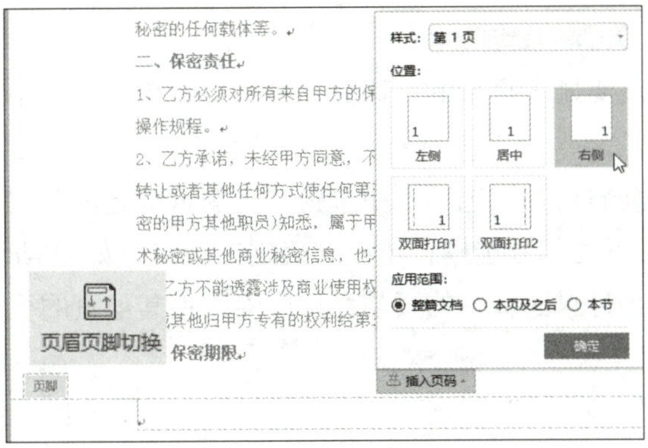

图 3-4

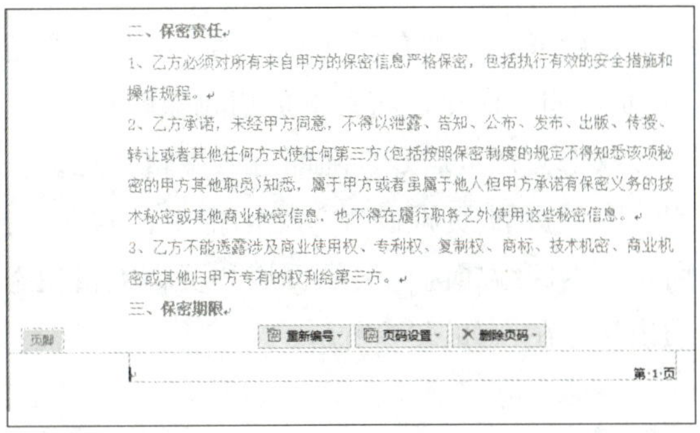

图 3-5

页眉和页脚编辑完成后，在“页眉页脚”选项卡中单击“关闭”按钮，即可退出页眉页脚的编辑状态，如图3-6所示。

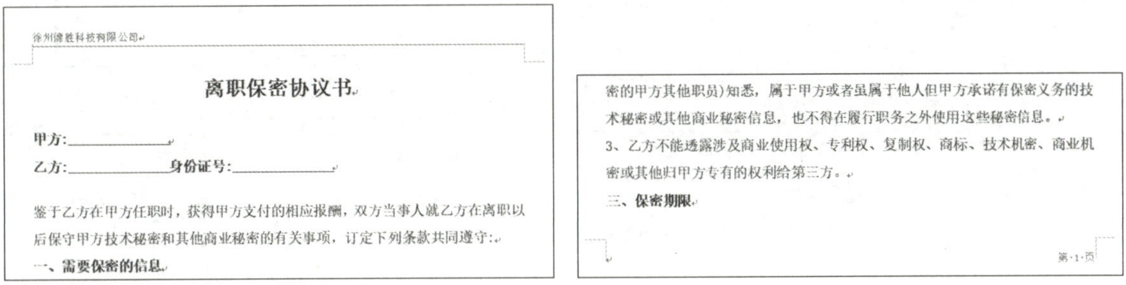

图 3-6

提示：在页眉中还可以插入Logo图片。进入页眉编辑状态，在“页眉页脚”选项卡中单击“图片”下拉按钮，在其列表中选择“本地图片”选项。在打开的对话框中选择所需Logo图片，单击“打开”按钮即可，如图3-7所示。

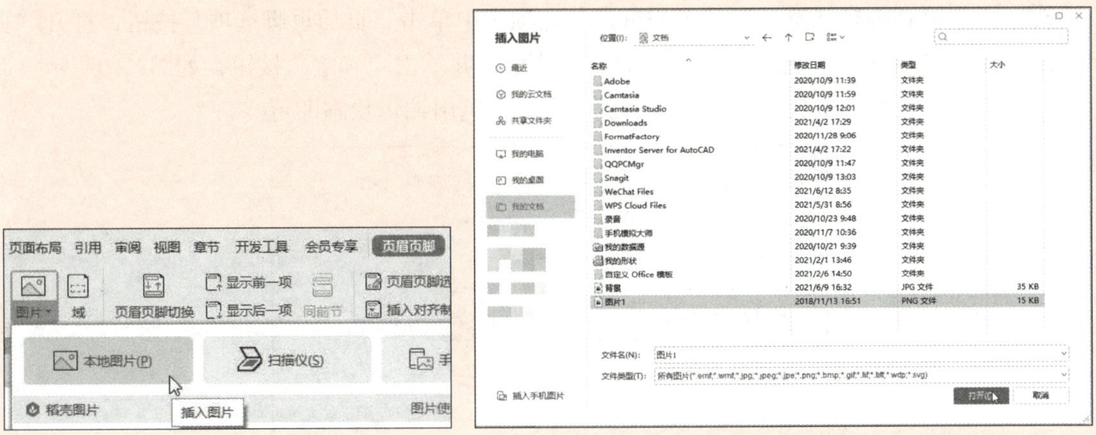

图 3-7

■3.1.2　在首页不显示页眉

一般来说，带有封面的文档，其封面页是不需要显示页眉的，遇到这种情况，用户可使用“首页不同”命令，将首页页眉删除即可。

双击文档页眉处，随即进入编辑状态。在“页眉页脚”选项卡中单击“页眉页脚选项”按钮，在“页眉/页脚设置”对话框中，勾选“首页不同”复选框，单击“确定”按钮，如图3-8所示。返回编辑区，关闭页眉和页脚编辑状态，此时封面页中的页眉已被删除，但其他页的页眉依然存在，如图3-9所示。

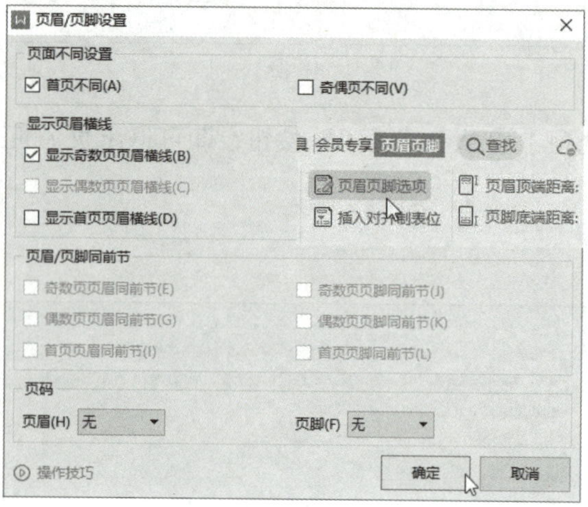

图 3-8

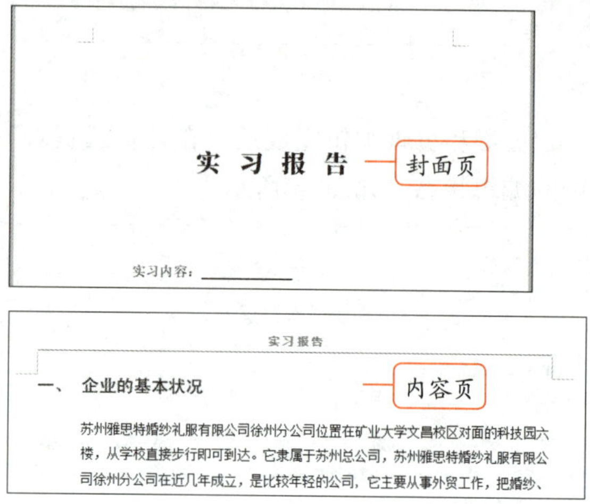

图 3-9

■3.1.3　设置奇偶页不同的页眉

在文档中默认添加的页眉内容是一致的，如果需要将奇数页和偶数页的页眉内容设为不同，可使用“奇偶页不同”命令来进行操作。

进入页眉页脚编辑状态，在“页眉页脚”选项卡中单击“页眉页脚选项”按钮，打开“页眉/页脚设置”对话框，勾选“奇偶页不同”复选框，并单击“确定”按钮，如图3-10所示。返回页眉编辑区，设置好奇数页和偶数页的页眉内容，退出编辑状态即可。

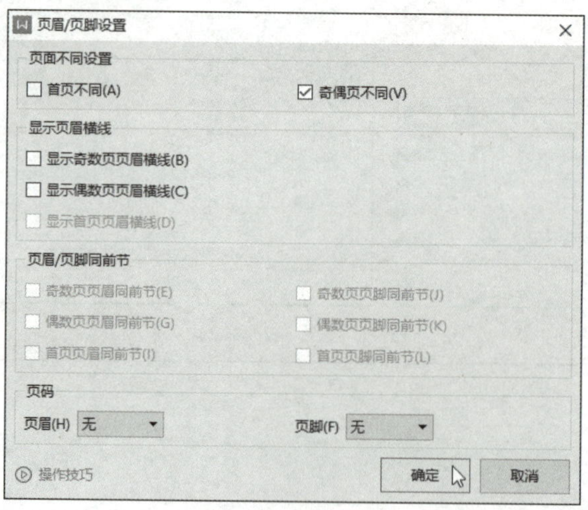

图 3-10

实例 为考核制度文档添加不同的页眉

下面将为考核制度文档添加奇偶页不同的页眉，具体操作如下。

步骤01 打开原始文档，双击文档页眉区域，进入页眉编辑状态。在“页眉页脚”选项卡中单击“页眉页脚选项”按钮，在打开的对话框中勾选“奇偶页不同”复选框，单击“确定”按钮，返回页眉编辑区。

步骤02 此时，在页眉编辑区会显示“奇数页 页眉”字样，在此输入奇数页页眉内容，并设置好文本格式及对齐方式，添加页眉分隔线，如图3-11所示。

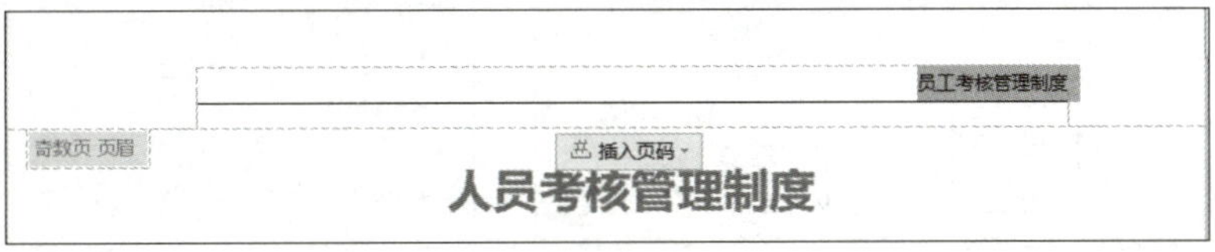

图 3-11

步骤03 将光标定位至第2页“偶数页 页眉”区域，输入该页的页眉内容，并设置好格式、对齐方式以及分隔线，如图3-12所示。

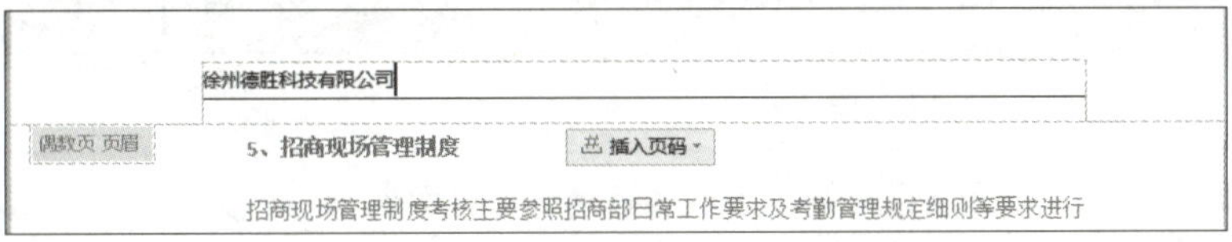

图 3-12

步骤04 设置完成后，关闭页眉页脚编辑状态。此时，文档会按奇数页和偶数页来显示不同的页眉内容，如图3-13所示。

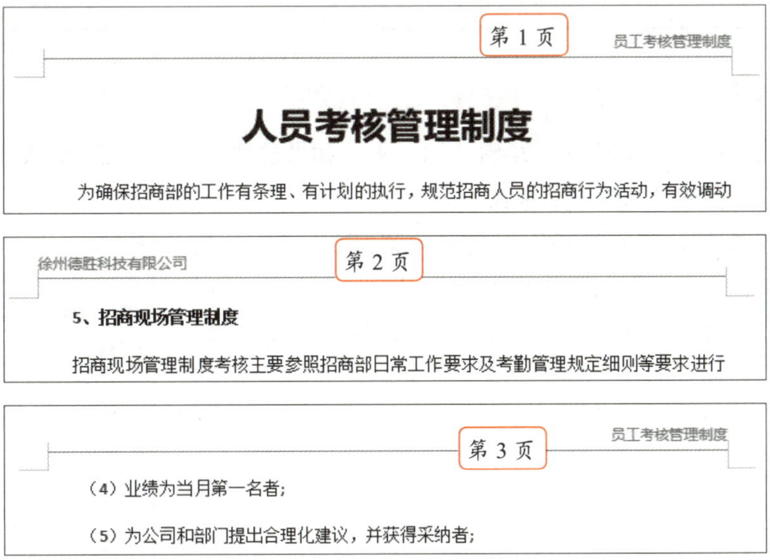

图 3-13

> **提示：** 想要删除页眉或页脚内容，先进入页眉页脚编辑状态，在“页眉页脚”选项卡中根据需要单击“页眉”或“页脚”下拉按钮，从列表中选择“删除页眉”或“删除页脚”选项即可。

■3.1.4　插入页码

一般来说，页码可在页脚中直接插入。有时，只需在文档中插入页码，而不需插入页眉页脚内容时，可使用“页码”命令来操作。

在“插入”选项卡中单击“页码”下拉按钮，在打开的列表中可以选择页码的位置，如图3-14所示。在列表中选择“页码”选项，打开“页码”对话框，在此可设置页码的样式、页码编号以及应用范围，如图3-15所示。设置好后，单击“确定”按钮即可完成页码的插入操作。

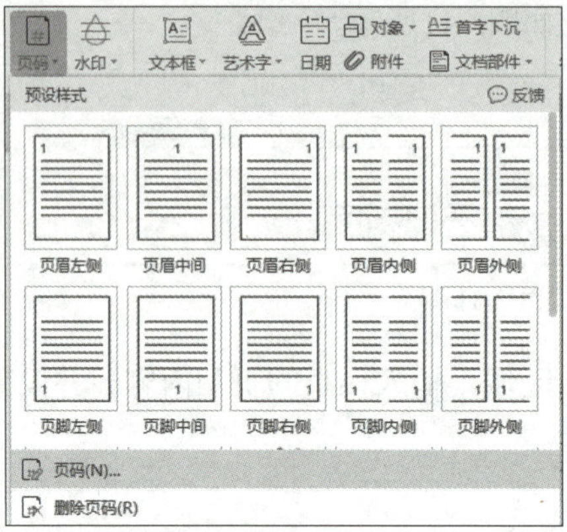

图 3-14

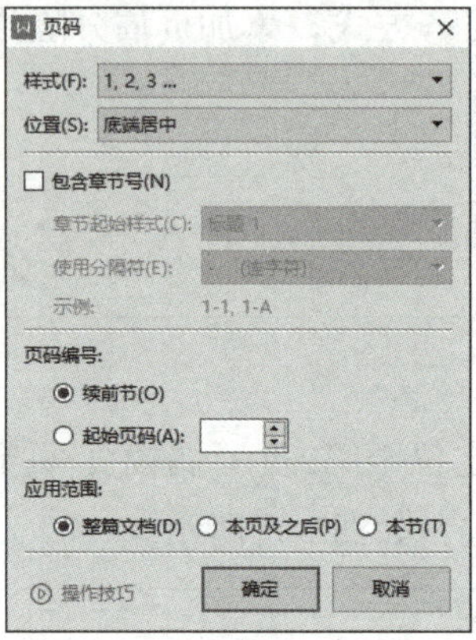

图 3-15

❶ **提示：**想要删除页码，只需双击页码，进入编辑状态，单击页码上方的“删除页码”下拉按钮，从列表中根据需要进行选择，如图3-16所示。

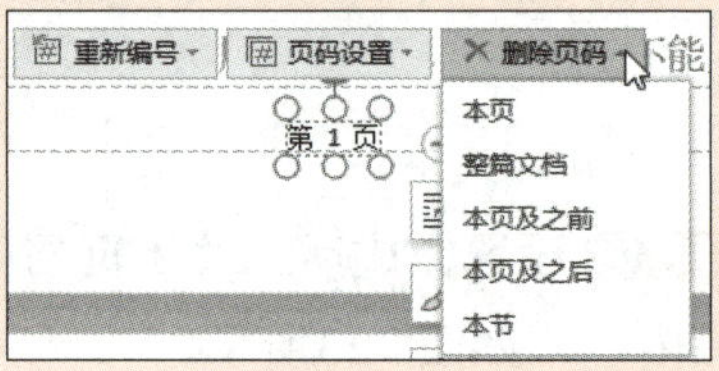

图 3-16

实例 从文档第2页开始插入页码

页码添加后默认是从文档首页开始显示页码。如果想要在文档的第2页或指定的其他页面中开始插入页码，可通过以下方法来操作。

步骤 01 打开原始文档，将光标指定在文档的第2页任意处，在“插入”选项卡中单击“页码”下拉按钮，从列表中选择“页码”选项，打开“页码”对话框，先设置好页码的“样式”，如图3-17所示。

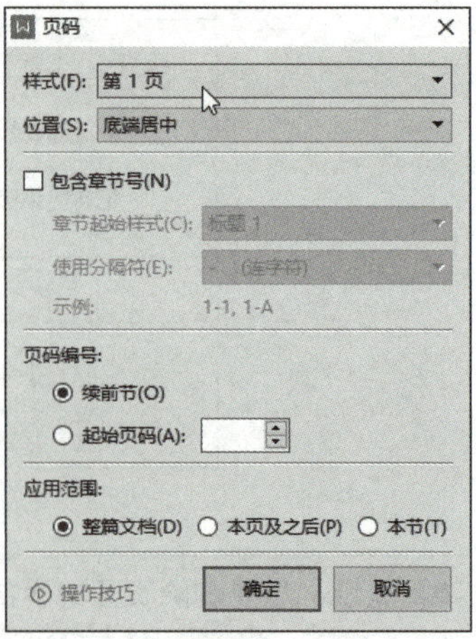

图 3-17

步骤02 在“页码编号”选项组中单击“起始页码”单选按钮，并在其后的数值框中输入1，然后在“应用范围”选项组中单击“本页及之后”单选按钮，如图3-18所示。

步骤03 此时，系统会在文档的第2页开始显示页码，如图3-19所示。然后，设置好文本格式及对齐方式，添加页眉分隔线，即可完成操作。

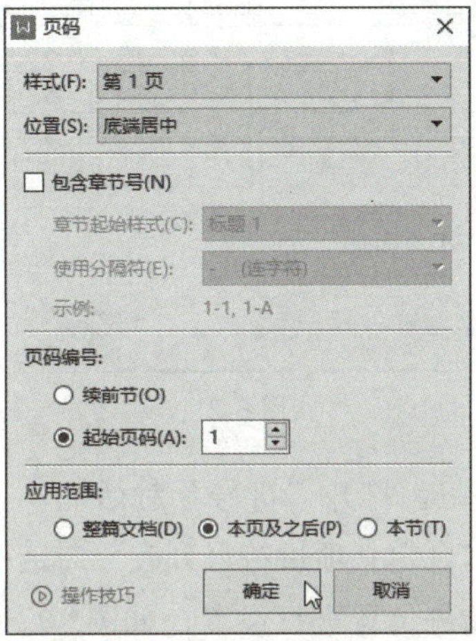

图 3-18

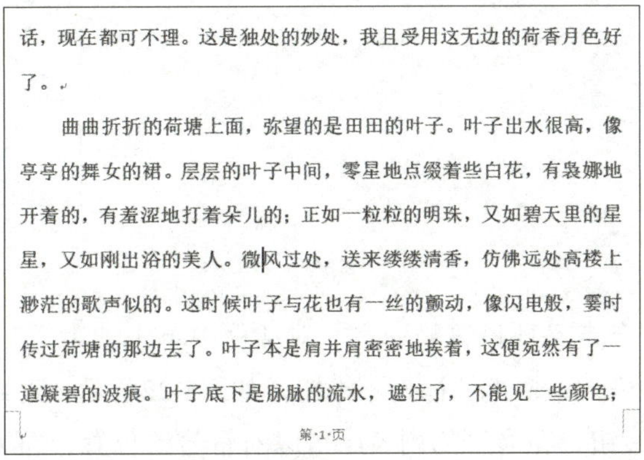

图 3-19

3.2 文档的自动化排版

制作好文档后，除了对字体段落格式和文档页面进行设置外，还需要对文档进行更加精细的设置。例如为标题统一设置样式、为标题设置大纲级别、自动添加图注、分栏显示等，下面将分别对其进行详细介绍。

■3.2.1 为文档添加项目符号或编号

项目符号和编号的添加，可使文档结构更清晰，文档内容更有条理性。下面将介绍项目符号及编号功能的基本操作。

1. 添加项目符号

选择所需文档内容，在“开始”选项卡中单击“项目符号”下拉按钮，在其列表中选择一款合适的符号样式，即可为当前文档添加项目符号，如图3-20所示。

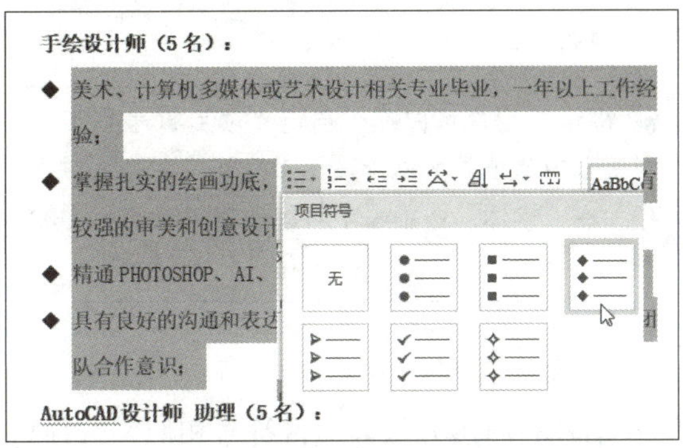

图 3-20

如果在项目符号列表中没有合适的符号样式，用户可以进行自定义样式操作。在列表中选择“自定义项目符号”选项，打开“项目符号和编号”对话框，单击“自定义”按钮，如图3-21所示。

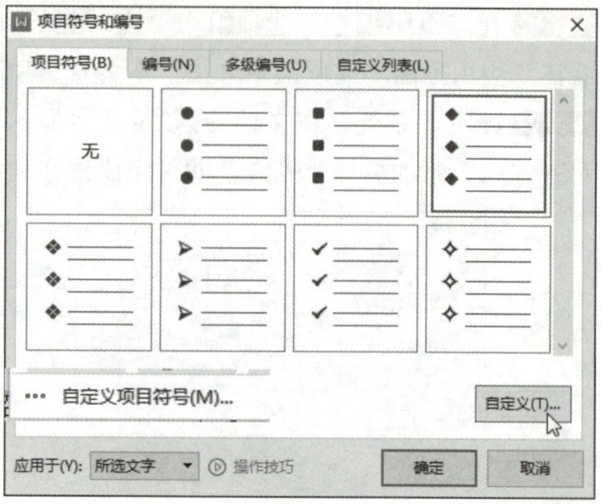

图 3-21

在“自定义项目符号列表”对话框中单击“字符”按钮，打开“符号”对话框，在此选择一款符号样式，单击“插入”按钮，如图3-22所示。返回“自定义项目符号列表”对话框，单击“高级”按钮，在展开的列表中可以对符号的位置、符号缩进位置进行设置，如图3-23所示。

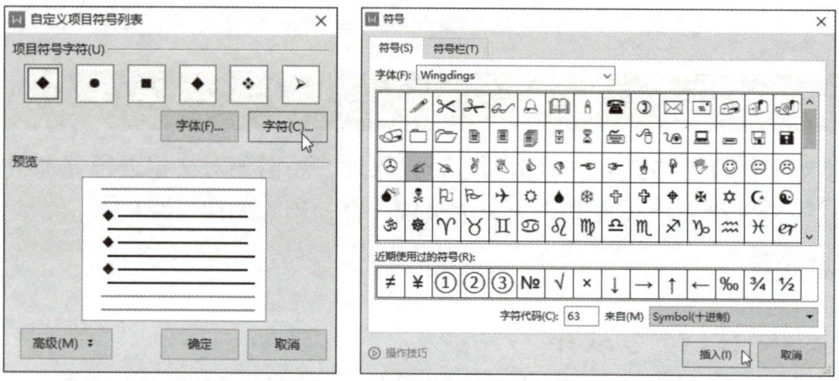

图 3-22

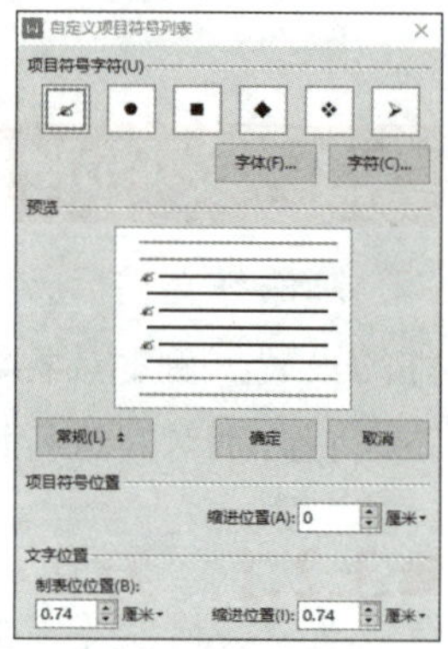

图 3-23

符号样式设置完成后，单击“确定”按钮，即可将新设定的符号应用至文档中，如图3-24所示。

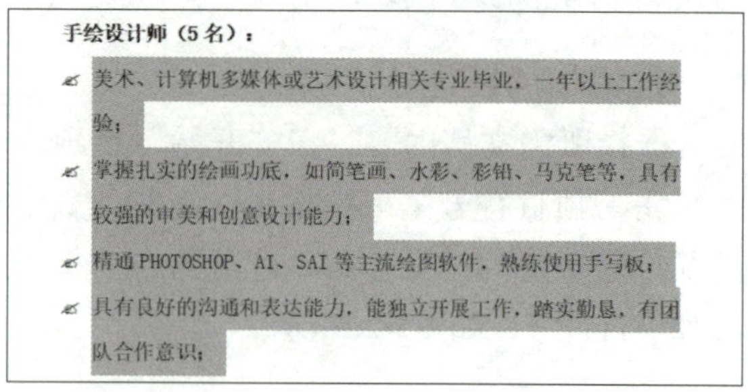
手绘设计师（5名）：

- 美术、计算机多媒体或艺术设计相关专业毕业，一年以上工作经验；
- 掌握扎实的绘画功底，如简笔画、水彩、彩铅、马克笔等，具有较强的审美和创意设计能力；
- 精通 PHOTOSHOP、AI、SAI 等主流绘图软件，熟练使用手写板；
- 具有良好的沟通和表达能力，能独立开展工作，踏实勤恳，有团队合作意识；

图 3-24

> **提示**：用户可以在“自定义项目符号列表”对话框中单击“字体”按钮，打开“字体”对话框，在“字体”选项卡中可以设置符号的大小和颜色。

2. 添加编号

编号的使用方法与项目符号相似。选择好文档内容后，单击“编号”下拉按钮，在其列表中选择一款满意的编号样式，即可为文档添加编号，如图3-25所示。此外，用户在输入文本内容前，先输入编号“1.”，再输入内容，并按Enter键，之后，系统会在下一行行首自动添加相应序列的编号“2.”，如图3-26所示。

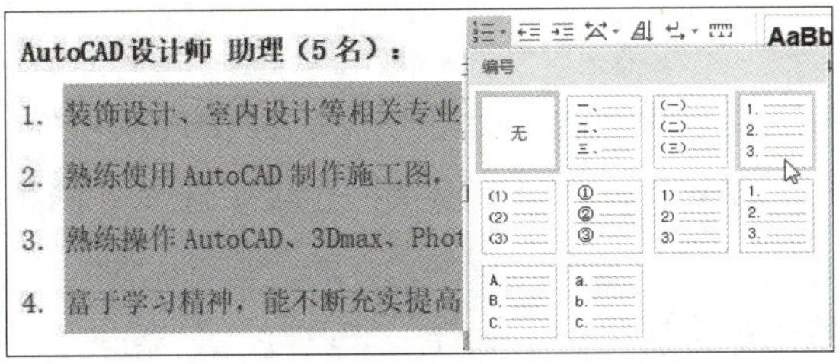

图 3-25

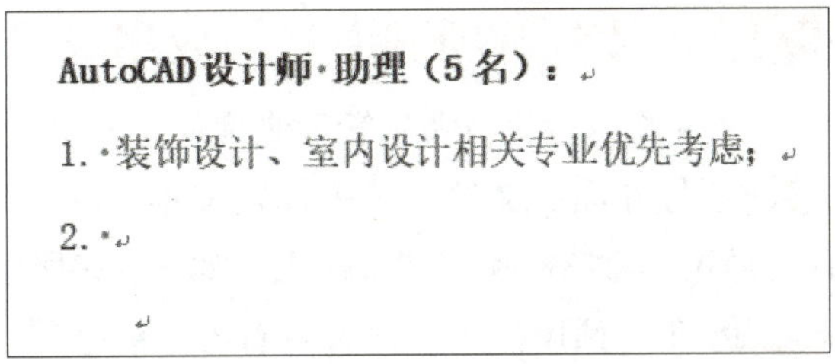

图 3-26

想要取消编号显示，可选中相应的文本内容，在“编号”列表中选择“无”选项即可。当然，编号的样式也可以自定义设置，其方法与自定义项目符号的操作相同，这里就不再介绍了。

■3.2.2 为文档添加样式

WPS文字为用户提供了多种内置的文本样式，使用户可以快速完成文本格式修改，节省了大量的时间。选中所需文档，在“开始”选项卡的“预设样式”列表中选择一款样式，即可应用至当前文本中，如图3-27所示。

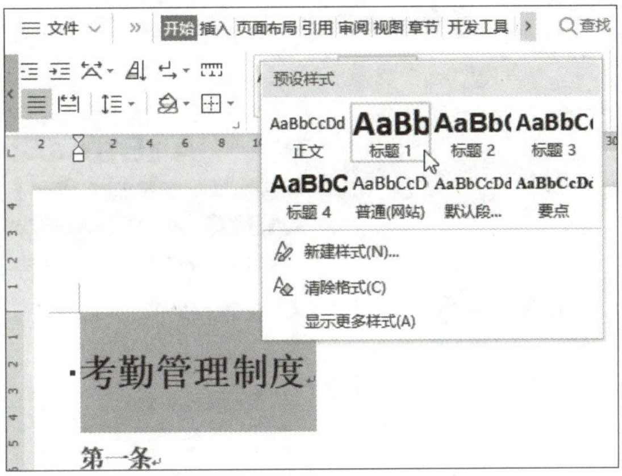

图 3-27

如果对添加的样式不满意，用户还可以对其进行修改。在“预设样式”列表中右击添加的样式，在快捷列表中选择“修改样式”选项，如图3-28所示。在“修改样式”对话框中，用户可以对其格式进行重新设置。单击“格式”下拉按钮，在打开的列表中可选择格式的类型，如图3-29所示。

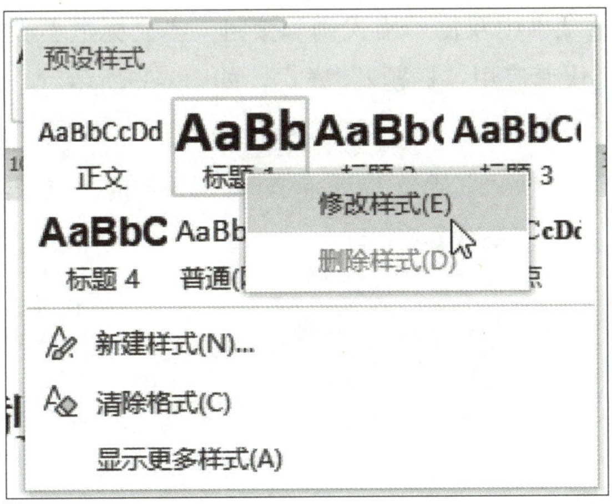

图 3-28

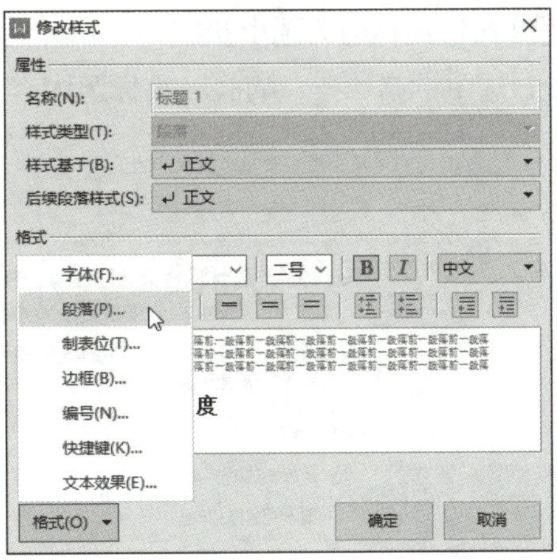

图 3-29

设置完成后，单击“确定”按钮，关闭对话框，返回文档页面。此时，会发现当前文档中所有该样式的文本格式均发生了变化。

实例 为考勤管理制度文档应用样式

下面将以设置《考勤管理制度》文档格式为例，来介绍文档样式的添加与修改的具体操作。

步骤01 打开原始文档，选中标题文本，在“开始”选项卡的“预设样式”列表中选择“标题1”样式，为该标题添加该样式，如图3-30所示。

步骤02 在“预设样式”列表中右击“标题1”选项，在快捷菜单中选择“修改样式”选项，打开“修改样式”对话框，将其字体设为“黑体”，并居中对齐显示，其他选项保持默认，如图3-31所示。

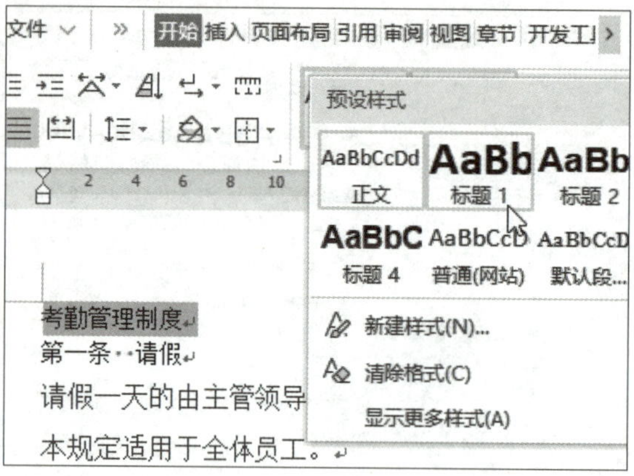

图 3-30

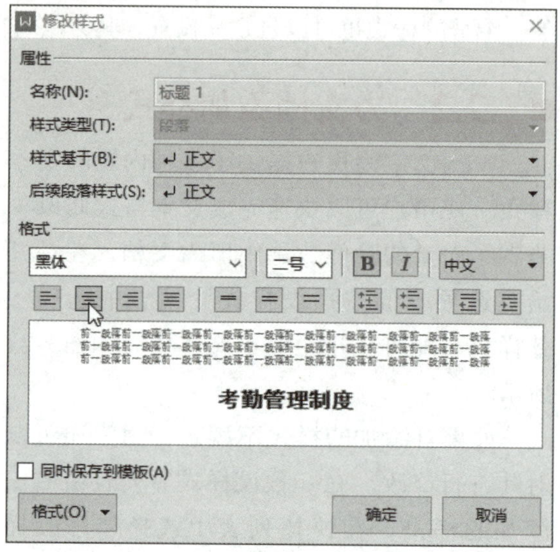

图 3-31

步骤03 单击“确定”按钮，关闭对话框，返回页面。选中文档中“第一条 请假”小标题内容，在“预设样式”列表中选择“标题2”选项，为其添加“标题2”样式，如图3-32所示。

步骤04 保持该标题为选中状态，在“开始”选项卡中双击“格式刷”按钮，当光标呈小刷子形状时，选中“第二条 病假”小标题内容，可快速应用“标题2”样式，如图3-33所示。

图 3-32

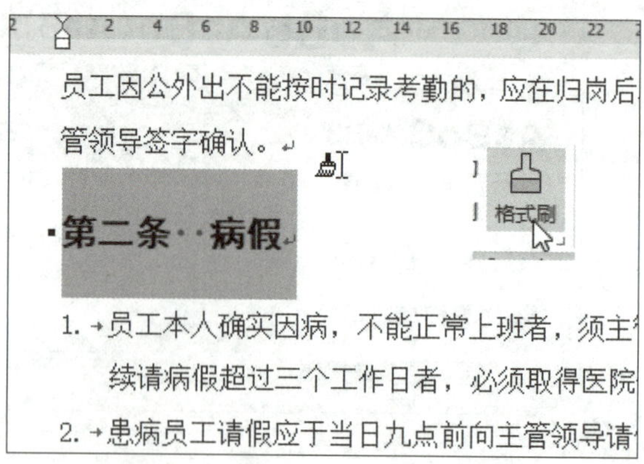

图 3-33

步骤05 按照同样的方法，将“标题2”样式应用至其他小标题内容中，如图3-34所示。

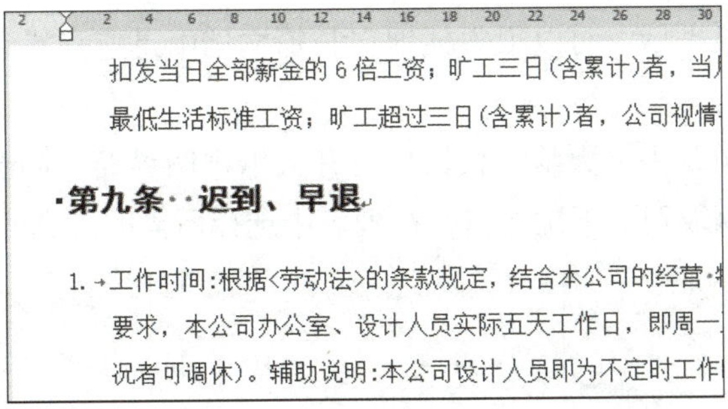

图 3-34

步骤06 在“预设样式”列表中右击“标题2”选项，在快捷列表中选择“修改样式”选项，在打开的对话框中将字体设为“宋体”，然后单击“格式”下拉按钮，在其列表中选择“段落”选项，如图3-35所示。

步骤07 在“段落”对话框中，将“段前”和“段后”设为7磅，将“行距”设为“单倍行距”，单击“确定”按钮，如图3-36所示。

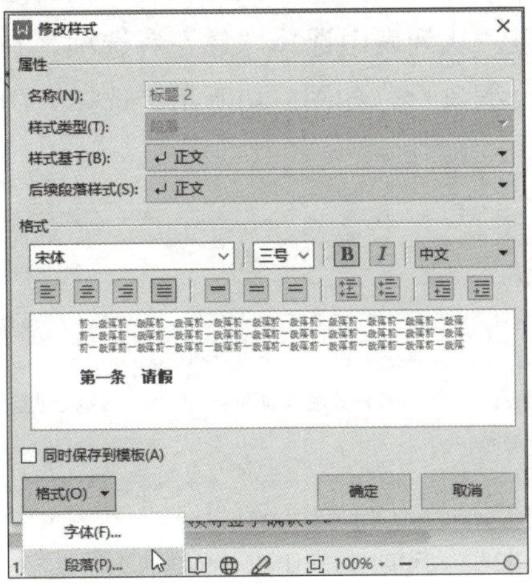

图 3-35

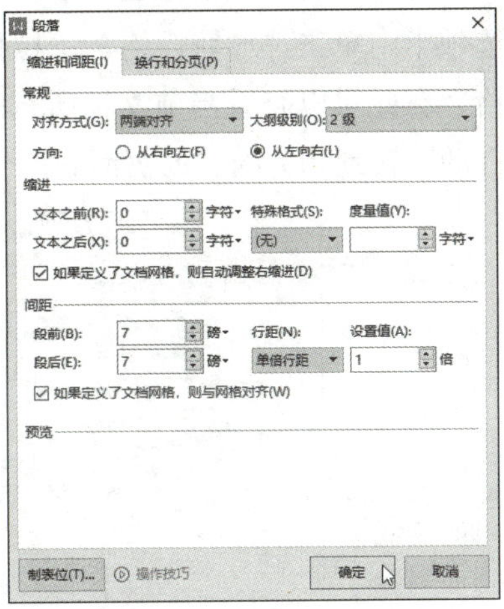

图 3-36

步骤08 返回到“修改样式”对话框，再次单击“确定”按钮，关闭对话框。此时所有应用“标题2”样式的文本格式均发生了变化，如图3-37所示。

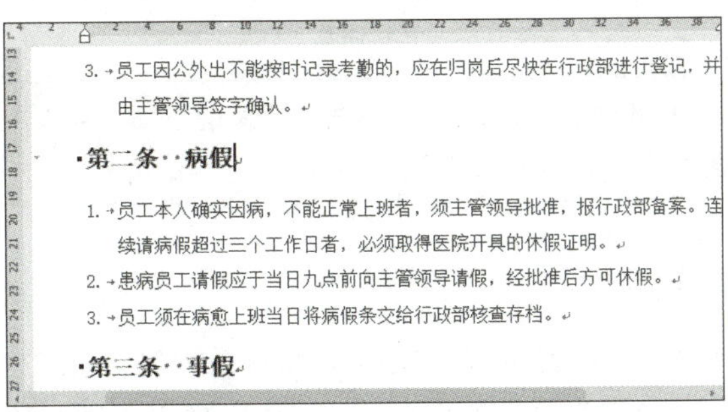

图 3-37

■3.2.3 设置大纲级别

在为文档设置大纲级别后，可以很方便地在长篇文档中迅速查找到所需内容，避免用户逐页查找的麻烦。

在“视图”选项卡中单击“大纲”按钮，打开大纲视图界面，如图3-38所示。选中要设置的文本内容，单击“大纲级别”下拉按钮，在列表中选择所需的级别即可，如图3-39所示。

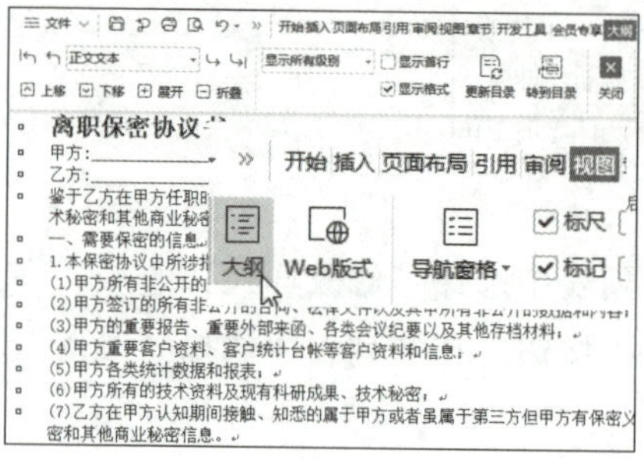

图 3-38

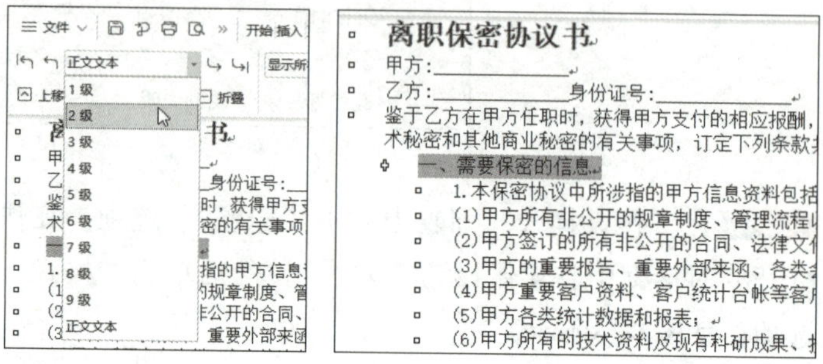

图 3-39

按照同样的方法，设置其他标题级别。设置好后，关闭大纲视图，返回到普通视图界面。在“视图”选项卡中单击“导航窗格”下拉按钮，从列表中选择“靠左”选项，在文档左侧会打开目录窗格，在此可以查看当前文档所有的大纲条目，如图3-40所示。选择其中一条大纲内容，系统将自动跳转到相关内容的页面。

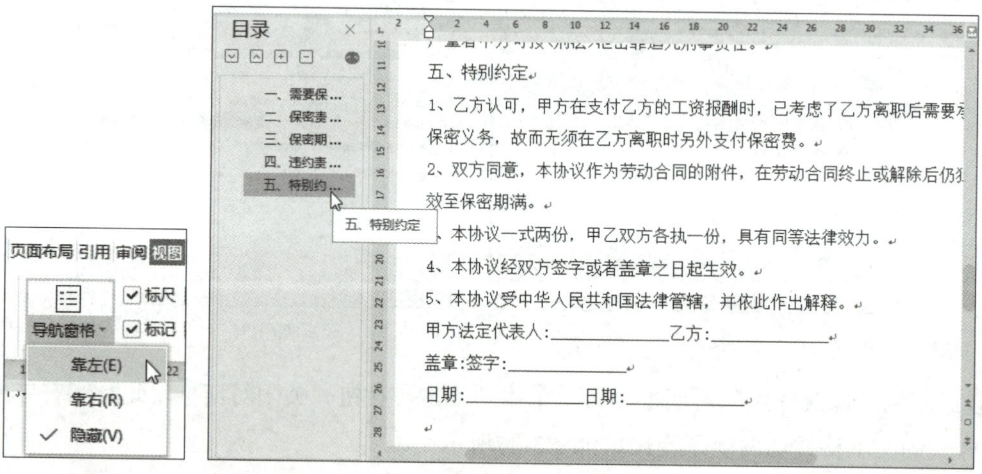

图 3-40

> ❗ **提示**：除以上方法外，用户还可在“段落”对话框的“大纲级别”列表中设置相应的级别。如想取消大纲级别，只需将级别设为“正文文本”即可。

■3.2.4 快速提取目录

为文档设置大纲级别后，用户就可以为文档提取目录内容。在文档中指定好目录插入点，在“引用”选项卡中单击“目录”下拉按钮，在打开的列表中选择“自定义目录”选项，如图3-41所示。打开“目录”对话框，在此可对目录的样式进行设置，也可以保持默认样式，单击“确定”按钮，如图3-42所示。此时，在光标处即可插入目录内容，如图3-43所示。

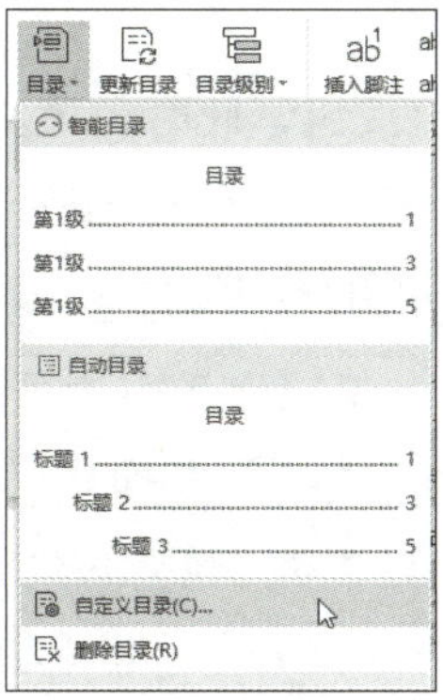

图 3-41

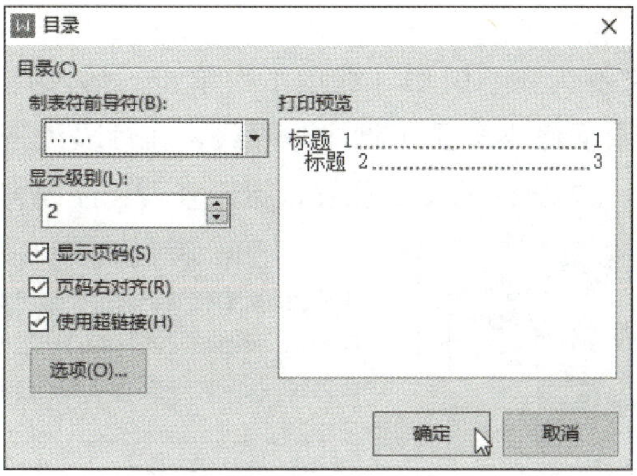

图 3-42

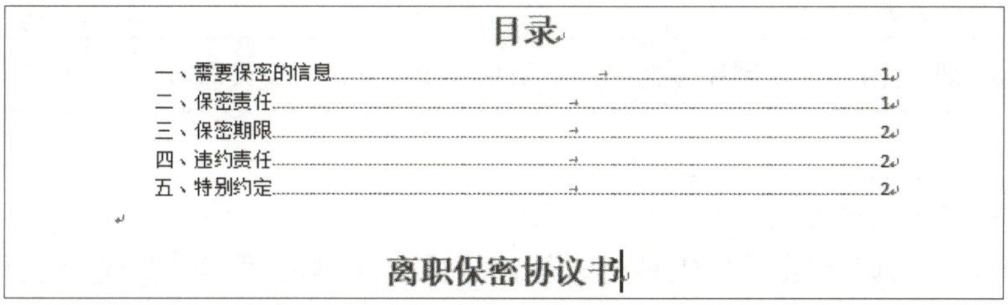

图 3-43

将光标移至目录内容中，按Ctrl键，单击某条目录即可快速跳转至对应的内容页面。

提示：添加目录后，如果对文档中的内容进行了修改，用户可使用“更新目录”命令更新目录内容。在“引用”选项卡中单击“更新目录”按钮，在打开的“更新目录”对话框中，选择所需更新的选项，单击“确定”按钮即可。

3.2.5 添加题注与脚注

题注是指出现在图片上方或下方的一段简短描述。当文档中的图片或表格过多时，通常会为其添加题注。为图片添加题注，不仅可以满足排版的需要，而且便于阅读。脚注是对文档某个词组或短语的解释说明，通常显示于当前页面末尾处。

1. 添加题注

在文档中选择所需图片，在“引用”选项卡中单击“题注”按钮，打开“题注”对话框，在“标签”下拉列表中可以选择预置的题注标签，如图3-44所示。在“题注”文本框中可以输入题注的内容，输入完成后单击“确定”按钮，即可为当前图片添加题注信息，如图3-45所示。

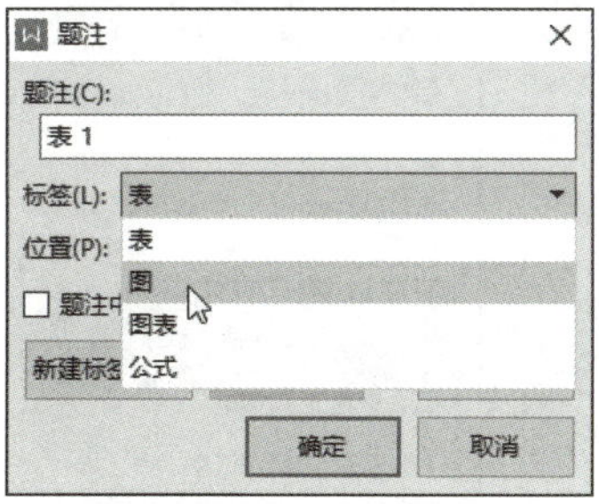

图 3-44

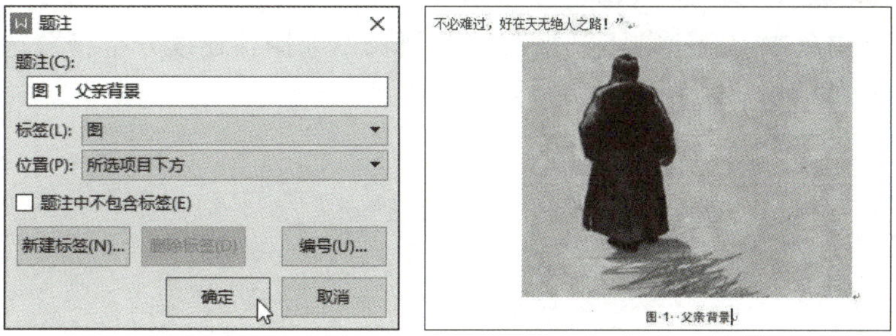

图 3-45

2. 添加脚注

选中所需文本，在“引用”选项卡中单击“插入脚注”按钮，此时，该文本右上角会显示序号1，并在页面底端会显示脚注分隔线，在分隔线下方直接输入脚注内容即可。输入完成后，将鼠标移至插入脚注的文本位置，可以查看脚注内容，如图3-46所示。

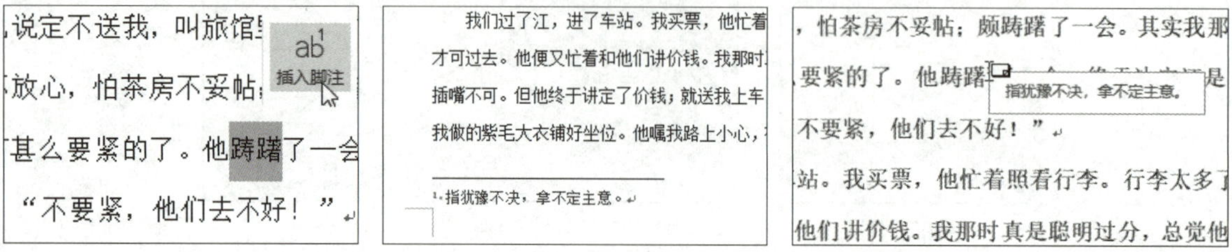

图 3-46

> ❗ **提示：** 想要删除脚注内容，只需在文档中选中引用标记，按Delete键即可。

■3.2.6　为文档进行分栏

使用分栏功能，可以将版面分成多栏，从而提高了文档的可读性。选中文档，在“页面布局”选项卡中单击“分栏”下拉按钮，在其列表中选择分栏方式即可将文档分栏，如图3-47所示。如果列表中的分栏方式不能满足需求，可选择“更多分栏”选项，在打开的对话框中进行更为精确的分栏操作，如图3-48所示。

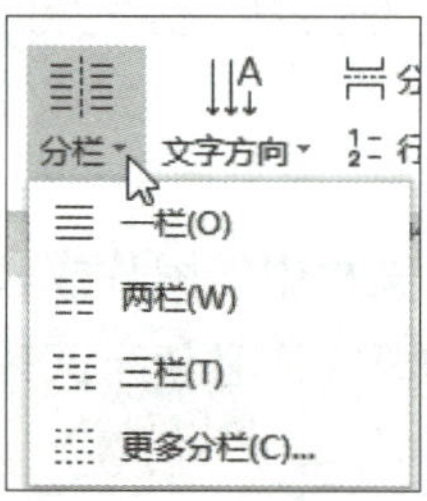

图 3-47

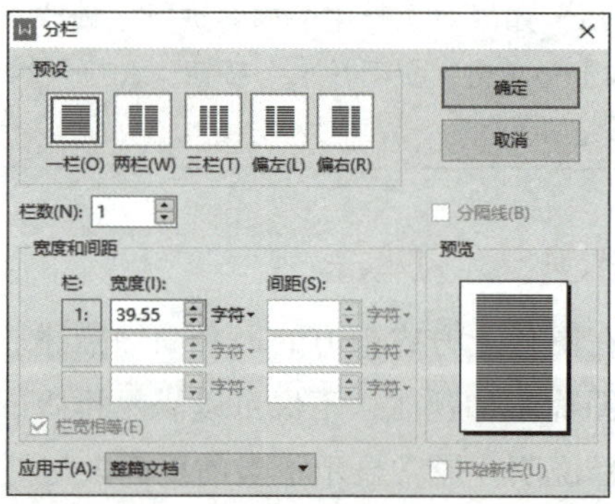

图 3-48

实例　将文档设置成四栏

下面将以《阿房宫赋》文档为例，来介绍文档分栏的具体操作。

步骤 01 打开原始文档，将光标放置在标题末尾处，在“插入”选项卡中单击“分页”下拉按钮，在列表中选择“连续分节符”选项，如图3-49所示。

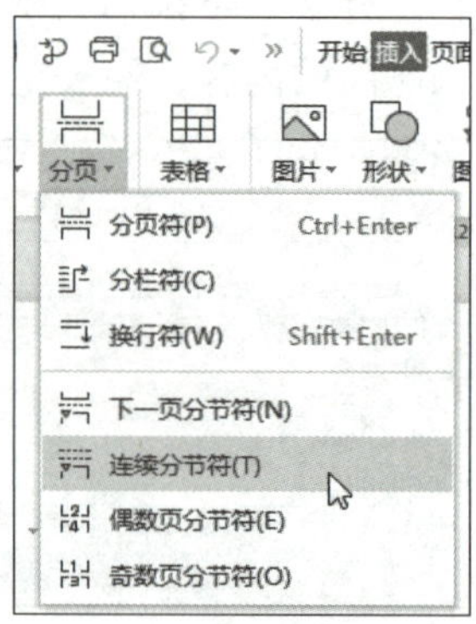

图 3-49

步骤02 此时，在标题后会显示插入的分节符，如图3-50所示。

步骤03 删除多余行，并将光标放置正文起始位置。在“页面布局”选项卡中单击“分栏”下拉按钮，在其列表中选择“更多分栏”选项，如图3-51所示。

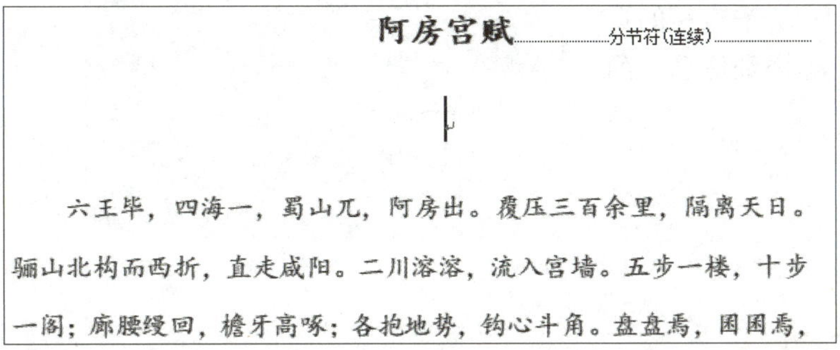

图 3-50

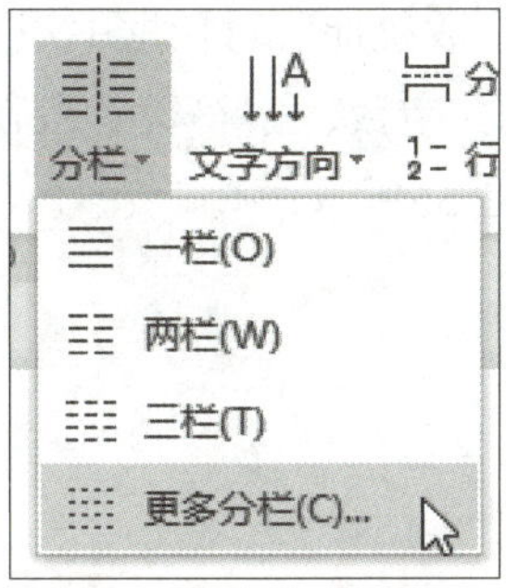

图 3-51

步骤04 打开“分栏”对话框，在“栏数”微调框中输入“4”，并勾选“分隔线”复选框，设置栏的“宽度”和“间距”，如图3-52所示。

步骤05 设置完成后，单击“确定”按钮即可将当前正文内容进行分栏操作，结果如图3-53所示。

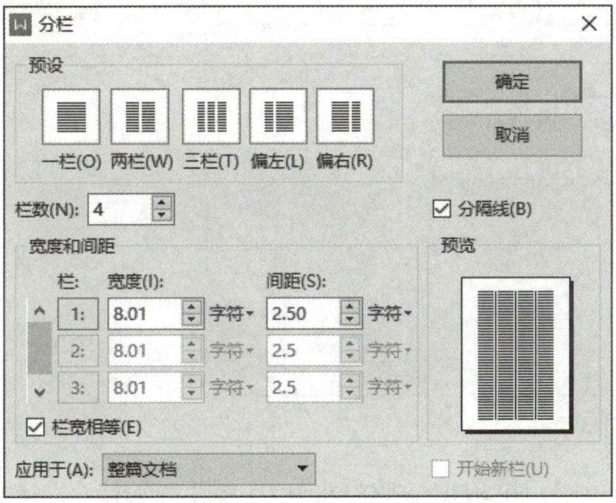

图 3-52

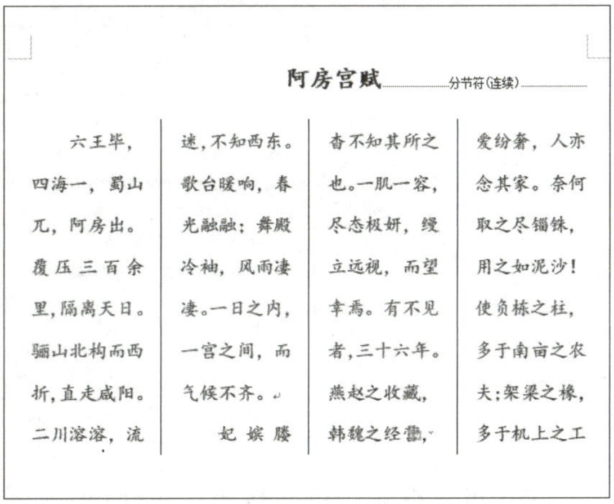

图 3-53

注意事项

如果在分栏前没有在标题后插入分节符，那么标题将会与正文内容一起分栏。

3.3 审阅与修订文档

文档制作完成后，用户可通过审阅和修订功能来对文档进行校对修改操作。例如统计文档字数与页码、为文档添加批注内容、对文档进行修订操作等。下面分别对其进行详细介绍。

3.3.1 统计文档字数与页码

在编辑文档时，页面状态栏中会实时显示当前文档的字数和页码信息，如图3-54所示。

图 3-54

如果用户想要了解更详细的文档信息，可以通过字数统计功能进行查看。在“审阅”选项卡中单击“字数统计”按钮，在“字数统计”对话框中用户可以查看文档的页数、字数、字符数、段落数等详细信息，如图3-55所示。

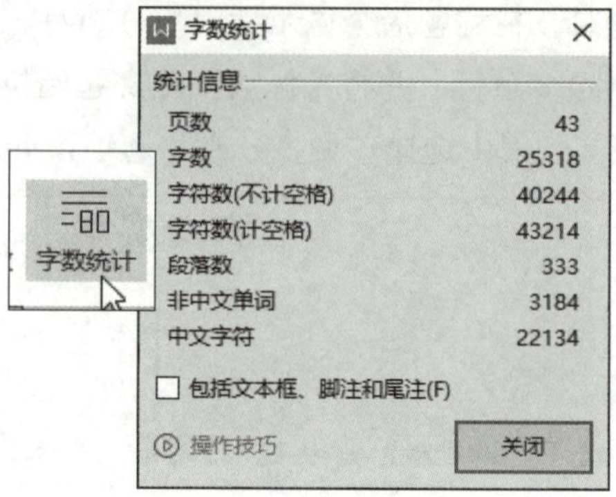

图 3-55

■3.3.2 对文档进行批注

批注是作者与审阅者的沟通渠道，审阅者在修改他人的文档时，可以通过在文档中插入批注，向作者提供建议或意见。下面将介绍批注功能的基本操作。

打开所需文档，并选择相关文本内容，在“审阅”选项卡中单击“插入批注”按钮，此时，被选文本的右侧会出现批注框，用户可在批注框中输入自己的意见或建议，如图3-56所示。

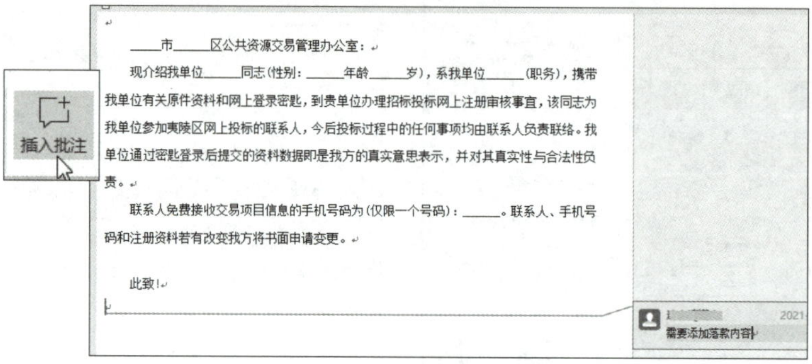

图 3-56

单击批注框右上角按钮，在打开的列表中，用户可根据需要对批注内容进行编辑，例如答复批注、解决批注和删除批注，如图3-57所示。

在“审阅”选项卡中单击“显示标记”下拉按钮，在其列表中取消勾选“批注”选项，可隐藏批注内容，如图3-58所示。

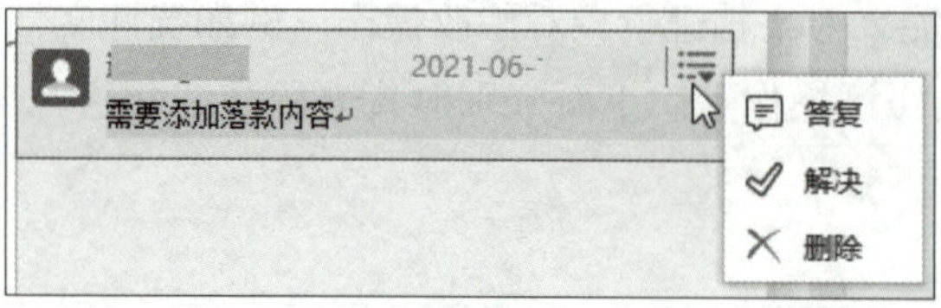

图 3-57

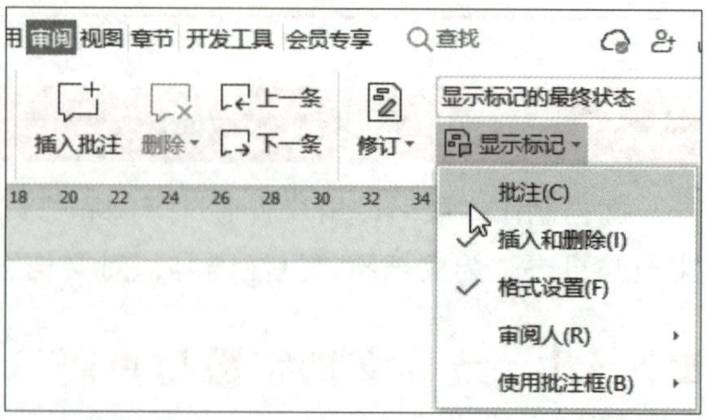

图 3-58

■3.3.3 修订文档

在“审阅”选项卡中单击“修订”按钮，即可进入文档修订模式。在该模式下，对文档所做的编辑修改操作均会被标记出来，如图3-59所示。

在“修订”选项组中单击“显示以供审阅”下拉按钮，在列表中用户可以选择修订显示的状态，如图3-60所示。

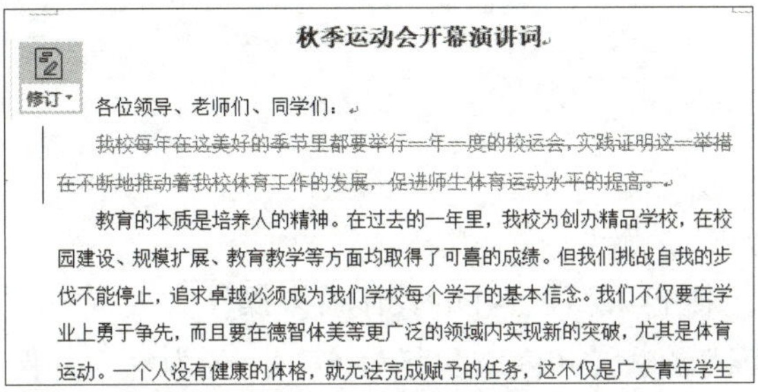

图 3-59

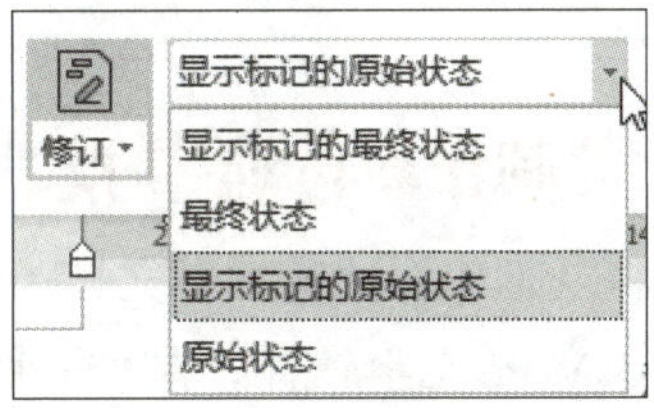

图 3-60

- **显示标记的最终状态：**该状态是将修订信息显示在文档右侧，并详细地标记修订的内容，如图3-61所示。
- **最终状态：**该状态只显示修改后最终的文档状态，不会显示任何修订痕迹，如图3-62所示。

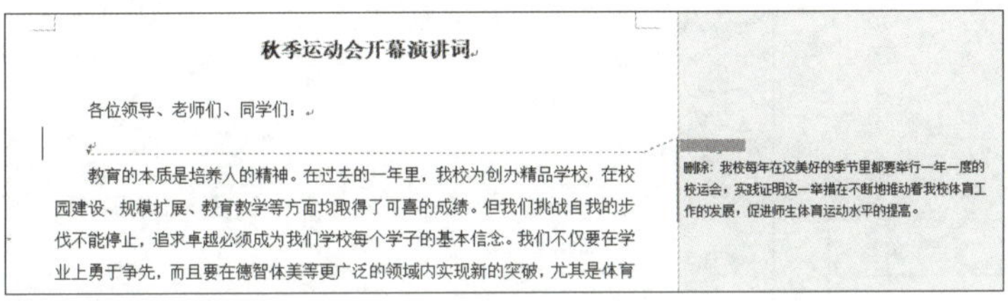

图 3-61

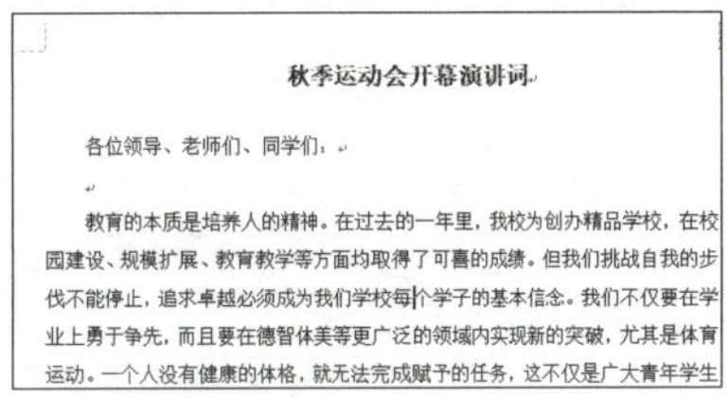

图 3-62

- **显示标记的原始状态：**该状态是在原始文档的基础上进行修订并标记操作。
- **原始状态：**该状态只显示修订前的文档内容。

当原作者查看修订文档时，可通过“接受”和“拒绝”命令处理修订文档。将光标放置在文档修订处，在“审阅”选项卡中单击“接受”下拉按钮，在其列表中选择“接受修订”选项，如图3-63所示，此时，文档会以最终修订后的状态来显示。如果单击“拒绝”下拉按钮，在列表中选择“拒绝所选修订”选项，如图3-64所示，文档则以未修订状态来显示。

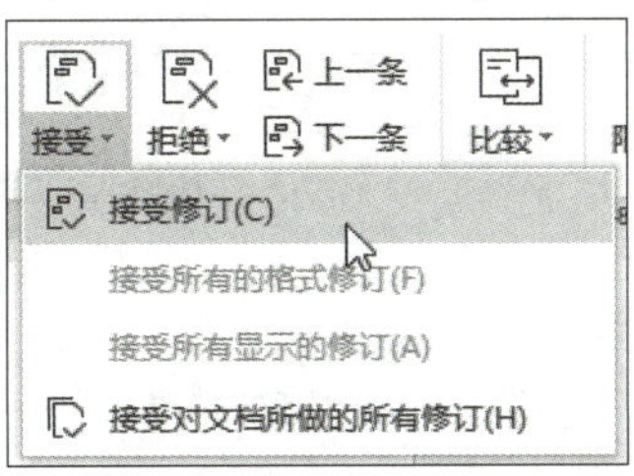

图 3-63

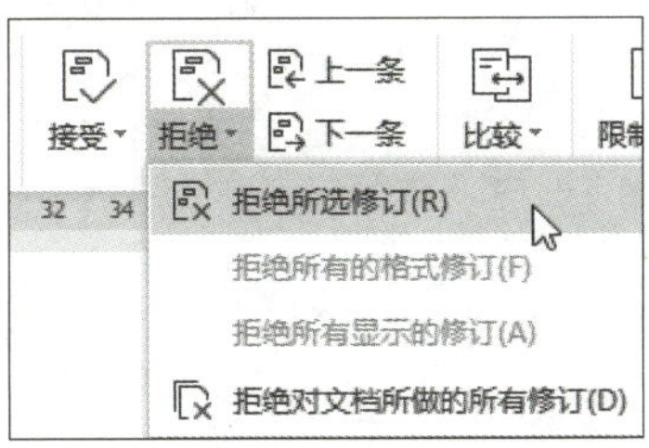

图 3-64

注意事项

修订结束后，需关闭该功能，否则文档将一直处于修订状态。

3.4 邮件合并

利用邮件合并功能可以进行文档的批量制作。例如批量制作荣誉奖状、邀请函、工作证、准考证等。在“引用”选项卡中单击“邮件”按钮，随即启动邮件合并功能，如图3-65所示。

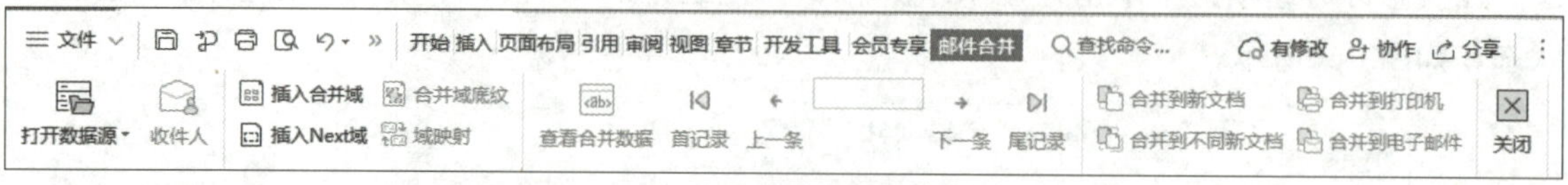

图 3-65

实例 批量制作面试通知书

下面将以制作面试通知书文档为例，来介绍邮件合并的具体设置操作。

步骤01 打开WPS文字软件，制作一张面试名单，其内容包括姓名、岗位内容，并保存好该名单，结果如图3-66所示。

步骤02 打开“面试通知书”文档，在“引用”选项卡中单击“邮件”按钮，打开“邮件合并”选项卡，单击“打开数据源”按钮，在“选择数据源”对话框中选择刚创建的“面试名单”文件，如图3-67所示。

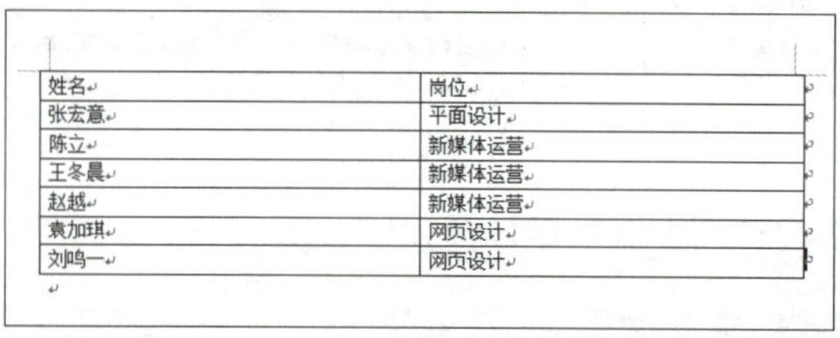

姓名	岗位
张宏意	平面设计
陈立	新媒体运营
王冬晨	新媒体运营
赵越	新媒体运营
袁加琪	网页设计
刘鸣一	网页设计

图 3-66

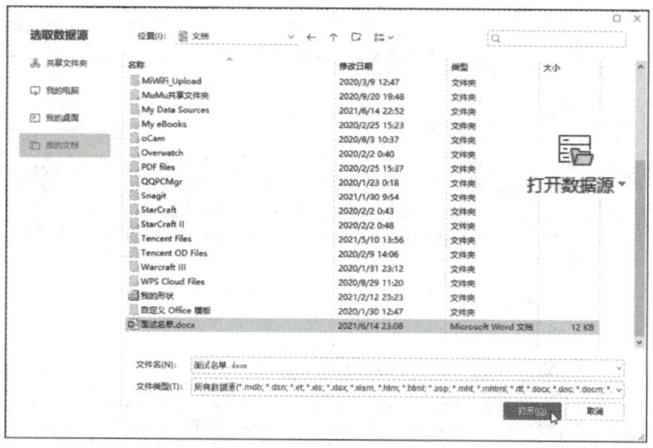

图 3-67

步骤03 将光标放置在通知书正文起始位置，在“邮件合并”选项卡中单击“插入合并域”按钮，在“插入域”对话框中选择“姓名”域，单击“插入”按钮，如图3-68所示。

步骤04 此时在光标处会显示出“姓名”域内容，如图3-69所示。

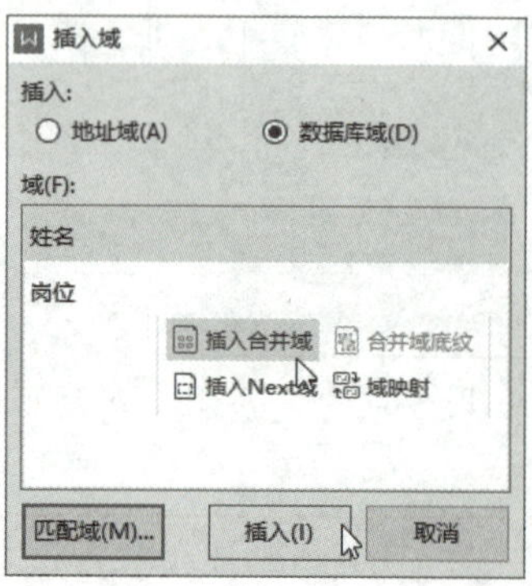

图 3-68

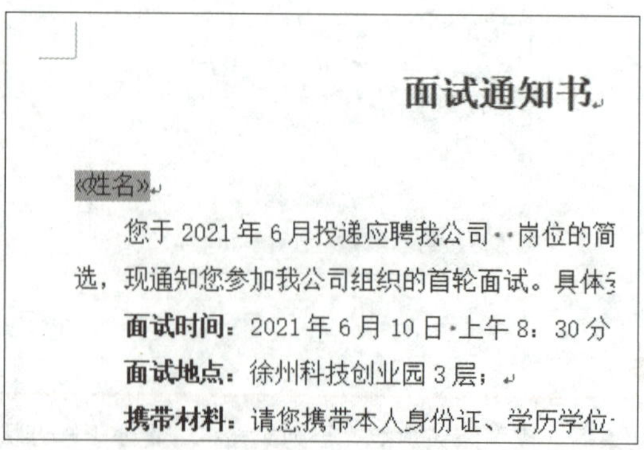

图 3-69

步骤05 将光标放置在要插入“岗位”域位置处，同样单击“插入合并域”按钮，在打开的对话框中选择“岗位”域选项，单击“插入”按钮，插入岗位域内容，如图3-70所示。

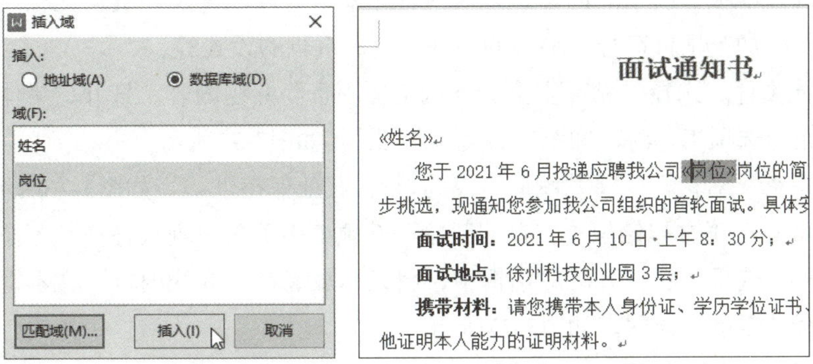

图 3-70

步骤06 在“邮件合并”选项卡中单击“查看合并数据”按钮，此时系统会根据面试名单内容，自动显示出相应的姓名和岗位，如图3-71所示。

步骤07 单击“下一条”按钮，可按照名单顺序依次显示出名称和岗位内容，如图3-72所示。

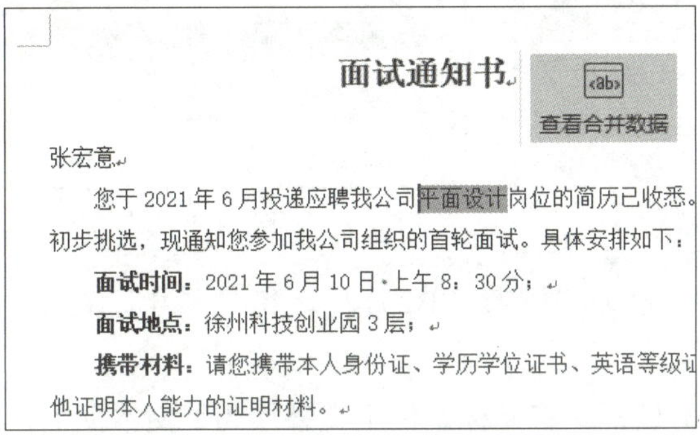

图 3-71

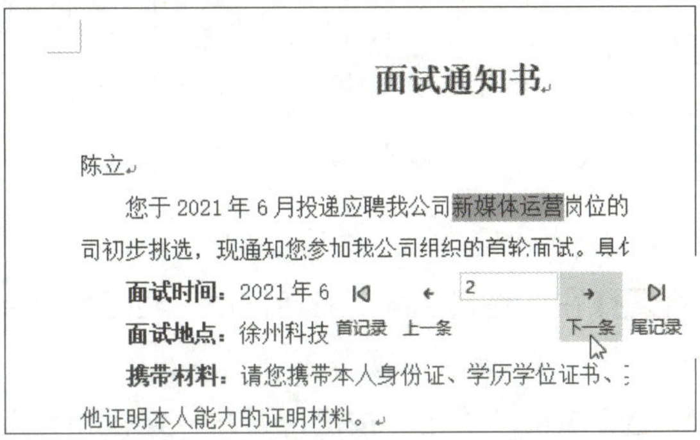

图 3-72

步骤08 单击“下一条”按钮，继续预览设置的内容。确认无误后，单击“合并到新文档”按钮，在打开的对话框中，保持默认设置，单击“确定”按钮，如图3-73所示。

步骤09 系统会新建一个空白文档，并完成面试通知书的批量生成操作，如图3-74所示。

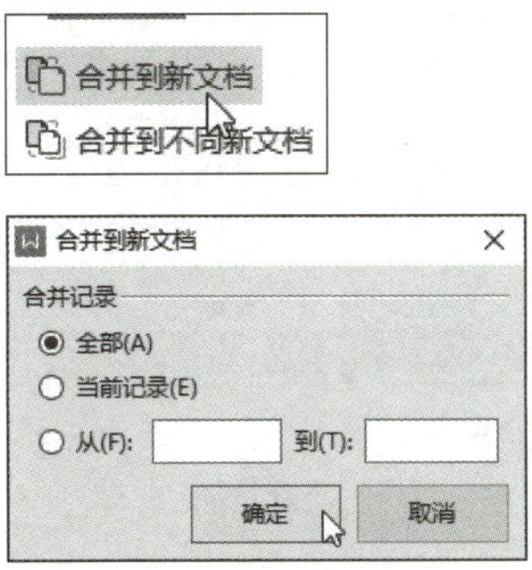

图 3-73

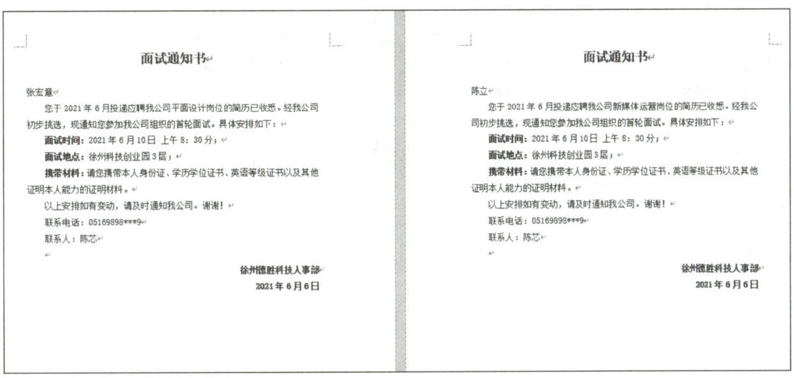

图 3-74

实战演练 编排食品安全管理制度及职责文档

本案例将综合本项目所学的内容，来对《食品安全管理制度及职责》文档进行编排。其中涉及文档样式的添加、项目符号与编号的添加、页眉页脚的设置等。

步骤 01 打开原始文件，选择“食品安全管理制度及职责”标题内容。打开“字体”对话框，切换到“字符间距”选项卡，将“间距”设为“标准”，如图3-75所示。

步骤 02 打开“段落”对话框，将“段后”设为1行，其他保持默认，如图3-76所示。

步骤 03 将光标放置在正文起始位置，在“开始”选项卡中单击“查找替换”下拉按钮，在其列表中选择“替换”选项，在打开的对话框中，将光标放置在“查找内容”文本框中，单击“格式”按钮，选择“字体”选项，如图3-77所示。

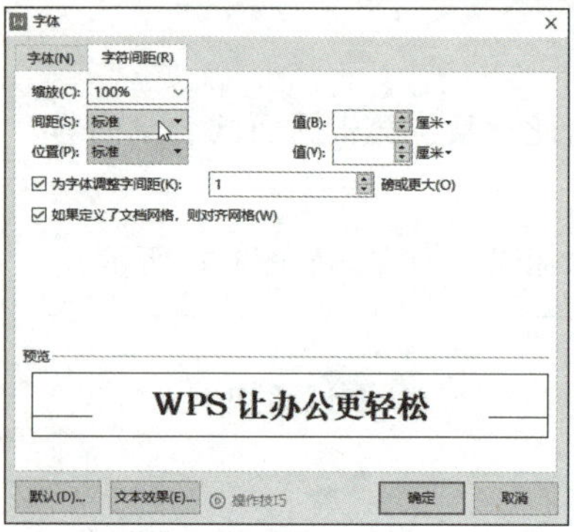

图 3-75

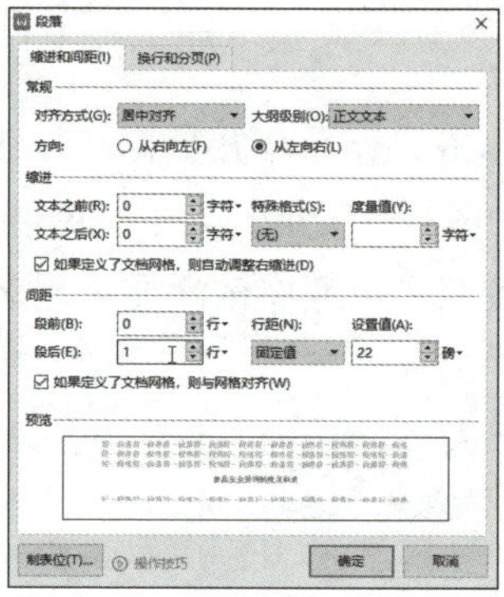

图 3-76

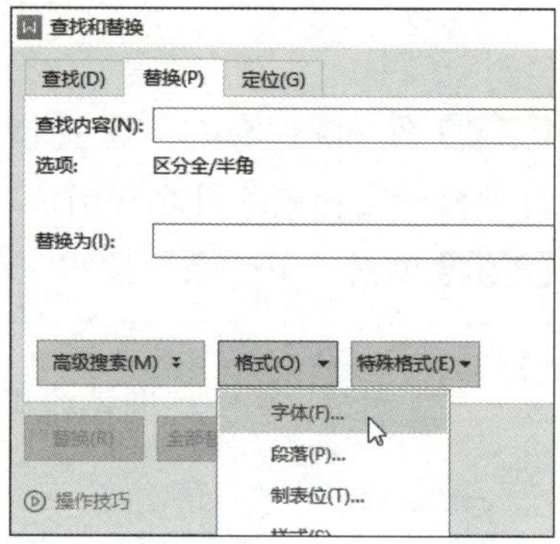

图 3-77

步骤 04 在“查找字体”对话框中，将“中文字体”设为“仿宋_GB2312”，将“字号”设为小四，其他保持默认，如图3-78所示。

步骤 05 单击“确定”按钮，返回“查找和替换”对话框，将光标定位至“替换为”文本框中，同样打开“查找字体”对话框，将其“中文字体”设为“宋体”，将“字号”设为小四，其他保持默认，如图3-79所示。

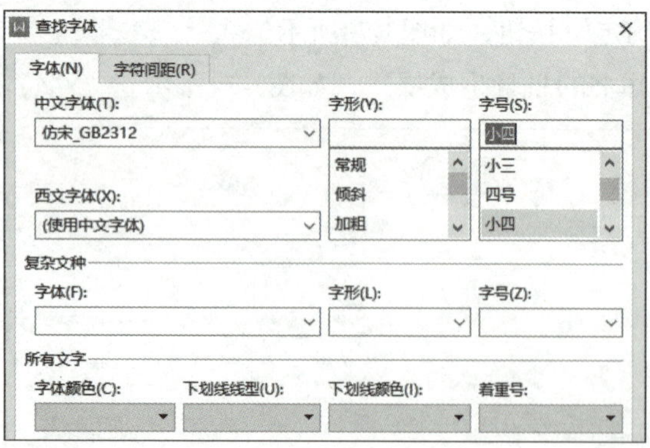

图 3-78

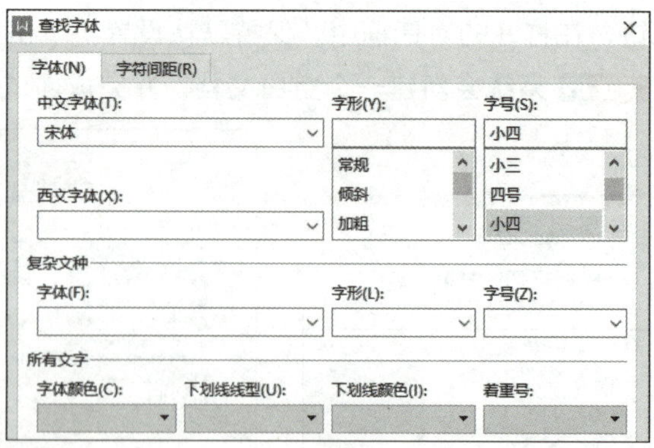

图 3-79

步骤06 单击“确定”按钮，返回“查找和替换”对话框，单击“全部替换”按钮，此时文档中所有“仿宋_GB2312”字体都批量更改为“宋体”了，如图3-80所示。

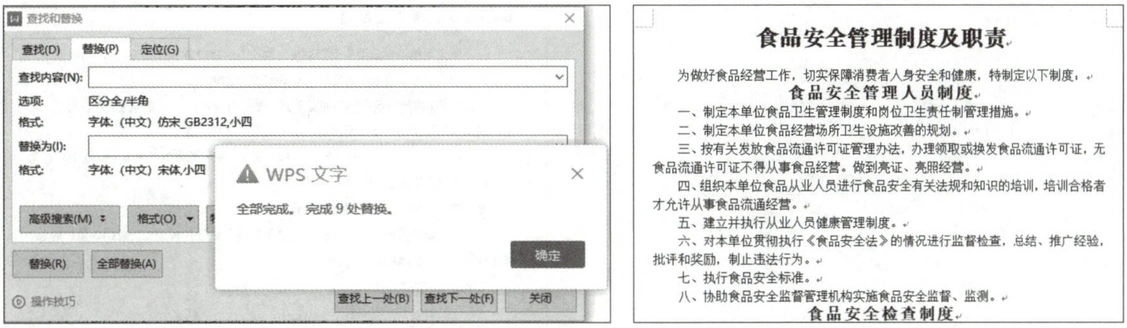

图 3-80

步骤07 选择所有正文内容，打开“段落”对话框，将“行距”设为1.5倍，效果如图3-81所示。

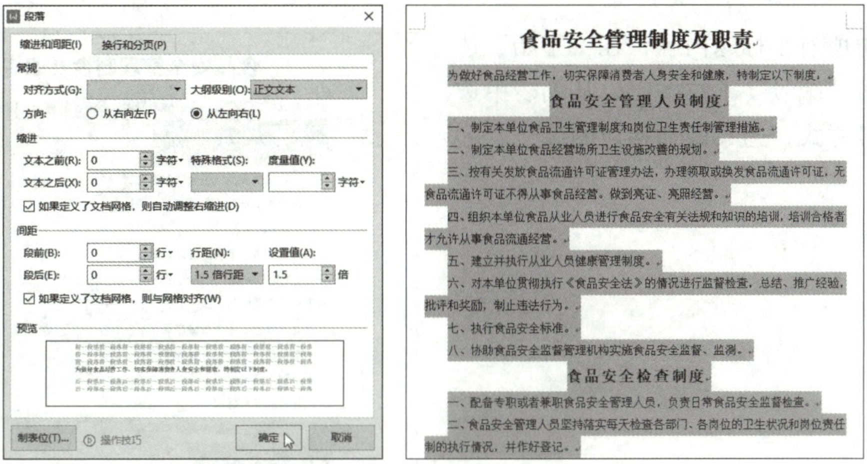

图 3-81

步骤08 选择正文第1个小标题“食品安全管理人员制度”。在“预设样式”列表中选择“标题2”，将其应用于该标题，如图3-82所示。

步骤09 打开“段落”对话框，将“段前”和“段后”间距均设为7磅，将“行距”设为“单倍行距”“1倍”，如图3-83所示。

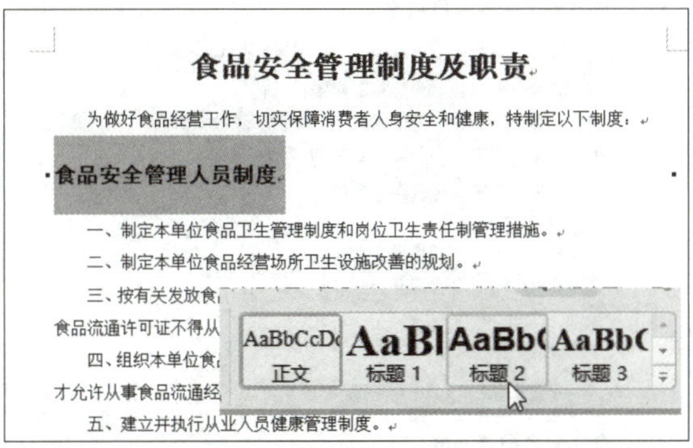

图 3-82

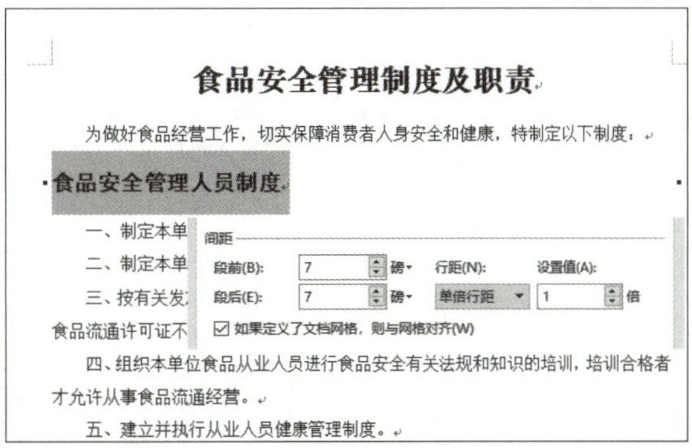

图 3-83

步骤10 选中该标题，双击“格式刷”按钮，将该标题样式应用于文档其他小标题中，如图3-84所示。

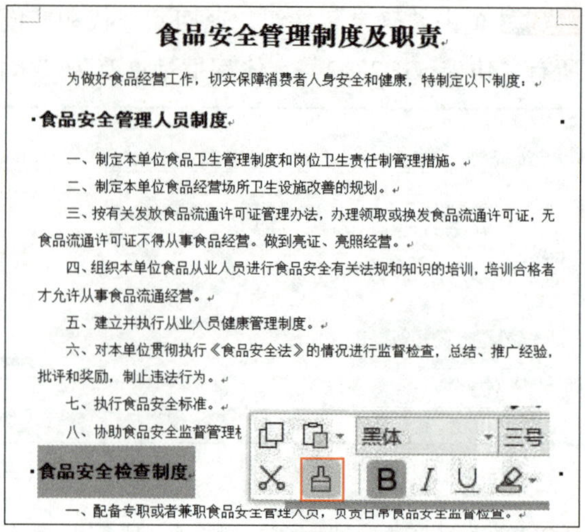

图 3-84

步骤11 选中所有小标题内容，在“开始”选项卡中单击“编号”下拉按钮，从列表中选择一款编号样式，为其添加相应的编号，如图3-85所示。

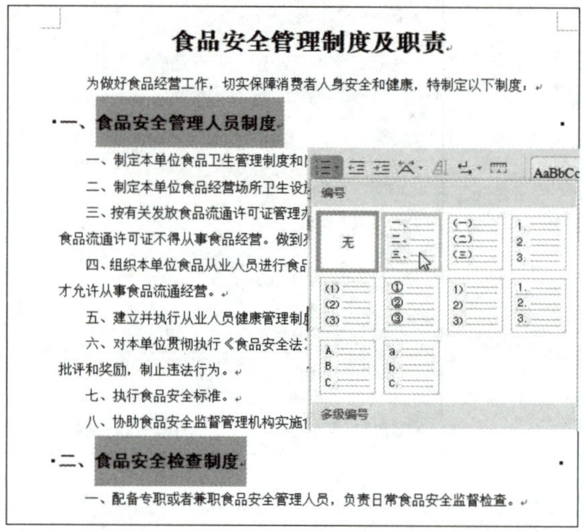

图 3-85

步骤12 选中第1个小标题下方的正文内容，为其更改编号样式。在“编号”列表中选择新的样式即可，如图3-86所示。

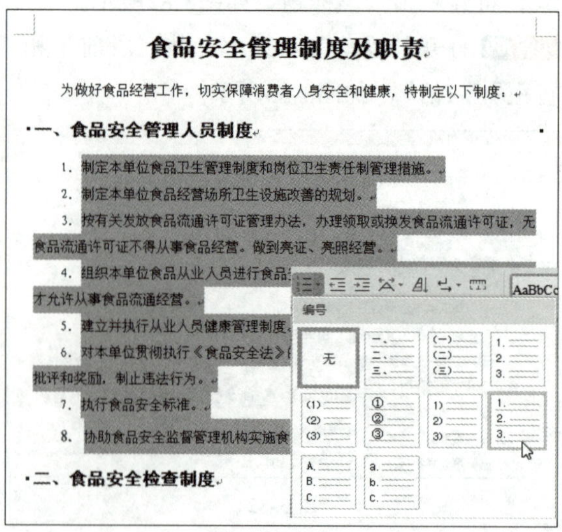

图 3-86

步骤13 按照同样的操作，更改其他小标题下的正文编号，如图3-87所示。

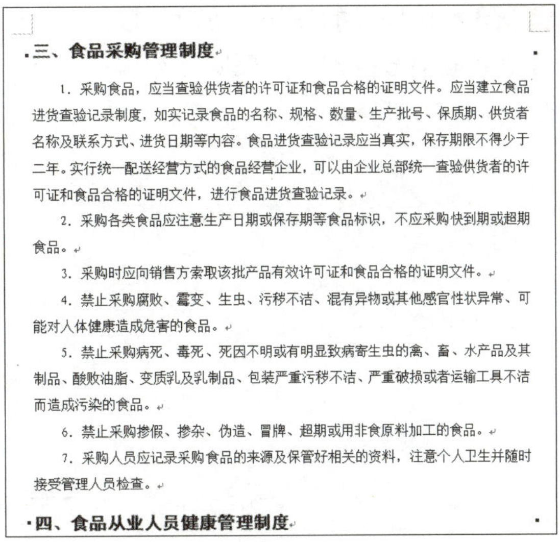

图 3-87

步骤14 修改“六、……”小标题正文编号样式。先选中编号2和编号5内容，在“编号”列表中选择“更改编号级别”选项，在其级联菜单中选择2级别，如图3-88所示。

步骤15 选择编号2～6内容，单击“项目符号”下拉按钮，在其列表中选择合适的符号样式，为该内容添加项目符号，如图3-89所示。

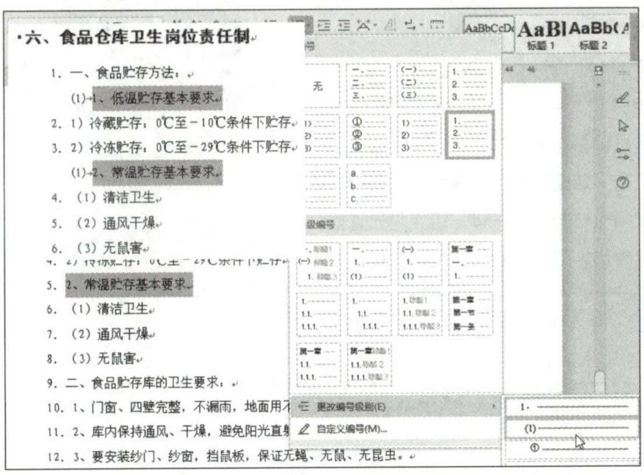

图 3-88

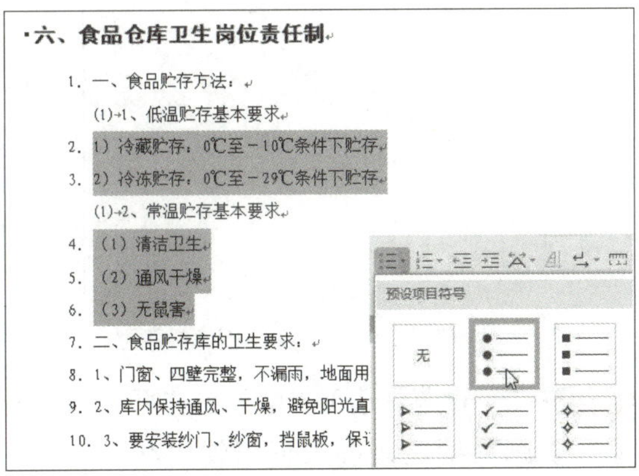

图 3-89

步骤16 利用标尺调整一下该内容的缩进值。删除原始编号，调整效果如图3-90所示。

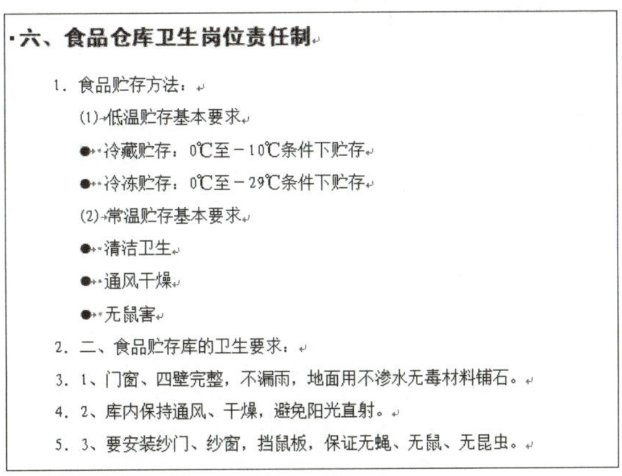

图 3-90

步骤 17 按照同样的操作，更改该段落中其他编号级别，并删除原始编号，如图3-91所示。

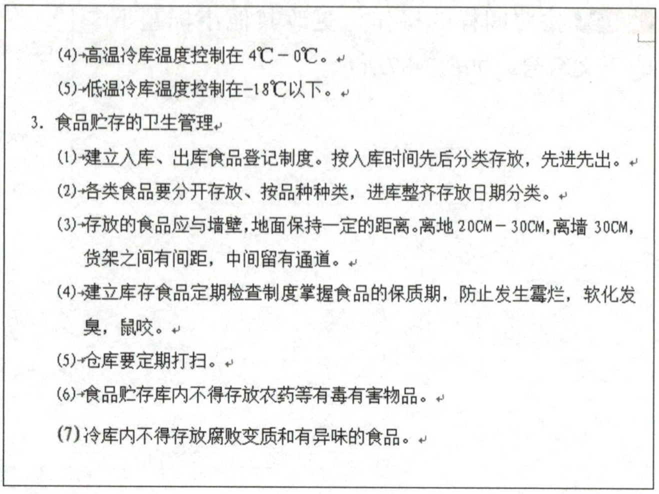
(4) 高温冷库温度控制在 4℃－0℃。
(5) 低温冷库温度控制在-18℃以下。
3. 食品贮存的卫生管理。
(1) 建立入库、出库食品登记制度。按入库时间先后分类存放，先进先出。
(2) 各类食品要分开存放、按品种种类，进库整齐存放日期分类。
(3) 存放的食品应与墙壁，地面保持一定的距离。离地 20CM－30CM，离墙 30CM，货架之间有间距，中间留有通道。
(4) 建立库存食品定期检查制度掌握食品的保质期，防止发生霉烂，软化发臭，鼠咬。
(5) 仓库要定期打扫。
(6) 食品贮存库内不得存放农药等有毒有害物品。
(7) 冷库内不得存放腐败变质和有异味的食品。

图 3-91

步骤 18 按Ctrl+A全选文档。打开“字体”对话框，将“西文字体”设为“Times New Roman”字体。统一更改文档中数字字体以及编号字体，如图3-92所示。

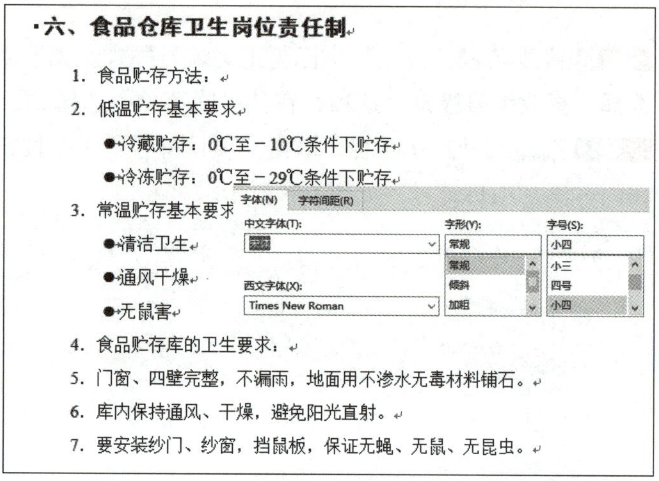
六、食品仓库卫生岗位责任制
1. 食品贮存方法：
2. 低温贮存基本要求。
●冷藏贮存：0℃至－10℃条件下贮存。
●冷冻贮存：0℃至－29℃条件下贮存。
3. 常温贮存基本要求
●清洁卫生。
●通风干燥。
●无鼠害。
4. 食品贮存库的卫生要求：
5. 门窗、四壁完整，不漏雨，地面用不渗水无毒材料铺石。
6. 库内保持通风、干燥，避免阳光直射。
7. 要安装纱门、纱窗，挡鼠板，保证无蝇、无鼠、无昆虫。

图 3-92

步骤 19 在“章节”选项卡中单击“页眉和页脚”按钮，进入页眉编辑状态，输入页眉内容，并将其居中对齐，如图3-93所示。

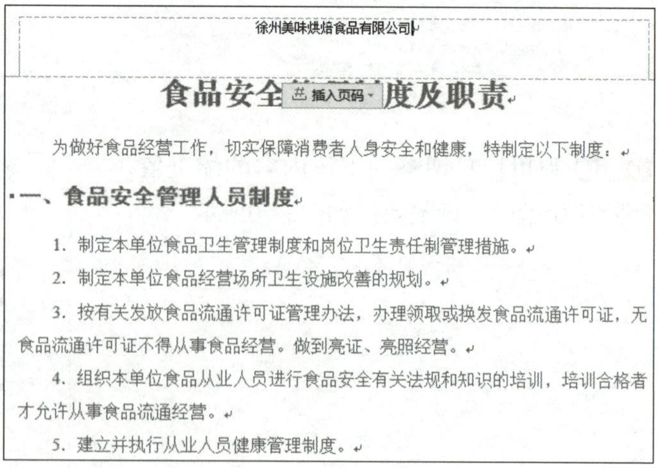
徐州美味烘焙食品有限公司
食品安全管理制度及职责

为做好食品经营工作，切实保障消费者人身安全和健康，特制定以下制度：
一、食品安全管理人员制度
1. 制定本单位食品卫生管理制度和岗位卫生责任制管理措施。
2. 制定本单位食品经营场所卫生设施改善的规划。
3. 按有关发放食品流通许可证管理办法，办理领取或换发食品流通许可证，无食品流通许可证不得从事食品经营。做到亮证、亮照经营。
4. 组织本单位食品从业人员进行食品安全有关法规和知识的培训，培训合格者才允许从事食品流通经营。
5. 建立并执行从业人员健康管理制度。

图 3-93

步骤20 在“页眉页脚”选项卡中单击“页眉横线”下拉按钮，为其添加一款页眉分隔线，将“页眉顶端距离”调整为“1.80厘米”，如图3-94所示。

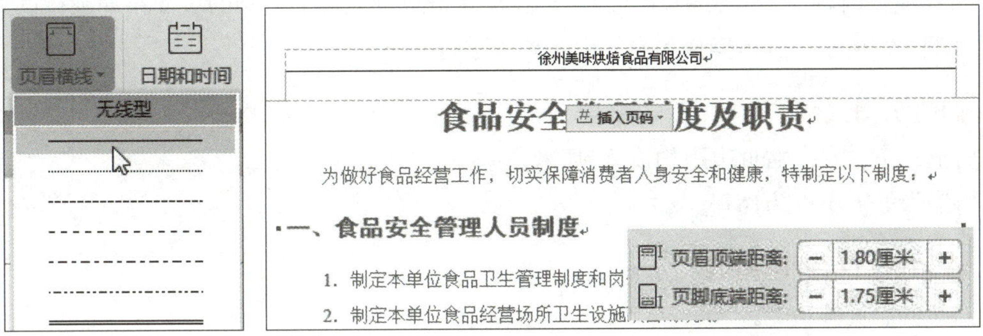

图 3-94

步骤21 单击“页眉页脚切换”按钮，切换到页脚编辑状态，单击“插入页码”下拉按钮，选择一款页码样式，单击“确定”按钮，为文档添加相应的页码，设置后退出页眉页脚编辑状态，如图3-95所示。

步骤22 为文档添加落款内容，并设置好其文本格式以及对齐方式，如图3-96所示。至此，整个文档的编排操作全部完成。

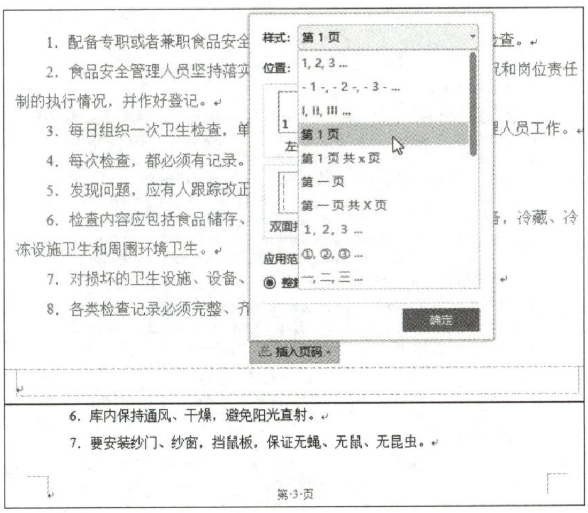

图 3-95

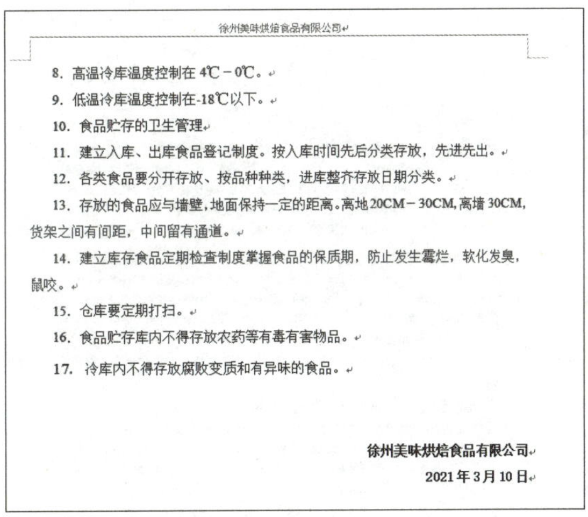

图 3-96

你学会了吗？

课后作业 排版高校安全防范倡议书

学习本项目内容后，读者可自行练习对高校安全防范倡议书文档的页面布局进行设置。设置结果如图3-97所示。具体操作可参照以下要求进行。

1. 调整页面尺寸

- 将上、下、左、右页边距均设为2厘米。
- 将纸张的大小设为16开。

2. 添加页眉和页码内容

- 启动页眉页脚功能。
- 输入页眉内容，并将其右对齐。
- 调整页眉文本格式。
- 添加页眉横线。
- 切换到页脚，单击“插入页码”按钮，设置好页码样式，插入页码。

3. 设置页面颜色

在“页面布局”选项卡中启动“背景”功能，将页面颜色设为淡黄色。

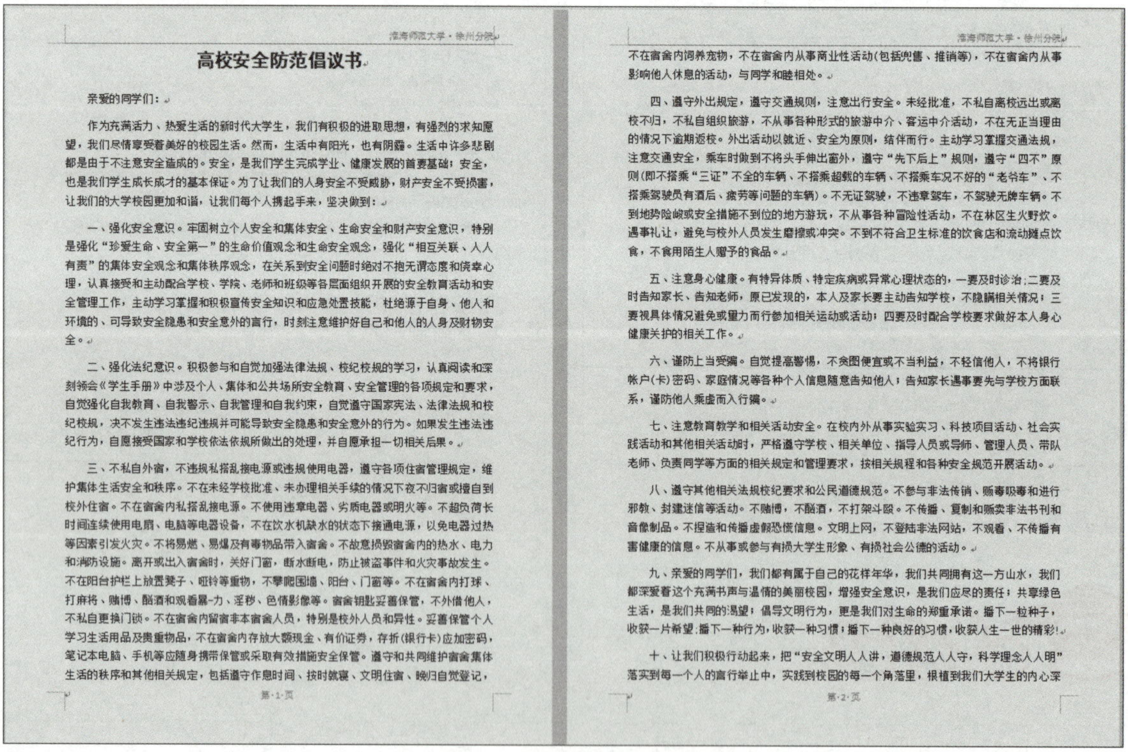
淮海师范大学·徐州分院

高校安全防范倡议书

亲爱的同学们：

作为充满活力、热爱生活的新时代大学生，我们有积极的进取思想，有强烈的求知愿望，我们尽情享受着美好的校园生活。然而，生活中有阳光，也有阴霾。生活中许多悲剧都是由于不注意安全造成的。安全，是我们学生完成学业、健康发展的首要基础；安全，也是我们学生成长成才的基本保证。为了让我们的人身安全不受威胁，财产安全不受损害，让我们的大学校园更加和谐，让我们每个人携起手来，坚决做到：

一、强化安全意识。牢固树立个人安全和集体安全、生命安全和财产安全意识，特别是强化“珍爱生命、安全第一”的生命价值观念和生命安全观念，强化“相互关联、人人有责”的集体安全观念和集体秩序观念，在关系到安全问题时绝对不抱无谓态度和侥幸心理，认真接受和主动配合学校、学院、老师和班级等各层面组织开展的安全教育活动和安全管理工作，主动学习掌握和积极宣传安全知识和应急处置技能，杜绝源于自身、他人和环境的、可导致安全隐患和安全意外的言行，时刻注意维护好自己和他人的人身及财物安全。

二、强化法纪意识。积极参与和自觉加强法律法规、校纪校规的学习，认真阅读和深刻领会《学生手册》中涉及个人、集体和公共场所安全教育、安全管理的各项规定和要求，自觉强化自我教育、自我警示、自我管理和自我约束，自觉遵守国家宪法、法律法规和校纪校规，决不发生违法违纪违规并可能导致安全隐患和安全意外的行为。如果发生违法违纪行为，自愿接受国家和学校依法依规所做出的处理，并自愿承担一切相关后果。

三、不私自外宿，不违规私搭乱接电源或违规使用电器，遵守各项住宿管理规定，维护集体生活安全和秩序。不在未经学校批准、未办理相关手续的情况下夜不归宿或擅自到校外住宿。不在宿舍内私搭乱接电源。不使用违章电器、劣质电器或明火等。不超负荷长时间连续使用电扇、电脑等电器设备，不在饮水机缺水的状态下接通电源，以免电器过热等因素引发火灾。不将易燃、易爆及有毒物品带入宿舍。不故意损毁宿舍内的热水、电力和消防设施。离开或出入宿舍时，关好门窗，断水断电，防止被盗事件和火灾事故发生。不在阳台护栏上放置凳子、哑铃等重物，不攀爬围墙、阳台、门窗等。不在宿舍内打球、打麻将、赌博、酗酒和观看暴-力、淫秽、色情影像等。宿舍钥匙妥善保管，不外借他人，不私自更换门锁。不在宿舍内留宿非本宿舍人员，特别是校外人员和异性。妥善保管个人学习生活用品及贵重物品，不在宿舍内存放大额现金、有价证券，存折(银行卡)应加密码，笔记本电脑、手机等应随身携带保管或采取有效措施安全保管。遵守和共同维护宿舍集体生活的秩序和其他相关规定，包括遵守作息时间、按时就寝、文明住宿、晚归自觉登记，

第·1·页

淮海师范大学·徐州分院

不在宿舍内饲养宠物，不在宿舍内从事商业性活动(包括兜售、推销等)，不在宿舍内从事影响他人休息的活动，与同学和睦相处。

四、遵守外出规定，遵守交通规则，注意出行安全。未经批准，不私自离校远出或离校不归，不私自组织旅游，不从事各种形式的旅游中介、客运中介活动，不在无正当理由的情况下逾期返校。外出活动以就近、安全为原则，结伴而行。主动学习掌握交通法规，注意交通安全，乘车时做到不将头手伸出窗外，遵守“先下后上”规则，遵守“四不”原则(即不搭乘“三证”不全的车辆、不搭乘超载的车辆、不搭乘车况不好的“老爷车”、不搭乘驾驶员有酒后、疲劳等问题的车辆)。不无证驾驶，不违章驾车，不驾驶无牌车辆。不到地势险峻或安全措施不到位的地方游玩，不从事各种冒险性活动，不在林区生火野炊。遇事礼让，避免与校外人员发生磨擦或冲突。不到不符合卫生标准的饮食店和流动摊点饮食，不食用陌生人赠予的食品。

五、注意身心健康。有特异体质、特定疾病或异常心理状态的，一要及时诊治；二要及时告知家长、告知老师，原已发现的，本人及家长要主动告知学校，不隐瞒相关情况；三要视具体情况避免或量力而行参加相关运动或活动；四要及时配合学校要求做好本人身心健康关护的相关工作。

六、谨防上当受骗。自觉提高警惕，不贪图便宜或不当利益，不轻信他人，不将银行帐户(卡)密码、家庭情况等各种个人信息随意告知他人；告知家长遇事要先与学校方面联系，谨防他人乘虚而入行骗。

七、注意教育教学和相关活动安全。在校内外从事实验实习、科技项目活动、社会实践活动和其他相关活动时，严格遵守学校、相关单位、指导人员或导师、管理人员、带队老师、负责同学等方面的相关规定和管理要求，按相关规程和各种安全规范开展活动。

八、遵守其他相关法规校纪要求和公民道德规范。不参与非法传销、贩毒吸毒和进行邪教、封建迷信等活动。不赌博，不酗酒，不打架斗殴。不传播、复制和贩卖非法书刊和音像制品。不捏造和传播虚假恐慌信息。文明上网，不登陆非法网站，不观看、不传播有害健康的信息。不从事或参与有损大学生形象、有损社会公德的活动。

九、亲爱的同学们，我们都有属于自己的花样年华，我们共同拥有这一方山水，我们都深爱着这个充满书声与温情的美丽校园，增强安全意识，是我们应尽的责任；共享绿色生活，是我们共同的渴望；倡导文明行为，更是我们对生命的郑重承诺。播下一粒种子，收获一片希望；播下一种行为，收获一种习惯；播下一种良好的习惯，收获人生一世的精彩！

十、让我们积极行动起来，把“安全文明人人讲，道德规范人人守，科学理念人人明”落实到每一个人的言行举止中，实践到校园的每一个角落里，根植到我们大学生的内心深

第·2·页

图 3-97

WPS 表格篇

WPS表格是WPS Office软件中专门用于制作电子表格的一款组件。它具备强大的数据管理功能，可以轻松地处理报表中各项复杂数据的运算，从而帮助用户节省大量的时间，提高工作效率。

本篇将对WPS表格的基础功能进行详细介绍，其中包含表格的创建与数据的录入、公式与函数的简单运用、数据的常规管理与分析、图表的创建与美化、报表的打印与输出。

项目4

表格的创建与处理

内容概要

创建表格是WPS表格中最基本的一项操作，它决定着后期数据分析处理的复杂程度。合理的数据表会提升数据分析效率，而不合理的数据表只会增加分析难度，降低效率。本项目将向用户介绍如何创建合理的数据表。

数字资源

【本项目素材来源】："素材文件\项目4"目录下

【本项目实战演练最终文件】："素材文件\项目4\实战演练"目录下

4.1 工作簿与工作表的基本操作

在创建表格前，需要先对表格的概念有一个大致的了解。例如什么是工作簿，什么是工作表，以及工作簿或工作表的基本操作等。

■4.1.1 区分工作簿和工作表

工作簿是用来储存并处理工作数据的文件，它是一个或多个工作表的集合。常见的工作簿扩展名为.xls或.xlsx，如图4-1所示。

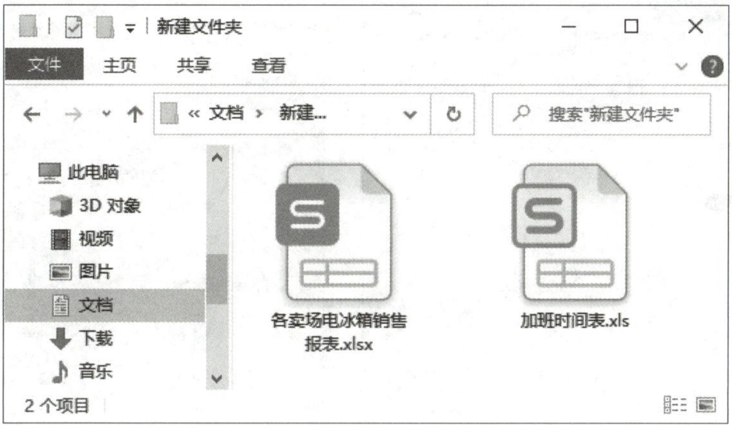

图 4-1

工作簿如同活页夹，而工作表就是其中的一张张活页纸。一个工作簿会包含很多张工作表。默认情况下，工作表会以Sheet1、Sheet2、Sheet3……进行命名，并显示在工作表标签中。单击某工作表标签，可选中当前的工作表，如图4-2所示。

序号	姓名	性别	部门	职务	联系方式	身份证号	家庭住址	年龄	退休日期
001	邓杨	男	行政部	经理	138[illegible]89	[illegible]1196512098818	北京海淀	56	2025/12/8
002	康小明	男	行政部	职工	177[illegible]15	[illegible]4198806280531	山东青岛	33	2048/6/27
003	李梦	女	财务部	经理	159[illegible]44	[illegible]0198111097862	山东日照	40	2036/11/8
004	李志	男	人事部	经理	138[illegible]89	[illegible]1197512098818	北京朝阳	46	2035/12/8
005	孙可欣	男	研发部	主管	147[illegible]32	[illegible]51198808041197	江苏南京	33	2048/8/3
006	王小泉	男	销售部	经理	135[illegible]52	[illegible]2198610111232	河南郑州	35	2046/10/10
007	张玲	男	销售部	主管	132[illegible]21	[illegible]4198306280431	江苏徐州	38	2043/6/27
008	朱良	女	财务部	主管	136[illegible]59	[illegible]0198511095365	江苏苏州	36	2040/11/8
009	杜家富	男	采购部	主管	159[illegible]25	[illegible]1198712097619	甘肃酒泉	34	2047/12/8
010	林永	男	采购部	职工	137[illegible]48	[illegible]3198808044377	河南平顶山	33	2048/8/3
011	马尚发	男	财务部	职工	159[illegible]6	[illegible]6198106139878	安徽合肥	40	2041/6/12
012	欧阳坤	女	销售部	职工	138[illegible]9	[illegible]9198710055422	福建泉州	34	2042/10/4
013	王尚	男	销售部	职工	156[illegible]32	[illegible]4198606120438	四川成都	35	2046/6/11
014	武大胜	女	行政部	职工	138[illegible]46	[illegible]0197911094128	重庆沙坪坝	42	2034/11/8
015	尹小丽	男	销售部	职工	158[illegible]	[illegible]1198912187413	四川宜宾	32	2049/12/17

图 4-2

■4.1.2　创建与保存工作簿

工作簿的创建很简单，启动WPS Office软件，进入“新建”界面，选择“表格”选项卡，随即进入WPS 表格创建界面。单击“新建空白文档”按钮即可创建一个空白的工作簿，如图4-3所示。此外，用户也可以利用系统自带的模板表格来创建。在“新建”界面中选择所需的模板，单击“免费使用”按钮，系统会自行下载并打开该模板，如图4-4所示。用户只需在该模板的基础上创建内容即可。

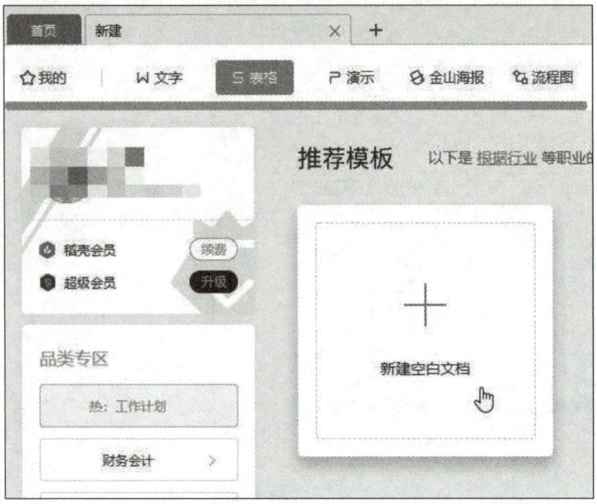

图 4-3

图 4-4

工作簿创建好后，用户可将其保存到指定的位置，以便以后查阅。单击“文件”按钮，在其列表中选择“另存为”选项，在“另存文件”对话框中设置好保存路径及文件名，单击“保存”按钮，即可将其保存，如图4-5所示。

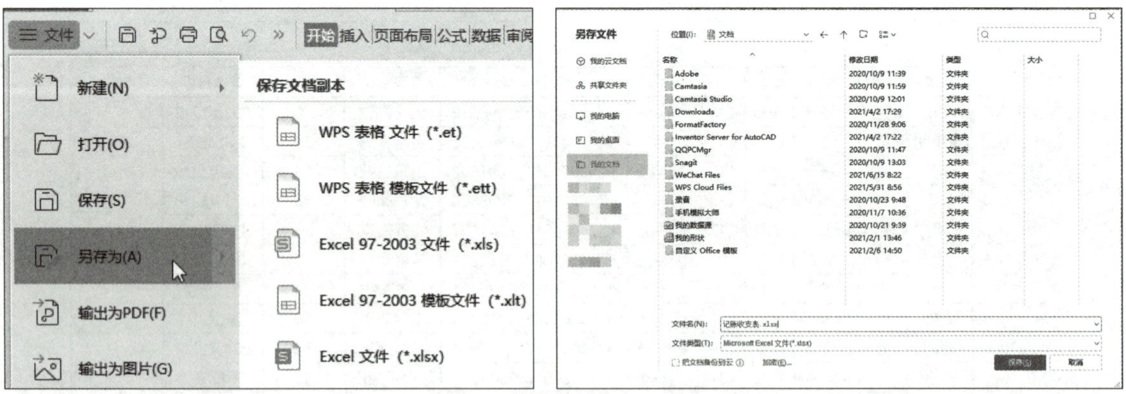

图 4-5

> ❗ **提示：** 在制表过程中首次按Ctrl+S组合键，可打开“另存文件”对话框，在此进行保存操作。保存之后，再次按Ctrl+S组合键后，系统会自动覆盖上一次保存的文件。

■4.1.3 新建与删除工作表

工作表是工作簿的组成部分，用户可以根据需要在工作簿中新建或删除工作表。

1. 新建工作表

单击工作表标签右侧的“+”按钮，可插入一个新的工作表，如图4-6所示。

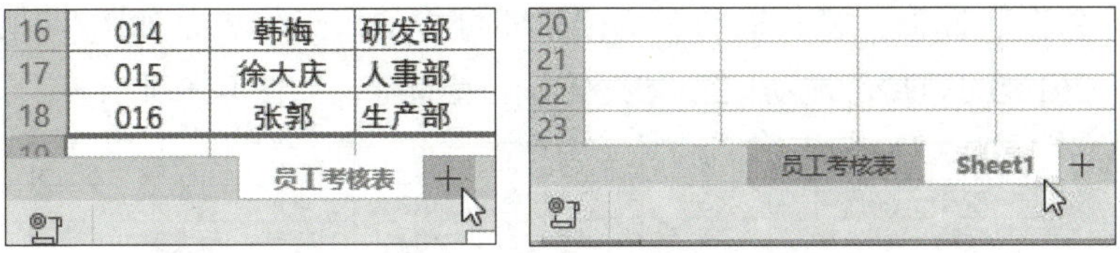

图 4-6

此外，右击工作表标签，在快捷菜单中选择“插入工作表”选项，在打开的对话框中输入要新建工作表的数目，并选择插入的位置，单击“确定”按钮，即可批量插入多个空白工作表，如图4-7所示。

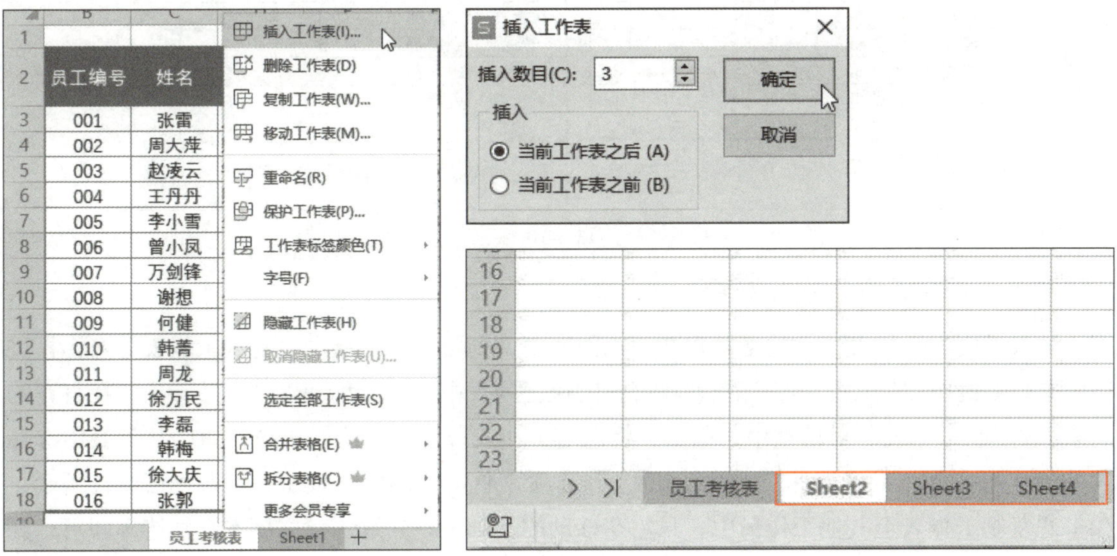

图 4-7

2. 删除工作表

如果想要删除多余的工作表，可右击所需工作表标签，在快捷菜单中选择“删除工作表”选项即可，如图4-8所示。

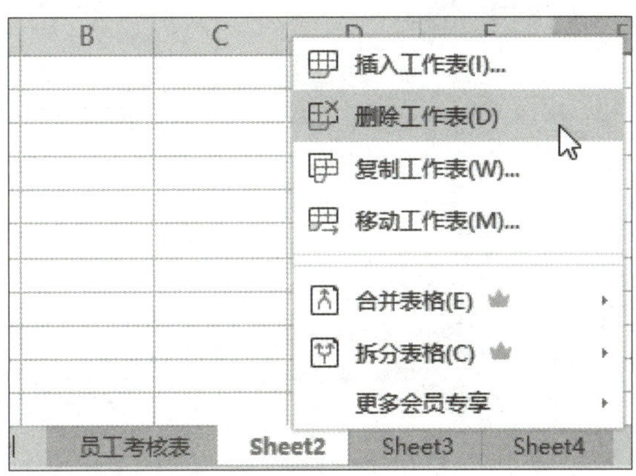

图 4-8

> ❶ **提示**：双击工作表标签，工作表名称进入可编辑状态，可对其名称进行更改。

4.1.4 移动与复制工作表

工作表的移动和复制操作是会经常使用到的。用户可以在同一工作簿中移动和复制工作表，也可以在不同工作簿中移动和复制工作表。

1. 在同一工作簿中移动复制

选中所需的工作表标签，将其拖动至新位置即可移动该工作表，如图4-9所示。若要复制工作表，则按住Ctrl键的同时，拖动该工作表至新位置即可，如图4-10所示。

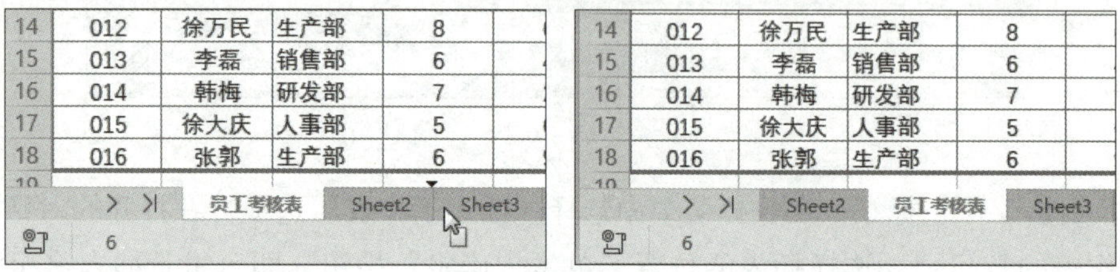

图 4-9

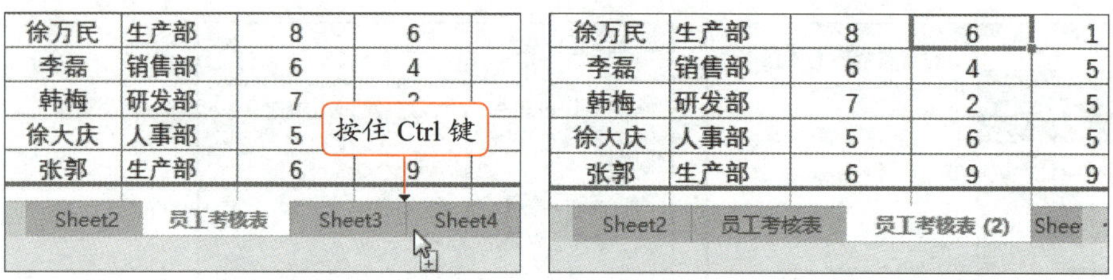

图 4-10

2. 在不同工作簿中移动复制

如果需要将工作表移动或复制到其他工作簿中，则可使用“移动或复制工作表”对话框进行设置。右键单击所需工作表标签，在打开的快捷列表中选择“移动工作表”选项，在打开的“移动或复制工作表”对话框中，单击“将选定工作表移至工作簿”下拉按钮，从列表中选择其他工作簿名称，或者选择“（新工作簿）”选项，单击“确定”按钮即可，如图4-11所示。如果想复制工作表至其他工作簿中，只需在移动的基础上，勾选“建立副本”复选框即可，如图4-12所示。

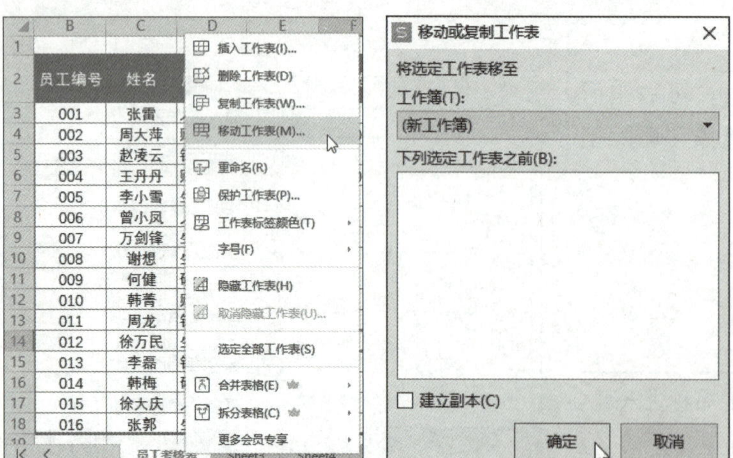

图 4-11

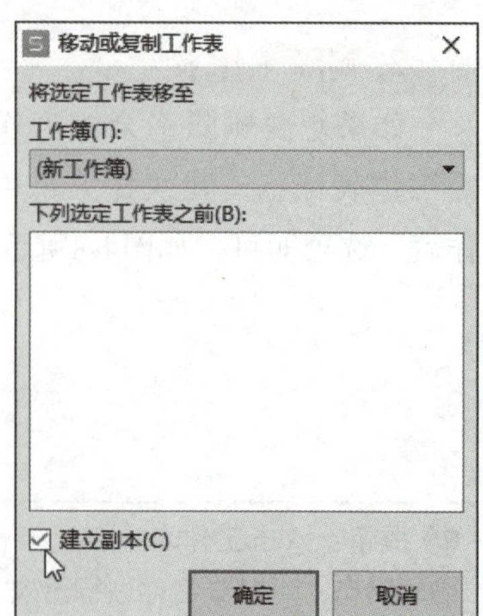

图 4-12

注意事项

将工作表移动或复制到其他工作簿时，需先启动目标工作簿，否则系统将无法检测到目标工作簿，从而也就无法执行相关操作。此外，选择“将选定工作表移至工作簿”列表中的“（新工作簿）”选项，则表示将工作表移动至新建的空白工作簿中。

■4.1.5 隐藏工作表

如果需要对某个工作表进行隐藏，可右击该工作表标签，在快捷菜单中选择“隐藏工作表”选项即可，如图4-13所示。相反，右击任意工作表标签，在快捷菜单中选择“取消隐藏工作表”选项，可显示隐藏的工作表，如图4-14所示。

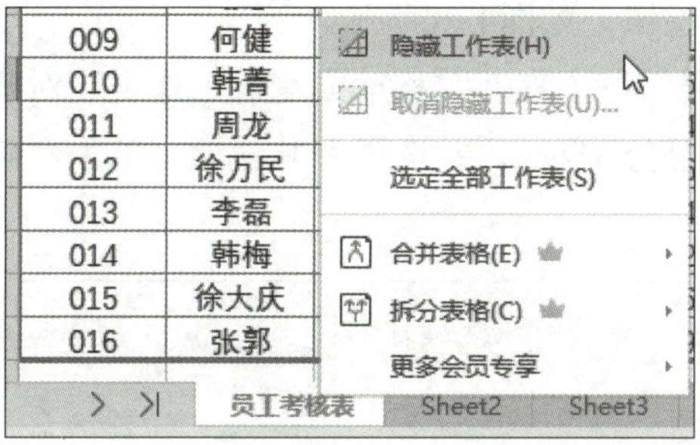

图 4-13

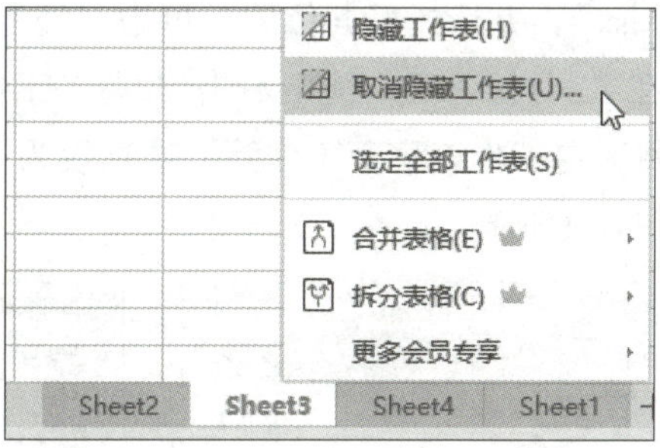

图 4-14

如果用户隐藏了多张工作表，在进行取消隐藏操作时，系统会打开“取消隐藏”对话框，在此可以选择要显示的工作表，单击“确定”按钮即可，如图4-15所示。

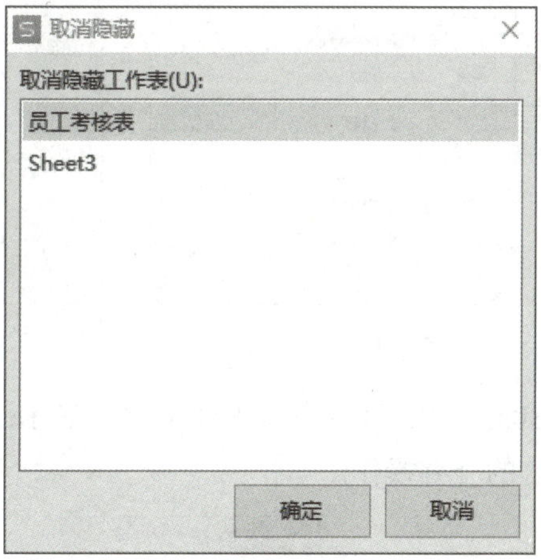

图 4-15

实例 合并多个工作簿内容

在日常工作中经常会遇到要对多个工作表中的数据进行综合分析的情况。如果1张工作表以一个工作簿来保存，想必在做数据分析时，会有不小的麻烦。为了避免这种情况的发生，用户可以将多张工作表合并到一个工作簿中。

步骤01 打开“1月份”工作簿，双击“Sheet1”工作表标签，进入可编辑状态。在此将该工作表重命名为“1月”，如图4-16所示。

步骤02 打开“2月份”工作簿，按照以上相同的操作，将其工作表重命名为“2月”，如图4-17所示。

步骤03 打开“3月份”工作簿，将其工作表重命名为“3月”，如图4-18所示。

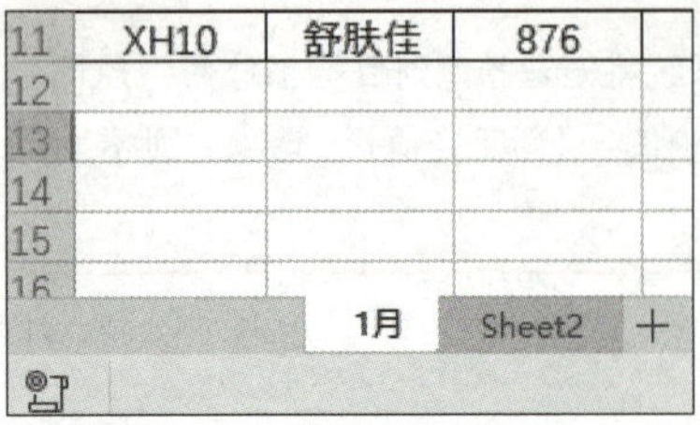

图 4-16

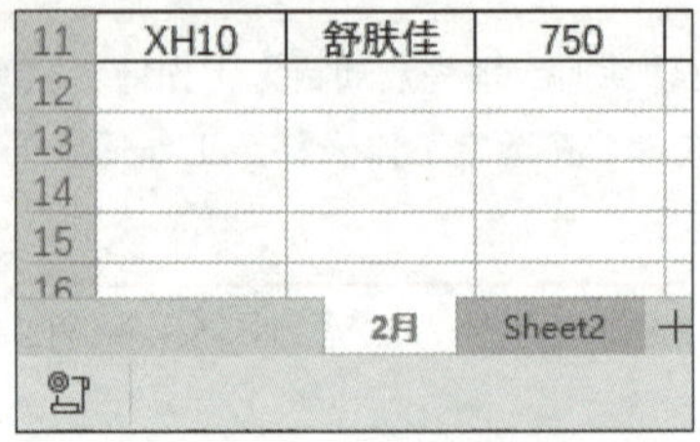

图 4-17

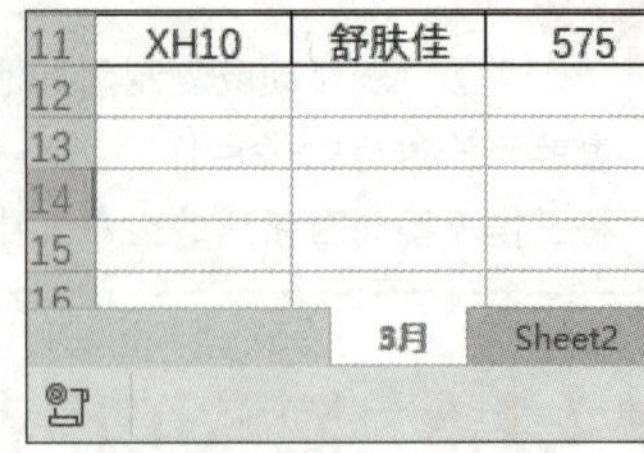

图 4-18

步骤04 右击“3月”工作表标签，在快捷菜单中选择“移动工作表”选项，如图4-19所示。

步骤05 在打开的“移动或复制工作表”对话框中，将“将选定工作表移至工作簿”选项设为“1月份.xlsx”，并选择好其位置，单击“确定”按钮，如图4-20所示。

步骤06 在“2月份”工作簿中右击“2月”工作表标签，打开“移动或复制工作表”对话框，同样将“将选定工作表移至工作簿”选项设为“1月份.xlsx”，并选择好其位置，单击“确定”按钮，如图4-21所示。

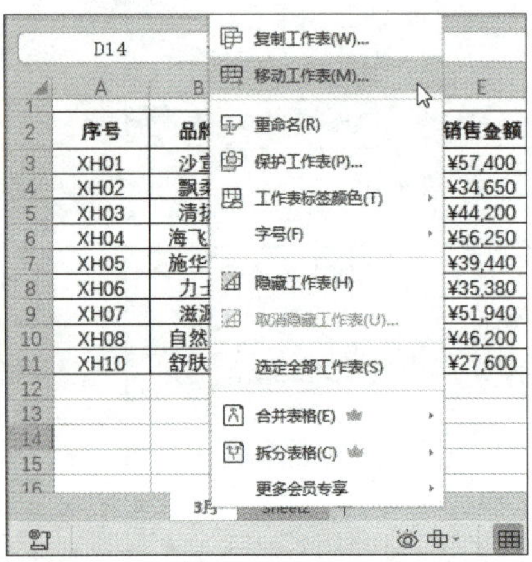

图 4-19

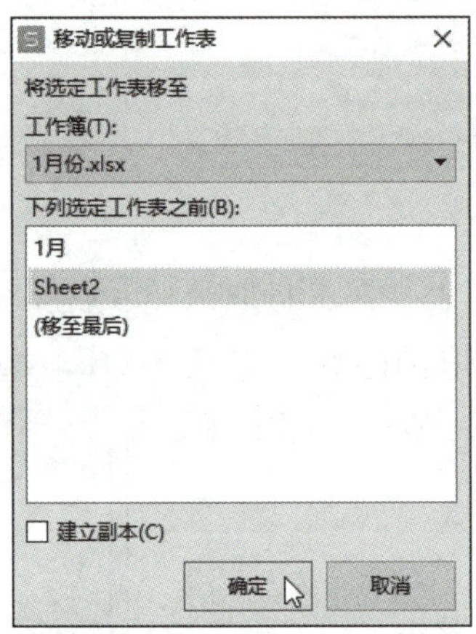

图 4-20

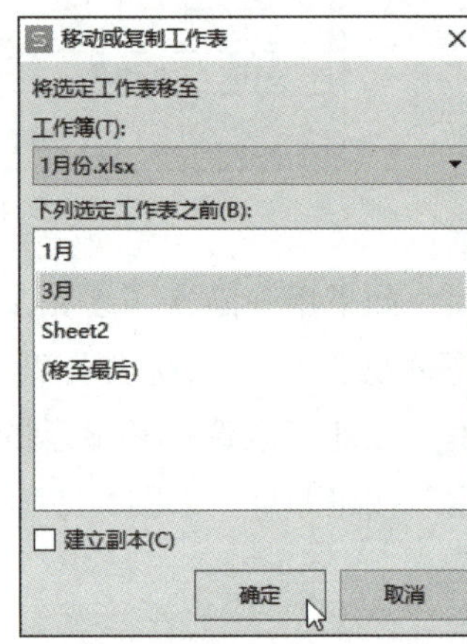

图 4-21

步骤07 此时，在“1月份”工作簿中会显示出3张工作表，如图4-22所示。至此，完成了3个工作簿内容的合并操作。

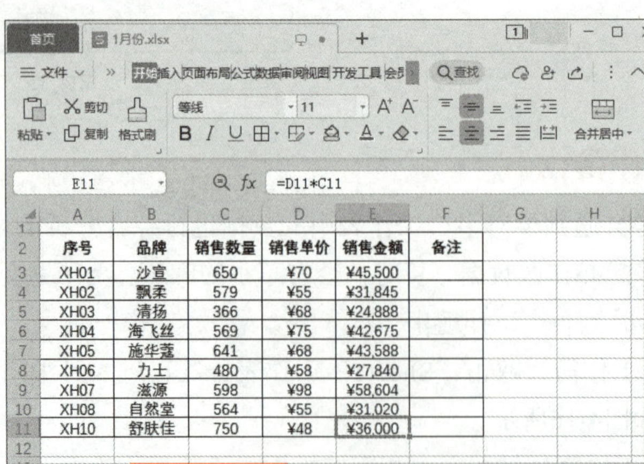

图 4-22

4.2 数据输入的技巧

数据输入看似很简单，但如果不了解输入窍门，只是盲目输入，效率是非常低的。本节将介绍一些数据输入技巧，以帮助用户提升工作效率。

■4.2.1 录入小数

在表格中需要输入带有固定位数小数点数据时，可以通过自动添加小数点的方法来操作，以便提高工作效率。

在“文件”列表中选择“选项”，打开“选项”对话框，在该对话框左侧列表选择“编辑”选项，在右侧“编辑设置”列表中勾选“自动设置小数点”复选框，并设置好小数位数，单击“确定”按钮，关闭对话框，如图4-23所示。

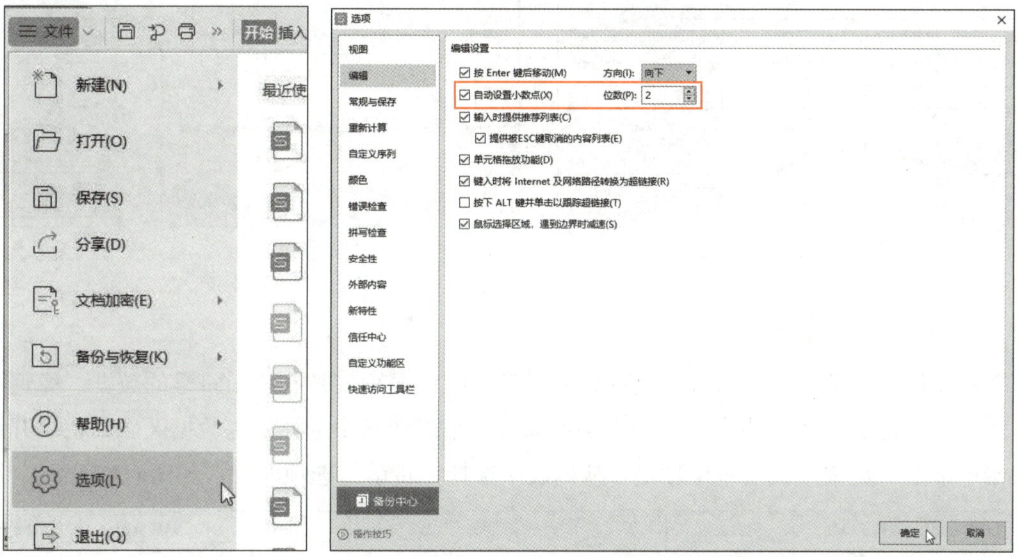

图 4-23

设置好后，在单元格中输入数据内容，按Enter键，系统将自动在数据中添加相应位数的小数点，如图4-24所示。

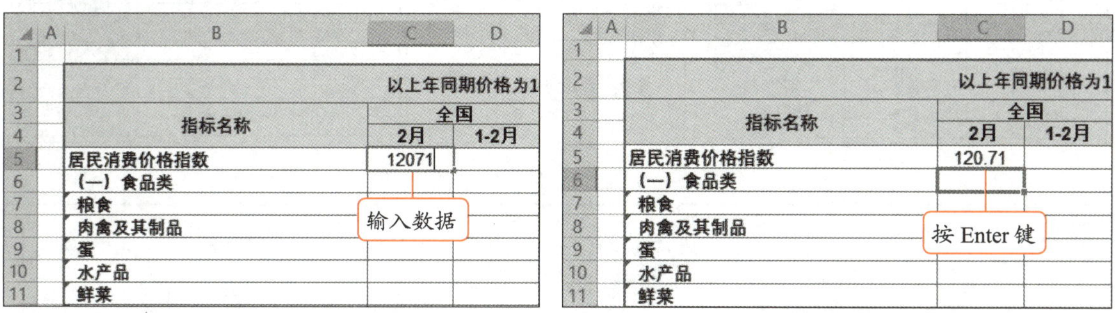

图 4-24

注意事项

小数数据输入完成后，需及时关闭“自动设置小数点”功能，否则会一直处于小数输入状态。

实例 只保留1位小数

如需要对保留的小数位数进行修改，那么用户可使用设置“单元格格式”命令进行操作。

步骤01 打开原始文件，用户可看见当前小数位数为2位，如图4-25所示。

步骤02 选中所有小数单元格，按Ctrl+1组合键，打开“单元格格式”对话框，在“分类”列表中选择“数值”选项，然后将“小数位数”设为1，如图4-26所示。

步骤03 单击“确定”按钮。此时，被选中的数据均只保留1位小数，结果如图4-27所示。

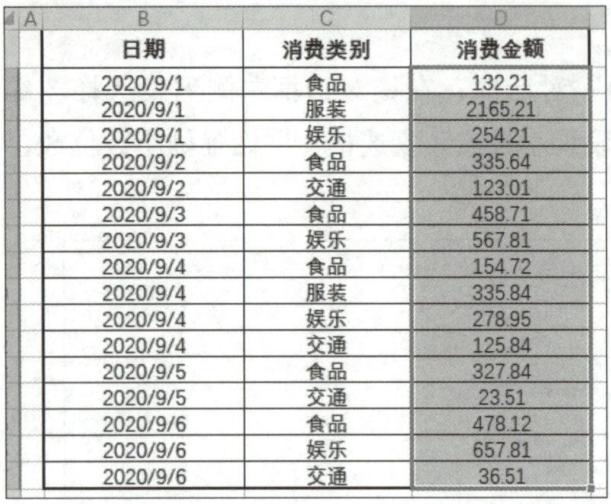

日期	消费类别	消费金额
2020/9/1	食品	132.21
2020/9/1	服装	2165.21
2020/9/1	娱乐	254.21
2020/9/2	食品	335.64
2020/9/2	交通	123.01
2020/9/3	食品	458.71
2020/9/3	娱乐	567.81
2020/9/4	食品	154.72
2020/9/4	服装	335.84
2020/9/4	娱乐	278.95
2020/9/4	交通	125.84
2020/9/5	食品	327.84
2020/9/5	交通	23.51
2020/9/6	食品	478.12
2020/9/6	娱乐	657.81
2020/9/6	交通	36.51

图 4-25

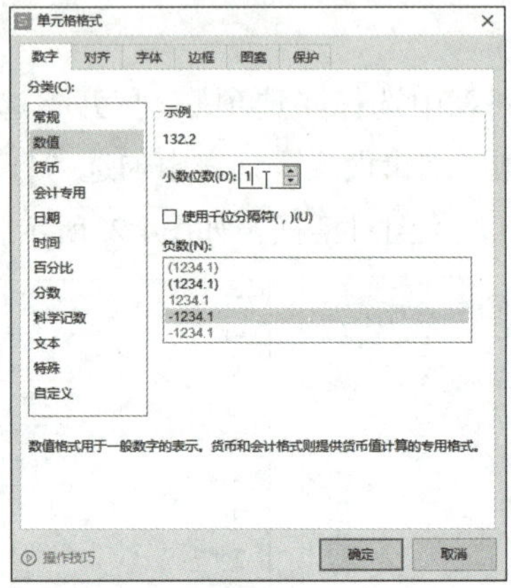

图 4-26

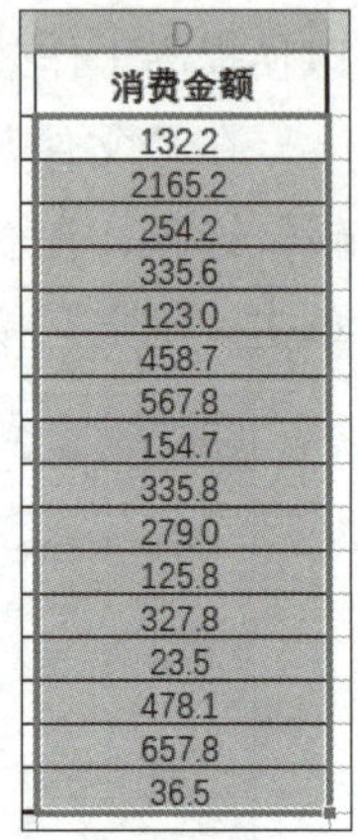

消费金额
132.2
2165.2
254.2
335.6
123.0
458.7
567.8
154.7
335.8
279.0
125.8
327.8
23.5
478.1
657.8
36.5

图 4-27

■4.2.2 录入金额

在制作消费清单、销售报表、会计报表时，经常需要输入带有货币符号的数据。像这类数据，用户可以通过“数字格式”命令来快速输入。在工作表中选择所需数据区域，在“开始”选项卡中单击“数字格式”下拉按钮，从列表中选择“货币”选项即可，如图4-28所示。

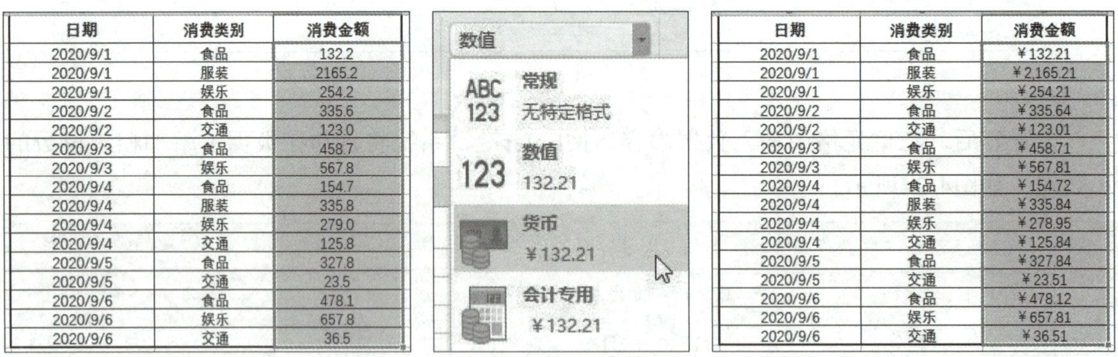

日期	消费类别	消费金额
2020/9/1	食品	132.2
2020/9/1	服装	2165.2
2020/9/1	娱乐	254.2
2020/9/2	食品	335.6
2020/9/2	交通	123.0
2020/9/3	食品	458.7
2020/9/3	娱乐	567.8
2020/9/4	食品	154.7
2020/9/4	服装	335.8
2020/9/4	娱乐	279.0
2020/9/4	交通	125.8
2020/9/5	食品	327.8
2020/9/5	交通	23.5
2020/9/6	食品	478.1
2020/9/6	娱乐	657.8
2020/9/6	交通	36.5

日期	消费类别	消费金额
2020/9/1	食品	¥132.21
2020/9/1	服装	¥2,165.21
2020/9/1	娱乐	¥254.21
2020/9/2	食品	¥335.64
2020/9/2	交通	¥123.01
2020/9/3	食品	¥458.71
2020/9/3	娱乐	¥567.81
2020/9/4	食品	¥154.72
2020/9/4	服装	¥335.84
2020/9/4	娱乐	¥278.95
2020/9/4	交通	¥125.84
2020/9/5	食品	¥327.84
2020/9/5	交通	¥23.51
2020/9/6	食品	¥478.12
2020/9/6	娱乐	¥657.81
2020/9/6	交通	¥36.51

图 4-28

提示： 在“开始”选项卡中单击“中文货币符号”下拉按钮，从列表中可以选择货币符号的表现形式，图4-29所示的是“会计专用”货币形式。

日期	消费类别	消费金额
2020/9/1	食品	¥ 132.21
2020/9/1	服装	¥ 2,165.21
2020/9/1	娱乐	¥ 254.21
2020/9/2	食品	¥ 335.64
2020/9/2	交通	¥ 123.01

图 4-29

■4.2.3 录入以0开头的数据

在表格中输入以“0”开头的数字时，系统通常会省略掉“0”，而只显示数字。例如输入“001”，在单元格中却只显示“1”。像这类数据应该如何完整地输入呢？方法很简单，用户只需在输入之前，先输入“'”，然后再输入数据，即可完整显示出来，如图4-30所示。

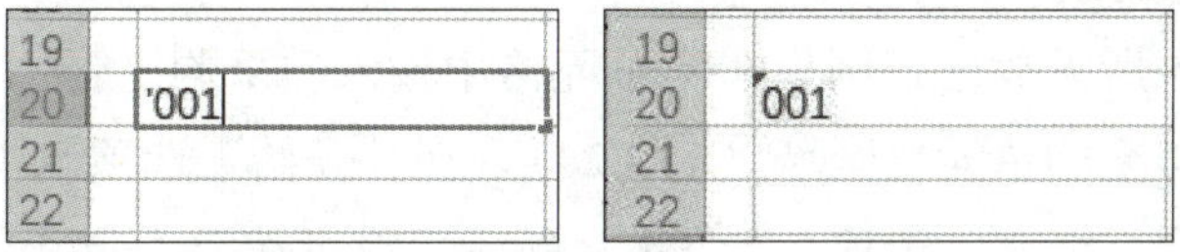

图 4-30

如果需要大量输入以0开头的数据，则可以将该数字格式设为“文本”类型。选择所需单元格区域，在“开始”选项卡中单击“数字格式”下拉按钮，在打开的列表中选择“文本”选项即可，如图4-31所示。此外，在“单元格格式”对话框中也可以设置“文本”类型，如图4-32所示。

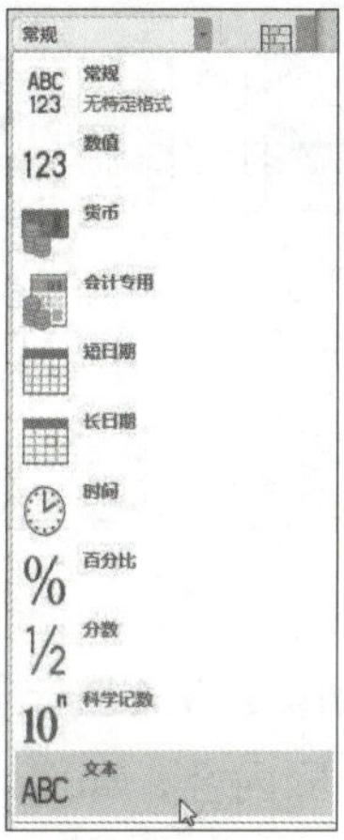

图 4-31

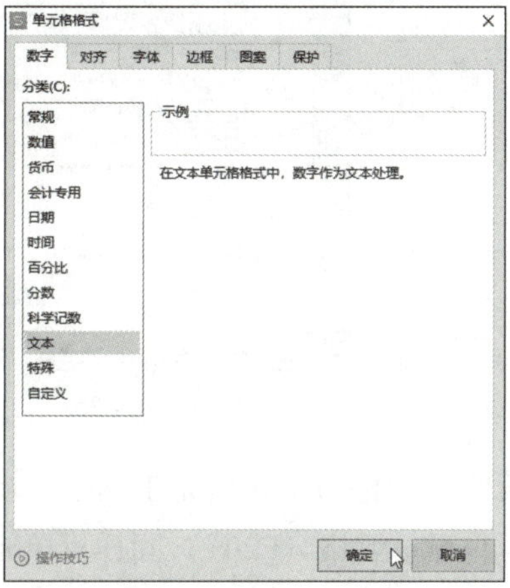

图 4-32

❗**提示**：在“单元格格式”对话框中选择“自定义”选项，然后在“类型”文本框中输入自定义的格式“00#”，如图4-33所示。确认后，当在单元格中输入低于3位的数值时，数值前会自动添加0，并补齐到3位。例如，输入“2”会自动显示为“002”。这个自定义格式可以根据实际数值情况来设置。

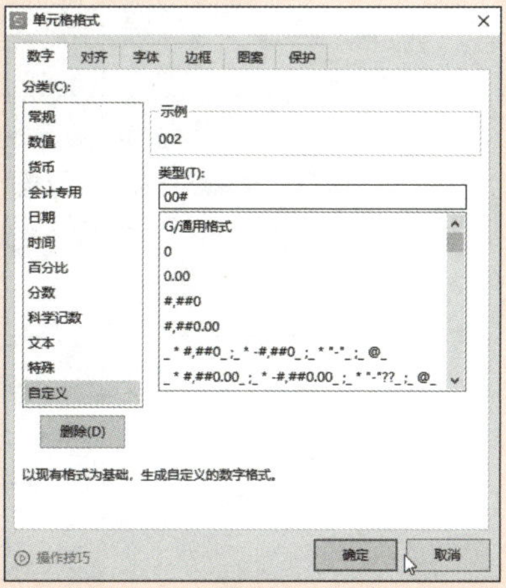

图 4-33

■4.2.4 输入相同内容

在制作表格时，如果需要输入大量相同的内容，为了节省时间，可以考虑使用便捷的方法来输入。

1. 自动填充相同数据

在工作表中先输入所需数据，例如在F3单元格中输入“采购主管”，如图4-34所示。然后选中该单元格以及要填充的单元格区域（F3:F20），在“开始”选项卡中单击“填充”下拉按钮，从列表中选择“向下填充”选项，如图4-35所示，或者按Ctrl+D组合键。此时被选中的单元格区域已填充相同的内容，如图4-36所示。

图 4-34

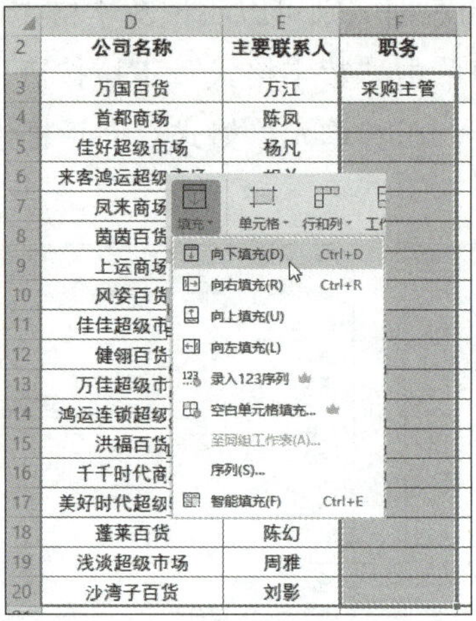

图 4-35

图 4-36

此外，将光标移至F3单元格右下角填充手柄上，当光标变为黑色十字形时，按住鼠标左键不放，向下拖动手柄至目标单元格（F20），同样可填充相同内容，如图4-37所示。

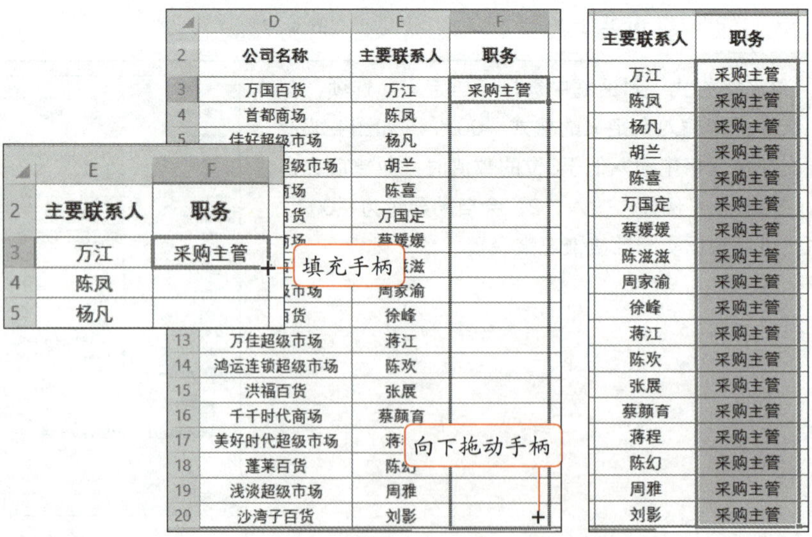

图 4-37

2. 在不连续区域中输入相同数据

以上是在连续的区域中进行填充的方法，如果想在不连续区域中输入相同数据，可使用Ctrl+Enter组合键来输入。

在工作表中，按Ctrl键选中所有不连续的单元格，在最后一个被选中的单元格中输入数据，如图4-38所示。然后按Ctrl+Enter组合键，此时，该数据将会批量填充至其他被选单元格中，如图4-39所示。

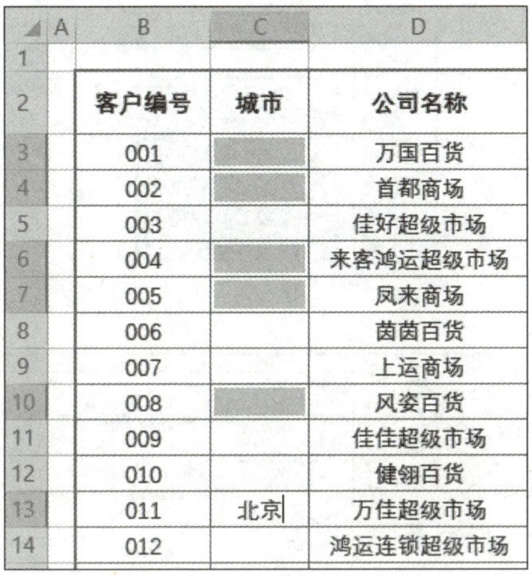

图 4-38

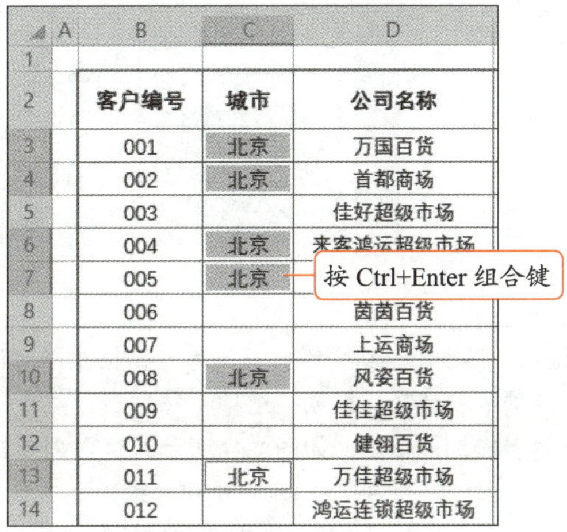

图 4-39

■4.2.5 输入有序数据

对于有一定规律的数据，例如1月、2月、3月……，用户可采用“序列”功能来输入。

在工作表中先输入首个数据，例如输入“202001”，在“开始”选项卡中单击“填充”下拉按钮，从列表中选择“序列”选项，如图4-40所示。在打开的“序列”对话框中，根据需求选择要输入的“行”或“列”，然后选择序列“类型”，设置好“步长值”和“终止值”，单击“确定”按钮，如图4-41所示。此时，可以看到数据填充效果，如图4-42所示。

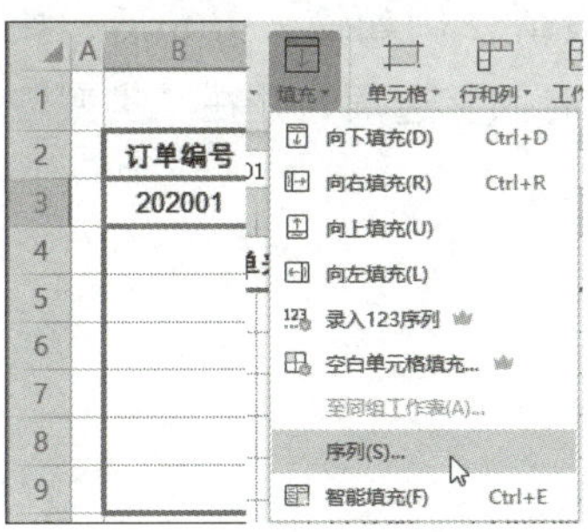

图 4-40

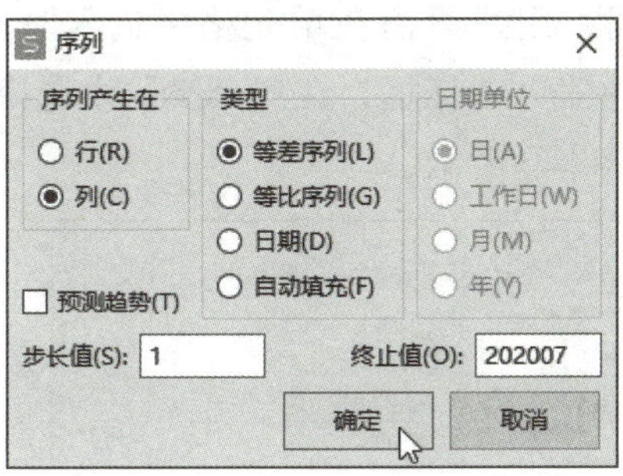

图 4-41

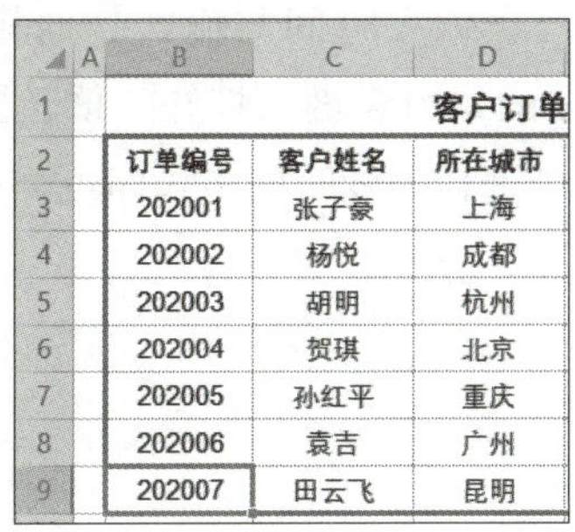

图 4-42

此外，拖动单元格的填充手柄也可进行有序数据的填充操作。其方法与以上介绍的“自动填充相同数据”相同。

■4.2.6 设置日期和时间格式

规范的日期格式有“2021/3/5”“2021-3-5”以及“2021年3月5日”3种。无论输入哪种日期格式，系统都会默认显示“2021/3/5”。如果想要切换其他的日期格式，可在“开始”选项卡中单击“数字格式”下拉按钮，从列表中选择“长日期”选项即可，如图4-43所示。

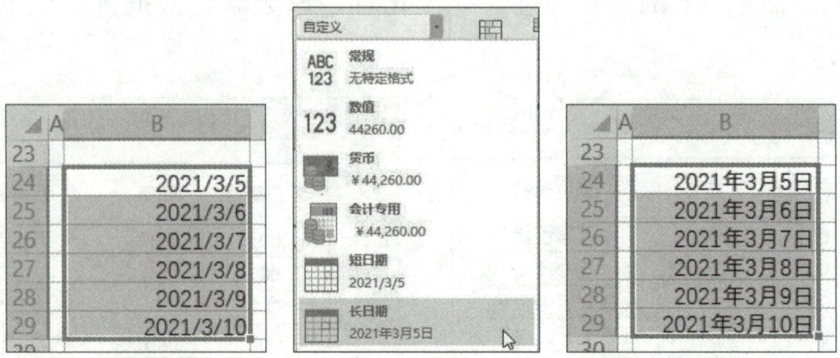

图 4-43

提示：按Ctrl+1组合键打开“单元格格式”对话框，在“数字”选项卡中选择“日期”选项，然后在“类型”列表框中可选择更多日期的格式，如图4-44所示。这里需要提醒一下，不建议用户以“2021.3.5”这种日期格式输入，该格式不规范，系统不好识别，更不利于后期数据分析和计算操作。

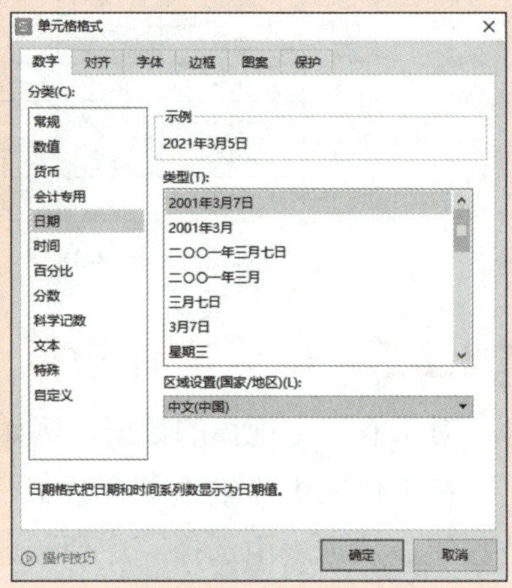

图 4-44

输入时间与输入日期相同，用户只需在单元格中输入时间数值，例如输入9:00后，按Ctrl+1组合键，打开“单元格格式”对话框，在“分类”中选择“时间”选项，并在“类型”中选择一款时间格式即可，如图4-45所示。

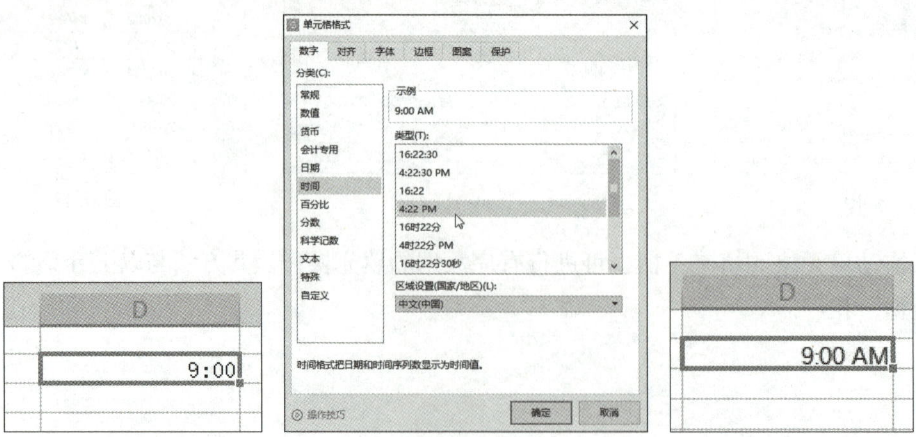

图 4-45

实例 快速输入有序日期

如果需要在工作表中快速输入有序的日期数据，可通过以下方法来操作。

步骤01 打开原始文件，选择B3:B16单元格区域，单击“数字格式”下拉按钮，从列表中选择“长日期”选项，如图4-46所示。

步骤02 选择B3单元格，输入日期数据，如图4-47所示。

步骤03 在“开始”选项卡中单击“填充”下拉按钮，从列表中选择“序列”选项，如图4-48所示。

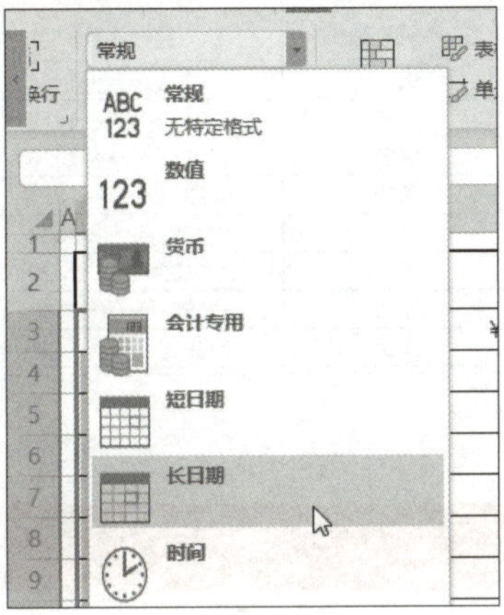

图 4-46

图 4-47

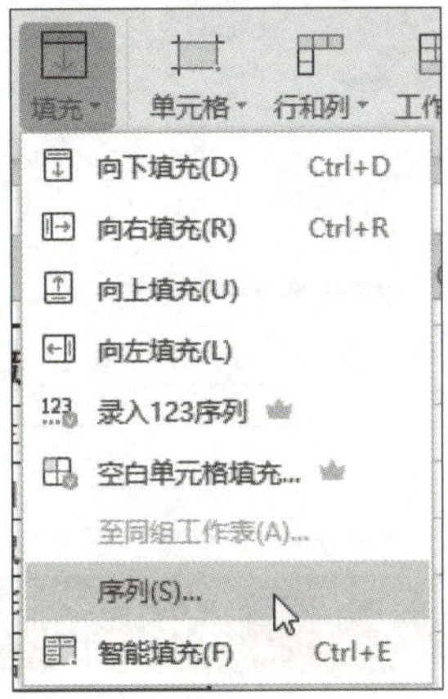

图 4-48

步骤04 在“序列”对话框中，将“序列产生在”设为“列”，将“类型”设为“日期”，将“日期单位”设为“日”，将“终止值”设为“2021/1/14”，如图4-49所示。

步骤05 单击“确定”按钮，即可查看到填充效果，如图4-50所示。

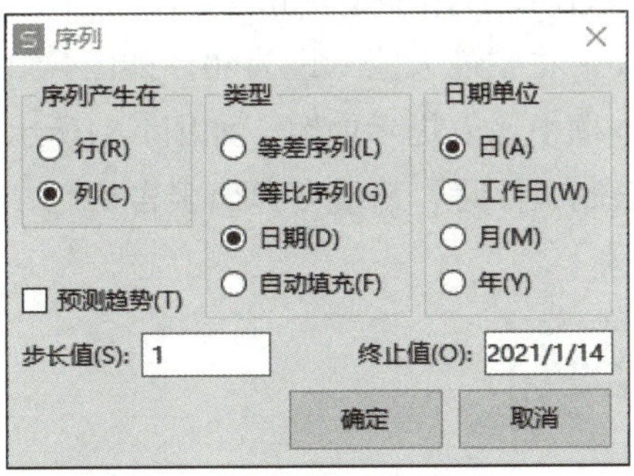

图 4-49

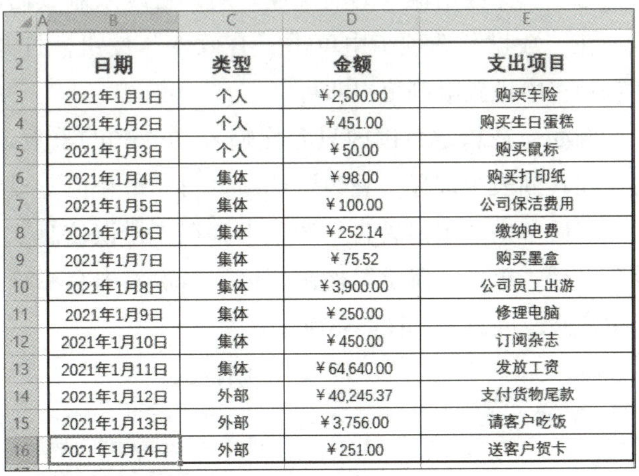

图 4-50

■4.2.7 自定义单元格格式

如果系统内置的单元格格式无法满足用户需求，那么用户可以对其格式进行自定义操作。例如，想要将表格中的手机号码设定成“保密”格式，可以通过以下方法来操作。

在表格中选择所有的手机号码，按Ctrl+1组合键打开“单元格格式”对话框，在“分类”列表中选择“自定义”选项，在“类型”文本框中输入“保密”，单击“确定”按钮，如图4-51

所示。此时，被选中的手机号码均以“保密”字样代替，而选中该列任意单元格，用户可在编辑栏中查看到当前被替代的手机号，如图4-52所示。

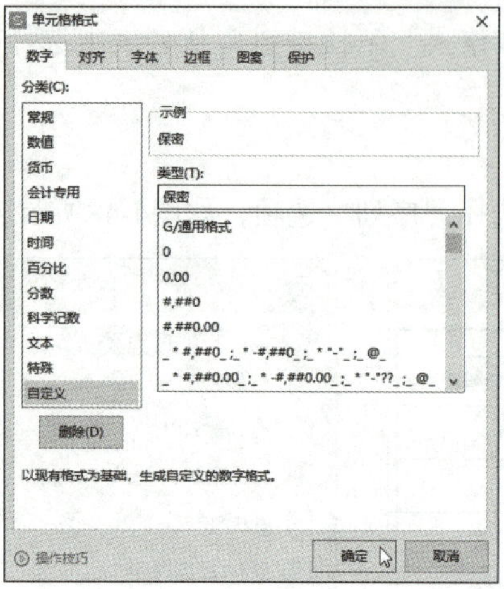

图 4-51

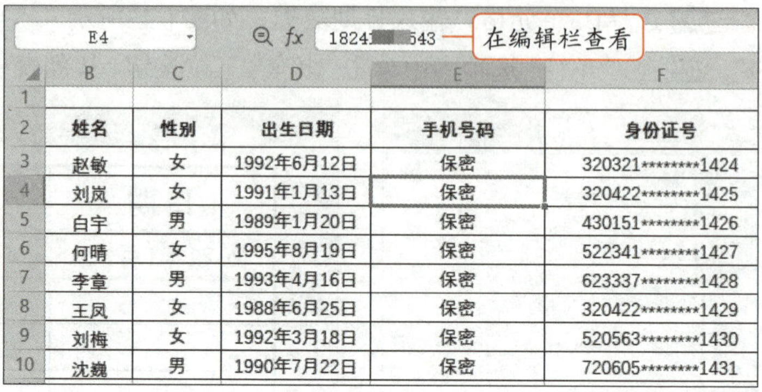

	B	C	D	E	F
1					
2	姓名	性别	出生日期	手机号码	身份证号
3	赵敏	女	1992年6月12日	保密	320321********1424
4	刘岚	女	1991年1月13日	保密	320422********1425
5	白宇	男	1989年1月20日	保密	430151********1426
6	何晴	女	1995年8月19日	保密	522341********1427
7	李章	男	1993年4月16日	保密	623337********1428
8	王凤	女	1988年6月25日	保密	320422********1429
9	刘梅	女	1992年3月18日	保密	520563********1430
10	沈巍	男	1990年7月22日	保密	720605********1431

图 4-52

4.3 保证输入有效数据

为了防止输入错误的数据，提高数据的输入效率，用户可以使用“有效性”功能来限制无效数据的输入。

■4.3.1 在指定范围内快速输入数据

为了确保数据输入的准确性，用户可以限制数据输入的范围。在工作表中选择好单元格区域，在“数据”选项卡中单击“有效性”按钮，打开“数据有效性”对话框，在“有效性条件”列表中设置限制范围即可。

例如，在指定范围内只允许输入30～60的整数，那么在该对话框中单击“允许”下拉按钮，在其列表中选择“整数”选项，将“最小值”设为30，将“最大值”设为60，如图4-53所示。然后单击“出错警告”选项卡，在“错误信息”文本框中输入提示内容，如图4-54所示。设置好后，单击“确定”按钮即可。当输入内容不符合限制条件时，系统会弹出警告信息，提示用户修改内容，如图4-55所示。

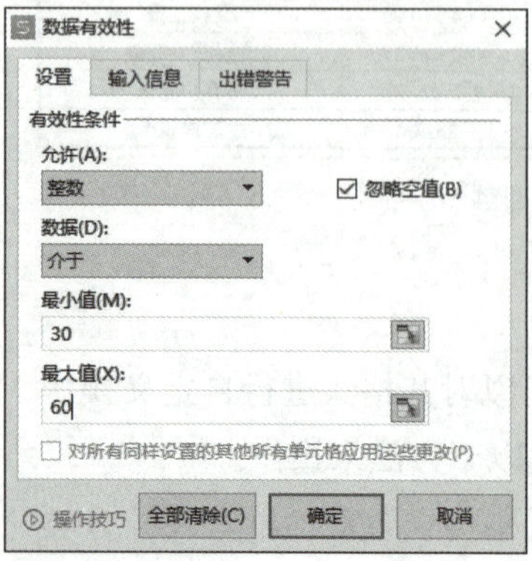

图 4-53

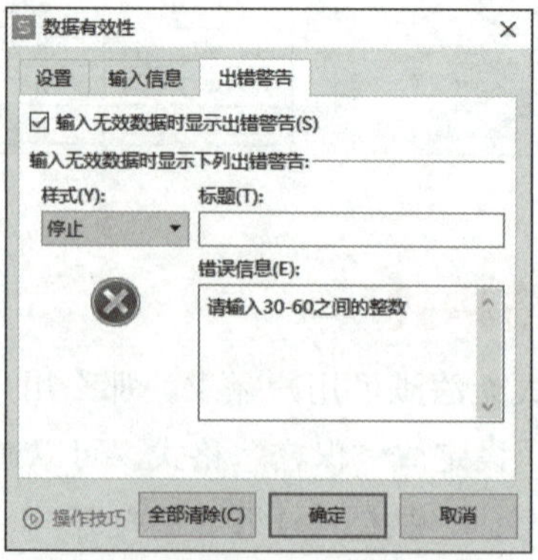

图 4-54

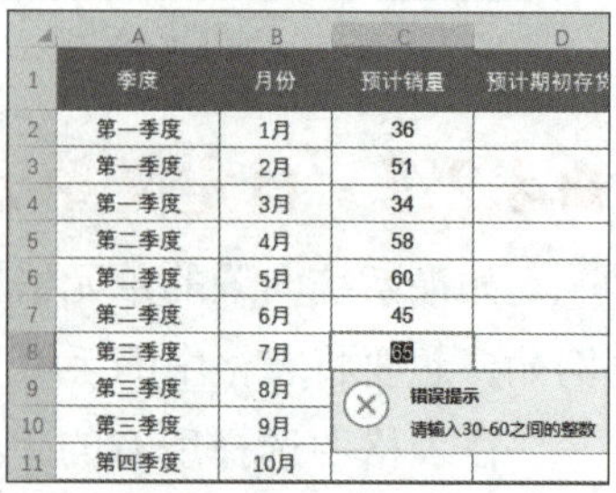

图 4-55

■4.3.2 从下拉列表中输入数据

在表格中需要反复输入某一类特定的序列内容时，可以利用下拉列表的方法进行操作。用户只需单击下拉按钮即可轻松输入。

选中所需单元格区域，单击“有效性”按钮，打开“数据有效性”对话框，在“允许”列表中选择“序列”选项，在“来源”文本框中输入指定的序列内容。例如，输入“社科”“文学”“艺术”这3项内容，并使用英文状态下的逗号进行分隔，如图4-56所示。设置好后，单击“确定”按钮，返回到表格中。此时，被选中的单元格区域右侧会显示出下拉按钮，单击该按钮，从展开的列表中根据需要选择相应的内容即可，如图4-57所示。

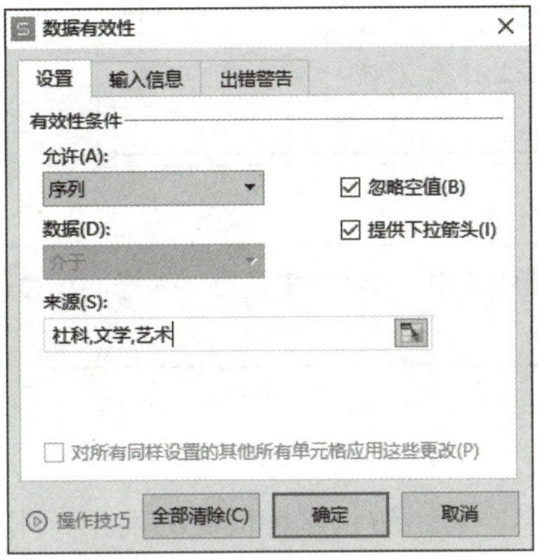

图 4-56

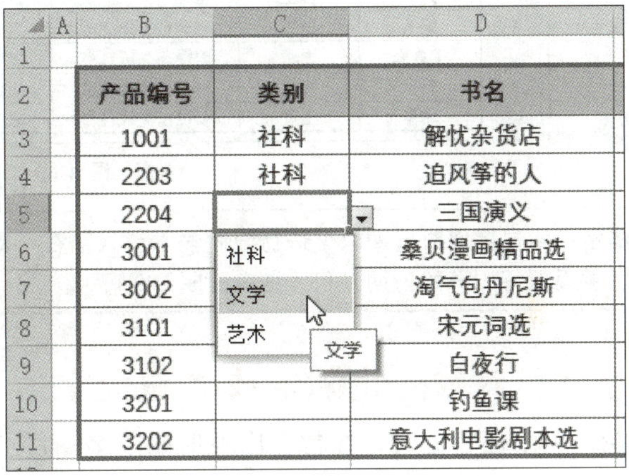

图 4-57

实例 在指定的时间段限制输入

如果需要在表格中输入时间，则可以通过设置时间的有效性条件，来确保录入的准确性。下面将以只允许输入19:00后的时间值为例，来介绍具体的设置操作。

步骤 01 打开原始文件，选择F3:F12单元格区域，单击“有效性”按钮，在“数据有效性”对话框中将“允许”设为“时间”，如图4-58所示。

步骤 02 将“数据”设为“大于或等于”选项，将“开始时间”设为19:00，如图4-59所示。

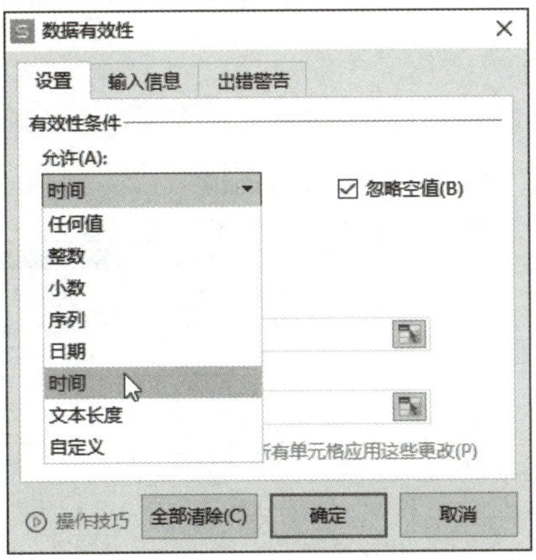

图 4-58

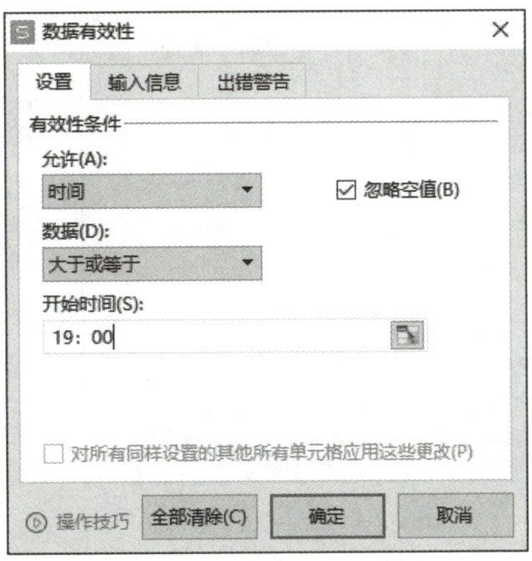

图 4-59

步骤 03 设置完成后单击“确定”按钮。此时，当输入的时间小于19:00数值时，系统会打开警告提示，提醒更改，如图4-60所示。

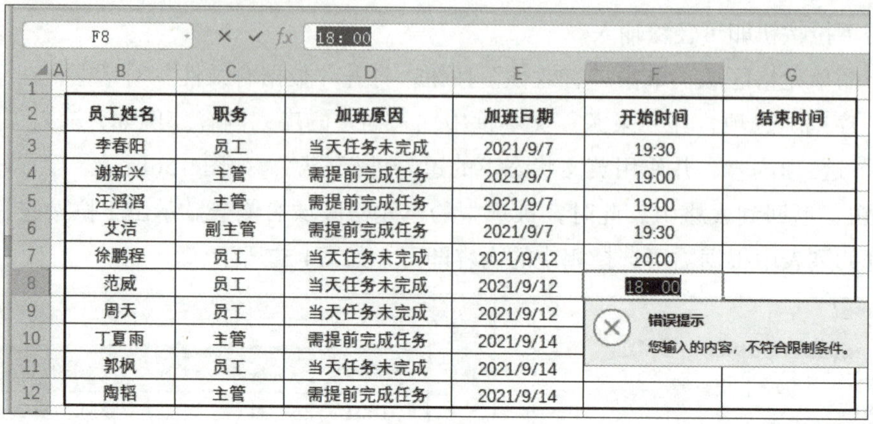

员工姓名	职务	加班原因	加班日期	开始时间	结束时间
李春阳	员工	当天任务未完成	2021/9/7	19:30	
谢新兴	主管	需提前完成任务	2021/9/7	19:00	
汪滔滔	主管	需提前完成任务	2021/9/7	19:00	
艾洁	副主管	需提前完成任务	2021/9/7	19:30	
徐鹏程	员工	当天任务未完成	2021/9/12	20:00	
范威	员工	当天任务未完成	2021/9/12	18:00	
周天	员工	当天任务未完成	2021/9/12		
丁夏雨	主管	需提前完成任务	2021/9/14		
郭枫	员工	当天任务未完成	2021/9/14		
陶韬	主管	需提前完成任务	2021/9/14		

图 4-60

提示：如果需要对日期数据进行限制输入，只需在“数据有效性”对话框中，将“允许”设为“日期”，并设置好“开始日期”和“结束日期”即可。

4.3.3 有效防止漏输或多输数字

在输入多位数据时，经常会出现遗漏或多输1位数字。为了防止这种情况的发生，用户可以设置数据的有效性，限制输入的位数。

单击“有效性”按钮，打开“数据有效性”对话框，将“允许”设为“文本长度”，将“数据”设为“等于”，并在“数值”文本框中输入限制条件，例如输入“18”，单击“确定”按钮即可，如图4-61所示。当输入的数字位数大于或小于18位时，则会弹出警告提示，如图4-62所示。

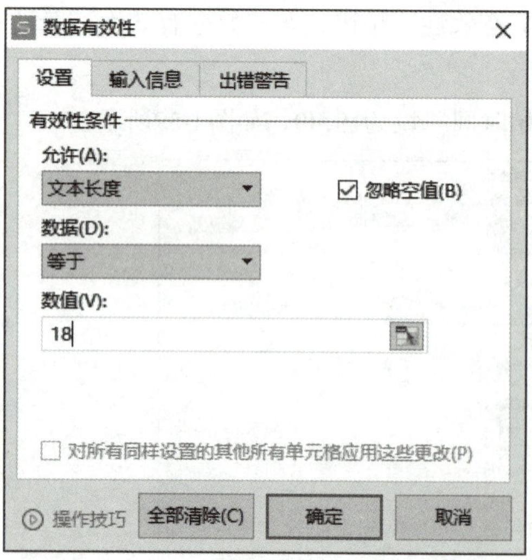

图 4-61

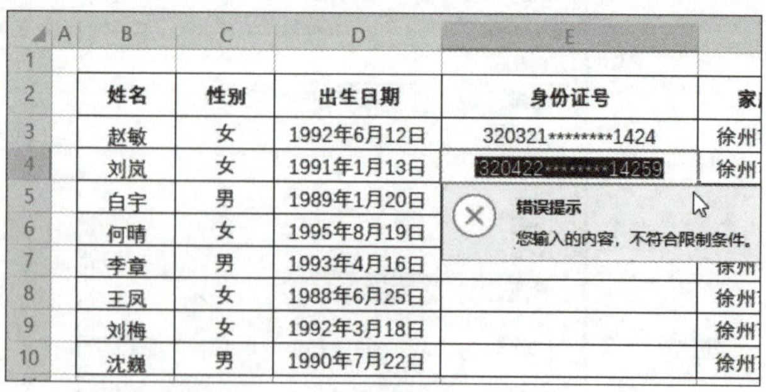

姓名	性别	出生日期	身份证号	家
赵敏	女	1992年6月12日	320321********1424	徐州
刘岚	女	1991年1月13日	320422********14259	徐州
白宇	男	1989年1月20日		
何晴	女	1995年8月19日		
李章	男	1993年4月16日		徐州
王凤	女	1988年6月25日		徐州
刘梅	女	1992年3月18日		徐州
沈巍	男	1990年7月22日		徐州

图 4-62

■4.3.4 圈释无效的数据

数据输入后，想要核查输入的数据是否符合要求，可在设置数据的有效性后，将不符合条件的数据标记出来。

在工作表中选择所需的单元格区域，单击“有效性”按钮，先根据需要设置数据的有效性，例如设置日期数据的有效性，单击“确定”按钮，如图4-63所示，返回工作表。单击“有效性”下拉按钮，从列表中选择“圈释无效数据”选项，此时，在表格中可以看到不符合条件的日期被标记出来，如图4-64所示。

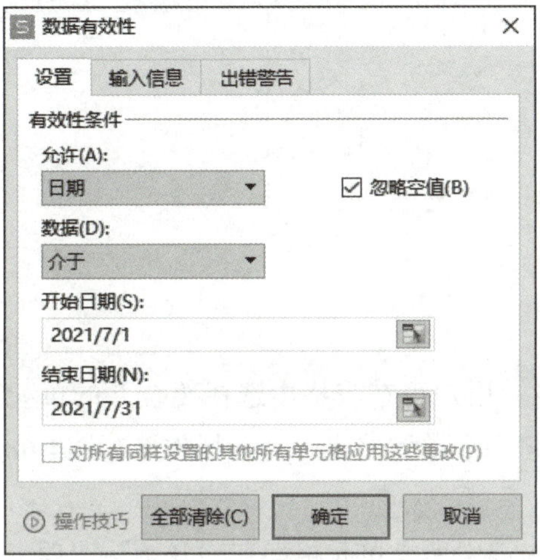

图 4-63

图 4-64

4.4 表格样式的简单处理

为了使表格更加美观，用户可在输入数据后，对表格样式进行一些必要的调整与美化，其中包括调整行高和列宽、单元格的合并与拆分、设置边框和底纹等。

■4.4.1 调整行高和列宽

将光标放置在行号或列标的分隔线上，当光标成双向箭头时，按住鼠标左键不放，将分隔线拖至合适位置，松开鼠标即可调整当前的行高或列宽，如图4-65所示。

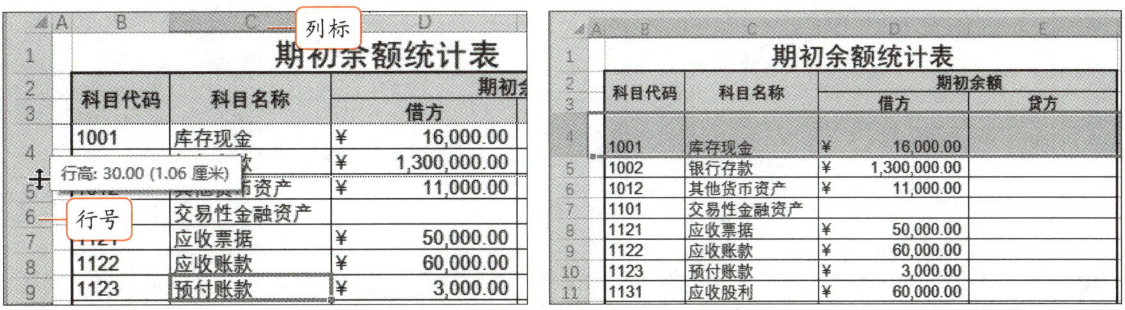

图 4-65

此外，还可右击所需的行号或列标，在快捷菜单中选择“行高”或“列宽”选项，在打开的对话框中，可以精确地输入行高或列宽数值，如图4-66和图4-67所示。

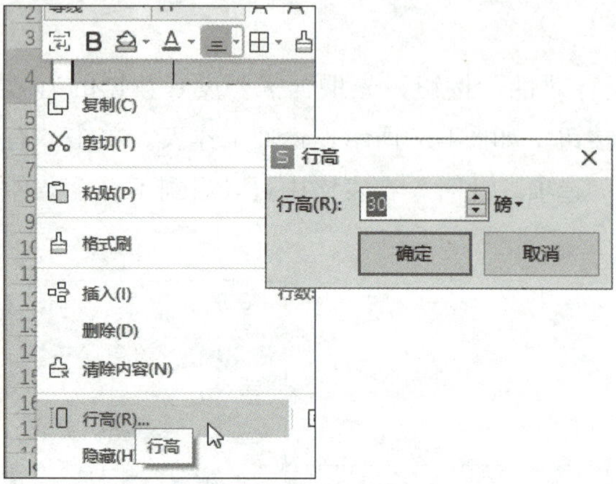

图 4-66

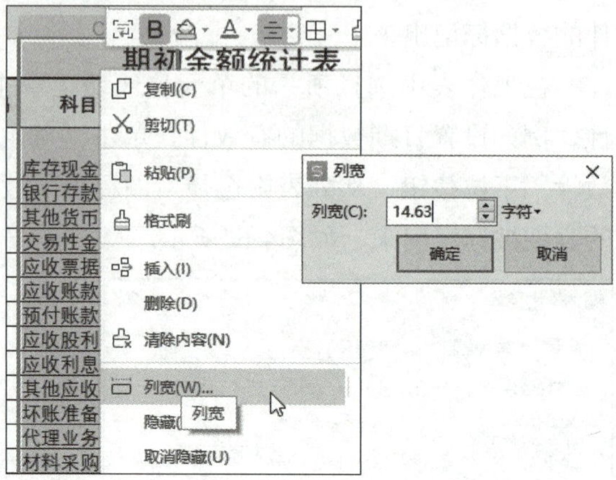

图 4-67

■4.4.2 单元格的合并与拆分

合并单元格指的是将多个单元格合并成一个单元格。用户可在表格中选择要合并的单元格，在“开始”选项卡中单击“合并居中”按钮，即可将多个单元格进行合并操作，如图4-68所示。

拆分单元格是指将合并后的单元格取消合并的操作。选中所需单元格，在“开始”选项卡中单击“合并居中”下拉按钮，从列表中选择“取消合并单元格”选项即可，如图4-69所示。

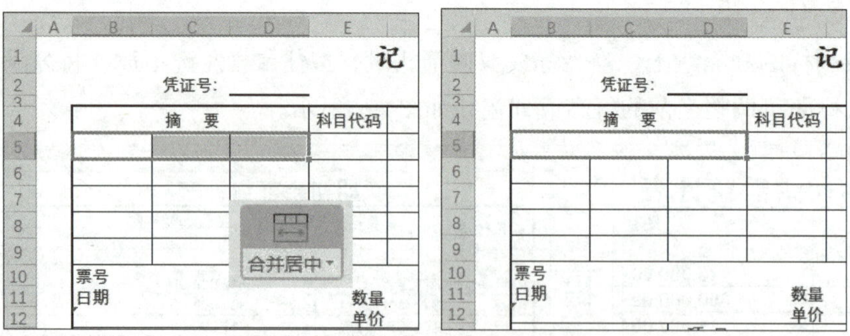

图 4-68

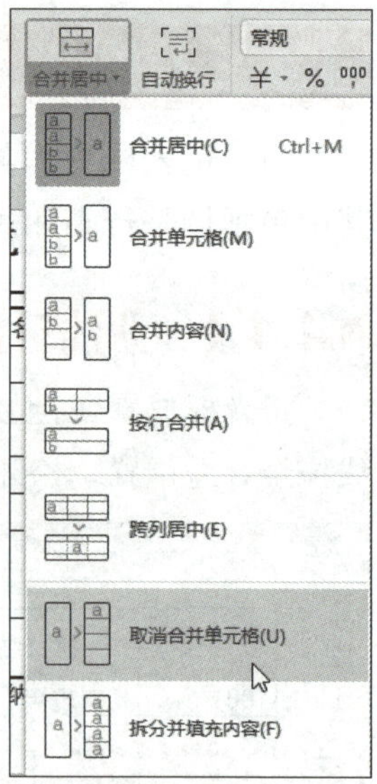

图 4-69

> ❗ **提示**：按Ctrl+1组合键打开“单元格格式”对话框，在“对齐”选项卡中勾选“合并单元格”复选框，单击“确定”按钮，也可以对单元格进行合并操作。

■4.4.3 设置表格边框样式

默认情况下表格是没有边框的，为了使表格看上去更加美观，用户可以为表格添加边框。

全选表格内容，按Ctrl+1组合键打开“单元格格式”对话框，切换到“边框”选项卡，在这里可以对边框的样式、边框的颜色以及应用的边框线进行设置，如图4-70所示。

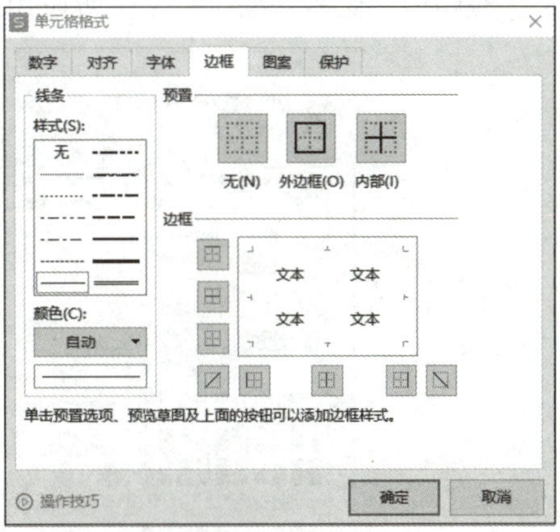

图 4-70

提示：全选表格，在“开始”选项卡中单击“边框”下拉按钮，在列表中选择“所有框线”选项，可以快速为表格添加默认的边框，如图4-71所示。

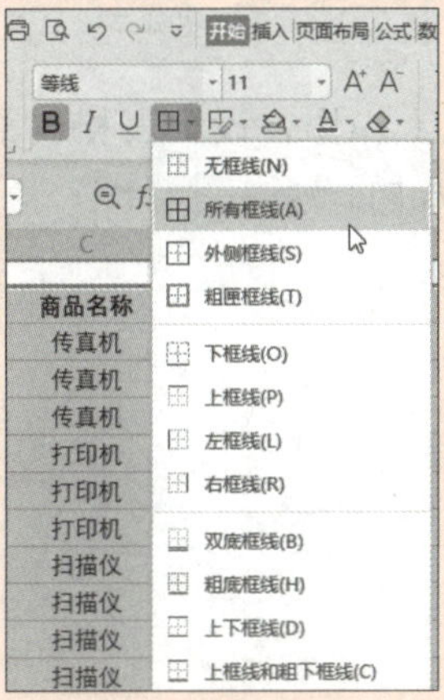

图 4-71

实例 为表格添加边框和底纹

下面将以设置“日常费用统计表”边框样式为例，来对表格边框和底纹的添加操作进行详细介绍。

步骤01 打开原始文件，全选表格，按Ctrl+1组合键打开“单元格格式”对话框，切换到“边框”选项卡，在“样式”列表中选择一款边框样式，如图4-72所示。

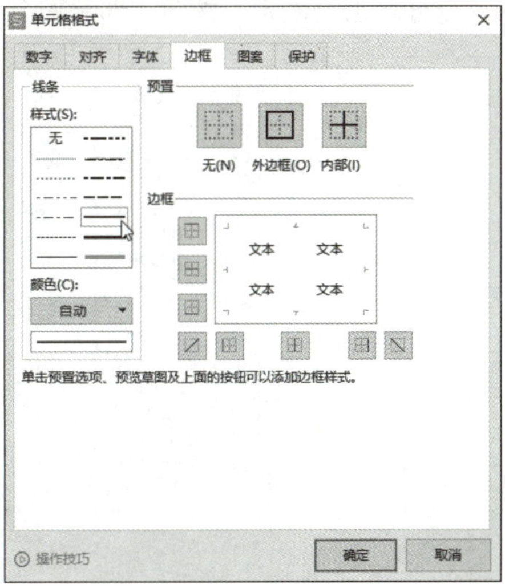

图 4-72

步骤02 在“颜色”列表中选择边框颜色，如图4-73所示。

步骤03 在“预置”列表中选择所应用的边框线，这里选择“外边框”，如图4-74所示。

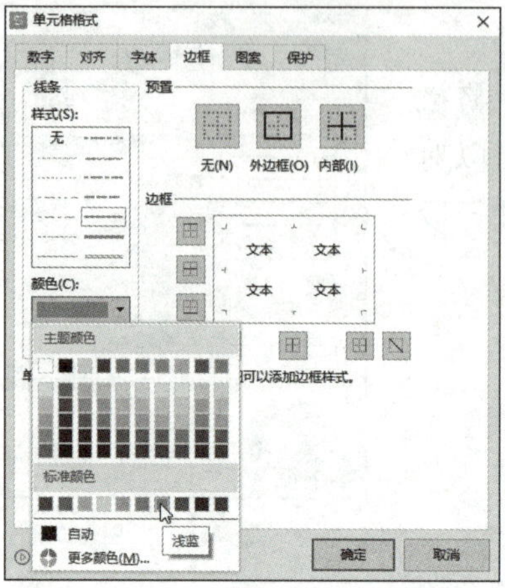

图 4-73

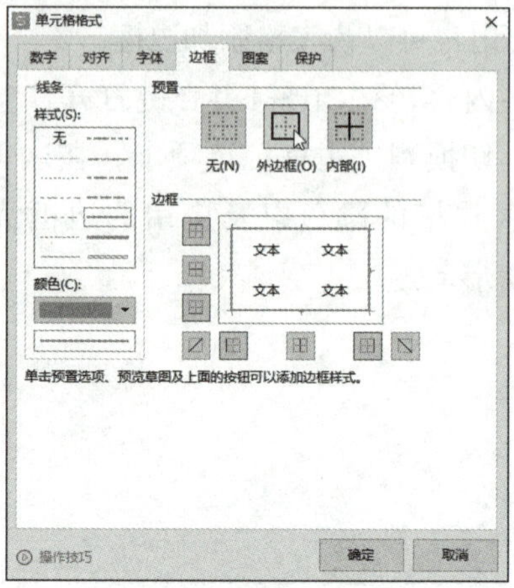

图 4-74

步骤04 重复以上操作，设置表格内部框线样式，设置结果如图4-75所示。

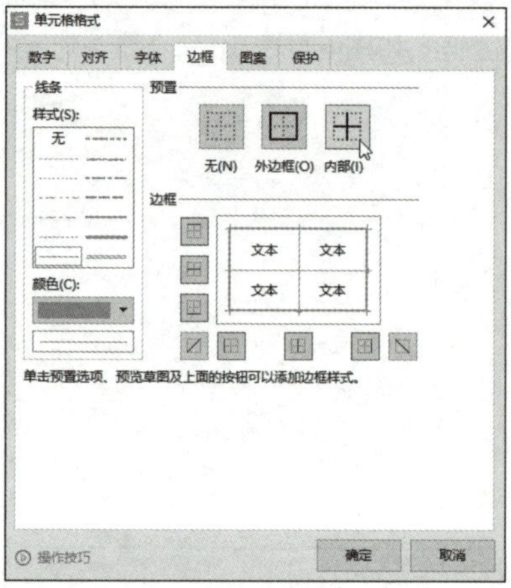

图 4-75

步骤05 单击“确定”按钮，即可看到设置的效果，如图4-76所示。

序号	日期	姓名	所属部门	费用类别	金额	备注
001	2020/9/1	沈曜	人事部	招聘费	¥ 600.00	招聘费
002	2020/9/3	沈修清	客服部	交通费	¥ 100.00	
003	2020/9/4	李云清	财务部	交通费	¥ 440.00	
004	2020/9/5	谢森	财务部	办公费	¥ 1,500.00	办公用纸
005	2020/9/6	蓝湛	采购部	交通费	¥ 600.00	
006	2020/9/7	魏莹	销售部	办公费	¥ 1,100.00	办公用纸
007	2020/9/10	江澄	销售部	招待费	¥ 2,400.00	应酬
008	2020/9/11	江枫	销售部	交通费	¥ 1,200.00	
009	2020/9/12	江离	财务部	差旅费	¥ 1,000.00	出差
010	2020/9/13	金光瑶	财务部	差旅费	¥ 900.00	出差
011	2020/9/14	金子轩	人事部	差旅费	¥ 500.00	出差
012	2020/9/17	温宁	人事部	办公费	¥ 920.00	购买办公桌
013	2020/9/18	温晁	采购部	办公费	¥ 300.00	购买办公桌
014	2020/9/19	晓星尘	客服部	办公费	¥ 300.00	办公用纸

图 4-76

步骤06 选择首行单元格区域，在“开始”选项卡中单击“填充颜色”下拉按钮，从颜色列表中选择一款颜色，即可为该区域添加底纹，如图4-77所示。

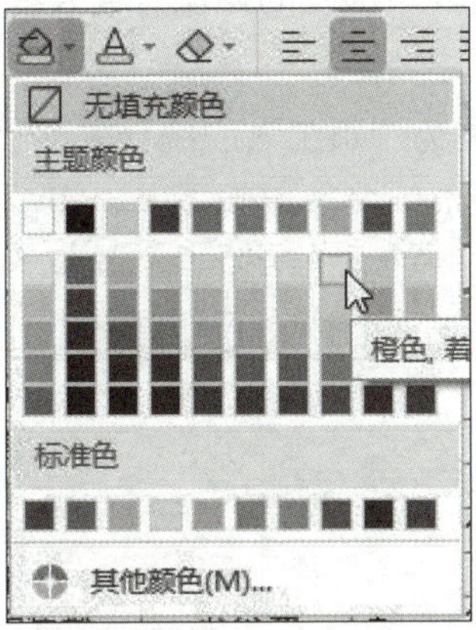

序号	日期	姓名	所属部门	费用类别	金额	备注
001	2020/9/1	沈曜	人事部	招聘费	￥ 600.00	招聘费
002	2020/9/3	沈修清	客服部	交通费	￥ 100.00	
003	2020/9/4	李云清	财务部	交通费	￥ 440.00	
004	2020/9/5	谢森	财务部	办公费	￥ 1,500.00	办公用纸
005	2020/9/6	蓝湛	采购部	交通费	￥ 600.00	
006	2020/9/7	魏莹	销售部	办公费	￥ 1,100.00	办公用纸
007	2020/9/10	江澄	销售部	招待费	￥ 2,400.00	应酬
008	2020/9/11	江枫	销售部	交通费	￥ 1,200.00	
009	2020/9/12	江离	财务部	差旅费	￥ 1,000.00	出差
010	2020/9/13	金光瑶	财务部	差旅费	￥ 900.00	出差
011	2020/9/14	金子轩	人事部	差旅费	￥ 500.00	出差
012	2020/9/17	温宁	人事部	办公费	￥ 920.00	购买办公桌
013	2020/9/18	温晁	采购部	办公费	￥ 300.00	购买办公桌
014	2020/9/19	晓星尘	客服部	办公费	￥ 300.00	办公用纸

图 4-77

提示： WPS内置了多种表格样式，用户可以直接套用。选择表格中任意单元格，在“开始”选项卡中单击“表格样式”下拉按钮，在其列表中选择一款样式，在打开的“套用表格样式”对话框中，保持默认选项不变，单击“确定”按钮即可套用该样式，如图4-78所示。

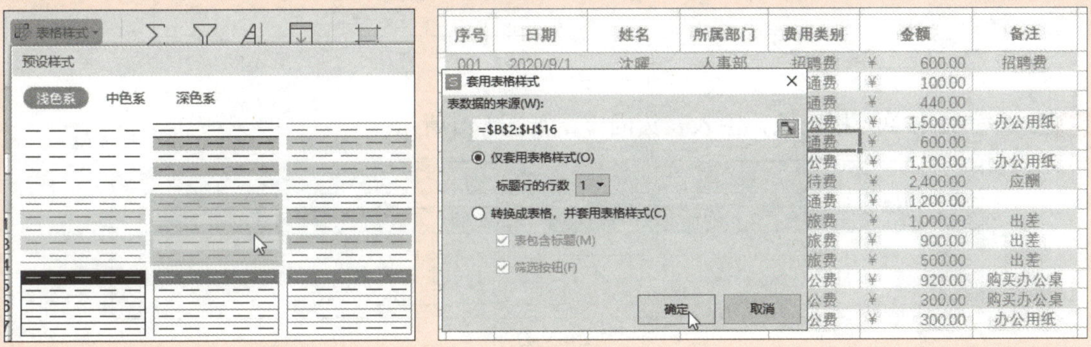

图 4-78

你学会了吗？

实战演练 制作员工入职统计表

本案例将综合本项目所学的内容，来制作一张员工入职统计表。其中涉及的操作有输入有序数据、限制数据的输入、数字格式的设置、表格样式的美化等。

步骤01 启动WPS表格，新建空白表格。双击工作表标签，将其重命名为“员工入职统计表”。选中A列，单击鼠标右键，在快捷菜单中选择“列宽”选项，在“列宽”对话框中设置好列宽值，如图4-79所示。

步骤02 选择表格首行，单击鼠标右键，在快捷菜单中选择“行高”选项，在“行高”对话框中设置好行高值，如图4-80所示。

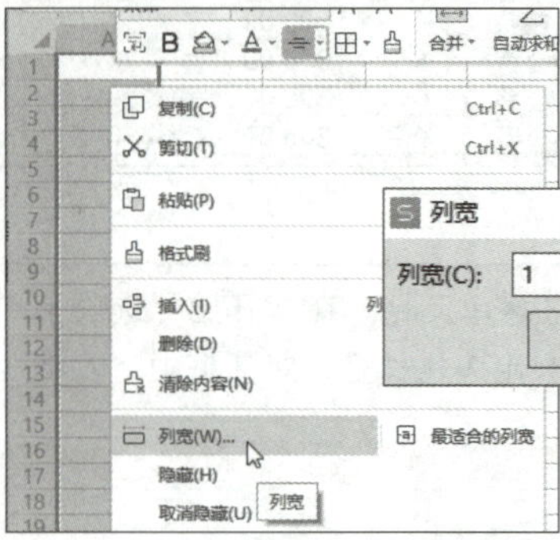

图 4-79

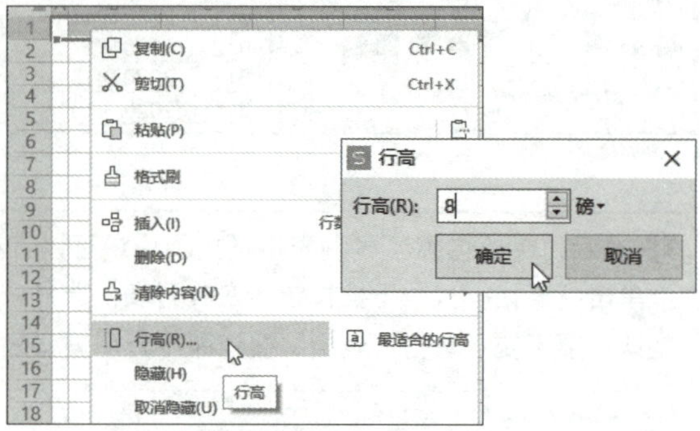

图 4-80

步骤03 选中B2:I2单元格区域，输入表头内容，如图4-81所示。

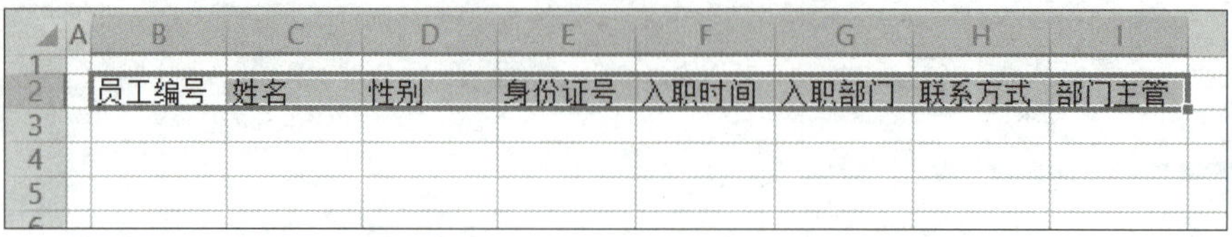

图 4-81

步骤04 在B3单元格中输入内容。选中B3单元格右下角的填充手柄，按住鼠标左键不放，将其向下拖至B16单元格，完成该列数据的填充操作，如图4-82所示。

步骤05 在C3:C16单元格区域输入“姓名”列的所有内容，如图4-83所示。

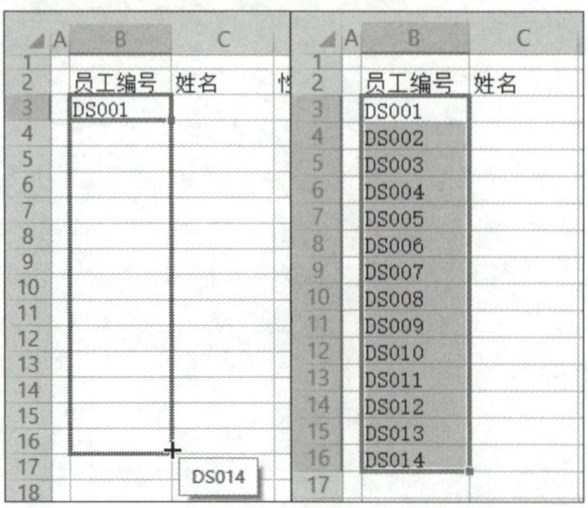

图 4-82

图 4-83

步骤06 按Ctrl键，分别选中多个不相邻的单元格，如图4-84所示。

步骤07 在末尾选中的单元格中输入“男”，然后按Ctrl+Enter键，将该内容分别填充至被选单元格中，如图4-85所示。

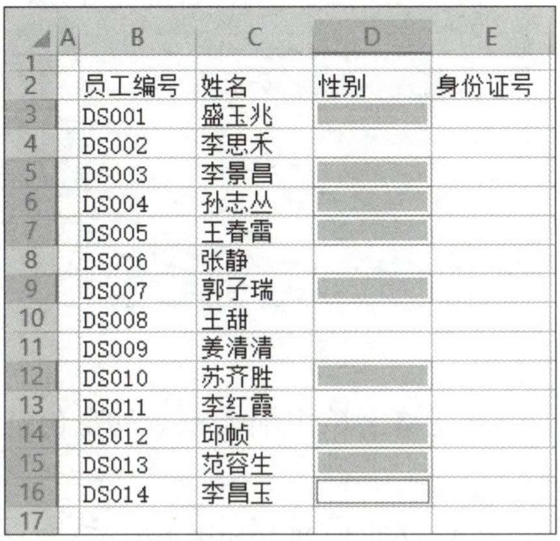

图 4-84

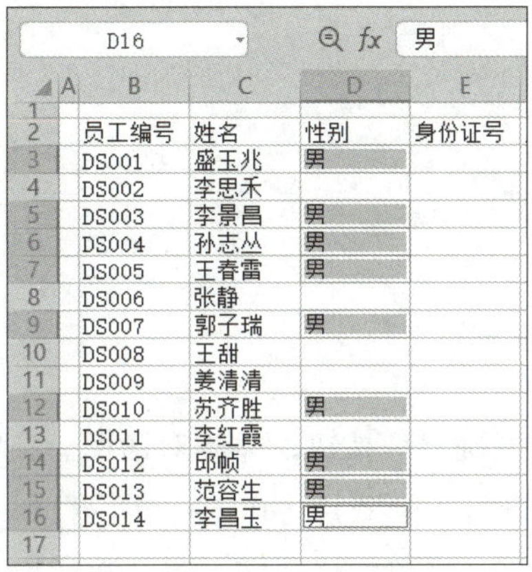

图 4-85

步骤08 按照同样的操作，在该列中快速输入“女”，如图4-86所示。

步骤09 适当调整E列的列宽，并选中E3:E16单元格区域。在“开始”选项卡中单击“数字格式”下拉按钮，选择“文本”选项，将该区域数字格式统一改为文本类型，如图4-87所示。

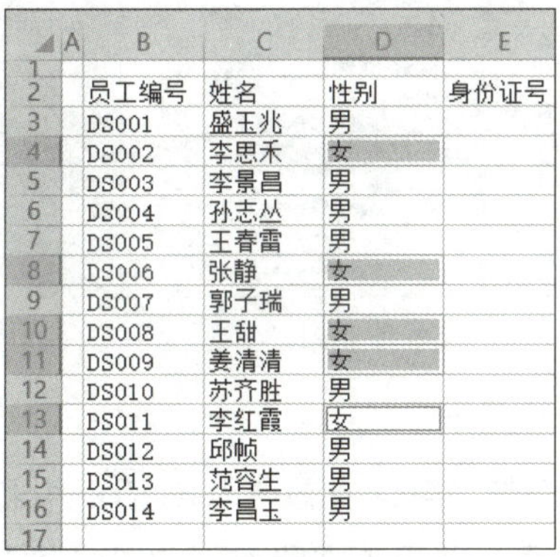

图 4-86

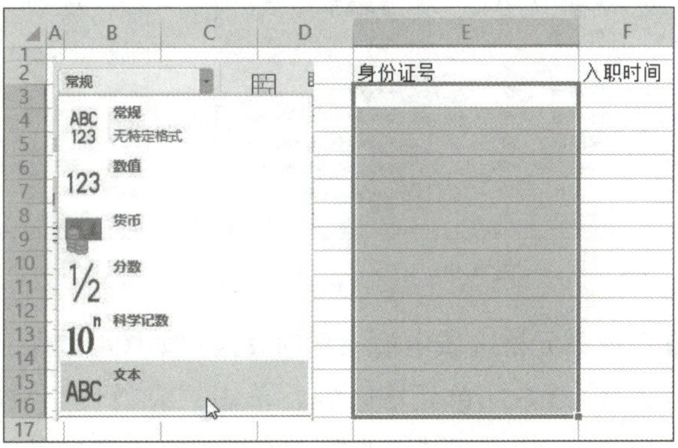

图 4-87

步骤10 保持该区域为选中状态。在“数据”选项卡中单击“有效性”按钮，在“数据有效性”对话框中将“允许”设为“文本长度”，将“数据”设为“等于”，并在“数值”文本框中输入18，如图4-88所示。

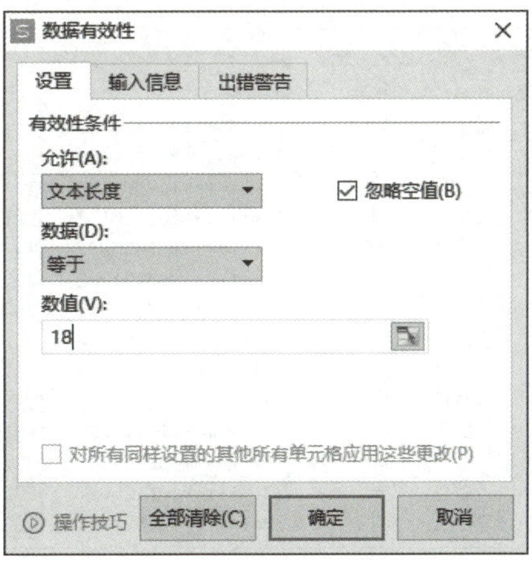

图 4-88

步骤 11 切换到“出错警告”选项卡，并设定好“错误信息”内容，如图4-89所示。

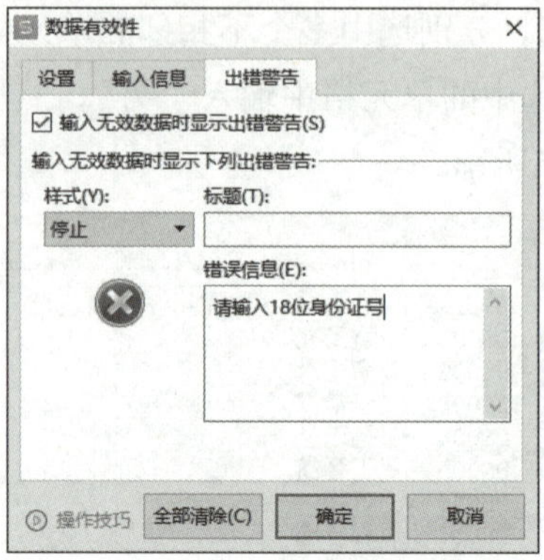

图 4-89

步骤 12 单击“确定”按钮，关闭对话框。在E3:E16单元格区域中输入有效的身份证号码（图中对部分号码进行了隐藏），如图4-90所示。

步骤 13 选中F3:F16单元格区域，将“数字格式”设为长日期类型，如图4-91所示。

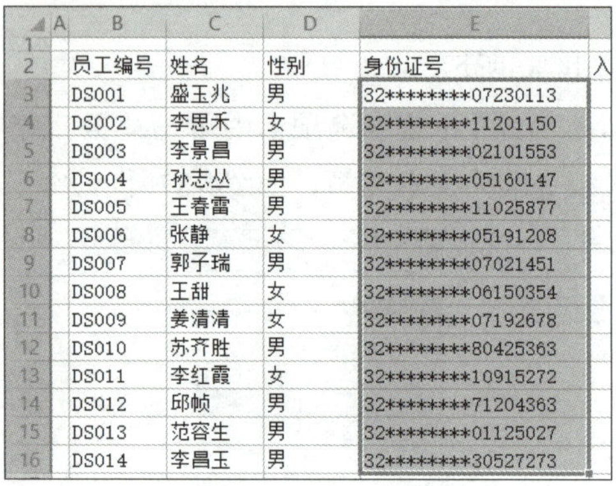

图 4-90

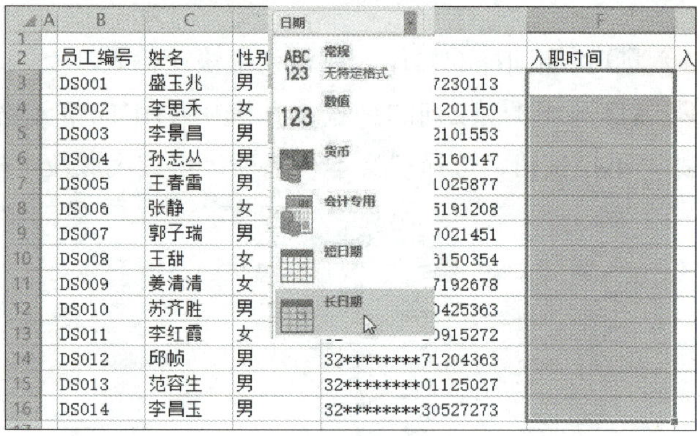

图 4-91

步骤 14 在该单元格区域中输入日期数据，如图4-92所示。

步骤 15 选择G3:G16单元格区域，单击“有效性”按钮，在“数据有效性”对话框中将“允许”设为“序列”，在“来源”文本框中输入所需部门名称，并用英文状态下的逗号隔开，如图4-93所示，单击“确定”按钮。

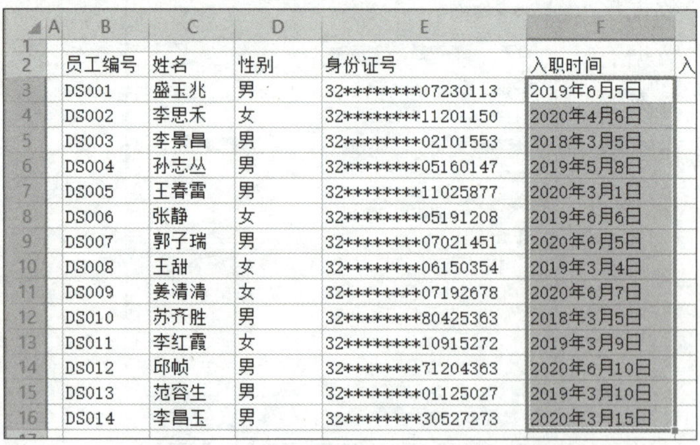

图 4-92

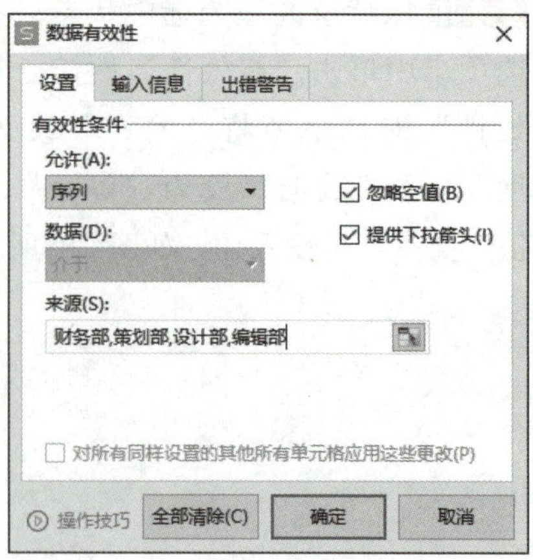

图 4-93

步骤16 单击G3单元格下拉按钮，在列表中选择所需部门名称即可输入，如图4-94所示。

步骤17 按照同样的方法，完成该列其他内容的输入操作，如图4-95所示。

图 4-94

身份证号	入职时间	入职部门	联系方式
32********07230113	2019年6月5日	财务部	
32********11201150	2020年4月6日	财务部	
32********02101553	2018年3月5日	策划部	
32********05160147	2019年5月8日	设计部	
32********11025877	2020年3月1日	编辑部	
32********05191208	2019年6月6日	编辑部	
32********07021451	2020年6月5日	策划部	
32********06150354	2019年3月4日	设计部	
32********07192678	2020年6月7日	设计部	
32********80425363	2018年3月5日	编辑部	
32********10915272	2019年3月9日	编辑部	
32********71204363	2020年6月10日	策划部	
32********01125027	2019年3月10日	设计部	
32********30527273	2020年3月15日	编辑部	

图 4-95

步骤18 继续输入H列和I列中的数据，完成整个表格内容的输入操作，结果如图4-96所示。

员工编号	姓名	性别	身份证号	入职时间	入职部门	联系方式	部门主管
DS001	盛玉兆	男	32********07230113	2019年6月5日	财务部	18156****66	陈若仪
DS002	李思禾	女	32********11201150	2020年4月6日	财务部	18169****02	陈若仪
DS003	李景昌	男	32********02101553	2018年3月5日	策划部	13956****49	张晨立
DS004	孙志丛	男	32********05160147	2019年5月8日	设计部	17625****52	王瑞然
DS005	王春雷	男	32********11025877	2020年3月1日	编辑部	16426****25	李敏杰
DS006	张静	女	32********05191208	2019年6月6日	编辑部	18265****30	李敏杰
DS007	郭子瑞	男	32********07021451	2020年6月5日	策划部	15926****32	张晨立
DS008	王甜	女	32********06150354	2019年3月4日	设计部	18221****32	王瑞然
DS009	姜清清	女	32********07192678	2020年6月7日	设计部	17360****33	王瑞然
DS010	苏齐胜	男	32********80425363	2018年3月5日	编辑部	18132****34	李敏杰
DS011	李红霞	女	32********10915272	2019年3月9日	编辑部	15931****59	李敏杰
DS012	邱帧	男	32********71204363	2020年6月10日	策划部	18125****37	张晨立
DS013	范容生	男	32********01125027	2019年3月10日	设计部	15962****21	王瑞然
DS014	李昌玉	男	32********30527273	2020年3月15日	编辑部	18036****98	李敏杰

图 4-96

步骤19 全选表格内容，按Ctrl+1组合键打开“单元格格式”对话框，切换到“对齐”选项卡，将“水平对齐”和“垂直对齐”都设为居中，如图4-97所示。

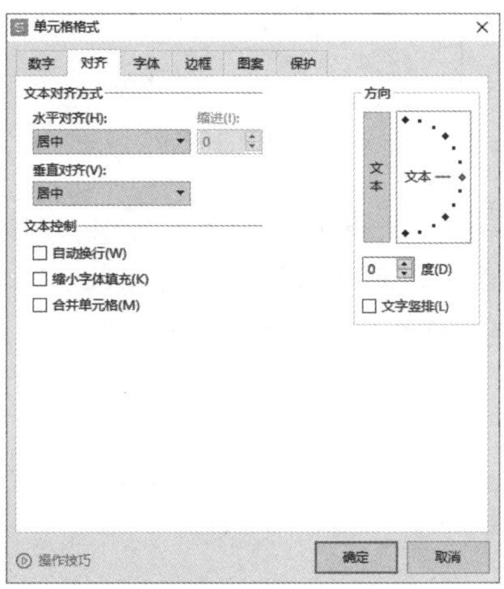

图 4-97

步骤 20 切换到“字体”选项卡，设置好文本格式，如图4-98所示。

步骤 21 切换到“边框”选项卡，先选择好线条样式，然后设置好线条颜色，并单击“外边框”按钮，将样式应用于表格外边框中，如图4-99所示。

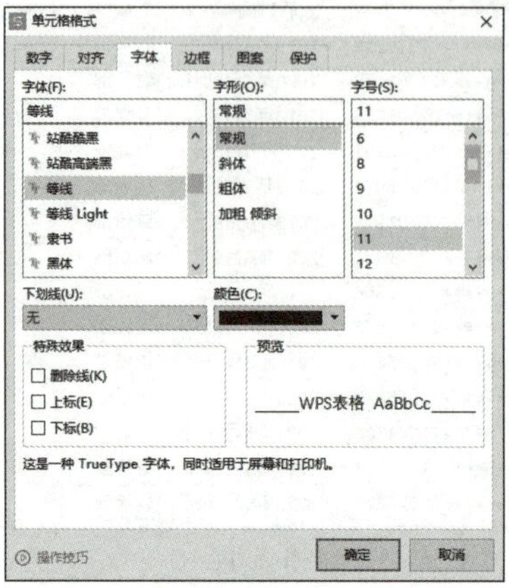

图 4-98

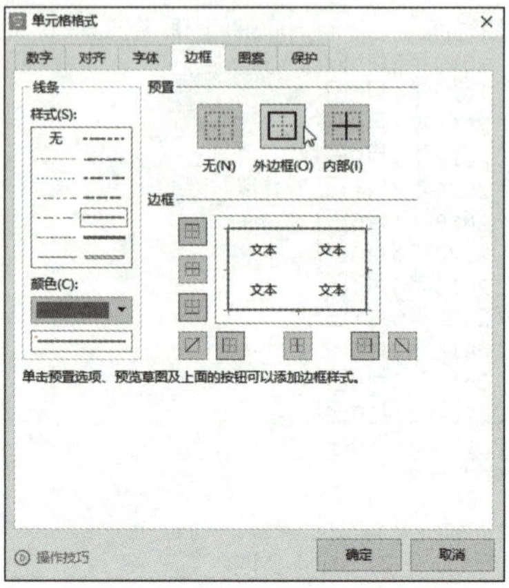

图 4-99

步骤 22 再次选择一款线条样式，并设置好颜色，单击“内部”按钮，将该样式应用于表格内框线上，如图4-100所示。

步骤 23 适当调整表格的行高。选中B2:I2表头区域，按Ctrl+1组合键，在“单元格格式”对话框的“图案”选项卡中，设置该区域的底纹色，如图4-101所示。

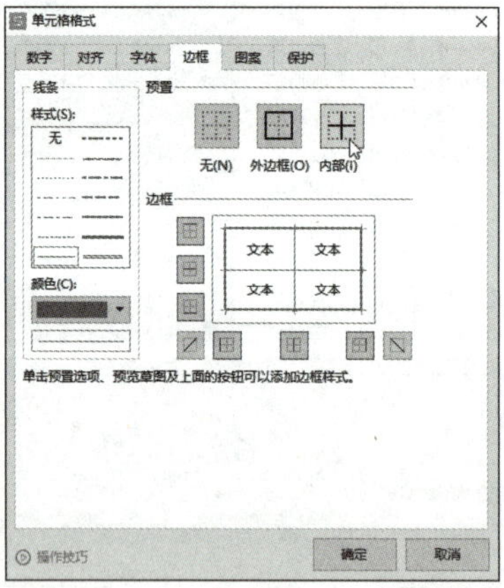

图 4-100

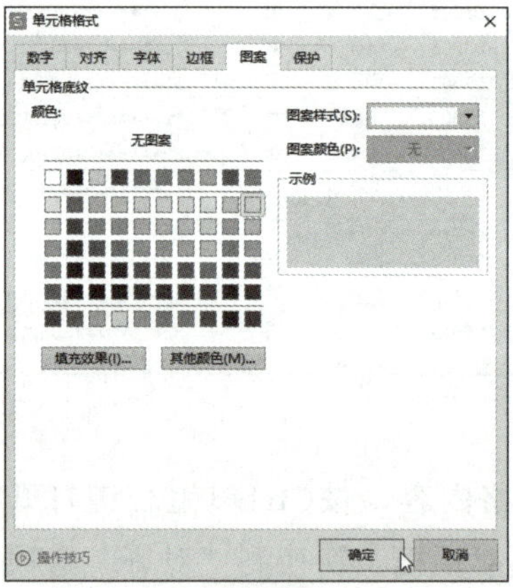

图 4-101

步骤 24 设置完成后，单击“确定”按钮，关闭对话框。将表头文本加粗显示。至此员工入职统计表制作完成，结果如图4-102所示。

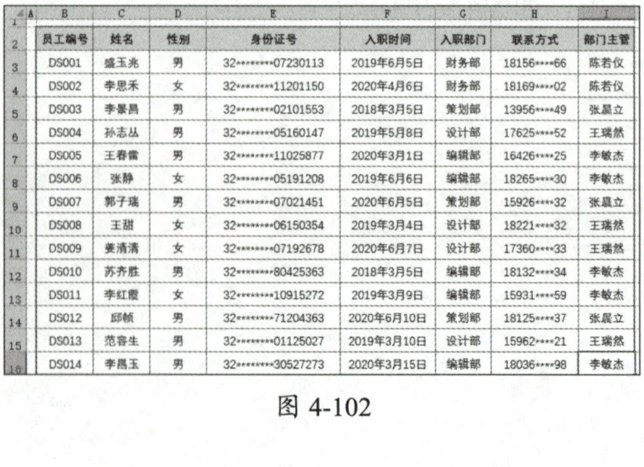

员工编号	姓名	性别	身份证号	入职时间	入职部门	联系方式	部门主管
DS001	盛玉兆	男	32********07230113	2019年6月5日	财务部	18156****66	陈若仪
DS002	李思禾	女	32********11201150	2020年4月6日	财务部	18169****02	陈若仪
DS003	李景昌	男	32********02101553	2018年3月5日	策划部	13956****49	张晨立
DS004	孙志丛	男	32********05160147	2019年5月8日	设计部	17625****52	王瑞然
DS005	王春雷	男	32********11025877	2020年3月1日	编辑部	16426****25	李敏杰
DS006	张静	女	32********05191208	2019年6月6日	编辑部	18265****30	李敏杰
DS007	郭子瑞	男	32********07021451	2020年6月5日	策划部	15926****32	张晨立
DS008	王甜	女	32********06150354	2019年3月4日	设计部	18221****32	王瑞然
DS009	姜清清	女	32********07192678	2020年6月7日	设计部	17360****33	王瑞然
DS010	苏齐胜	男	32********80425363	2018年3月5日	编辑部	18132****34	李敏杰
DS011	李红霞	女	32********10915272	2019年3月9日	编辑部	15931****59	李敏杰
DS012	邱帧	男	32********71204363	2020年6月10日	策划部	18125****37	张晨立
DS013	范容生	男	32********01125027	2019年3月10日	设计部	15962****21	王瑞然
DS014	李昌玉	男	32********30527273	2020年3月15日	编辑部	18036****98	李敏杰

图 4-102

课后作业 制作公司采购申请单

学习基本的WPS表格操作后，读者可参照如图4-103所示的效果自行制作一份采购申请单，该表的具体制作要求介绍如下。

1. 创建工作簿，并新建工作表

- 新建名为“采购申请单”的工作簿。
- 新建名为“6月份”的工作表，并将其标签设为红色。

2. 制作表格内容

- 按照效果图对指定区域合并单元格。
- 输入表格文本内容，并为“单价”和“金额”列添加货币符号。
- 适当调整行高和列宽。

3. 设置表格边框样式

全选表格，打开“单元格格式”对话框，选择“边框”选项卡，将表格外边框设为双线，颜色为蓝色；内部边框线设为普通直线，颜色为蓝色。

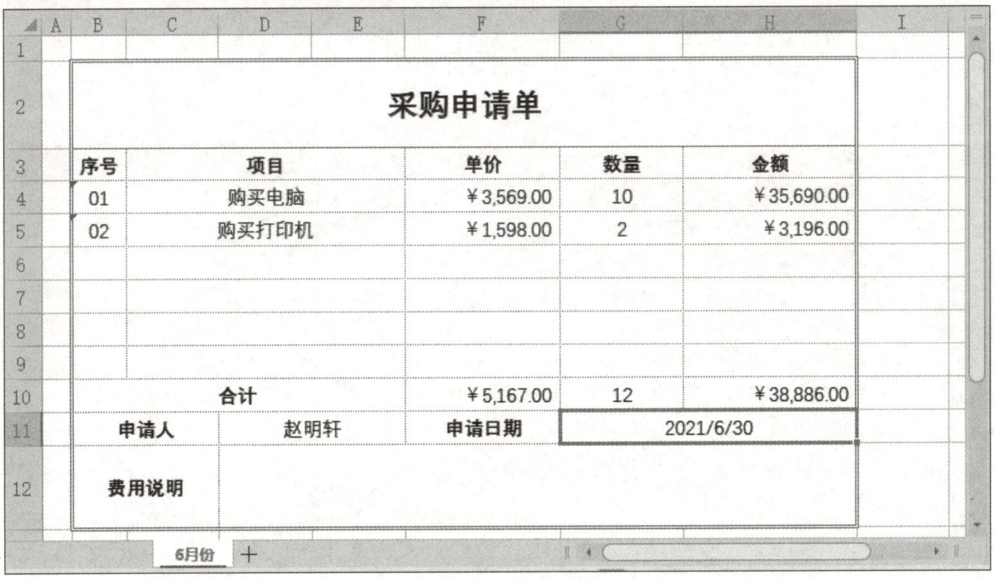

采购申请单				
序号	项目	单价	数量	金额
01	购买电脑	¥3,569.00	10	¥35,690.00
02	购买打印机	¥1,598.00	2	¥3,196.00
合计		¥5,167.00	12	¥38,886.00
申请人	赵明轩	申请日期	2021/6/30	
费用说明				

图 4-103

项目5

公式与函数的使用

内容概要

利用公式与函数功能可以快速地对一些复杂的数据进行分析计算，灵活地运用公式和函数来处理数据，对提高工作效率有很大的帮助。本项目将对公式与函数的基础用法进行详细介绍，其中包括公式的组成、公式的输入、公式的复制、单元格的引用、函数的类型、函数的输入方法以及常用函数的应用等。

数字资源

【本项目素材来源】：“素材文件\项目5”目录下

【本项目实战演练最终文件】：“素材文件\项目5\实战演练”目录下

5.1 熟悉公式

公式是指进行数值计算的等式，它由等号和计算式两部分组成，能够自动完成设定的计算，并在单元格中返回计算结果。下面将对公式的基本用法进行介绍。

■5.1.1 公式的组成

一个完整的公式通常由等号、函数、括号、单元格引用、常量、运算符等构成。其中常量可以是数字、文本，也可以是其他字符。如果常量不是数字就要加上引号，如图5-1所示。

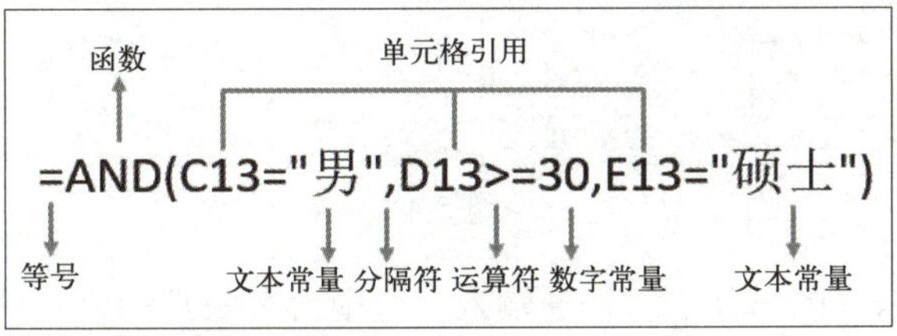

图 5-1

提示：每个函数后需有一个括号，用于设置函数参数。当函数有多个参数时，需用逗号将其分隔。其逗号必须是英文状态下的，否则将会报错。

■5.1.2 公式的输入

在单元格中输入公式的方法很简单，选中要输入的单元格，先输入“=”，然后选择首个要引用的单元格，手动输入运算符后，再选择第2个引用单元格，继续向公式中应用其他单元格，直到末尾单元格。按Enter键即可计算出结果，如图5-2所示。

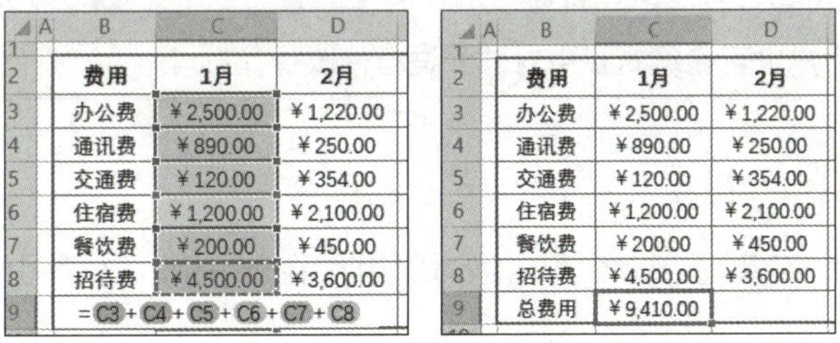

费用	1月	2月
办公费	¥2,500.00	¥1,220.00
通讯费	¥890.00	¥250.00
交通费	¥120.00	¥354.00
住宿费	¥1,200.00	¥2,100.00
餐饮费	¥200.00	¥450.00
招待费	¥4,500.00	¥3,600.00
=C3+C4+C5+C6+C7+C8		

费用	1月	2月
办公费	¥2,500.00	¥1,220.00
通讯费	¥890.00	¥250.00
交通费	¥120.00	¥354.00
住宿费	¥1,200.00	¥2,100.00
餐饮费	¥200.00	¥450.00
招待费	¥4,500.00	¥3,600.00
总费用	¥9,410.00	

图 5-2

选中结果单元格，在编辑栏中可看到当前的计算公式，如图5-3所示。

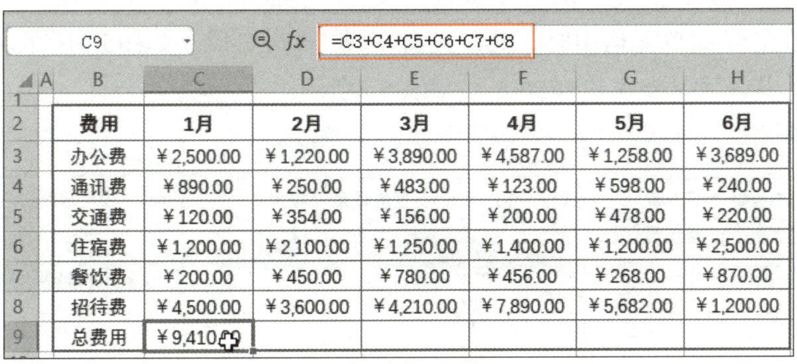

C9 =C3+C4+C5+C6+C7+C8

费用	1月	2月	3月	4月	5月	6月
办公费	¥2,500.00	¥1,220.00	¥3,890.00	¥4,587.00	¥1,258.00	¥3,689.00
通讯费	¥890.00	¥250.00	¥483.00	¥123.00	¥598.00	¥240.00
交通费	¥120.00	¥354.00	¥156.00	¥200.00	¥478.00	¥220.00
住宿费	¥1,200.00	¥2,100.00	¥1,250.00	¥1,400.00	¥1,200.00	¥2,500.00
餐饮费	¥200.00	¥450.00	¥780.00	¥456.00	¥268.00	¥870.00
招待费	¥4,500.00	¥3,600.00	¥4,210.00	¥7,890.00	¥5,682.00	¥1,200.00
总费用	¥9,410.00					

图 5-3

5.1.3 公式的复制与填充

当需要输入大量具有相同计算规律的公式时，可使用Ctrl+C和Ctrl+V组合键对公式进行复制与粘贴操作。选中含有公式的单元格，按Ctrl+C组合键先进行复制，然后选择目标单元格区域，按Ctrl+V组合键进行粘贴，公式会粘贴到目标单元格中，并自动修改其中的引用单元格，完成计算操作，如图5-4所示。

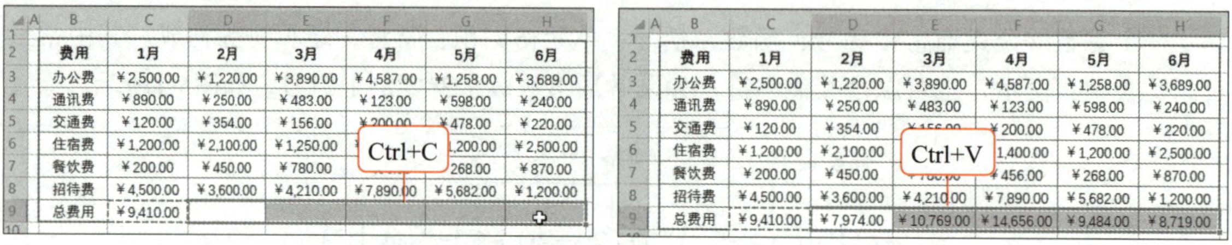

图 5-4

此外，还可用填充公式的方法进行快速输入。选中含有公式的单元格，选中其右下角填充手柄，按住鼠标左键，拖动填充手柄至末尾单元格，松开鼠标即可完成公式填充，如图5-5所示。

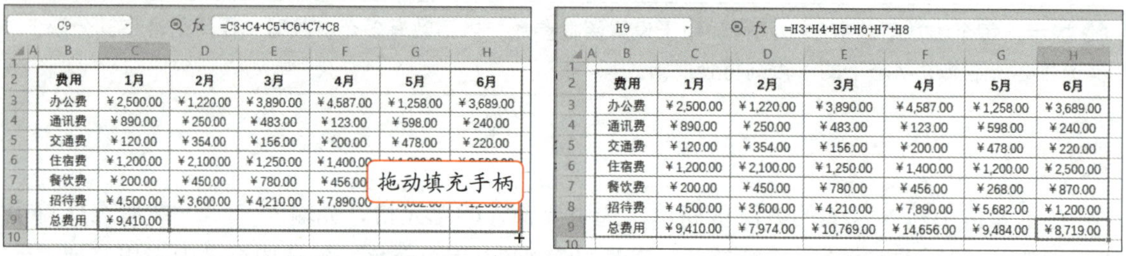

图 5-5

> **提示：** 如果要对公式内容进行修改，可双击公式所在的单元格，或按F2键进入编辑状态，在此修改所需内容即可。此外，用户也可在编辑栏中对公式进行修改操作。

5.1.4 单元格的引用

单元格的引用有3种，分别是相对引用、绝对引用和混合引用。这3种引用形式在公式中很常见。

1. 相对引用

相对引用与单元格的位置是相对的。相对引用的单元格会随着公式的移动自动改变所引用的单元格地址。例如，如图5-6所示，在G3单元格中输入“=F3/E3”，按Enter键得出计算结果。当该公式填充至G4单元格中时，其公式会变成“=F4/E4”，如图5-7所示。将公式填充至G5单元格中时，其公式又变成“=F5/E5”，如图5-8所示。

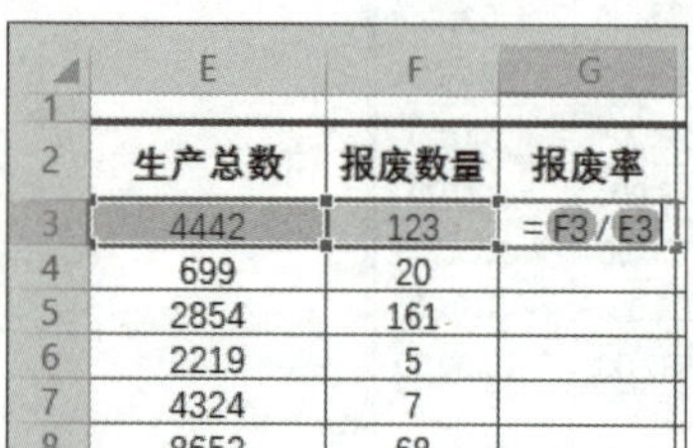

图 5-6

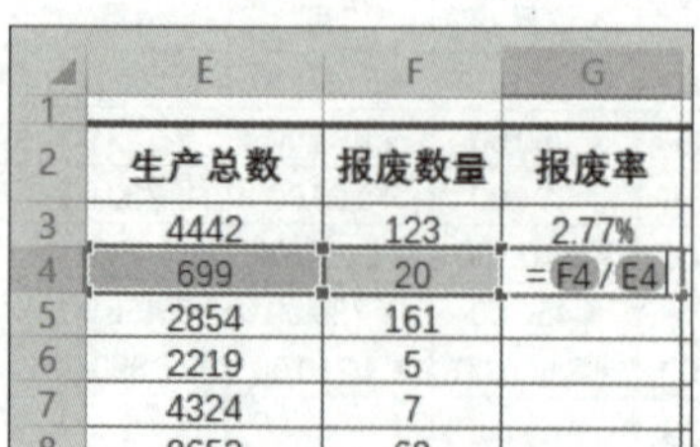

图 5-7

图 5-8

2. 绝对引用

绝对引用是在特定位置引用单元格，无论公式应用到哪里，其引用的单元格都不会改变。绝对引用最明显的特征就是在单元格的行号和列标前会显示“$”，例如$A$1。例如，在图5-9所示的公式中，E2单元格就使用了绝对引用“$E$2”。将该公式向下填充至C3单元格后，公式变成了“=B3*$E$2”，其中“E2”单元格地址没有改变，如图5-10所示。继续向下填充公式，就会发现所有公式中只有绝对引用的单元格地址不变，其他引用的单元格会随着公式的移动而改变，如图5-11所示。

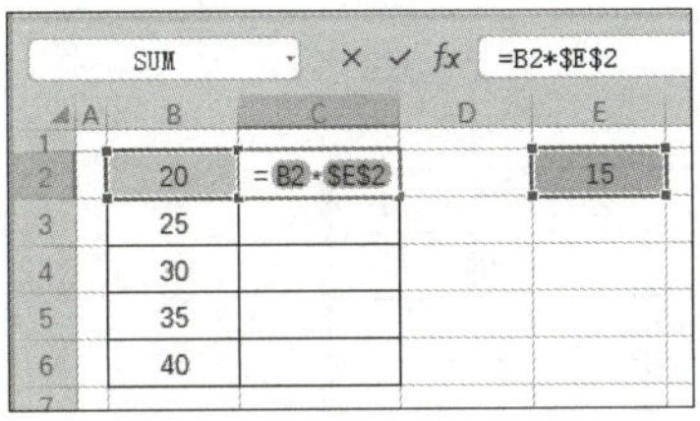

图 5-9

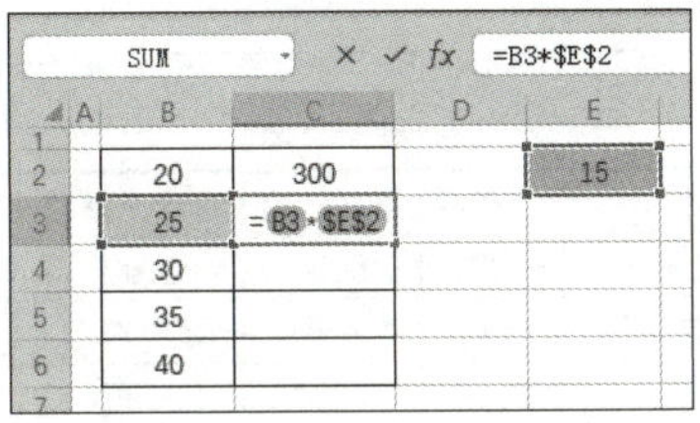

图 5-10

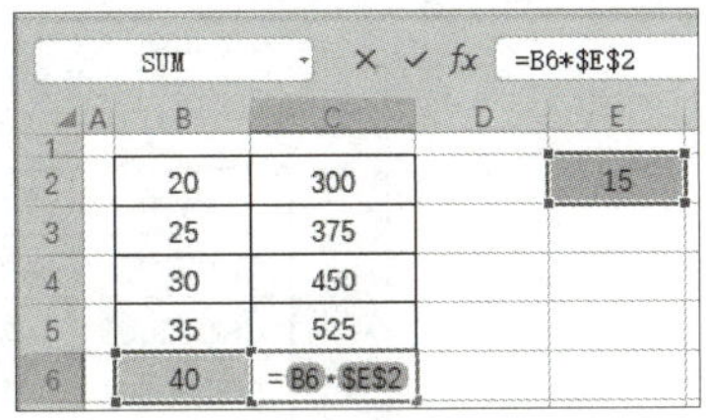

图 5-11

3. 混合引用

混合引用包含了绝对列和相对行或相对列和绝对行两种形式，例如“$A1”和“A$1”。在公式位置发生变化时，只有相对引用的部分会变化，绝对引用的部分不变。

例如，在B7单元格中输入公式“=$B2”，说明该公式在列标上使用了绝对引用，而在行号上使用了相对引用，如图5-12所示。将公式向右填充时，由于列标固定不变，所以系统只会引用B2单元格中的数据，如图5-13所示。将公式向下填充时，由于行号使用的是相对引用，所以系统会引用B列中的数据，如图5-14所示。

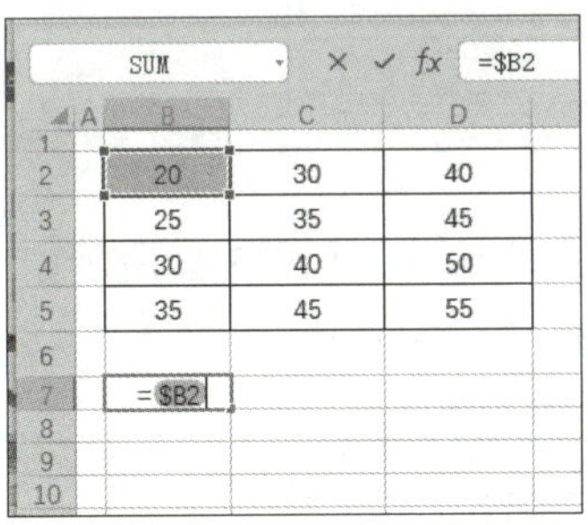

图 5-12

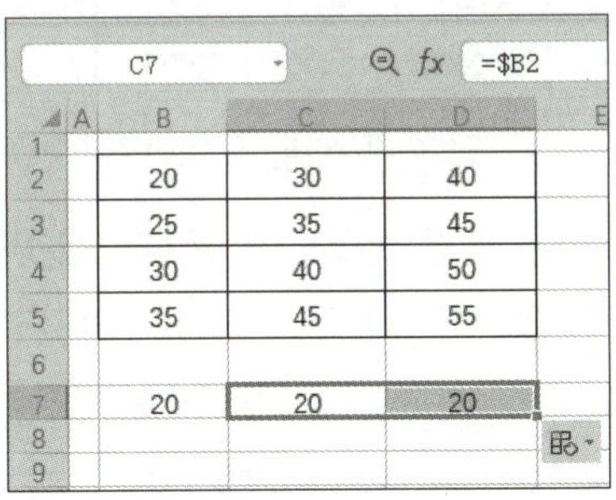

图 5-13

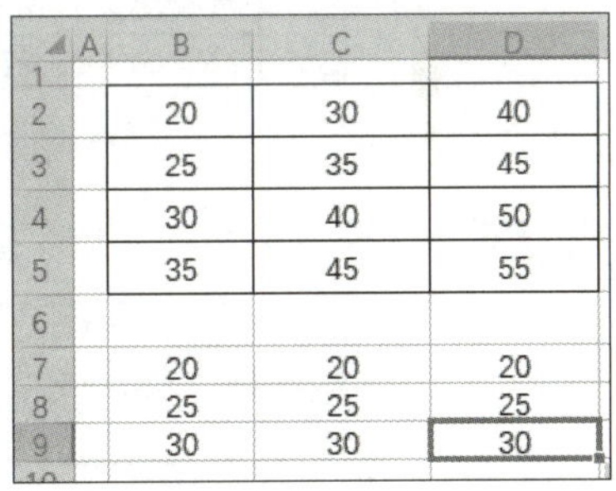
图 5-14

相反，如果在B7单元格中输入公式“=B$2”，说明该公式在行号上使用了绝对引用，在列标上使用相对引用，如图5-15所示。此时无论是向右填充公式，还是向下填充公式，系统只会引用第2行中的数据，如图5-16所示。

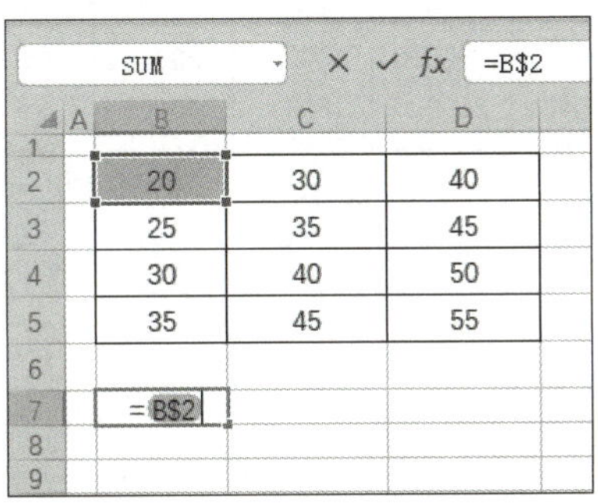

图 5-15

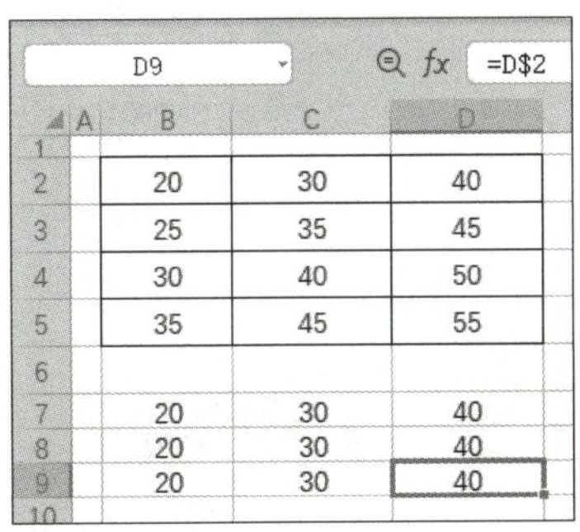

图 5-16

提示：在设置这3种引用类型时，在编辑栏中选择引用的单元格地址，按F4键，即可快速切换引用类型。

实例 计算商品生产预计用时

下面将利用公式计算出各类果汁饮品生产用时。

步骤01 打开原始文件，选择H3单元格，输入公式“=”和“（）”，并将光标放置在括号中，如图5-17所示。

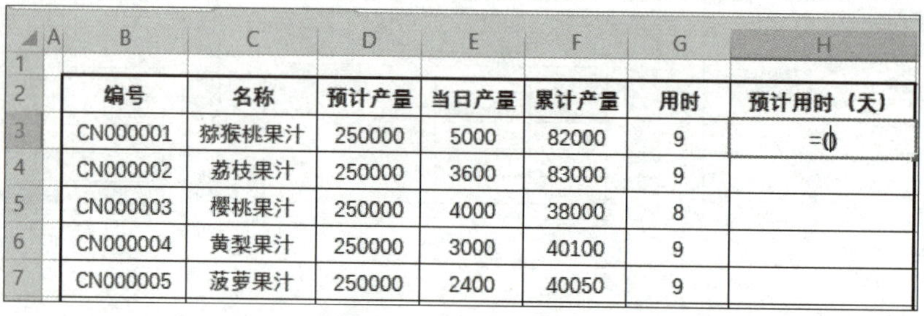

编号	名称	预计产量	当日产量	累计产量	用时	预计用时（天）
CN000001	猕猴桃果汁	250000	5000	82000	9	=()
CN000002	荔枝果汁	250000	3600	83000	9	
CN000003	樱桃果汁	250000	4000	38000	8	
CN000004	黄梨果汁	250000	3000	40100	9	
CN000005	菠萝果汁	250000	2400	40050	9	

图 5-17

步骤02 选择D3单元格后输入“-”，再选择F3单元格，如图5-18所示。

编号	名称	预计产量	当日产量	累计产量	用时	预计用时（天）
CN000001	猕猴桃果汁	250000	5000	82000	9	=(D3-F3)
CN000002	荔枝果汁	250000	3600	83000	9	
CN000003	樱桃果汁	250000	4000	38000	8	
CN000004	黄梨果汁	250000	3000	40100	9	
CN000005	菠萝果汁	250000	2400	40050	9	

图 5-18

步骤03 将光标放置在括号后，输入“/”，并选择E3单元格，完成公式的输入，如图5-19所示。

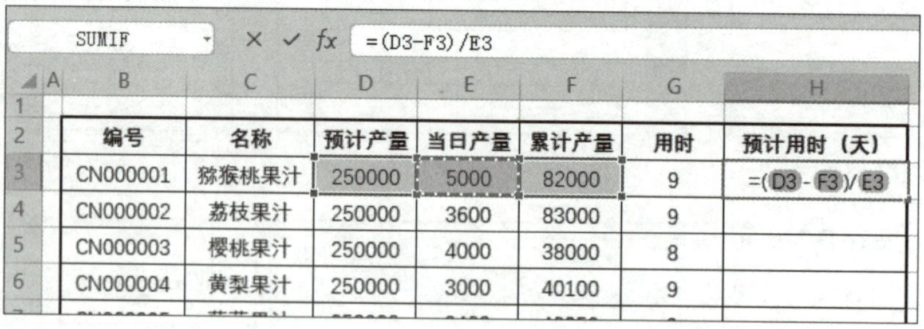

SUMIF fx =(D3-F3)/E3

编号	名称	预计产量	当日产量	累计产量	用时	预计用时（天）
CN000001	猕猴桃果汁	250000	5000	82000	9	=(D3-F3)/E3
CN000002	荔枝果汁	250000	3600	83000	9	
CN000003	樱桃果汁	250000	4000	38000	8	
CN000004	黄梨果汁	250000	3000	40100	9	

图 5-19

你学会了吗？

步骤04 按Enter键计算出“猕猴桃果汁”生产预计用时。选中该单元格右下角填充手柄，将其公式向下填充至H19单元格，完成其他果汁生产预计用时的计算操作，如图5-20所示。

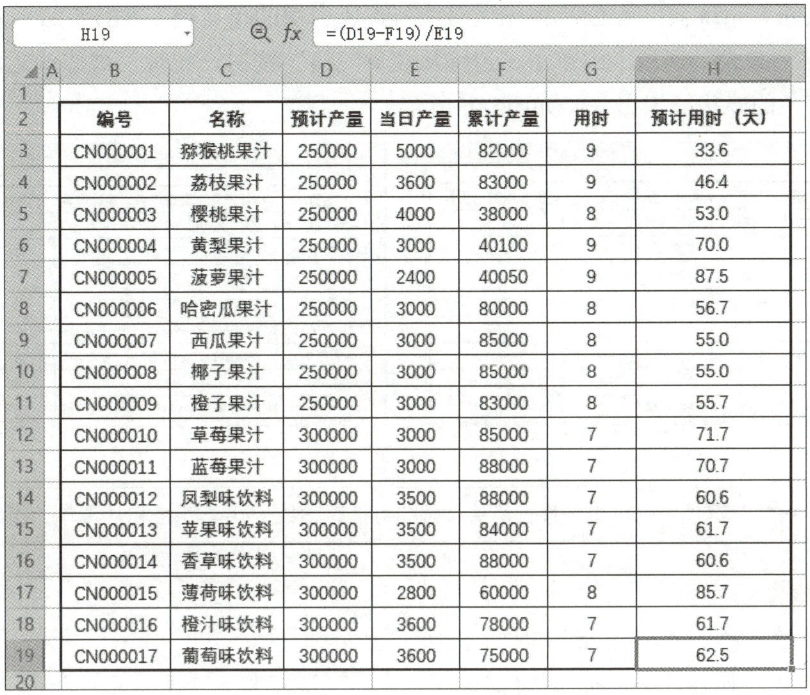

H19　=(D19-F19)/E19

编号	名称	预计产量	当日产量	累计产量	用时	预计用时（天）
CN000001	猕猴桃果汁	250000	5000	82000	9	33.6
CN000002	荔枝果汁	250000	3600	83000	9	46.4
CN000003	樱桃果汁	250000	4000	38000	8	53.0
CN000004	黄梨果汁	250000	3000	40100	9	70.0
CN000005	菠萝果汁	250000	2400	40050	9	87.5
CN000006	哈密瓜果汁	250000	3000	80000	8	56.7
CN000007	西瓜果汁	250000	3000	85000	8	55.0
CN000008	椰子果汁	250000	3000	85000	8	55.0
CN000009	橙子果汁	250000	3000	83000	8	55.7
CN000010	草莓果汁	300000	3000	85000	7	71.7
CN000011	蓝莓果汁	300000	3000	88000	7	70.7
CN000012	凤梨味饮料	300000	3500	88000	7	60.6
CN000013	苹果味饮料	300000	3500	84000	7	61.7
CN000014	香草味饮料	300000	3500	88000	7	60.6
CN000015	薄荷味饮料	300000	2800	60000	8	85.7
CN000016	橙汁味饮料	300000	3600	78000	7	61.7
CN000017	葡萄味饮料	300000	3600	75000	7	62.5

图 5-20

■5.1.5　审核和检查公式

在输入公式时，难免会出现输入有误的情况，这时用户就可以利用公式审核功能来检查并修正有误的公式。

1. 显示公式

将光标放置在表格任意位置，在“公式”选项卡中单击“显示公式”按钮，此时表格中所有公式都会显示出来，如图5-21所示。再次单击该按钮即可恢复到只显示结果值的状态。

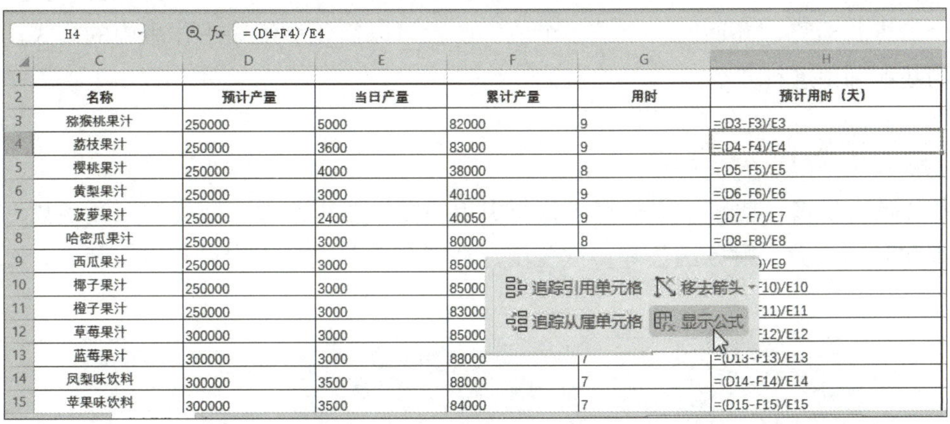

H4　=(D4-F4)/E4

名称	预计产量	当日产量	累计产量	用时	预计用时（天）
猕猴桃果汁	250000	5000	82000	9	=(D3-F3)/E3
荔枝果汁	250000	3600	83000	9	=(D4-F4)/E4
樱桃果汁	250000	4000	38000	8	=(D5-F5)/E5
黄梨果汁	250000	3000	40100	9	=(D6-F6)/E6
菠萝果汁	250000	2400	40050	9	=(D7-F7)/E7
哈密瓜果汁	250000	3000	80000	8	=(D8-F8)/E8
西瓜果汁	250000	3000	85000		)/E9
椰子果汁	250000	3000	85000		F10)/E10
橙子果汁	250000	3000	83000		F11)/E11
草莓果汁	300000	3000	85000		F12)/E12
蓝莓果汁	300000	3000	88000	7	=(D13-F13)/E13
凤梨味饮料	300000	3500	88000	7	=(D14-F14)/E14
苹果味饮料	300000	3500	84000	7	=(D15-F15)/E15

图 5-21

2. 追踪引用单元格和从属单元格

在表格中选择含有公式的单元格，例如选择H6单元格，在“公式”选项卡中单击“追踪引用单元格”按钮，系统会以蓝色箭头标识出该公式所引用的单元格，如图5-22所示。如果选择D7单元格，在“公式”选项卡中单击“追踪从属单元格”按钮，此时，被该单元格影响的所有单元格会被蓝色的箭头标识出来，如图5-23所示。

	C	D	E	F	G	H
1						
2	名称	预计产量	当日产量	累计产量	用时	预计用时（天）
3	猴桃果汁	250000	5000	82000	9	33.6
4	荔枝果汁	250000	3600	83000	9	46.4
5	樱桃果汁	250000	4000	38000	8	53.0
6	黄梨果汁	250000	3000	40100	9	70.0
7	菠萝果汁	250000	2400	40050	9	87.5
8	密瓜果汁	250000	3000	80000	8	56.7
9	西瓜果汁	250000	3000	85000	8	55.0
10	椰子果汁	250000	3000	85000	8	55.0

图 5-22

	C	D	E	F	G	H
1						
2	名称	预计产量	当日产量	累计产量	用时	预计用时（天）
3	猴桃果汁	250000	5000	82000	9	33.6
4	荔枝果汁	250000	3600	83000	9	46.4
5	樱桃果汁	250000	4000	38000	8	53.0
6	黄梨果汁	250000	3000	40100	9	70.0
7	菠萝果汁	250000	2400	40050	9	87.5
8	密瓜果汁	250000	3000	80000	8	56.7
9	西瓜果汁	250000	3000	85000	8	55.0
10	椰子果汁	250000	3000	85000	8	55.0

图 5-23

提示：在“公式”选项卡中单击“移去箭头”按钮可清除追踪引用单元格和从属单元格的箭头标识。

3. 错误检查

选中任意单元格，在“公式”选项卡中单击“错误检查”按钮，打开同名对话框，系统会在当前表格中查找出错的公式及错误原因。用户可根据需要选择处理方式，单击“下一个”按钮，可继续检查工作表中其他有问题的公式，如图5-24所示。

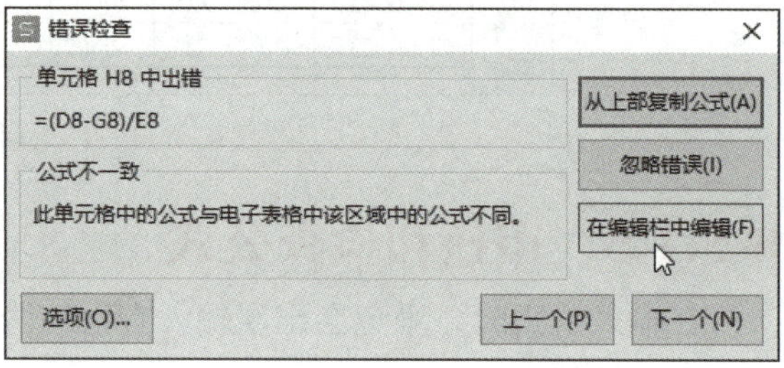

图 5-24

5.2 认识函数

函数是预先编写的公式，按照特定的顺序、结构来执行数据的计算、分析等。可以对一个或多个值进行运算，并返回一个或多个值。函数可以简化和缩短工作表中的公式。下面将对函数的基本知识进行介绍。

5.2.1 了解函数类型

函数种类有很多，比较常用的有查找与引用函数、逻辑函数、数学和三角函数、文本函数、日期和时间函数、财务函数等。这些函数在“公式”选项卡中就可以查找到，如图5-25所示。

图 5-25

■5.2.2 函数的输入技巧

函数的输入方法有3种，分别为手动输入、通过对话框输入、通过选项卡输入。

1. 手动输入函数

在单元格中先输入“=”，然后手动输入函数名称，当输入函数首字母时，系统会自动显示出以该字母开头的所有函数的列表，用户可在列表中选择所需函数，双击即可插入该函数，如图5-26所示。插入后，系统会在函数名称后显示“()”，并提供该函数的语法提示，用户可以根据该提示，完成函数的输入，如图5-27所示。按Enter键即可得出结果。

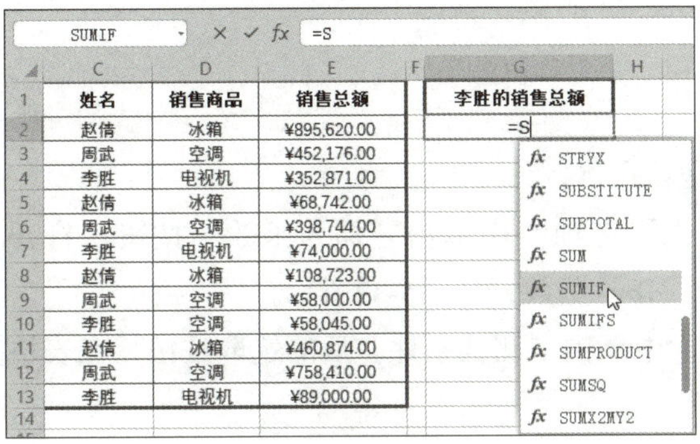

图 5-26

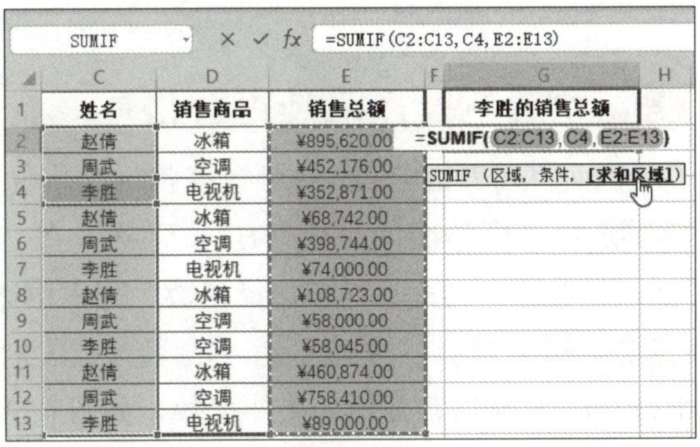

图 5-27

2. 通过“插入函数”对话框输入

选中所需单元格，在“公式”选项卡中单击“插入函数”按钮，打开“插入函数”对话框，选择好函数类型以及需要使用的函数，单击“确定”按钮，如图5-28所示。弹出“函数参数”对话框，设置好参数，单击“确定”按钮，如图5-29所示。即可插入相应的函数公式，并自动计算出结果。

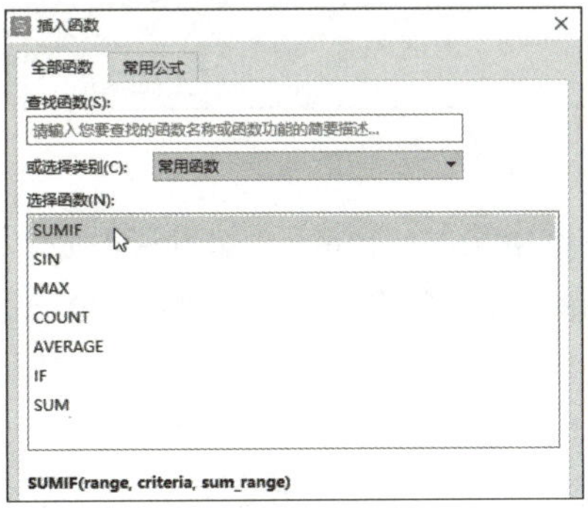

图 5-28

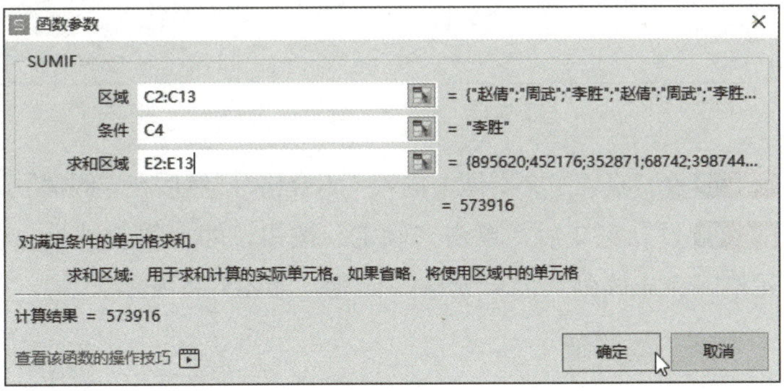

图 5-29

3. 通过选项卡插入函数

选中所需单元格，在“公式”选项卡中选择函数类型，例如单击“常用函数”下拉按钮，选择“SUMIF”函数选项，如图5-30所示。在打开的“函数参数”对话框中根据需求设置好函数的参数，单击“确定”按钮即可，如图5-31所示。

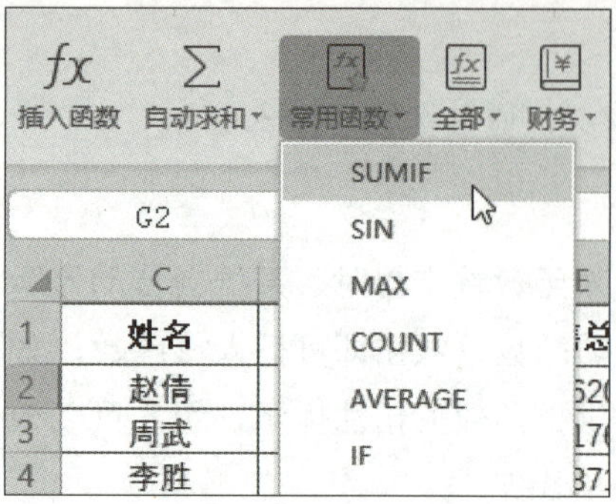

图 5-30

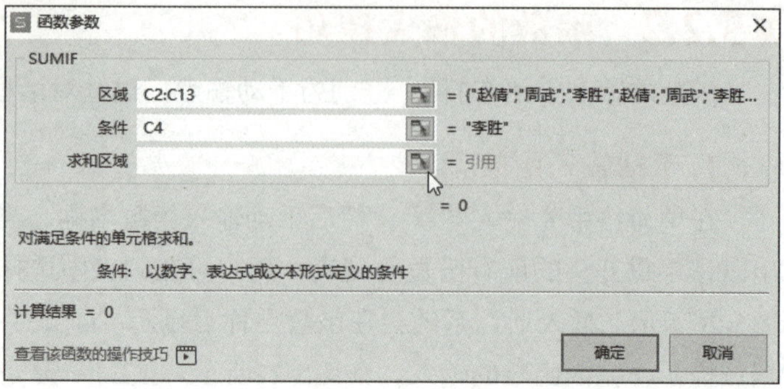

图 5-31

实例 快速判断产品是否合格

下面将在表格中插入IF函数来判断产品质量是否合格。

步骤01 打开原始文件，选择H3单元格，在“公式”选项卡中单击“插入函数”按钮，打开“插入函数”对话框，在“选择函数”列表中选择“IF”函数，如图5-32所示。

步骤02 单击“确定”按钮，在“函数参数”对话框中单击“测试条件”后的选取按钮，在表格中选择G3单元格，并输入条件参数，如图5-33所示。

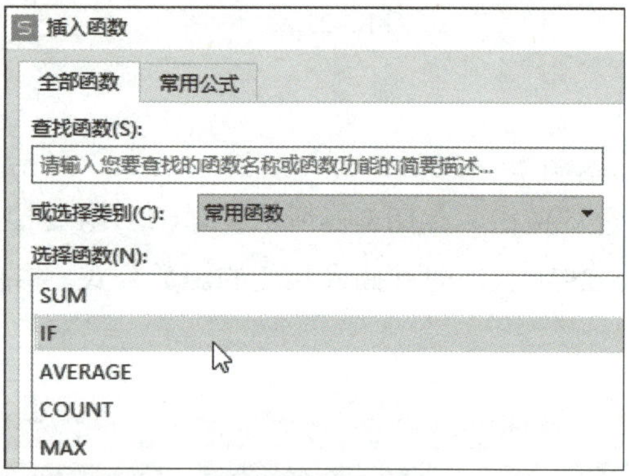

图 5-32

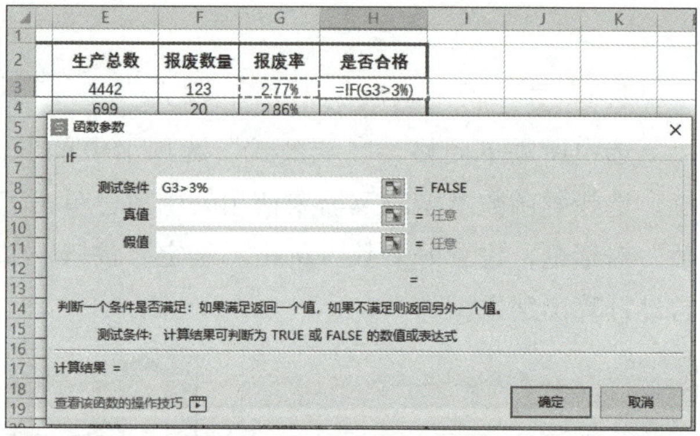

图 5-33

步骤03 在“真值”文本框中输入“不合格”，然后在“假值”文本框中输入“合格”，如图5-34所示。

步骤04 设置完成后，单击“确定”按钮，即可得出结果。将H3单元格的公式向下复制到H21单元格，完成该列其他单元格的计算，如图5-35所示。

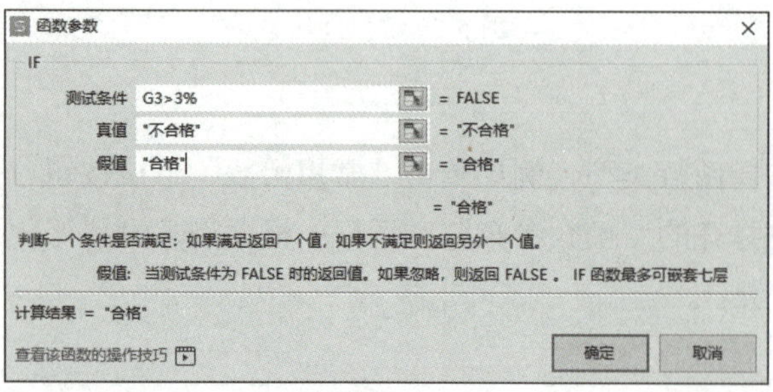

图 5-34

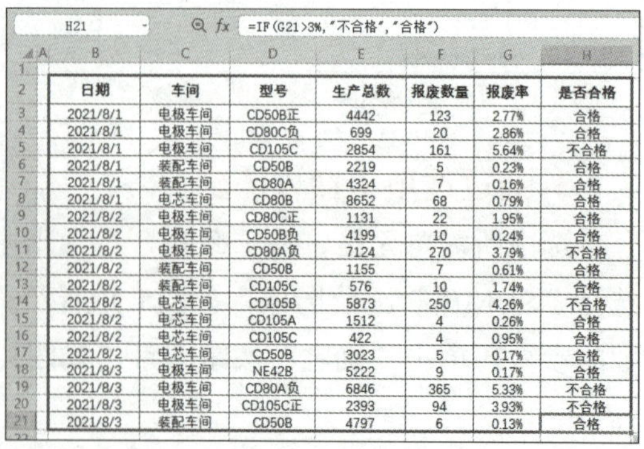

H21 =IF(G21>3%,"不合格","合格")

日期	车间	型号	生产总数	报废数量	报废率	是否合格
2021/8/1	电极车间	CD50B正	4442	123	2.77%	合格
2021/8/1	电极车间	CD80C负	699	20	2.86%	合格
2021/8/1	电极车间	CD105C	2854	161	5.64%	不合格
2021/8/1	装配车间	CD50B	2219	5	0.23%	合格
2021/8/1	装配车间	CD80A	4324	7	0.16%	合格
2021/8/1	电芯车间	CD80B	8652	68	0.79%	合格
2021/8/2	电极车间	CD80C正	1131	22	1.95%	合格
2021/8/2	电极车间	CD50B负	4199	10	0.24%	合格
2021/8/2	电极车间	CD80A负	7124	270	3.79%	不合格
2021/8/2	装配车间	CD50B	1155	7	0.61%	合格
2021/8/2	装配车间	CD105C	576	10	1.74%	合格
2021/8/2	电芯车间	CD105B	5873	250	4.26%	不合格
2021/8/2	电芯车间	CD105A	1512	4	0.26%	合格
2021/8/2	电芯车间	CD105C	422	4	0.95%	合格
2021/8/2	电芯车间	CD50B	3023	5	0.17%	合格
2021/8/3	电极车间	NE42B	5222	9	0.17%	合格
2021/8/3	电极车间	CD80A负	6846	365	5.33%	不合格
2021/8/3	电极车间	CD105C正	2393	94	3.93%	不合格
2021/8/3	装配车间	CD50B	4797	6	0.13%	合格

图 5-35

5.3 常用函数的应用

以上简单介绍了常用函数的种类，下面将分别对这些函数的结构及应用进行介绍。

■5.3.1 统计函数

统计函数是从各种角度去分析统计数据，并捕捉统计数据的所有特征，从简单的计数与求和，到多区域中多种条件下的计数与求和。

1. AVERAGE函数

AVERAGE函数用于求参数的平均值。参数可以是数值、单元格引用、数组、名称等。

语法格式：AVERAGE(number1,number2,...)。

语法说明：number1,number2,...是要计算平均值的1～255个参数。参数可以是数字，或者是涉及数字的名称、数组或引用，如果数组或单元格引用参数中有文字、逻辑值或空单元格，则忽略其值。如果单元格包含零值，则计算在内。

举例：使用AVERAGE函数计算出餐饮支出费用的平均值。

选中I3单元格，在编辑栏中单击“插入函数”按钮fx，打开“插入函数”对话框，在“选择函数”类别中选择“AVERAGE”函数选项，如图5-36所示。单击“确定”按钮，打开“函数参数”对话框，将“数值1”设为C3:H3单元格区域，单击“确定”按钮即可得到计算结果，如图5-37所示。

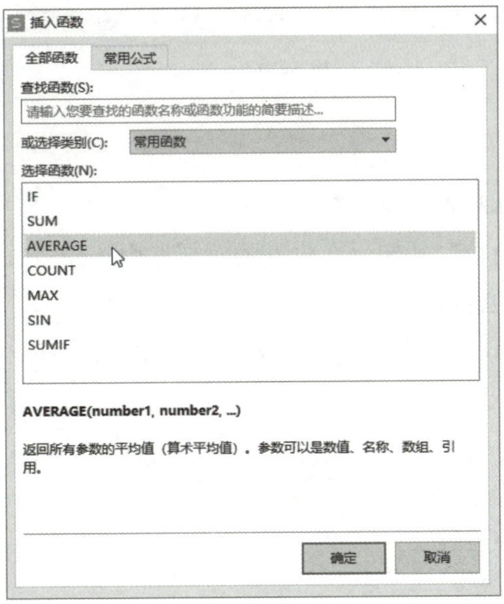

图 5-36

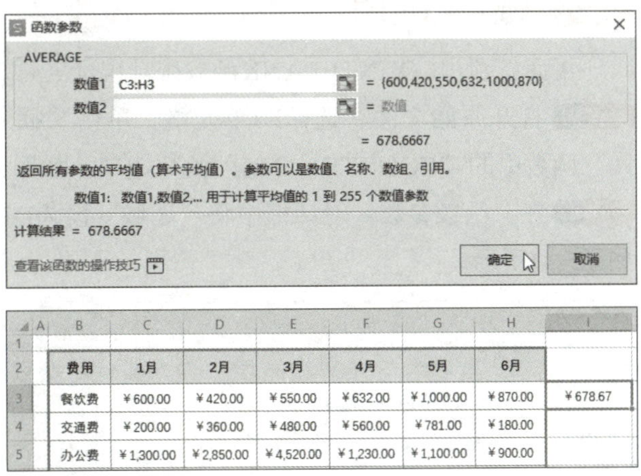

图 5-37

提示：AVERAGEIF函数的作用是根据条件计算参数的平均值，其语法格式为：AVERAGEIF(range,criteria, average_range)。其中range必需，要计算平均值的一个或多个单元格，其中包含数字或包含数字的名称、数组或引用；criteria必需，形式为数字、表达式、单元格引用或文本的条件，用来定义将计算平均值的单元格；average_range可选，计算平均值的实际单元格组，如果省略，则使用range。

2. COUNTIF函数

COUNTIF函数用于计算满足指定条件的数据个数。

语法格式：COUNTIF(range,criteria)。

语法说明：range为需要计算其中满足条件的单元格数目的单元格区域；criteria为确定单元格将被计算在内的条件，其形式可以为数字、表达式或文本。

举例：使用COUNTIF函数统计被南京大学录取的人数。

选择F2单元格，打开“插入函数”对话框，选择“统计”函数中的“COUNTIF”函数选项，如图5-38所示。单击“确定”按钮，在“函数参数”对话框中，将“区域”设为C2:C10，在“条件”文本框中输入“南京大学”，单击“确定”按钮，即可得出计算结果，如图5-39所示。

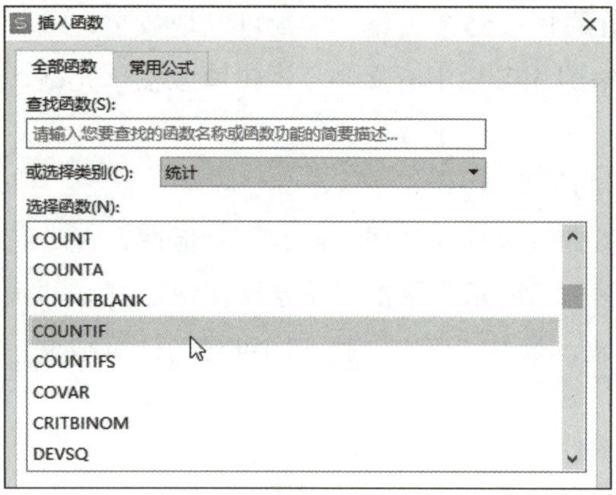

图 5-38

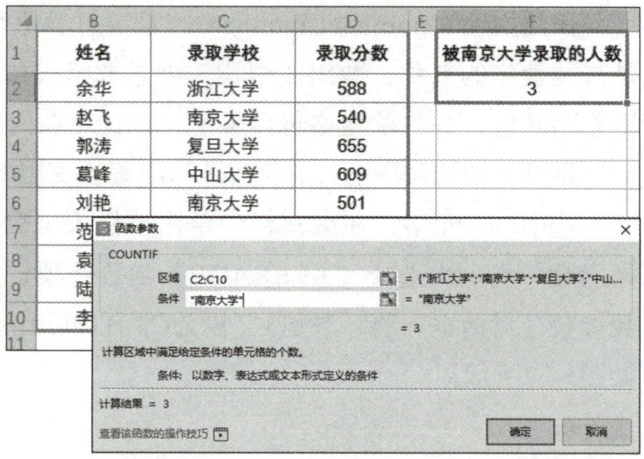

图 5-39

实例 快速统计出体检不合格的人数

下面将利用COUNTBLANK函数统计出幼儿视力体检不合格人数。

步骤01 打开原始文件，选择F3单元格，单击“插入函数”按钮，在打开的对话框中选择“统计”函数中的“COUNTBLANK”函数选项，如图5-40所示。

步骤02 在“函数参数”对话框中将“区域”设为D3:D18，单击“确定”按钮，完成统计操作，如图5-41所示。

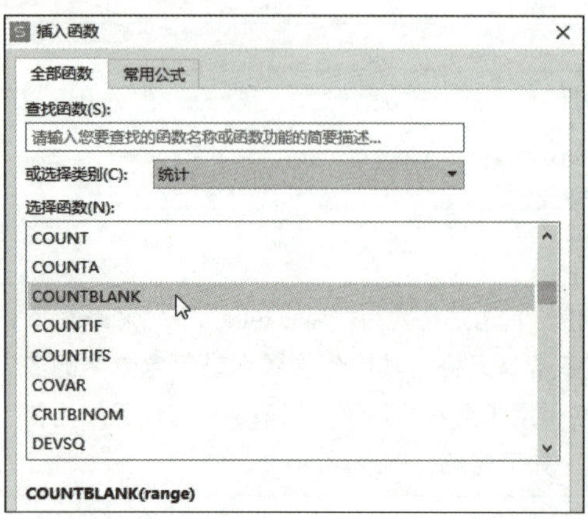

图 5-40

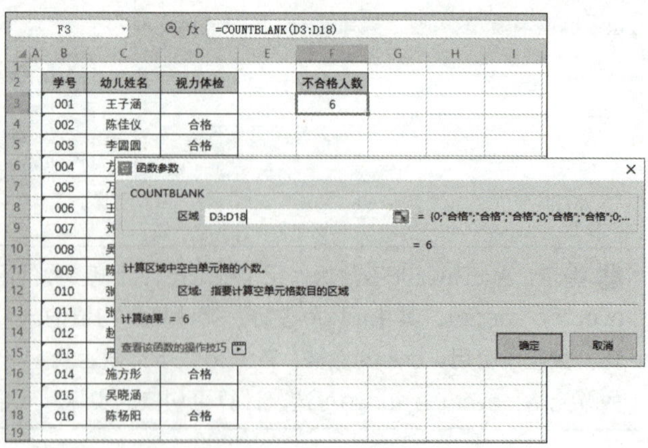

图 5-41

> **提示**：COUNTBLANK函数用于计算空白单元格的个数。其语法格式为：COUNTBLANK(range)。其中range指要计算空白单元格数目的区域。只能给COUNTBLANK函数设置一个参数，且参数必须是单元格引用。

3. MAX/MIN函数

MAX和MIN函数是两个求极值函数。MAX函数可以返回一组数值中的最大值，MIN函数可以返回一组数值中的最小值。这两个函数的语法格式完全相同。

语法格式：MAX/MIN(number1,number2,...)。

语法说明：number1,number2,...为指定需求最大/最小值的数值或数值所在的单元格。如果参数为错误值或不能转换成数字的文本，将产生错误。如果参数为数组或引用，则只有数组或引用中的数字被计算，而数组或引用中的空白单元格、逻辑值或文本将被忽略。

举例：使用MAX/MIN函数快速统计出一季度最高和最低销售额。

选中D7单元格，输入公式“=MAX(C3:G5)”，按Enter键，可得出最高销售额，如图5-42所示。

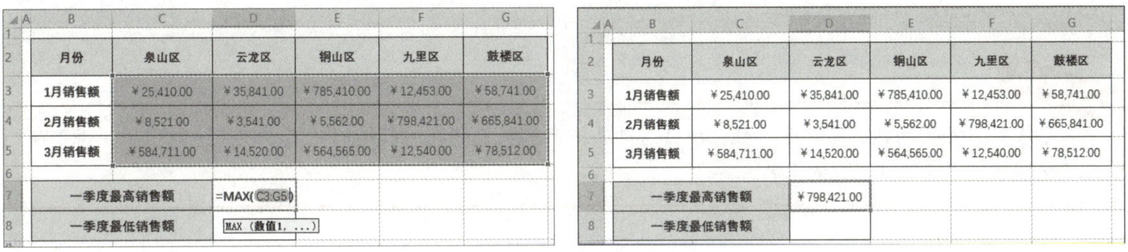

图 5-42

选中D8单元格，输入公式“=MIN(C3:G5)”，按Enter键，可得出最低销售额，如图5-43所示。

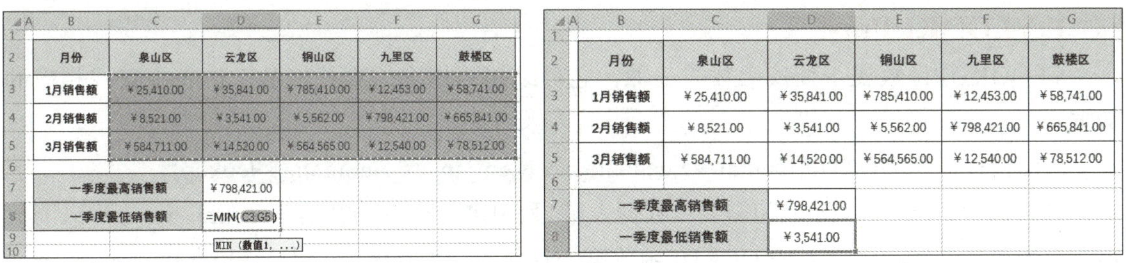

图 5-43

4. RANK函数

RANK函数是一个排名函数，它用于返回某数字在一列数字中相对于其他数值大小的排名。

语法格式：RANK(number,ref,[order])。

语法说明：number为指定需找到排位的数值或数值所在的单元格；ref为指定包含数值的单元格区域或区域名称，ref区域内的空白单元格或文本、逻辑值将被忽略；order指明排位方式，升序时指定为1，降序时指定为0，如果省略order，则用降序排位。

举例：使用RANK函数对员工考核分进行排名。

选择G3单元格，输入公式“=RANK(F3,$F$3:$F$18,1)”，如图5-44所示。按Enter键可计算出“余华”的名次，将公式向下填充，计算出其他员工的排名情况，如图5-45所示。

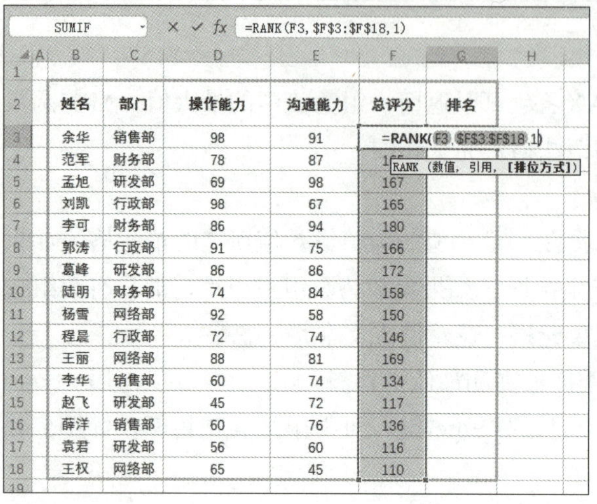

图 5-44

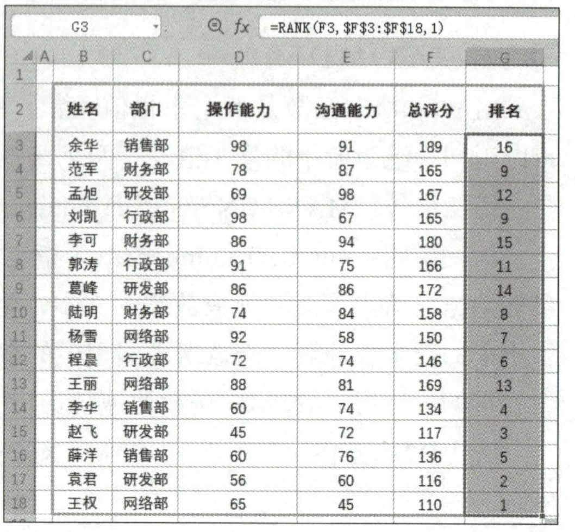

图 5-45

注意事项

在设置RANK函数的第2个参数，也就是需要排名的数值所在的区域时，需要使用绝对引用，否则在填充公式后将无法得到正确的排名。

5.3.2 查找与引用函数

如果需要在计算过程中进行查找，或者引用某些符合要求的目标数据，则可以借助查找与引用函数。它也可以与多个函数组合使用，进行明确查找。

1. VLOOKUP函数

VLOOKUP函数属于查找函数的一种，它可以按照指定的查找值从工作表中查找相应的数据。

语法格式：VLOOKUP(lookup_value,table_array,col_index_num,range_lookup)。

语法说明：lookup_value为需要在数据表第1列中进行查找的数值，lookup_value可以为数值、引用或文本字符串。当VLOOKUP函数第一参数省略查找值时，表示用0查找。table_array为需要在其中查找数据的数据表，使用对区域或区域名称的引用。col_index_num为table_array中查找数据的数据列序号，col_index_num为1时，返回table_array第1列的数值，col_index_num为2时，返回table_array第2列的数值，以此类推。range_lookup为一逻辑值，指明函数VLOOKUP查找时是精确匹配还是近似匹配。如果为FALSE或0，则返回精确匹配；如果range_lookup为TRUE或1，函数VLOOKUP将查找近似匹配值；如果找不到精确匹配值，则返回小于lookup_value的最大数值。

举例：使用VLOOKUP函数快速查找指定商品的销量。

选中I3单元格，输入公式“=VLOOKUP(H3,$B$3:$F$12,5,FALSE)”，按Enter键即可查询到

“儿童圆领T恤”的销量。将该公式向下填充，即可查询到“大童超人T恤”的销量，如图5-46所示。

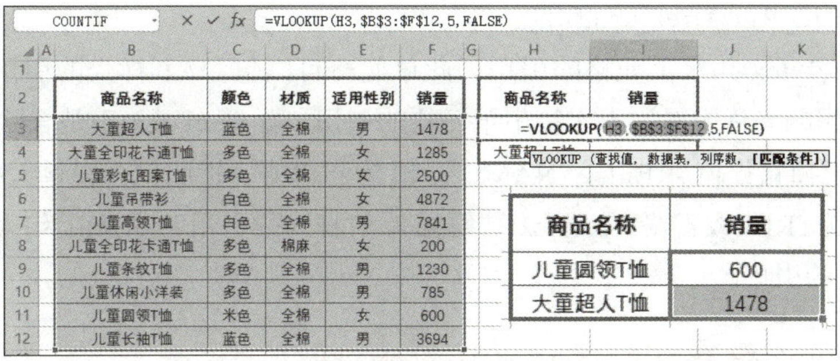

图 5-46

注意事项

VLOOKUP 函数的第 2 参数必须包含查找值和返回值，且第 1 列必须是查找值。

2. CHOOSE函数

CHOOSE函数用于根据给定的索引值，返回数值参数清单中的数值。

语法格式：CHOOSE(index_num,value1,[value2],...)。

语法说明：index_num必需，指定所选定的值参数，必须为1～254之间的数据，或者为公式或对包含1～254之间某个数字的单元格的引用；value1,value2,...中的value1是必需的，后续值是可选的，参数可以为数字、单元格引用、已定义名称、公式、函数或文本。

举例：利用CHOOSE函数查找员工李华的毕业院校。

选中C21单元格，输入公式“=CHOOSE(9,G3,G4,G5,G6,G7,G8,G9,G10,G11,G12,G13,G14,G15,G16,G17,G18)”，按Enter键即可查找“李华”所对应的毕业院校，如图5-47所示。

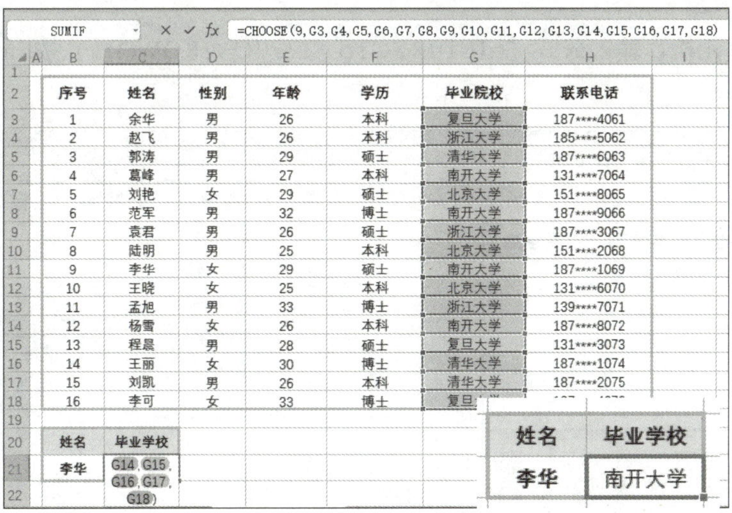

图 5-47

提示：在以上案例中，由于“李华”对应的是序号“9”，所以公式中index_num参数为9。此外，CHOOSE函数可以检索的数量最大为29个，如检索数量大于29，则不可使用该函数。

3. INDIRECT函数

INDIRECT函数用于返回由文本字符串指定的引用。

语法格式：INDIRECT(ref_text,[a1])。

语法说明：ref_text为对单元格的引用，此单元格可以包含A1-样式的引用、R1C1-样式的引用、定义为引用的名称或对文本字符串单元格的引用。如果ref_text不是合法的单元格引用，函数INDIRECT返回错误值#REF!或#NAME?。a1为逻辑值，指明包含在单元格ref_text中的引用类型。如果a1为TRUE或省略，ref_text被解释为A1样式的引用；如果a1为FALSE，ref_text被解释为R1C1样式的引用。

实例 快速合并公司各部门费用支出的数据

下面将利用INDIRECT函数快速查看公司一季度各部门费用支出情况。

步骤01 打开原始文件，可以看到“行政部”“财务部”和“销售部”这三个工作表数据，如图5-48所示。

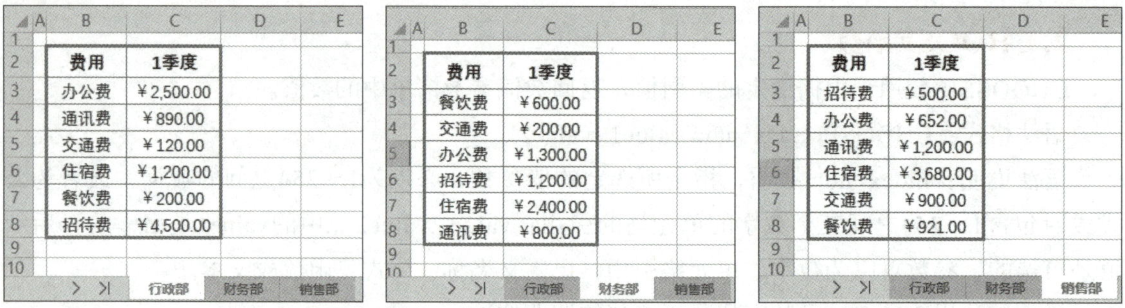

费用	1季度
办公费	¥2,500.00
通讯费	¥890.00
交通费	¥120.00
住宿费	¥1,200.00
餐饮费	¥200.00
招待费	¥4,500.00

费用	1季度
餐饮费	¥600.00
交通费	¥200.00
办公费	¥1,300.00
招待费	¥1,200.00
住宿费	¥2,400.00
通讯费	¥800.00

费用	1季度
招待费	¥500.00
办公费	¥652.00
通讯费	¥1,200.00
住宿费	¥3,680.00
交通费	¥900.00
餐饮费	¥921.00

图 5-48

步骤02 新建一工作表，并将其命名为“一季度费用支出统计”，创建与其他工作表相似的表格，如图5-49所示。

步骤03 选择C3单元格，输入公式“=INDIRECT(C$2&"!C"&ROW())”，按Enter键即可得出结果，如图5-50所示。

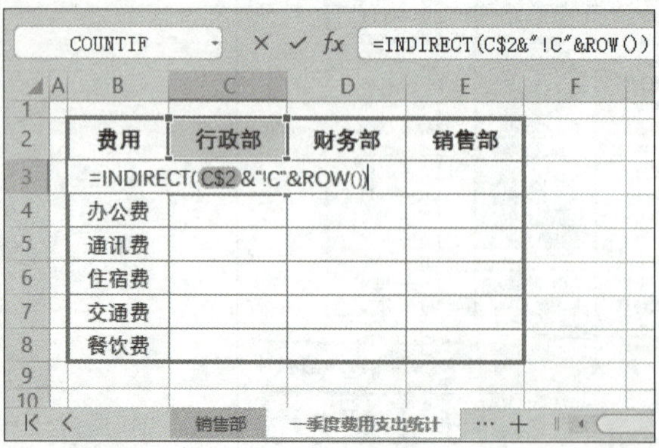

图 5-49

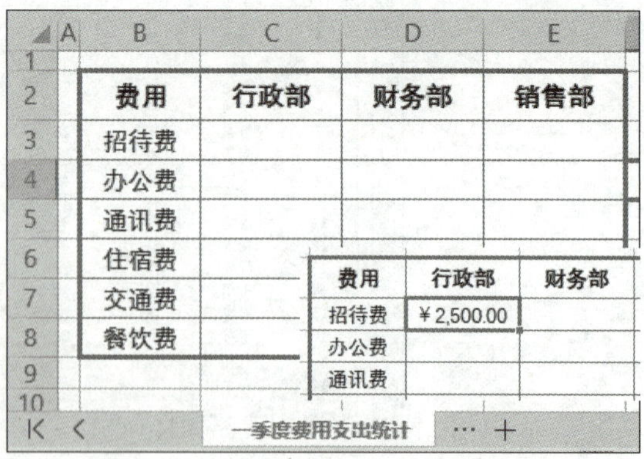

图 5-50

步骤04 将该公式向下和向右进行填充复制，即可得出其他数据内容，如图5-51所示。

> **提示**：在本案例公式中C$2引用的是“行政部”；&为连接符；ROW()返回当前行号；C$2&”!C”&ROW()所引用的是“行政部”工作表中C3单元格数据。

费用	行政部	财务部	销售部
招待费	¥2,500.00	¥600.00	¥500.00
办公费	¥890.00	¥200.00	¥652.00
通讯费	¥120.00	¥1,300.00	¥1,200.00
住宿费	¥1,200.00	¥1,200.00	¥3,680.00
交通费	¥200.00	¥2,400.00	¥900.00
餐饮费	¥4,500.00	¥800.00	¥921.00

图 5-51

5.3.3 逻辑函数

利用逻辑函数可以执行真假值判断。根据逻辑计算的真假值，返回值为逻辑值TRUE或FALSE。其中，TRUE为真，表示“是”的意思，而FALSE为假，表示“不是”的意思。

1. IF函数

IF函数的作用是根据指定的条件来判断其TRUE或FALSE，根据逻辑计算的真假值，从而返回相应的内容。

语法格式：IF(logical_test,value_if_true,value_if_false)。

语法说明：logical_test参数表示计算结果为TRUE或FALSE的任意值或表达式；value_if_true参数表示logical_test参数为TRUE时返回的值；value_if_false参数表示logical_test参数为FALSE时返回的值。

举例：利用IF函数快速计算出员工销量是否达标。当销量大于550，则达标；销量小于550，则不达标。

选中D3单元格，输入公式“=IF(C3>550,"达标","不达标")”，按Enter键得出计算结果，如图5-52所示。将该公式向下填充至D13单元格，完成其他单元格的计算操作，如图5-53所示。

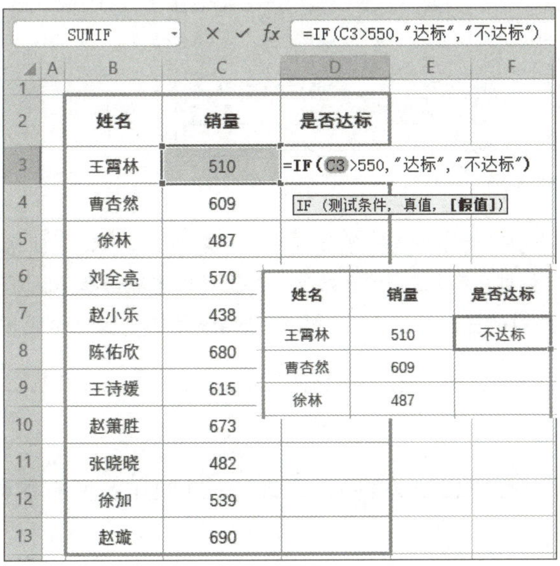

图 5-52

姓名	销量	是否达标
王霄林	510	不达标
曹杏然	609	达标
徐林	487	不达标
刘全亮	570	达标
赵小乐	438	不达标
陈佑欣	680	达标
王诗媛	615	达标
赵箫胜	673	达标
张晓晓	482	不达标
徐加	539	不达标
赵璇	690	达标

图 5-53

实例 为员工的考核结果评定等级

一个IF函数只能执行一次选择，如果要进行多重选择，那么就需要使用两个或多个IF函数了。下面将以评定员工考核等级为例，来介绍IF函数的嵌套使用。评定条件是：评分大于165的为优，评分大于等于140且小于165的为良，其他评分为中。

步骤01 打开原始文件，选择G3单元格，输入公式“=IF(F3>165,"优",(IF(F3>=140,"良","中")))”，如图5-54所示。

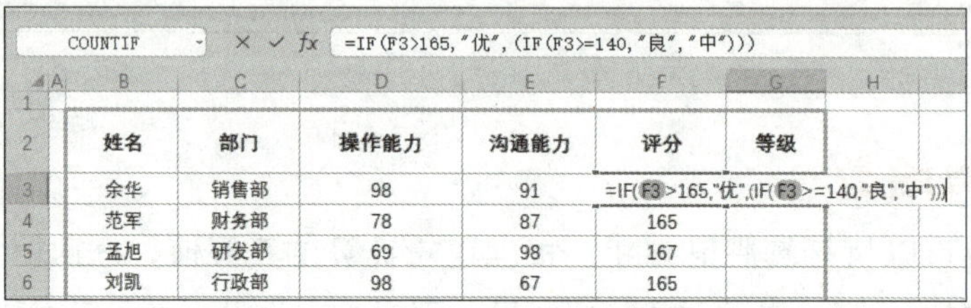

COUNTIF　=IF(F3>165,"优",(IF(F3>=140,"良","中")))

姓名	部门	操作能力	沟通能力	评分	等级
余华	销售部	98	91	=IF(F3>165,"优",(IF(F3>=140,"良","中")))	
范军	财务部	78	87	165	
孟旭	研发部	69	98	167	
刘凯	行政部	98	67	165	

图 5-54

步骤02 按Enter键即可完成该员工的等级评定。将该公式向下填充至G18单元格，完成其他员工的等级评定，如图5-55所示。

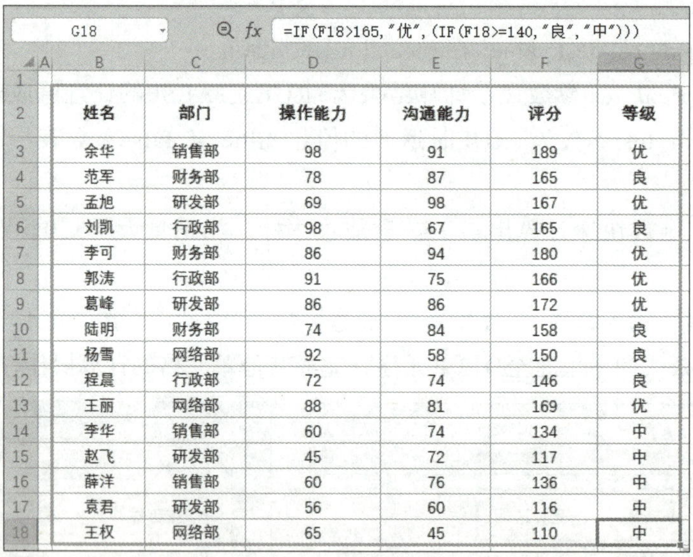

G18　=IF(F18>165,"优",(IF(F18>=140,"良","中")))

姓名	部门	操作能力	沟通能力	评分	等级
余华	销售部	98	91	189	优
范军	财务部	78	87	165	良
孟旭	研发部	69	98	167	优
刘凯	行政部	98	67	165	良
李可	财务部	86	94	180	优
郭涛	行政部	91	75	166	优
葛峰	研发部	86	86	172	优
陆明	财务部	74	84	158	良
杨雪	网络部	92	58	150	良
程晨	行政部	72	74	146	良
王丽	网络部	88	81	169	优
李华	销售部	60	74	134	中
赵飞	研发部	45	72	117	中
薛洋	销售部	60	76	136	中
袁君	研发部	56	60	116	中
王权	网络部	65	45	110	中

图 5-55

提示：在本案公式中第1个IF函数“IF(F3>165,"优")”执行的是第1个评定条件；第2个IF函数“IF(F3>=140,"良","中")”执行的是第2个评定条件。如果还有第3个评定条件，那么可以继续嵌套第3个IF函数，以此类推，直到所有条件执行完为止。需要注意的是，公式中的括号是成对使用的，少一个或多一个括号都无法完成计算。

2. OR函数

OR函数的作用是在其参数组中任何一个参数逻辑值为TRUE，即返回TRUE；所有参数的逻辑值为FALSE，才返回FALSE。

语法格式：OR(logical1,logical2,...)。

语法说明：logical1,logical2,...为需要进行检验的1～30个条件表达式。参数必须能计算为逻辑值，如TRUE或FALSE，或者为包含逻辑值的数组或引用。

举例：利用OR函数来判断员工是否符合晋升条件。判断标准为：员工年龄大于等于35岁，或工龄大于等于5年的，则符合晋升条件。

选中E3单元格，在此输入公式“=OR(C3>=35,D3>=5)”，按Enter键，得出计算结果，如图5-56所示。可以看出该员工年龄小于35岁，工龄小于5年，所以返回FALSE，则不符合条件。将公式向下填充至E12单元格，即可快速判定其他员工是否符合条件，如图5-57所示。其中，“赵飞”年龄大于35岁，而工龄小于5年，只符合一个条件，系统也会返回TRUE，符合条件。

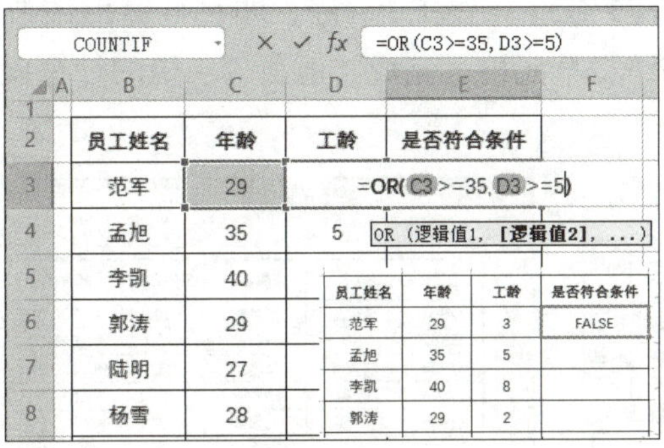

图 5-56

图 5-57

3. AND函数

AND函数的作用是检查所有参数是否全部符合条件。如果全部符合条件，就返回TRUE；如果有一个不符合条件，则返回FALSE。

语法格式：AND(logical1,logical2,...)。

语法说明：logical1, logical2, ... 表示待检测的1～30个条件值，各条件值可为TRUE或FALSE。参数必须是逻辑值TRUE或FALSE，或者包含逻辑值的数组或引用。

举例：利用AND函数来判断是否符合上岗条件。判定标准：员工年龄大于等于30岁，且学历为硕士，即符合条件。

选择F2单元格，输入公式“=AND(D2>=30,E2="硕士")”，按Enter键得出判定结果。由此可看出，该员工虽然年龄大于30岁，但学历为本科，不符合条件，所以返回为FALSE，如图5-58所示。将该公式向下填充至F15单元格，完成其他员工的判定操作，如图5-59所示。

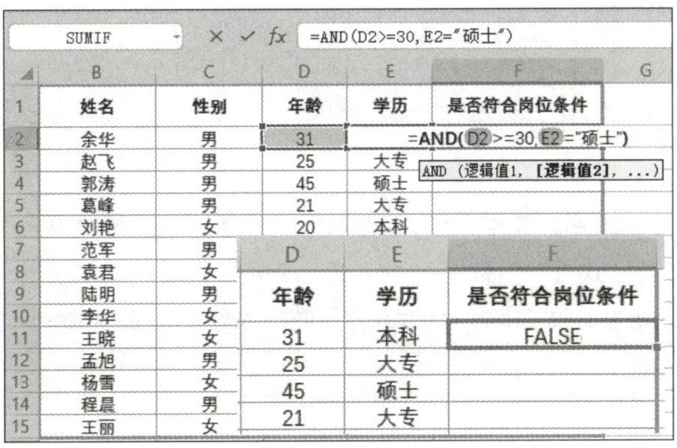

图 5-58

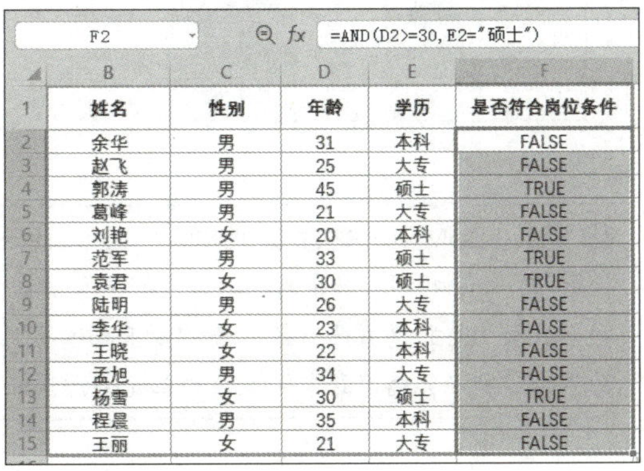

图 5-59

5.3.4 数学与三角函数

在工作表中对数据进行求和、乘积、取舍等运算时，通常会使用数学与三角函数。

1. SUM函数

SUM函数用于将单个值、单元格引用或是区域相加，或者将三者的组合相加。

语法格式：SUM(number1,number2,...)。

语法说明：参数number1,number2,...表示待求和的值，最多可以设置255个参数。

举例：利用SUM函数快速计算出所有员工的实发工资。

选中H3单元格，输入公式“=SUM(F3:G3)”，按Enter键，即可计算出该员工的实发工资，如图5-60所示。将该公式向下填充至F12单元格，完成其他员工工资的计算操作，结果如图5-61所示。

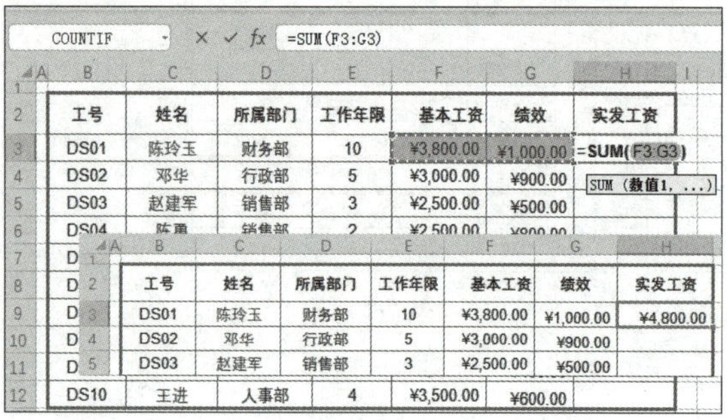

图 5-60

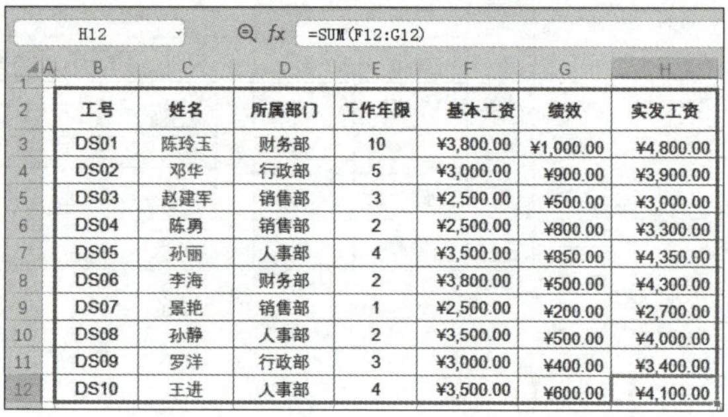

图 5-61

实例 快速汇总某员工销售总额

下面将利用SUMIF函数计算出员工“张城”的销售总额。

打开原始文件，选择G2单元格，输入公式“=SUMIF(C2:C13,"张城",E2:E13)”，按Enter键，即可汇总出“张城”的销售总额，如图5-62所示。

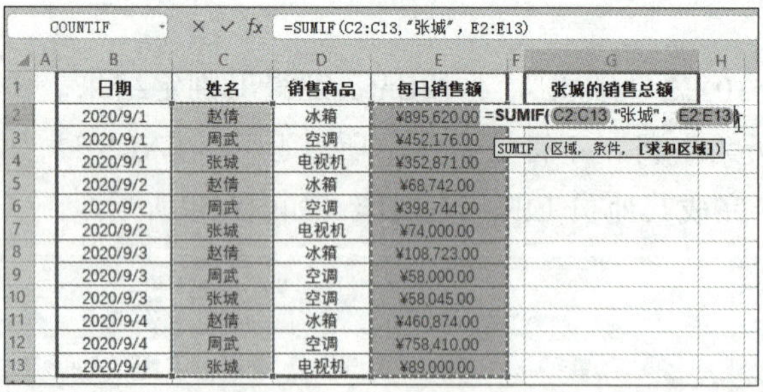

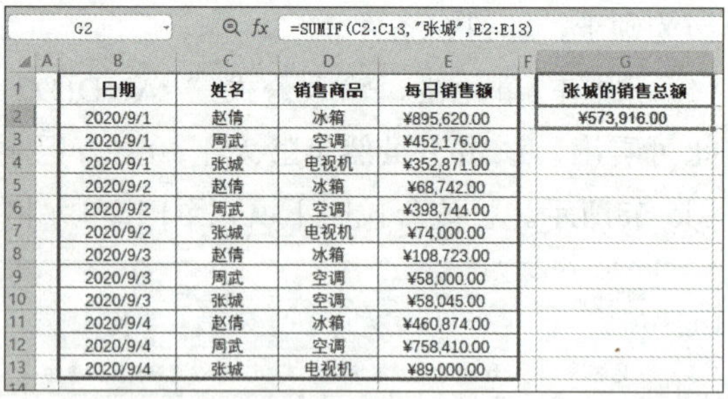

图 5-62

提示：SUMIF语法格式为SUMIF(range,criteria,sum_range)。其中，range表示根据条件进行计算的单元格区域；criteria用于确定对哪些单元格求和的条件，其形式可以为数字、表达式、单元格引用、文本或函数；sum_range是可选参数，表示要求和的实际单元格，如果省略sum_range参数，系统会对在range参数中指定的单元格（即应用条件的单元格）求和。

2. PRODUCT函数

PRODUCT函数用于计算所有参数的乘积。

语法格式：PRODUCT(number1,number2,...)。

语法说明：number1,number2,...是要计算乘积的1～255个数值、逻辑值或者代表数值的字符串。

举例：利用PRODUCT函数快速计算出商品的总价格。

选择F3单元格，输入公式"=PRODUCT(D3:E3)"，按Enter键即可得出结果，如图5-63所示。将公式向下填充，完成其他商品总价的计算操作，如图5-64所示。

F3 =PRODUCT(D3:E3)

序号	采购商品	单价	数量	总价
1	羊绒围巾	¥38.50	50	¥1,925.00
2	记事本	¥6.00	100	
3	时尚组合书柜	¥68.00	4	
4	装饰盆栽	¥25.00	8	
5	休闲座椅组合	¥165.00	3	
6	垃圾桶	¥10.00	10	
7	消毒水	¥36.00	8	
8	塑料文件夹	¥4.00	20	
9	黑色水笔	¥2.00	100	
10	计算器	¥3.50	50	

图 5-63

F12 =PRODUCT(D12:E12)

序号	采购商品	单价	数量	总价
1	羊绒围巾	¥38.50	50	¥1,925.00
2	记事本	¥6.00	100	¥600.00
3	时尚组合书柜	¥68.00	4	¥272.00
4	装饰盆栽	¥25.00	8	¥200.00
5	休闲座椅组合	¥165.00	3	¥495.00
6	垃圾桶	¥10.00	10	¥100.00
7	消毒水	¥36.00	8	¥288.00
8	塑料文件夹	¥4.00	20	¥80.00
9	黑色水笔	¥2.00	100	¥200.00
10	计算器	¥3.50	50	¥175.00

图 5-64

3. ROUND函数

ROUND函数用于将数字四舍五入到指定的位数。

语法格式：ROUND(number,num_digits)。

语法说明：number表示要进行四舍五入的数字，num_digits表示要进行四舍五入运算的位数。

举例：利用ROUND函数将商品折后价四舍五入到1位小数。

选中E2单元格，输入公式"=ROUND(D2,1)"，按Enter键，即可得出计算结果，将公式向下复制，完成其他单元格的计算操作，如图5-65所示。

E5 =ROUND(D5,1)

商品名称	原价	折扣率	折后价	四舍五入到1位小数
鱼类	1889.28	32%	1284.7104	1284.7
肉类	1365.21	55%	614.3445	614.3
蔬菜	568.45	54%	261.487	261.5
作料	165.675	50%	82.8375	82.8

图 5-65

■5.3.5 文本函数

使用文本函数，可以在公式中处理文字串。例如，提取字符、确定文字串的长度、转换文本格式、查找与替换文本、合并文本等。

1. MID函数

MID函数用于从任意位置提取指定数量的字符。

语法格式：MID(text,start_num,num_chars)。

语法说明：text是准备从中提取字符串的文本字符串，start_num是准备提取的第1个字符的位置，num_chars是指定所要提取的字符串长度。

举例：利用MID函数根据学生证号提取班级信息。

选择E3单元格，输入公式“=MID(B3,5,2)”，按Enter键，得出结果，如图5-66所示。将公式向下填充，完成其他学生班级信息的提取操作，如图5-67所示。

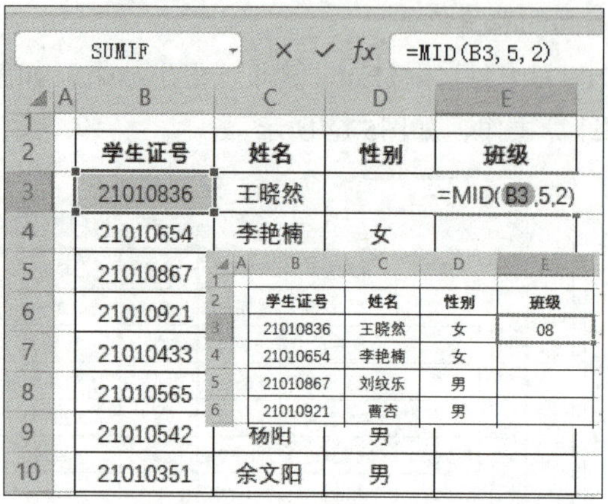

图 5-66

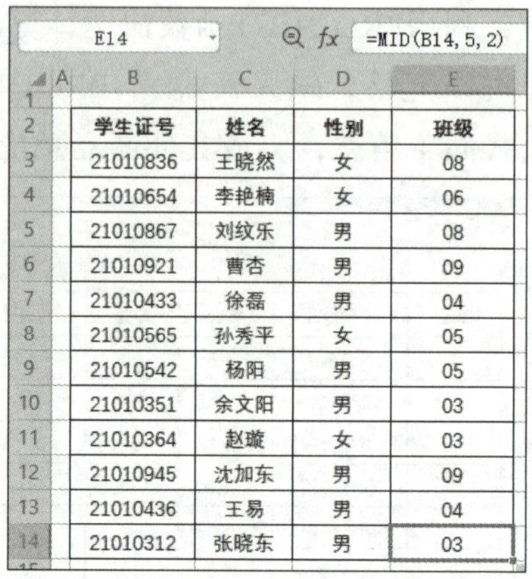

图 5-67

❗ **提示**：在本案例的公式中，“B3”是引用准备提取文本的单元格；“5”表示准备提取该单元格中第5个字符，也就是“0”；而“2”则表示要提取2个字符，那么“0”后面是“8”，只显示两个字符，所以就是“08”。

2. TEXT函数

TEXT函数用于将数值转换为指定格式的文本。

语法格式：TEXT(value,format_text)。

语法说明：value为数值、计算结果为数字值的公式或对包含数字值的单元格的引用，format_text为“设置单元格格式”对话框中“数字”选项卡上“分类”框中的文本形式的数字格式。

举例：利用TEXT函数转换日期格式。

选中单元格B2，输入公式“=TEXT(A2,"yyyy-mm-dd")”，按Enter键，即可转换成功，如图5-68所示。当然，用户还可以输入“=TEXT(A2,"yyyy年mm月dd日")”公式，将其转换为其他格式，如图5-69所示。

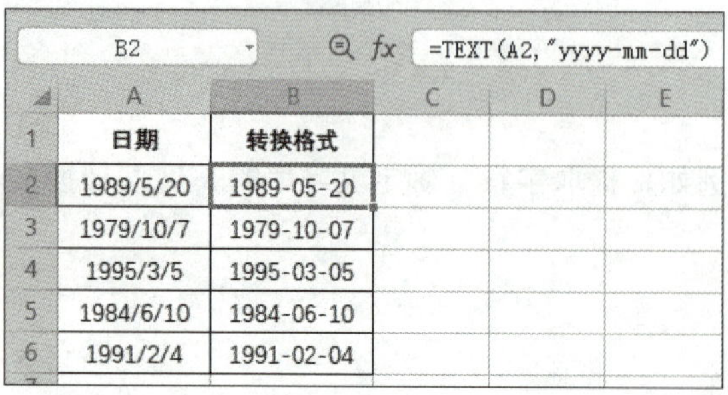

图 5-68

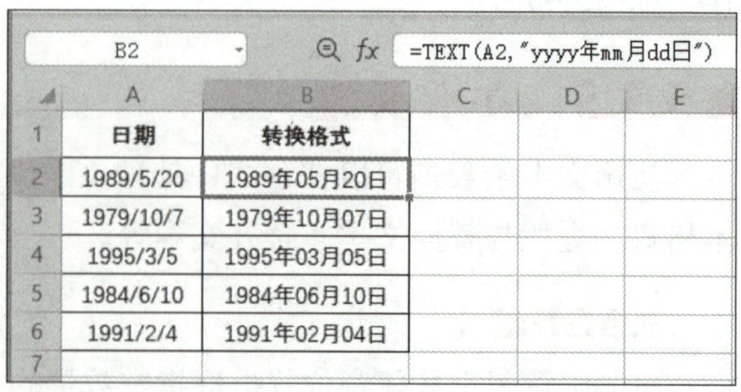

图 5-69

实例 根据员工的身份证号提取出生日期

下面将利用TEXT函数，并结合MID函数在提供的身份证号中快速提取出生日期文本信息（此身份证号为虚构的）。

步骤01 打开原始文件，选择F2单元格，输入公式“=TEXT(MID(E2,7,8),"0000-00-00")，按Enter键完成提取操作，如图5-70所示。

步骤02 将公式向下填充至F16单元格，完成其他单元格提取操作，如图5-71所示。

F2 =TEXT(MID(E2,7,8),"0000-00-00")

工号	姓名	性别	部门	身份证号	出生日期
001	卢明	男	人事部	1196512098818	1965-12-09
002	鲁生然	男	行政部	4198806280531	
003	秦清	女	行政部	0198111097862	
004	张贺	男	财务部	1197512098818	
005	陈小辉	男	人事部	1198808041197	
006	林冲	男	研发部	2198610111232	
007	秦明	男	销售部	4198306280431	
008	顾大嫂	女	销售部	0198511095365	
009	李应	男	财务部	1198712097619	
010	姜大辰	男	采购部	3198808044377	
011	柴进	男	采购部	6198106139878	
012	潘盼	女	财务部	9198710055422	
013	常渝南	男	销售部	4198606120438	
014	张严颂	女	销售部	0197911094128	
015	李逵	男	行政部	1198912187413	

图 5-70

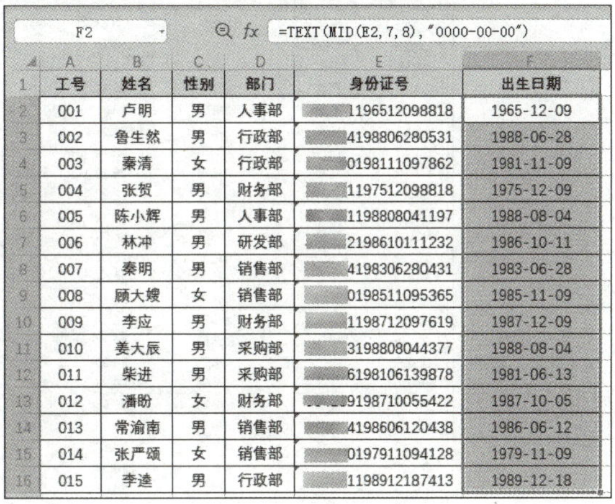

F2 =TEXT(MID(E2,7,8),"0000-00-00")

工号	姓名	性别	部门	身份证号	出生日期
001	卢明	男	人事部	1196512098818	1965-12-09
002	鲁生然	男	行政部	4198806280531	1988-06-28
003	秦清	女	行政部	0198111097862	1981-11-09
004	张贺	男	财务部	1197512098818	1975-12-09
005	陈小辉	男	人事部	1198808041197	1988-08-04
006	林冲	男	研发部	2198610111232	1986-10-11
007	秦明	男	销售部	4198306280431	1983-06-28
008	顾大嫂	女	销售部	0198511095365	1985-11-09
009	李应	男	财务部	1198712097619	1987-12-09
010	姜大辰	男	采购部	3198808044377	1988-08-04
011	柴进	男	采购部	6198106139878	1981-06-13
012	潘盼	女	财务部	9198710055422	1987-10-05
013	常渝南	男	销售部	4198606120438	1986-06-12
014	张严颂	女	销售部	0197911094128	1979-11-09
015	李逵	男	行政部	1198912187413	1989-12-18

图 5-71

3. CONCAT函数

CONCAT函数用于将两个或多个文本字符串合并为一个字符串。

语法格式：CONCAT(text1,text2,...)。

语法说明：参数text1,text2,...表示需要合并的文本字符串，最多可以设置255个参数。可以是字符串、数字或对单个单元格的引用。

举例：利用CONCAT函数合并多个字符串。

选择E3单元格，输入公式“=CONCAT(B3,C3,D3)”，如图5-72所示。按Enter键，即可合并这3列字符串内容，如图5-73所示。

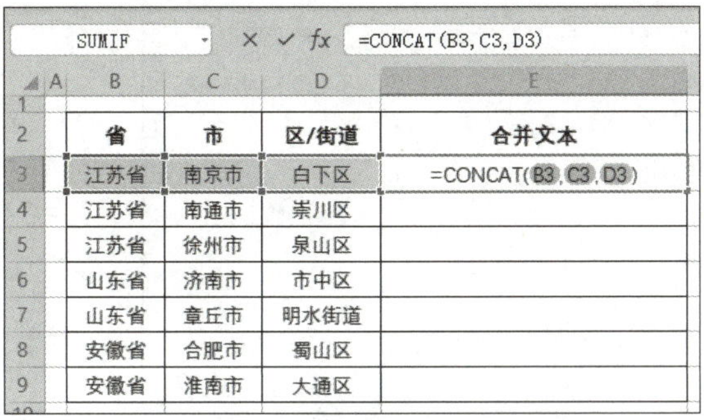

SUMIF =CONCAT(B3,C3,D3)

省	市	区/街道	合并文本
江苏省	南京市	白下区	=CONCAT(B3,C3,D3)
江苏省	南通市	崇川区	
江苏省	徐州市	泉山区	
山东省	济南市	市中区	
山东省	章丘市	明水街道	
安徽省	合肥市	蜀山区	
安徽省	淮南市	大通区	

图 5-72

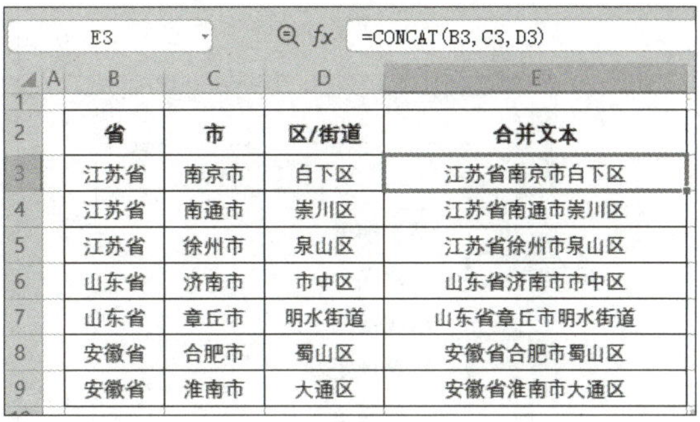

E3 =CONCAT(B3,C3,D3)

省	市	区/街道	合并文本
江苏省	南京市	白下区	江苏省南京市白下区
江苏省	南通市	崇川区	江苏省南通市崇川区
江苏省	徐州市	泉山区	江苏省徐州市泉山区
山东省	济南市	市中区	山东省济南市市中区
山东省	章丘市	明水街道	山东省章丘市明水街道
安徽省	合肥市	蜀山区	安徽省合肥市蜀山区
安徽省	淮南市	大通区	安徽省淮南市大通区

图 5-73

实战演练 制作员工年度考核查询表

考核表制作完成后，为了方便员工查询考核结果，需建立一个查询系统，用户只需输入自己的编号就能一键查询到相应的考核成绩。下面将介绍制作查询表的具体步骤。

步骤 01 打开原始文件，可以看到当前已创建好一张考核表，内容包括员工编号、姓名、所属部门、各项考核成绩、优良评定、年终奖金等，如图5-74所示。

员工编号	姓名	所属部门	假勤考评	工作能力	工作表现	奖惩记录	绩效总分	优良评定	年终奖金（元）	核定人
DS001	詹凤	人事部	28.44	33.02	32.88	4.00	98.34	差	1500	李月
DS002	罗咪咪	财务部	29.12	35.12	36.58	5.00	105.82	优	3000	李月
DS003	周婷	销售部	28.99	34.15	34.85	6.00	103.99	良	2500	李月
DS004	罗倩	宣传部	29.35	39.12	36.02	3.00	107.49	优	3000	李月
DS005	高原	财务部	29.63	34.45	33.98	5.00	103.05	良	2500	李月
DS006	杨海	网络部	28.98	32.88	32.58	5.00	99.43	差	1500	李月
DS007	罗云海	人事部	29.78	34.30	34.73	6.00	104.81	良	2500	李月
DS008	刘琴	网络部	29.10	33.75	34.80	5.00	102.65	良	2500	李月
DS009	宿燕	销售部	28.88	34.90	33.83	5.00	102.60	良	2500	李月
DS010	李双双	网络部	29.56	31.56	30.23	4.00	95.35	差	1500	李月
DS011	赖俊	宣传部	28.23	30.02	39.12	4.00	101.37	良	2500	李月
DS012	付小美	网络部	29.31	33.48	36.47	4.00	103.26	良	2500	李月
DS013	寇玉	宣传部	28.02	32.78	32.62	7.00	100.42	良	2500	李月
DS014	陈俊	销售部	29.11	33.89	30.84	6.00	99.84	差	1500	李月
DS015	王琳	销售部	28.13	35.48	36.02	7.00	106.63	优	3000	李月
DS016	胡琳	宣传部	28.37	36.32	37.45	6.00	108.14	优	3000	李月
DS017	唐朝	人事部	28.96	33.96	33.99	6.00	102.91	良	2500	李月
DS018	李春	宣传部	29.86	30.48	38.19	6.00	104.53	良	2500	李月
DS019	黄伟	财务部	29.55	32.44	39.11	3.00	104.10	良	2500	李月
DS020	阳洋	销售部	29.06	35.67	32.56	5.00	102.29	良	2500	李月
DS021	刘翼	财务部	29.17	33.69	30.78	5.00	98.64	差	1500	李月
DS022	刘语	销售部	29.34	30.79	32.51	5.00	97.64	差	1500	李月
DS023	魏颜	人事部	28.51	31.22	33.09	5.00	97.82	差	1500	李月

图 5-74

步骤 02 新建一张工作表，并将其命名为“考核查询表”。在该工作表中输入查询表的内容，并进行适当的美化，如图5-75所示。

步骤 03 在该工作表中选择C3单元格，在“数据”选项卡中单击“有效性”按钮，打开“数据有效性”对话框，将“允许”设为“序列”，单击“来源”选项右侧的选取按钮，如图5-76所示。

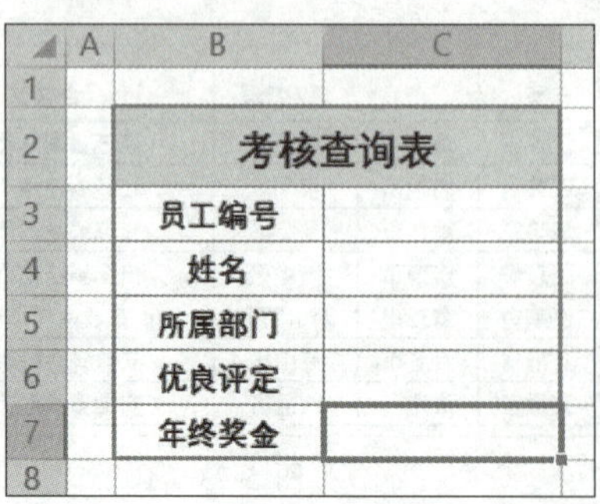

图 5-75

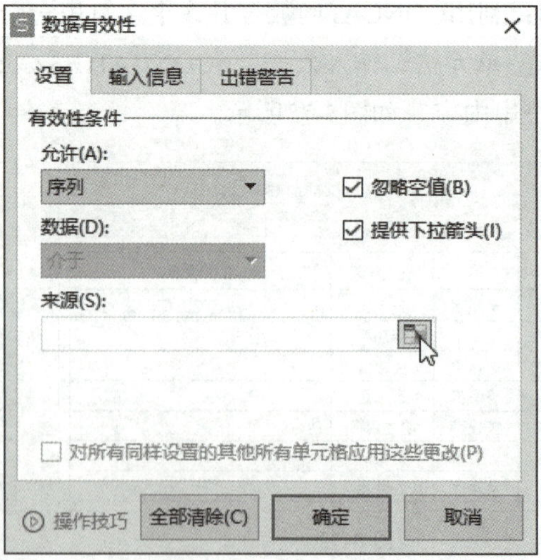

图 5-76

步骤04 选择“年度考核表”工作表，并选取B3:B25单元格区域，如图5-77所示。

步骤05 返回到“数据有效性”对话框，在“来源”选项中已显示相应的单元格区域，单击“确定”按钮，切换到“考核查询表”工作表，此时，C3单元格已添加了下拉列表功能，如图5-78所示。

员工编号	姓名	所属部门
DS001	詹凤	人事部
DS002	罗咪咪	财务部
DS003	周婷	销售部
DS004	罗倩	宣传部
DS005	高原	财务部
DS006	杨海	网络部
DS007	罗云海	人事部
DS008	刘琴	网络部
DS009	宿燕	销售部
DS010	李双双	网络部
DS011	赖俊	宣传部
DS012	付小美	网络部
DS013	寇玉	宣传部
DS014	陈俊	销售部
DS015	王琳	销售部
DS016	胡琳	宣传部
DS017	唐朝	人事部
DS018	李春	宣传部
DS019	黄伟	财务部
DS020	阳洋	销售部
DS021	刘翼	财务部
DS022	刘语	销售部
DS023	魏颜	人事部

图 5-77

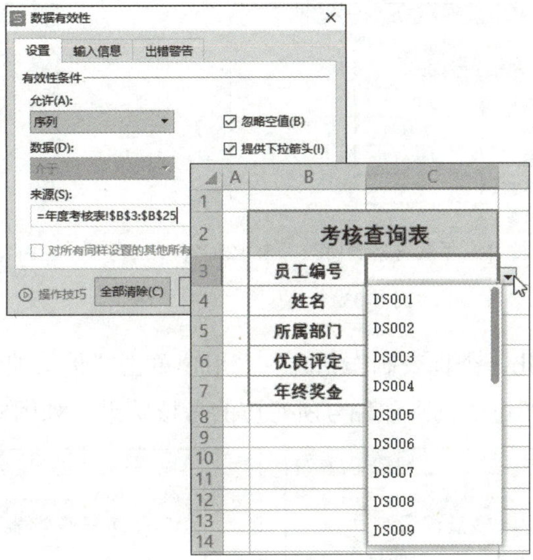

图 5-78

步骤06 在C3单元格的下拉列表中选择一个员工编号，例如DS003。将光标定位至C4单元格中，并输入公式“=VLOOKUP($C$3,年度考核表!$B$3:$L$25,2,FALSE)”，如图5-79所示。

步骤07 按Enter键即可根据员工编号内容查找到相应的员工姓名，如图5-80所示。

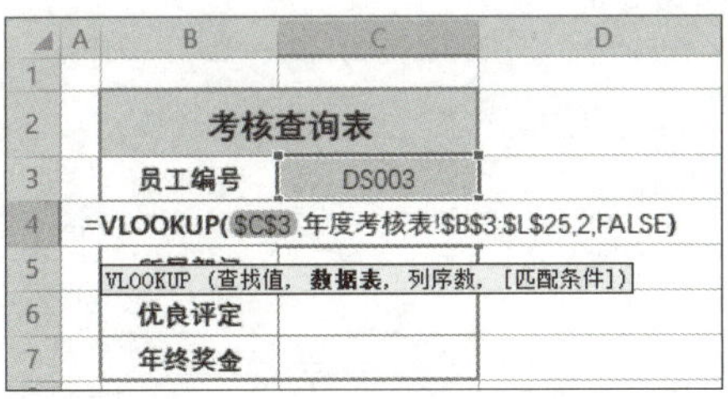

图 5-79

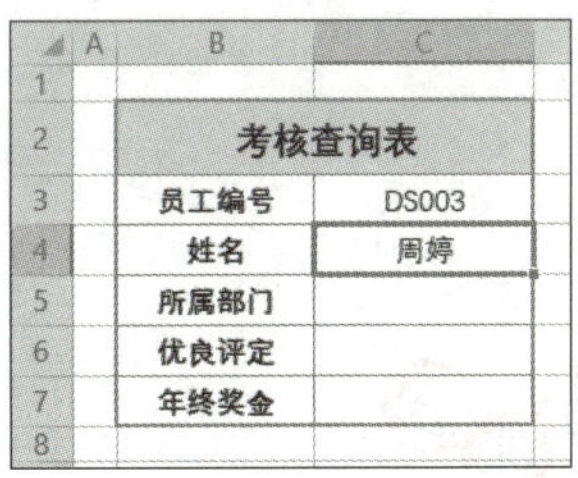

图 5-80

步骤08 在C5单元格中输入公式“=VLOOKUP($C$3,年度考核表!$B$3:$L$25,3,FALSE)”，如图5-81所示。

步骤09 按Enter键即可根据员工编号查找到相应的所属部门，如图5-82所示。

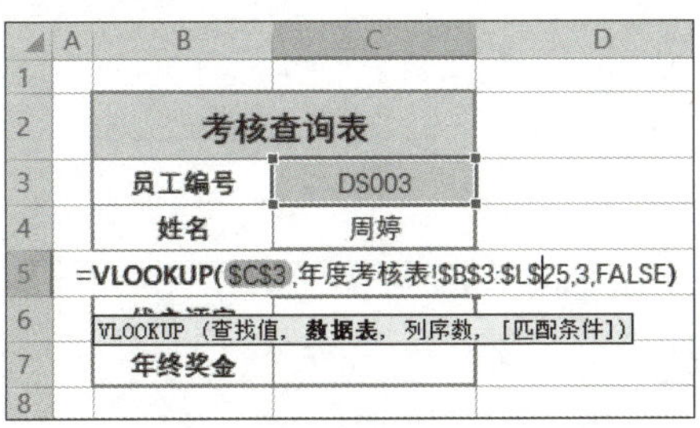

图 5-81

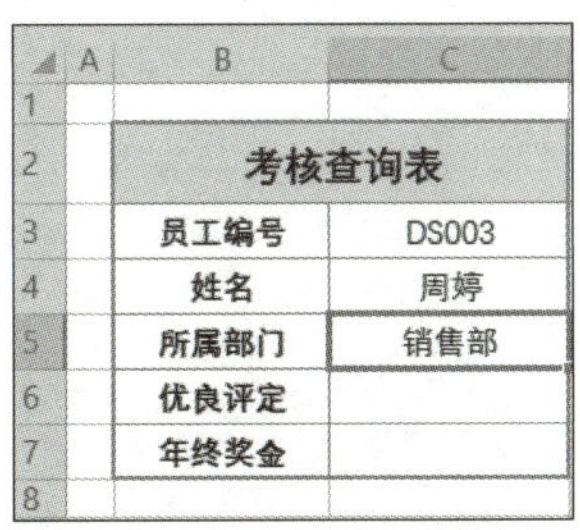

图 5-82

步骤10 在C6单元格中输入公式“=VLOOKUP($C$3,年度考核表!$B$3:$L$25,9,FALSE)”，按Enter键，即可根据员工编号查询到优良评定内容，如图5-83所示。

步骤11 在C7单元格中输入公式“=VLOOKUP($C$3,年度考核表!$B$3:$L$25,10,FALSE)”，按Enter键，即可根据员工编号查询年终奖金，如图5-84所示。

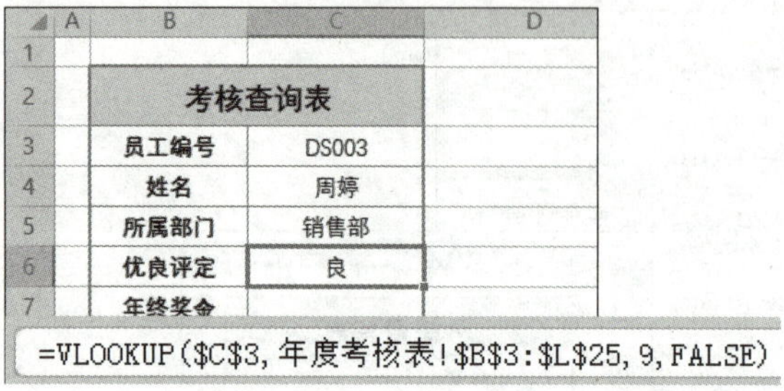

图 5-83

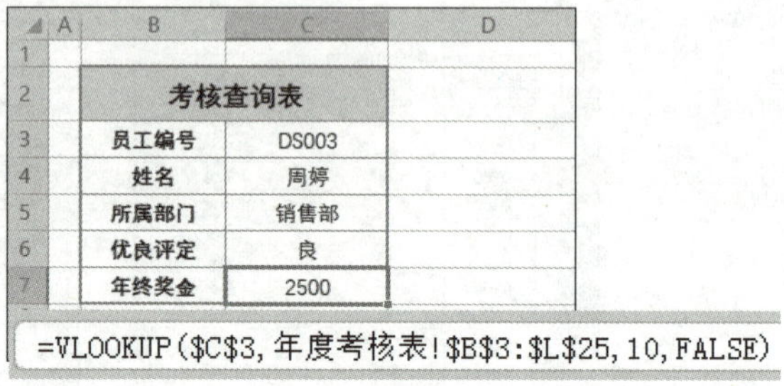

图 5-84

步骤12 至此，查询表制作完成。当用户单击“员工编号”下拉按钮，从列表中选择所要查询的编号后，即可查询到该编号所对应的考核结果，如图5-85所示。

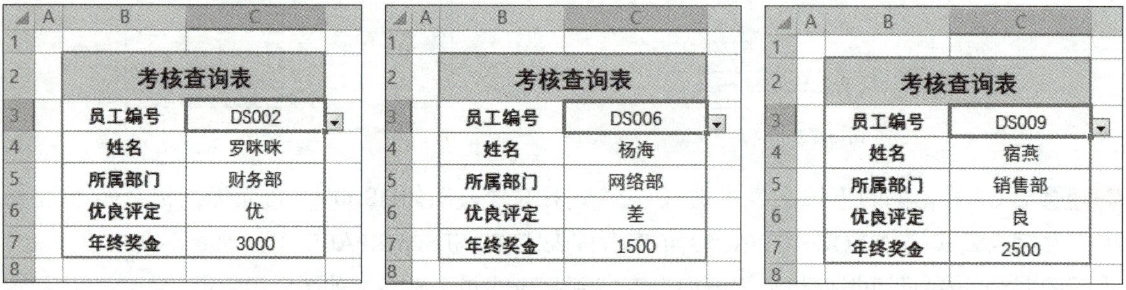

图 5-85

学习体会

课后作业 制作员工工资表

学习本项目内容后，读者可利用所学制表知识以及相关函数来制作一张员工工资表，制作结果如图5-86所示。该表的具体制作要求介绍如下。

1. 制作表格内容

- 输入工资表（除“实发工资”一列外）和工资总额表的文本内容。
- 为两张表格添加默认边框，为工资总额表的表头添加灰色底纹。
- 将两张表格的行高设为20。

2. 计算“实发工资”数据

- 选中F2单元格，输入公式“=SUM(C2:E2)”，计算出该员工的实发工资。
- 将公式向下填充至F16单元格，计算出其他员工的实发工资。

3. 计算各部门工资总额

- 选中I3单元格，输入公式“=SUMIF($B$2:$B$16,H3,$F$2:$F$16)”，计算出“财务部”工资总额。
- 将公式向下填充至I6单元格，计算出其他部门工资总额。

姓名	部门	基本工资	岗位津贴	奖金金额	实发工资
章瑞	财务部	¥ 3,500.00	¥ 450.00	¥ 650.00	¥ 4,600.00
程前升	财务部	¥ 3,500.00	¥ 540.00	¥ 800.00	¥ 4,840.00
吴易	财务部	¥ 3,500.00	¥ 620.00	¥ 800.00	¥ 4,920.00
施加容	业务部	¥ 2,500.00	¥ 550.00	¥ 2,000.00	¥ 5,050.00
赵利	业务部	¥ 2,500.00	¥ 700.00	¥ 1,900.00	¥ 5,100.00
陈生进	业务部	¥ 2,500.00	¥ 500.00	¥ 3,600.00	¥ 6,600.00
王万一	人事部	¥ 3,000.00	¥ 500.00	¥ 700.00	¥ 4,200.00
王易非	人事部	¥ 3,000.00	¥ 470.00	¥ 600.00	¥ 4,070.00
李醒	人事部	¥ 3,000.00	¥ 400.00	¥ 700.00	¥ 4,100.00
张星云	人事部	¥ 3,000.00	¥ 500.00	¥ 2,000.00	¥ 5,500.00
刘鲁	人事部	¥ 3,000.00	¥ 460.00	¥ 3,000.00	¥ 6,460.00
孔佳楠	企划部	¥ 3,800.00	¥ 630.00	¥ 2,500.00	¥ 6,930.00
吴磊磊	企划部	¥ 3,800.00	¥ 530.00	¥ 3,500.00	¥ 7,830.00
卢静	企划部	¥ 3,800.00	¥ 520.00	¥ 2,800.00	¥ 7,120.00
夏言	企划部	¥ 3,800.00	¥ 600.00	¥ 900.00	¥ 5,300.00

部门	工资总额
财务部	¥14,360.00
业务部	¥16,750.00
人事部	¥24,330.00
企划部	¥27,180.00

图 5-86

你学会了吗?

项目6

数据的管理与分析

内容概要

利用WPS表格中的数据分析功能可以对报表中的数据进行排序、筛选、合并计算等操作。当遇到复杂的数据时，使用这些功能可以大大减少处理数据的时间，提高工作效率。本项目将对数据的排序、筛选、分类汇总，以及数据透视表/透视图的创建操作进行全面的介绍。

数字资源

【本项目素材来源】："素材文件\项目6"目录下

【本项目实战演练最终文件】："素材文件\项目6\实战演练"目录下

6.1 排序与筛选数据

对数据进行排序和筛选是日常处理数据最常规的操作。对数据进行排序可以将数据按照一定的排列方式进行有序排序，而数据筛选则可以从各类复杂的报表中快速筛选出指定的数据信息。下面将对其操作方法进行介绍。

■6.1.1 简单排序

简单排序就是按照要求对表格中某一列数据进行升序或降序排列。将光标放置在所需单元列中的任意单元格，在“开始”选项卡中单击“排序”下拉按钮，在列表中选择排序方式即可，如图6-1所示。当选择“升序”选项时，当前列中的数据会按照从小到大的顺序进行排列，如图6-2所示。选择“降序”选项时，数据会按照从大到小的顺序进行排列，如图6-3所示。

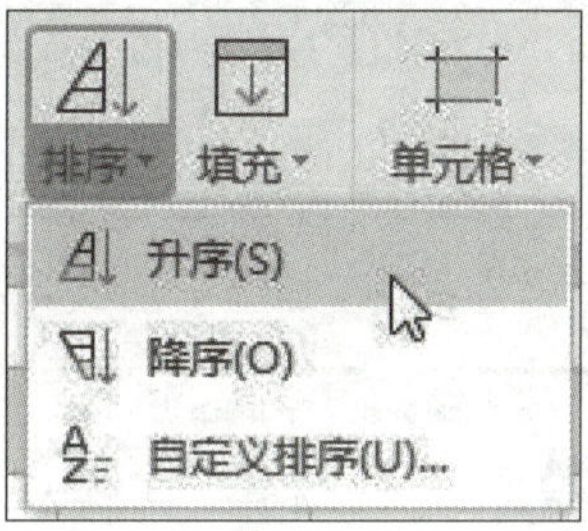

图 6-1

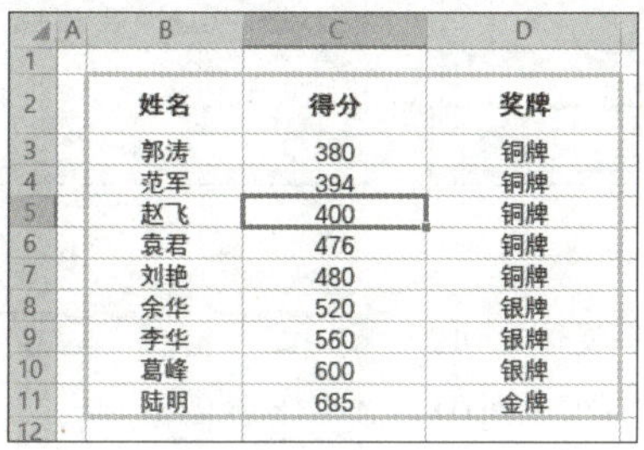

姓名	得分	奖牌
郭涛	380	铜牌
范军	394	铜牌
赵飞	400	铜牌
袁君	476	铜牌
刘艳	480	铜牌
余华	520	银牌
李华	560	银牌
葛峰	600	银牌
陆明	685	金牌

图 6-2

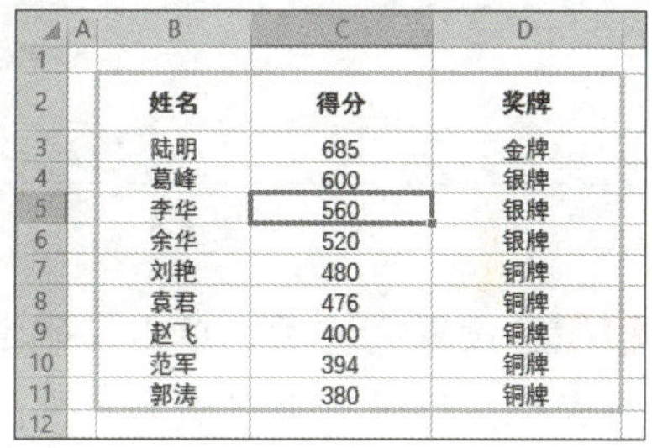

姓名	得分	奖牌
陆明	685	金牌
葛峰	600	银牌
李华	560	银牌
余华	520	银牌
刘艳	480	铜牌
袁君	476	铜牌
赵飞	400	铜牌
范军	394	铜牌
郭涛	380	铜牌

图 6-3

■6.1.2 复杂排序

以上介绍的是按照单一条件进行排序的方法，但是日常工作中常常会遇到以多个条件进行排序的情况，也就是说对表格中的数据按照两个或两个以上的关键字进行排序，这时就需要利用“排序”对话框中的相关功能进行操作了。

在表格中选择任意单元格，在“排序”下拉列表中选择“自定义排序”选项，打开“排序”对话框，在打开的“排序”对话框中设置好排序的条件，单击“确定”按钮即可，如图6-4所示。

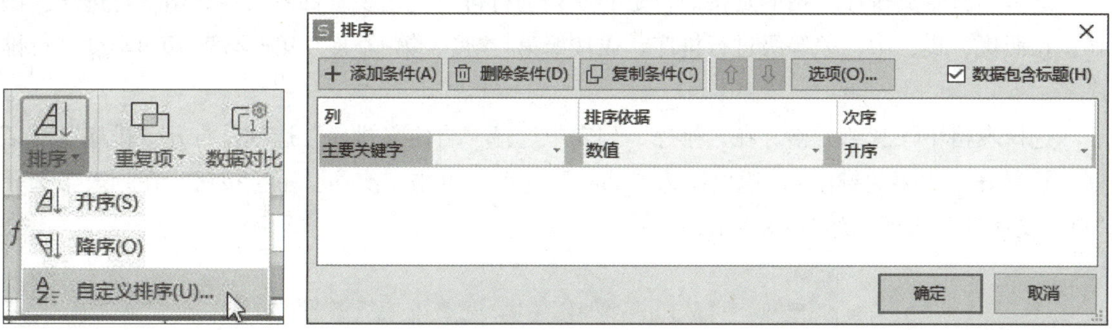

图 6-4

实例 将数据按照两个字段同时排序

下面将以“计件日薪表”为例，将“部门名称”一列数据进行降序排序，同时将“总金额”进行升序排序。

步骤01 打开原始文件，选择表格中的任意单元格，在“排序”列表中选择“自定义排序”选项，在打开的“排序”对话框中将“主要关键字”设为“部门名称”，将“次序”设为“降序”，如图6-5所示。

步骤02 单击“添加条件”按钮，将“次要关键字”设为“总金额”，将“次序”设为“升序”，如图6-6所示。

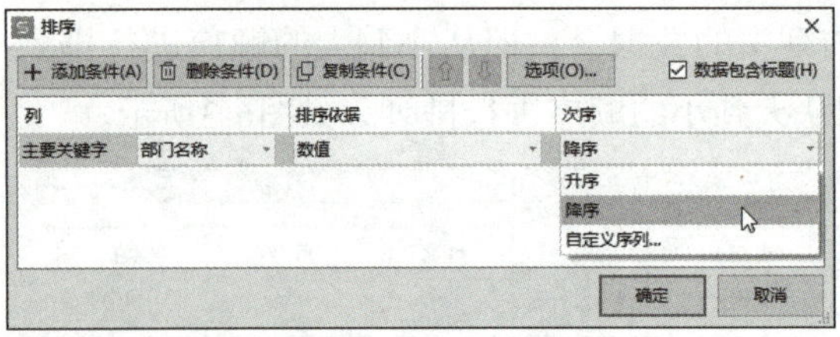

图 6-5

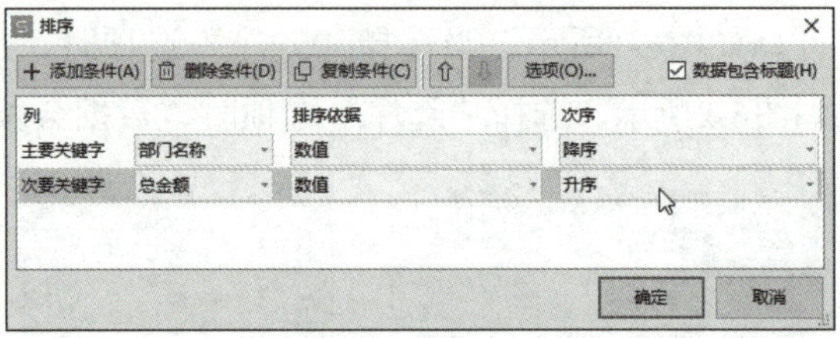

图 6-6

步骤03 设置完成后，单击“确定”按钮，返回表格。此时，可以看到“部门名称”列中的数据已经进行了降序排列，而“总金额”列中的数据进行了升序排序，如图6-7所示。

工号	姓名	车间名称	部门名称	计时(小时)	计时单价	总金额
0018	刘雪	厂外人员	喷漆	2	¥55	¥110
0019	皇甫玲	沙发车间	喷漆	4	¥55	¥220
0007	侯启燕	沙发车间	木工	3	¥50	¥150
0001	陈全	沙发车间	木工	4	¥50	¥200
0002	田海	沙发车间	木工	4	¥50	¥200
0004	李青	沙发车间	木工	4	¥50	¥200
0014	王德亮	制革车间	木工	4	¥50	¥200
0016	李泽	沙发车间	木工	4	¥50	¥200
0017	张天	沙发车间	木工	4	¥50	¥200
0015	夏磊	沙发车间	木工	6	¥50	¥300
0010	卢志富	沙发车间	裁剪	0	¥45	¥0
0013	唐风	厂外人员	裁剪	0	¥45	¥0
0003	魏延	沙发车间	裁剪	2	¥45	¥90
0012	黄生	沙发车间	裁剪	2	¥45	¥90
0009	黄少奎	沙发车间	裁剪	4	¥45	¥180
0011	陈海泉	沙发车间	裁剪	6	¥45	¥270
0008	钱美娟	沙发车间	包装	6	¥30	¥180
0005	曹青	沙发车间	包装	8	¥30	¥240
0006	李翠萍	沙发车间	包装	8	¥30	¥240

图 6-7

注意事项

这里的“总金额”排序是针对相同字段进行升序排序，而“部门名称”排序是按照拼音首字母进行的排序。

■6.1.3 自定义排序

这里“自定义排序”指的是按照特定的序列进行排序，主要是针对文本数据进行排序。例如，按照优、良、中、差等级进行排序，或按照第1季度、第2季度、第3季度、第4季度进行排序等。

选择表格中任意单元格，在“排序”列表中选择“自定义排序”选项，打开“排序”对话框，设置好“主要关键字”，这里设为“部门”选项，单击“次序”下拉按钮，在列表中选择“自定义序列”选项，如图6-8所示。

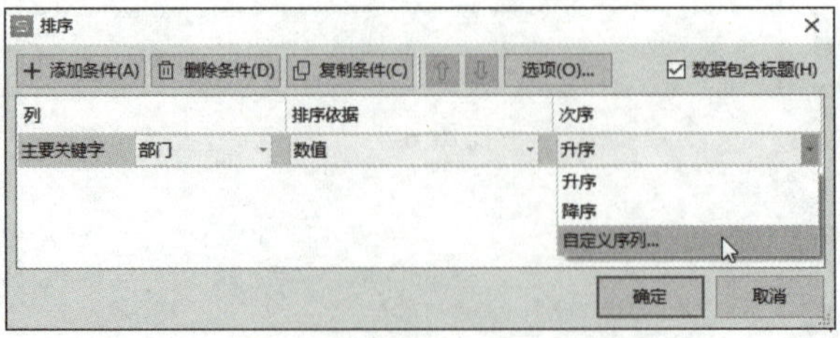

图 6-8

在打开的“自定义序列”对话框中，用户可以在左侧“自定义序列”列表中选择预设的序列，也可以在“输入序列”列表中手动输入序列内容，这里输入“研发部,销售部,网络部,财务部,行政部”，如图6-9所示。

设置好后，单击“添加”按钮，将该序列添加至左侧序列列表中，单击“确定”按钮，如图6-10所示。在“排序”对话框中会看到设置好的“次序”。单击“确定”按钮，此时系统会按照设置的序列进行排序，如图6-11所示。

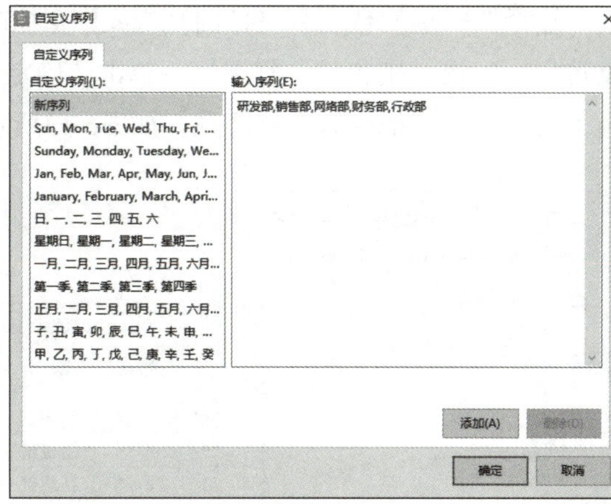

图 6-9

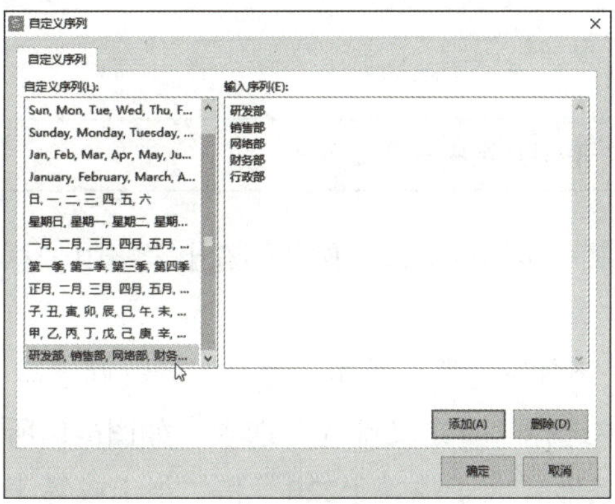

图 6-10

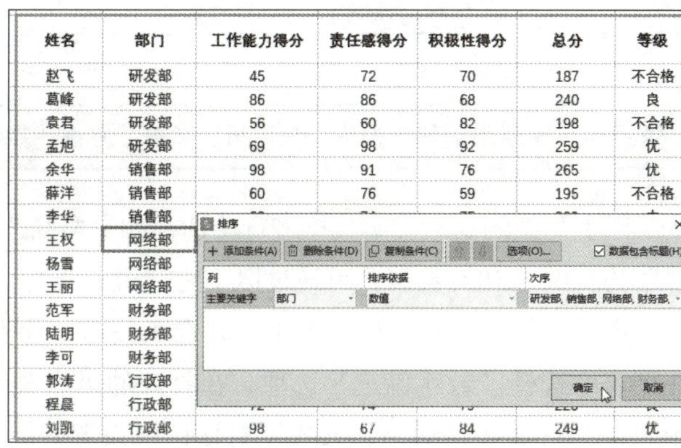

图 6-11

注意事项

注意事项

在手动输入序列时，序列各项中间需要用英文状态下的逗号进行分隔。

■6.1.4 自动筛选

自动筛选一般用来筛选条件比较简单的数据，筛选时将不满足条件的数据暂时隐藏起来，只显示符合条件的数据。

例如，在表格中快速筛选出“销售部”的数据内容，可在“开始”选项卡中单击“筛选”按钮，此时在表头各单元格右下角添加了筛选器，如图6-12所示。

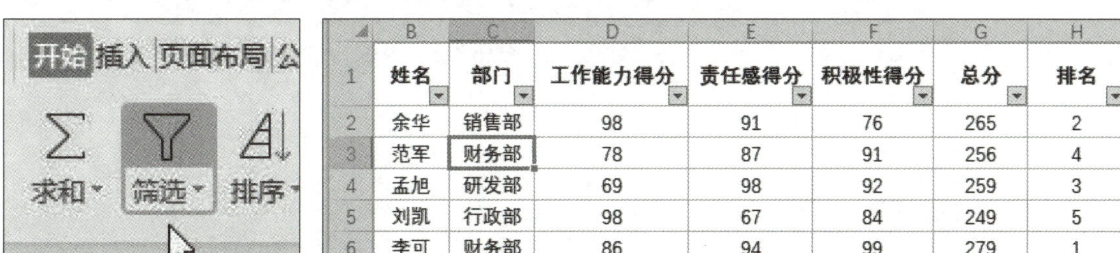

图 6-12

选择要筛选的数据列（部门），单击该列的筛选器按钮，在打开的筛选列表中取消“全选”复选框，勾选“销售部”复选框，单击“确定”按钮，此时表格只会显示出与“销售部”数据有关的内容，其他内容将被隐藏，如图6-13所示。

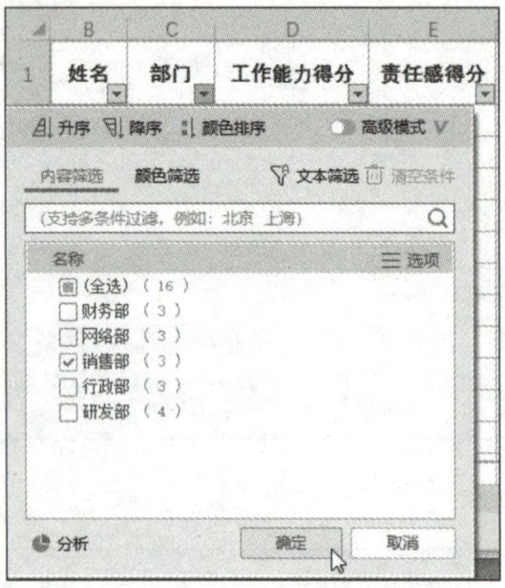

	B	C	D	E	F	G	H
1	姓名	部门	工作能力得分	责任感得分	积极性得分	总分	排名
2	余华	销售部	98	91	76	265	2
13	李华	销售部	60	74	75	209	12
15	薛洋	销售部	60	76	59	195	14
18							
19							
20							
21							

图 6-13

> **提示：** 想要取消筛选操作，只需再次单击“筛选”按钮，取消其选中状态即可。

以上介绍的是对文本数据进行筛选，如果要筛选出某一范围的数值，例如筛选出表格中“总分”为220～250的数据，可通过以下方法进行操作。

选择表格任意单元格，单击“筛选”按钮，为表头添加筛选器，单击“总分”列的筛选器，在列表中选择“数字筛选”选项，在打开的级联菜单中选择“自定义筛选”选项，如图6-14所示。在“自定义自动筛选方式”对话框中设置好筛选条件“大于或等于220”和“小于或等于250”，如图6-15所示。

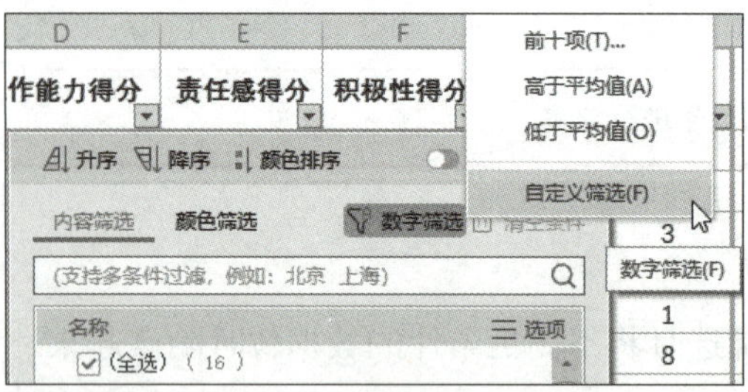

图 6-14

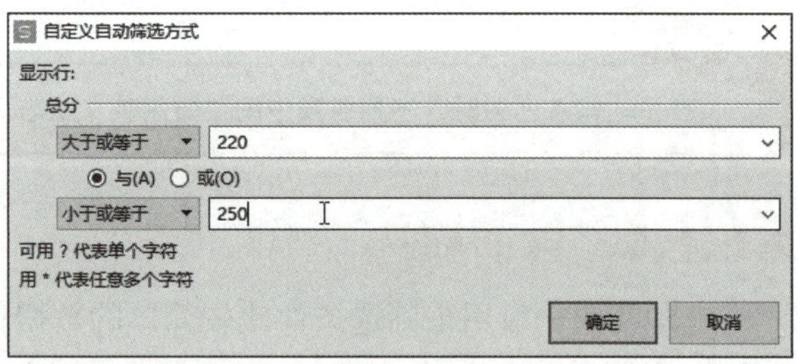

图 6-15

设置完成后，单击“确定”按钮，此时符合该条件的数据都会被筛选出来，如图6-16所示。

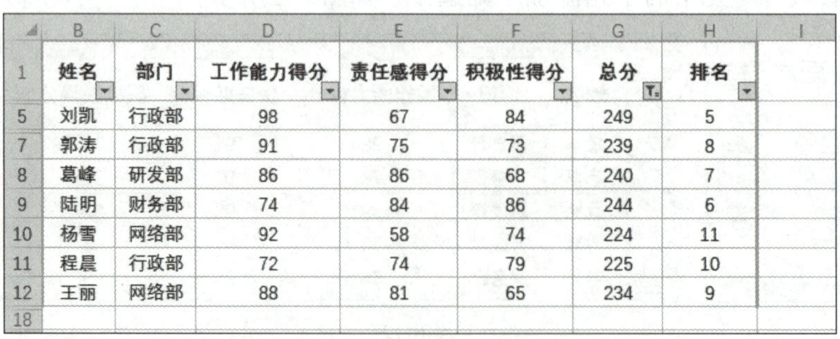

	B	C	D	E	F	G	H
1	姓名	部门	工作能力得分	责任感得分	积极性得分	总分	排名
5	刘凯	行政部	98	67	84	249	5
7	郭涛	行政部	91	75	73	239	8
8	葛峰	研发部	86	86	68	240	7
9	陆明	财务部	74	84	86	244	6
10	杨雪	网络部	92	58	74	224	11
11	程晨	行政部	72	74	79	225	10
12	王丽	网络部	88	81	65	234	9
18							

图 6-16

■6.1.5 模糊筛选

如果要对指定形式或包含指定字符的文本进行筛选，可以在筛选数据的时候使用通配符来辅助筛选。例如，要在表格中筛选出“王”姓员工的考核数据，可通过以下方法进行操作。

选中任意单元格，单击“筛选”按钮进入筛选状态，单击“姓名”列的筛选器，在列表中选择“文本筛选”选项，在其级联菜单中选择“开头是”选项，如图6-17所示。在打开的“自定义自动筛选方式”对话框中，将“开头是”设为“王”，如图6-18所示。

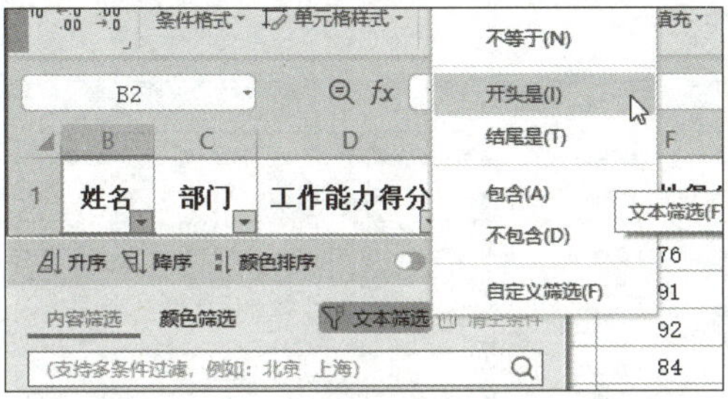

图 6-17

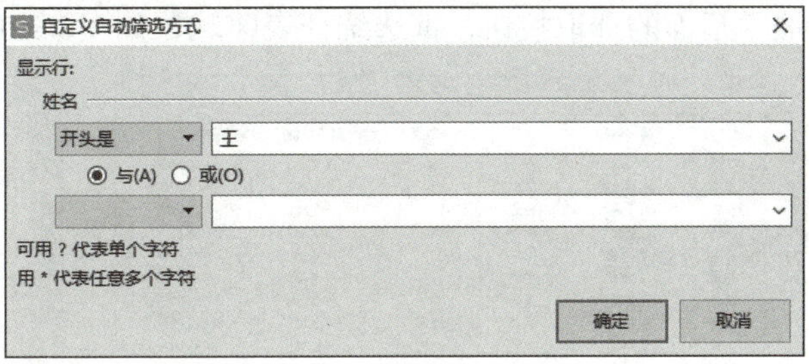

图 6-18

设置完成后，单击“确定”按钮，此时表格中所有王姓员工都被筛选了出来，如图6-19所示。

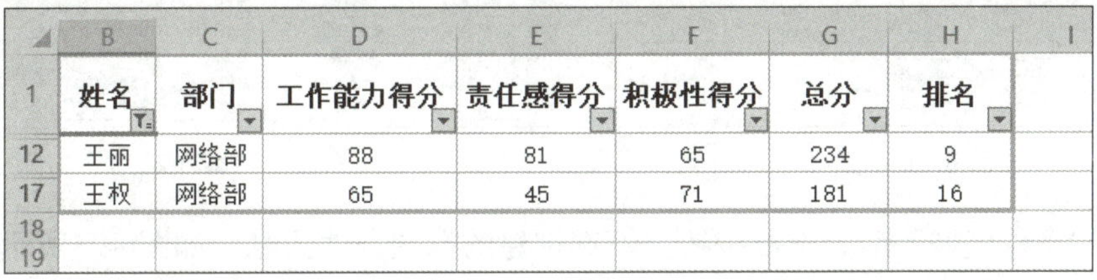

	B	C	D	E	F	G	H
1	姓名	部门	工作能力得分	责任感得分	积极性得分	总分	排名
12	王丽	网络部	88	81	65	234	9
17	王权	网络部	65	45	71	181	16
18							
19							

图 6-19

■6.1.6 高级筛选

在对表格中的数据进行筛选时，可以同时根据多个字段设置筛选条件，各个条件之间可以是“与”或“或”的关系。在“开始”选项卡中单击“筛选”下拉按钮，从中选择“高级筛选”选项，打开“高级筛选”对话框，设置好筛选条件，单击“确定”按钮即可，如图6-20所示。

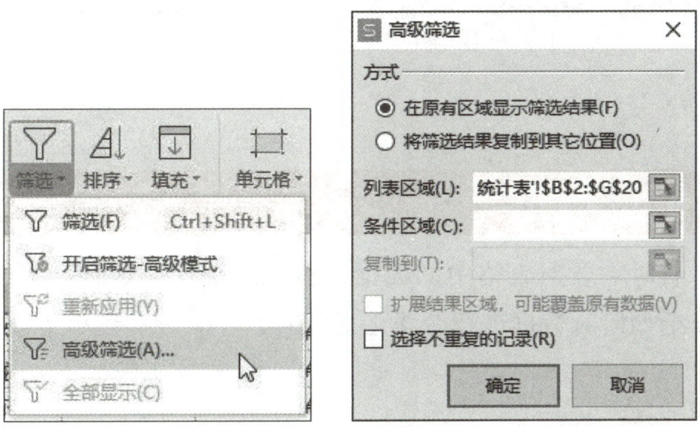

图 6-20

实例 多条件筛选

下面将筛选出“空调”的销售数据，其筛选条件为：销售数量大于30且销售金额大于10万元。

步骤01 打开原始文件，在表格下方创建筛选条件信息，其创建的标题信息要与表头信息一致，如图6-21所示。

步骤02 在“筛选”列表中选择“高级筛选”选项，打开“高级筛选”对话框，单击“列表区域”后面的选取按钮，框选统计表区域，如图6-22所示。

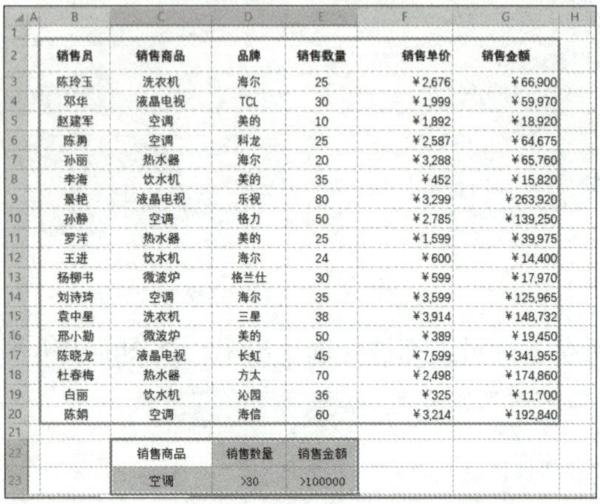

图 6-21

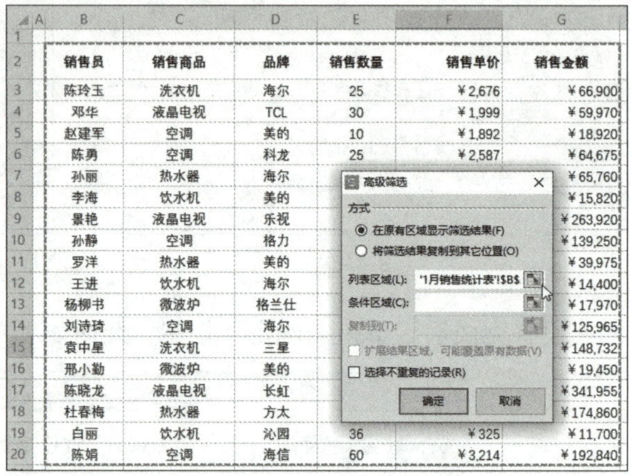

图 6-22

步骤03 单击“条件区域”后的选取按钮，框选创建的筛选条件信息，如图6-23所示。

步骤04 单击“确定”按钮，此时所有“销售数量”大于30且“销售金额”大于10万元的空调数据都被筛选出来了，如图6-24所示。

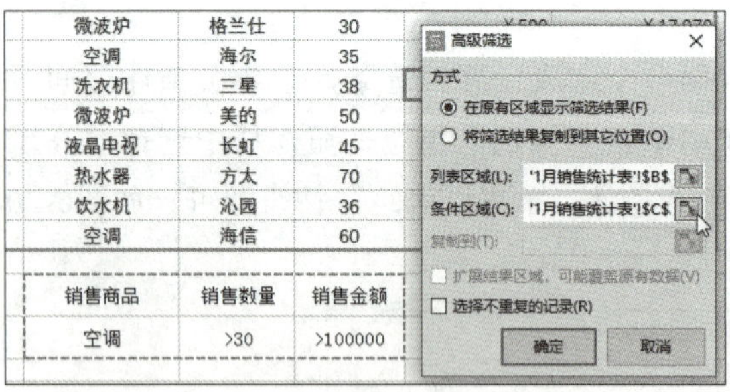

图 6-23

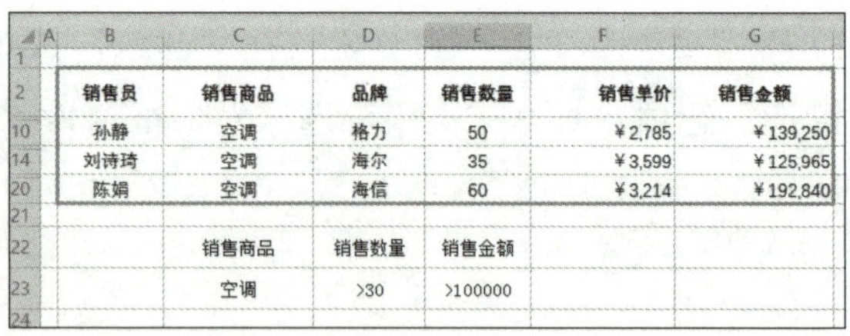

图 6-24

6.2 分类与汇总数据

在日常工作中，有时需要对表格中的数据进行汇总统计，这时可以使用“分类汇总”功能，下面将向用户介绍如何对数据进行分类汇总操作。

6.2.1 分类汇总

用户可以根据需要对数据进行单项分类汇总和嵌套分类汇总。

1. 单项分类汇总

单项分类汇总是按某一个字段的内容进行分类，并统计出汇总结果。需要注意的是，在进行分类汇总前，先要对数据进行升序或降序排列。例如，如果要将图6-25所示的报表按照“生产车间”进行分类，并汇总出“生产数量”的总和，用户就需要先对“生产车间”一列的数据进行排序，然后进行分类汇总操作。汇总结果如图6-26所示。

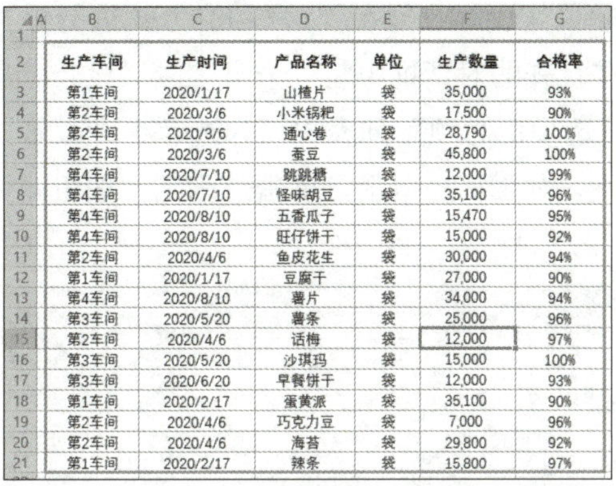

图 6-25

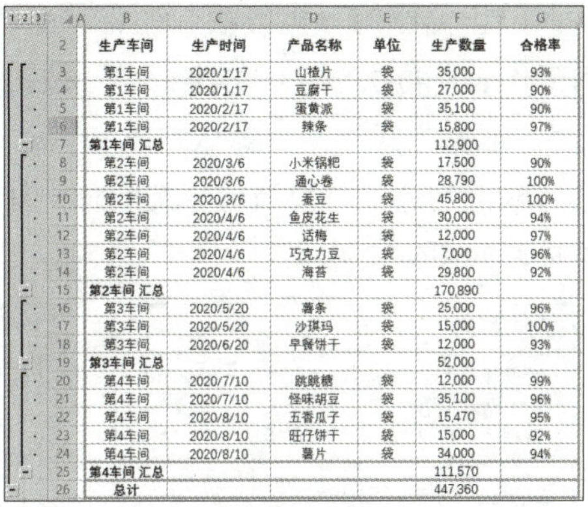

图 6-26

选中B列任意单元格，在“开始”选项卡中单击“排序”按钮，将其进行升序排序，如图6-27所示。在“数据”选项卡中单击“分类汇总”按钮，在“分类汇总”对话框的“选定汇总项”列表中仅勾选“生产数量”复选框，如图6-28所示，其他选项保持默认状态。设置好后单击“确定”按钮，完成汇总求和操作。

图 6-27

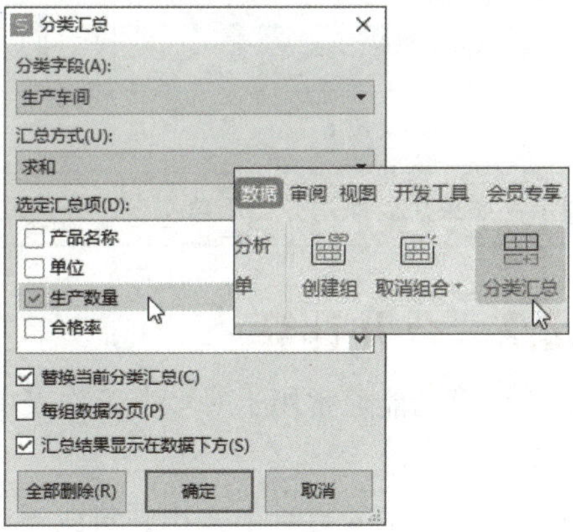

图 6-28

在汇总结果列表中单击“1”按钮，此时表格只会显示最终的“生产数量”总计值，如图6-29所示。单击“2”按钮，会显示出各车间的“生产数量”汇总值以及总计值，如图6-30所示。单击“3”按钮，将会显示所有表格数据。

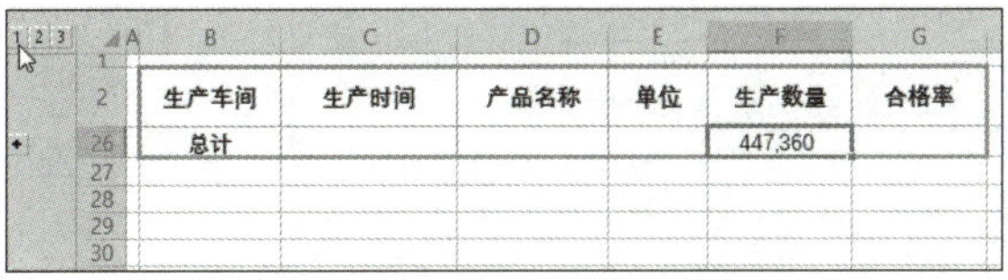

图 6-29

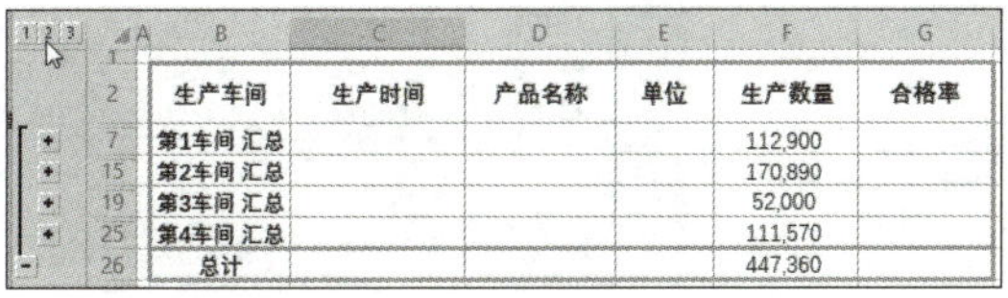

图 6-30

2. 嵌套分类汇总

嵌套分类汇总是指在一个分类汇总的基础上，再对其他字段进行二次分类汇总操作。例如，以上案例仅对“生产车间”字段进行分类，如果需要在此基础上，再对“生产时间”字段进行分类，可以通过以下方法进行操作。

先将“生产车间”和“生产时间”两列数据进行升序排序，然后打开“分类汇总”对话框，按照以上介绍的分类方法，先将“生产车间”以“生产数量”求和的方式进行分类，然后返回工作表，再次单击“分类汇总”按钮，在打开的对话框中将“分类字段”设为“生产时间”，将“汇总方式”保持默认“求和”，在“选项汇总项”列表中仅勾选“生产数量”复选框，最后取消勾选“替换当前分类汇总”复选框，如图6-31所示。单击“确定”按钮即可看到分类结果，如图6-32所示。

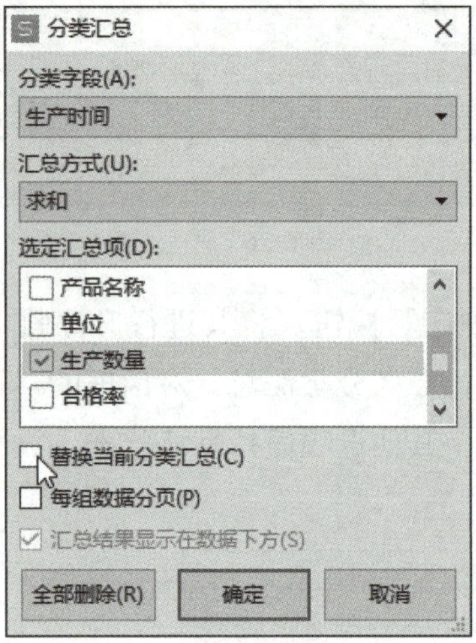

图 6-31

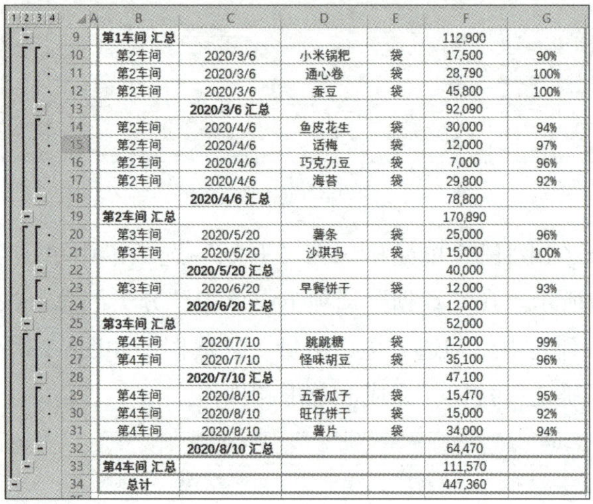

	B	C	D	E	F	G
9	第1车间 汇总				112,900	
10	第2车间	2020/3/6	小米锅粑	袋	17,500	90%
11	第2车间	2020/3/6	通心卷	袋	28,790	100%
12	第2车间	2020/3/6	蚕豆	袋	45,800	100%
13		2020/3/6 汇总			92,090	
14	第2车间	2020/4/6	鱼皮花生	袋	30,000	94%
15	第2车间	2020/4/6	话梅	袋	12,000	97%
16	第2车间	2020/4/6	巧克力豆	袋	7,000	96%
17	第2车间	2020/4/6	海苔	袋	29,800	92%
18		2020/4/6 汇总			78,800	
19	第2车间 汇总				170,890	
20	第3车间	2020/5/20	薯条	袋	25,000	96%
21	第3车间	2020/5/20	沙琪玛	袋	15,000	100%
22		2020/5/20 汇总			40,000	
23	第3车间	2020/6/20	早餐饼干	袋	12,000	93%
24		2020/6/20 汇总			12,000	
25	第3车间 汇总				52,000	
26	第4车间	2020/7/10	跳跳糖	袋	12,000	99%
27	第4车间	2020/7/10	怪味胡豆	袋	35,100	96%
28		2020/7/10 汇总			47,100	
29	第4车间	2020/8/10	五香瓜子	袋	15,470	95%
30	第4车间	2020/8/10	旺仔饼干	袋	15,000	92%
31	第4车间	2020/8/10	薯片	袋	34,000	94%
32		2020/8/10 汇总			64,470	
33	第4车间 汇总				111,570	
34	总计				447,360	

图 6-32

> **提示**：如果想要取消分类汇总，在“分类汇总”对话框中单击“全部删除”按钮即可。

6.2.2 合并计算

合并计算功能通常用于对多个工作表中的数据进行计算汇总，并将多个工作表中的数据合并到一个工作表中。

在图6-33所示的表格中，用户可以看到“行政部”“财务部”“销售部”和“汇总”这4张工作表。

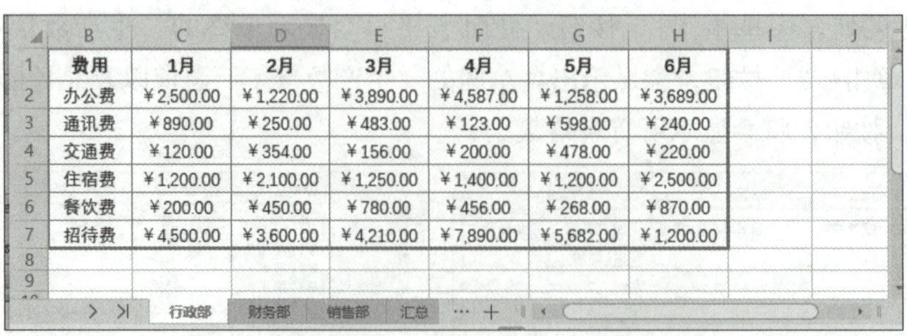

	B	C	D	E	F	G	H
1	费用	1月	2月	3月	4月	5月	6月
2	办公费	¥2,500.00	¥1,220.00	¥3,890.00	¥4,587.00	¥1,258.00	¥3,689.00
3	通讯费	¥890.00	¥250.00	¥483.00	¥123.00	¥598.00	¥240.00
4	交通费	¥120.00	¥354.00	¥156.00	¥200.00	¥478.00	¥220.00
5	住宿费	¥1,200.00	¥2,100.00	¥1,250.00	¥1,400.00	¥1,200.00	¥2,500.00
6	餐饮费	¥200.00	¥450.00	¥780.00	¥456.00	¥268.00	¥870.00
7	招待费	¥4,500.00	¥3,600.00	¥4,210.00	¥7,890.00	¥5,682.00	¥1,200.00

图 6-33

现需要将前3个工作表数据合并汇总到“汇总”工作表中，可通过以下方法进行操作。

在“行政部”工作表中选择C2:H7单元格区域，在“公式”选项卡中单击“名称管理器”按钮，打开同名对话框，单击“新建”按钮，在“新建名称”对话框中将“名称”更改为“行政部”，其他保持默认设置，单击“确定”按钮，如图6-34所示。返回“名称管理器”对话框，在此可显示新建的单元格区域，如图6-35所示。

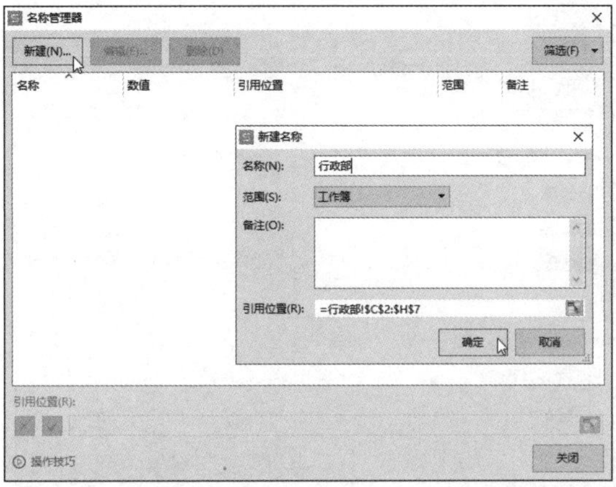

图 6-34

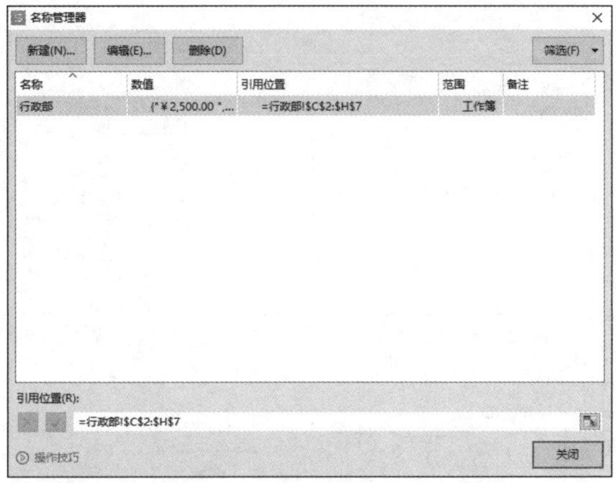

图 6-35

在“名称管理器”对话框中再次单击“新建”按钮，在打开的对话框中，新建“财务部”需合并的单元格区域，如图6-36所示。按照同样的操作新建“销售部”需合并的单元格区域，如图6-37所示。

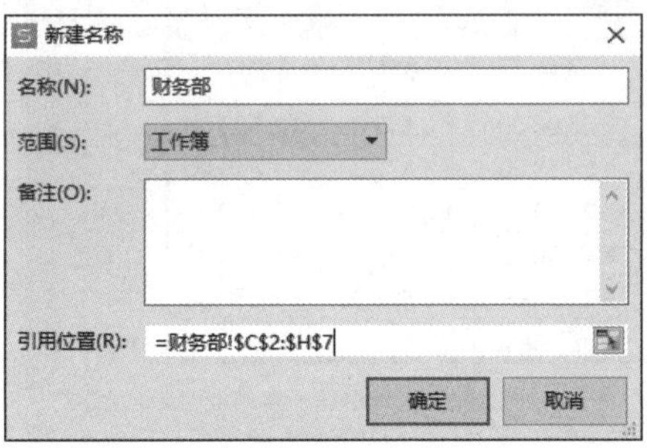

图 6-36

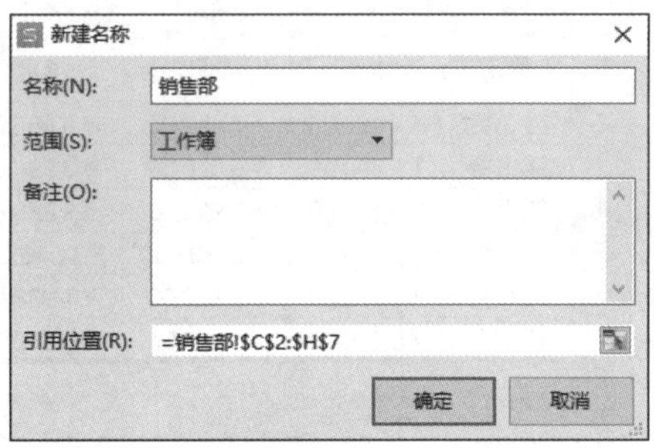

图 6-37

设置完成后，返回“名称管理器”对话框，在此可以看到新建3个单元格引用区域，如图6-38所示。单击“关闭”按钮，关闭对话框。

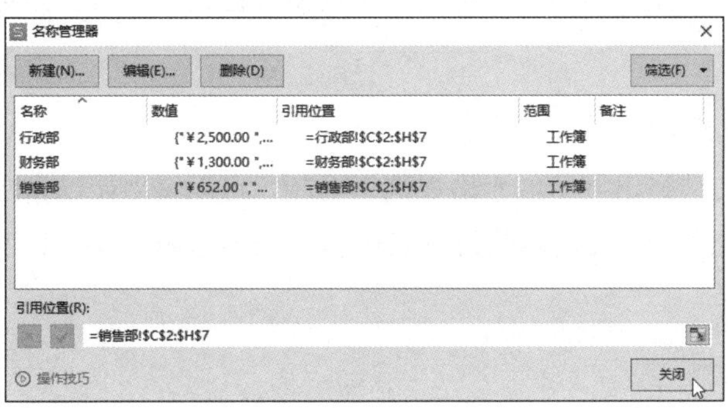

图 6-38

选择“汇总”工作表，并框选C2:H7单元格区域，在“数据”选项卡中单击“合并计算”按钮，在打开的“合并计算”对话框的“引用位置”文本框中输入“行政部”，单击“添加”按钮，将其添加到“所有引用位置”列表中，如图6-39所示。按照同样的操作，添加“财务部”和“销售部”的引用位置，如图6-40所示。

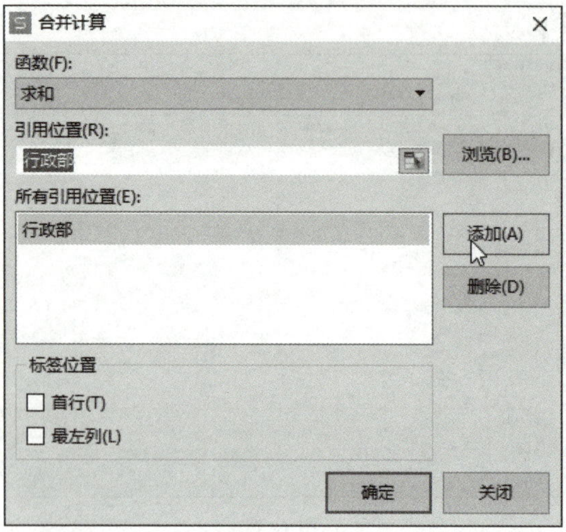

图 6-39

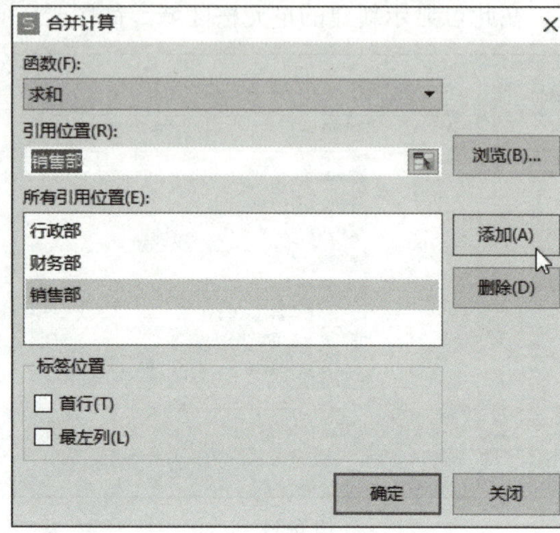

图 6-40

设置完成后单击“确定”按钮，此时在被选单元格区域中会显示出3张工作表数据的最终合并求和结果，如图6-41所示。

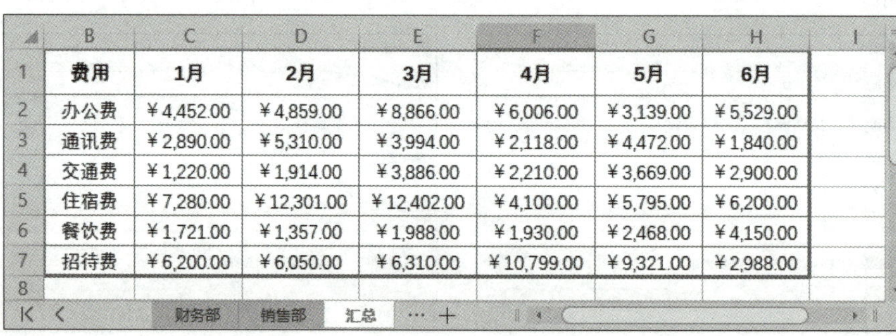

	B	C	D	E	F	G	H
1	费用	1月	2月	3月	4月	5月	6月
2	办公费	￥4,452.00	￥4,859.00	￥8,866.00	￥6,006.00	￥3,139.00	￥5,529.00
3	通讯费	￥2,890.00	￥5,310.00	￥3,994.00	￥2,118.00	￥4,472.00	￥1,840.00
4	交通费	￥1,220.00	￥1,914.00	￥3,886.00	￥2,210.00	￥3,669.00	￥2,900.00
5	住宿费	￥7,280.00	￥12,301.00	￥12,402.00	￥4,100.00	￥5,795.00	￥6,200.00
6	餐饮费	￥1,721.00	￥1,357.00	￥1,988.00	￥1,930.00	￥2,468.00	￥4,150.00
7	招待费	￥6,200.00	￥6,050.00	￥6,310.00	￥10,799.00	￥9,321.00	￥2,988.00

财务部 销售部 汇总

图 6-41

6.2.3 条件格式

通过“条件格式”功能，用户可以根据条件使用数据条、色阶、图标集等，以便直观地突出显示某些单元格。

1. 突出显示指定数据

通过条件格式中的“突出显示单元格规则”功能，可以突出显示指定数据的单元格，让数据一目了然。例如，在如图6-42所示的统计表中将“销售总额”大于40万元的数据突显出来，统计结果如图6-43所示。

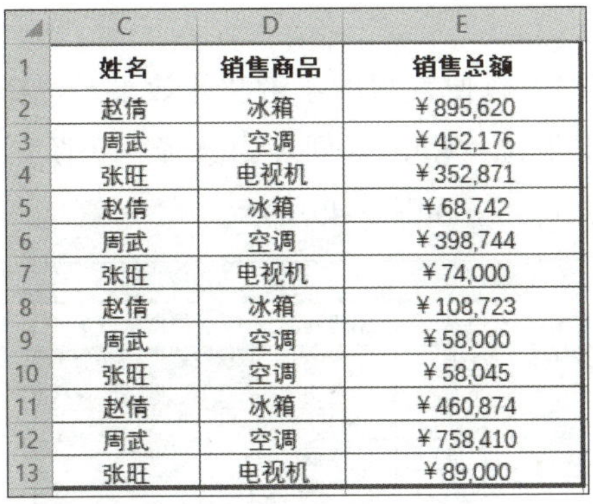

	C	D	E
1	姓名	销售商品	销售总额
2	赵倩	冰箱	￥895,620
3	周武	空调	￥452,176
4	张旺	电视机	￥352,871
5	赵倩	冰箱	￥68,742
6	周武	空调	￥398,744
7	张旺	电视机	￥74,000
8	赵倩	冰箱	￥108,723
9	周武	空调	￥58,000
10	张旺	空调	￥58,045
11	赵倩	冰箱	￥460,874
12	周武	空调	￥758,410
13	张旺	电视机	￥89,000

图 6-42

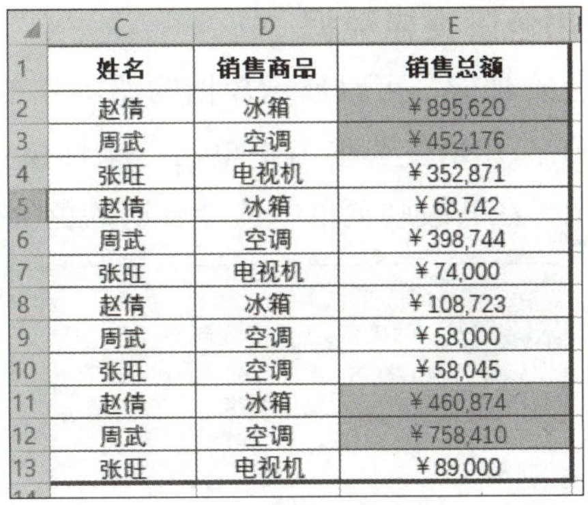

	C	D	E
1	姓名	销售商品	销售总额
2	赵倩	冰箱	￥895,620
3	周武	空调	￥452,176
4	张旺	电视机	￥352,871
5	赵倩	冰箱	￥68,742
6	周武	空调	￥398,744
7	张旺	电视机	￥74,000
8	赵倩	冰箱	￥108,723
9	周武	空调	￥58,000
10	张旺	空调	￥58,045
11	赵倩	冰箱	￥460,874
12	周武	空调	￥758,410
13	张旺	电视机	￥89,000

图 6-43

具体操作方法为：选中E2:E13单元格区域，在“开始”选项卡中单击“条件格式”下拉按钮，在列表中选择“突出显示单元格规则”选项，并在其级联菜单中选择“大于”选项，如图6-44所示。在“大于”对话框中输入条件值“400000”，单击“设置为”下拉按钮，可以设置突显文本的颜色，这里保持默认，如图6-45所示。单击“确定”按钮即可。

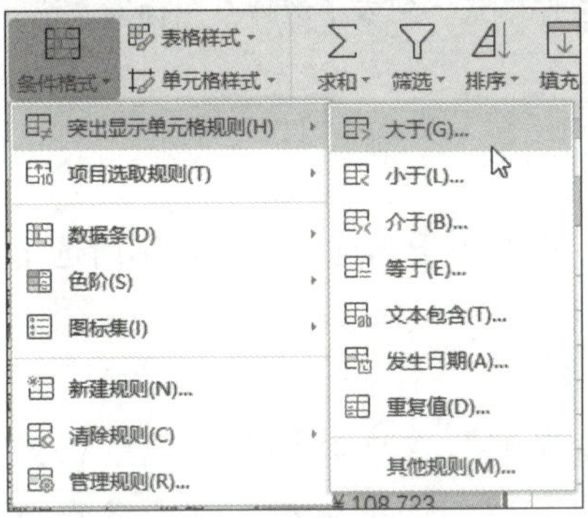

图 6-44

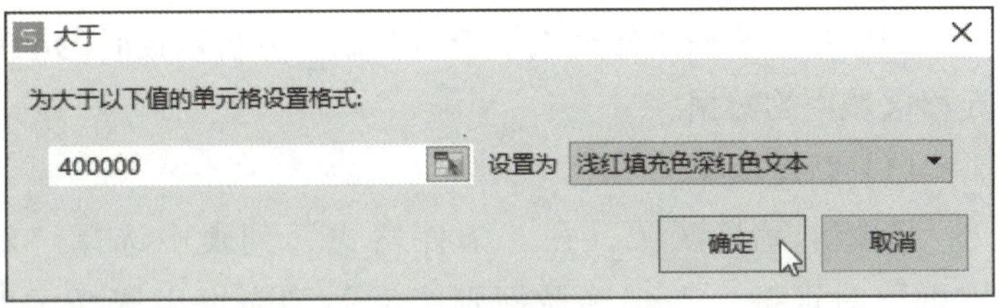

图 6-45

2. 使用数据条突显数据

使用数据条，可以快速为一组数据设置底纹颜色，并根据数值的大小，自动调整长度。数值越大，数据条越长；数值越小，数据条越短。在表格中选择所需单元格区域，单击“条件格式”下拉按钮，从列表中选择“数据条”选项，并在其级联菜单中选择合适的填充颜色，如图6-46所示，即可为所选单元格区域添加数据条，如图6-47所示。

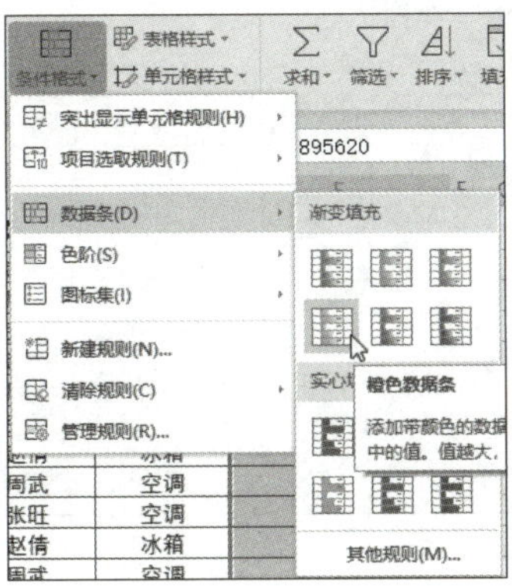

图 6-46

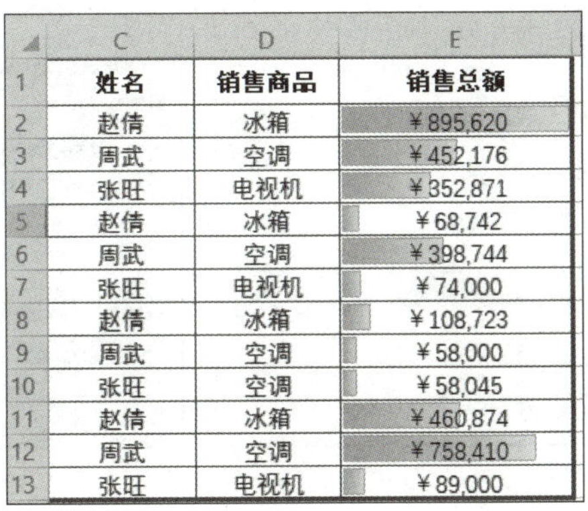

	C	D	E
1	姓名	销售商品	销售总额
2	赵倩	冰箱	￥895,620
3	周武	空调	￥452,176
4	张旺	电视机	￥352,871
5	赵倩	冰箱	￥68,742
6	周武	空调	￥398,744
7	张旺	电视机	￥74,000
8	赵倩	冰箱	￥108,723
9	周武	空调	￥58,000
10	张旺	空调	￥58,045
11	赵倩	冰箱	￥460,874
12	周武	空调	￥758,410
13	张旺	电视机	￥89,000

图 6-47

3. 使用色阶突显数据

使用色阶功能，可以展示数据的整体分布情况，以便直观地了解整体效果。选择所需单元格区域，在“开始”选项卡中单击“条件格式”下拉按钮，从列表中选择“色阶”选项，如图6-48所示，在其级联菜单中选择合适的色阶样式即可，如图6-49所示。

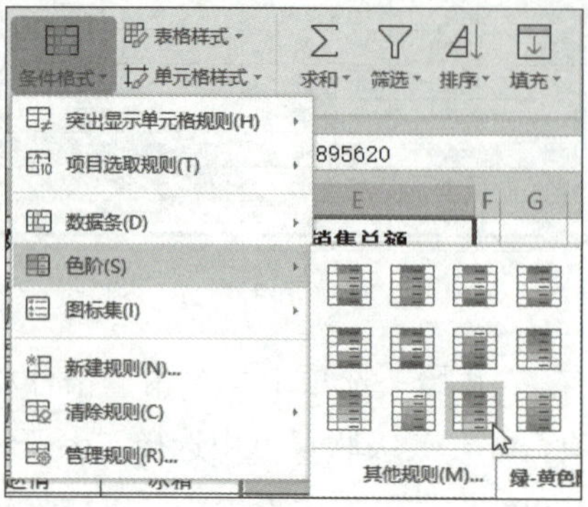

图 6-48

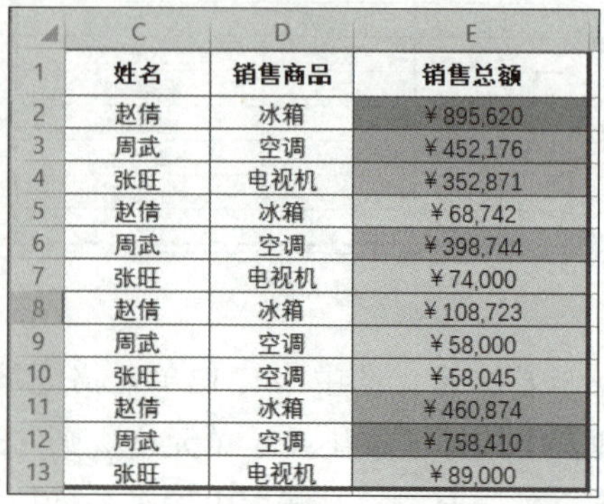

	C	D	E
1	姓名	销售商品	销售总额
2	赵倩	冰箱	¥895,620
3	周武	空调	¥452,176
4	张旺	电视机	¥352,871
5	赵倩	冰箱	¥68,742
6	周武	空调	¥398,744
7	张旺	电视机	¥74,000
8	赵倩	冰箱	¥108,723
9	周武	空调	¥58,000
10	张旺	空调	¥58,045
11	赵倩	冰箱	¥460,874
12	周武	空调	¥758,410
13	张旺	电视机	¥89,000

图 6-49

> **提示：** 使用图标集功能，可以快速为数据进行等级划分。在“条件格式”列表中选择“图标集”选项，并在其级联菜单中选择一款图标集样式即可。

4. 新建和管理规则

规则是用户在条件格式下查看数据、分析数据时的准则，主要用于筛选并突出显示所选单元格区域中的数据。

（1）新建规则

选择单元格区域，在“条件格式”列表中选择“新建规则”选项，打开“新建格式规则”对话框，在“选择规则类型”列表框中选择需要的类型，这里选择“基于各自值设置所有单元格的格式”选项，然后在“编辑规则说明”列表框中设置“格式样式”“类型”“值”“颜色”等选项，如图6-50所示。单击“确定”按钮，即可为所选单元格区域设置新规则。

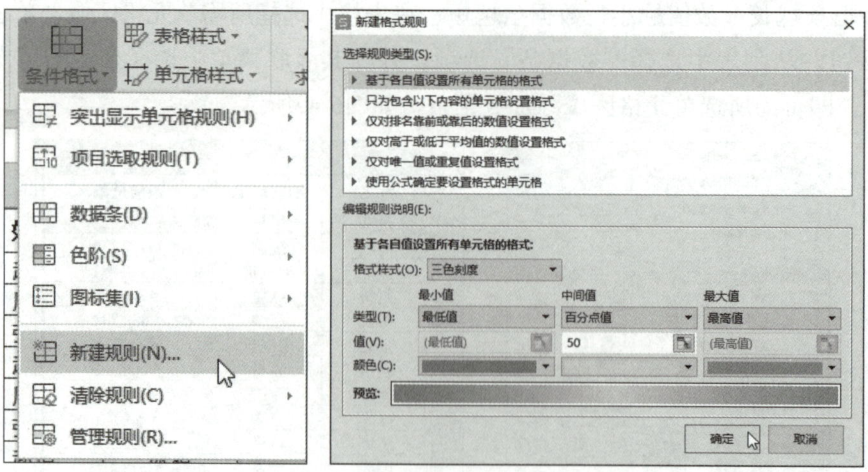

图 6-50

（2）管理规则

在“条件格式”列表中选择“管理规则”选项，打开“条件格式规则管理器”对话框，在该对话框中选择某个规则，单击“编辑规则”按钮，可以对该规则进行编辑操作。单击“删除规则”按钮，可以将该规则删除。单击“新建规则”按钮，可以继续新建规则，如图6-51所示。

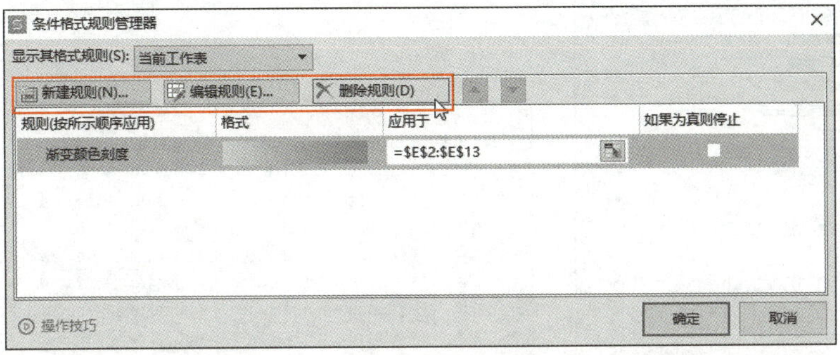

图 6-51

提示：如果需要清除设置的条件格式，可在“条件格式”列表中选择“清除规则”选项，在其级联菜单中根据需要进行选择即可。

实例 突出显示每位员工最高销售额

将条件格式结合函数来操作，会达到意想不到的效果。下面以突出显示每个员工的最高销售额为例，介绍如何使用函数来设置条件格式。

步骤01 打开原始文件，选择C2:H10单元格区域，单击“条件格式”下拉按钮，从列表中选择“新建规则”选项，打开“新建格式规则”对话框，在“选择规则类型”列表框中选择“使用公式确定要设置格式的单元格”选项，然后在“只为满足以下条件的单元格设置格式”文本框中输入函数公式“=C2=MAX($C2:$H2)”，如图6-52所示。

步骤02 单击“格式”按钮，在打开的“单元格格式”对话框中选择“图案”选项卡，设置好突出文本的底纹颜色，如图6-53所示。

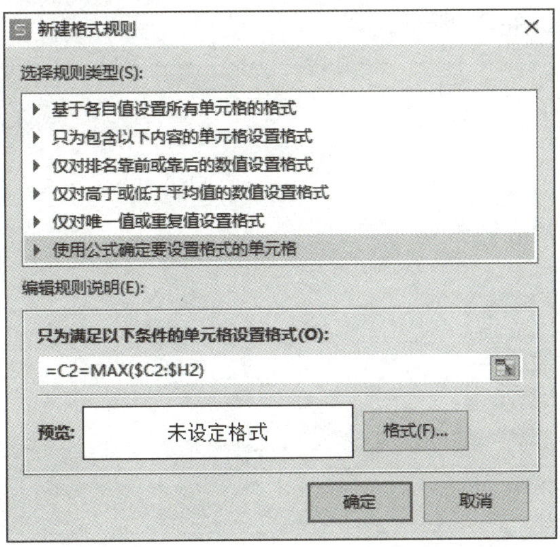

图 6-52

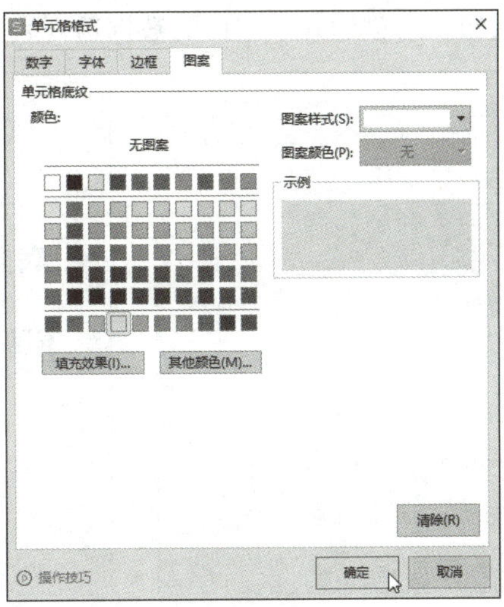

图 6-53

步骤03 返回"新建格式规则"对话框，在"预览"框中可以预览设置的效果，单击"确定"按钮，如图6-54所示。

步骤04 返回工作表，可看到每位员工最高销售额已经突出显示，如图6-55所示。

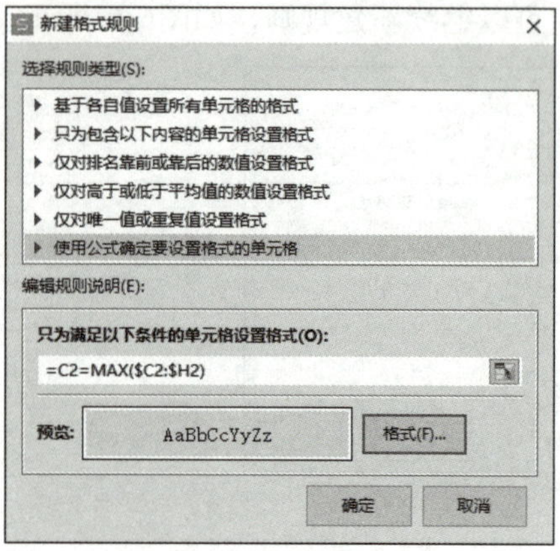

图 6-54

员工姓名	1月	2月	3月	4月	5月	6月
余华	¥201,487.00	¥321,040.00	¥123,478.00	¥238,742.00	¥789,563.00	¥681,031.00
赵飞	¥223,481.00	¥134,583.00	¥278,654.00	¥337,463.00	¥120,358.00	¥785,421.00
郭涛	¥663,201.00	¥335,241.00	¥754,102.00	¥110,235.00	¥257,841.00	¥368,701.00
葛峰	¥112,540.00	¥887,415.00	¥632,104.00	¥210,458.00	¥155,780.00	¥320,147.00
刘艳	¥369,874.00	¥123,584.00	¥201,458.00	¥958,741.00	¥754,216.00	¥336,941.00
范军	¥832,650.00	¥287,043.00	¥456,892.00	¥756,952.00	¥235,890.00	¥584,102.00
袁君	¥458,973.00	¥8,895,241.00	¥455,121.00	¥332,596.00	¥145,879.00	¥2,369,874.00
陆明	¥230,159.00	¥632,874.00	¥201,369.00	¥778,954.00	¥998,741.00	¥365,201.00
李华	¥1,102,365.00	¥8,547,123.00	¥58,242.00	¥745,621.00	¥123,580.00	¥9,589,741.00

图 6-55

6.3 数据分析的高级应用

对于一些简单的数据报表来说，用户可以利用以上介绍的排序、筛选、分类汇总操作来对报表进行分析。而在日常工作中常常需要对一些较为繁杂的数据表进行统计分析，这时用户可使用数据透视表功能进行操作。

6.3.1 数据透视表的创建

数据透视表是一种对大量数据快速汇总和建立交叉关系的交互式动态表格，可以帮助用户分析和组织数据。

在报表中选择任意单元格，在"插入"选项卡中单击"数据透视表"按钮，打开"创建数据透视表"对话框，选择数据表区域范围和放置数据透视表的位置，如图6-56所示。单击"确定"按钮，可创建一个空白的数据透视表，如图6-57所示。

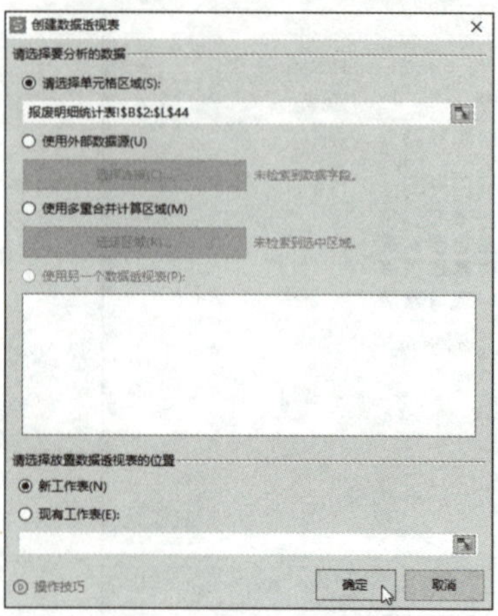

图 6-56

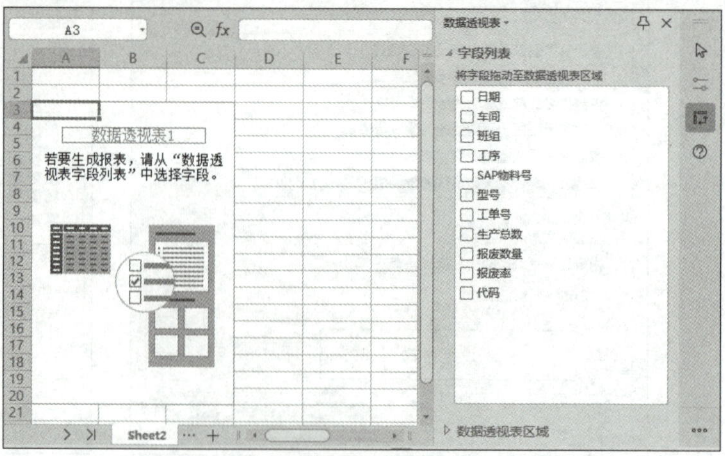

图 6-57

在右侧“数据透视表”窗格中勾选所需的字段信息，即可在空白透视表中添加数据内容，如图6-58所示。

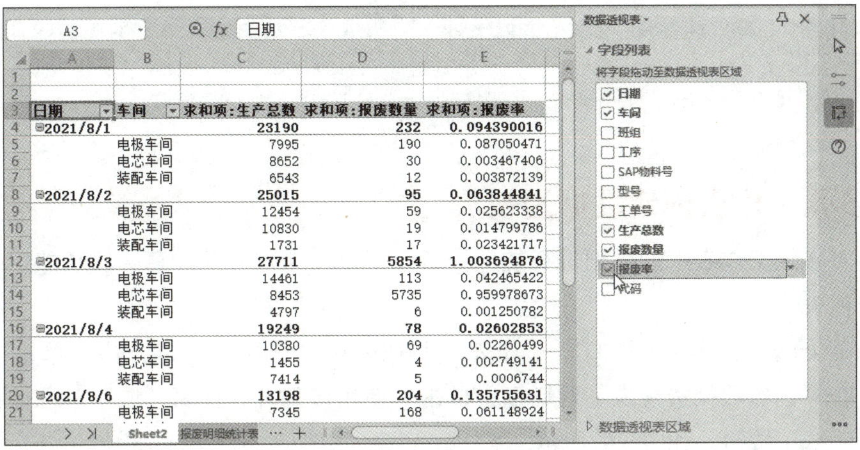

图 6-58

■6.3.2 整理数据透视表字段

在“数据透视表”窗格中单击“数据透视表区域”折叠按钮，在展开的区域中可对透视表中的字段进行设置。该区域分为4部分，分别为筛选器区域、列区域、行区域和值区域，如图6-59所示。行区域中的字段将作为数据透视表的行标签显示。列区域中的字段将作为数据透视表的列标签显示。值区域中的字段将作为数据透视表显示汇总的数据。将字段拖至“筛选器”区域，可以对数据透视表中的数据进行筛选，如图6-60所示。

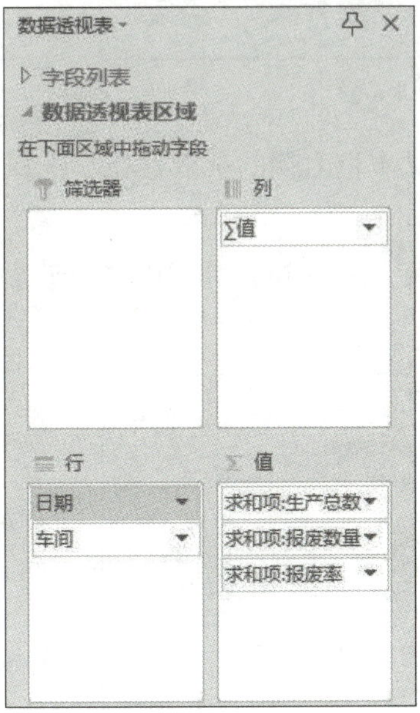

图 6-59

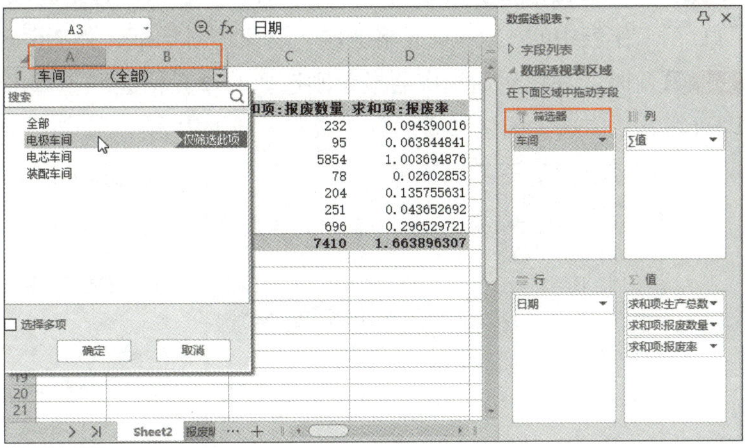

图 6-60

选中透视表中的字段内容，例如选择B3单元格“求和项：生产总数”，在“编辑栏”中重新输入内容，可对当前字段进行重命名，如图6-61所示。

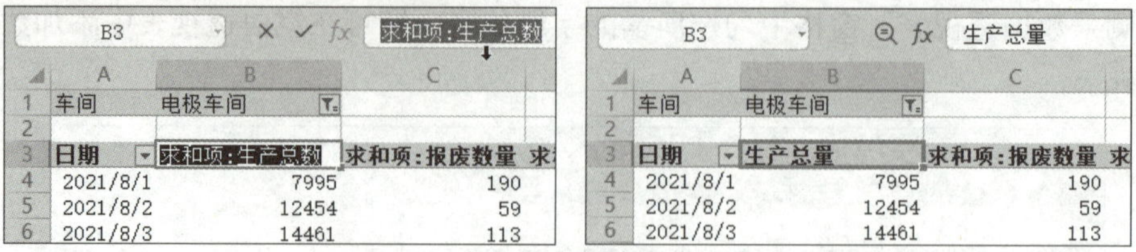

图 6-61

实例 为多张工作表创建数据透视表

如果要对多张工作表中的数据进行统计分析，可使用多重合并计算区域功能，来创建一张汇总数据透视表。

步骤 01 打开原始文件，选择“1日”工作表，并在表格中选择任意单元格，单击“数据透视表”按钮，在“创建数据透视表”对话框中单击“使用多重合并计算区域”单选按钮，单击下方的“选定区域”按钮，如图6-62所示。

步骤 02 在“数据透视表向导-第1步”对话框中选择“创建单页字段”单选按钮，单击“下一步”按钮，如图6-63所示。

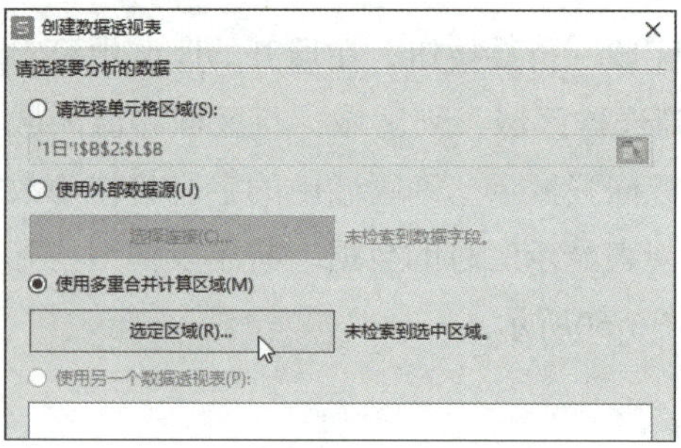

图 6-62

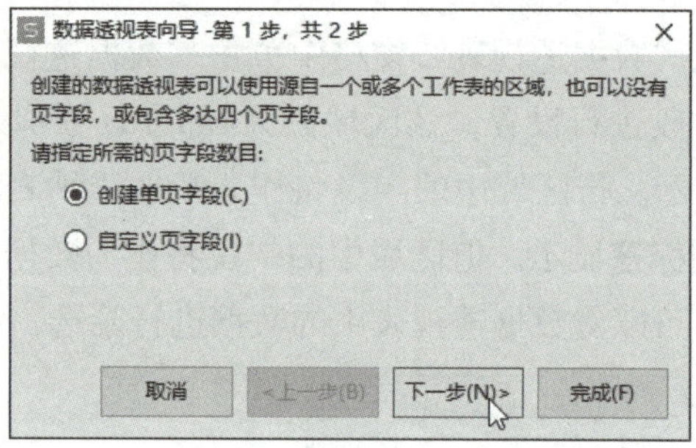

图 6-63

步骤 03 在“数据透视表向导-第2步”对话框中单击“选定区域”文本框右侧的选取按钮，选择“1日”工作表中的B2:H8单元格区域，返回该对话框，如图6-64所示。

步骤 04 此时，在该对话框中会显示刚选择的单元格区域，单击“添加”按钮，如图6-65所示，即可将其从“选定区域”添加至“所有区域”中。

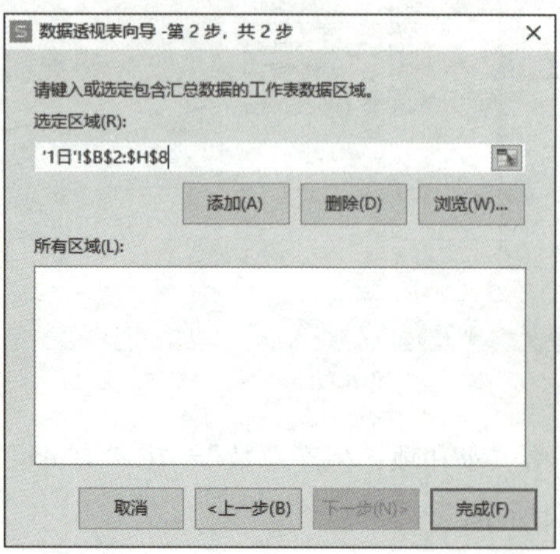

图 6-64

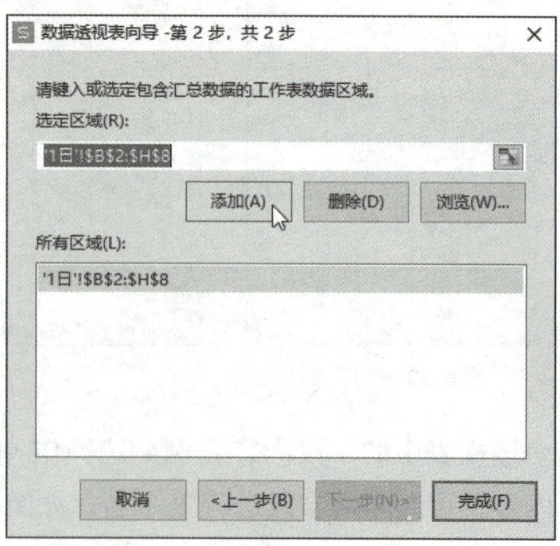

图 6-65

步骤05 按照同样的方法，添加其他工作表中选定的单元格区域，如图6-66所示。

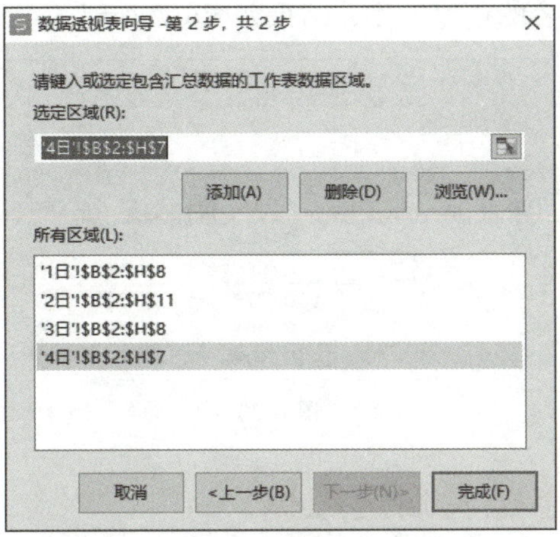

图 6-66

步骤06 设置完成后，单击“完成”按钮，返回“创建数据透视表”对话框，单击“确定”按钮，此时，可以看到创建的数据透视表中，其汇总字段是以计数的方式来显示的，如图6-67所示。

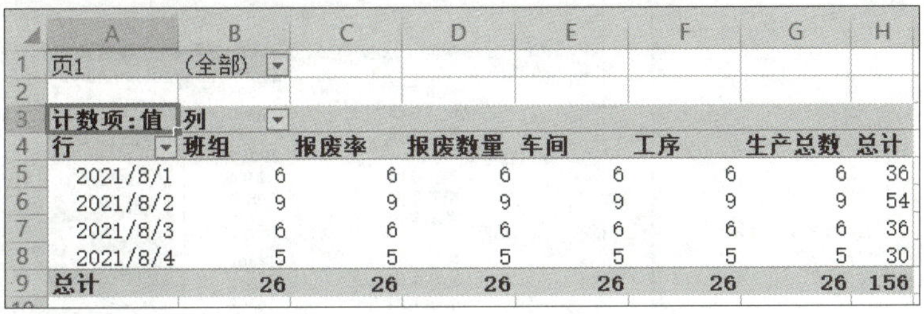

图 6-67

步骤07 选中数据透视表数据区域中的任意单元格，单击鼠标右键，从弹出的快捷菜单中选择“值汇总依据”→“求和”选项，如图6-68所示。

步骤08 此时透视表中的数据均以求和项显示。右击“总计”字段，在快捷菜单中选择“删除总计”选项，如图6-69所示。

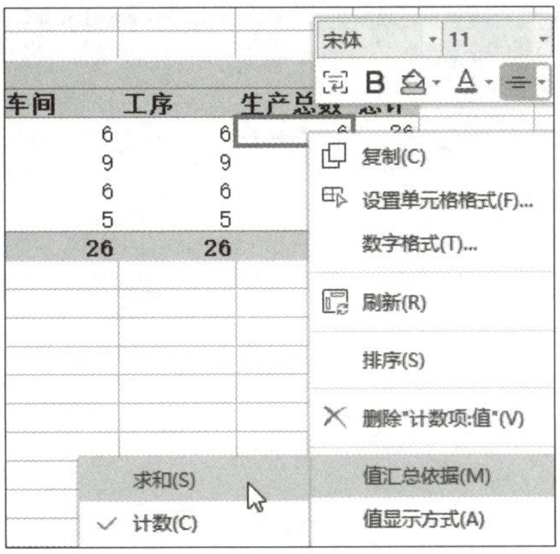

图 6-68

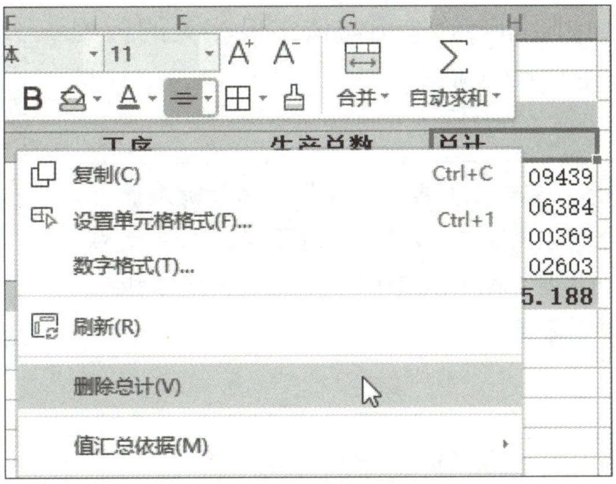

图 6-69

步骤 09 选择“报废率”字段数据，在“数字格式”列表中选择“百分比”选项，设置其数据格式。至此完成合并数据透视表的创建操作，结果如图6-70所示。

	A	B	C	D	E	F	G
1	页1	(全部)					
2							
3	求和项:值	列					
4	行	班组	报废率	报废数量	车间	工序	生产总数
5	2021/8/1	0	9.44%	232	0	0	23190
6	2021/8/2	0	6.38%	95	0	0	25015
7	2021/8/3	0	100.37%	5854	0	0	27711
8	2021/8/4	0	2.60%	78	0	0	19249
9	总计	0	118.80%	6259	0	0	95165

图 6-70

6.3.3 使用数据透视表筛选数据

在创建的数据透视表中进行数据筛选，可通过切片器功能来操作。在透视表中选择任意单元格，在“分析”选项卡中单击“插入切片器”按钮，在打开的对话框中根据需求勾选字段选项，单击“确定”按钮，可在透视表中插入相应字段的切片器，如图6-71所示。

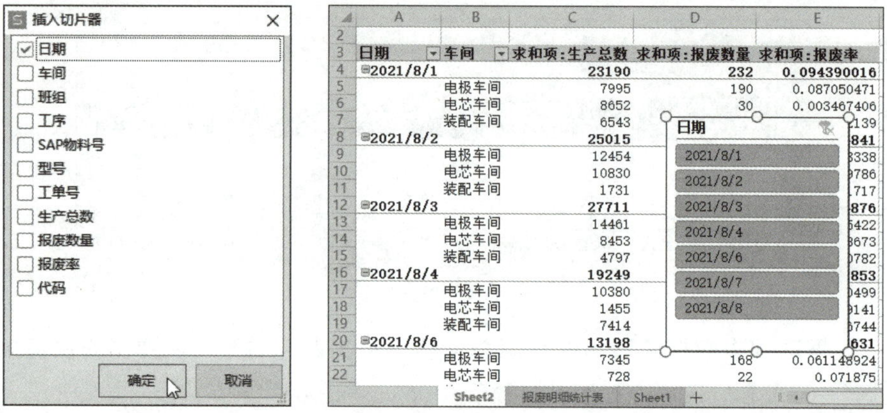

图 6-71

在切片器中选择所需字段，此时，数据透视表中随即会筛选出与该字段相关的数据内容，如图6-72所示。

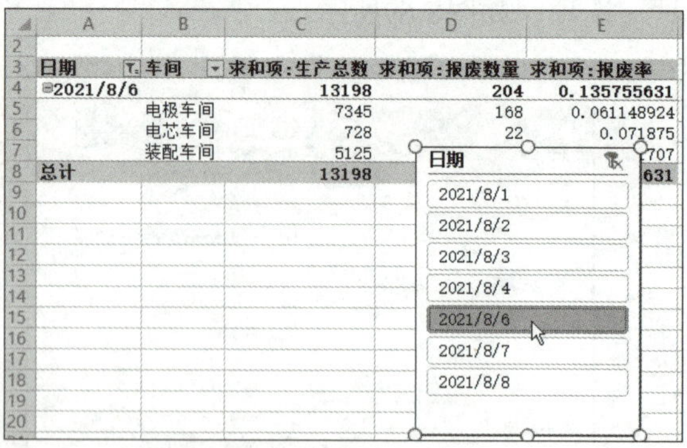

图 6-72

> **提示**：单击切片器右上角的“清除筛选器”按钮，可以清除该切片器的所有筛选。如果不再需要切片器，则可以选中切片器，然后按Delete键，将其删除。

6.3.4 创建数据透视图

利用数据透视图可以很直观地表现出各数据之间的关联。创建的方法很简单，在报表中选择任意单元格，在“插入”选项卡中单击“数据透视图”按钮，在打开的“创建数据透视图”

对话框中单击“确定”按钮，即可创建一张空白透视图，如图6-73所示。

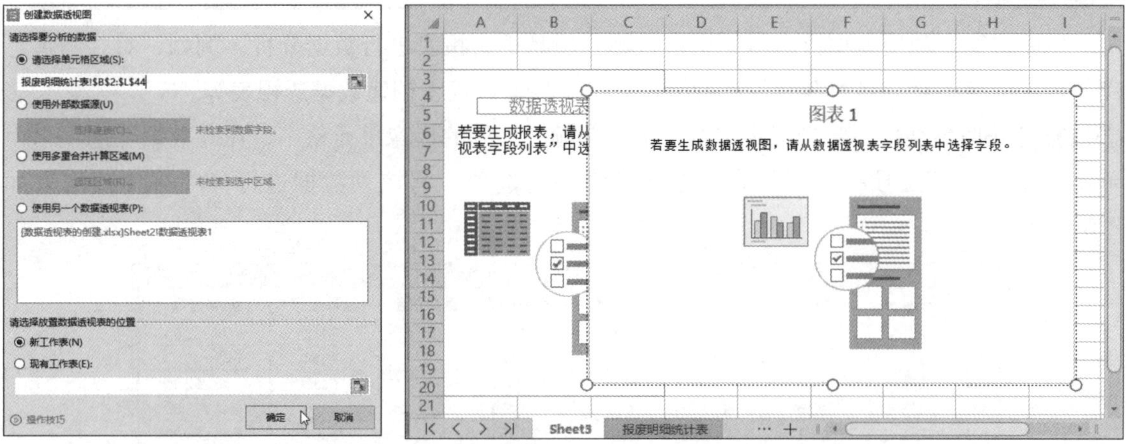

图 6-73

在图表右侧“数据透视图”窗格中，用户可勾选所需的字段名称，即可完成数据透视图的创建操作，如图6-74所示。

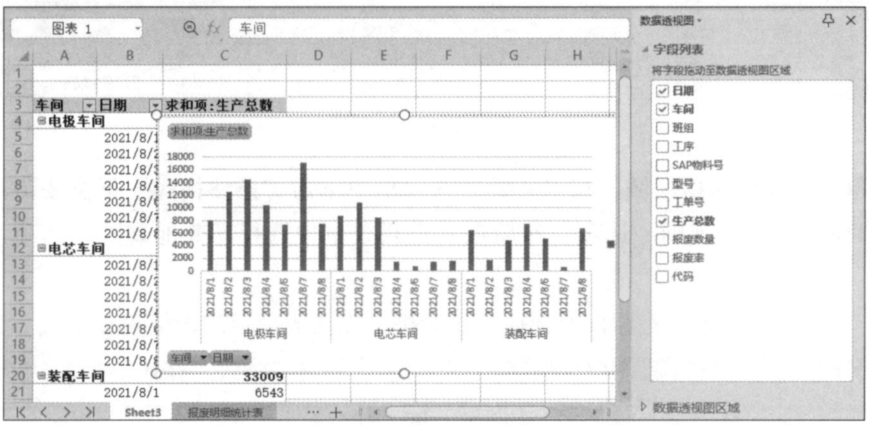

图 6-74

数据透视图创建好后，用户可对透视图中的数据进行筛选。单击透视图左下角字段筛选按钮，在打开的筛选列表中选择所需数据，如图6-75所示。此时透视图会筛选出相应的数据信息，如图6-76所示。

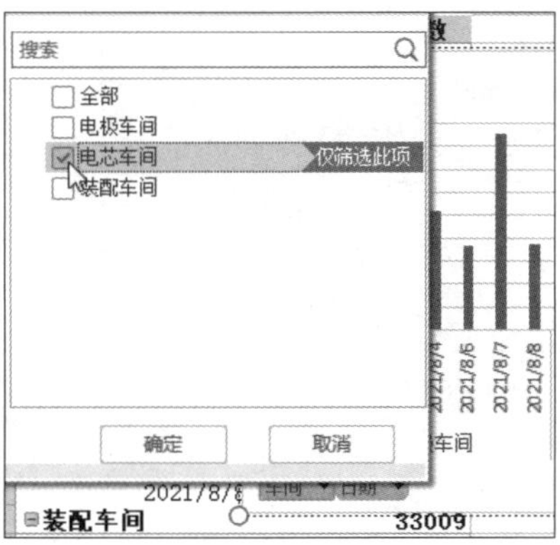

图 6-75

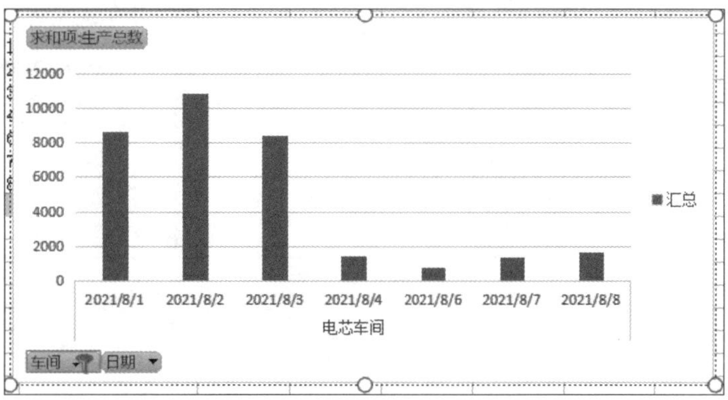

图 6-76

实战演练 分析第 4 季度婴儿用品销售报表

下面将综合利用本项目所学知识来对婴儿用品销售报表进行数据分析。例如，对“销售总额”进行排序、对“退款金额”进行筛选，以及根据该报表创建数据透视表等。

步骤01 打开原始文件，将光标定位至“销售总额”一列的任意单元格中，在“数据”选项卡中单击“排序”下拉按钮，在列表中选择“降序”选项，将该列数据进行降序排序，结果如图6-77所示。

日期	品牌	销售数量	销售单价	销售金额	退货数量	退款金额	销售总额
12月	大王	462	¥118	¥54,516	1	¥118	¥54,398.00
11月	大王	425	¥118	¥50,150	3	¥354	¥49,796.00
10月	大王	410	¥118	¥48,380	1	¥118	¥48,262.00
12月	帮宝适	468	¥95	¥44,460	3	¥285	¥44,175.00
12月	尤妮佳	416	¥104	¥43,264	1	¥104	¥43,160.00
12月	好奇	451	¥95	¥42,845	0	¥0	¥42,845.00
10月	帮宝适	425	¥95	¥40,375	0	¥0	¥40,375.00
11月	帮宝适	420	¥95	¥39,900	1	¥95	¥39,805.00
11月	花王	435	¥89	¥38,715	0	¥0	¥38,715.00
10月	好奇	403	¥95	¥38,285	0	¥0	¥38,285.00
10月	尤妮佳	367	¥104	¥38,168	2	¥208	¥37,960.00
12月	花王	423	¥89	¥37,647	0	¥0	¥37,647.00
11月	尤妮佳	345	¥104	¥35,880	2	¥208	¥35,672.00
10月	花王	395	¥89	¥35,155	1	¥89	¥35,066.00
11月	好奇	367	¥95	¥34,865	0	¥0	¥34,865.00

图 6-77

步骤02 选择G2:G16单元格区域，在“开始”选项卡中单击“条件格式”下拉按钮，从列表中选择“突出显示单元格规则”选项，然后在其级联菜单中选择“其他规则”选项，如图6-78所示。

步骤03 在“新建格式规则”对话框中选择“仅对排名靠前或靠后的数值设置格式”选项，并在“为以下排名内的值设置格式”中设置“前”为“3”，单击“格式”按钮，如图6-79所示。

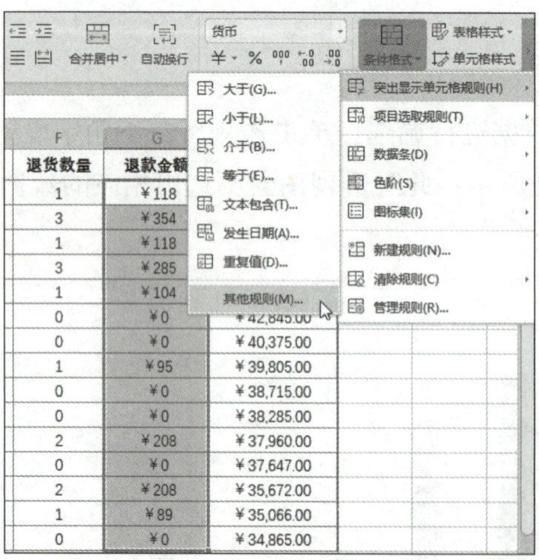

图 6-78

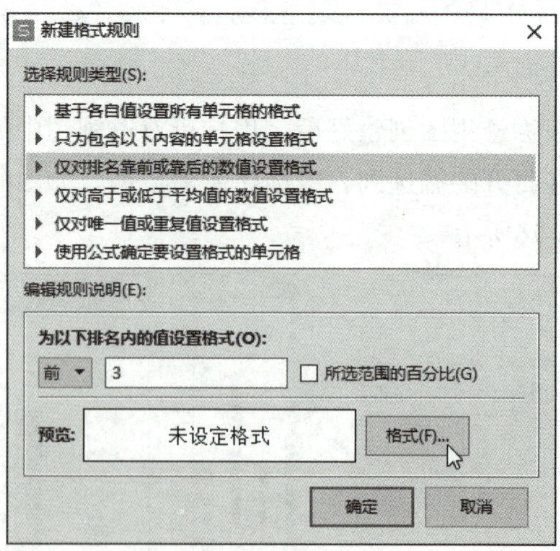

图 6-79

步骤04 在“单元格格式”对话框中单击“图案”选项卡，在此设置一款单元格底纹颜色，单击“确定”按钮，如图6-80所示。

步骤05 返回“新建格式规则”对话框，再次单击“确定”按钮，关闭对话框，完成“退款金额”前3名数据的突显操作，如图6-81所示。

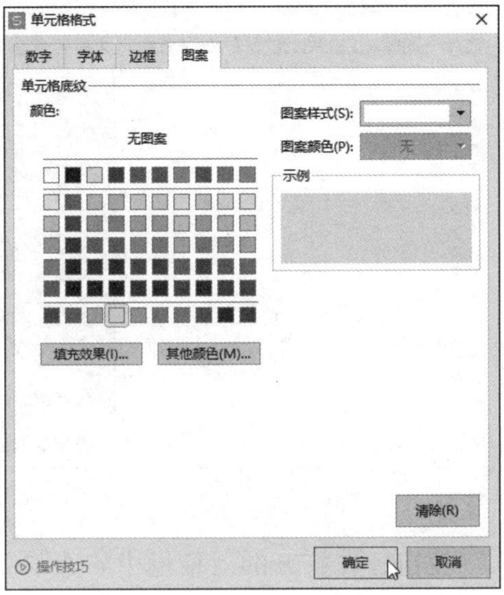

图 6-80

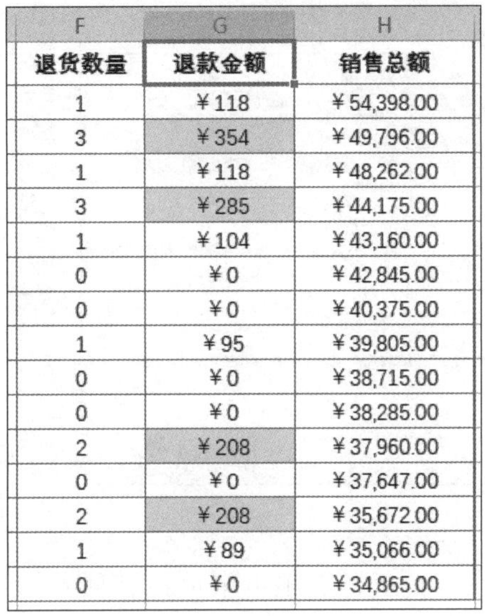

F	G	H
退货数量	退款金额	销售总额
1	¥118	¥54,398.00
3	¥354	¥49,796.00
1	¥118	¥48,262.00
3	¥285	¥44,175.00
1	¥104	¥43,160.00
0	¥0	¥42,845.00
0	¥0	¥40,375.00
1	¥95	¥39,805.00
0	¥0	¥38,715.00
0	¥0	¥38,285.00
2	¥208	¥37,960.00
0	¥0	¥37,647.00
2	¥208	¥35,672.00
1	¥89	¥35,066.00
0	¥0	¥34,865.00

图 6-81

步骤06 创建数据透视表。选择表中任意单元格，在“插入”选项卡中单击“数据透视表”按钮，在“创建数据透视表”对话框中将选项保持默认设置，直接单击“确定”按钮，如图6-82所示。

步骤07 在新建工作表的右侧“数据透视表”窗格中，勾选“日期”“品牌”“销售数量”“退货数量”以及“销售总额”字段，如图6-83所示。

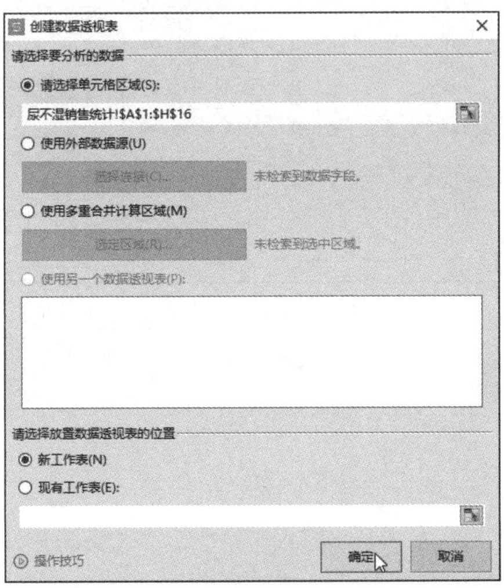

图 6-82

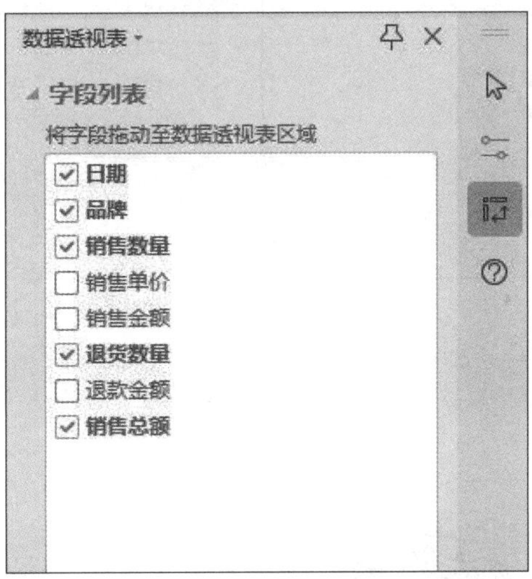

图 6-83

步骤 08 在创建的数据透视表中选择E4:E22单元格，按Ctrl+1组合键，在打开的“单元格格式”对话框中切换到“数字”选项卡，在“分类”列表中选择“货币”选项，为“销售总额”字段设置数字格式，如图6-84所示。

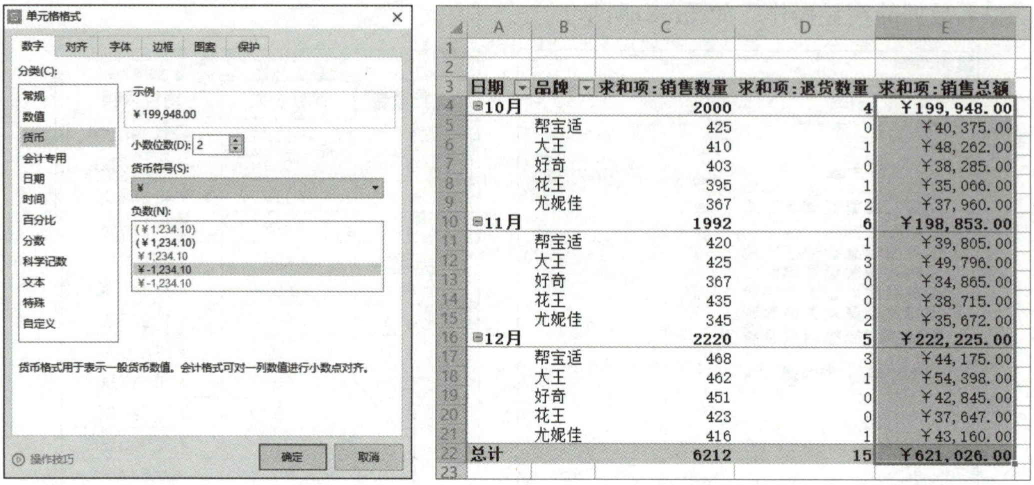

日期 / 品牌	求和项:销售数量	求和项:退货数量	求和项:销售总额
10月	2000	4	¥199, 948. 00
帮宝适	425	0	¥40, 375. 00
大王	410	1	¥48, 262. 00
好奇	403	0	¥38, 285. 00
花王	395	1	¥35, 066. 00
尤妮佳	367	2	¥37, 960. 00
11月	1992	6	¥198, 853. 00
帮宝适	420	1	¥39, 805. 00
大王	425	3	¥49, 796. 00
好奇	367	0	¥34, 865. 00
花王	435	0	¥38, 715. 00
尤妮佳	345	2	¥35, 672. 00
12月	2220	5	¥222, 225. 00
帮宝适	468	3	¥44, 175. 00
大王	462	1	¥54, 398. 00
好奇	451	0	¥42, 845. 00
花王	423	0	¥37, 647. 00
尤妮佳	416	1	¥43, 160. 00
总计	6212	15	¥621, 026. 00

图 6-84

步骤 09 在“分析”选项卡中单击“插入切片器”按钮，在打开的对话框中勾选“品牌”字段，单击“确定”按钮，如图6-85所示，添加“品牌”切片器。

步骤 10 在该切片器中选择“好奇”品牌选项，即可快速筛选出该品牌三个月的销售情况，以及数据汇总，如图6-86所示。

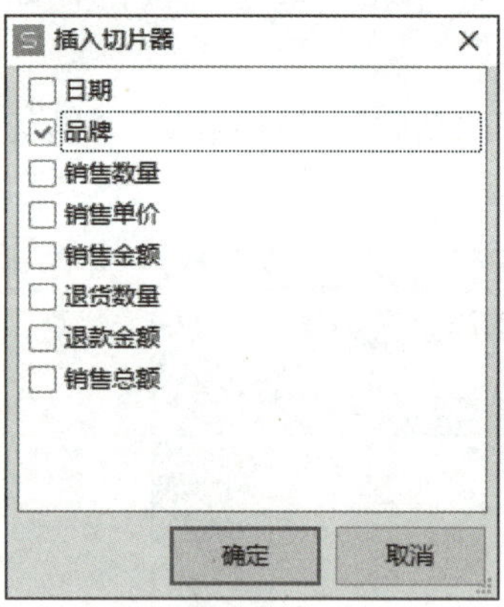

图 6-85

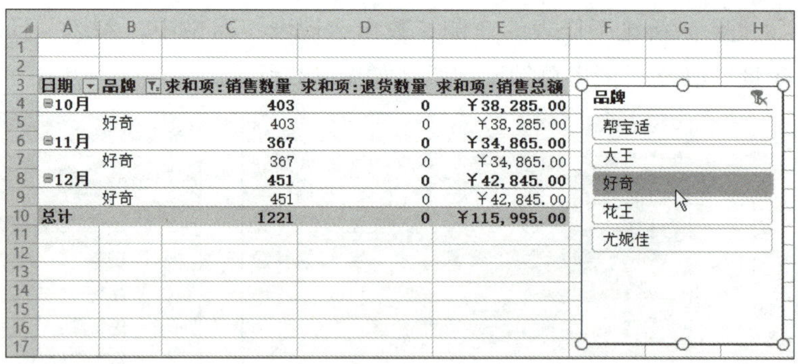

日期 / 品牌	求和项:销售数量	求和项:退货数量	求和项:销售总额
10月	403	0	¥38, 285. 00
好奇	403	0	¥38, 285. 00
11月	367	0	¥34, 865. 00
好奇	367	0	¥34, 865. 00
12月	451	0	¥42, 845. 00
好奇	451	0	¥42, 845. 00
总计	1221	0	¥115, 995. 00

图 6-86

学习体会

课后作业 制作12月份婴儿用品销售数据图

学习本项目内容后，读者可利用数据透视图功能来制作一张12月婴儿用品销售数据图，结果如图6-87所示。该数据图具体制作要求介绍如下。

1. 根据数据表创建数据透视图

- 选择数据源，创建空白数据透视图。
- 为数据透视图添加“日期”“品牌”和“销售总额”字段。

2. 在数据透视图中筛选数据，并对图表进行美化

- 单击“日期”筛选按钮，在列表中只选择“12月”数据项。
- 在“图表工具”选项卡中选择一款内置样式，并单击“更改颜色”下拉按钮，选择一款图表颜色。

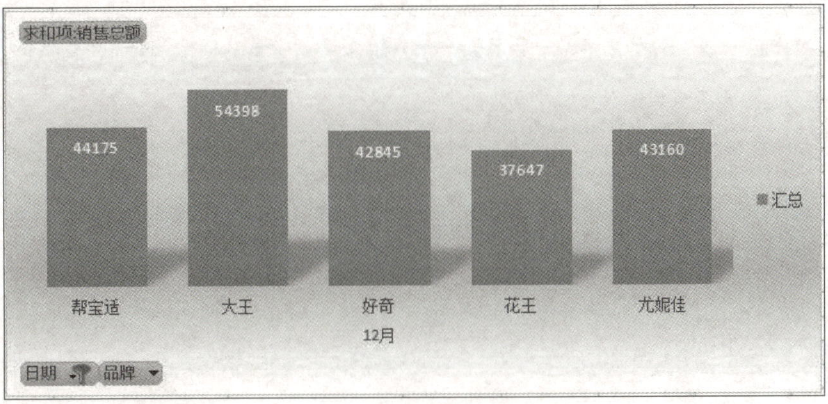

图 6-87

你学会了吗？

项目7

数据的直观化展示

内容概要

图表是数据图形化的表达，是数据可视化的体现。用图表来展示数据，可以帮助用户更好地理解和记忆。在WPS表格中内置了多种图表类型，用户可以根据需求轻松地创建各类图表。本项目将介绍图表创建、编辑与美化的基本操作。

数字资源

【本项目素材来源】："素材文件\项目7"目录下

【本项目实战演练最终文件】："素材文件\项目7\实战演练"目录下

7.1 图表的创建

WPS表格提供了8种图表类型，分别为柱形图、折线图、饼图、条形图、面积图、散点图、股价图和雷达图。用户可根据报表需求有选择地去创建这些类型的图表。

■7.1.1 了解图表组成

图表默认由图表区、绘图区、水平（类别）坐标轴、垂直（值）坐标轴、图表标题、数据系列、网格线、图例等元素组成，如图7-1所示。这些元素便于用户理解图表，并起着视觉引导作用。

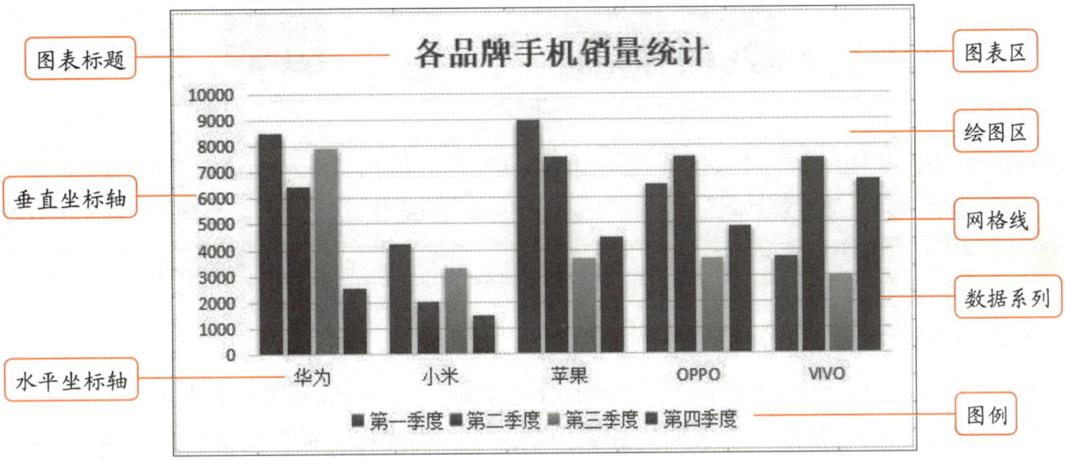

图 7-1

■7.1.2 插入图表

插入图表的方法有很多，比较常用的是使用“插入图表”对话框进行操作。选中表格中的任意单元格，在“插入”选项卡中单击“全部图表”按钮，在其列表中选择“全部图表”选项，打开“插入图表”对话框，在对话框左侧列表中选择所需的图表类型，在右侧图例中选择图表的样式，如图7-2所示。单击“插入”按钮即可在当前表格中插入图表，如图7-3所示。

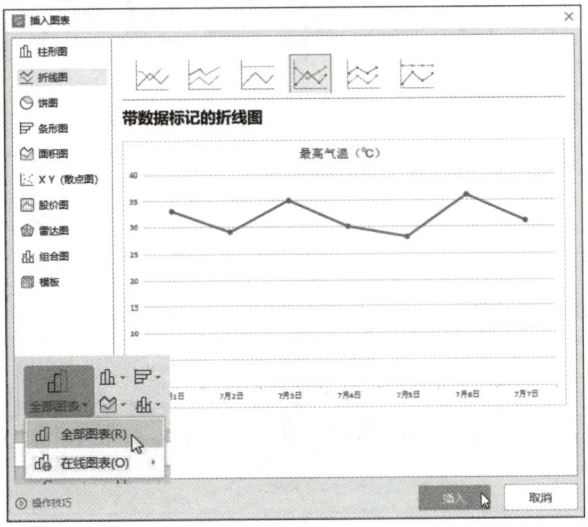

图 7-2

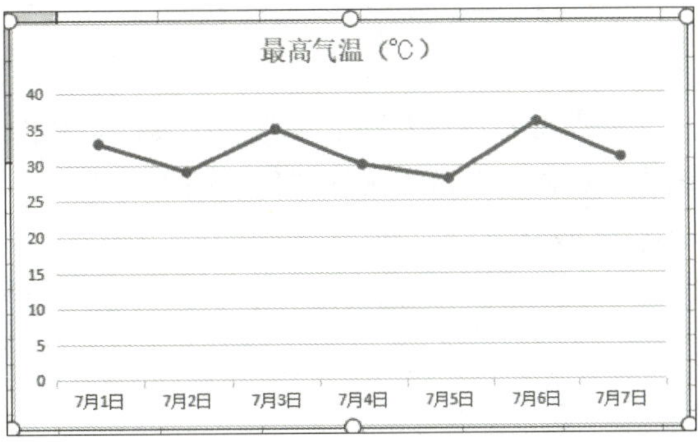

图 7-3

此外，用户也可在图表选项组中单击所需图表下拉按钮，在打开的列表中选择一款图表样式，创建图表，如图7-4所示。

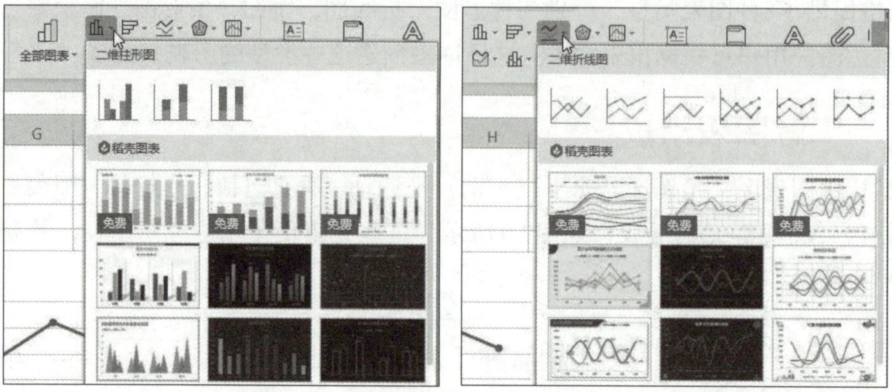

图 7-4

> **提示**：使用Alt+F1组合键可快速创建一张空白的图表，单击鼠标右键，在快捷菜单中选择“选择数据”选项，在打开的“编辑数据源”对话框中可添加相应的图表数据。按F11功能键可创建一个名为“Chart1”的图表工作表。

7.1.3 调整图表的大小和位置

插入图表后，为了使图表显示在工作表的合适位置，用户可以对图表的大小和位置进行调整。选中图表，将光标放置在图表四周任意控制点上，当光标变成双向箭头时，按住鼠标左键，拖动图表控制点至合适位置，放开鼠标即可调整其大小，如图7-5所示。

想要对图表的位置进行调整，只需将其选中，当光标呈十字形时，拖动图表至合适位置即可，如图7-6所示。

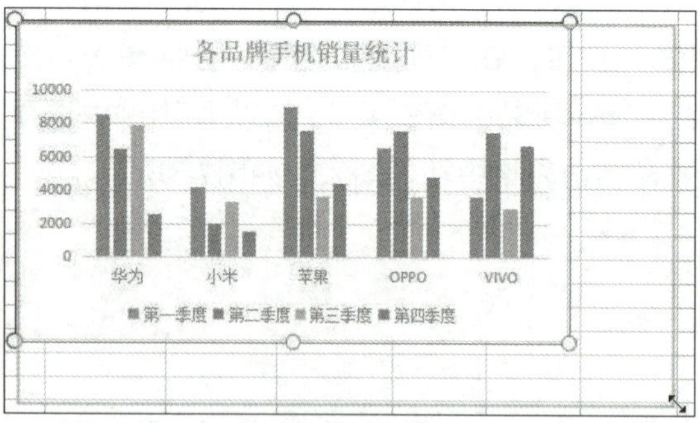

图 7-5

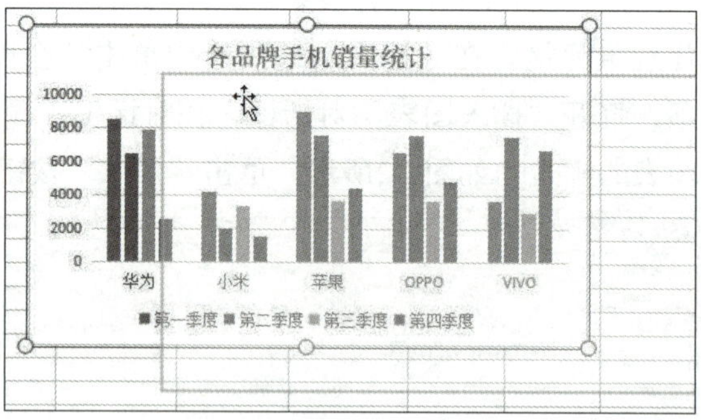

图 7-6

如果需要将图表移至其他工作表，则右击图表，在快捷菜单中选择“移动图表”选项，如图7-7所示。

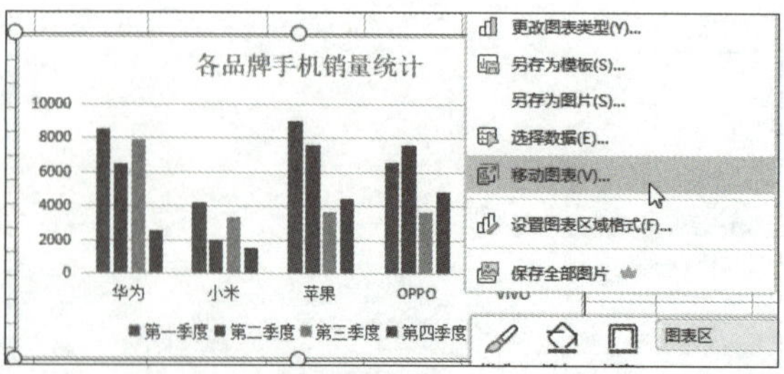

图 7-7

在打开的“移动图表”对话框中，用户可根据需要选择放置的位置，如图7-8所示。

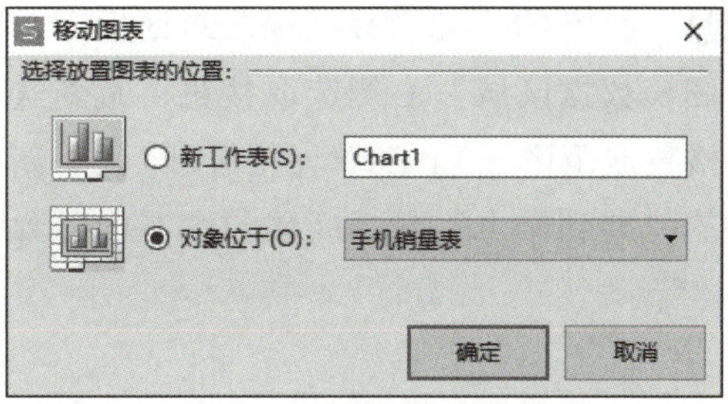

图 7-8

■7.1.4 更改图表类型

当插入的图表类型不合适时，用户可更改当前图表类型。选中图表，在“图表工具”选项卡中单击“更改类型”按钮，如图7-9所示。在打开的“更改图表类型”对话框中选择合适的图表类型，单击“插入”按钮即可，如图7-10所示。

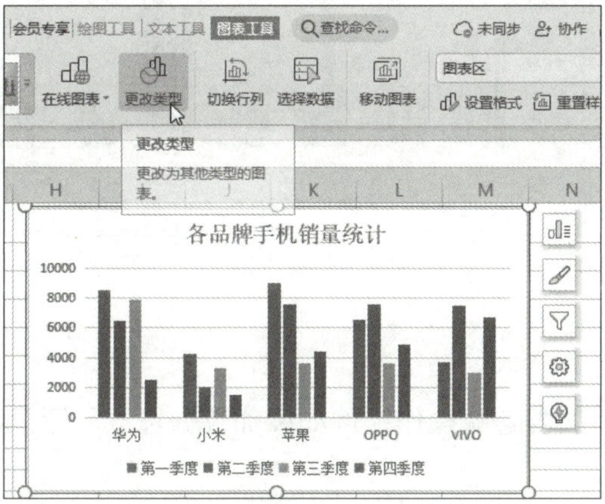

图 7-9

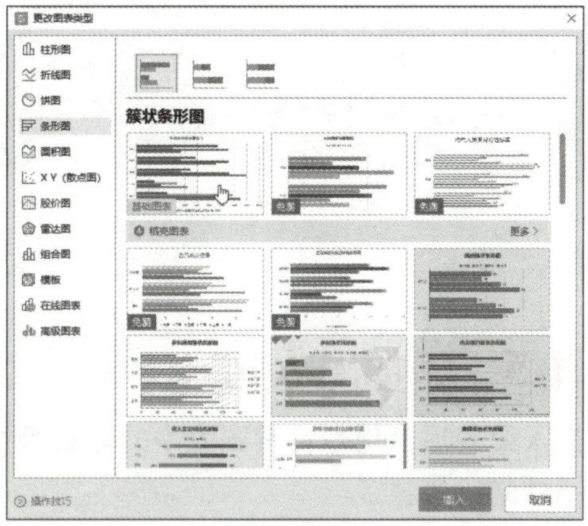

图 7-10

实例 在图表中添加数据

下面将在“图书销量”图表中添加一组“期刊杂志”数据，具体操作如下。

步骤 01 打开原始文件，先在原数据表中添加“期刊杂志”数据内容，如图7-11所示。

步骤 02 右击图表，在快捷菜单中选择“选择数据”选项，如图7-12所示。

图书类别	第一季度	第二季度	第三季度	第四季度
小说	19000	16000	20000	11000
文学	8600	11000	9000	7000
传记	11000	25000	6000	9000
艺术	6000	9000	14000	5000
少儿	25000	19000	35000	24000
经济	5000	10000	11000	4000
期刊杂志	7500	14000	9500	12000

图 7-11

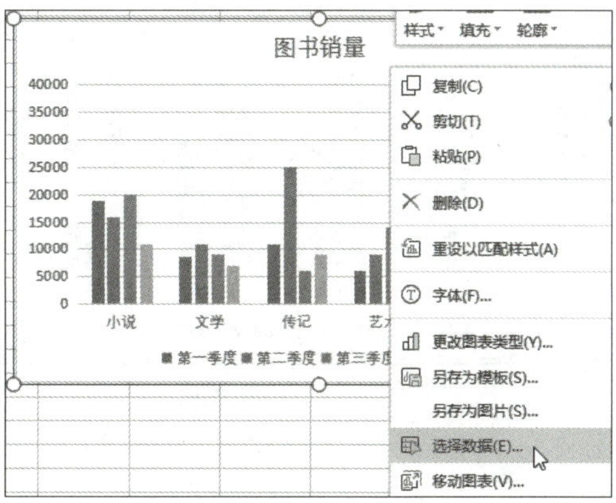

图 7-12

步骤03 在打开的“编辑数据源”对话框中单击“图表数据区域”右侧选取按钮，重新选取表格数据范围（A1:E8单元格区域）。将新增加的“期刊杂志”数据区域包含在内，如图7-13所示。

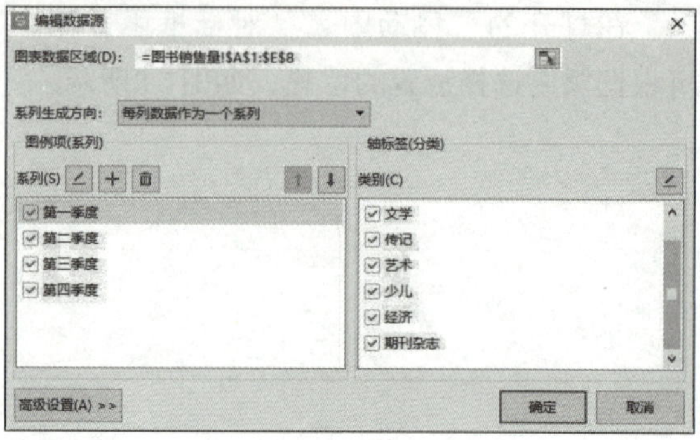

图 7-13

步骤04 单击“确定”按钮，此时在图表中已增添了“期刊杂志”这一组数据系列，如图7-14所示。

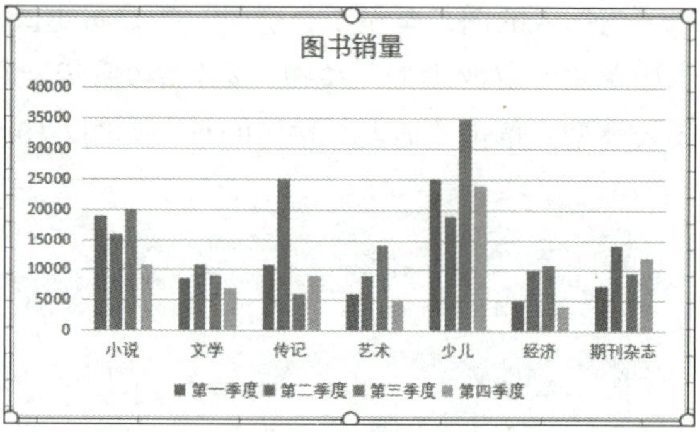

图 7-14

■7.1.5 添加图表元素

插入图表后，用户可对图表中的元素进行添加或隐藏操作，例如添加数据标签、添加趋势线、隐藏网格线等。

1. 添加数据标签

选中图表，单击图表右侧的“图表元素”按钮，在打开的列表中勾选“数据标签”复选框，即可为当前图表添加数据标签，如图7-15所示。单击该选项后三角按钮，在级联菜单中可以调整数据标签的位置，默认为“数据标签外”选项，如图7-16所示。

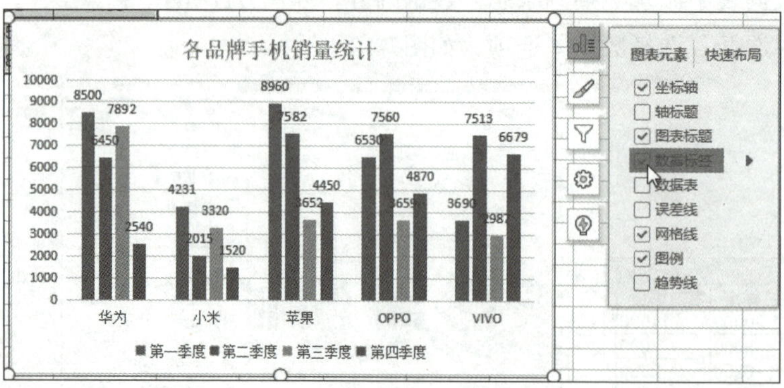

图 7-15

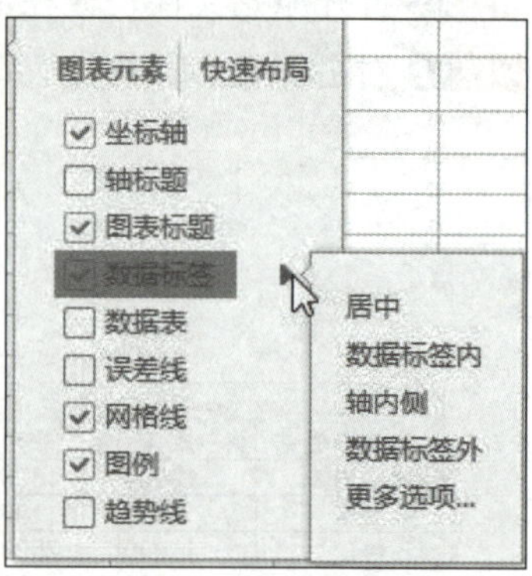

图 7-16

2. 添加趋势线

单击“图表元素”按钮，在其列表中勾选“趋势线”复选框，可为当前图表添加趋势线，如图7-17所示。如果图表数据系列比较多，系统会打开“添加趋势线”对话框，在此用户需选择要添加的数据系列，如图7-18所示。

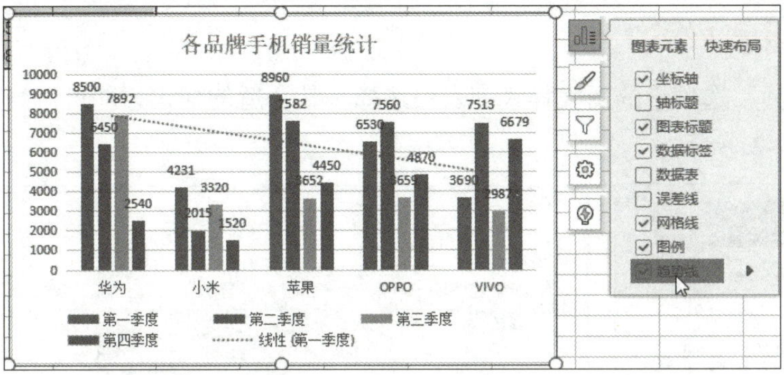

图 7-17

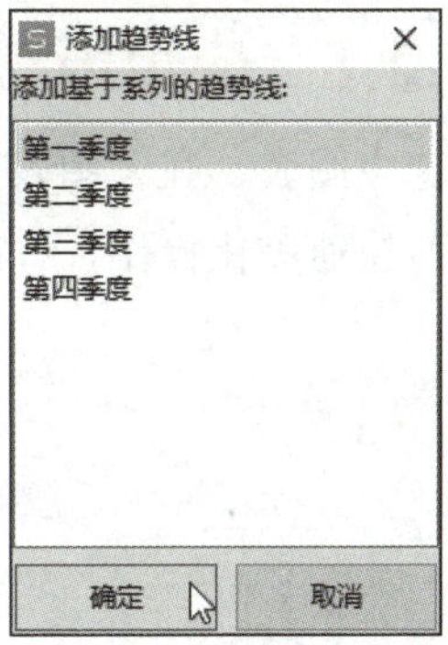

图 7-18

3. 隐藏网格线

当图表数据比较多时，用户可以隐藏其网格线来增强图表的可读性。在“图表元素”列表中取消勾选“网格线”复选框即可，如图7-19所示。

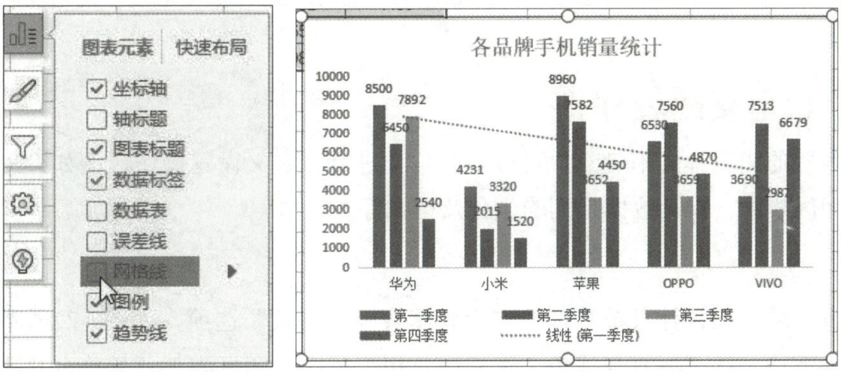

图 7-19

■7.1.6 修改图表布局

选中图表，在“图表工具”选项卡中单击“快速布局”下拉按钮，在打开的布局列表中选择一款满意的图表布局，即可更改当前图表的布局，如图7-20所示。

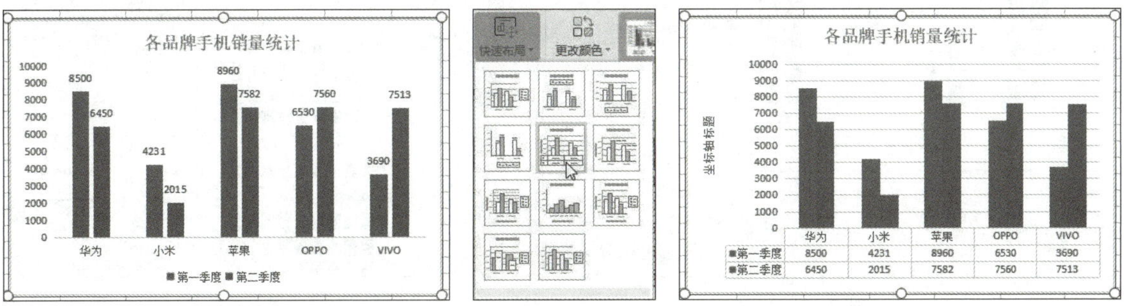

图 7-20

7.2 图表的美化

为了使创建的图表看起来更加美观，应对其进行美化。用户可以使用内置图表样式进行快速美化，也可以根据需求自定义图表样式。

7.2.1 使用内置图表样式

选中图表，在“图表工具”选项卡的图表样式列表中选择一款合适的样式，即可对当前图表进行快速美化操作，如图7-21所示。

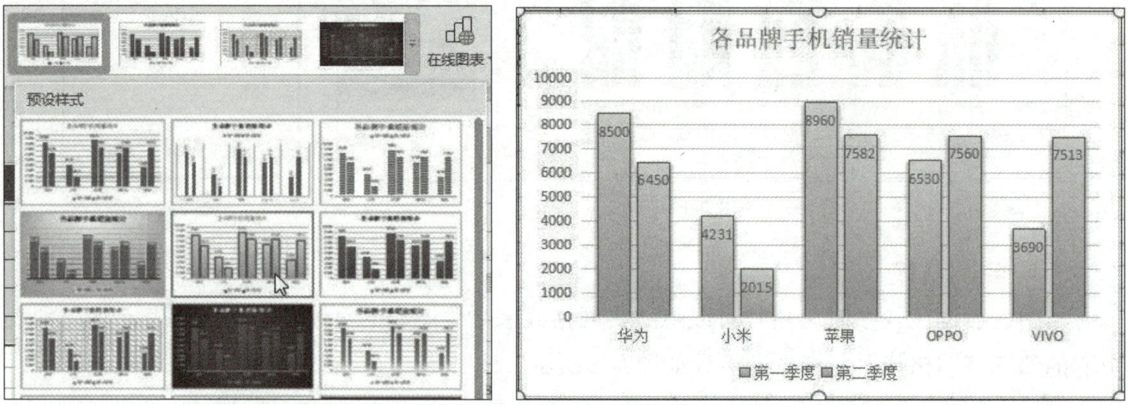

图 7-21

7.2.2 自定义图表样式

如果对内置的图表样式不满意，可以对其样式进行自定义设置操作，例如设置图表区域样式、设置绘图区样式、设置数据系列的颜色及样式等。

1. 设置图表区域样式

右击图表区域，在快捷菜单中选择“设置图表区域格式”选项，如图7-22所示。打开“图表选项”属性窗格，在“填充与线条”选项中，用户可以为图表添加背景色以及图表边框，如图7-23所示。

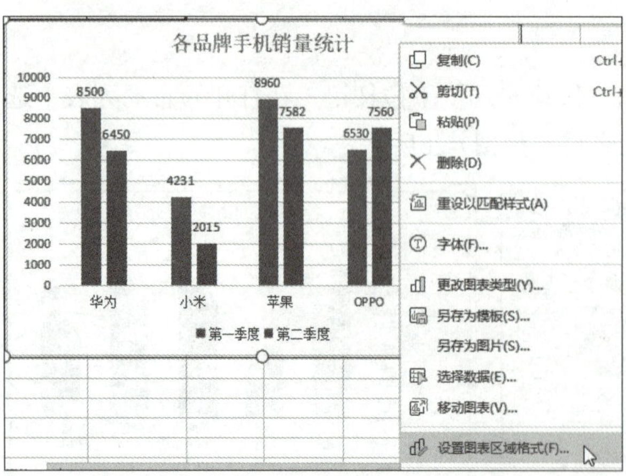

图 7-22

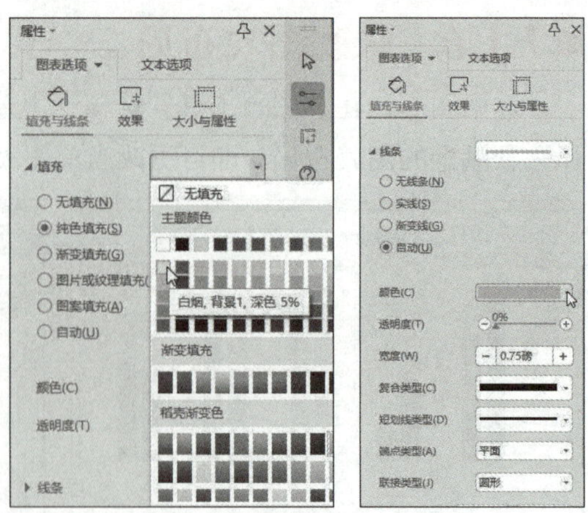

图 7-23

2. 设置绘图区样式

设置图表绘图区与设置图表区的方法相似，都可以通过属性窗格来设置其背景和边框。在图表中右击绘图区域，在快捷菜单中选择“设置绘图区格式”选项，如图7-24所示。在打开的“绘图区选项”属性窗格中进行相关设置即可，如图7-25所示。

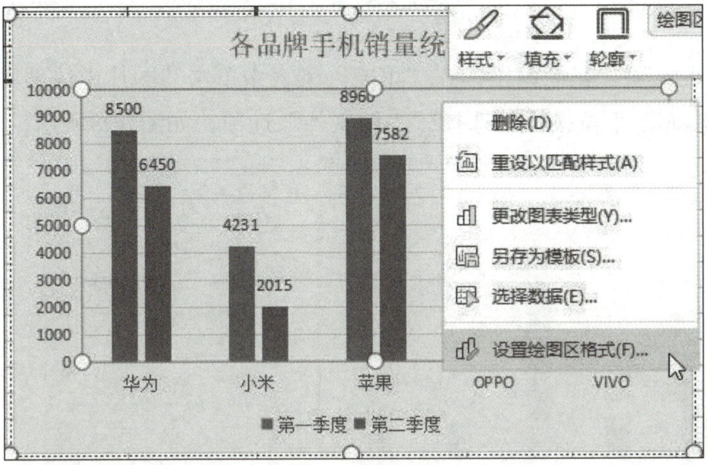

图 7-24

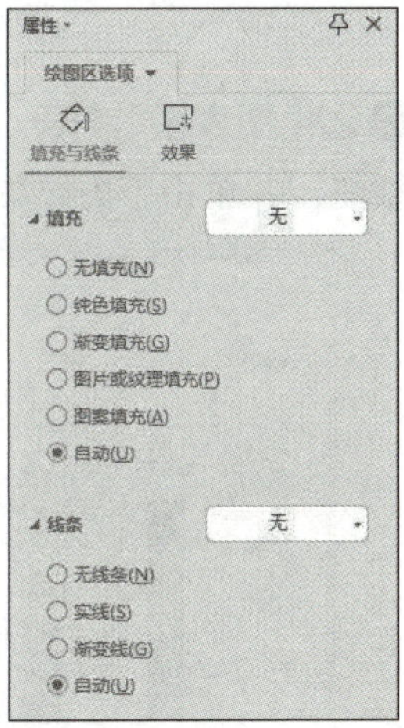

图 7-25

3. 设置系列颜色

如果用户对当前图表中的数据系列颜色不满意，可以通过“更改颜色”选项对其颜色进行更改操作。选中图表，在“图表工具”选项卡中单击“更改颜色”下拉按钮，在其列表中选择满意的颜色即可，如图7-26所示。

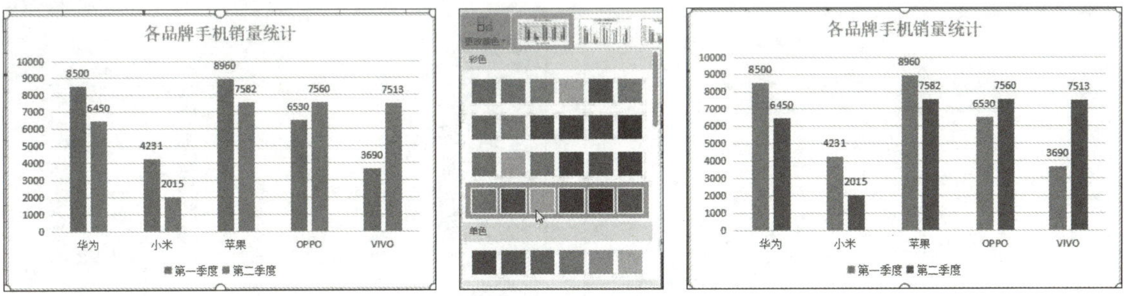

图 7-26

此外，用户还可以通过“绘图工具”选项卡中的“填充”“轮廓”和“形状效果”命令来对数据系列的颜色、形状以及效果样式进行设置，如图7-27所示。

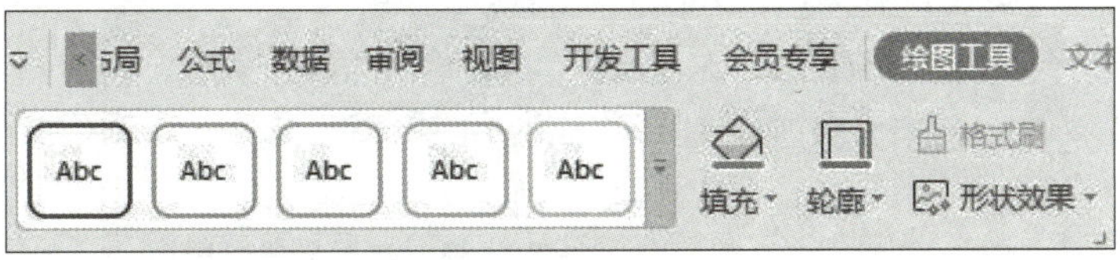

图 7-27

实例 对一季度图书销量图表进行美化

下面将对创建的图书销量图表进行美化操作，其中包括设置图表背景、调整数据系列颜色及效果等。

步骤01 打开原始文件，选择图表，单击“图表元素”按钮，为其添加数据标签，结果如图7-28所示。

步骤02 选中图表区，打开“图表选项”属性窗格，在“填充”列表中单击“图片或纹理填充”单选按钮，并单击下方“图片填充”下拉按钮，选择“本地文件”选项，如图7-29所示。

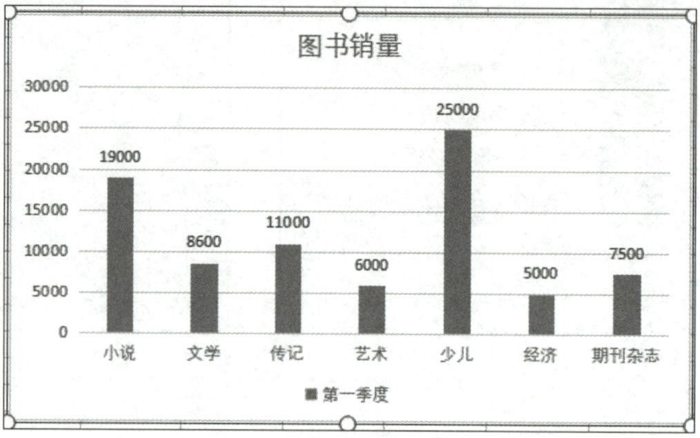

图 7-28

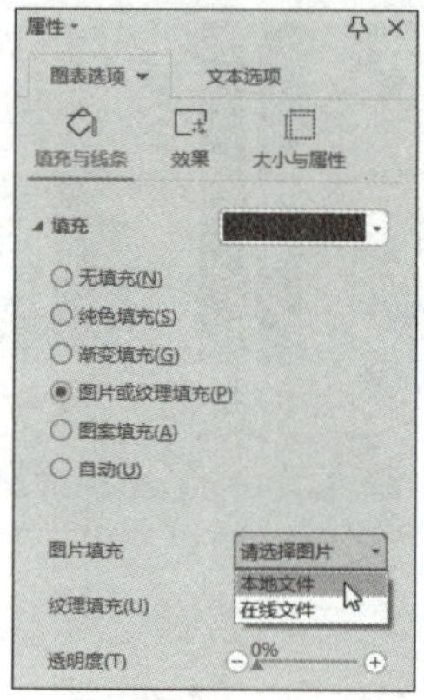

图 7-29

步骤03 在“选择纹理”对话框中选择所需图片，单击“打开”按钮，如图7-30所示。

步骤04 设置好后即可查看背景填充效果，如图7-31所示。

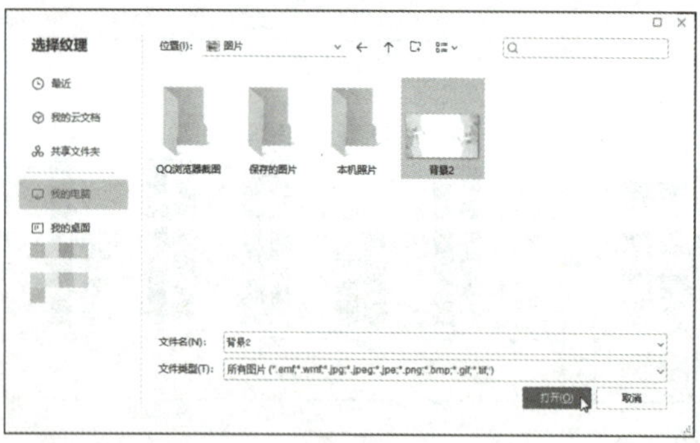

图 7-30

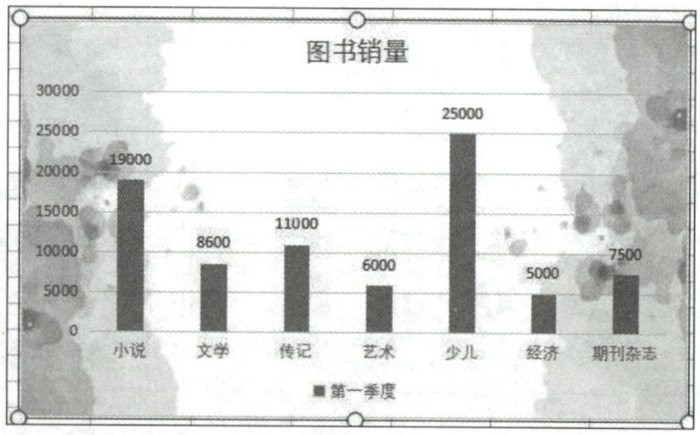

图 7-31

步骤05 在图表中选择“第一季度”数据系列，在“绘图工具”选项卡中单击“填充”下拉按钮，从中选择一款填充颜色，来更改当前数据系列的填充色，如图7-32所示。

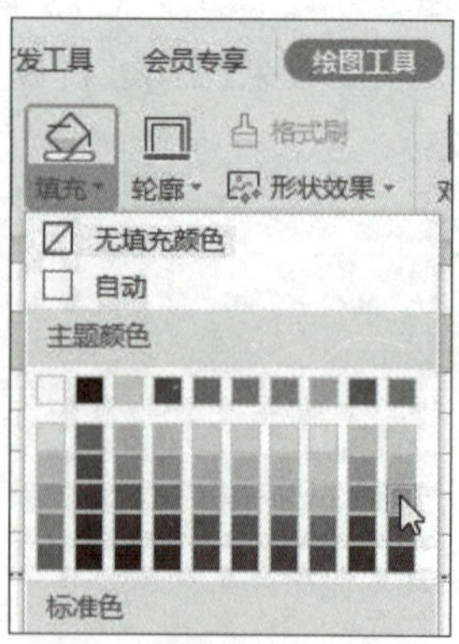

图 7-32

步骤06 单击“形状效果”下拉按钮，从中选择“阴影”选项，并在其级联菜单中选择一款阴影样式，为数据系列添加阴影效果，如图7-33所示。

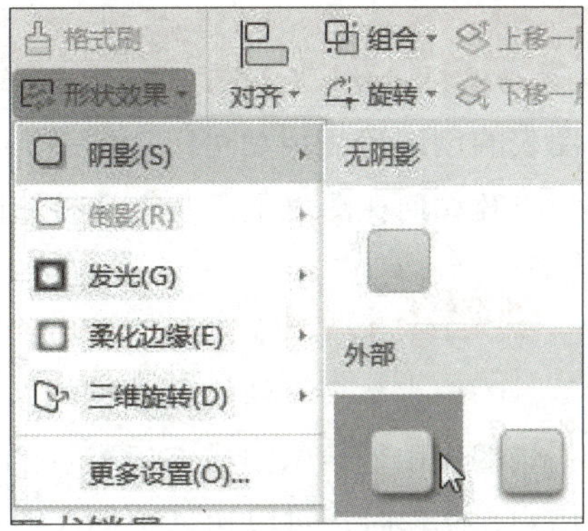

图 7-33

步骤07 单击“图表元素”按钮，在其列表中取消勾选“网格线”复选框，并单击“坐标轴”右侧三角按钮，在其级联菜单中取消勾选“主要纵坐标轴”复选框，隐藏网格线和图表垂直坐标，如图7-34所示。

步骤08 右击数据系列，在快捷菜单中选择“设置数据系列格式”选项，如图7-35所示，打开“系列选项”属性窗格。

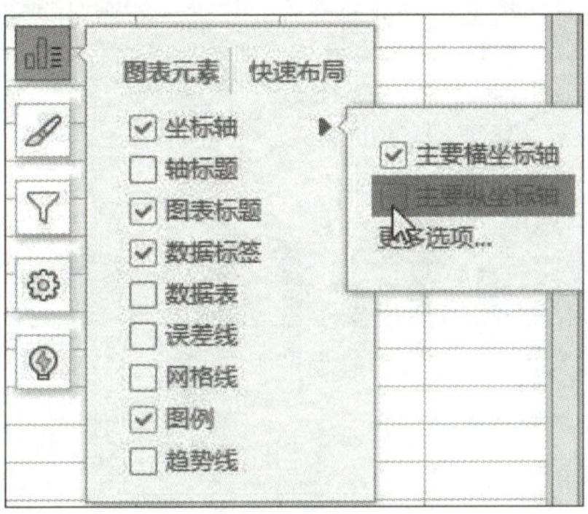

图 7-34

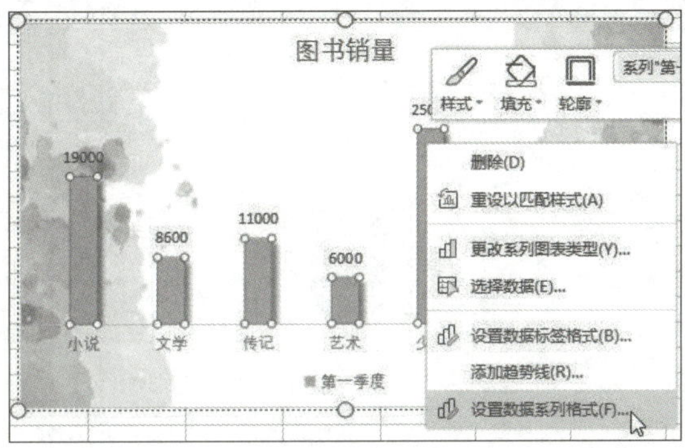

图 7-35

步骤09 在该窗格的“系列”选项卡中，将“分类间距”参数值设为100%，如图7-36所示。该参数值越大，系列形状就越细；该参数值越小，系列形状就越粗。至此，一季度图书销量图表美化完毕，结果如图7-37所示。

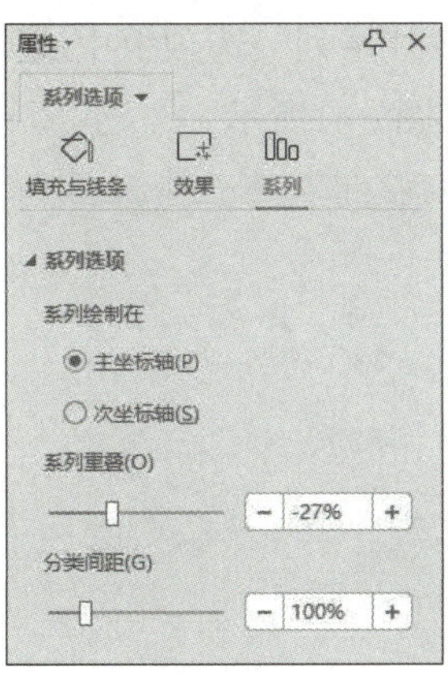

图 7-36

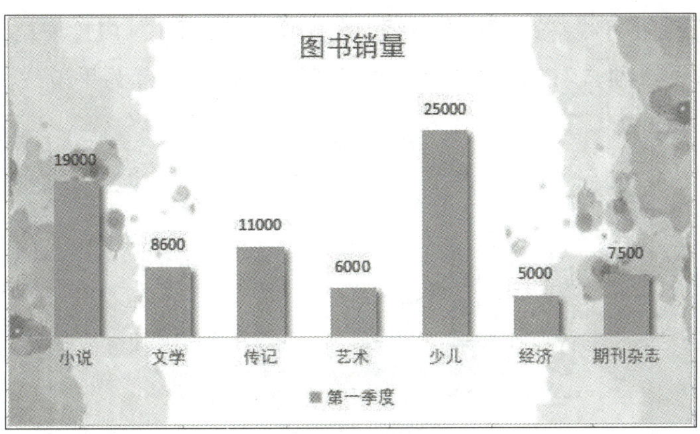

图 7-37

7.3 复杂图表的制作

掌握了图表的创建后，用户可以在此基础上进行复杂图表的制作，下面将介绍组合型图表的制作方法，以及如何在图表上添加筛选按钮的操作方法。

7.3.1 创建组合图表

有时候单一的图表类型无法满足数据的多元化展示，这时就要考虑多种图表的组合。组合图表是指在一张图表中显示两组或多组数据的变化趋势。比较常见的是柱形图和折线图一起组合的图表。用户在制作时，可以通过“插入图表”对话框中的“组合图”选项进行操作。

实例 创建线柱组合图表

下面以创建公司近几年财务状况统计表为例，来介绍线柱组合图表的制作方法。

步骤01 打开原始文件，选择表格任意单元格，单击“全部图表”按钮，打开“插入图表”对话框，选择“组合图”选项，如图7-38所示。

步骤02 在“创建组合图表”选项组中勾选“利润”后的“次坐标轴”复选框，如图7-39所示。

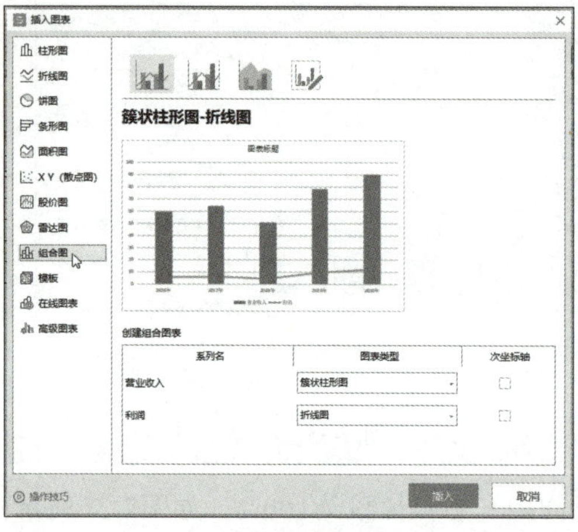

图 7-38

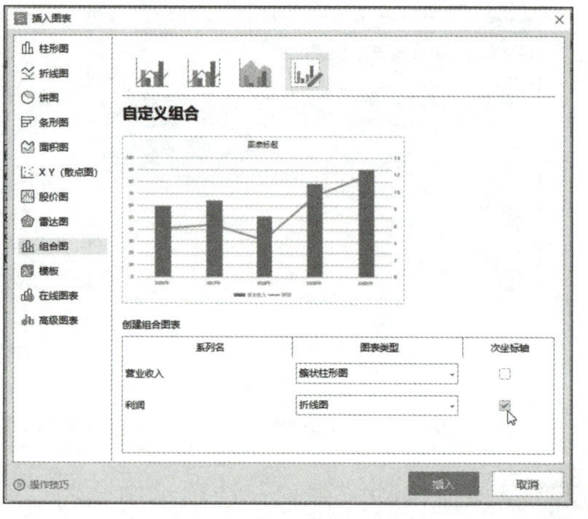

图 7-39

步骤03 单击“插入”按钮，此时基本的组合图表已创建完成，如图7-40所示。

步骤04 设置折线格式。双击折线，打开“系列选项”属性窗格，在“系列”选项组中展开“系列选项”选项，勾选“平滑线”复选框，将折线设置为平滑线，如图7-41所示。

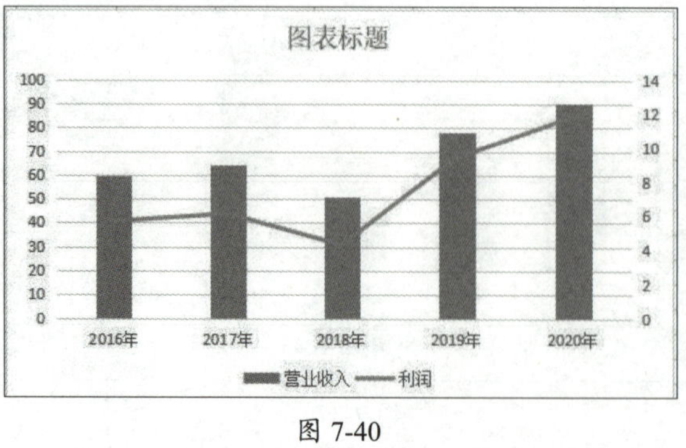

图 7-40

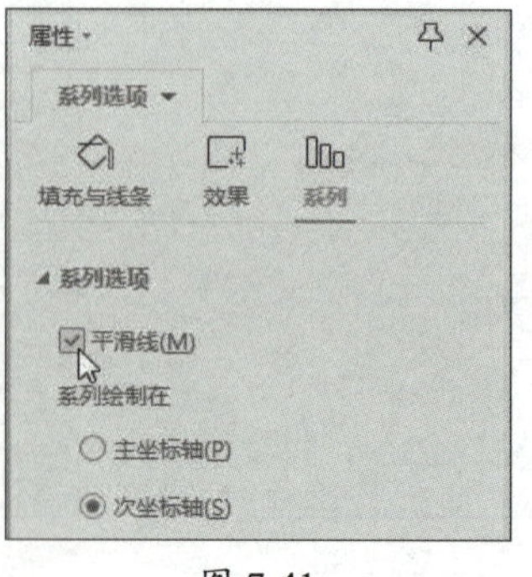

图 7-41

步骤 05 在“填充与线条”选项卡中选择“标记”选项，并展开“数据标记选项”列表，勾选“内置”单选按钮，为折线添加标记点，如图7-42所示。

步骤 06 展开“线条”列表，设置标记边框颜色，如图7-43所示。

步骤 07 单击“图表元素”按钮，在其列表中勾选“数据标签”复选框，为图表添加数据标签，如图7-44所示。

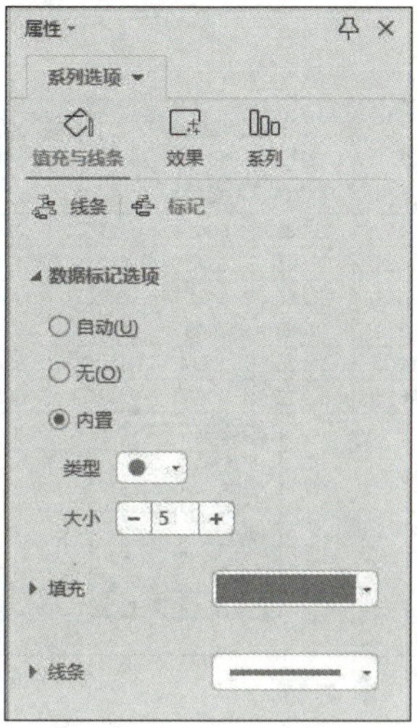

图 7-42

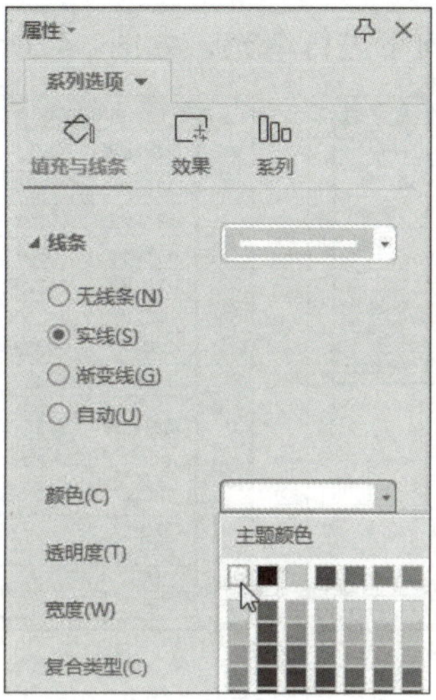

图 7-43

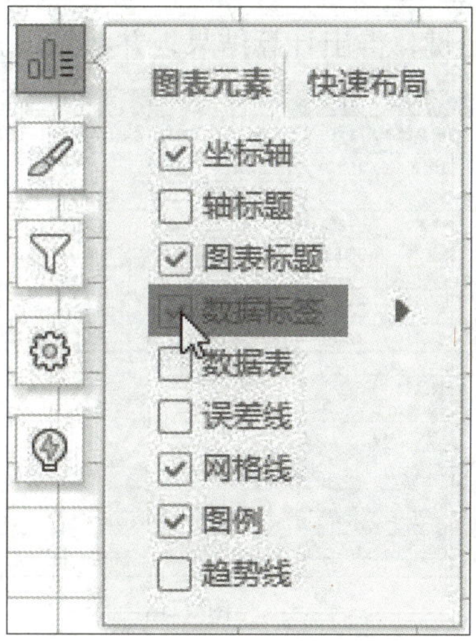

图 7-44

步骤 08 在“图表元素”列表中，取消勾选“网格线”复选框，隐藏图表网格线。双击图表标题文本框，输入图表标题内容，并设置好其文本格式。至此完成线柱组合图表的制作，效果如图7-45所示。

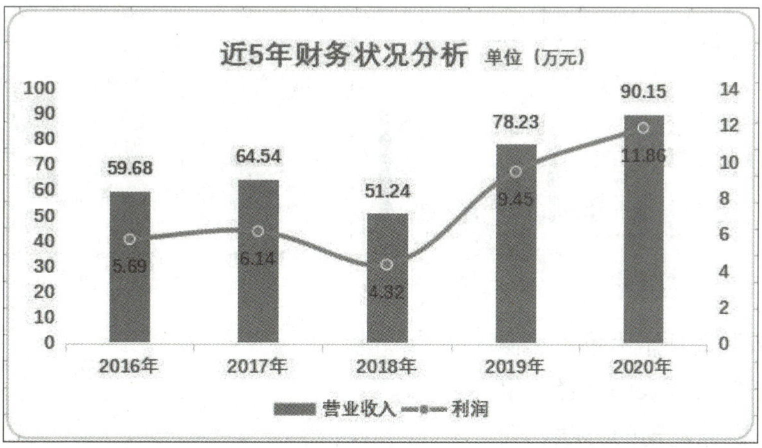

图 7-45

■7.3.2 在图表上进行筛选

一般来说，在数据透视图中可以进行数据筛选，而创建的图表默认是没有筛选这项功能的。如果想要在图表中进行筛选操作，可通过以下方法进行。

实例 在图表中筛选出4月份奶粉销售情况

下面将在奶粉销量统计图表中设置筛选按钮，并筛选出4月份各品牌奶粉的销售情况。在制作过程中需要结合INDEX函数以及窗体功能来操作。

步骤01 打开原始文件，在B10:C17单元格区域制作辅助表，如图7-46所示。

步骤02 选中C10单元格，输入1，然后选中C11单元格，输入公式“=INDEX(C2:H2,C$10)”，按Enter键，得出计算结果，并将该公式向下进行填充，如图7-47所示。

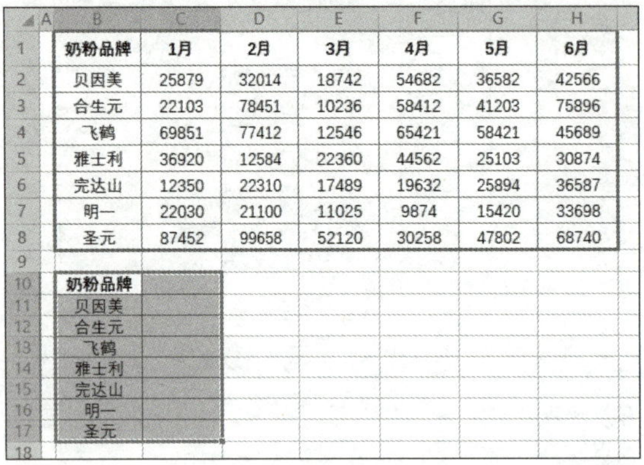

奶粉品牌	1月	2月	3月	4月	5月	6月
贝因美	25879	32014	18742	54682	36582	42566
合生元	22103	78451	10236	58412	41203	75896
飞鹤	69851	77412	12546	65421	58421	45689
雅士利	36920	12584	22360	44562	25103	30874
完达山	12350	22310	17489	19632	25894	36587
明一	22030	21100	11025	9874	15420	33698
圣元	87452	99658	52120	30258	47802	68740

奶粉品牌	
贝因美	
合生元	
飞鹤	
雅士利	
完达山	
明一	
圣元	

图 7-46

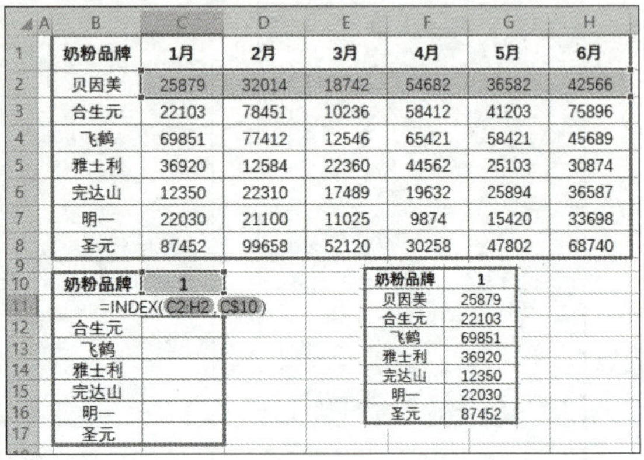

奶粉品牌	1月	2月	3月	4月	5月	6月
贝因美	25879	32014	18742	54682	36582	42566
合生元	22103	78451	10236	58412	41203	75896
飞鹤	69851	77412	12546	65421	58421	45689
雅士利	36920	12584	22360	44562	25103	30874
完达山	12350	22310	17489	19632	25894	36587
明一	22030	21100	11025	9874	15420	33698
圣元	87452	99658	52120	30258	47802	68740

奶粉品牌	1
=INDEX(C2:H2,C$10)	
合生元	
飞鹤	
雅士利	
完达山	
明一	
圣元	

奶粉品牌	1
贝因美	25879
合生元	22103
飞鹤	69851
雅士利	36920
完达山	12350
明一	22030
圣元	87452

图 7-47

步骤03 在E12:E17单元格区域中输入1～6月。选中B11:C17单元格区域，插入柱形图表，如图7-48所示。

步骤04 适当美化一下该图表，结果如图7-49所示。

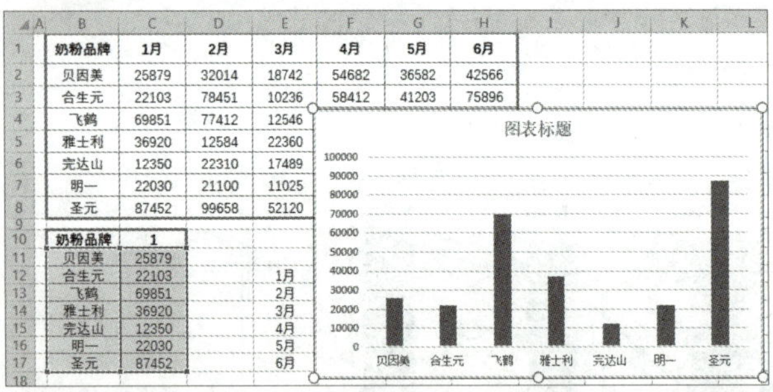

图 7-48

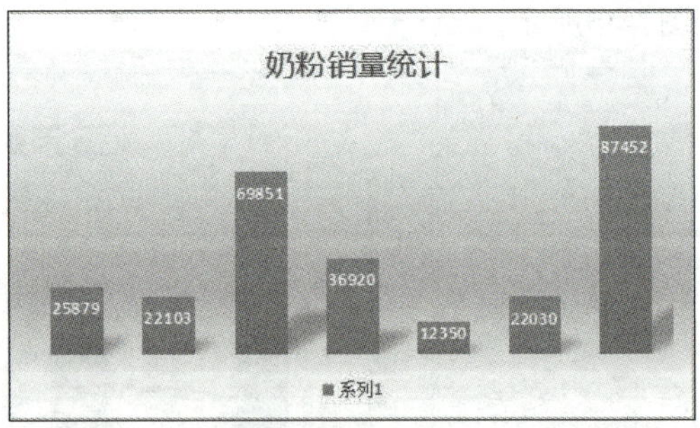

图 7-49

步骤05 在“插入”选项卡中单击“窗体”下拉按钮，在其列表中选择“组合框”，并使用鼠标拖动的方法，在图表合适位置绘制出该组合框，如图7-50所示。

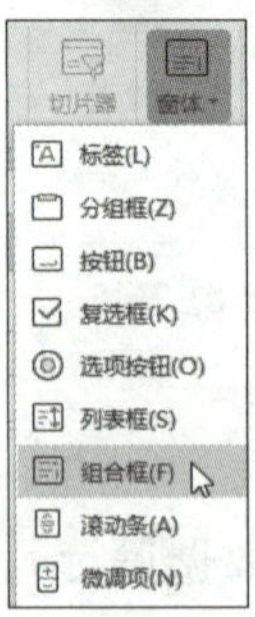

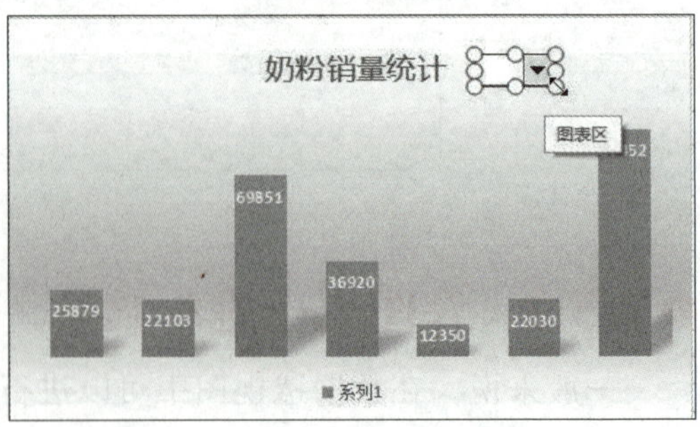

图 7-50

步骤06 在“窗体”下拉列表中选择“窗体属性”选项，打开“设置对象格式”对话框，如图7-51所示。

步骤07 在“设置对象格式”对话框中单击“控制”选项卡，在“数据源区域”文本框中引用E12:E17单元格区域，在“单元格链接”文本框中引用C10单元格，单击“确定”按钮，如图7-52所示。

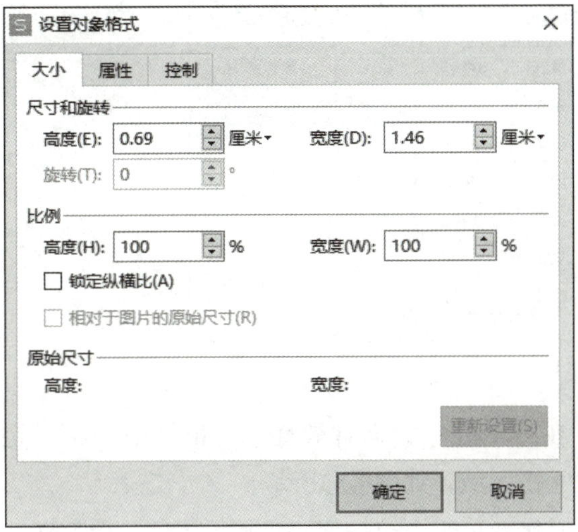

图 7-51

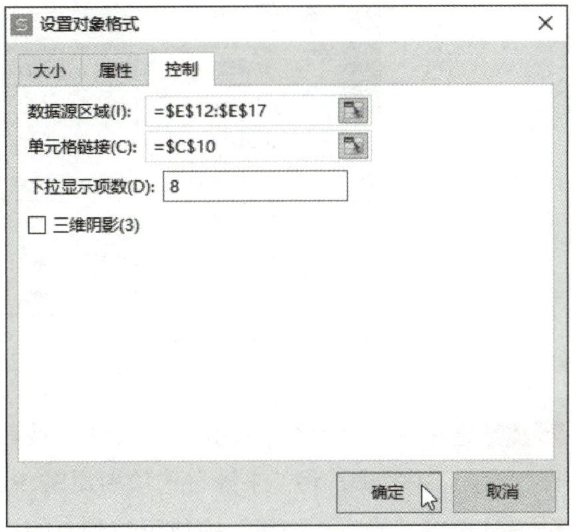

图 7-52

步骤08 此时单击图表中的组合框控件按钮，在列表中选择4月选项，图表中的数据将会呈现出4月的销量情况，如图7-53所示。至此，完成图表筛选按钮的制作。

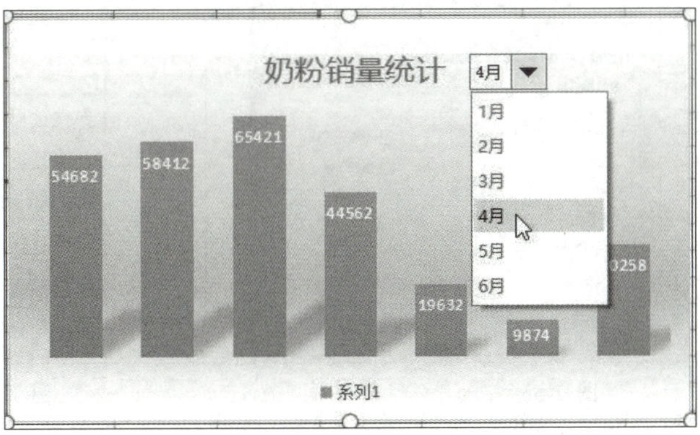

图 7-53

你学会了吗?

实战演练 制作动态疫苗接种统计图表

下面将综合利用所学知识来制作一张动态疫苗接种统计图表。动态图表会随着数据的变化而呈现出不同的统计信息，相对一般图表来说比较灵活。

步骤01 打开原始文件，先创建一组辅助列，如图7-54所示。

图 7-54

步骤02 选中H3单元格，单击“有效性”按钮，在打开的“数据有效性”对话框中，将“允许”设为“序列”，将“来源”选项引用B3:B8单元格区域，如图7-55所示。

步骤03 单击“确定”按钮，完成下拉列表的设置操作，单击下拉按钮，可随便选择一项数据，如图7-56所示。

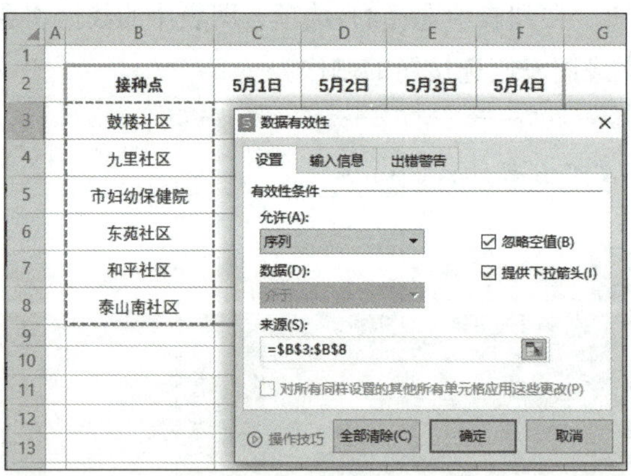

图 7-55

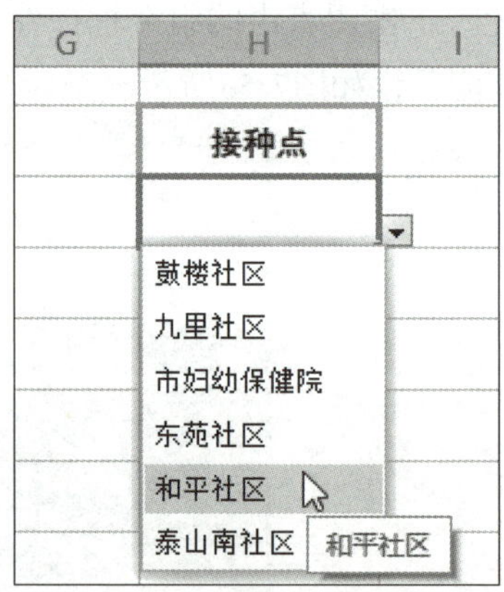

图 7-56

步骤04 选择B3:F8单元格区域，在“公式”选项卡中单击“指定”按钮，在打开的“指定名称”对话框中保持“最左列”为勾选状态，单击“确定”按钮，如图7-57所示。

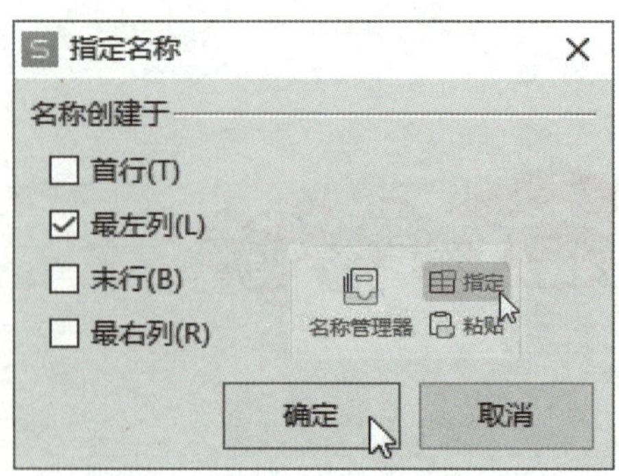

图 7-57

步骤05 单击表格左上角“名称框”下拉按钮，即可查看到当前表格名称，选择其中一个名称，系统会自动选择相应的单元格区域，如图7-58所示。

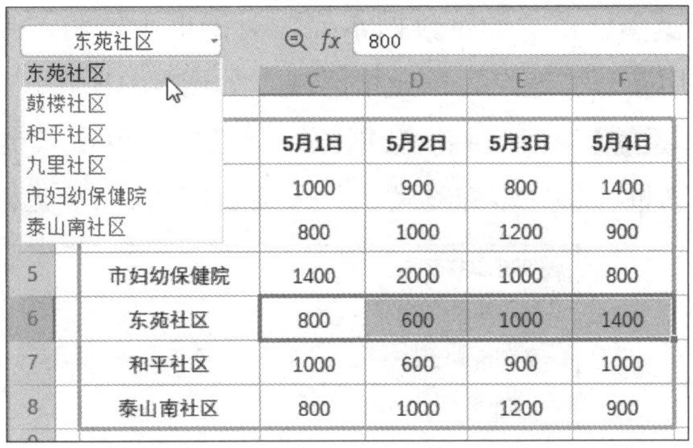

图 7-58

步骤06 在“公式”选项卡中单击“名称管理器”按钮，在打开的对话框中单击“新建”按钮，打开“新建名称”对话框，将“名称”命名为“地点”，在“引用位置”选项中输入公式“=INDIRECT(接种量统计!$H$3)”，如图7-59所示。

步骤07 单击“确定”按钮返回“名称管理器”对话框，完成单元格区域定义操作，如图7-60所示。

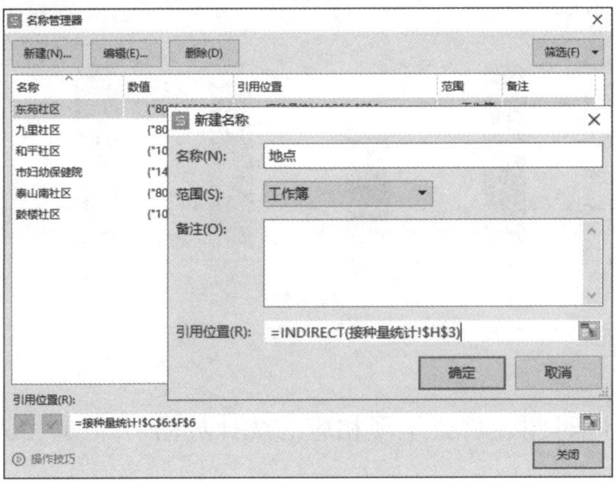

图 7-59

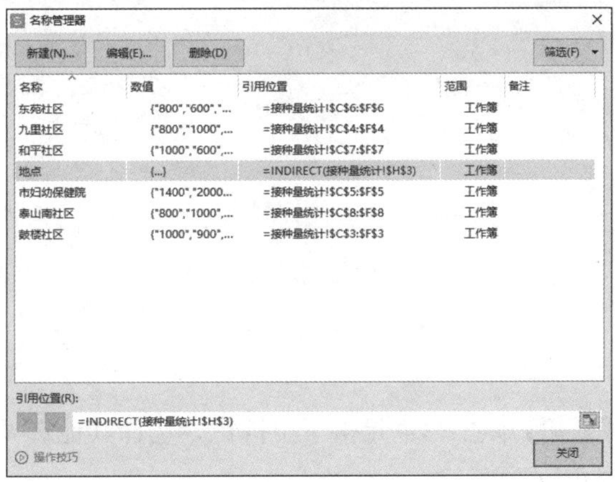

图 7-60

步骤08 在“插入”选项卡中单击“全部图表”按钮，在打开的“插入图表”对话框中选择“簇状柱形图”选项，创建一张柱形图，如图7-61所示。

步骤09 右击图表，在快捷菜单中选择“选择数据”选项，打开“编辑数据源”对话框，清除“系列”列表中的所有参数，单击“添加”按钮，如图7-62所示。

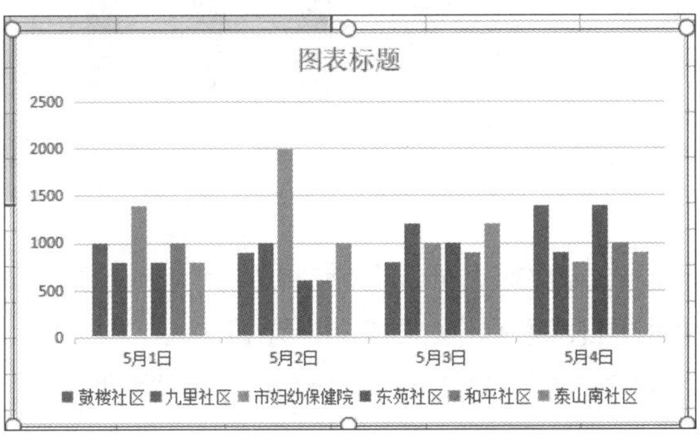

图 7-61

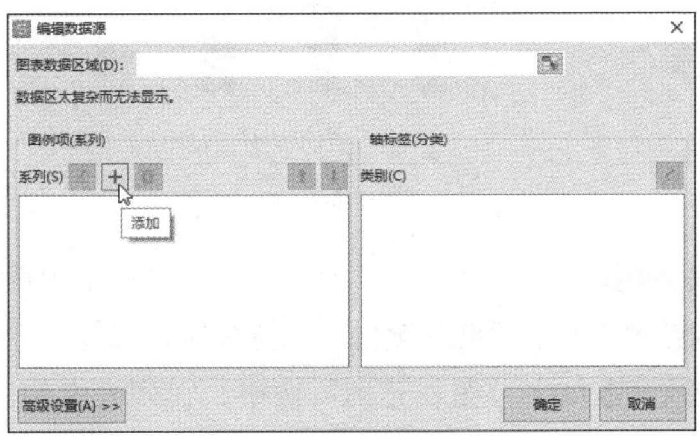

图 7-62

步骤 10 在"编辑数据系列"对话框中，将"系列名称"选项引用H3单元格，将"系列值"引用新建"地点"单元格区域，如图7-63所示。

步骤 11 返回"编辑数据源"对话框，单击"类别"选项后"编辑"按钮，打开"轴标签"对话框，将"轴标签区域"选项引用C2:F2单元格区域，如图7-64所示。

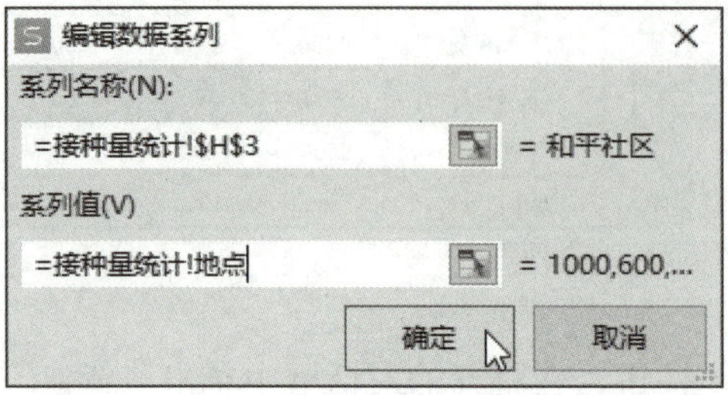

图 7-63

图 7-64

步骤 12 返回"编辑数据源"对话框，单击"确定"按钮，完成图表数据编辑操作，如图7-65所示。

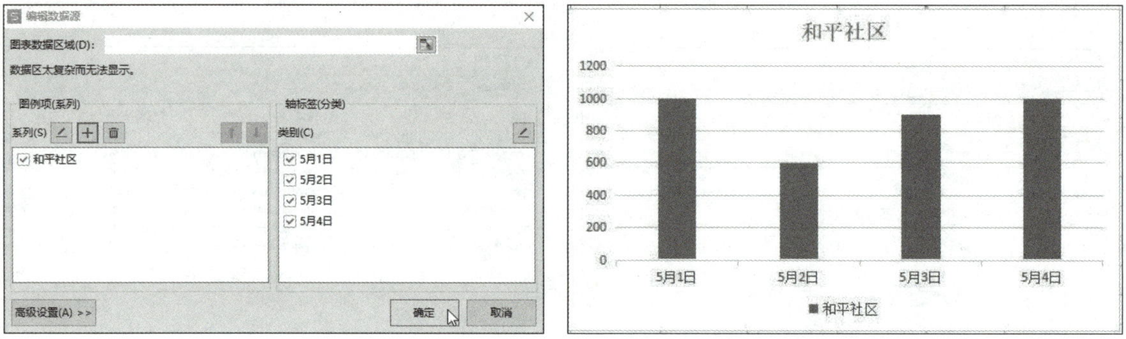

图 7-65

步骤 13 单击H3单元格下拉按钮，选择其他选项，此时图表将会呈现相应的统计数据，如图7-66和图7-67所示。

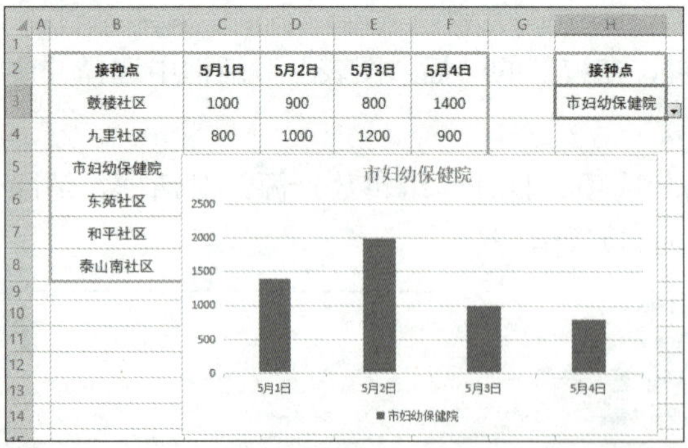

图 7-66

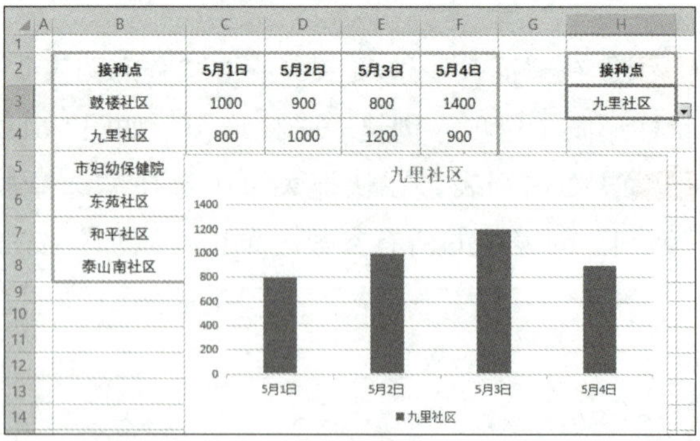

图 7-67

步骤 14 选中图表，在"图表工具"选项卡中选择一款内置样式，如图7-68所示。

步骤 15 单击"更改颜色"下拉按钮，选择一款满意的图表颜色，如图7-69所示。

步骤 16 单击"图表元素"按钮，在列表中勾选"数据标签"复选框，并将其设为"数据标签外"，为图表添加数据标签，如图7-70所示。

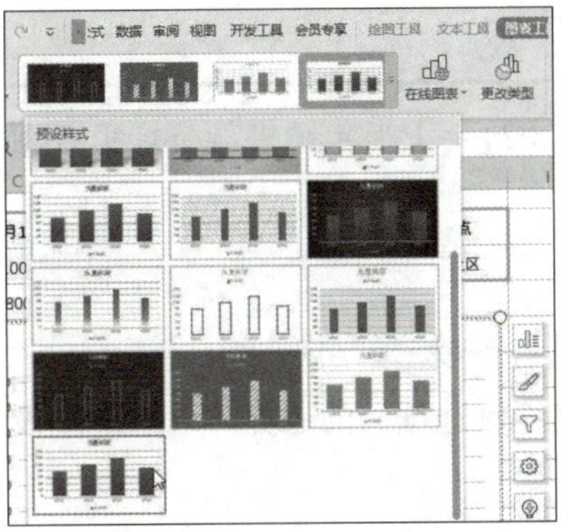

图 7-68

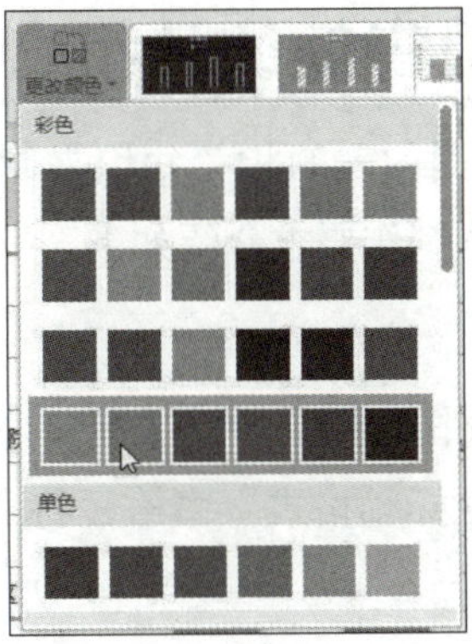

图 7-69

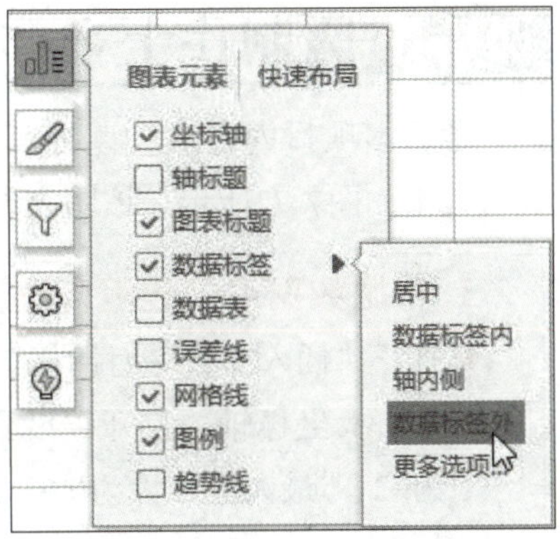

图 7-70

步骤 17 动态图表制作完成，最终结果如图7-71所示。

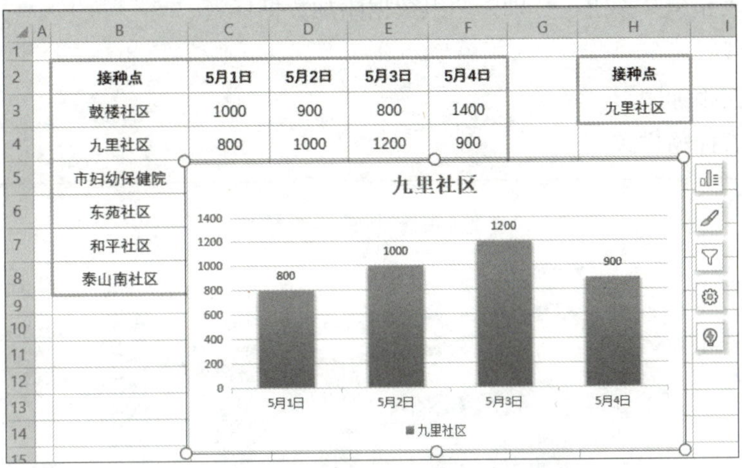

图 7-71

你学会了吗？

课后作业 制作上半年销售额统计组合图表

学习本项目内容后，读者可利用图表的相关知识来制作2021年上半年销售额统计组合图表，效果如图7-72所示。该图表具体制作要求介绍如下。

1. 根据数据表创建组合图表

- 打开“插入图表”对话框，选择“组合图”选项，勾选“次坐标轴”复选框。
- 右击次坐标轴，打开“设置坐标轴格式”窗格，将“坐标轴选项”的边界“最小值”设为-2，“最大值”设为0.9。

2. 美化组合图表

- 单击“更改颜色”按钮，修改图表颜色。
- 单击“图表元素”按钮，分别为两组数据添加数据标签。
- 隐藏网格线。
- 为两组数据添加阴影。
- 设置好图表标题样式。

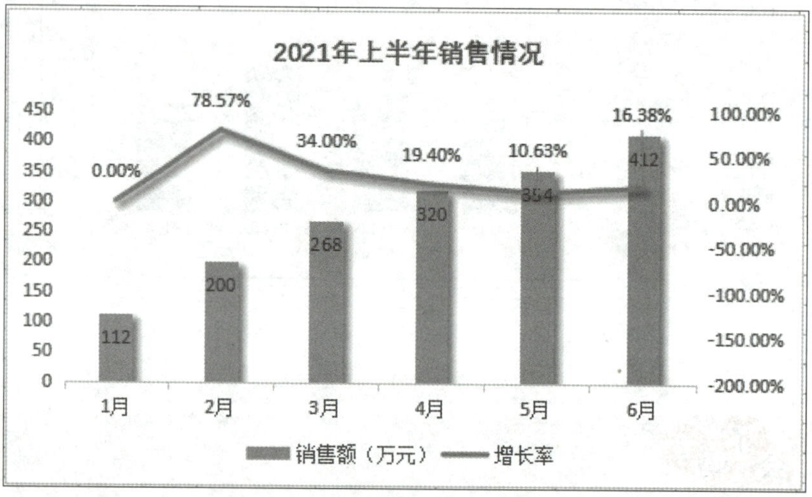

图 7-72

学习体会

项目 8

工作表的打印与保护

内容概要

本项目将着重介绍数据报表的打印功能，其中包含一些打印设置的技巧，例如缩放打印、对指定数据区域进行打印、分页打印、不打印图表等。另外，对一些常规的工作表保护措施也有相关的介绍。

数字资源

【本项目素材来源】："素材文件\项目8"目录下

【本项目实战演练最终文件】："素材文件\项目8\实战演练"目录下

8.1 打印工作表

打印工作表时，往往会遇到各种问题，例如，如何将两页数据表打印到一页纸上、如何对指定的数据区域进行打印、如何为数据表添加页眉页脚、如何在每页纸上都显示标题行等。对于这类问题，用户只需掌握一些设置技巧，就可以轻松地解决。

■8.1.1 缩放打印

缩放打印是按指定缩放比例打印内容，当需要打印的内容过多时，用户可以缩减打印输出。在“页面布局”选项卡中单击“打印缩放”按钮，在打开的列表中用户可以根据需要选择缩放的方式，其中包含“无缩放”“将整个工作表打印在一页”“将所有列打印在一页”“将所有行打印在一页”以及自定义调整缩放比例值，如图8-1所示。

在该列表中选择“自定义缩放”选项后，将会打开“页面设置”对话框，在此用户也可对缩放比例值以及缩放方式进行调整，如图8-2所示。

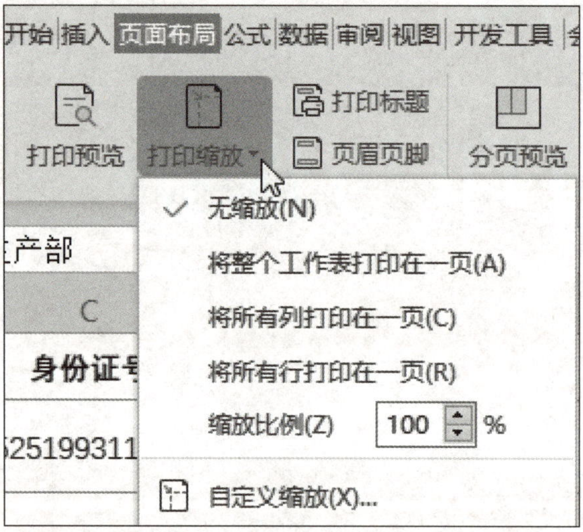

图 8-1

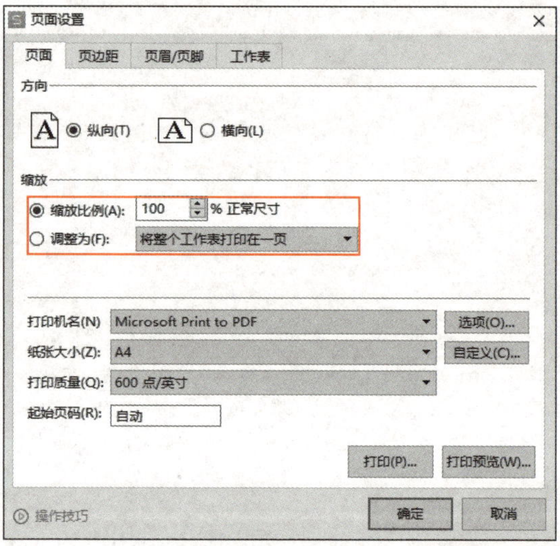

图 8-2

实例 将员工信息表进行缩放打印

当前的员工信息表内容比较多，默认是分两页显示。现需要将其内容调整至一页上，可通过以下方法进行操作。

步骤 01 打开原始文件，在“页面布局”选项卡中单击“打印预览”按钮，可看到当前表格显示不完整，如图8-3所示。

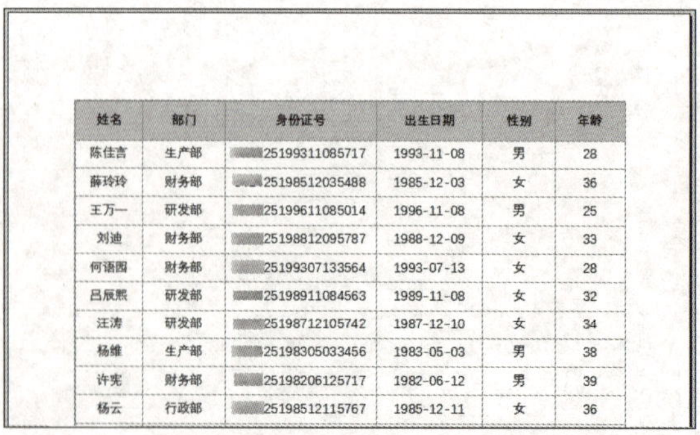

姓名	部门	身份证号	出生日期	性别	年龄
陈佳言	生产部	25199311085717	1993-11-08	男	28
薛玲玲	财务部	25198512035488	1985-12-03	女	36
王万一	研发部	25199611085014	1996-11-08	男	25
刘迪	财务部	25198812095787	1988-12-09	女	33
何语图	财务部	25199307133564	1993-07-13	女	28
吕辰熙	研发部	25198911084563	1989-11-08	女	32
汪涛	研发部	25198712105742	1987-12-10	女	34
杨维	生产部	25198305033456	1983-05-03	男	38
许宪	财务部	25198206125717	1982-06-12	男	39
杨云	行政部	25198512115767	1985-12-11	女	36

图 8-3

步骤02 返回普通视图界面，在“页面布局”选项卡中单击“打印缩放”下拉按钮，从列表中选择“将整个工作表打印在一页”选项，如图8-4所示。

步骤03 单击“打印预览”按钮，此时，在预览界面中即可看到该表格内容已完整地显示在一页中，如图8-5所示。

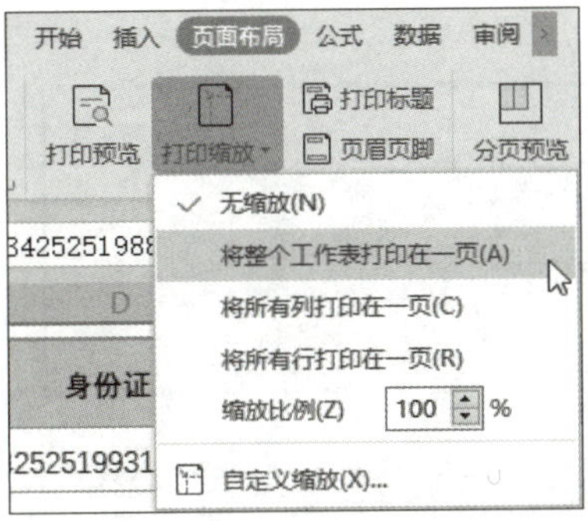

图 8-4

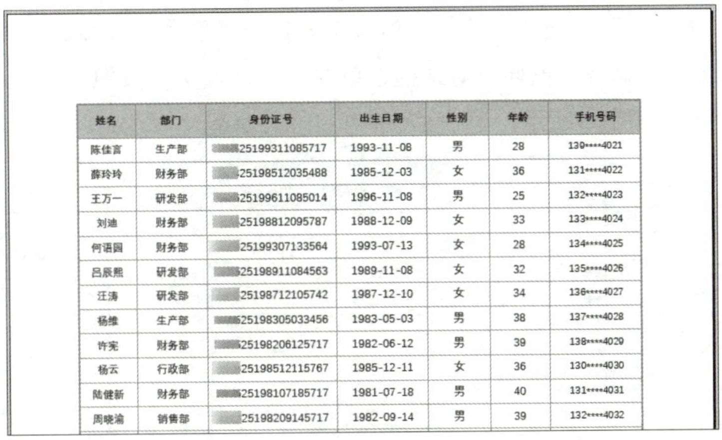

姓名	部门	身份证号	出生日期	性别	年龄	手机号码
陈佳言	生产部	■25199311085717	1993-11-08	男	28	130****4021
薛玲玲	财务部	■25198512035488	1985-12-03	女	36	131****4022
王万一	研发部	■25199611085014	1996-11-08	男	25	132****4023
刘迪	财务部	■25198812095787	1988-12-09	女	33	133****4024
何语园	财务部	■25199307133564	1993-07-13	女	28	134****4025
吕辰熙	研发部	■25198911084563	1989-11-08	女	32	135****4026
汪涛	研发部	■25198712105742	1987-12-10	女	34	136****4027
杨维	生产部	■25198305033456	1983-05-03	男	38	137****4028
许宪	财务部	■25198206125717	1982-06-12	男	39	138****4029
杨云	行政部	■25198512115767	1985-12-11	女	36	130****4030
陆健新	财务部	■25198107185717	1981-07-18	男	40	131****4031
周晓渝	销售部	■25198209145717	1982-09-14	男	39	132****4032

图 8-5

■8.1.2 打印指定区域

一般情况下系统会打印出表格所有数据，如果只需打印某一区域数据，那么可以使用“设置打印区域”功能来操作。

在数据表中框选出要打印的区域，在“页面布局”选项卡中单击“打印区域”下拉按钮，在其列表中选择“设置打印区域”选项，如图8-6所示。此时被选中的区域边框会以虚线来显示，在“页面布局”选项卡中单击“打印预览”按钮，在打开的预览界面中即可看到打印效果，如图8-7所示。

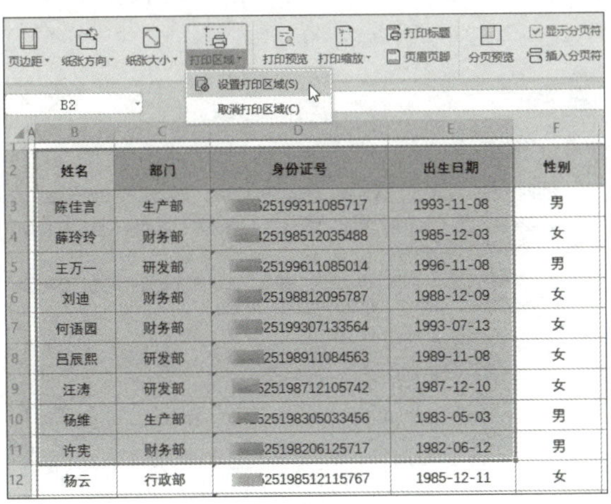

图 8-6

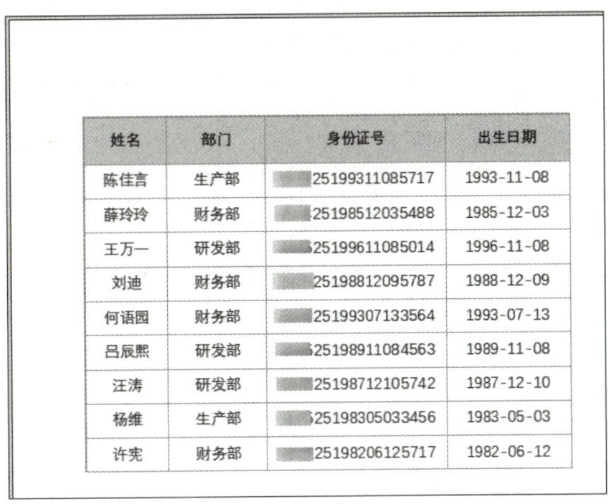

姓名	部门	身份证号	出生日期
陈佳言	生产部	■25199311085717	1993-11-08
薛玲玲	财务部	■25198512035488	1985-12-03
王万一	研发部	■25199611085014	1996-11-08
刘迪	财务部	■25198812095787	1988-12-09
何语园	财务部	■25199307133564	1993-07-13
吕辰熙	研发部	■25198911084563	1989-11-08
汪涛	研发部	■25198712105742	1987-12-10
杨维	生产部	■25198305033456	1983-05-03
许宪	财务部	■25198206125717	1982-06-12

图 8-7

> **提示：** 如果想要取消指定的打印区域，只需要在“打印区域”列表中选择“取消打印区域”选项即可。

8.1.3 每页都显示标题行

当表格内容较多，需要打印多页时，用户可以为每页表格都添加标题行，其目的是方便查看数据，避免前后翻页而带来不必要的麻烦。

在“页面布局”选项卡中单击“打印标题或表头”按钮，打开“页面设置”对话框，在“工作表”选项卡中单击“顶端标题行”右侧的选取按钮，选择表格的标题行区域，如图8-8所示。选择好后返回该对话框，单击“打印预览”按钮，可以看到每页表格起始处都会显示标题行，如图8-9所示。

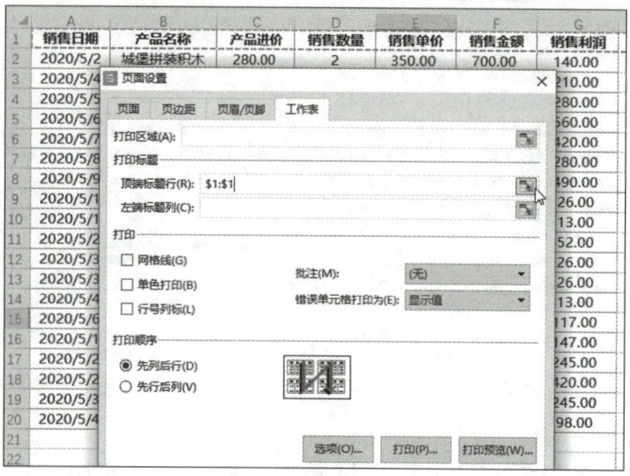

图 8-8

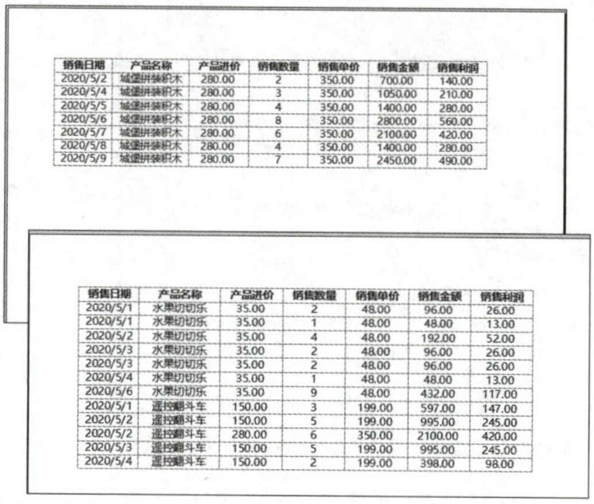

图 8-9

8.1.4 打印页眉和页脚

如果需要在表格中添加页眉和页脚内容，可通过“页面设置”对话框中的“页眉/页脚”功能进行操作。在“页面布局”选项卡中单击“打印页眉和页脚”按钮，打开“页面设置”对话框，在“页眉/页脚”选项卡中单击“自定义页眉”按钮，在“页眉”对话框中可根据需要设置页眉内容，如图8-10所示。

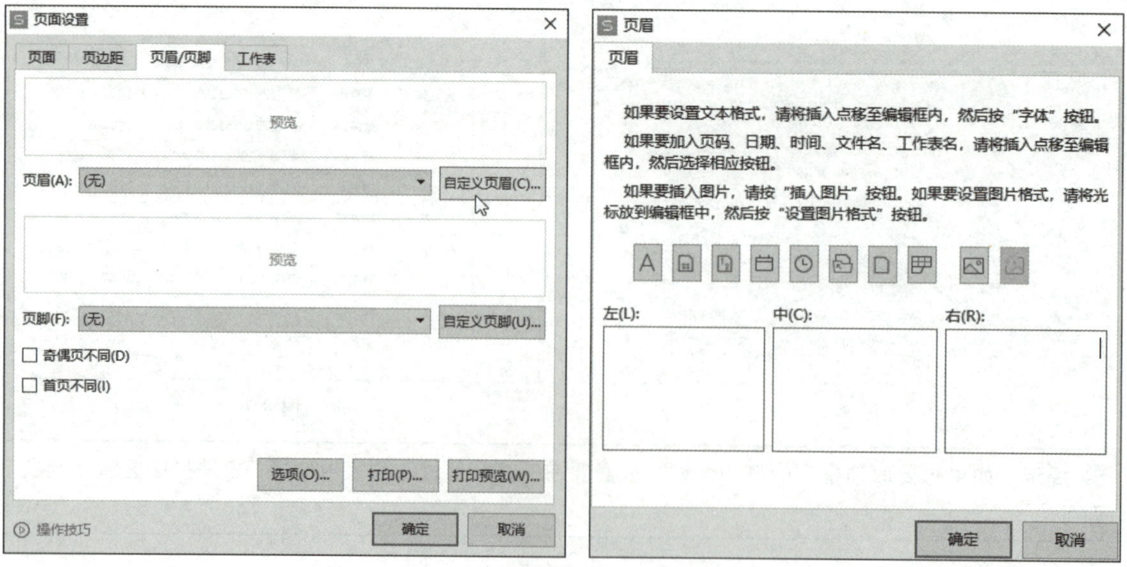

图 8-10

在“页眉”对话框中，先选择好页眉位置，将光标放置在“左”文本框，页眉会左对齐显示；将光标放置在“中”文本框，页眉将居中显示；将光标放置在“右”文本框，其内容将右对齐显示。单击对齐选项上方的设置按钮，可以设置不同的页眉内容，其中包括插入页码、插入日期、插入时间、设置路径、插入图片等，如图8-11所示。

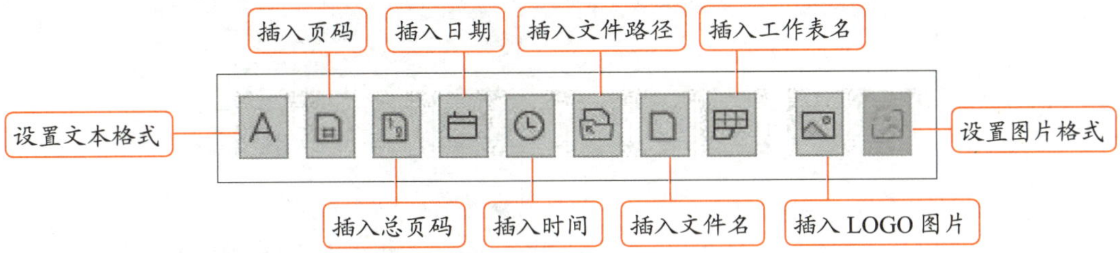

图 8-11

设置好后，单击“确定”按钮，返回“页面设置”对话框，单击“页脚”下拉按钮，可在其列表中选择内置的页脚内容，如图8-12所示。还可以单击“自定义页脚”按钮，在打开的“页脚”对话框中对页脚进行自定义设置，其方法与设置页眉相同。

提示：想要删除页眉和页脚内容，可在“页眉/页脚”选项卡中将“页眉”和“页脚”均设置为“无”即可。

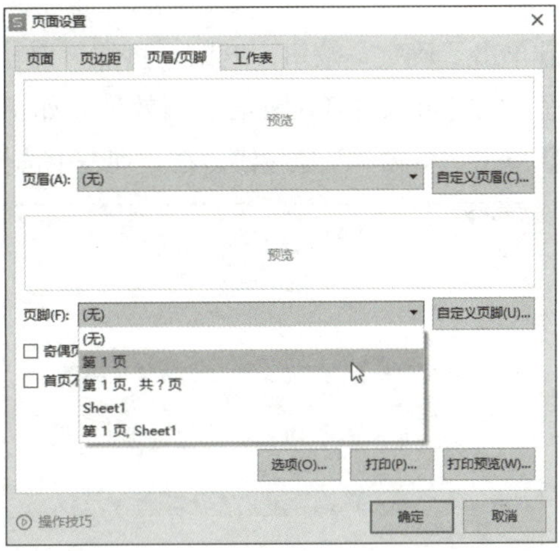

图 8-12

实例 为产品销售统计表添加页眉和页脚

下面将以“上半年销售统计表”为例，来介绍页眉和页脚内容的添加操作。

步骤 01 打开原始文件，在“页面布局”选项卡中单击“打印页眉和页脚”按钮，打开“页面设置”对话框，在“页眉/页脚”选项卡中单击“自定义页眉”按钮，打开“页眉”对话框，将光标定位至“中”文本框，并输入页眉内容，如图8-13所示。

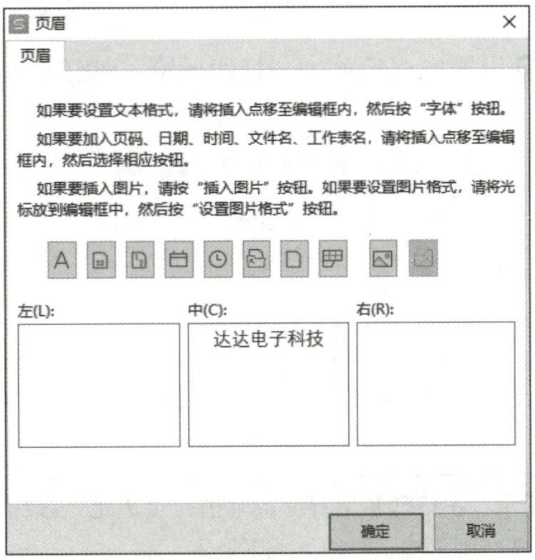

图 8-13

步骤02 选中页眉内容，单击“字体”按钮，在打开的“字体”对话框中对其文本格式进行设置，如图8-14所示。

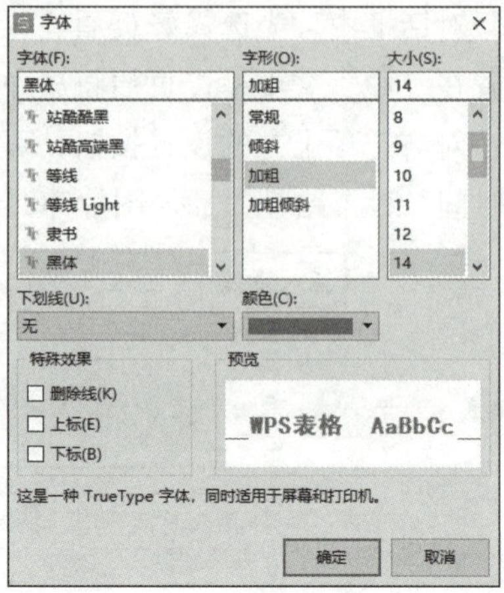

图 8-14

步骤03 单击“确定”按钮，返回“页眉”对话框，继续单击“确定”按钮，返回“页面设置”对话框，此时可以看到设置的页眉效果，如图8-15所示。

步骤04 单击“页脚”下拉按钮，在其列表中选择“第1页”选项，设置页脚内容，如图8-16所示。

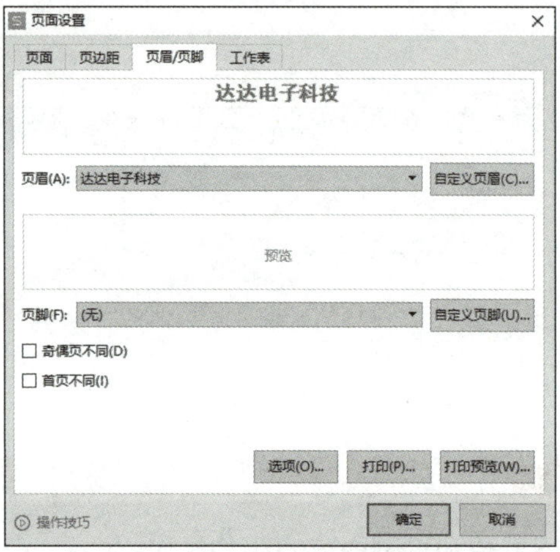

图 8-15

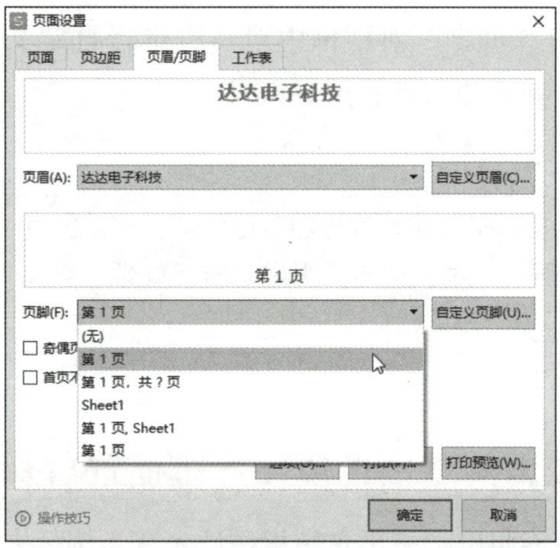

图 8-16

步骤05 设置完成后单击“打印预览”按钮，可以查看设置的效果，如图8-17所示。

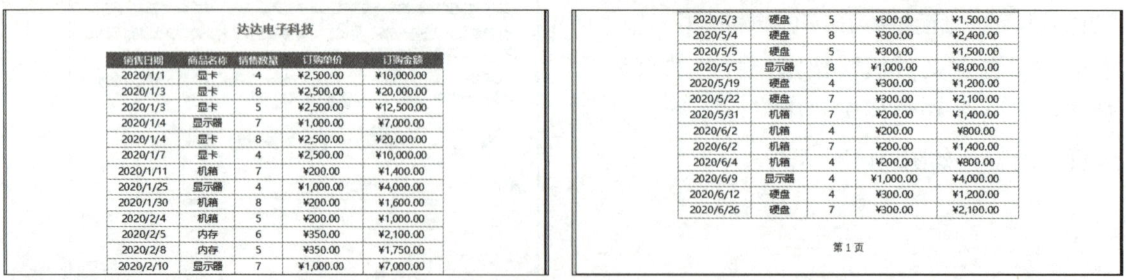

销售日期	商品名称	销售数量	订购单价	订购金额
2020/1/1	显卡	4	¥2,500.00	¥10,000.00
2020/1/3	显卡	8	¥2,500.00	¥20,000.00
2020/1/3	显卡	5	¥2,500.00	¥12,500.00
2020/1/4	显示器	7	¥1,000.00	¥7,000.00
2020/1/4	显卡	8	¥2,500.00	¥20,000.00
2020/1/7	显卡	4	¥2,500.00	¥10,000.00
2020/1/11	机箱	7	¥200.00	¥1,400.00
2020/1/25	显示器	4	¥1,000.00	¥4,000.00
2020/1/30	机箱	8	¥200.00	¥1,600.00
2020/2/4	机箱	5	¥200.00	¥1,000.00
2020/2/5	内存	6	¥350.00	¥2,100.00
2020/2/8	内存	5	¥350.00	¥1,750.00
2020/2/10	显示器	7	¥1,000.00	¥7,000.00

2020/5/3	硬盘	5	¥300.00	¥1,500.00
2020/5/4	硬盘	8	¥300.00	¥2,400.00
2020/5/5	硬盘	5	¥300.00	¥1,500.00
2020/5/5	显示器	8	¥1,000.00	¥8,000.00
2020/5/19	硬盘	4	¥300.00	¥1,200.00
2020/5/22	硬盘	7	¥300.00	¥2,100.00
2020/5/31	机箱	7	¥200.00	¥1,400.00
2020/6/2	机箱	4	¥200.00	¥800.00
2020/6/2	机箱	7	¥200.00	¥1,400.00
2020/6/4	机箱	4	¥200.00	¥800.00
2020/6/9	显示器	4	¥1,000.00	¥4,000.00
2020/6/12	硬盘	4	¥300.00	¥1,200.00
2020/6/26	硬盘	7	¥300.00	¥2,100.00

图 8-17

提示：在打印预览界面中单击“页边距”按钮，此时页面会显示出所有的边距线，拖动这些边距线可以调整页眉或页脚的上、下位置。

■8.1.5 分页打印

当表格内容过多，一张页面显示不全时，系统会自动将剩余内容安排在下一页显示。而有时为了方便获取数据信息，在打印时会将相同类别的数据显示在一页中，其他类别的数据显示在下一页中，这种情况就需要进行分页打印操作了。

选中要进行分页的行，例如选择如图8-18所示的第9行，在“页面布局”选项卡中单击“插入分页符”按钮，在打开的列表中选择“插入分页符”选项。

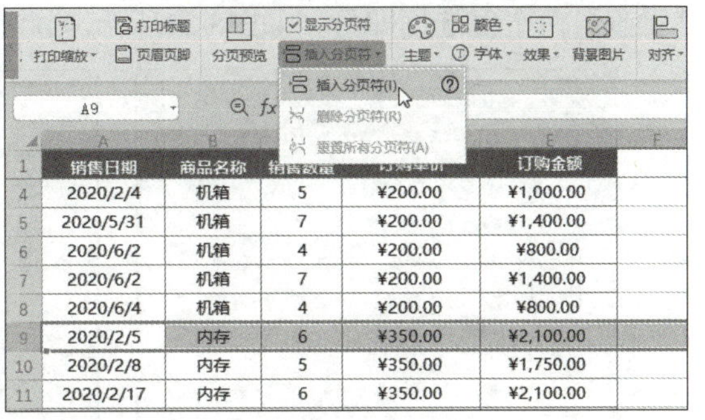

	销售日期	商品名称	销售数量	订购单价	订购金额
4	2020/2/4	机箱	5	¥200.00	¥1,000.00
5	2020/5/31	机箱	7	¥200.00	¥1,400.00
6	2020/6/2	机箱	4	¥200.00	¥800.00
7	2020/6/2	机箱	7	¥200.00	¥1,400.00
8	2020/6/4	机箱	4	¥200.00	¥800.00
9	2020/2/5	内存	6	¥350.00	¥2,100.00
10	2020/2/8	内存	5	¥350.00	¥1,750.00
11	2020/2/17	内存	6	¥350.00	¥2,100.00

图 8-18

此时，被选中的第9行上方会显示出分隔线，如图8-19所示。

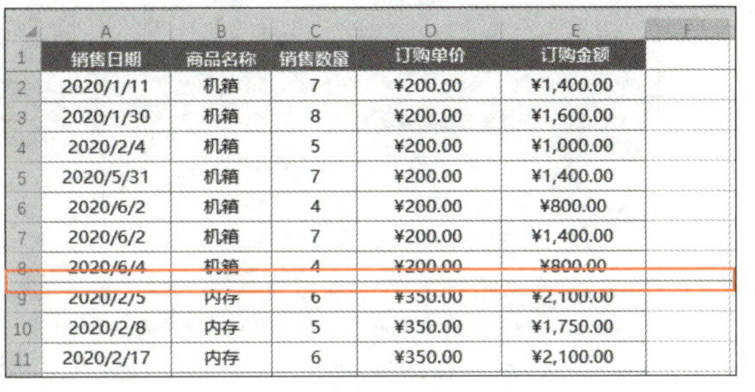

	销售日期	商品名称	销售数量	订购单价	订购金额
2	2020/1/11	机箱	7	¥200.00	¥1,400.00
3	2020/1/30	机箱	8	¥200.00	¥1,600.00
4	2020/2/4	机箱	5	¥200.00	¥1,000.00
5	2020/5/31	机箱	7	¥200.00	¥1,400.00
6	2020/6/2	机箱	4	¥200.00	¥800.00
7	2020/6/2	机箱	7	¥200.00	¥1,400.00
8	2020/6/4	机箱	4	¥200.00	¥800.00
9	2020/2/5	内存	6	¥350.00	¥2,100.00
10	2020/2/8	内存	5	¥350.00	¥1,750.00
11	2020/2/17	内存	6	¥350.00	¥2,100.00

图 8-19

单击“打印预览”按钮进入预览界面，用户可以看到当前表格被强制分为2页显示，同时第2页起始行为第9行数据内容，如图8-20所示。

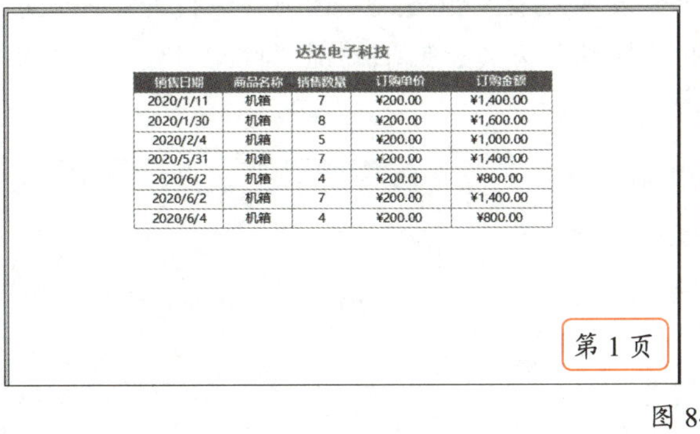

达达电子科技

销售日期	商品名称	销售数量	订购单价	订购金额
2020/1/11	机箱	7	¥200.00	¥1,400.00
2020/1/30	机箱	8	¥200.00	¥1,600.00
2020/2/4	机箱	5	¥200.00	¥1,000.00
2020/5/31	机箱	7	¥200.00	¥1,400.00
2020/6/2	机箱	4	¥200.00	¥800.00
2020/6/2	机箱	7	¥200.00	¥1,400.00
2020/6/4	机箱	4	¥200.00	¥800.00

第 1 页

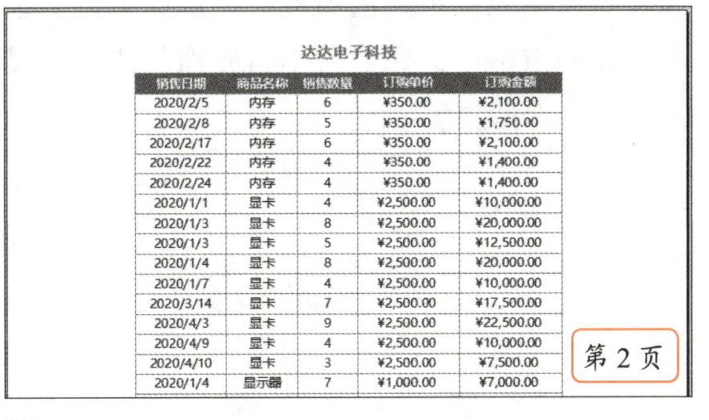

达达电子科技

销售日期	商品名称	销售数量	订购单价	订购金额
2020/2/5	内存	6	¥350.00	¥2,100.00
2020/2/8	内存	5	¥350.00	¥1,750.00
2020/2/17	内存	6	¥350.00	¥2,100.00
2020/2/22	内存	4	¥350.00	¥1,400.00
2020/2/24	内存	4	¥350.00	¥1,400.00
2020/1/1	显卡	4	¥2,500.00	¥10,000.00
2020/1/3	显卡	8	¥2,500.00	¥20,000.00
2020/1/3	显卡	5	¥2,500.00	¥12,500.00
2020/1/4	显卡	8	¥2,500.00	¥20,000.00
2020/1/7	显卡	4	¥2,500.00	¥10,000.00
2020/3/14	显卡	7	¥2,500.00	¥17,500.00
2020/4/3	显卡	9	¥2,500.00	¥22,500.00
2020/4/9	显卡	4	¥2,500.00	¥10,000.00
2020/4/10	显卡	3	¥2,500.00	¥7,500.00
2020/1/4	显示器	7	¥1,000.00	¥7,000.00

第 2 页

图 8-20

提示：在“插入分页符”列表中单击“删除分页符”选项，可取消分页打印操作。

你学会了吗？

8.1.6 居中打印

默认情况下，报表会以左对齐的方式显示，为了使打印出来的报表更加美观，用户可以将报表设置为居中打印。在“页面布局”选项卡中单击“页边距”下拉按钮，从中选择“自定义页边距”选项，在打开的“页面设置”对话框的“页边距”选项卡中，同时勾选“水平”和“垂直”两个复选框即可，如图8-21所示。

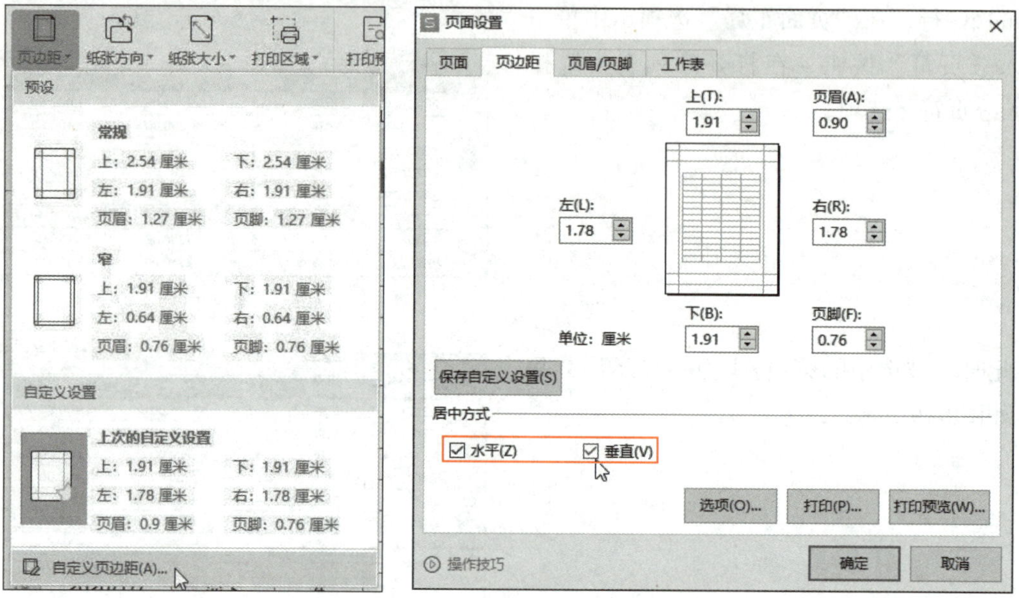

图 8-21

8.1.7 不打印图表

打印带有图表的表格时，默认会将表格数据和图表全部打印出来。如果只需要打印数据表而不打印图表，可右击图表，在快捷菜单中选择“设置图表区域格式”选项。在打开“图表选项”属性窗格中选择“大小与属性”选项，展开“属性”列表，取消勾选“打印对象”复选框即可，如图8-22所示。

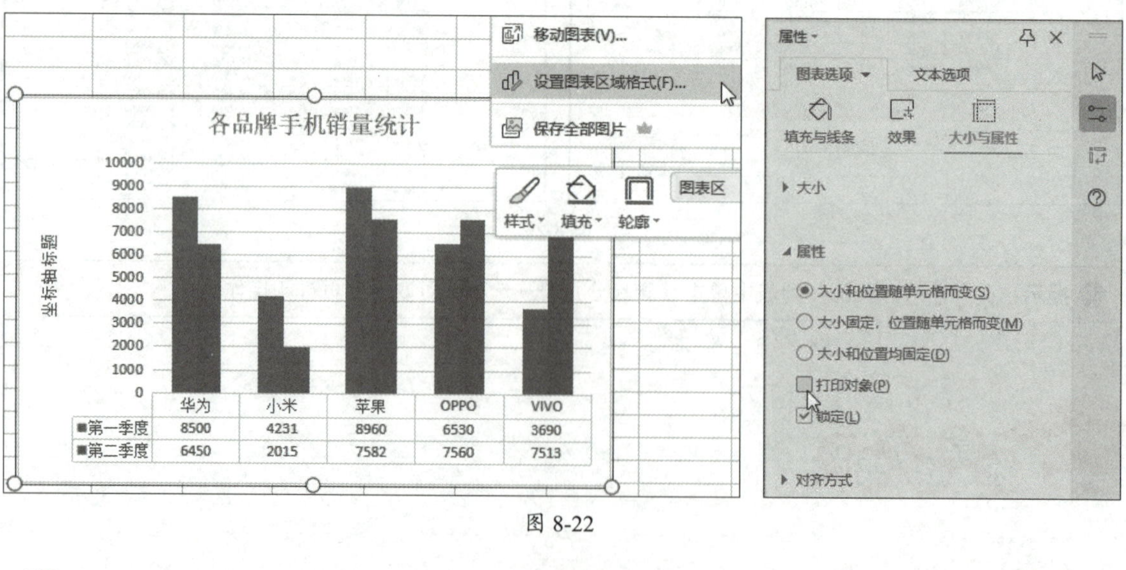

图 8-22

8.2 保护工作表

为了防止重要的数据泄露，用户可以为工作表设置保护。保护工作表的方法有很多，常用的保护措施有对工作表中的数据进行保护、对工作表进行限制编辑、为工作簿添加密码保护等。

■8.2.1 保护工作表中的数据

如果想让别人只能查看数据，而不能更改数据，可对表格中的数据设置保护。在“审阅”选项卡中单击“保护工作表”按钮，如图8-23所示。打开“保护工作表”对话框，在“密码”文本框中可输入密码（如“123”），在“允许此工作表的所有用户进行”列表中取消所有复选框的勾选，如图8-24所示，单击“确定”按钮。在打开的“确认密码”对话框中重新输入一次密码，单击“确定”按钮，如图8-25所示。

图 8-23

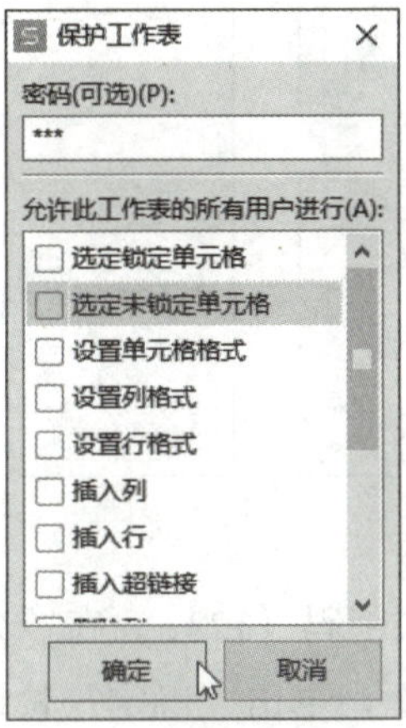

图 8-24

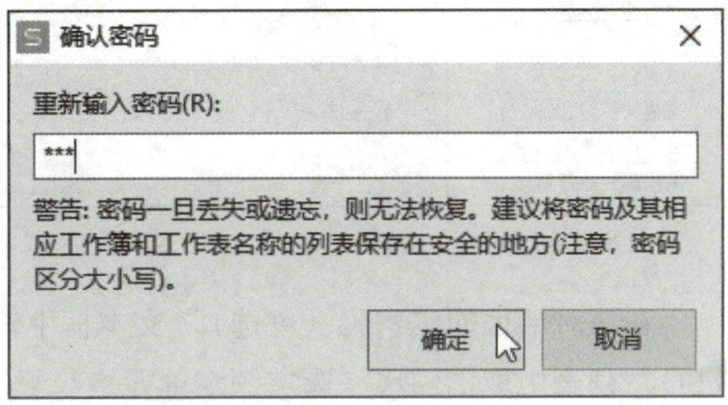

图 8-25

设置完成后，该工作表只能浏览而无法选中并编辑数据，如图8-26所示。

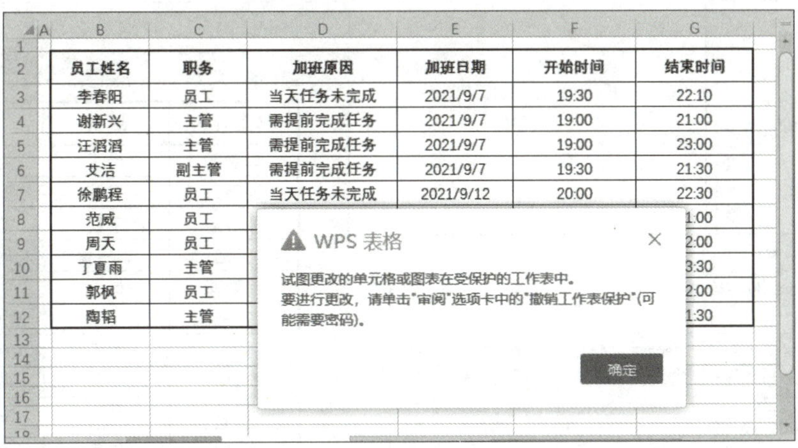

图 8-26

提示：想要取消保护操作，可单击“撤销工作表保护”按钮，在打开的“撤销工作表保护”对话框中输入密码，单击“确定”按钮即可。

■8.2.2 设置允许编辑区域

要想限制别人在指定范围内对数据进行修改编辑，可使用限制编辑功能进行操作。

在表格中选择允许编辑的数据区域，例如选择D3:D12单元格区域，在“审阅”选项卡中单击“锁定单元格”按钮，取消锁定，如图8-27所示。单击“允许用户编辑区域”按钮，在打开的对话框中单击“新建”按钮，在“新区域”对话框的“标题”文本框中为选中的单元格区域命名，如图8-28所示。单击“确定”按钮，返回“允许用户编辑区域”对话框，单击“保护工作表”按钮，如图8-29所示，打开“保护工作表”对话框。

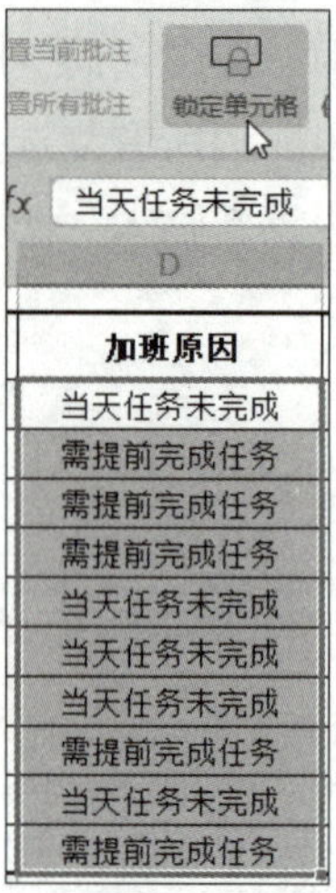

图 8-27

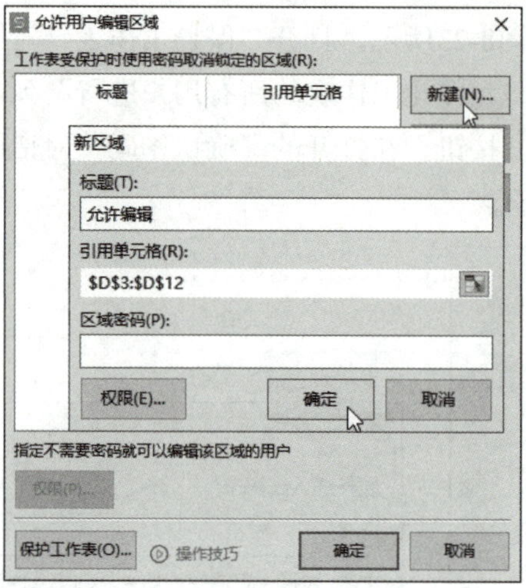

图 8-28

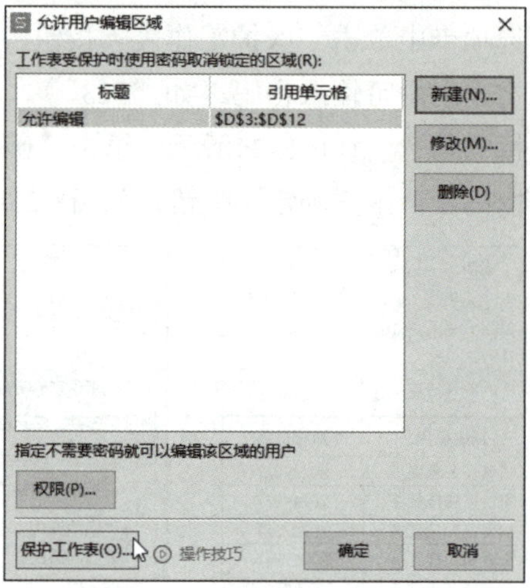

图 8-29

在该对话框的“密码（可选）”文本框中输入密码（123），在“允许此工作表的所有用户进行”列表中取消勾选“选定锁定单元格”复选框，单击“确定”按钮，在“确认密码”对话框中重新输入密码，单击“确定”按钮即可，如图8-30所示。此时，D3:D12单元格区域是可编辑状态，而其他区域将无法选中并编辑，如图8-31所示。

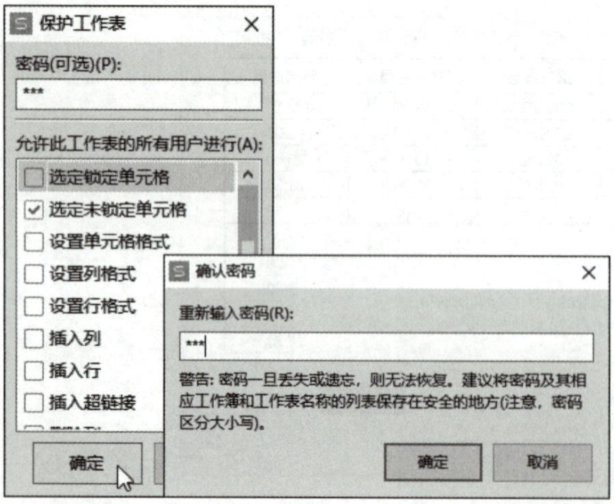

图 8-30

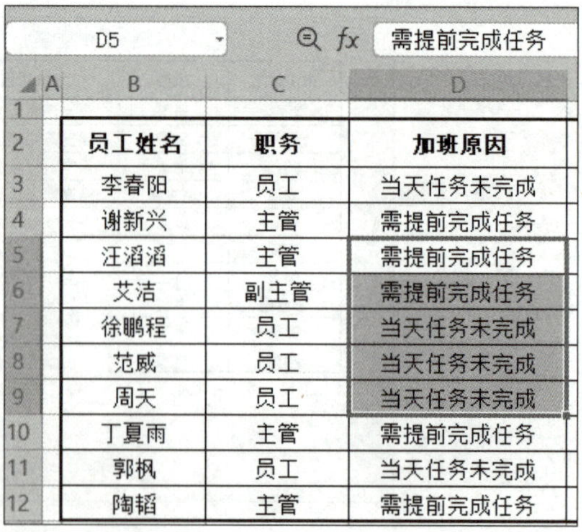

图 8-31

■8.2.3 为工作簿设置密码保护

以上两种保护方法是他人可以浏览表格内容，但不能对其进行更改。而对于一些很重要的数据，用户可为其添加密码保护。只有知道密码的人才能够打开该数据文件。

在“文件”菜单中选择“文档加密”选项，并在其级联菜单中选择“密码加密”选项，如图8-32所示。在打开的同名对话框中，设置“打开文件密码”以及“再次输入密码”选项，此外，用户还可根据需求设置“编辑权限”密码，设置完成后，单击“应用”按钮，如图8-33所示。

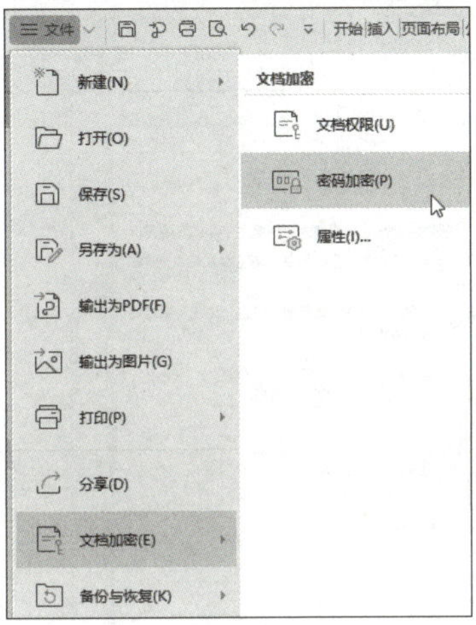

图 8-32

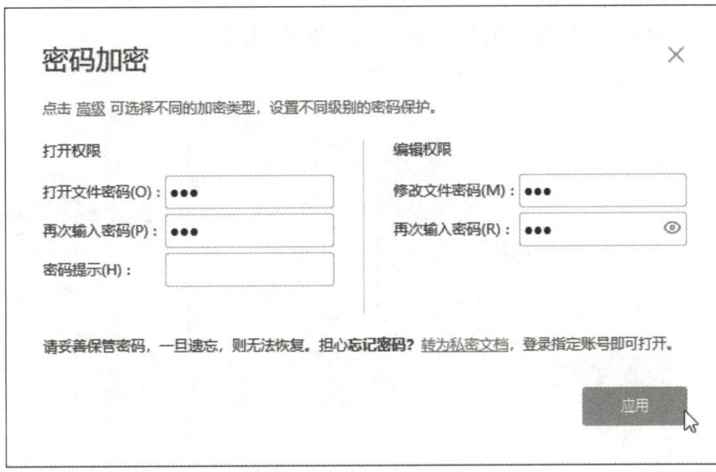

图 8-33

设置完成后，保存好当前工作簿。当下次打开该工作簿时，系统会打开“密码”对话框，只有输入正确的密码后，才能够打开该文件，如图8-34所示。

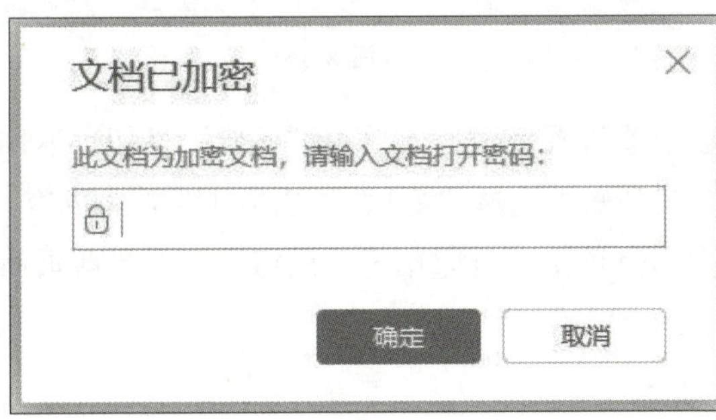

图 8-34

提示： 想要取消工作簿的密码保护，可再次打开“密码加密”对话框，删除所设置的密码，并保存好该工作簿即可。此外，用户还可以通过“另存文件”对话框中选择“加密”选项来打开“密码加密”对话框，然后进行设置，如图8-35所示。

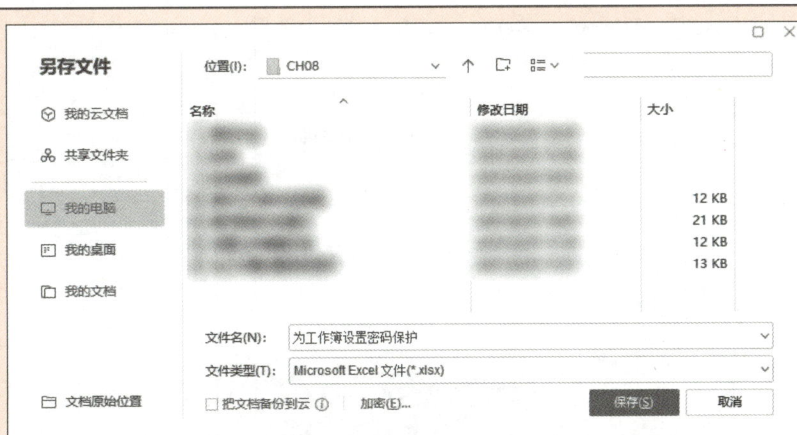

图 8-35

实战演练 打印并输出员工通讯录

下面将综合利用本项目所学知识点来输出和打印员工通讯录。

步骤01 打开原始文件，在“页面布局”选项卡中单击“页边距”下拉按钮，并在其列表中选择“自定义页边距”选项，打开“页面设置”对话框，在“页边距”选项卡中勾选“水平”复选框，将表格水平居中显示，如图8-36所示。

步骤02 在该对话框中，选择“页眉/页脚”选项卡，单击“自定义页眉”按钮，在打开的“页眉”对话框中输入页眉内容，如图8-37所示。

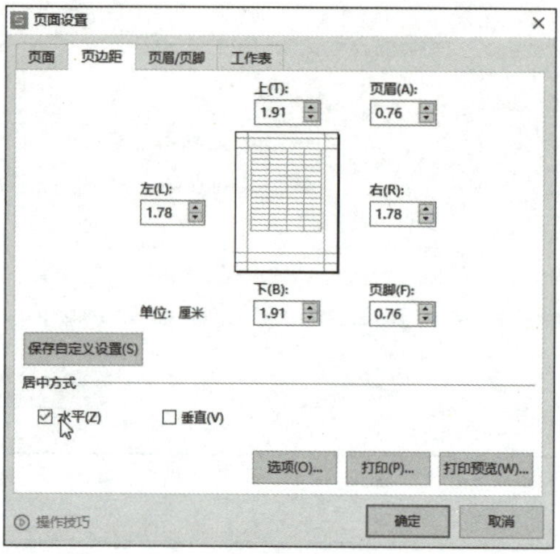

图 8-36

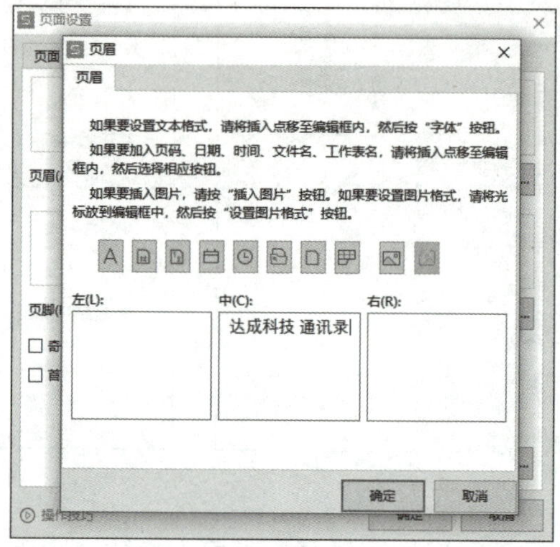

图 8-37

步骤03 设置完成后，单击“确定”按钮，返回“页面设置”对话框，单击“页脚”下拉按钮，在其列表中选择“第1页”选项作为页脚内容，如图8-38所示。

步骤04 单击“打印预览”按钮，可对当前页面内容进行预览，如图8-39所示。

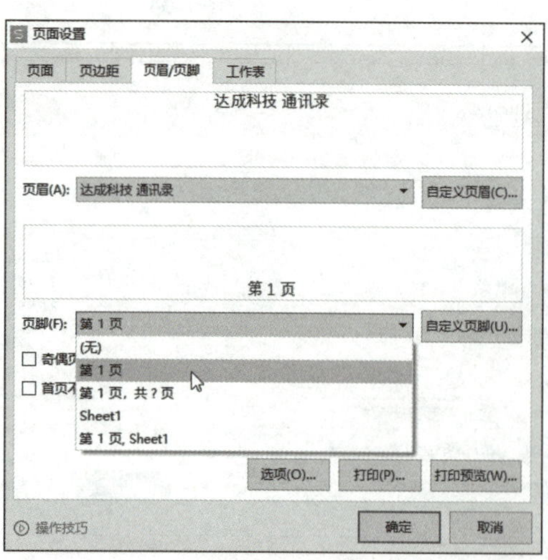

图 8-38

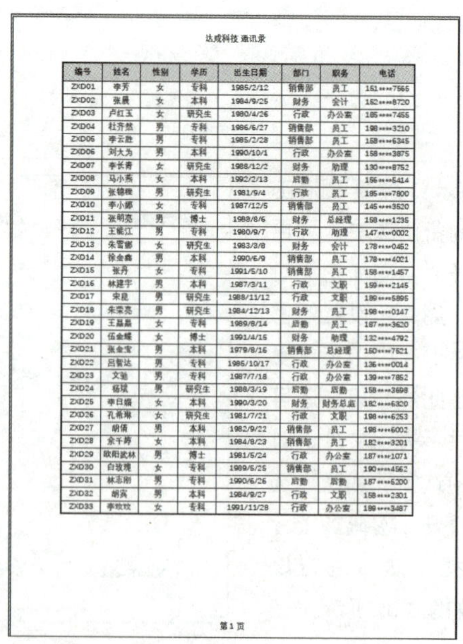

图 8-39

步骤05 在“打印预览”界面中设置好打印份数、纸张类型，单击“直接打印”按钮，即可打印当前表格，如图8-40所示。

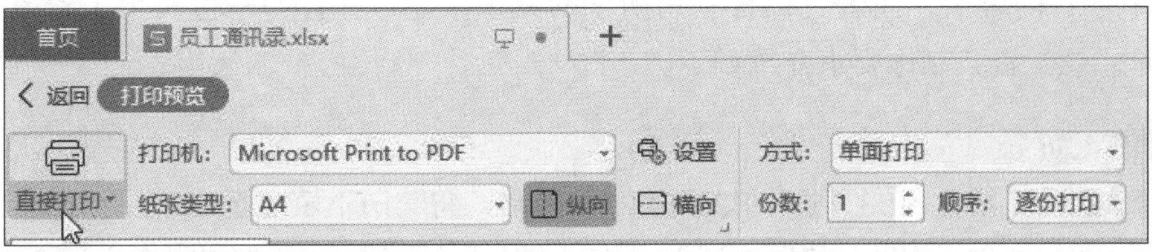

图 8-40

步骤06 单击“关闭”按钮，返回普通视图界面，单击“文件”菜单，在其列表中选择“另存为”选项，在打开的“另存文件”对话框中单击“文件类型”下拉按钮，从列表中选择“PDF文件格式（*.pdf）”选项，如图8-41所示。

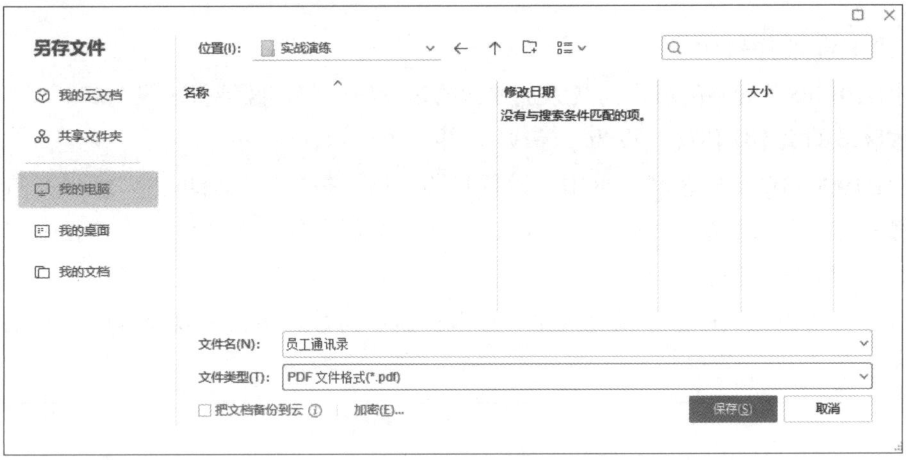

图 8-41

步骤07 单击“保存”按钮，即可完成PDF文件的输出操作，如图8-42所示。

编号	姓名	性别	学历	出生日期	部门	职务	电话
ZXD01	李芳	女	专科	1985/2/12	销售部	员工	151****7565
ZXD02	张晨	女	本科	1984/9/25	财务	会计	152****8720
ZXD03	卢红玉	女	研究生	1980/4/26	行政	办公室	185****7455
ZXD04	杜齐然	男	专科	1986/6/27	销售部	员工	198****3210
ZXD05	李云胜	男	专科	1985/2/28	销售部	员工	158****6345
ZXD06	刘大为	男	本科	1990/10/1	行政	办公室	158****3875
ZXD07	李长青	女	研究生	1988/12/2	财务	助理	130****8752
ZXD08	马小燕	女	本科	1992/2/13	后勤	员工	156****5414
ZXD09	张锦程	男	研究生	1981/9/4	行政	员工	185****7800
ZXD10	李小娜	女	专科	1987/12/5	销售部	员工	145****3520
ZXD11	张明亮	男	博士	1988/8/6	财务	总经理	158****1235
ZXD12	王能江	男	专科	1980/9/7	行政	助理	147****0002
ZXD13	朱雪娜	女	研究生	1983/3/8	财务	会计	178****0452
ZXD14	徐金鑫	男	本科	1990/6/9	销售部	员工	178****4021
ZXD15	张丹	女	专科	1991/5/10	销售部	员工	158****1457

图 8-42

课后作业 打印员工工资条

学习本项目内容后，读者可综合利用所学的知识来制作并打印一份员工工资条，结果如图8-43所示。该工资条制作要求介绍如下。

1. 制作工资条

- 选择B20单元格输入B3，选中B20和B21单元格，将其向下填充至B49单元格。
- 按Ctrl+H组合键，在“替换”对话框中将“查找内容”输入B，将“替换为”输入“=B”，单击“全部替换”按钮。
- 选中B20:B48单元格区域，将其向右填充至K列。
- 复制工资表表头内容，并选中B19:K48单元格区域，按Ctrl+G组合键，打开“定位”对话框，选择“空值”选项，按Ctrl+V组合键将表头内容粘贴至空值中。

2. 美化工资条并打印

- 选中B19:K48单元格区域，为其添加默认的边框线，将该区域行高设为20。
- 将该区域的文字字体统一设为“等线”，并居中显示。
- 选中B19:K48单元格区域，单击“设置打印区域”按钮，然后单击“纸张方向”按钮，选择“横向”，单击“页边距”按钮，打开“页眉设置”对话框，将“居中方式”设为“水平”和“垂直”。
- 单击“打印预览”按钮，预览效果，设置好打印份数，单击“直接打印”按钮即可将其打印。

工号	姓名	所属部门	职务	基本工资	津贴	保险	考勤金额	个人所得税	实发工资
XSD01	吴新蓉	销售部	经理	4500	2400	691	-150	100.9	5958.1
工号	姓名	所属部门	职务	基本工资	津贴	保险	考勤金额	个人所得税	实发工资
XSD02	张加林	人事部	经理	4500	2000	536.2	-250	20.21	5693.59
工号	姓名	所属部门	职务	基本工资	津贴	保险	考勤金额	个人所得税	实发工资
XSD03	程晓丽	办公室	主管	3700	1950	673.8	300	103.06	5173.14
工号	姓名	所属部门	职务	基本工资	津贴	保险	考勤金额	个人所得税	实发工资
XSD04	汪丽函	人事部	员工	3500	1500	605	300	92.62	4602.38
工号	姓名	所属部门	职务	基本工资	津贴	保险	考勤金额	个人所得税	实发工资
XSD05	张晓蓉	设计部	主管	4500	1950	673.8	-50	203.7	5522.5
工号	姓名	所属部门	职务	基本工资	津贴	保险	考勤金额	个人所得税	实发工资
XSD06	吴辰	销售部	员工	3000	1500	605	-50	1.35	3843.65
工号	姓名	所属部门	职务	基本工资	津贴	保险	考勤金额	个人所得税	实发工资
XSD07	刘晓敏	财务部	员工	3500	1500	553.4	-300	2.6	4144
工号	姓名	所属部门	职务	基本工资	津贴	保险	考勤金额	个人所得税	实发工资
XSD08	姜晶晶	人事部	主管	4100	1950	725.4	300	97.46	5527.14
工号	姓名	所属部门	职务	基本工资	津贴	保险	考勤金额	个人所得税	实发工资
XSD09	刘艳丽	办公室	员工	3000	1500	622.2	-50	9.27	3818.53
工号	姓名	所属部门	职务	基本工资	津贴	保险	考勤金额	个人所得税	实发工资
XSD10	刘季晨	办公室	员工	3000	1500	691	300	22.94	4086.06
工号	姓名	所属部门	职务	基本工资	津贴	保险	考勤金额	个人所得税	实发工资
XSD11	张晓倩	财务部	员工	3500	1500	725	-300	30.69	3943.31

图 8-43

WPS 演示篇

WPS演示是集文字、图片、图形、动画、放映为一体的演示工具，主要帮助用户制作各类幻灯片，常见的有工作总结、项目策划案汇报、企业宣传、公司内部培训、教学课件等。本篇主要向读者介绍WPS演示功能的一些基本操作，例如创建静态幻灯片、创建动态幻灯片以及幻灯片的放映操作等。

项目9

幻灯片的创建与编辑

内容概要

本项目将对幻灯片的创建与编辑操作进行介绍，其中包含幻灯片的基本操作、母版的创建与编辑、页面元素的基本应用等。学习本项目内容后，用户能够制作完整的幻灯片。

数字资源

【本项目素材来源】："素材文件\项目9"目录下

【本项目实战演练最终文件】："素材文件\项目9\实战演练"目录下

9.1 区分演示文稿和幻灯片

只有正确区分演示文稿和幻灯片，才能更好地进行后期的制作。下面将介绍演示文稿和幻灯片的基本概念。

9.1.1 演示文稿与幻灯片

利用WPS演示制作的文档称为演示文稿，其后缀名为pptx、ppt或dps，如图9-1所示。演示文稿中的每一页称为幻灯片，每张幻灯片都以独立页面显示，而每张幻灯片与其他幻灯片又有关联，不仅内容前后接续，页面风格也会保持一致，如图9-2所示。

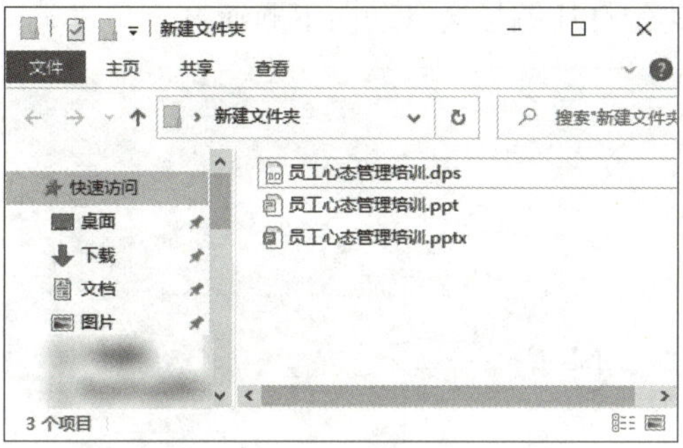

图 9-1

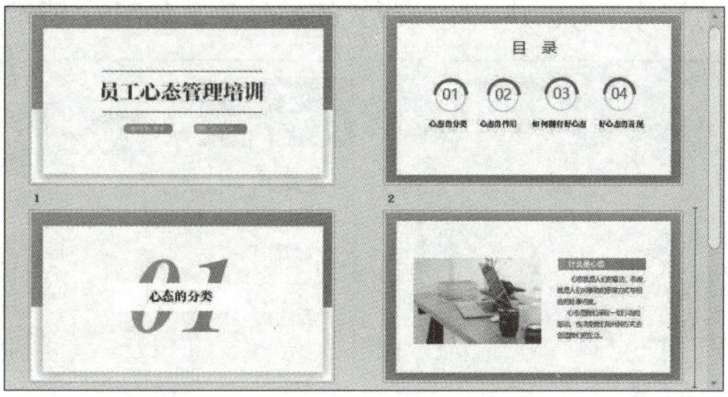

图 9-2

9.1.2 创建演示文稿

创建演示文稿与创建电子表格或文档的方法相同。如果要想创建空白演示文稿，只需在“新建”界面中先选择“演示”选项卡，再单击“新建空白文档”按钮即可，如图9-3所示。如果要创建带模板的演示文稿，只需在“品类专区”中选择所需的免费模板，并单击“免费使用”按钮即可下载使用，如图9-4所示。具体创建步骤就不再详细介绍了。

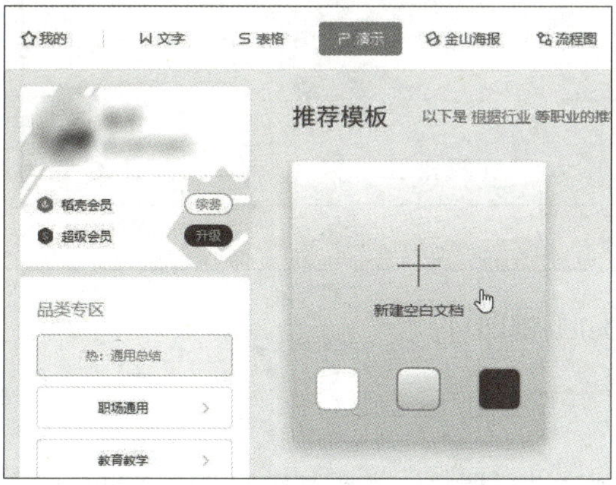

图 9-3

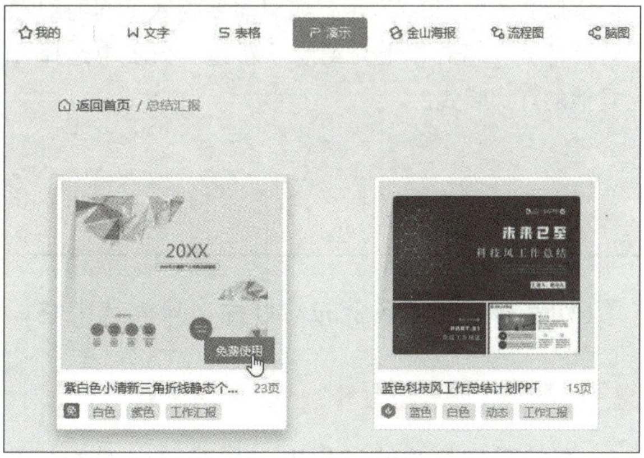

图 9-4

9.2 幻灯片的基本操作

创建演示文稿后，接下来的操作都需要在幻灯片中来完成，例如新建幻灯片、复制或移动幻灯片、调整幻灯片的大小、设置幻灯片的背景等。下面将分别对这些操作进行详细介绍。

■9.2.1 新建幻灯片

如果演示文稿的页数较少，用户可以根据需要新建幻灯片。在左侧导航窗格中指定要插入幻灯片的位置，例如要在第2张幻灯片下方创建一张新的幻灯片，可单击第2张幻灯片的“新建幻灯片”按钮，如图9-5所示。在“新建”列表中选择一款幻灯片版式，单击该版式即可在第2张幻灯片下方创建一张该版式的幻灯片，如图9-6所示。其幻灯片编号会自动向下顺延。

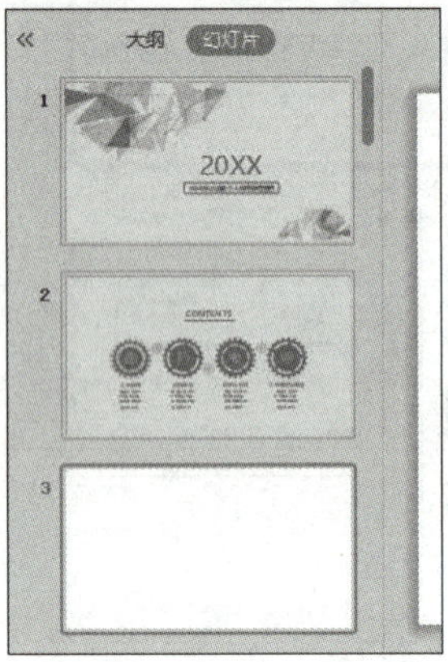

图 9-5

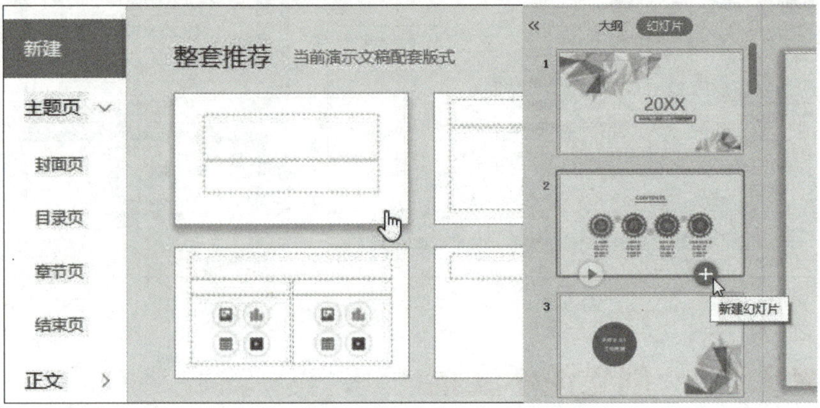

图 9-6

❗ **提示**：在导航窗格中选择所需幻灯片，按Enter键即可在该幻灯片下方快速插入新的幻灯片。利用该方法插入幻灯片的版式默认为标题和内容版式，如图9-7所示。如果想要插入不同的幻灯片版式，可在以上介绍的“新建”列表中选择其他幻灯片版式。

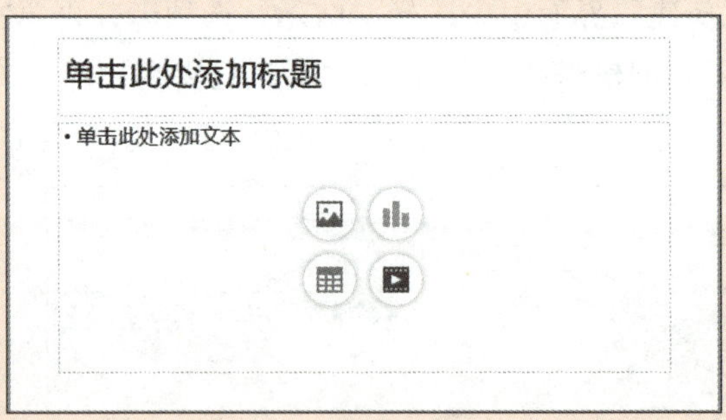

图 9-7

如果需要删除多余的幻灯片，只需选中它，按Delete键即可。

■9.2.2 移动和复制幻灯片

在编辑幻灯片的过程中，用户可以对幻灯片的顺序进行调整。当要制作相似内容的幻灯片时，可先复制幻灯片，然后对其内容进行修改。

1. 移动幻灯片

在幻灯片导航窗格中选择所需幻灯片，按住鼠标左键不放，将其拖动至新位置，放开鼠标即可完成移动操作，如图9-8所示。此时，幻灯片的编号也会随之发生变化。

2. 复制幻灯片

选中要复制的幻灯片，按Ctrl+C组合键先进行复制，然后指定好目标位置，按Ctrl+V组合键进行粘贴即可完成幻灯片的复制操作，如图9-9所示。

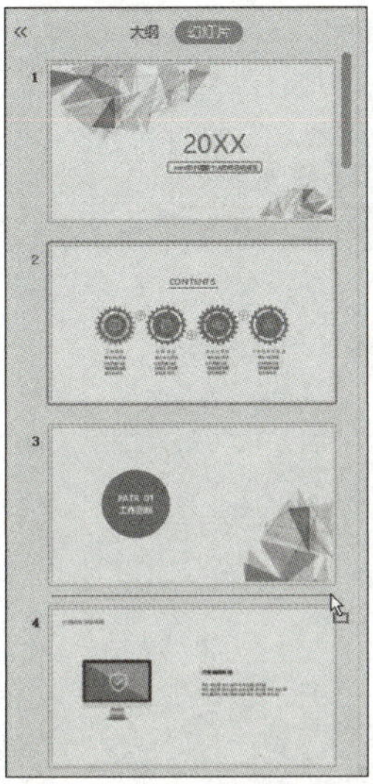

图 9-8

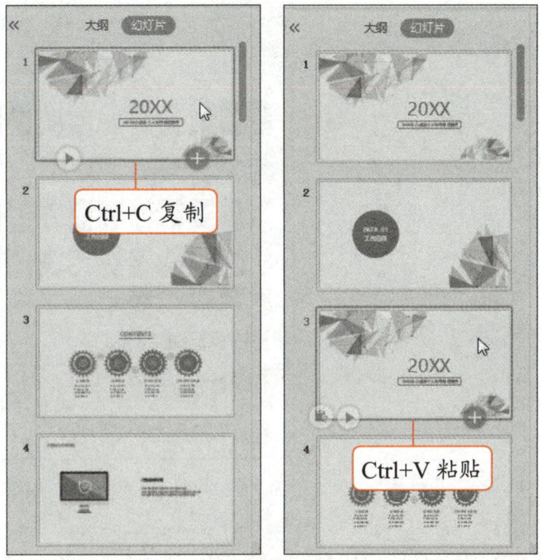

图 9-9

9.2.3 设置幻灯片大小

默认情况下，创建的幻灯片页面大小为宽屏（16：9）。如果用户对幻灯片尺寸有特殊要求，可对其进行自定义设置。在“设计”选项卡中单击“幻灯片大小”下拉按钮，在打开的列表中选择“自定义大小”选项，在“页面设置”对话框中设置好“宽度”和“高度”参数，单击“确定”按钮，如图9-10所示。在“页面缩放选项”对话框中单击“确保适合”按钮即可，如图9-11所示。

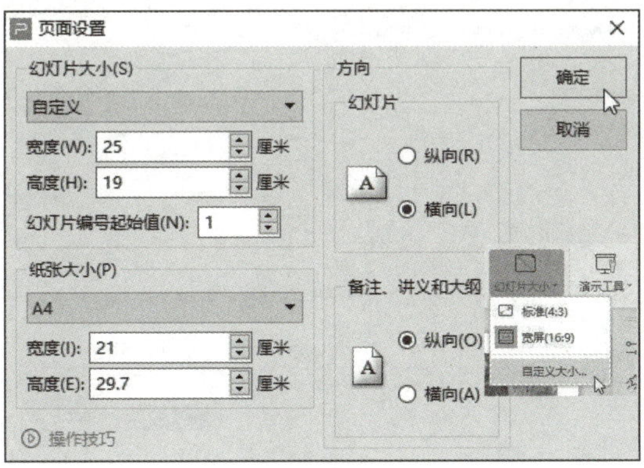

图 9-10

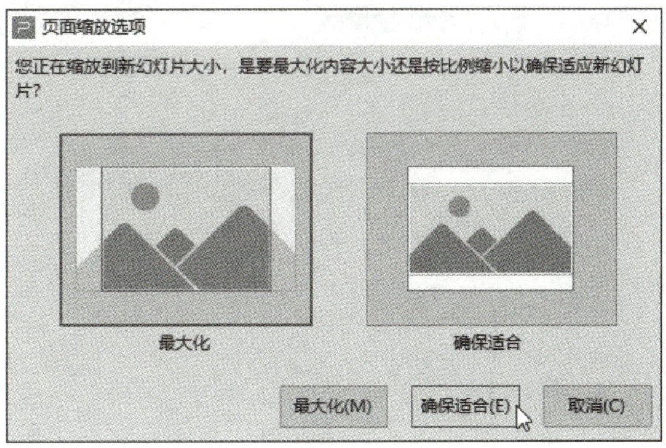

图 9-11

9.2.4 添加幻灯片背景

如果认为当前幻灯片内容比较单调，用户不妨为其添加背景，来丰富幻灯片内容，美化页面效果。

在“设计”选项卡中单击“背景”下拉按钮，从列表中选择“背景”选项，可打开“对象属性”窗格。在此，用户可以选择填充背景的方式，选择其中一种方式，然后在展开的设置选项列表中按照要求进行设置即可，如图9-12所示。

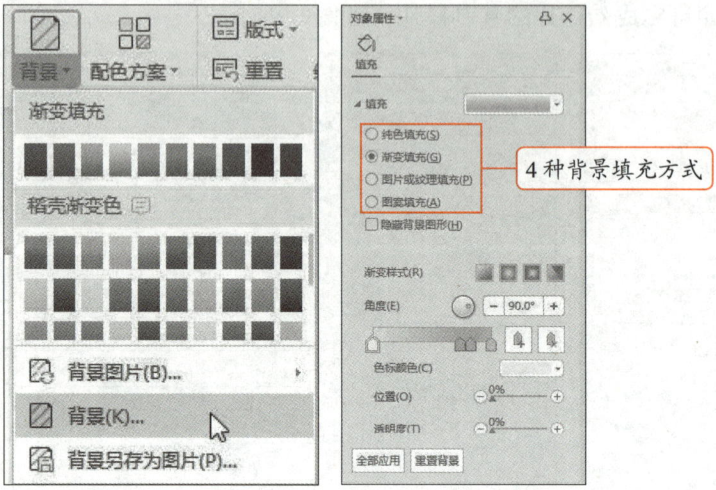

图 9-12

实例 为幻灯片添加图片背景

下面利用“对象属性”窗格来为幻灯片添加图片背景，具体操作如下：

步骤01 打开原始文件，在“对象属性”窗格中单击“图片或纹理填充”单选按钮，在展开的列表中单击“图片填充”下拉按钮，选择“本地文件”选项，如图9-13所示。

步骤02 在“选择纹理”对话框中选择所需的背景图片，如图9-14所示。

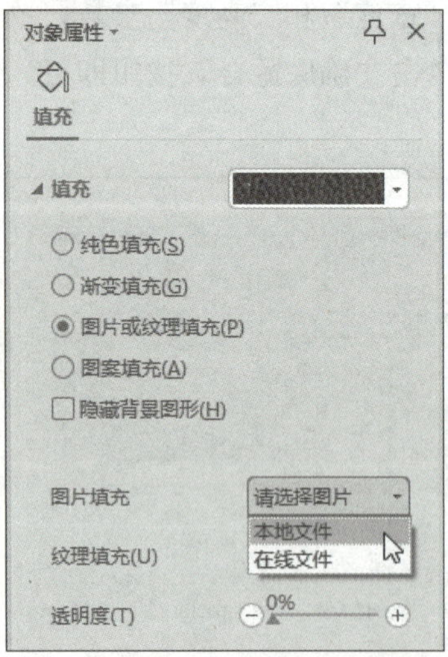

图 9-13

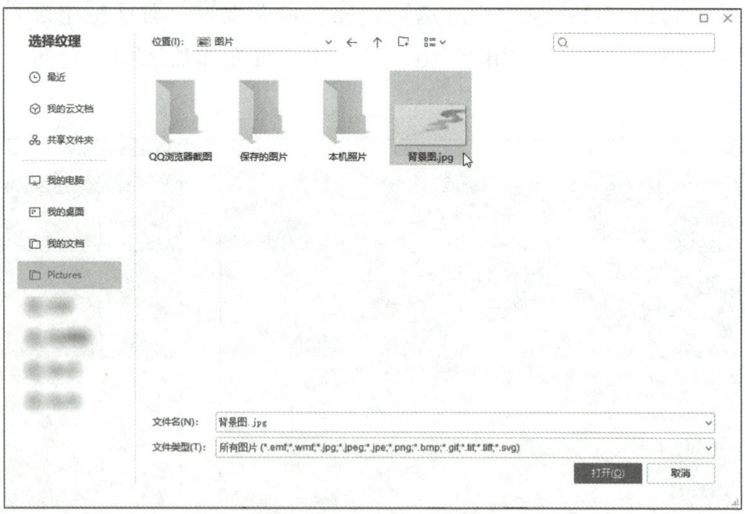

图 9-14

> **提示：** 如果需要弱化背景而突显页面内容，可以设置背景图片的透明度。在“对象属性”窗格中直接修改“透明度”参数值，或拖动透明度滑块至满意效果即可。

步骤03 单击“打开”按钮，即可完成图片背景的添加操作，结果如图9-15所示。

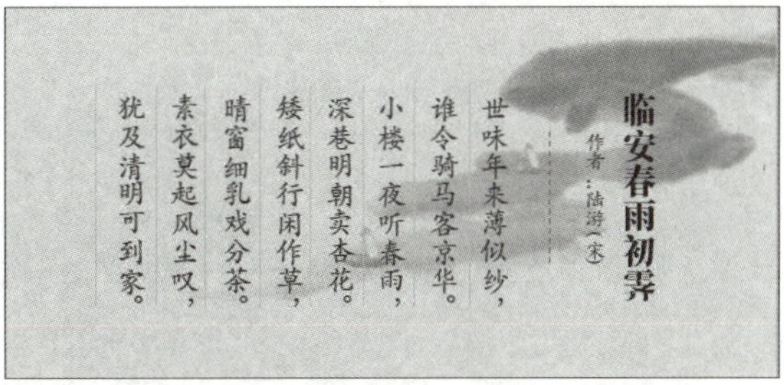

图 9-15

9.3 母版的设计

幻灯片母版用于设置幻灯片的样式，可供用户设定各种标题文字、背景、属性等。利用幻灯片母版可以快速统一幻灯片的风格，使之具有统一的外观。本节将向用户简单介绍一下母版功能的应用。

9.3.1 认识幻灯片母版

WPS演示内置了11种页面版式，用户在“新建”列表中即可查看这些页面版式，如图9-16所示。当要对这些版式进行修改时，就需要使用到母版功能了。在“视图”选项卡中单击“幻灯片母版”按钮，随即进入母版视图界面，如图9-17所示。

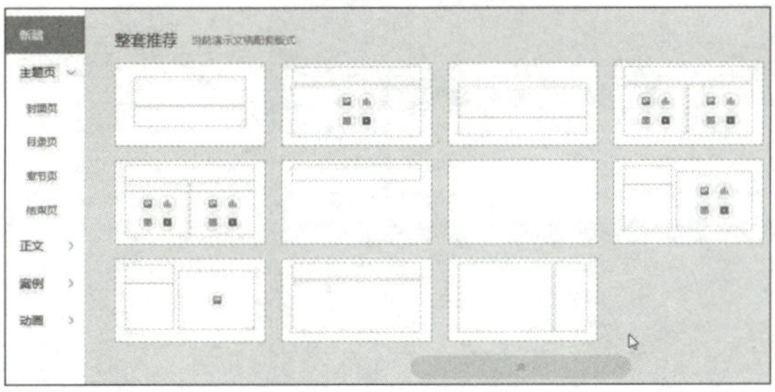

图 9-16

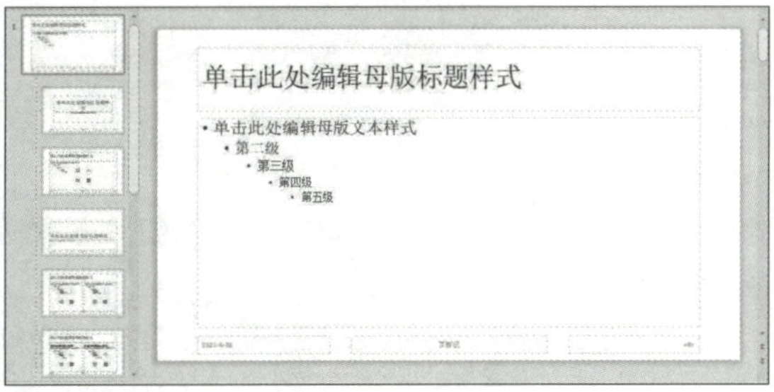

图 9-17

在母版视图界面中，第1张幻灯片（Office主题 母版）为母版式页，其余幻灯片为子版式。在母版式页进行的操作，会影响到其他版式页，如图9-18所示。而如果选择任意1张子版式页进行操作，其他幻灯片则不会受影响，如图9-19所示。

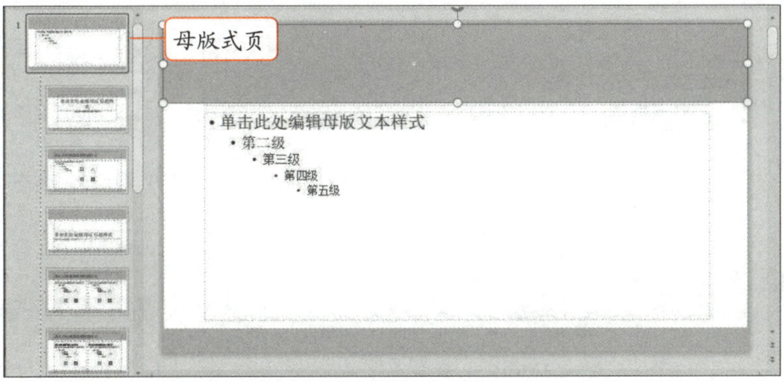

图 9-18

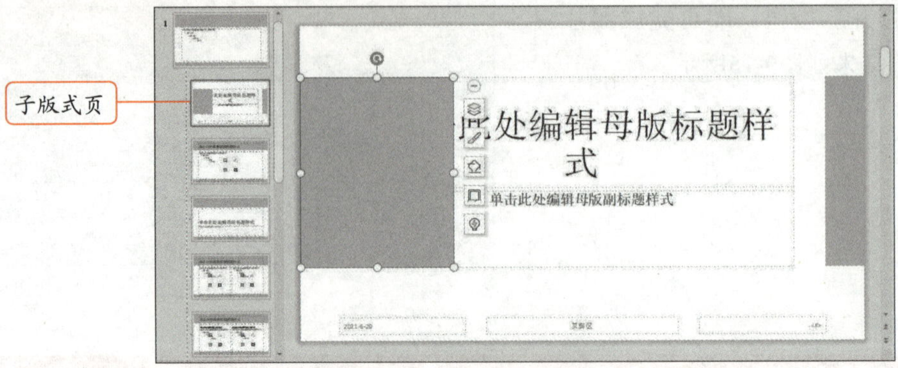

图 9-19

一般来说，母版式页主要用于制作幻灯片的版式和背景，而子版式页用于制作一些特殊的幻灯片的版式，例如封面页、结尾页、目录页等。

■9.3.2 调用幻灯片版式

在母版视图界面中设置好幻灯片的版式后，单击“关闭”按钮，关闭幻灯片母版视图界面，返回普通视图界面。在“开始”选项卡中单击“新建幻灯片”下拉按钮，在展开的列表中，用户可以看到设置好的版式页，如图9-20所示。

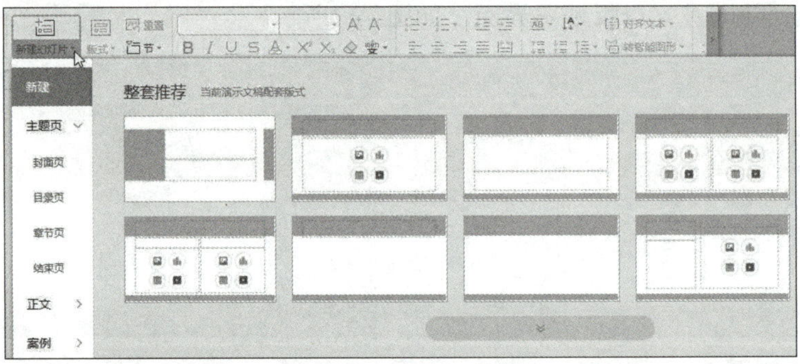

图 9-20

在列表中选择一款版式页，即可调用该版式至当前演示文稿中，如图9-21所示。如果需要对当前幻灯片的版式进行更改，可在“开始”选项卡中单击“版式”下拉按钮，在打开的列表中选择新的版式页即可，如图9-22所示。

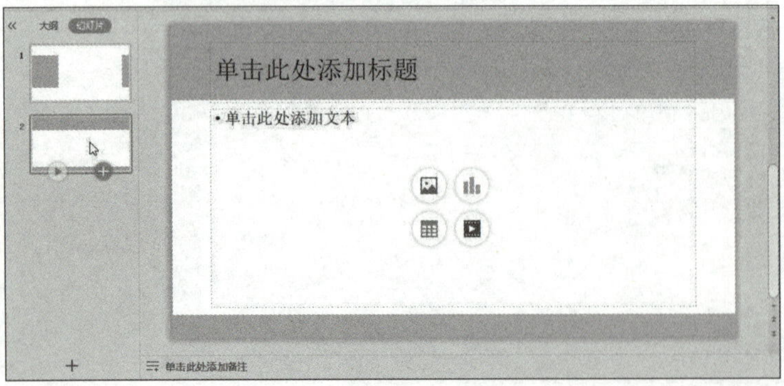

图 9-21

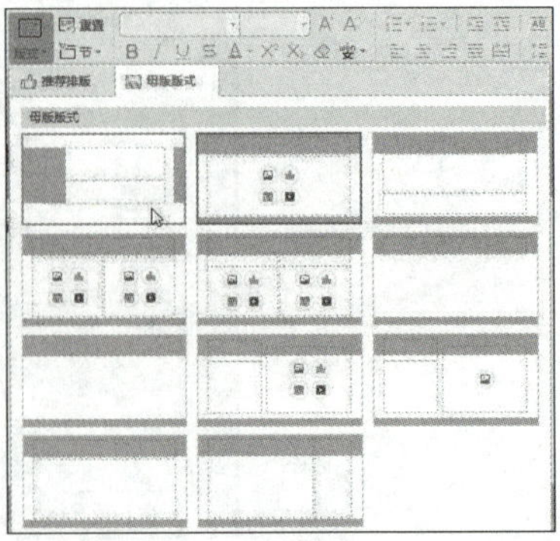

图 9-22

9.4 页面元素的应用

为了让幻灯片内容更加丰富，除了利用文字和图片元素外，还可以根据需要添加其他的元素，例如形状、表格、图表、音视频等。下面将对这些元素的基本应用进行介绍。

■9.4.1 使用文本元素

在幻灯片中添加文本的方法有两种，一种是利用文本框添加，另一种是利用艺术字添加。

1. 利用文本框添加文本

在“插入”选项卡中单击“文本框”下拉按钮，在列表中根据需要选择文本框的方向，这里选择“竖向文本框”选项，在幻灯片中利用鼠标拖动的方法，绘制出文本框，如图9-23所示。在文本框中可输入文字内容，并对文字的格式进行相关设置，如图9-24所示。由于设置文本格式的方法与WPS文字中的方法相同，这里就不再详细介绍。

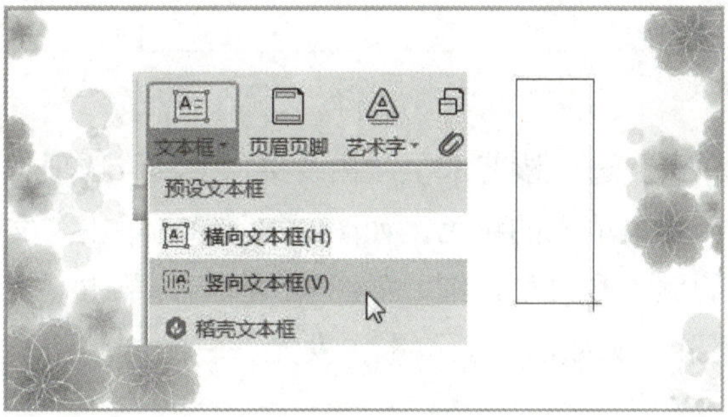

图 9-23

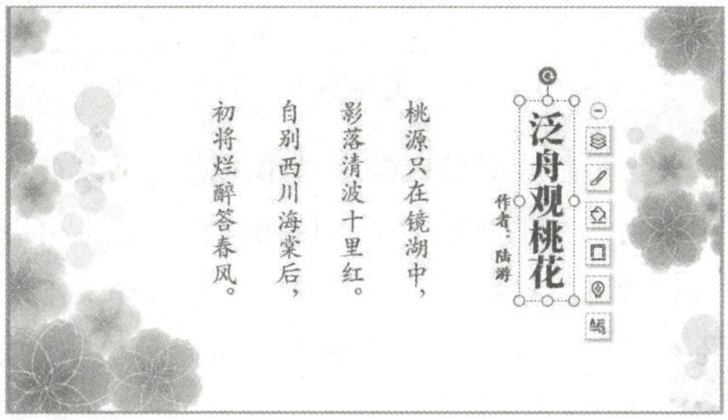

图 9-24

在“文本工具”选项卡中单击“文字方向”下拉按钮，在列表中用户可以选择文字方向，如图9-25所示。

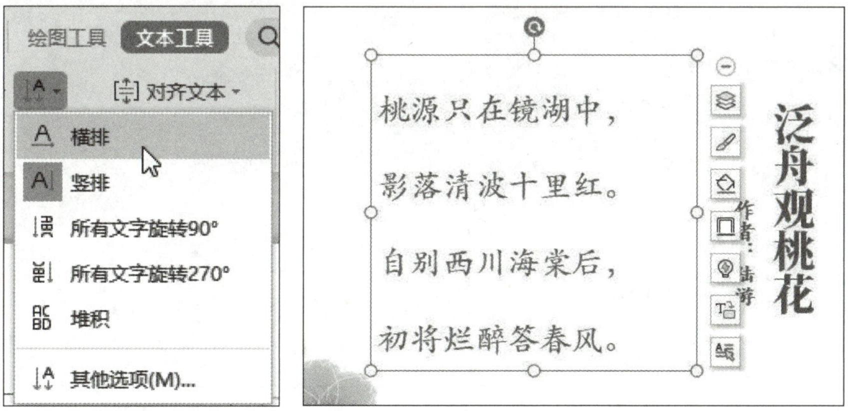

图 9-25

2. 利用艺术字添加文本

WPS演示预设了多种艺术字效果，用户可选择其中一种效果直接使用。在“插入”选项卡中单击“艺术字”下拉按钮，在列表中选择满意的样式，此时幻灯片中会显示出该文本效果，如图9-26所示。选中文字内容，将其更改为新内容即可，如图9-27所示。

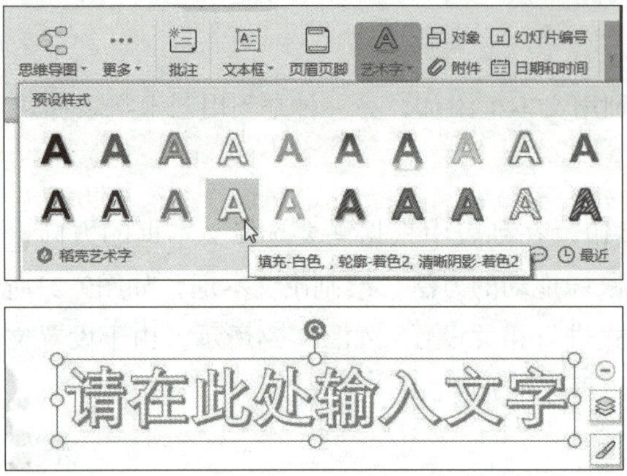

图 9-26

图 9-27

如果用户对预设的样式不满意，可以自定义样式。选中该艺术字，在“文本工具”选项卡中单击“文本填充”下拉按钮，在列表中可以选择文本填充的颜色，如图9-28所示；单击“文本轮廓”下拉按钮，在列表中可以选择文本轮廓的颜色和线型粗细，如图9-29所示；单击“文本效果”下拉按钮，在列表中可以为文本添加效果，例如阴影、倒影、发光、三维旋转、转换，如图9-30所示。

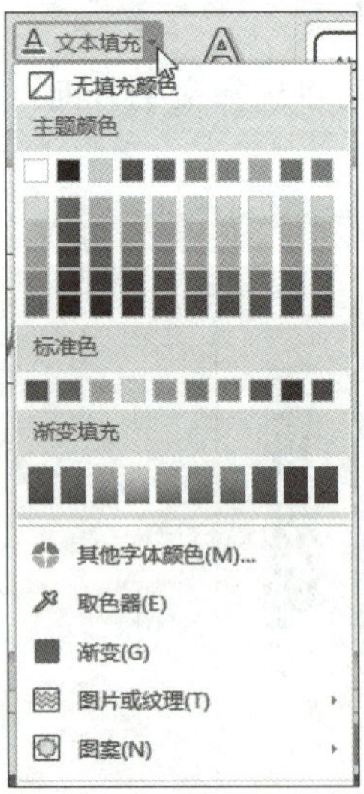

图 9-28

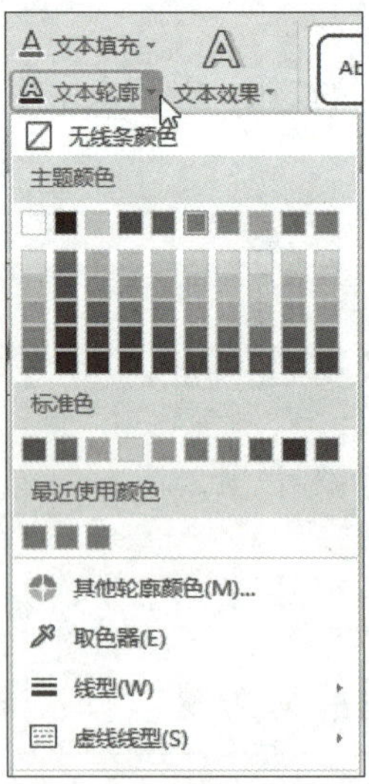

图 9-29

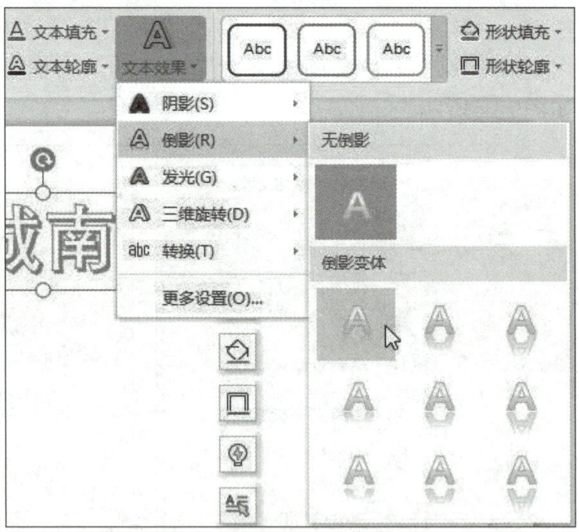

图 9-30

> **提示**：在“文本填充”下拉列表中，用户除了可以更改文本的颜色之外，还可以为文本填充各种图片或纹理，让文本变得更有质感。在列表中选择“图片或纹理”选项，然后根据提示一步步进行操作即可。

实例 美化封面页文字内容

下面将利用图片来填充封面页的文字内容，使文字效果更加美观。

步骤01 打开原始文件，利用横向文本框输入封面页文本内容，并设置好字体格式，如图9-31所示。

步骤02 选中文字内容，在“文本工具”选项卡中单击“文本填充”下拉按钮，在列表中选择“图片或纹理”选项，并在其级联菜单中选择“本地图片”选项，如图9-32所示。

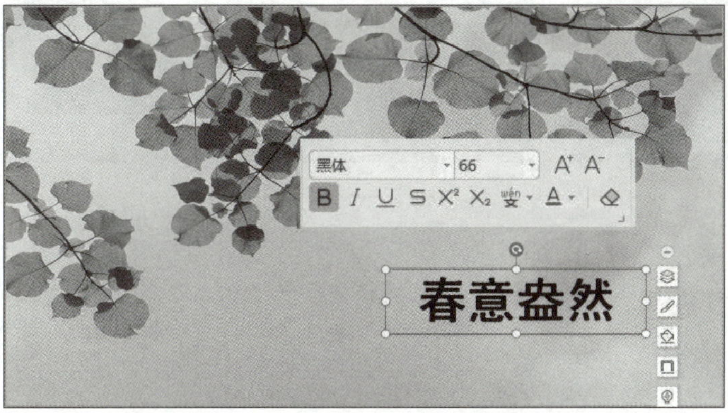

图 9-31

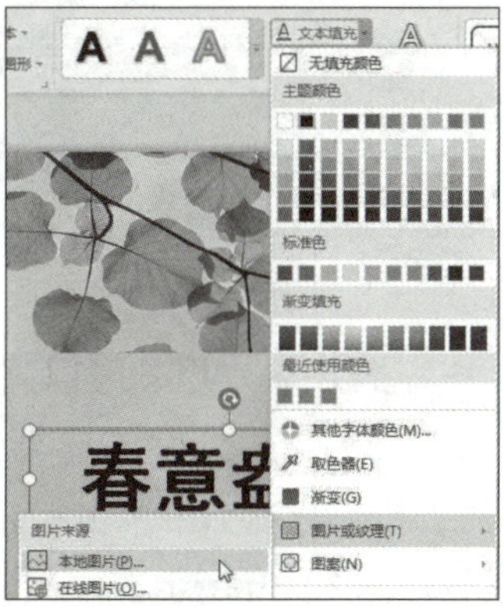

图 9-32

步骤03 在“选择纹理”对话框中选择要填充的图片，如图9-33所示。

步骤04 单击“打开”按钮即可完成文本的填充操作，效果如图9-34所示。

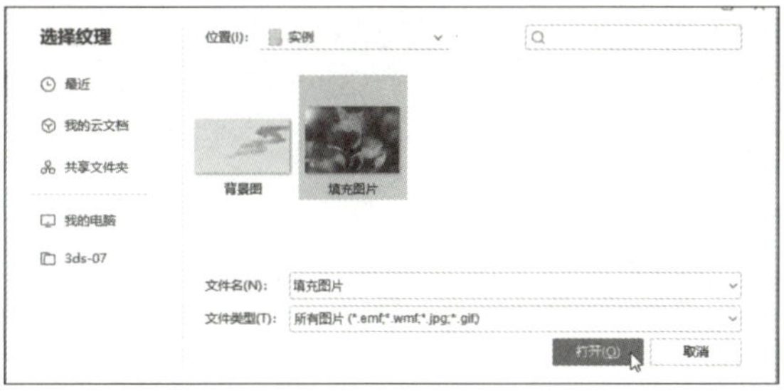

图 9-33

图 9-34

■9.4.2 使用图片元素

在“插入”选项卡中单击“图片”按钮，打开“插入图片”对话框，选择要插入的图片，单击“打开”按钮即可将图片插入当前幻灯片中，如图9-35所示。

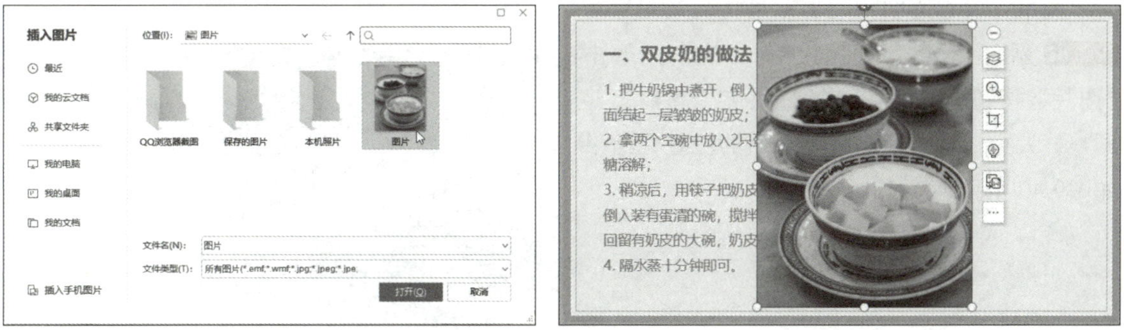

图 9-35

默认情况下，插入的图片会显示在幻灯片的中间位置，用户可使用鼠标拖动的方法，将其移至幻灯片合适位置，如图9-36所示。然后，按住Ctrl键等比例调整图片大小，如图9-37所示。

图 9-36

图 9-37

图片插入后，用户可以对其亮度、对比度、图片效果、边框等选项进行设置，在“图片工具”选项卡中单击相应的选项按钮即可设置，如图9-38所示。

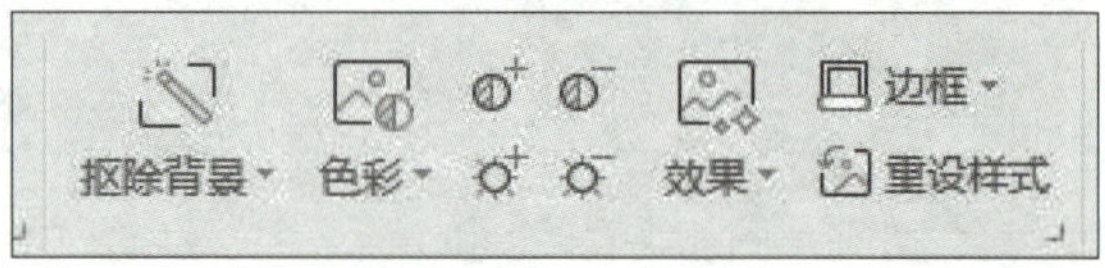

图 9-38

单击“裁剪”按钮可以对图片进行裁剪，此外在裁剪列表中，用户还可以将图片裁剪为想要的形状，或者按照一定的比例进行等比裁剪操作，如图9-39所示。由于该操作与在文档中设置图片的方法相同，这里就不再重复介绍。

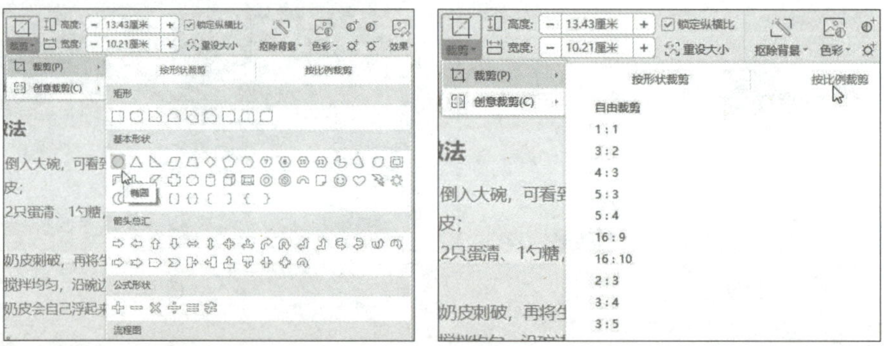

图 9-39

实例 制作图片合成效果

利用“设置透明色”功能可将两张图片合二为一，从而实现非同一般的效果。

步骤 01 新建一张空白版式的幻灯片。单击“图片”按钮，先插入一张“墨迹”图片，并调整好大小，放置在幻灯片合适的位置，结果如图9-40所示。

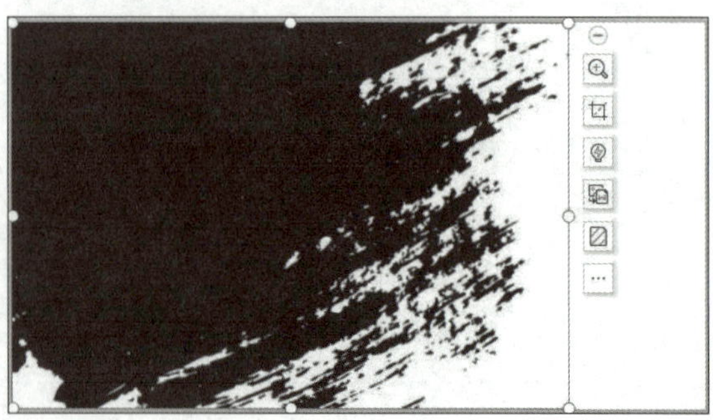

图 9-40

步骤02 选中该墨迹图片，在“图片工具”选项卡中单击“抠除背景”下拉按钮，在列表中选择“设置透明色”选项，此时光标会变成吸管形状，可以吸取图片黑色的部分，如图9-41所示。

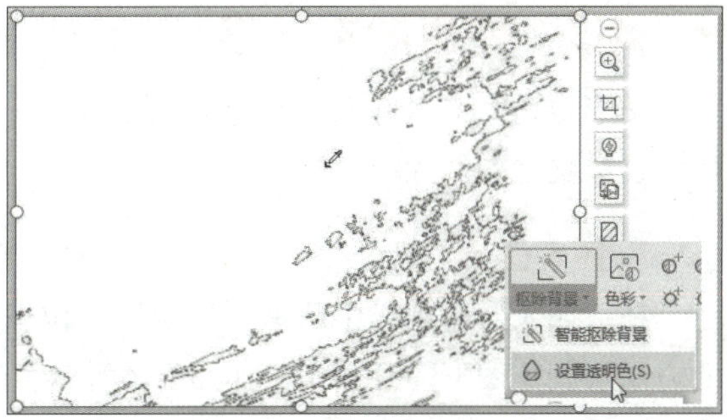

图 9-41

步骤03 右击该墨迹图片，在快捷菜单中选择“设置对象格式”选项，如图9-42所示。

步骤04 在“对象属性”窗格中选择“填充与线条”选项卡，单击“图片或纹理填充”单选按钮，并单击下方“图片填充”右侧的下拉按钮，选择“本地文件”选项，如图9-43所示。

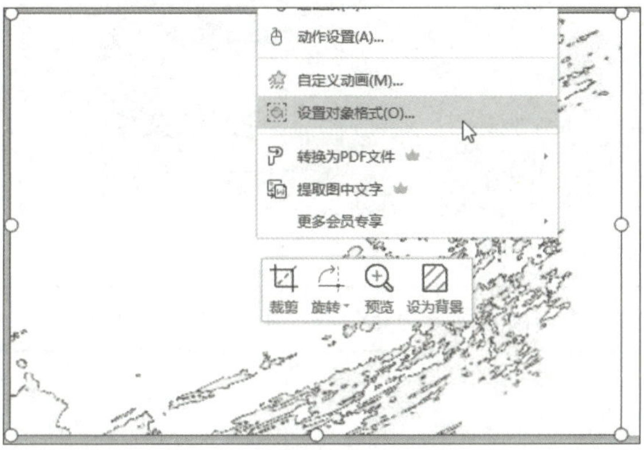

图 9-42

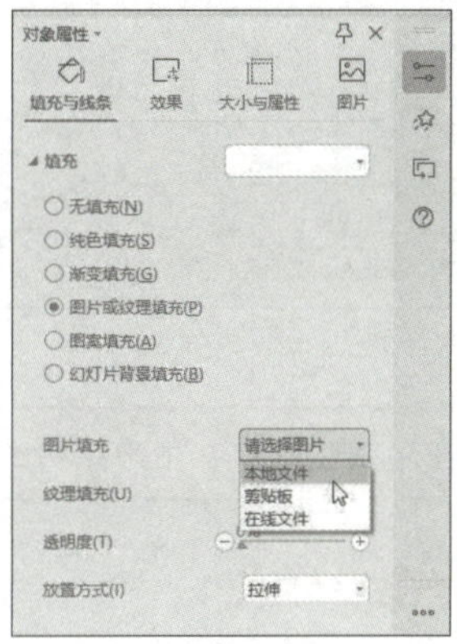

图 9-43

步骤05 在“选择纹理”对话框中选择要填充的图片，单击“打开”按钮，如图9-44所示。

步骤06 此时，原图片中的黑色区域被填充。利用竖向文本框在页面空白处输入文字内容即可，如图9-45所示。

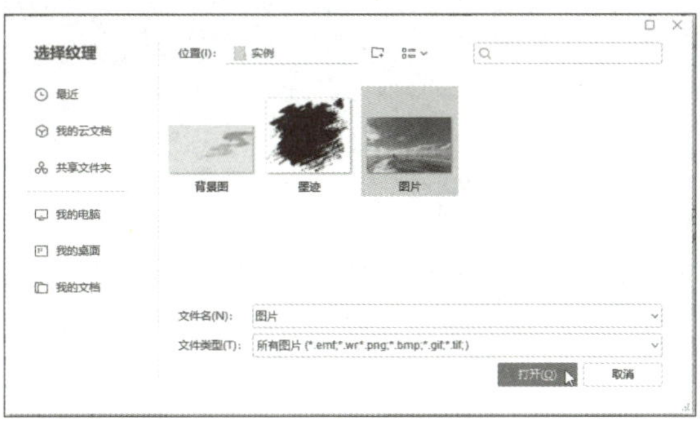

图 9-44

图 9-45

注意事项

用户在使用“设置透明色”功能美化图片时，其图片必须为JPG格式，否则无法实现图片合成效果。

■9.4.3 使用图形元素

图形也是幻灯片中使用较多的元素之一，图形的功能很强大，甚至可以作为幻灯片的主体，贯穿整个幻灯片的设计。

1. 插入图形

在“插入”选项卡中单击“形状”下拉按钮，在列表中选择所需图形，然后使用鼠标拖动的方法绘制该图形即可插入，如图9-46所示。

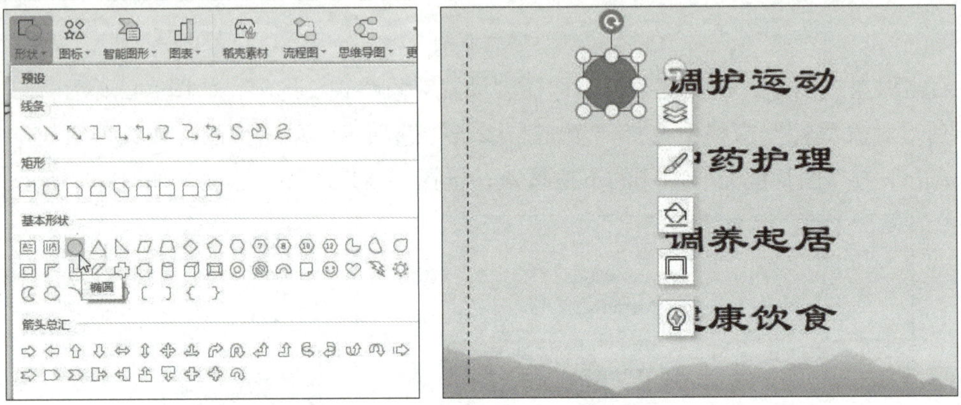

图 9-46

> ❗ **提示**：在绘制过程中，用户结合Shift键可绘制出正圆形、正方形、正三角形等图形。

2. 调整图形样式

图形绘制好后，用户可以对图形的颜色、图形轮廓以及图形效果进行设置。在“绘图工具”选项卡中单击“填充”下拉按钮，在其列表中可以调整图形的颜色，如图9-47所示。单击“轮廓”下拉按钮，可以调整图形轮廓的颜色和线型属性，如图9-48所示。单击“形状效果”下拉按钮，在列表中可以为图形添加阴影、倒影、发光等效果，如图9-49所示。

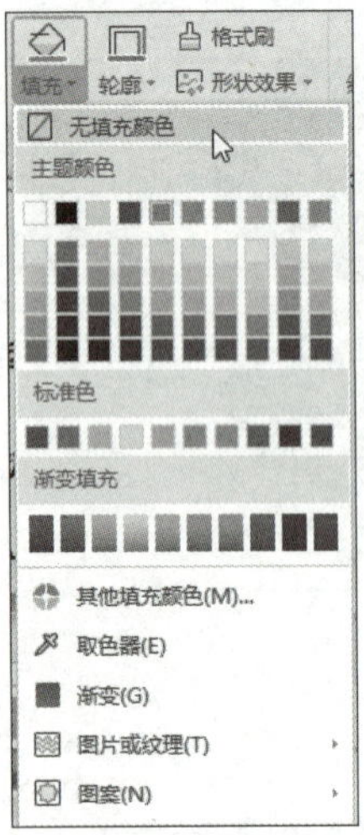

图 9-47

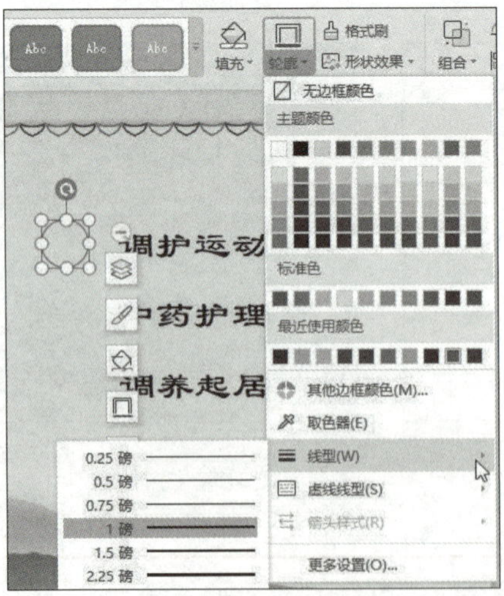

图 9-48

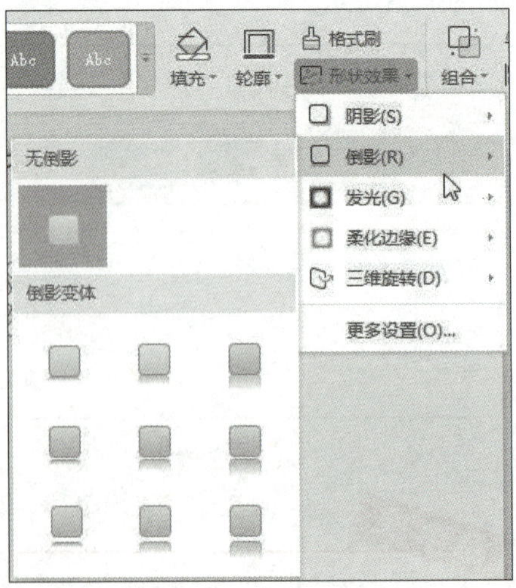

图 9-49

3. 在图形中添加文字

如果用户想要在绘制好的图形中添加文字，可右击该图形，在快捷菜单中选择“编辑文字”选项，如图9-50所示。此时图形中会出现闪烁的光标，在此输入文字内容即可，如图9-51所示。

图 9-50

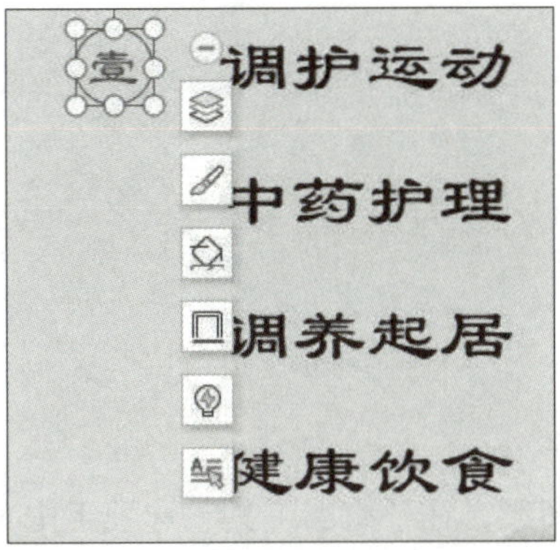

图 9-51

4. 快速对齐图形

选中图形，按Ctrl键的同时，拖动图形至合适位置，可快速复制图形，如图9-52所示。全选要对齐的图形，在页面中会显示对齐工具栏，在该工具栏中选择需要的对齐方式，即可对齐所有图形，如图9-53所示。

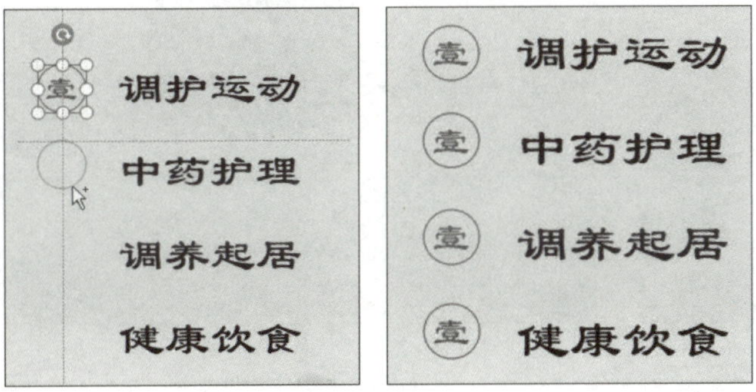

图 9-52

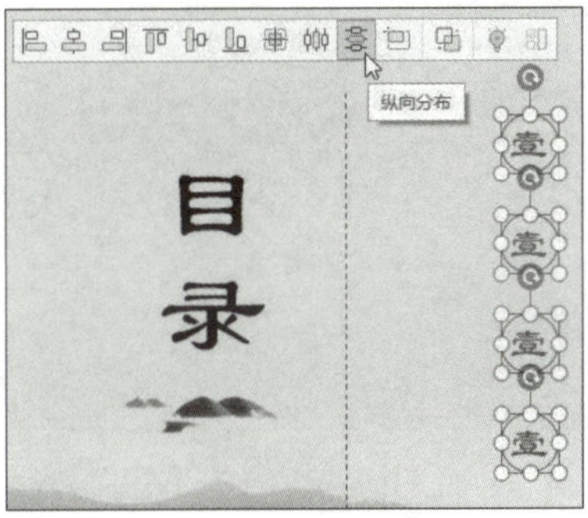

图 9-53

实例 利用形状制作墨迹晕染效果

在制作具有中国风的幻灯片时，常需要水墨图片进行装饰。其实使用形状功能，也可以制作出水墨晕染的效果。下面将介绍具体操作。

步骤01 打开原始文档。在“形状”列表中选择“三十二角星”图形，并按住Shift键绘制该图形，结果如图9-54所示。

图 9-54

步骤02 选中图形上方黄色的控制点，拖动该控制点至合适位置，调整图形尖角大小，如图9-55所示。

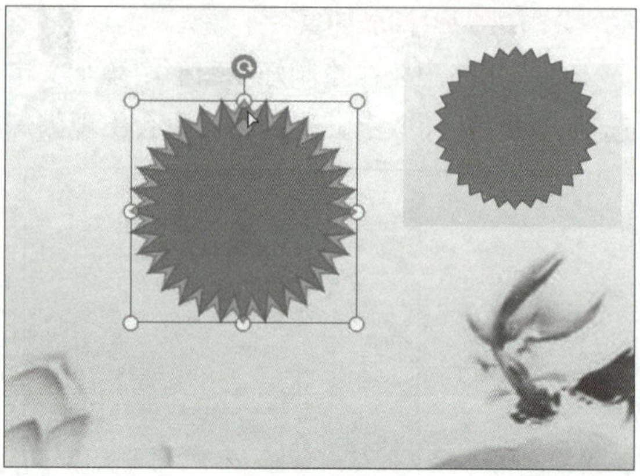

图 9-55

步骤03 选中该图形，在“绘图工具”选项卡中单击“编辑形状”下拉按钮，从列表中选择“编辑顶点”选项，此时图形四周会显示出所有的编辑顶点，如图9-56所示。

步骤04 选择任意编辑顶点，拖动顶点至合适位置，来调整图形的外轮廓，让图形看上去不太规整即可，如图9-57所示。

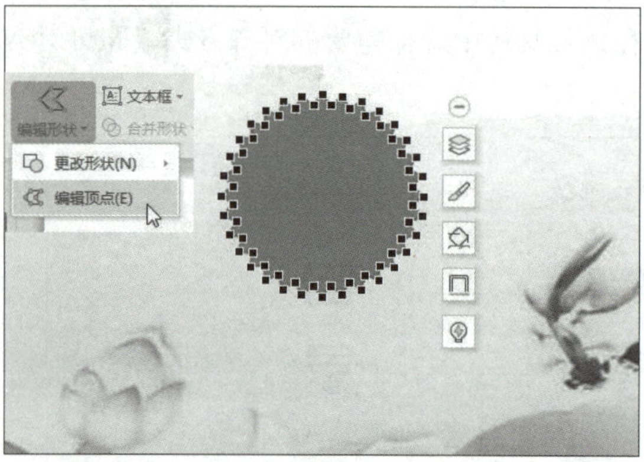

图 9-56

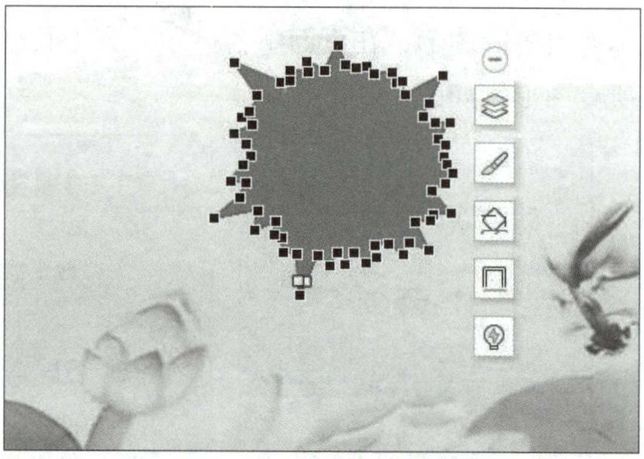

图 9-57

步骤05 调整完成后单击空白处，退出编辑操作。右键单击图形，在快捷菜单中选择“设置对象格式”选项，打开“对象属性”窗格，在“填充与线条”选项卡中单击“渐变填充”单选按钮，在下方设置好渐变颜色，如图9-58所示。

步骤06 将“渐变样式”设为“中心辐射”渐变样式，如图9-59所示。

步骤07 单击“线条”下拉按钮，在其列表中选择“无线条”选项，删除图形轮廓线，如图9-60所示。

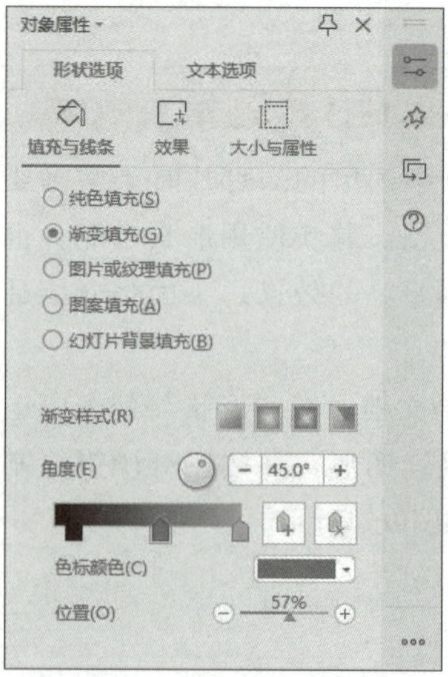

图 9-58

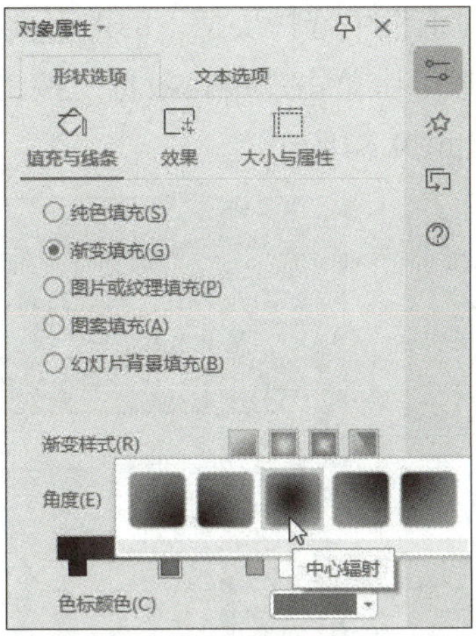

图 9-59

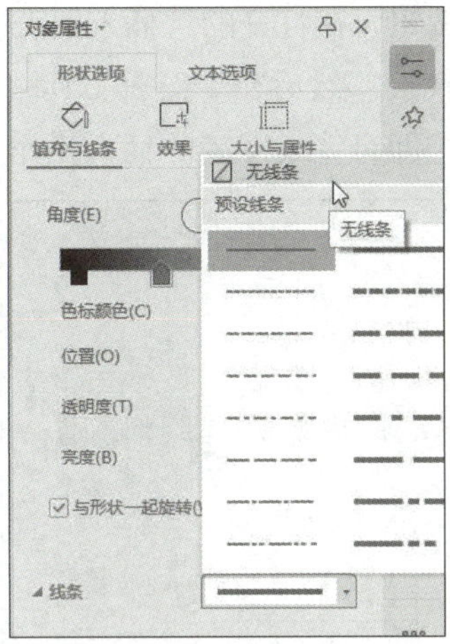

图 9-60

步骤08 在该窗格中选择“效果”选项卡，将“柔化边缘”大小设置为“7磅”，如图9-61所示。

步骤09 多复制几个墨点图形，并适当地调整图形的大小以及渐变色范围即可，如图9-62所示。

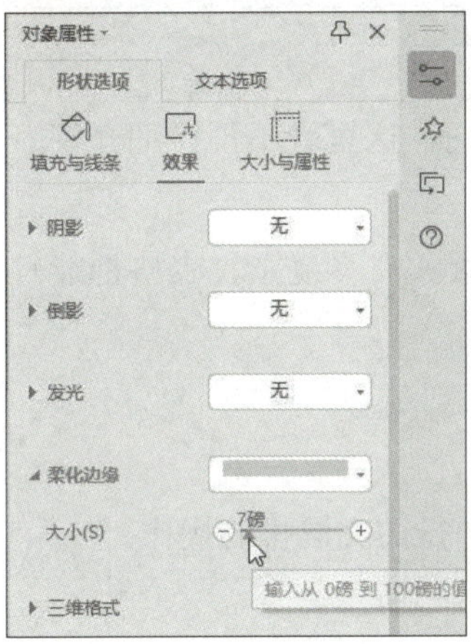

图 9-61

图 9-62

■9.4.4 使用表格和图表元素

在幻灯片中插入表格和图表的方法很简单，在“插入”选项卡中单击“表格”下拉按钮，在列表中选择要插入的行数和列数即可快速插入表格，如图9-63所示。

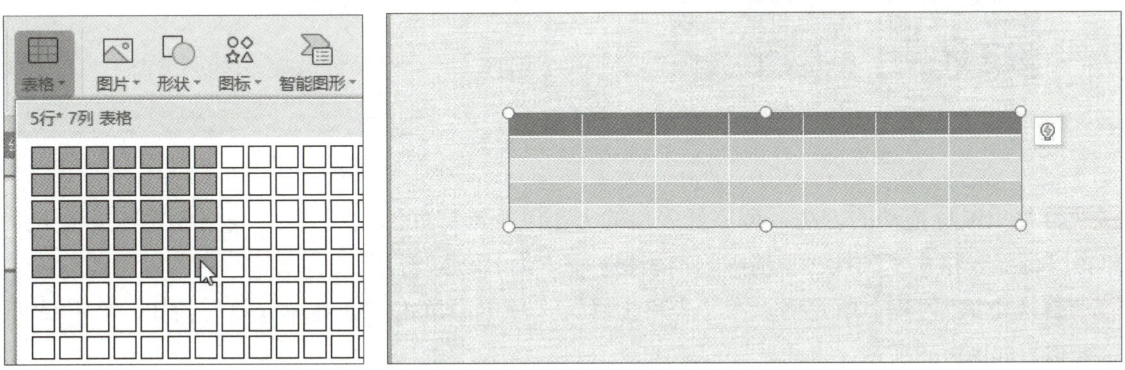

图 9-63

单击“图表”按钮，在打开的“插入图表”对话框中选择要插入的图表类型，单击“插入”按钮即可创建图表模板。然后在“图表工具”选项卡中单击“编辑数据”按钮，在打开的WPS表格中输入图表数据即可完成图表的插入操作，如图9-64所示。

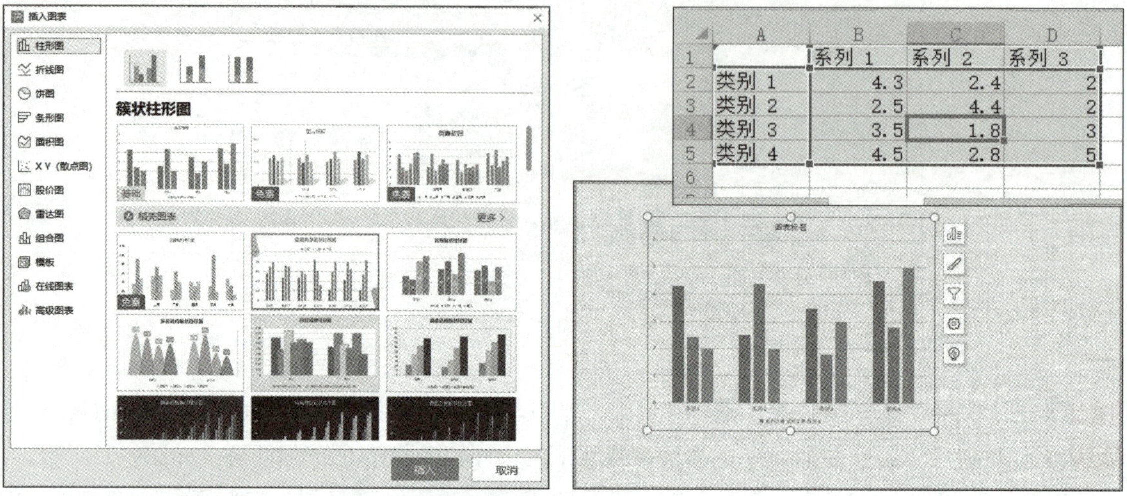

图 9-64

表格和图表的基本编辑与美化操作与WPS文字中相关的操作相同，这里就不再详细介绍。下面将重点介绍如何利用表格来对图片和文字进行合理的排版。

使用表格可以实现图文混排的效果，无论图片或文本有多少，版式有多复杂，表格都能轻松地驾驭。

实例 利用表格对产品展示页进行排版

下面将以排版“软装产品”页面为例，来介绍如何使用表格来进行图文混排的操作。

步骤 01 打开原始文档，用户可以看到当前版式比较中规中矩，如图9-65所示。

步骤 02 先删除这些内容，然后单击“表格”按钮，创建一个2行3列的表格，如图9-66所示。

图 9-65

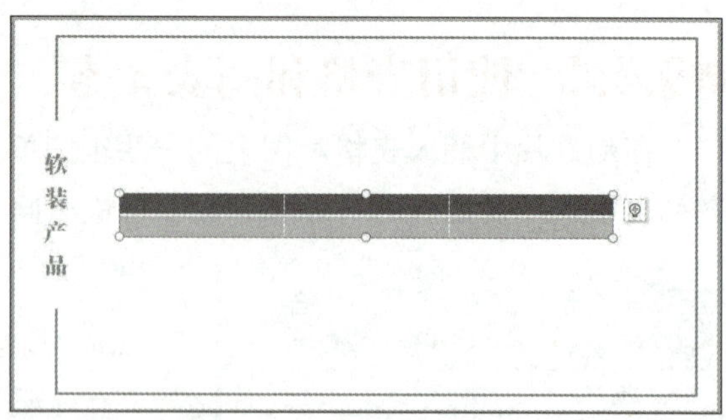

图 9-66

步骤 03 使用鼠标拖动的方法，调整好表格的大小以及第2列的列宽。在“表格样式”选项卡中单击“清除表格样式”按钮，清除当前表格样式，如图9-67所示。

步骤 04 选中第2列两个单元格，在“表格工具”选项卡中单击“合并单元格”按钮，合并该列单元格，如图9-68所示。

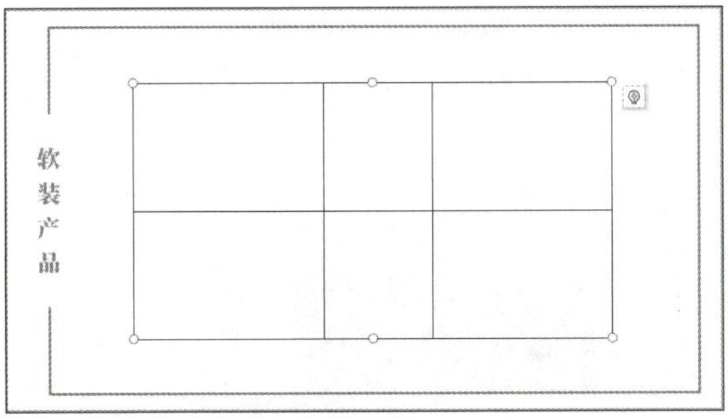

图 9-67

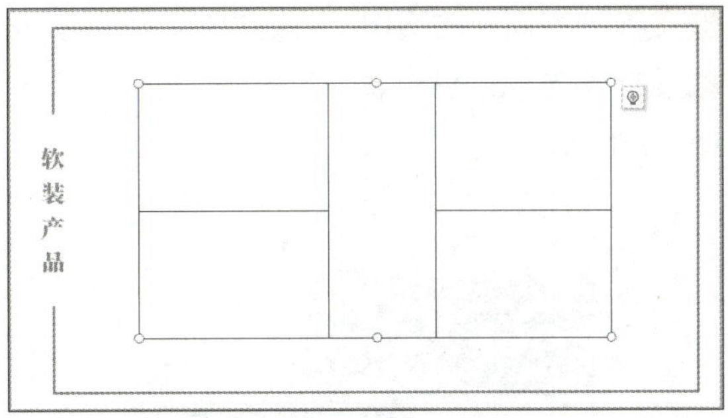

图 9-68

步骤05 将光标定位至第2列，在“表格样式”选项卡中单击“填充”下拉按钮，从列表中选择一款颜色填充该列，如图9-69所示。

步骤06 将光标定位至首行的第1列单元格内，同样在“表格样式”选项卡中单击“填充”下拉按钮，从列表中选择“图片或纹理”选项，在其级联菜单中选择“本地图片”选项，如图9-70所示。

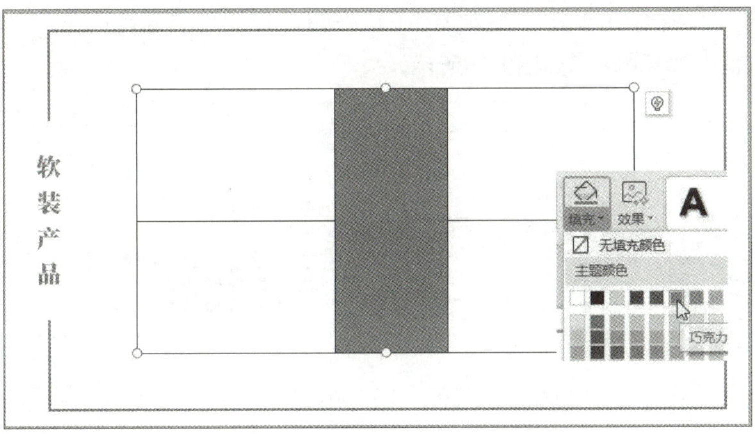

图 9-69

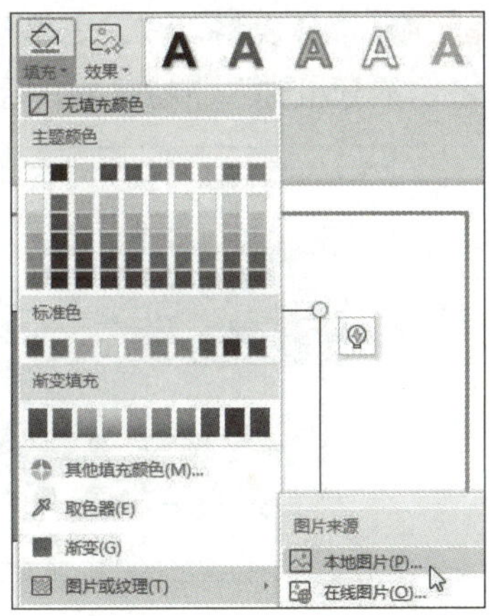

图 9-70

步骤07 在“选择纹理”对话框中选择要填充的产品图片，单击“打开”按钮，如图9-71所示。

步骤08 此时该图片已填充至被选单元格中，如图9-72所示。

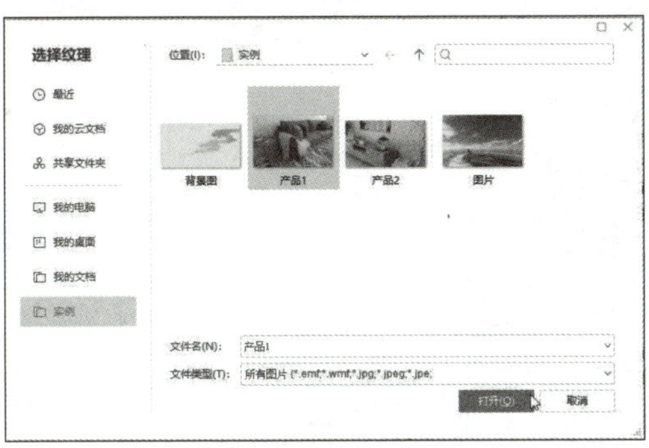

图 9-71

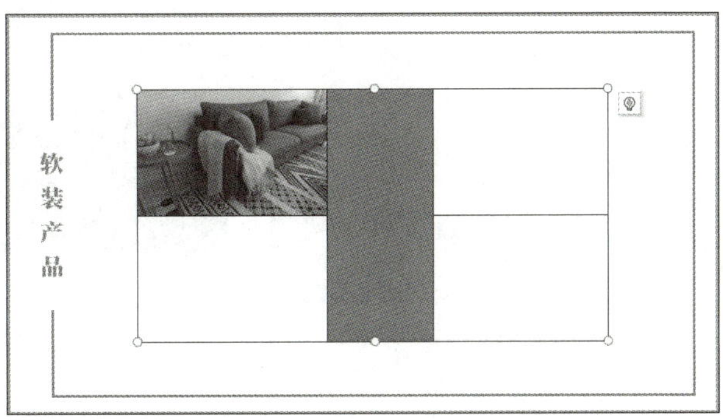

图 9-72

步骤 09 按照同样的操作，将第3列第2行单元格进行图片填充，效果如图9-73所示。

步骤 10 将光标定位至首列第2行单元格，输入文字内容，并调整好文字格式以及对齐方式，如图9-74所示。

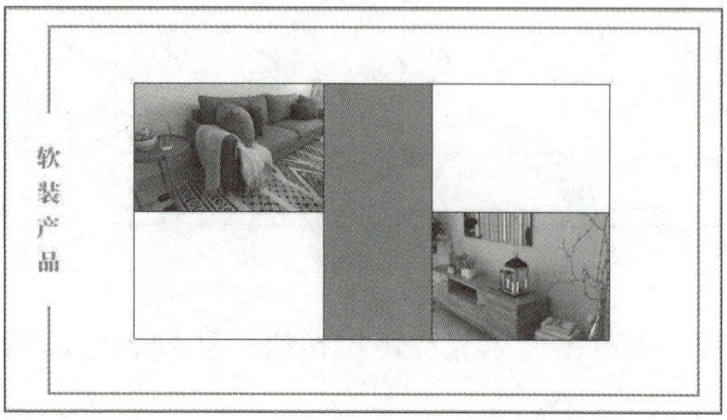

图 9-73

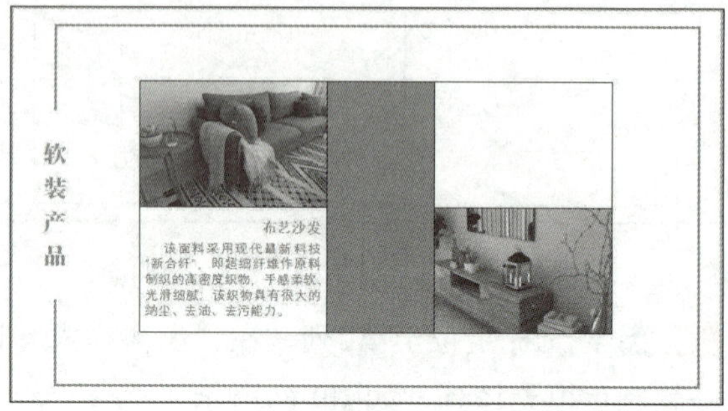

图 9-74

步骤 11 将光标定位至第3列第1行单元格，输入文字，并调整好文字格式和对齐方式，如图9-75所示。

步骤 12 选择表格，在“表格样式”选项卡中单击“笔颜色”下拉按钮，在列表中选择白色，单击“笔划粗细”下拉按钮，在列表中选择6磅，如图9-76所示。

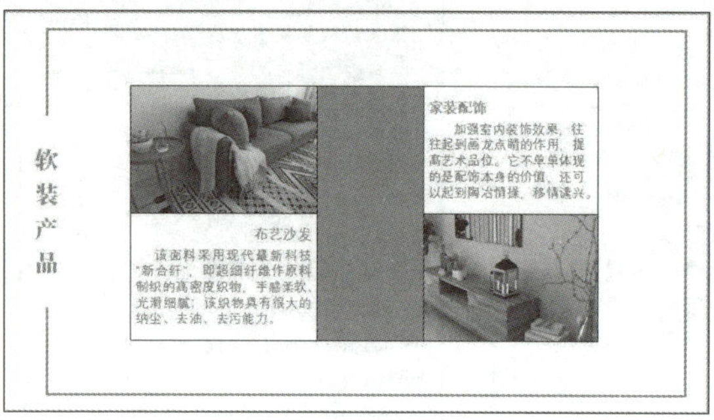

图 9-75

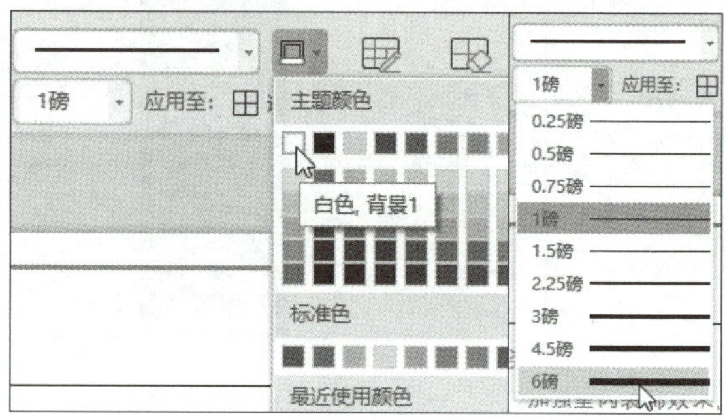

图 9-76

步骤 13 单击“边框”下拉按钮，在列表中选择“所有框线”选项，完成当前表格边框样式的设置，如图9-77所示。至此，完成该页面内容的排版操作。

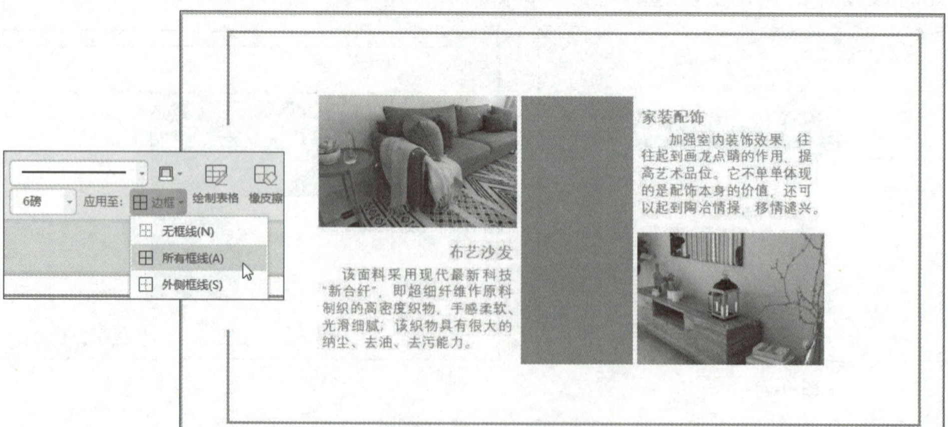

图 9-77

■9.4.5 使用音/视频元素

在幻灯片中插入音频或视频，可以吸引观众的注意力，增强内容的可阅读性。本小节将对音频、视频元素的基本应用进行介绍。

1. 嵌入并应用音频

在“插入”选项卡中单击“音频”下拉按钮，在列表中用户可根据需要选择要嵌入的音频类型。如果是将音频作为背景音乐来使用，可选择“嵌入背景音乐”选项，在打开的对话框中选择要嵌入的音频文件，单击“打开”按钮，如图9-78所示。此时，当前幻灯片中随即会显示出小喇叭图标以及播放器，说明音频文件嵌入成功，如图9-79所示。

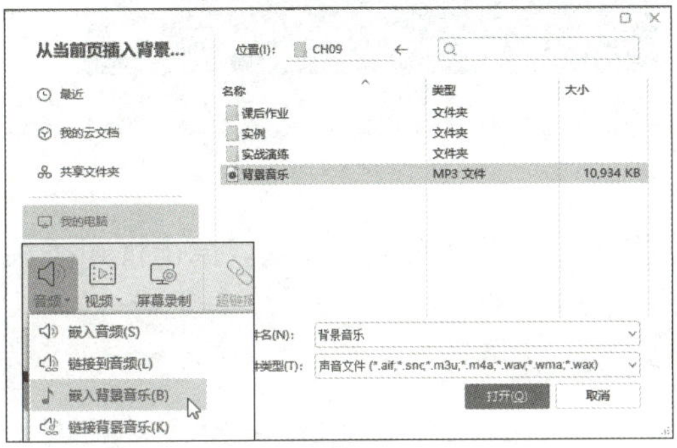

图 9-78

图 9-79

在播放器中单击播放按钮，即可播放当前的音频。选择喇叭图标，使用鼠标拖动的方法可移动音频文件。在“音频工具”选项卡中单击“裁剪音频”按钮，在打开的“裁剪音频”对话框中拖动进度条中的开始和终止滑块，可对当前的音频文件进行裁剪，如图9-80所示。

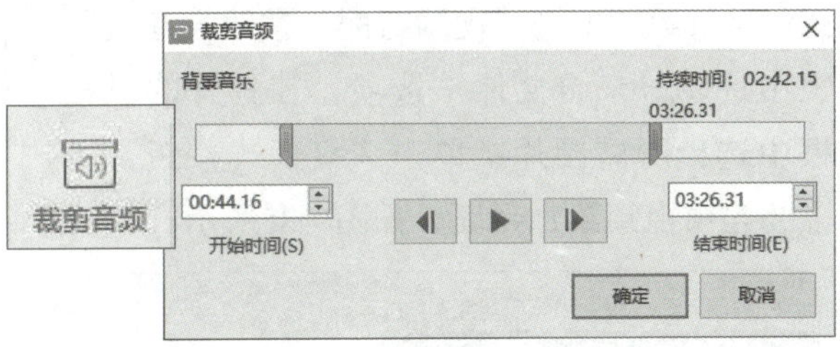

图 9-80

在“音频工具”选项卡中用户可以设置音频的播放模式。例如单击“开始”下拉按钮，可选择音频开始的方式，默认为自动方式；单击“当前页播放”单选按钮，音频只会在当前页面播放，翻页将会停止播放；单击“跨幻灯片播放”单选按钮，音频会一直播放至幻灯片演示结束为止；勾选“放映时隐藏”复选框，在放映幻灯片时，将会隐藏音频文件，如图9-81所示。

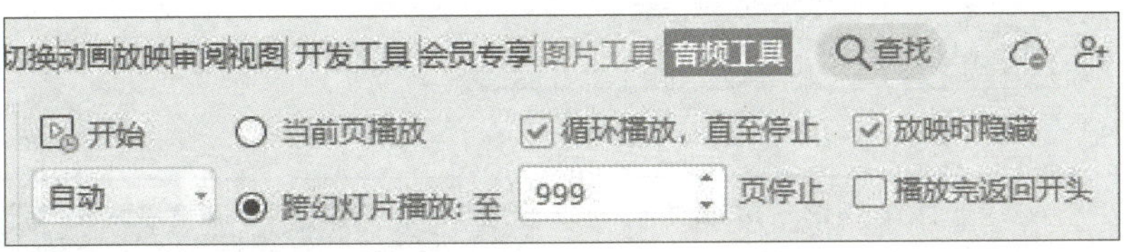

图 9-81

> **提示：** 想要删除音频文件，只需将其选中，按Delete键即可删除。

2. 嵌入并应用视频

嵌入视频与嵌入音频的方法相似，在“插入”选项卡中单击“视频”下拉按钮，从列表中选择“嵌入本地视频”选项，在“插入视频”对话框中选择要插入的视频文件，单击“打开”按钮即可将该视频插入当前幻灯片中，如图9-82所示。

图 9-82

视频插入后，用户可以调整视频窗口的大小，并将其移动至页面合适位置。单击视频播放按钮即可查看视频，如图9-83所示。

图 9-83

选择视频，在“视频工具”选项卡中单击“裁剪视频”按钮，在打开的“裁剪视频”对话框中，用户可对视频进行裁剪操作，如图9-84所示。单击“视频封面”按钮，在其列表中选择“来自文件”选项，在打开的对话框中选择所需图片，单击“打开”按钮，可以为当前视频添加封面，如图9-85所示。

图 9-84

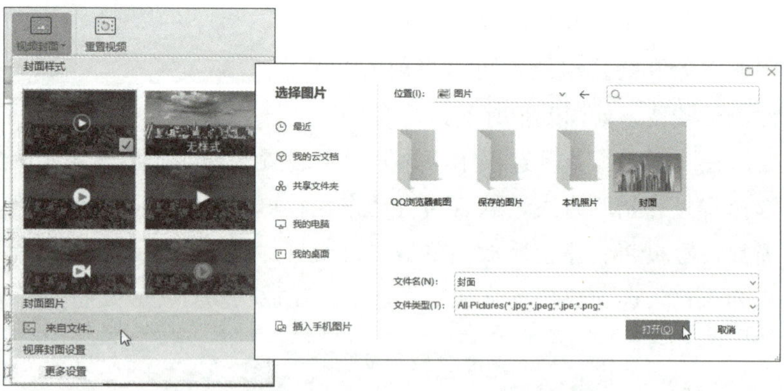

图 9-85

提示：在WPS 2019版本中新增“屏幕录制”功能，该功能可以快速地录制屏幕操作，并自动将录制的视频嵌入当前页面中，使用起来非常方便。在“插入”选项卡中单击“屏幕录制”按钮，系统会启动录制器，用户只需根据提示向导即可进行录制操作，如图9-86所示。

图 9-86

实战演练 制作垃圾分类宣传文稿

下面将综合利用本项目所学知识来制作一份垃圾分类宣传文稿。

步骤01 新建空白演示文档，在“视图”选项卡中单击“幻灯片母版”按钮，打开幻灯片母版视图，选择第1张母版页，清除当前页面中的所有元素，如图9-87所示。

步骤02 单击“背景”按钮打开“对象属性”窗格，在“填充”列表中单击“图案填充”单选按钮，并选择好填充的图案以及前景颜色，如图9-88所示。

图 9-87

图 9-88

步骤03 在“插入”选项卡中单击“形状”下拉按钮，在其列表中选择“矩形”形状，并使用鼠标拖动的方法绘制该矩形，如图9-89所示。

步骤04 在“绘图工具”选项卡中单击“填充”下拉按钮，选择白色，然后单击“轮廓”下拉按钮，选择“无边框颜色”，如图9-90所示。

图 9-89

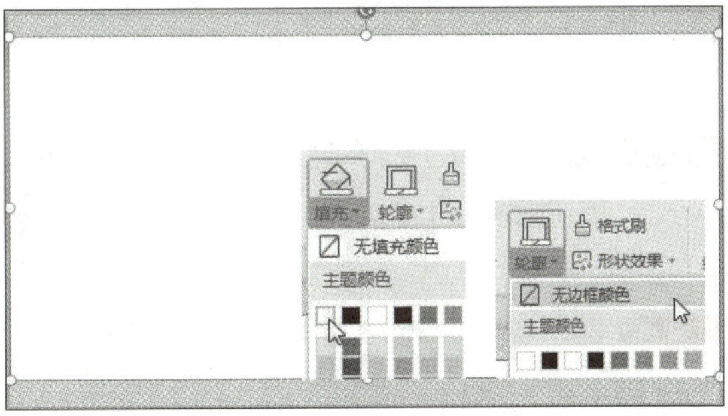

图 9-90

步骤05 选择第2张“标题幻灯片 版式”页，同样清除页面中所有元素。在“对象属性”窗格中勾选“隐藏背景图形”复选框，隐藏绘制的矩形，如图9-91所示。

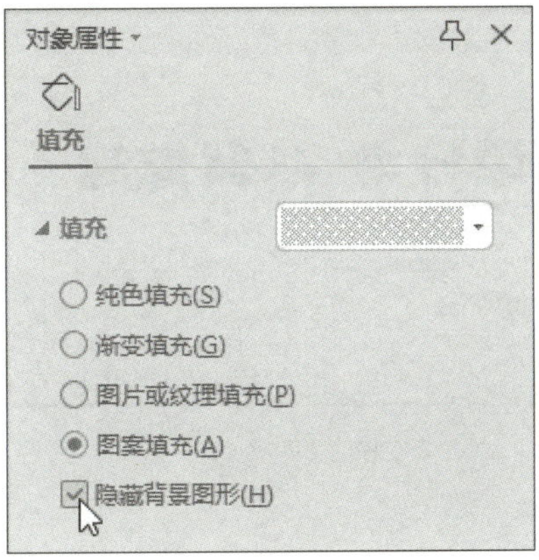

图 9-91

步骤06 绘制一个矩形，同样将矩形颜色设为白色，无边框显示，并放置在页面合适的位置，如图9-92所示。

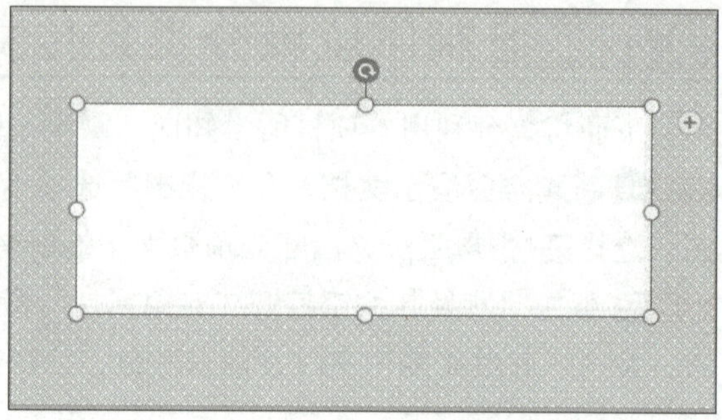

图 9-92

步骤07 选中矩形，在“绘图工具”选项卡中单击“形状效果”下拉按钮，在其列表中选择“阴影”选项，为其添加阴影效果，如图9-93所示。

步骤08 绘制一个矩形，将该矩形设为无填充颜色，将其轮廓颜色设为绿色，并将“虚线线型”设为“圆点”，将“线型”设为2.25磅，放置在页面合适的位置，效果如图9-94所示。

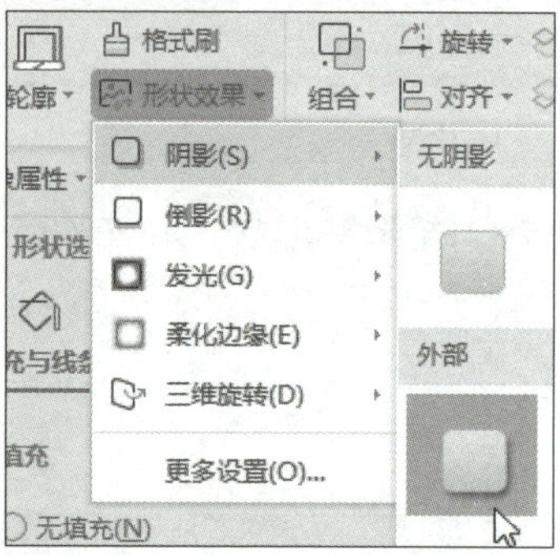

图 9-93

图 9-94

步骤09 设置好后，关闭幻灯片母版视图，返回普通视图界面中，系统已自动添加了标题幻灯片版式，删除多余的占位符。利用“横向文本框”输入标题内容，并设置好其字体和字号，如图9-95所示。

步骤10 选中标题，在“文本工具”选项卡中单击“文本填充”下拉按钮，选择一款满意的渐变色进行填充；单击“文本轮廓”下拉按钮，将轮廓颜色设为黄色，如图9-96所示。

图 9-95

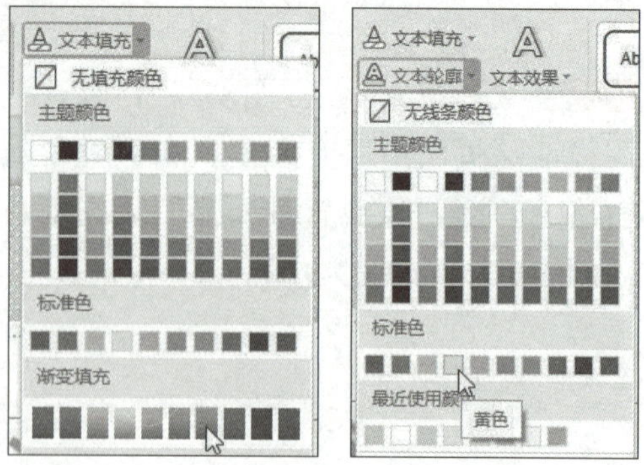

图 9-96

步骤11 利用文本框输入副标题，并设置好其字体、字号和颜色，将其放置在页面合适位置，如图9-97所示。

步骤12 在“插入”选项卡中单击“图片”按钮，在打开的“插入图片”对话框中选择要插入的装饰图片，如图9-98所示。

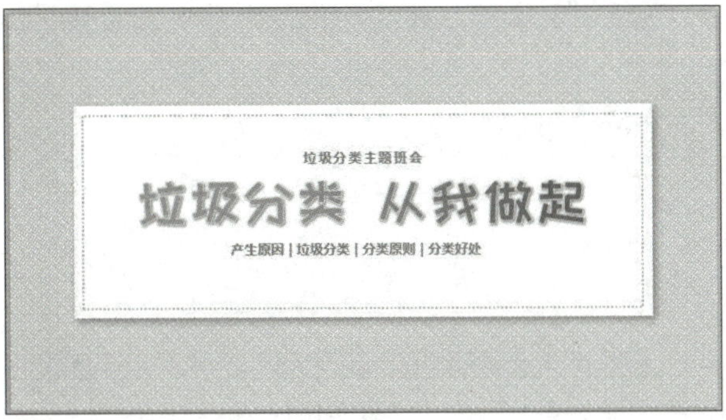

图 9-97

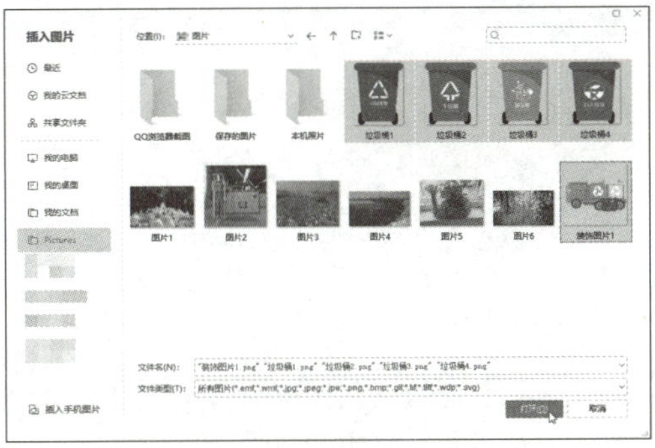

图 9-98

步骤13 调整好图片的大小，并将其放置在页面合适的位置，如图9-99所示。

步骤14 按照同样的操作，插入装饰小图标，并将其放置在页面右上角位置，如图9-100所示。至此，文稿封面制作完成。

图 9-99

图 9-100

步骤15 在幻灯片导航窗格中单击封面页下方的“新建幻灯片”按钮，在打开的“新建”界面中选择空白页版式，新建目录幻灯片，如图9-101所示。

步骤16 利用文本框输入目录页标题及内容，同时设置好格式，结果如图9-102所示。

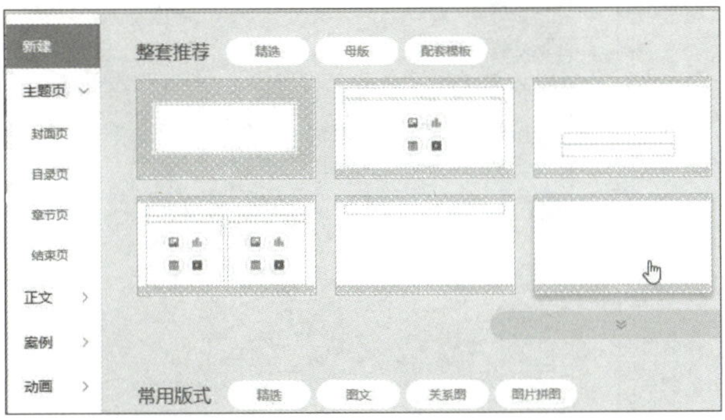

图 9-101

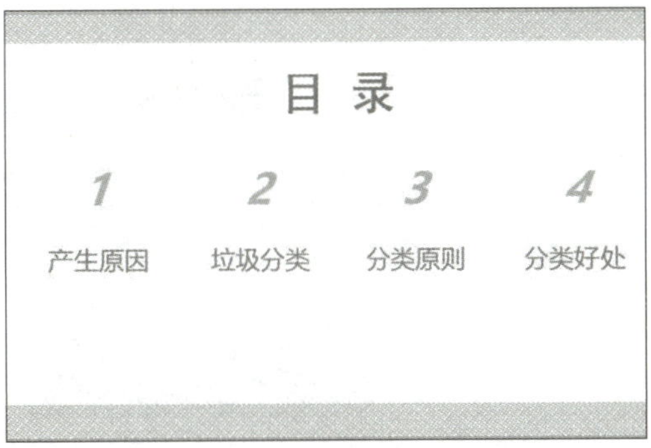

图 9-102

步骤17 在“形状”列表中选择“直线”形状，绘制上、下两条分隔线，并设置好该线段的颜色，完成目录页内容的制作，效果如图9-103所示。

步骤18 在导航窗格中复制目录页，将其粘贴至该幻灯片下方空白处，创建第3张幻灯片，删除第3张幻灯片内容。输入并设置好该页标题内容，如图9-104所示。

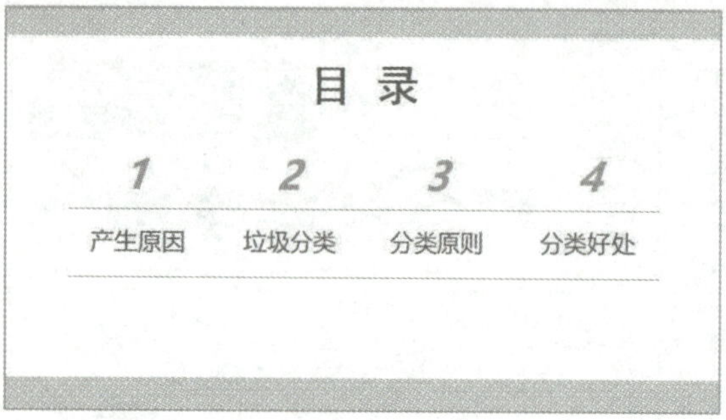

图 9-103

图 9-104

步骤19 在“插入”选项卡中单击“智能图形”按钮，在“选择智能图形”对话框中选择一款循环图形，如图9-105所示。

步骤20 单击“插入”按钮，即可在当前页面中插入循环图形，如图9-106所示。

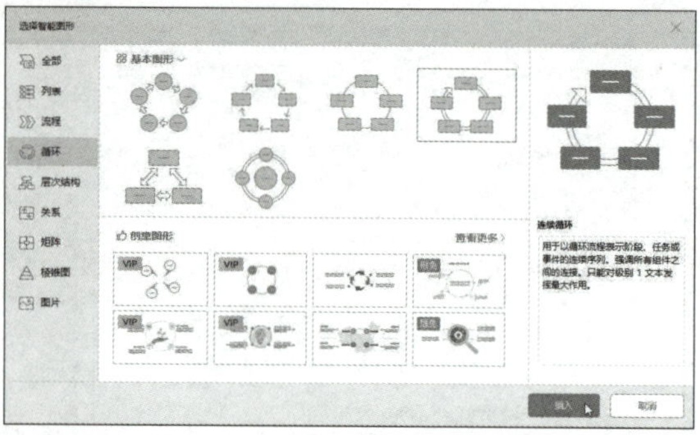

图 9-105

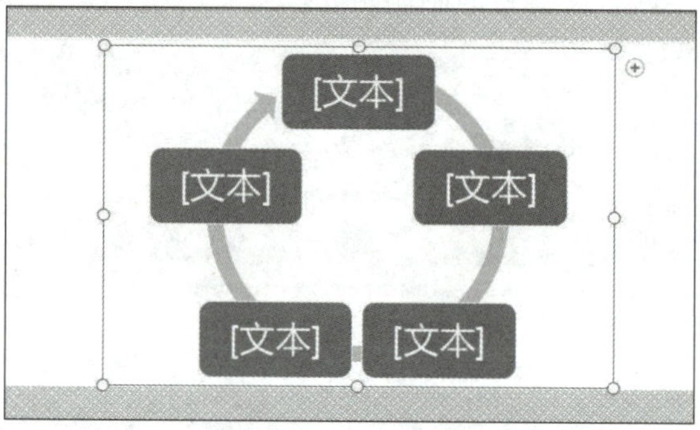

图 9-106

步骤21 调整好该图形的大小，单击图形中的“文本”字样，输入图形内容，如图9-107所示。

步骤22 在“设计”选项卡中单击“更改颜色”下拉按钮，在列表中选择一款满意的颜色来更改当前图形颜色，如图9-108所示。

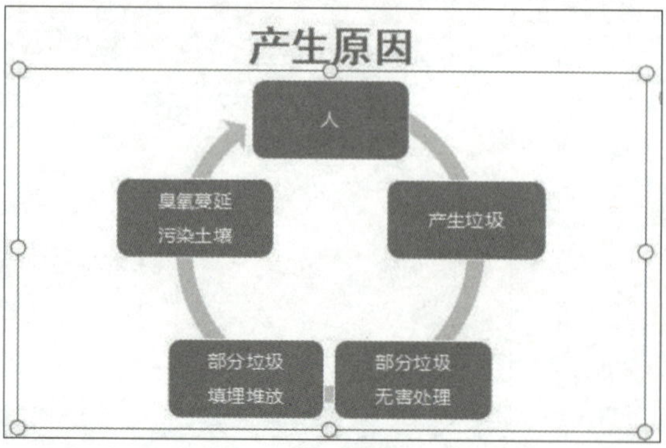

图 9-107

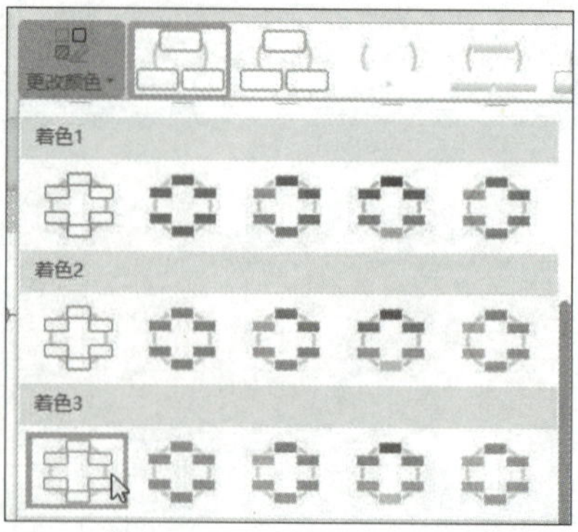

图 9-108

步骤23 选中图形中的文字内容，分别调整好其文本格式，如图9-109所示。

步骤24 在“插入”选项卡中单击“图片”按钮，插入所需图片至该页面中。调整好图片大小，在“图片工具”选项卡中单击“裁剪”按钮，选择“按形状裁剪”选项，在形状列表中选择“椭圆”，如图9-110所示。

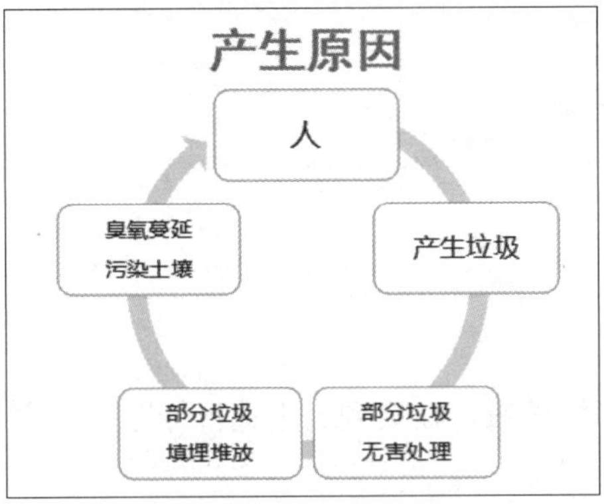

图 9-109

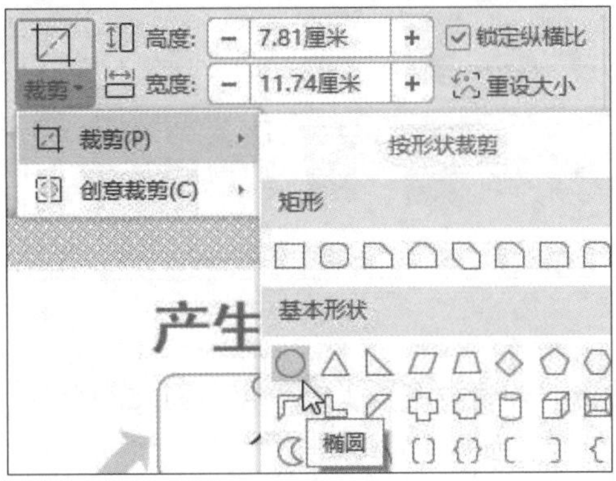

图 9-110

步骤25 调整好图片裁剪范围，将插入的图片进行裁剪操作，结果如图9-111所示。

步骤26 复制该图片至其他位置，在“图片工具”选项卡中单击“更改图片”按钮，在打开的“更改图片”对话框中选择新的配图，如图9-112所示。

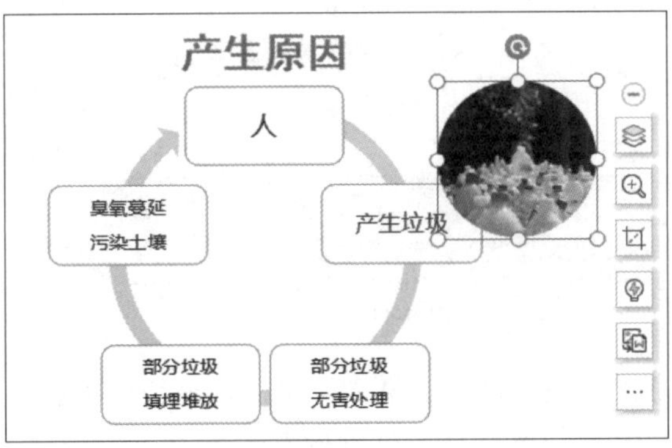

图 9-111

图 9-112

步骤27 单击“打开”按钮，即可快速更改复制的图片，如图9-113所示。

步骤28 按照同样的操作，为其他内容进行配图，其结果如图9-114所示。至此，第3张幻灯片制作完成。

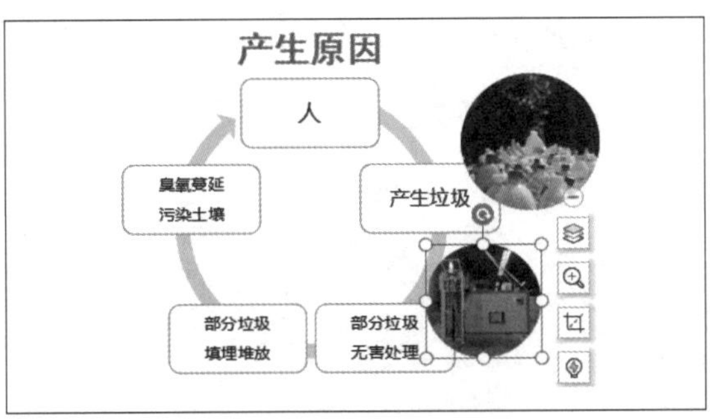

图 9-113

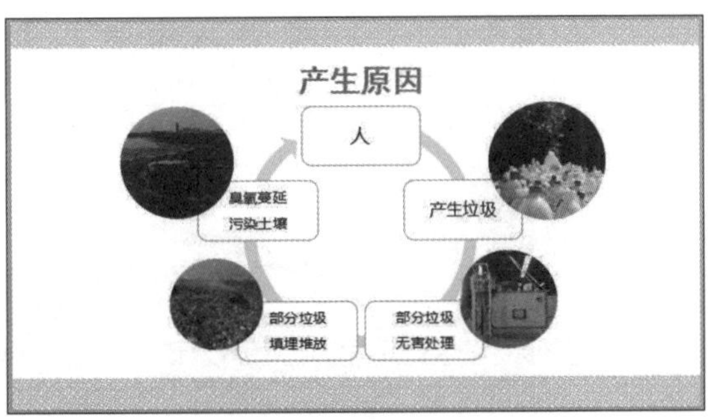

图 9-114

步骤 29 创建第4、第5、第6张幻灯片，利用文本框和图片功能分别调整好这3张幻灯片的版式和内容，具体操作方法可参照上面的步骤进行，如图9-115所示。

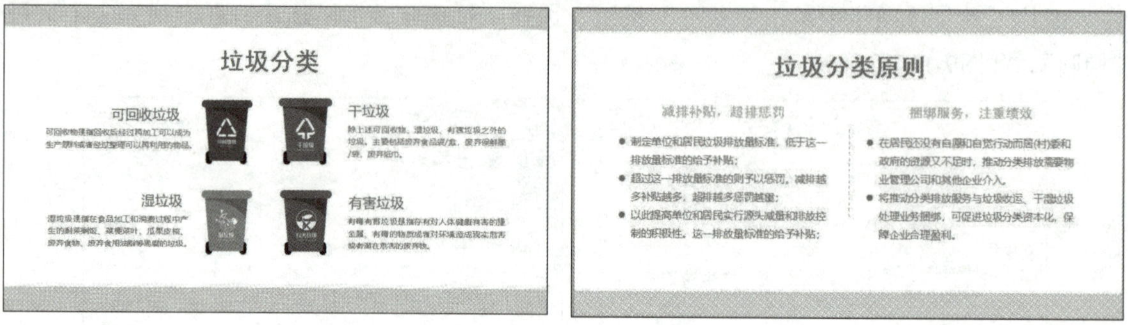

图 9-115

步骤 30 在“开始”选项卡中单击“新建幻灯片”下拉按钮，在其列表中选择标题页版式，创建结尾幻灯片，如图9-116所示。

步骤 31 在结尾幻灯片中输入内容，并设置好其文本格式以及版式，如图9-117所示。

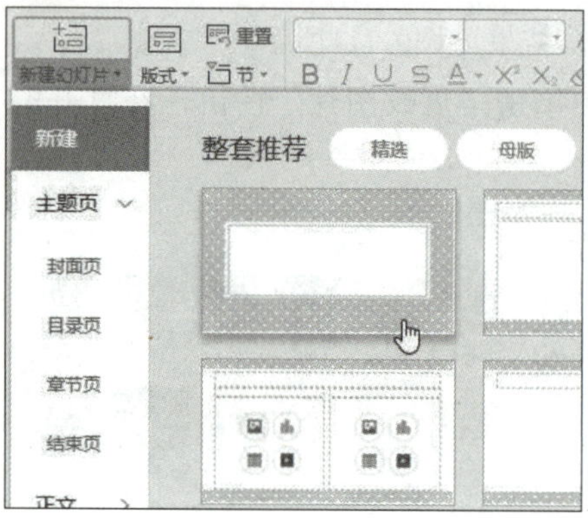

图 9-116

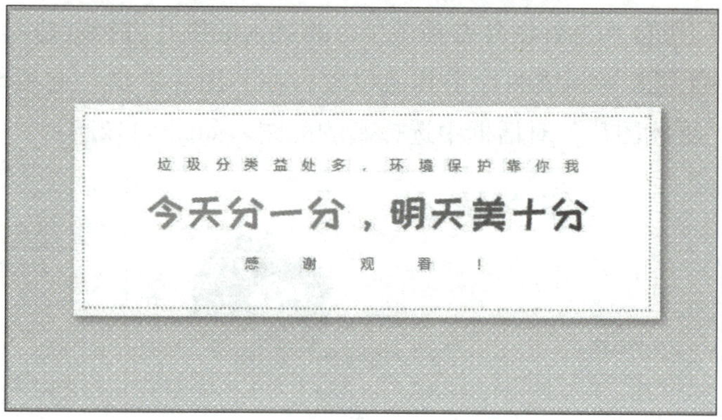

图 9-117

步骤 32 利用直线绘制两条装饰线，并设置好该直线的颜色。此外，插入装饰图片至结尾页右下角合适位置，调整好大小，如图9-118所示。至此，垃圾分类宣传文稿制作完成。

图 9-118

课后作业 利用表格美化幻灯片中的配图

学习本项目内容后，读者可利用表格功能来对幻灯片中的配图进行美化操作，设置效果如图9-119所示。具体制作要求介绍如下。

1. 创建表格

- 插入1行7列的表格，调整表格大小。
- 清除默认的表格样式。在“表格样式”选项卡中单击“清除表格的样式”按钮。

2. 填充图片

- 在“表格样式”选项卡中单击“填充”按钮，选择“图片或纹理”选项，插入所需的图片。
- 选择表格，打开“对象属性”窗格，在“填充”选项中将“放置方式”设为“平铺”方式。

3. 设置表格边框样式

- 将“笔划粗细”设为4.5磅，将“笔颜色”设为白色。
- 单击“边框”下拉按钮，选择“所有边框”选项即可。

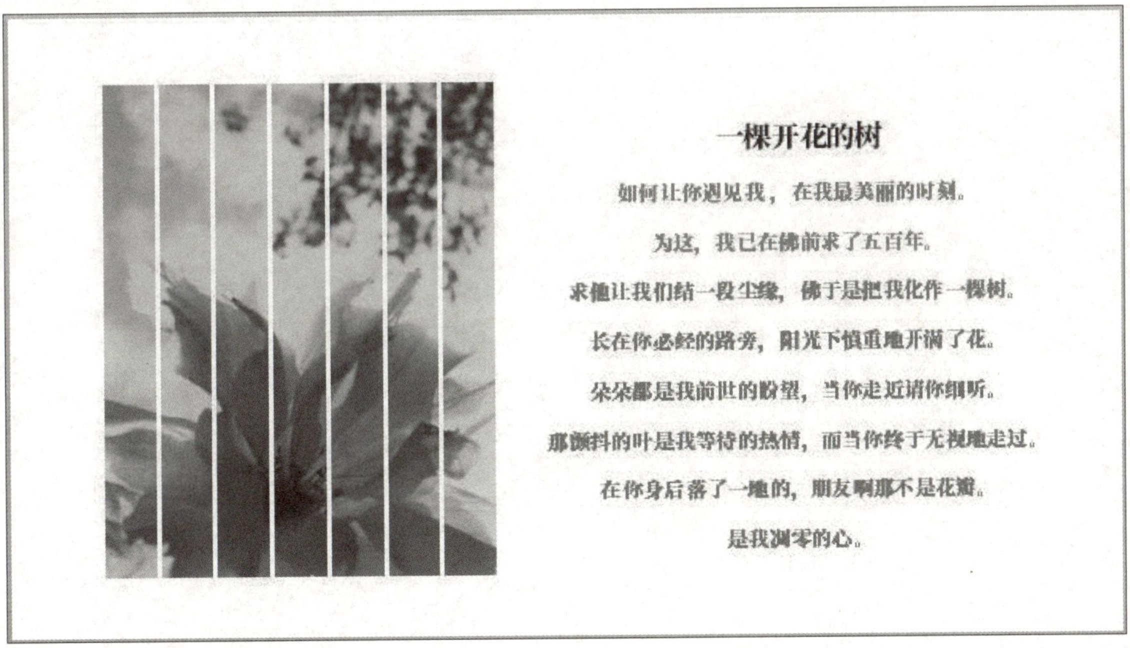

图 9-119

你学会了吗？

项目10

动画和超链接的添加

内容概要

动画是幻灯片的精髓，在幻灯片中加入动画效果，可以使整个演示文稿变得更加生动、活泼。本项目将对幻灯片中的动画设计、页面切换以及超链接进行全面介绍。

数字资源

【本项目素材来源】：“素材文件\项目10”目录下

【本项目实战演练最终文件】：“素材文件\项目10\实战演练”目录下

10.1 动画的设计

在WPS演示中动画可分为进入、强调、退出以及动作路径这4种基本的动画类型。学会这些基本动画的操作，可为以后制作复杂动画奠定基础。

10.1.1 进入/退出动画

进入动画是对象在幻灯片页面中从无到有、逐渐出现的动画过程。在幻灯片中选择所需设置的元素，在“动画”选项卡的动画列表中可以看到4组基本动画选项。在“进入”选项组中选择一款合适的动画效果，即可为当前元素添加进入效果，如图10-1所示。

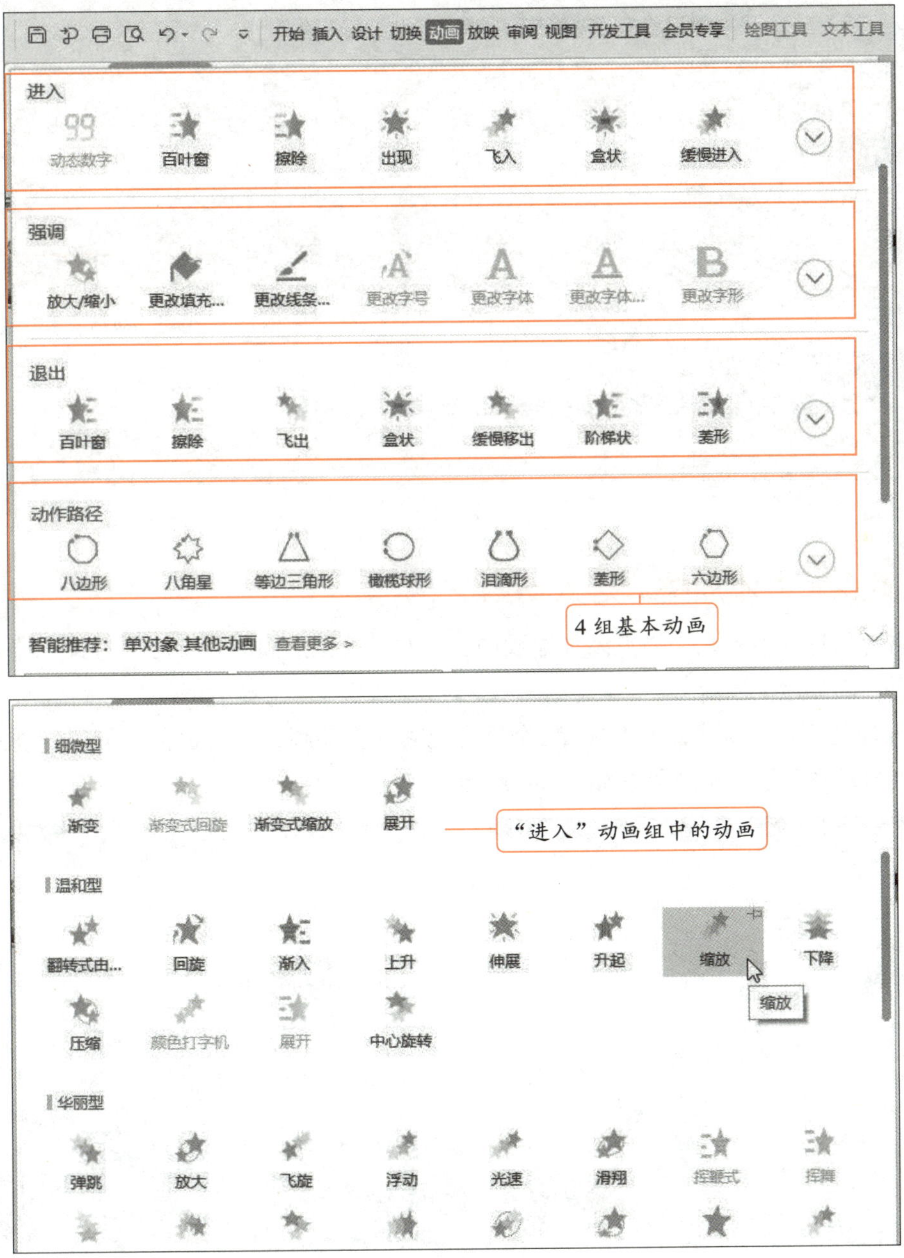

图 10-1

提示：每组动画包含基本型、细微型、温和型、华丽型这4种效果类型，用户可以根据自己的需求进行选择。

在“动画”选项卡中单击“自定义动画”按钮，可打开“自定义动画”窗格，在此可以设置动画的参数值，例如开始方式、动画方向、动画速度。此外，在该窗格中会显示当前幻灯片所有动画选项，选择其中一个动画项后，幻灯片中相应的动画将被选中，如图10-2所示。另外，在幻灯片中被选中的动画左上方会显示“1”“2”“3”……编号，该编号为动画编号，在放映幻灯片时，系统会按照该编号顺序依次播放动画。

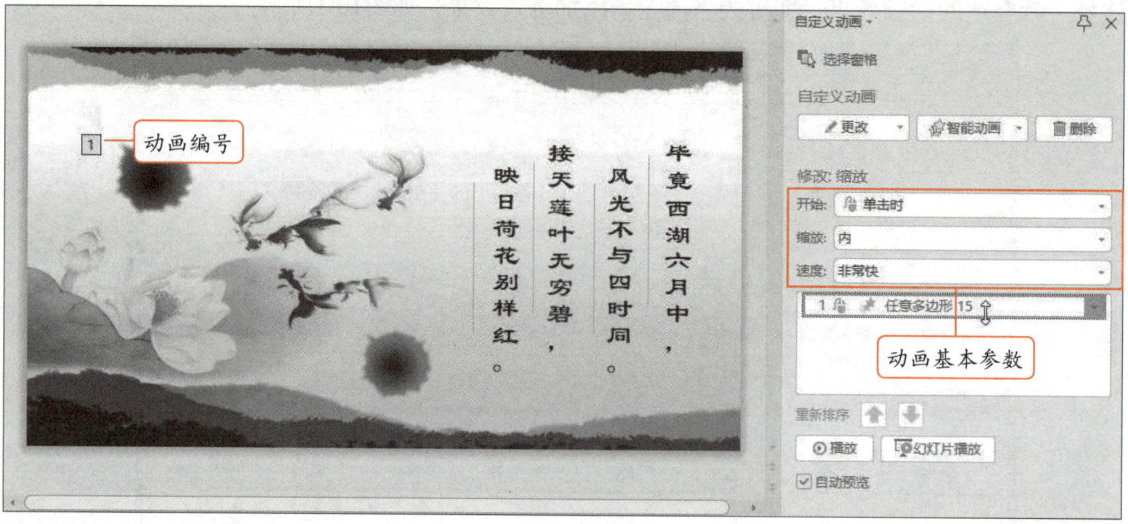

图 10-2

实例 为墨点元素添加缩放进入动画

下面将为幻灯片中的几个墨点添加缩放动画，并调整墨点间的“开始”方式，让墨点显示得有错落感，而非逐个显示。

步骤 01 打开原始文件，选择幻灯片中第1个墨点元素，在动画列表中选择“缩放”进入动画，此时系统会自动展示该动画效果，如图10-3所示。

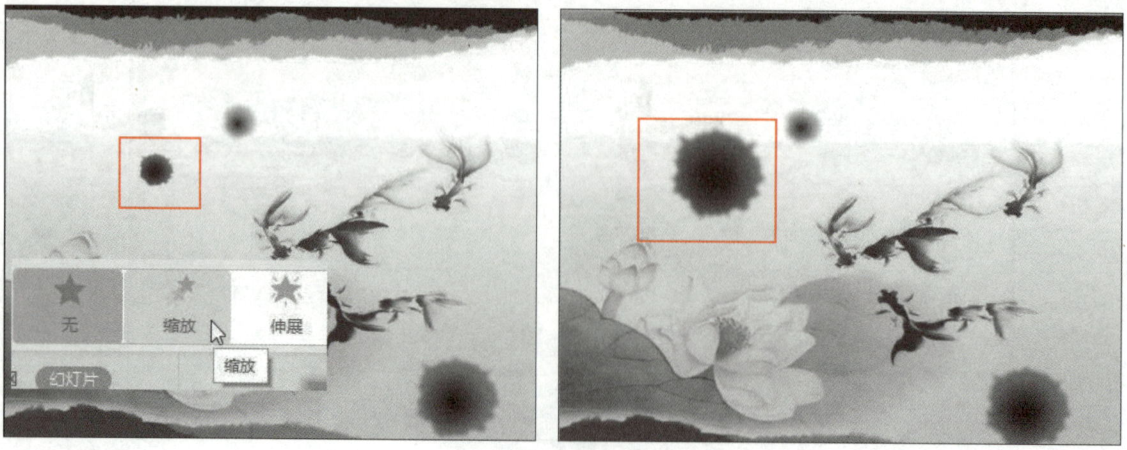

图 10-3

步骤02 按照同样的方法，依次为其他两个墨点添加相同的缩放动画。打开“自定义动画”窗格，可以看到当前幻灯片中添加了3种动画效果，如图10-4所示。

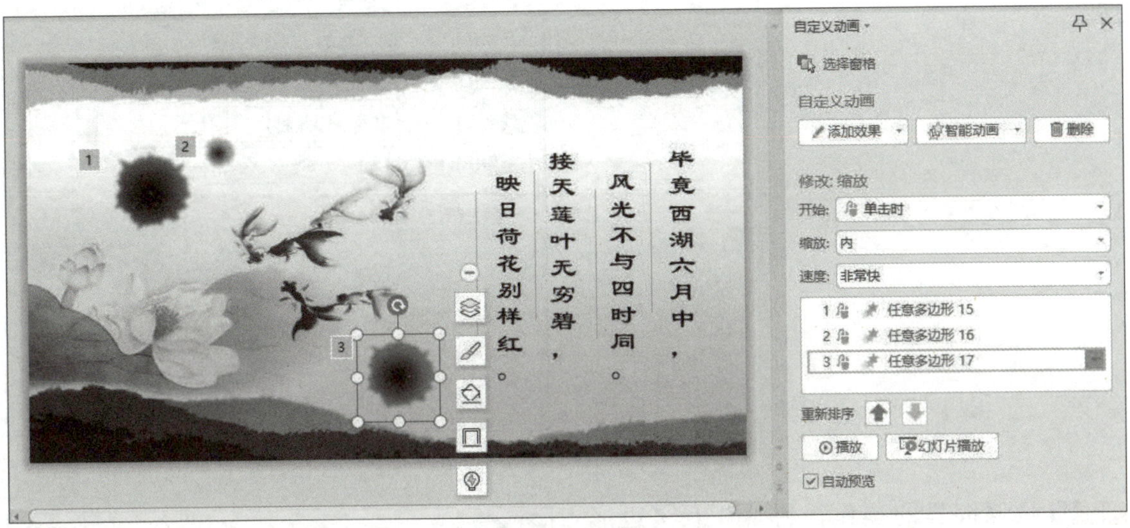

图 10-4

> **提示**：动画的开始方式默认为“单击时”，也就是说只有单击一次鼠标，才会播放一个动画效果。想要让动画自动播放，则需对其“开始”方式进行设置。

步骤03 在该窗格中同时选中这3种动画项，然后单击“开始”下拉按钮，从列表中选择“之前”选项，更改动画的开始方式，如图10-5所示。设置完成后，当前墨点动画将同时播放。

步骤04 调整各墨点动画的“延迟”参数。在“自定义动画”窗格中选择“任意多边形16”动画项，单击右侧下拉按钮，从列表中选择“计时”选项，如图10-6所示。

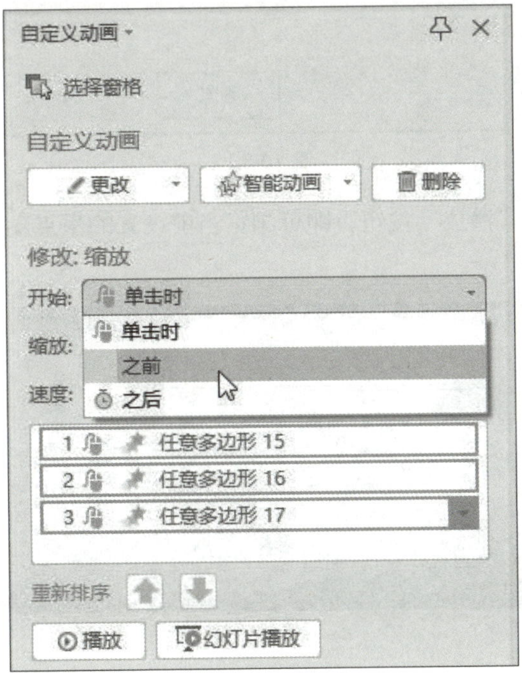

图 10-5

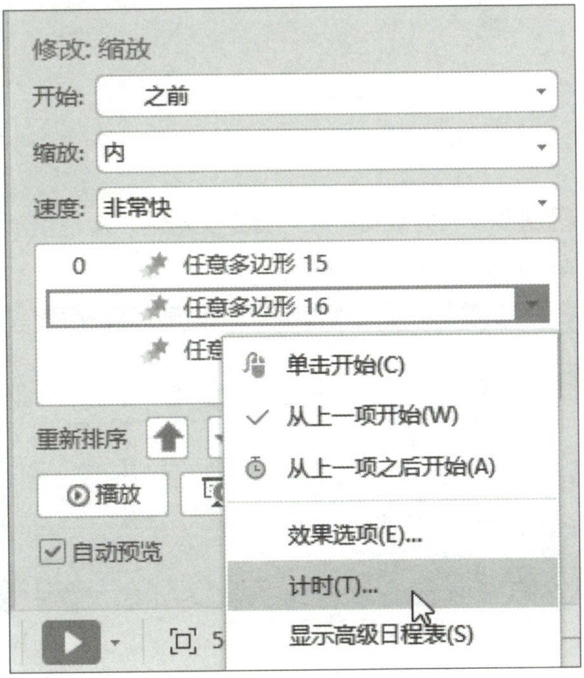

图 10-6

步骤05 在“缩放”对话框的“计时”选项卡中，将“延迟”参数设为0.2秒，如图10-7所示。

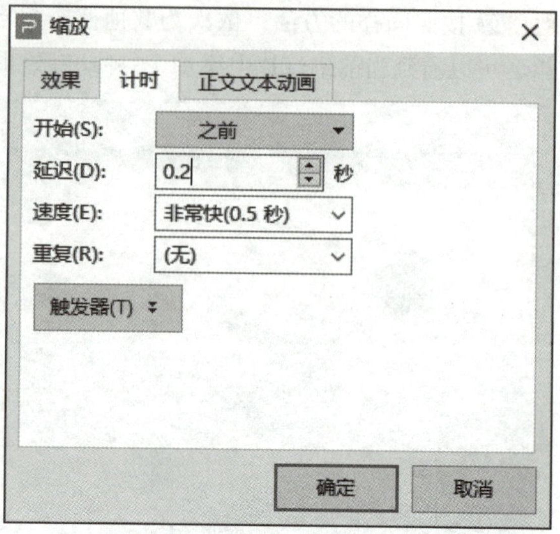

图 10-7

步骤06 按照同样的操作，将“任意多边形17”动画项的“延迟”参数设为0.4秒，如图10-8所示。

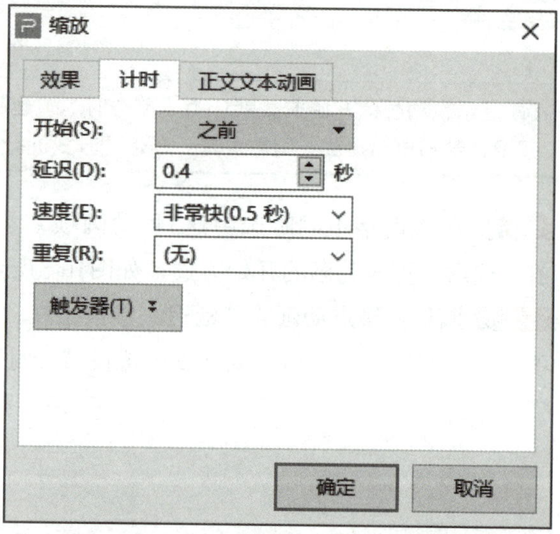

图 10-8

步骤07 设置完成后，在“自定义动画”窗格中单击“播放”按钮，即可浏览当前设置的墨点动画效果，如图10-9所示。

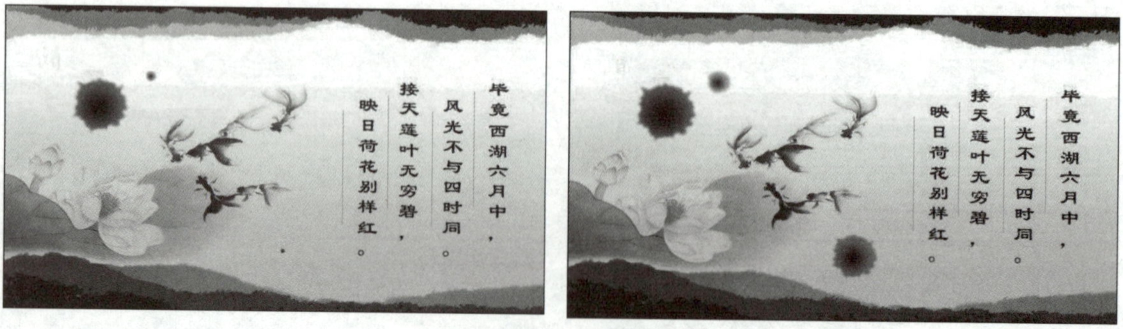

图 10-9

退出动画是对象从有到无、逐渐消失的过程。该动画一般配合进入动画一起使用。在幻灯片中选择所需元素，在“动画”列表的“退出”动画组中选择一种退出效果，即可为当前元素添加退出动画，如图10-10所示。

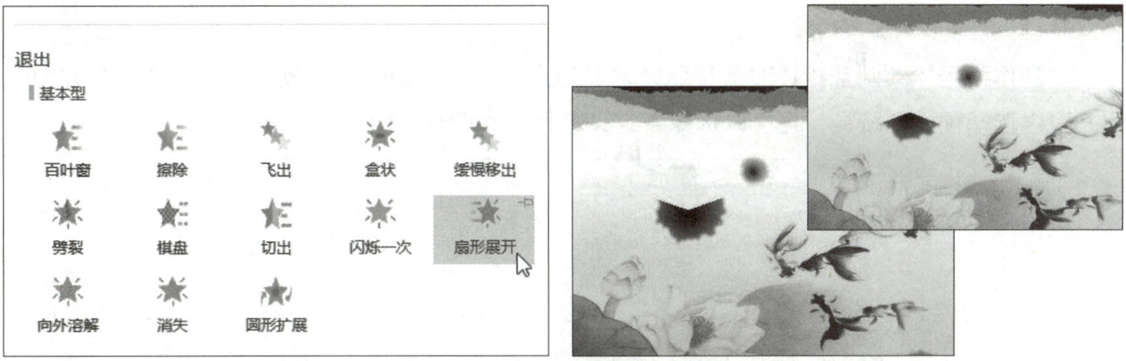

图 10-10

■10.1.2 强调动画

对于要重点强调的内容，可为其添加强调动画。该动画可以重点突出所选对象，在放映的过程中更容易吸引观众的注意力。

在幻灯片中选择所需的元素，在动画列表的“强调”组中选择合适的动画效果即可，例如，设置“更改字体颜色”强调效果，如图10-11所示。在“自定义动画”窗格中用户可以对其字体颜色进行设置，如图10-12所示。

图 10-11

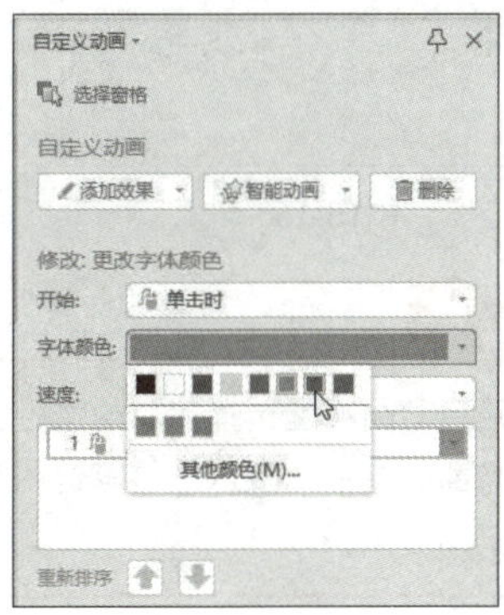

图 10-12

在“自定义动画”窗格中单击该动画项右侧下拉按钮，从中选择“效果选项”，在打开的对话框中，用户可以设置颜色渐变的样式，如图10-13所示。还可以对动画的显示方式（动画文本）进行设置，如图10-14所示。

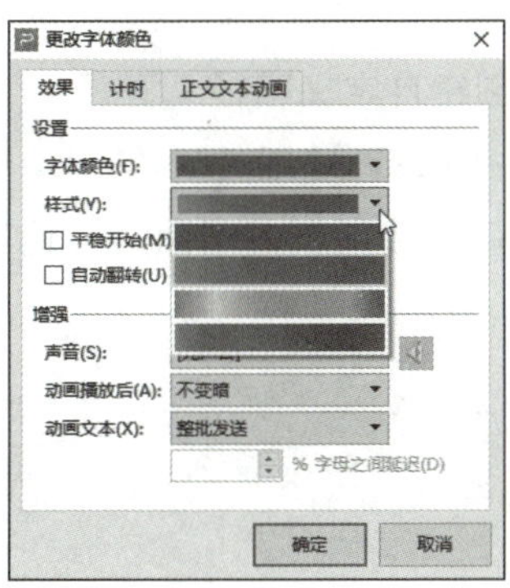

图 10-13

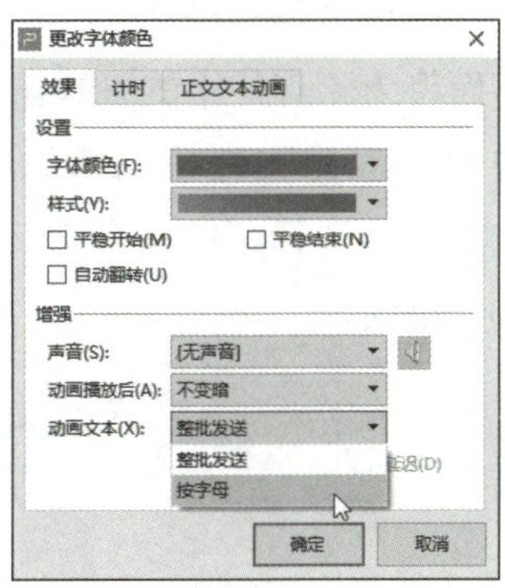

图 10-14

❶ 提示：“动画文本”选项默认为“整批发送”方式。该方式是将一段文字视为一组，整段更改字体颜色；而“按字母”方式，在设置好字母之间的延迟参数后，可将该段文字逐个更改字体颜色。

■10.1.3 动作路径

“动作路径”动画是指让对象按照设定好的路径进行运动的动画效果。在“动画”列表中用户可以选择预设的路径，也可以选择自定义路径，如图10-15所示。

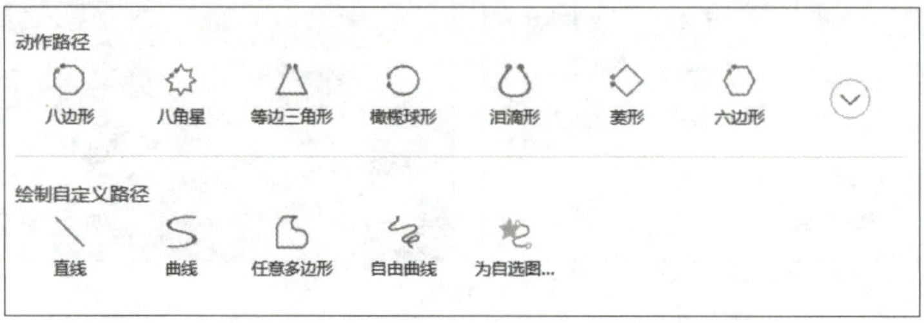

图 10-15

例如，在预设路径中选择“橄榄球形”路径后，被选中的元素对象将自动按照该路径方向进行运动，如图10-16所示。右击该路径，在快捷菜单中选择“反转路径方向”选项，如图10-17所示，那么该元素将会反方向运动。在右键菜单中选择“编辑顶点”选项，路径将进入编辑状态，选中任意顶点，将其拖动至其他位置，即可对该路径的形状进行调整，如图10-18所示。

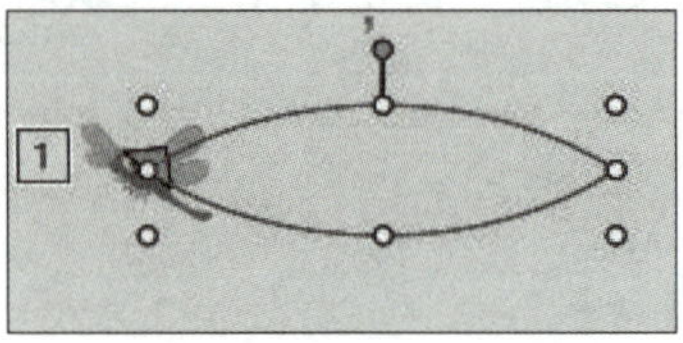

图 10-16

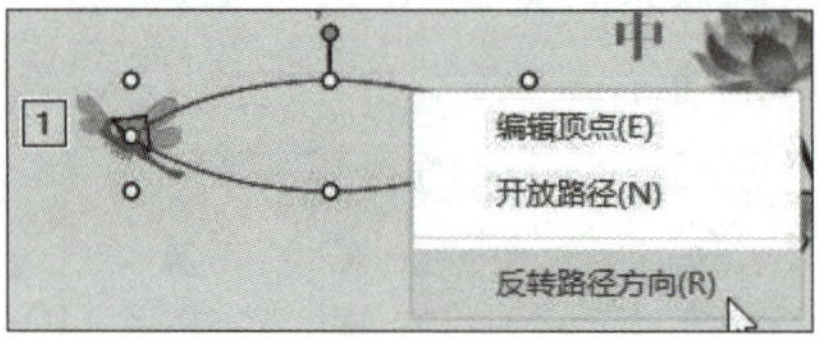

图 10-17

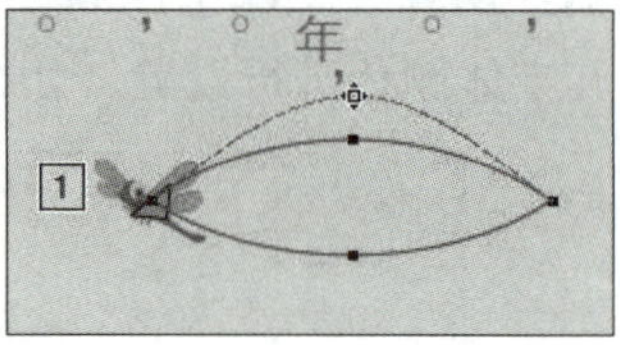

图 10-18

注意事项

路径动画尽量选择简单的路径，烦琐的路径动画只会让人眼花缭乱，分不清主次。例如，像弹簧、六角星、弯曲的星形、双八串接等这些路径尽量不要使用。此外，动画路径中绿色控制点为运动起点，红色控制点为运动终点。

实例 设置自定义路径动画

下面将为幻灯片中的青蛙图片创建自定义路径动画。

步骤 01 打开原始文件，选择幻灯片中的青蛙图片，在“动作路径”选项组中选择“绘制自定义路径”选项下的“曲线”选项，如图10-19所示。

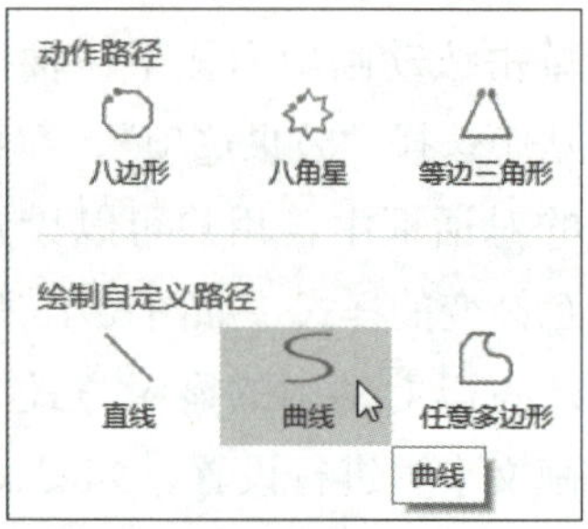

图 10-19

步骤02 使用鼠标拖动的方法绘制出曲线路径，按Enter键完成绘制，如图10-20所示。

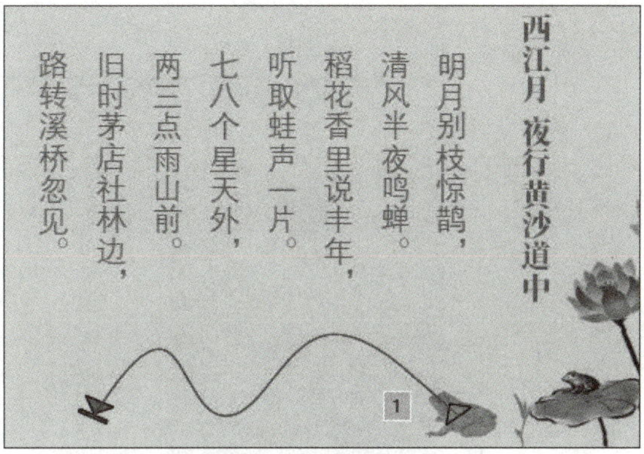

图 10-20

步骤03 右击曲线路径，在快捷菜单中选择“编辑顶点”选项，如图10-21所示。

步骤04 选择要编辑的顶点，使用鼠标拖动的方法调整其位置，如图10-22所示。

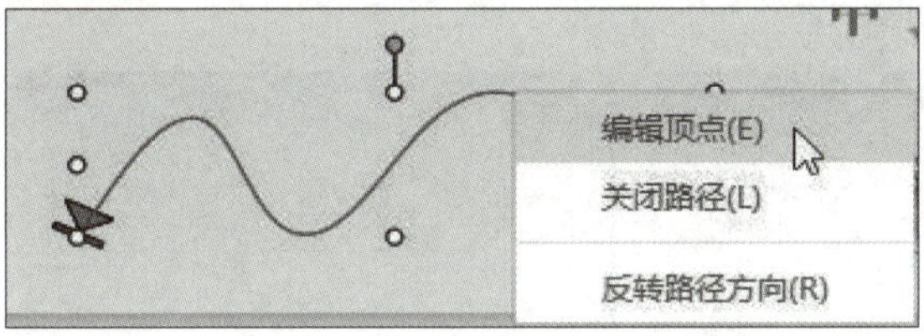

图 10-21

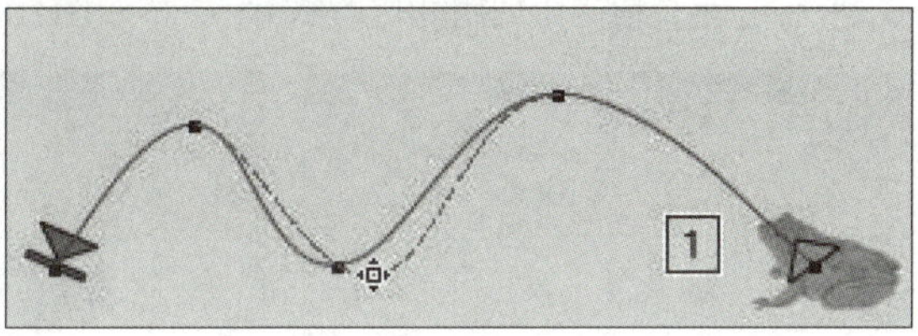

图 10-22

步骤05 单击空白处，退出路径编辑操作。在“自定义动画”窗格中单击“播放”按钮，此时，青蛙将沿着设定的路径进行运动，结果如图10-23所示。

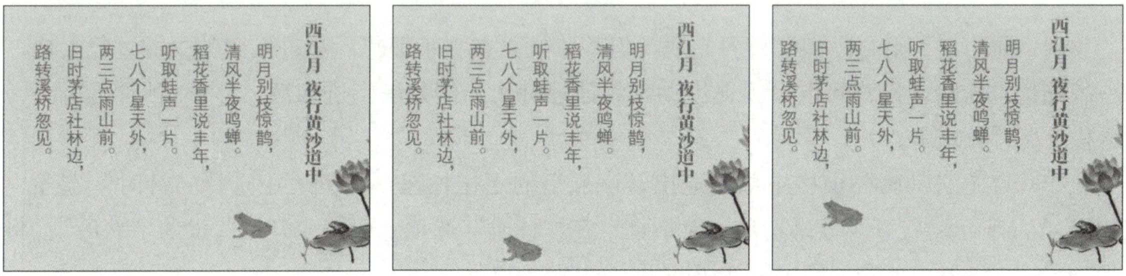

图 10-23

■10.1.4 组合动画

以上介绍的动画是为对象添加单个动画效果。为了丰富动画效果，使其更加流畅，用户可以在单个动画基础上叠加一个或多个动画，从而形成组合动画。例如，以上介绍了如何为墨点添加缩放进入动画，下面将在该动画的基础上叠加一个退出动画，即设置一个使墨点先出现再消失的动画过程。

先在幻灯片中选择墨点动画，打开“自定义动画”窗格，单击“添加效果”按钮，在打开的动画列表中选择“退出”组的“缩放”效果，如图10-24所示。

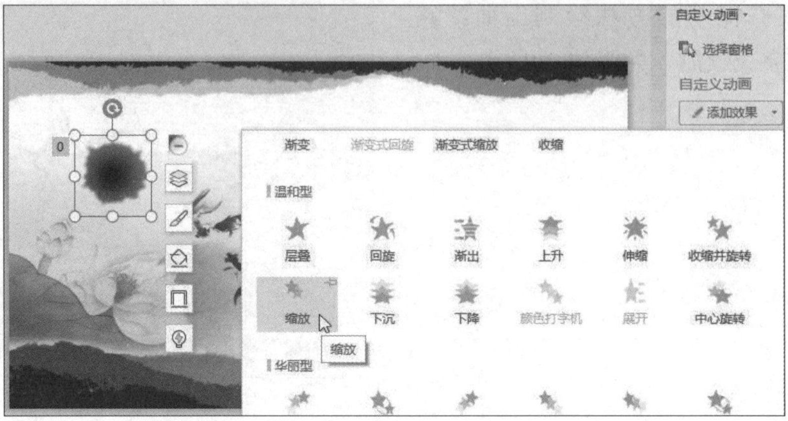

图 10-24

在“动画”选项卡中单击“预览效果”按钮，可浏览动画效果。此时该墨点会以缩放的形式进入页面，随后以相同的形式消失，如图10-25所示。

图 10-25

到目前为止，组合动画已设置完成，但整体效果有点不理想。从进入到消失的过程太快，一闪而过。此时，用户可以设置退出动画的延迟时间，例如墨点进入后，停顿1秒钟再退出，这样会更符合审美。

在“自定义动画”窗格中单击退出动画项后的下拉按钮，从列表中选择“计时”选项，如图10-26所示。打开“效果选项”对话框，在“计时”选项卡中将“开始”设为“之后”，将“延迟”设为1秒，单击“确定”按钮即可，如图10-27所示。

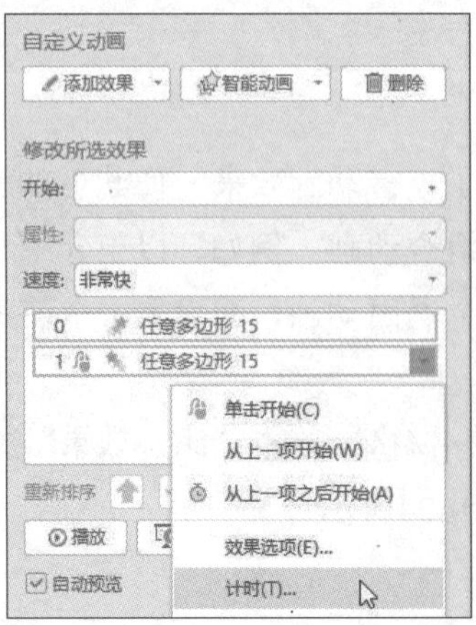

图 10-26

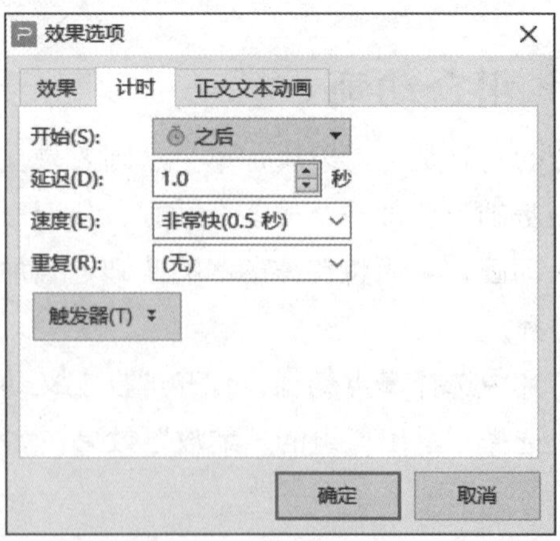

图 10-27

10.2 添加页面切换效果

用户除了可以使幻灯片中的对象活动起来外，还可以使幻灯片页面动起来，这就需要为幻灯片添加切换效果了。

■10.2.1 设置页面切换效果

选中任意一张幻灯片，在“切换”选项卡的切换列表中选择一种效果，即可为当前幻灯片添加切换效果，如图10-28所示。单击“应用到全部”按钮，可将该切换效果应用到其他幻灯片中。

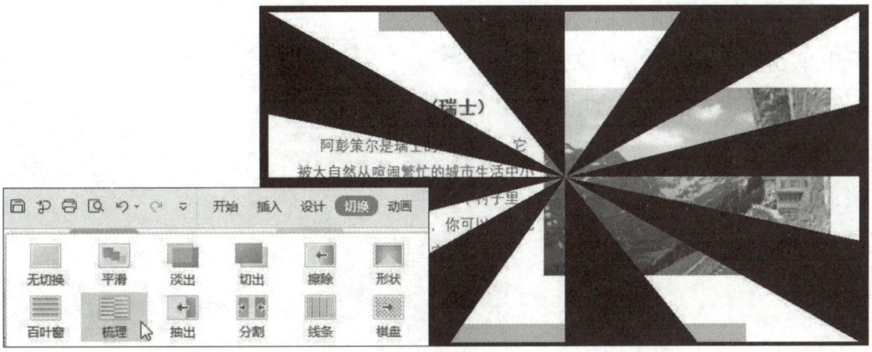

图 10-28

在“切换”选项卡中单击“效果选项”下拉按钮，在其列表中可以选择切换的方向或形式，如图10-29所示。

图 10-29

■10.2.2 设置页面切换方式

为幻灯片页面应用切换效果后，用户还可以设置其切换方式，系统默认为“单击鼠标时换片”方式。在“切换”选项卡中勾选“自动换片”复选框，并设置好其切换的时间值，系统将会根据设定的切换时间，自动进行幻灯片的切换操作，如图10-30所示。

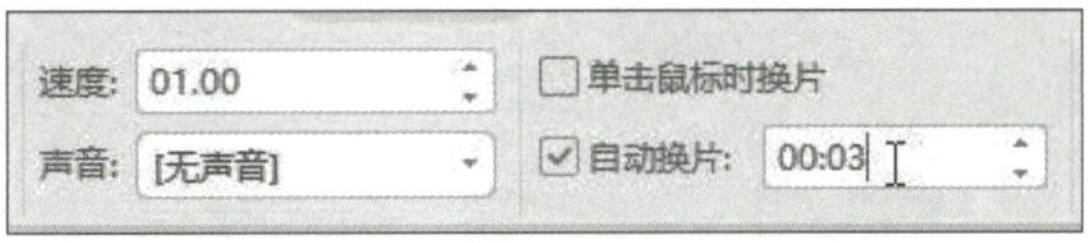

图 10-30

提示：在“切换”选项卡中，用户可以根据需要设置切换的速度，在“速度”数值框中输入时间值即可。此外单击“声音”下拉按钮，在其列表中可以添加切换的声音。

10.3 设置幻灯片超链接

在幻灯片中添加超链接，可以使幻灯片在放映的过程中更容易掌控。用户可以将对象链接到指定的幻灯片，也可以链接到其他文件或网页。本节将介绍超链接的基本应用。

10.3.1 链接到指定幻灯片

链接到幻灯片指的是将幻灯片中的某个对象快速链接到指定的幻灯片页面中。在放映时，单击链接对象即可快速跳转到指定的页面。

在幻灯片中选择所需的对象，在“插入”选项卡中单击“超链接”下拉按钮，从列表中选择“本文档幻灯片页”选项，打开“插入超链接”对话框，在此指定要链接到的幻灯片页面，单击“确定”按钮即可完成操作，如图10-31所示。

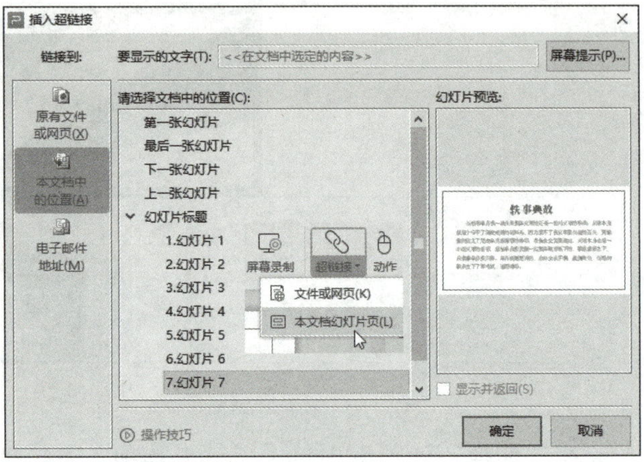

图 10-31

实例 为目录页创建超链接

为目录页创建超链接，可以方便用户在放映幻灯片时，快速切换到所需幻灯片进行讲解，避免一页页查找而带来的麻烦。

步骤01 打开原始文件，选择目录页中的“人物生平”文本框，单击“超链接”下拉按钮，从列表中选择“本文档幻灯片页”选项，打开“插入超链接”对话框，在此选择“幻灯片3”选项，单击“确定”按钮，如图10-32所示。

步骤02 按F5键进入幻灯片放映状态，将光标移至“人物生平”文本框上方，此时光标将变成手指形状，单击一下即可跳转至第3页幻灯片，如图10-33所示。

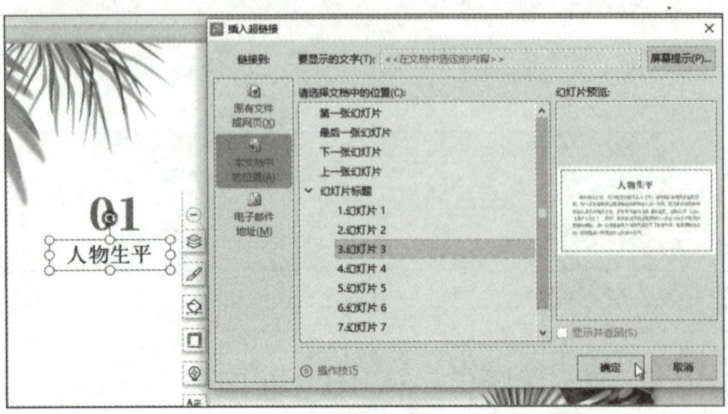

图 10-32

图 10-33

步骤 03 按照同样的操作，将“文学成就”文本框链接至第4页幻灯片，将“历史评价”文本框链接到第5页幻灯片，将“轶事典故”文本框链接到第6页幻灯片中，即可完成该目录页的超链接操作。

> **提示：** 在放映幻灯片时，为了扩大信息范围，可以将幻灯片中的对象链接到相关网页中。具体操作为：右击所需对象，在快捷菜单中选择“超链接”选项，在打开的对话框中的“地址”文本框中输入链接到的网址，单击“确定”按钮即可。

10.3.2 链接到其他文件

在添加超链接时，不仅可链接到当前演示文稿中的页面，还可以链接到其他演示文稿或其他文件。例如，将幻灯片中的内容链接到Word文档中，那么可在幻灯片中选择要链接的文本，然后在“插入”选项卡中单击“超链接”下拉按钮，从列表中选择“文件或网页”选项，如图10-34所示。在打开的“插入超链接”对话框中选择要链接到的文件，这里选择Word文档，如图10-35所示。

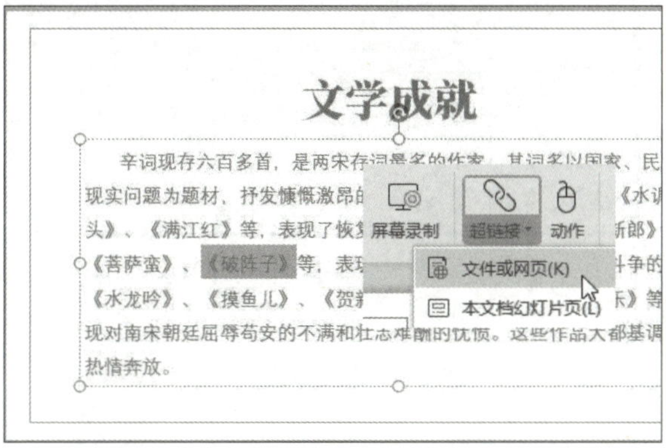

图 10-34

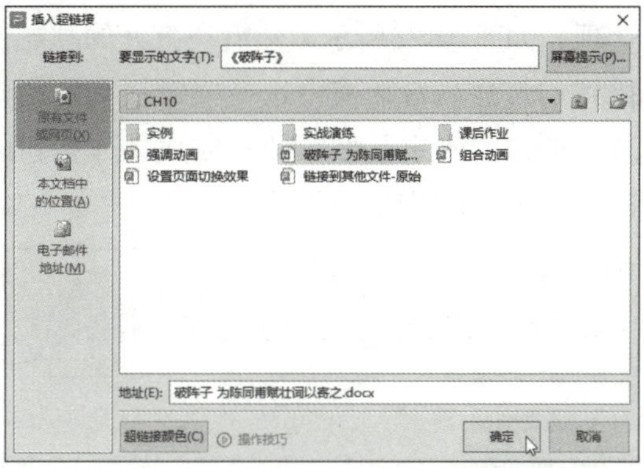

图 10-35

然后单击“确定”按钮，在幻灯片中被选择的文本颜色会发生变化，同时该文本下方会显示下划线。按Shift+F5组合键放映当前幻灯片，单击超链接的文本，随即会打开相应的Word文档，如图10-36所示。

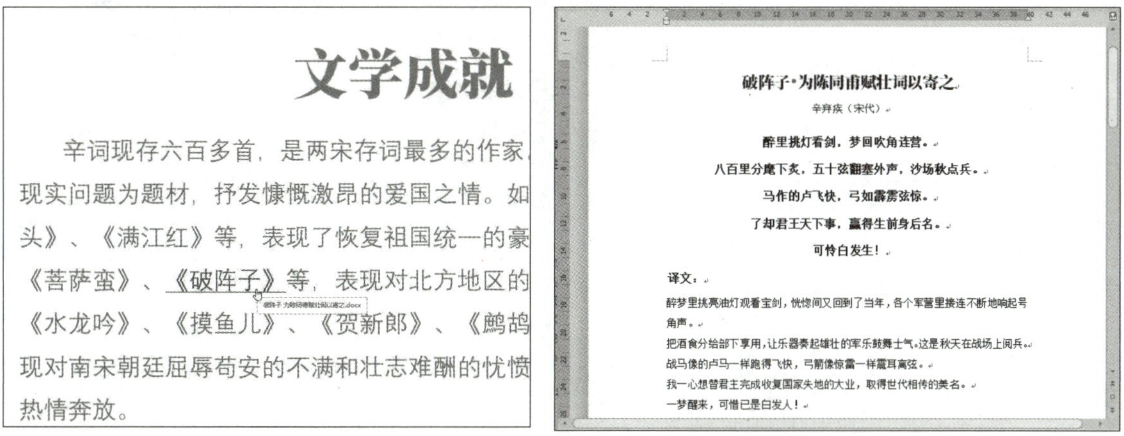

图 10-36

注意事项

只有对文本设置超链接时，文本的格式才会发生变化。如果链接对象是图片、图形或其他元素，链接后将没有变化。当对文本框进行链接时，其文本格式也是不会变化的。

10.3.3 添加动作按钮

在放映幻灯片时，如果想从当前幻灯片返回其他幻灯片，则可以通过动作按钮来实现。在“插入”选项卡中单击“形状”下拉按钮，在其列表中选择“动作按钮”组中的一款按钮形状，如图10-37所示。

利用鼠标拖动的方法绘制出该按钮，随即会打开“动作设置”对话框，单击“超链接到”下拉按钮，从列表中选择“幻灯片”选项，如图10-38所示，然后在打开的“超链接到幻灯片”对话框中选择要链接到的幻灯片，单击“确定”按钮即可完成动作按钮的添加操作，如图10-39所示。

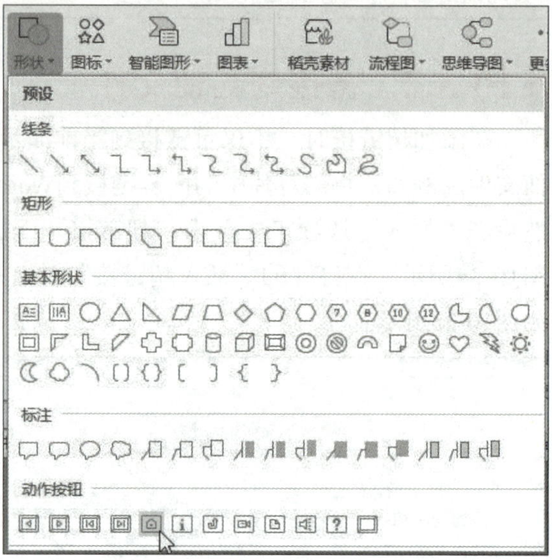

图 10-37

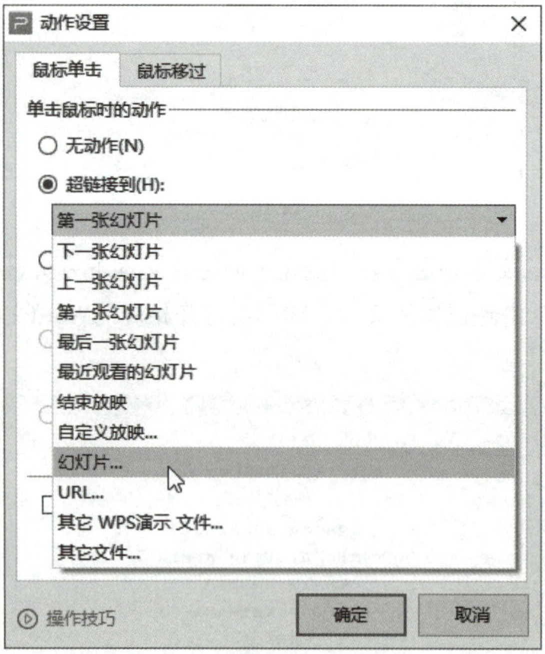

图 10-38

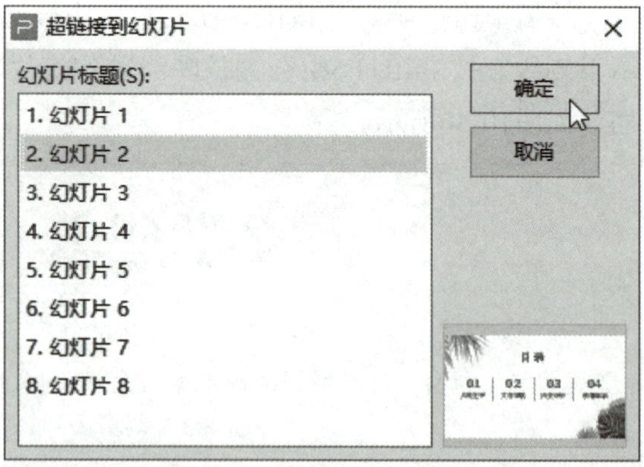

图 10-39

实战演练 为垃圾分类宣传文稿添加动画及超链接

下面将综合利用本项目所学知识来为垃圾分类宣传文稿添加动画以及幻灯片超链接。

步骤01 打开原始文件，选择目录页，选中“产生原因”文本框，在“插入”选项卡中单击“超链接”下拉按钮，在其列表中选择“本文档幻灯片页”选项，打开“插入超链接”对话框，在此选择“3.幻灯片 3”选项，单击“确定”按钮，如图10-40所示。

步骤02 按照同样的操作，将“垃圾分类”“分类原则”“分类好处”目录内容分别链接到第4页、第5页和第6页幻灯片中，如图10-41所示。

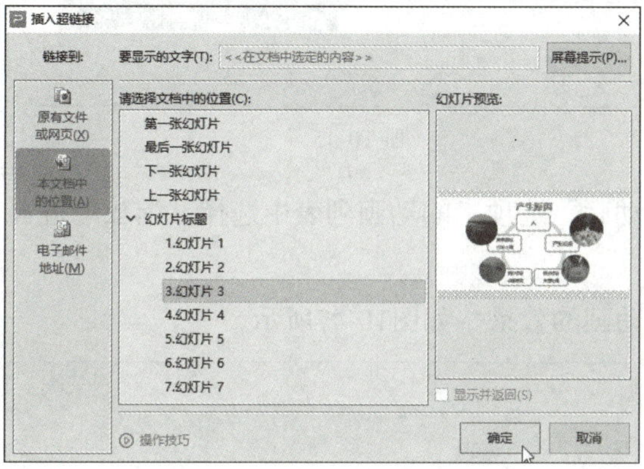

图 10-40

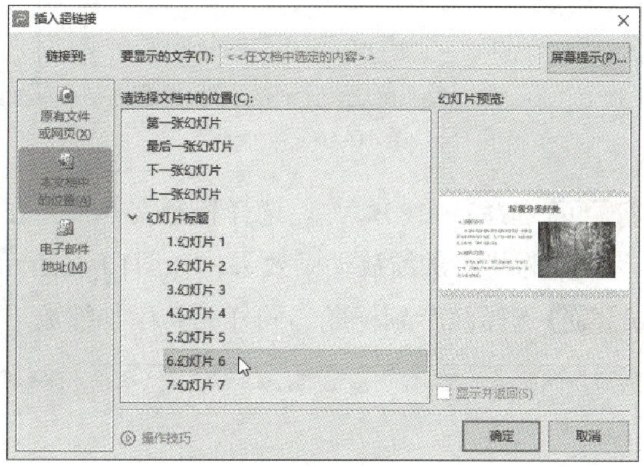

图 10-41

步骤03 选择第3页幻灯片，在“插入”选项卡中单击“形状”下拉按钮，在其中选择“左箭头”形状，在页面右下角绘制该箭头图形，并设置好该图形的样式，如图10-42所示。

步骤04 选中该图形，在“插入”选项卡中单击“动作”按钮，打开“动作设置”对话框，单击“超链接到”单选按钮，并在其列表中选择“幻灯片”选项，如图10-43所示。

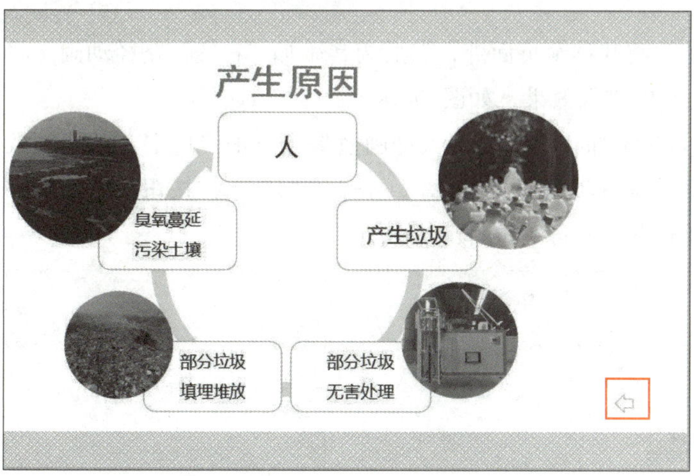

图 10-42

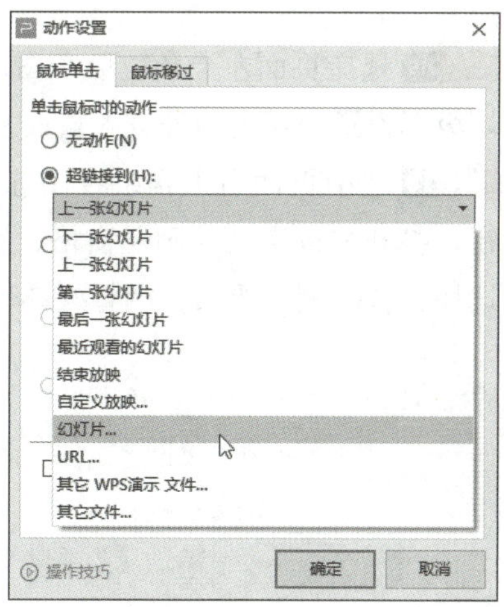

图 10-43

步骤05 在“超链接到幻灯片”对话框中选择“2.幻灯片 2”选项，单击“确定”按钮，如图10-44所示。

步骤 06 返回“动作设置”对话框，单击“确定”按钮，完成返回动作链接的设置。将设置好的箭头图形分别复制到第4页、第5页和第6页幻灯片中，如图10-45所示。

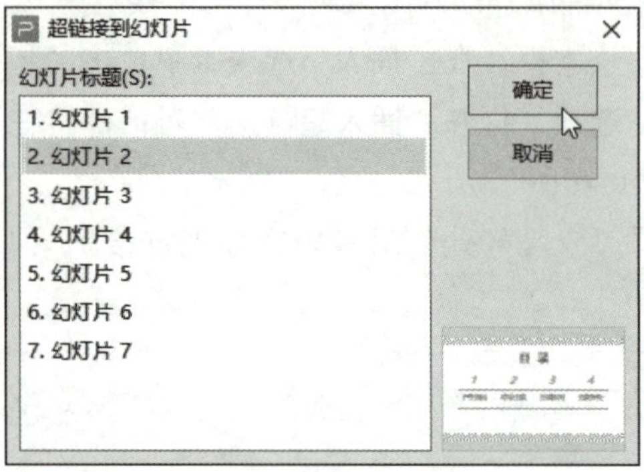

图 10-44

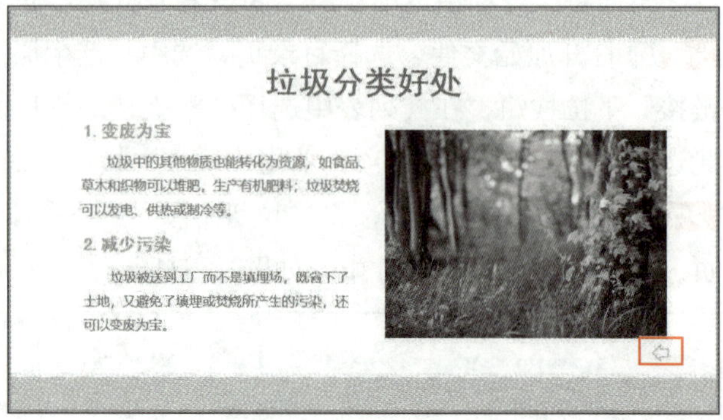

图 10-45

步骤 07 选择首页幻灯片。选择标题文本框，在“动画”选项卡的动画列表中选择“缩放”进入动画，为其添加缩放动画效果，如图10-46所示。

步骤 08 选择两个副标题，同样为其添加缩放进入动画的效果，如图10-47所示。

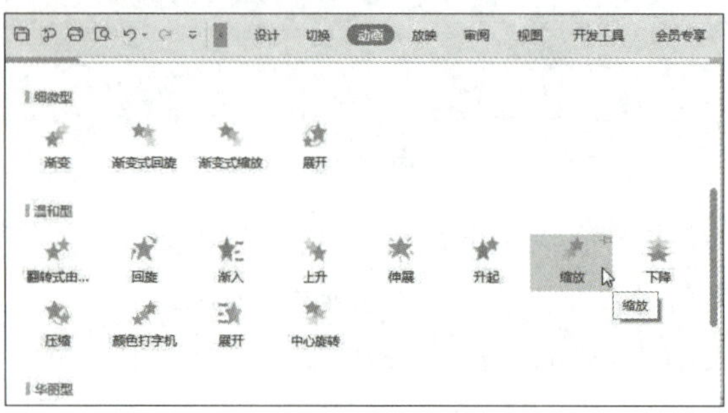

图 10-46

图 10-47

步骤 09 选择页面左上角垃圾车图片，先将其移至页面外，然后为其添加“直线”路径动画，将垃圾车设置为从页面外进入页面左上角的进入效果，如图10-48所示。

步骤 10 选中页面右上角组合图标，为其添加“飞入”进入动画效果，单击“自定义动画”按钮，打开“自定义动画”窗格，选择该动画项（组合10），单击“方向”下拉按钮，从列表中选择“自右侧”选项，调整好该动画的飞入方向，如图10-49所示。

图 10-48

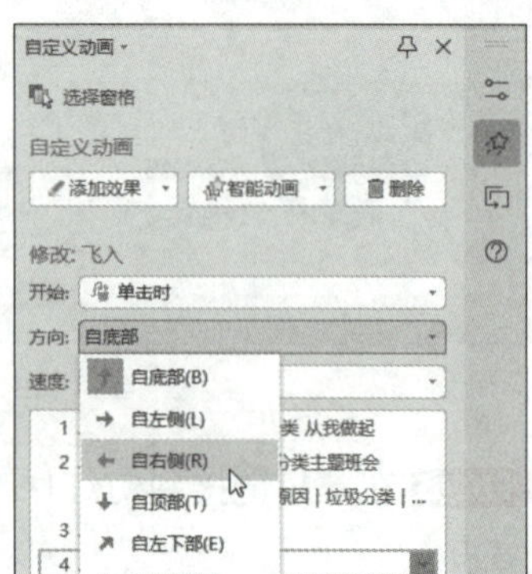

图 10-49

步骤11 选中页面下方垃圾桶图片，为其添加“切入”进入动画效果，如图10-50所示。

步骤12 在“自定义动画”窗格中选择“文本框3”动画项，单击“开始”下拉按钮，从中选择“之前”选项，设置该动画的开始方式，如图10-51所示。

图 10-50

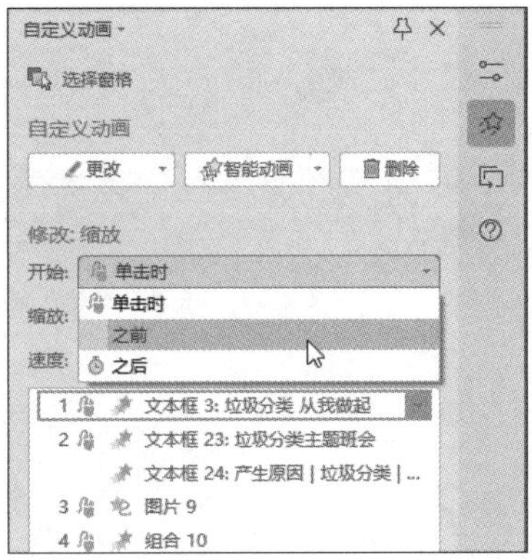

图 10-51

步骤13 按照同样的操作，将“文本框23”动画项的“开始”方式设为“之前”，并单击该动画项后下拉按钮，在列表中选择“计时”选项，如图10-52所示。

步骤14 在打开的“缩放”对话框中，将“延迟”设为0.3秒，单击“确定”按钮，如图10-53所示。

步骤15 同样将“文本框24”动画项的“延迟”也设为0.3秒。返回“自定义动画”窗格，选择“图片9”动画项，将其“开始”方式设为“之后”，如图10-54所示。

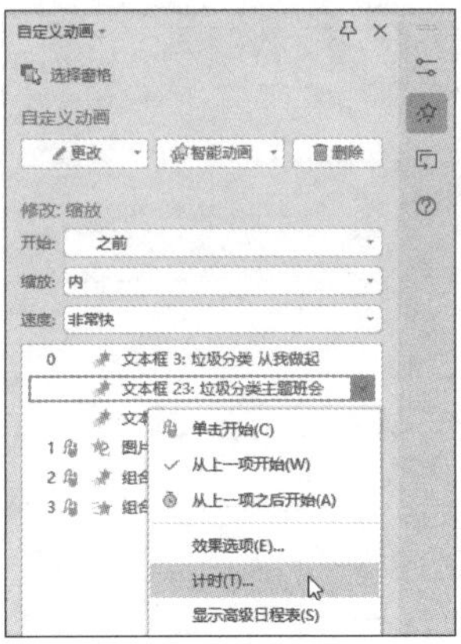

图 10-52

图 10-53

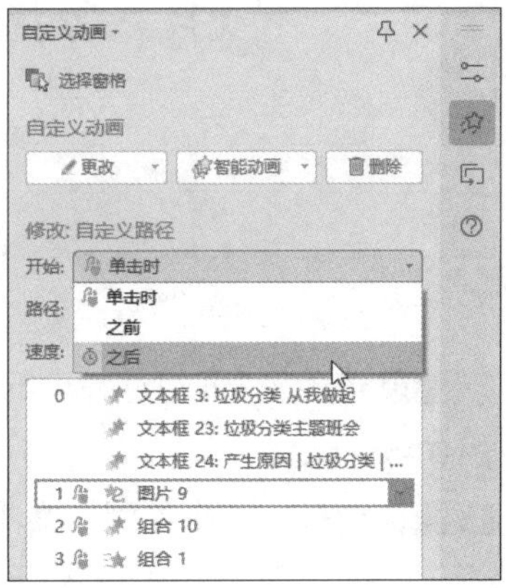

图 10-54

步骤16 选择“组合10”动画项，将其“开始”设为“之前”，并将其“延迟”时间设为1.0秒，如图10-55所示。

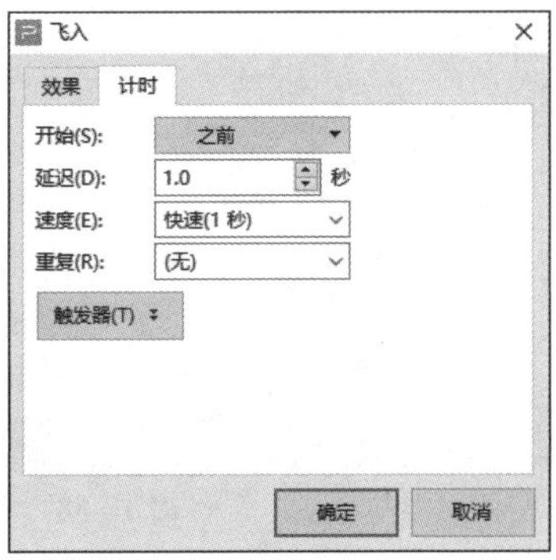

图 10-55

步骤17 选择“组合1”动画项，同样将其“开始”设为“之前”，将其“延迟”时间设为1.5秒，如图10-56所示。

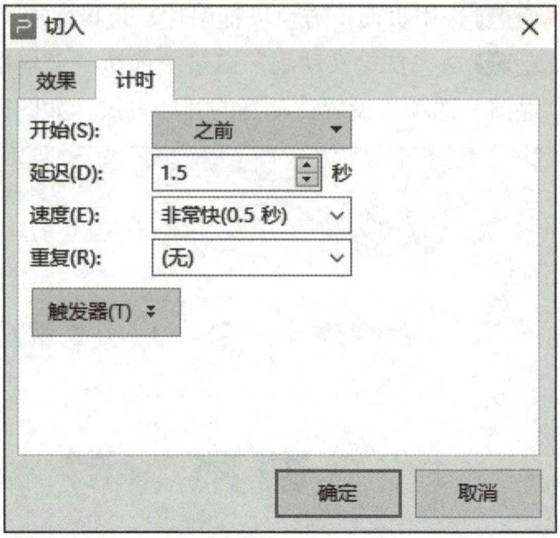

图 10-56

步骤18 在“自定义动画”窗格中单击“播放”按钮，可浏览当前幻灯片中的所有动画效果，如图10-57所示。

图 10-57

步骤19 选中第3页幻灯片中的流程图形，在“动画”选项卡中为其添加“轮子”进入动画，如图10-58所示。

步骤20 选择“产生原因”文本配图，为其添加“缩放”进入动画，如图10-59所示。

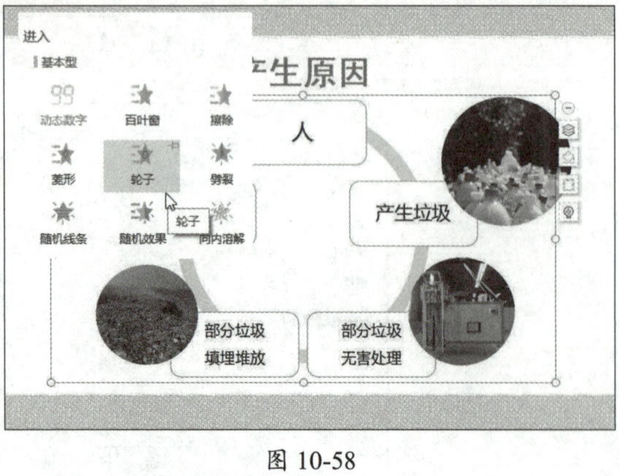

图 10-58

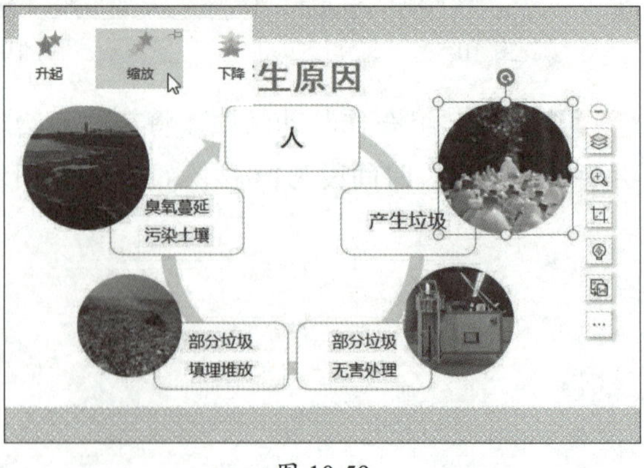

图 10-59

步骤21 将其他文本配图均添加“缩放”进入动画。打开“自定义动画”窗格，将“图片1”动画项的“开始”方式设为“之前”；将“图片2”动画项的“开始”方式设为“之前”，并将其“延迟”设为0.5秒，如图10-60所示。

步骤22 将“图片5”动画项的“开始”设为“之前”，“延迟”设为1秒，如图10-61所示。

图 10-60

图 10-61

步骤23 将“图片10”动画项的“开始”设为“之前”，将其“延迟”设为1.5秒；将“图片12”动画项的“开始”设为“之前”，“延迟”设为2秒，如图10-62所示。

图 10-62

步骤24 单击“播放”按钮，可浏览当前页中所有动画效果。

步骤25 选择第4页幻灯片中的“可回收垃圾”文本内容，为其添加“擦除”进入动画，并将其“方向”设为“自右侧”。在动画列表区域单击该动画项右侧的下三角按钮，在弹出的下拉菜单中选择“计时”选项，在打开的“擦除”对话框中单击“触发器”按钮，在展开的选项中单击“单击下列对象时启动效果”单选按钮，并在其列表中选择“可回收”选项，如图10-63所示。

步骤26 单击“确定”按钮返回设置窗格，完成触发动画的设置操作，如图10-64所示。

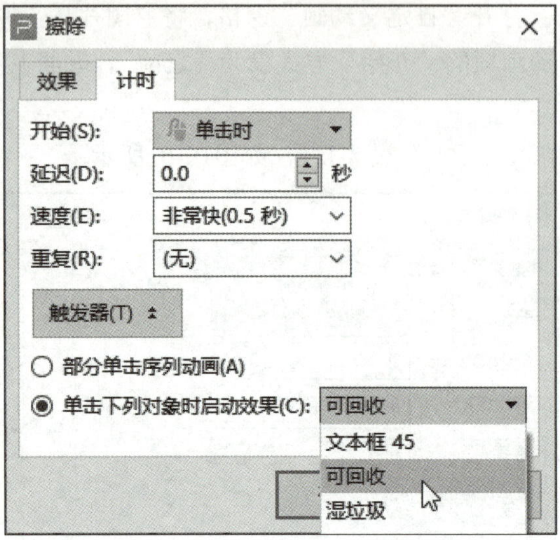

图 10-63

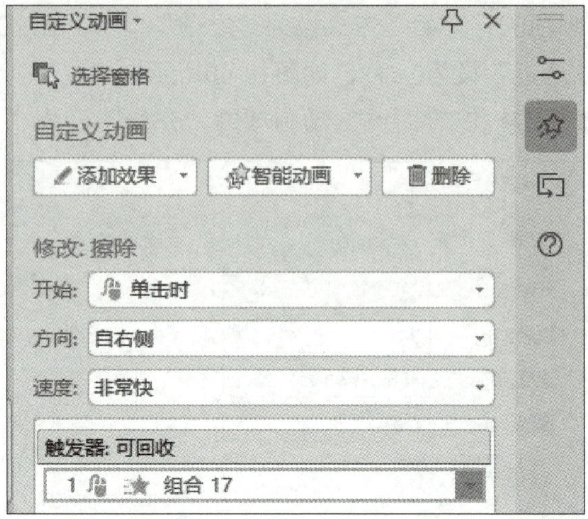

图 10-64

步骤27 按照同样的操作，为“干垃圾”“湿垃圾”以及“有害垃圾”文本都添加“擦除”进入动画，并为其添加相应的触发器，如图10-65所示。

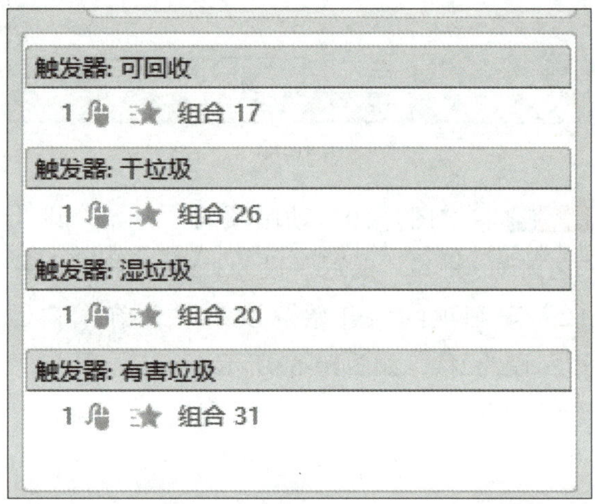

图 10-65

提示：触发动画是指在单击某个特定对象后才会触发的动画效果，在制作时需要设置相应的触发器才可以。

步骤28 选择结尾幻灯片中的标题文本框，为其添加“缩放”进入动画；选择上、下两条分隔线，为其添加“擦除”动画，将两条分隔线的擦除方向分别设为“自左侧”和“自右侧”，同时选中上、下两条副标题内容，为其添加“飞入”进入动画，将其动画方向分别设为“自左侧”和“自右侧”，效果如图10-66所示。

步骤29 在“自定义动画”窗格中将“PA-10226”动画项的“开始”设为“之前”；将“直接连接符15”动画项的“开始”设为“之后”；将“文本框3”动画项的“开始”设为“之后”，如图10-67所示。

图 10-66

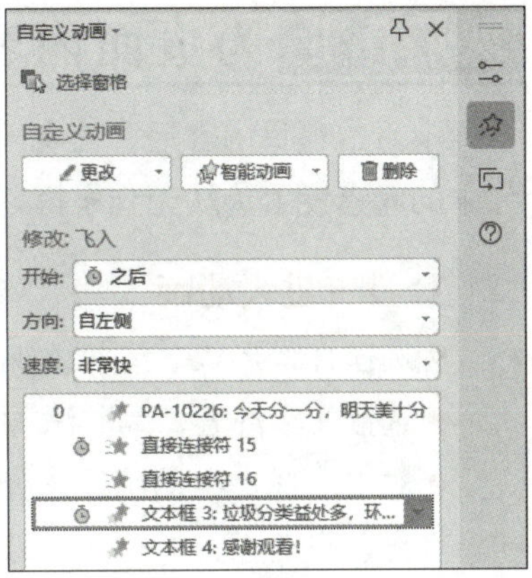

图 10-67

步骤30 选中首页幻灯片，在“切换”选项卡的切换列表中选择“擦除”效果，为当前幻灯片添加切换效果，如图10-68所示。

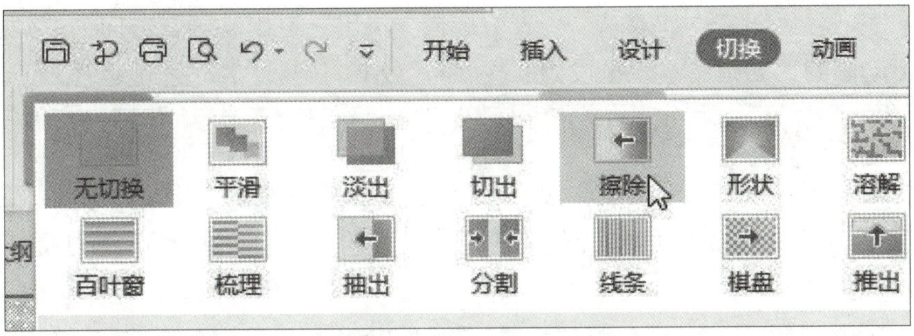

图 10-68

步骤31 在“切换”选项卡中单击“应用到全部”按钮，将该切换效果应用到其他幻灯片中。至此，垃圾分类动态演示文稿制作完成。按F5键进入放映状态，查看最终效果。

你学会了吗？

课后作业 为页面内容设置组合动画

学习本项目内容后，读者可利用动画功能来制作幻灯片组合动画效果。其要求为：将幻灯片中的元素设置为从无到有再逐渐消失的过程，如图10-69所示。具体制作方法如下。

1. 设置进入动画

- 选择直线形状，为其添加“擦除”动画，方向为“自顶部”。
- 选择文字内容，为其添加“飞入”动画，方向为“自右侧”。
- 右击选择文字动画，选择“效果”选项，将“动画文本”设为“按字母”和“10%”字母之间延迟。

2. 添加退出动画

- 选择直线形状，在“自定义动画”窗格中单击“添加效果”按钮，选择退出动画中的“擦除”动画，方向为“自顶部”。
- 选择文字内容，在“添加效果”列表中选择“飞出”退出动画，方向为“到左侧”。
- 将退出动画的“动画文本”也设为“按字母”和“10%”字母之间延迟。

3. 设置动画参数

- 将直线进入动画项的“开始”设为“之前”，其他动画项的“开始”设为“之后”。
- 按右键选择直线退出动画项，选择“计时”选项，在打开的对话框中将“延迟”设为2秒。

图 10-69

项目11

幻灯片的放映与输出

内容概要

放映和输出是幻灯片制作的最后一步，也是比较关键的一步。很多人会忽视这一步，导致在放映时出现这样或那样的问题。为了能顺利地完成幻灯片的放映操作，用户还需了解一些放映和输出的技巧，例如选择放映方式、设置自动放映、将幻灯片输出成各类文件等。本项目将分别对这些操作技巧进行全面介绍。

数字资源

【本项目素材来源】："素材文件\项目11"目录下

【本项目实战演练最终文件】："素材文件\项目11\实战演练"目录下

11.1 放映幻灯片

在放映之前，用户先要考虑幻灯片的放映类型，然后根据需求选择放映方式，例如是按照前后顺序逐个放映，还是只放映部分幻灯片内容等。这些都需要提前做好准备，以备不时之需。

11.1.1 设置放映类型

WPS演示的放映类型包含两种，分别是“演讲者放映（全屏幕）”和“展台自动循环放映（全屏幕）”。

- 演讲者放映类型是以全屏方式来放映幻灯片。演讲者可以完全操控整个放映过程。
- 展台自动循环放映类型是在无人操控的情况下自动播放幻灯片。这类幻灯片需提前设置好每张幻灯片的换片时间。

以上两种放映类型，用户可在“放映”选项卡中单击“放映设置”下拉按钮，从列表中选择“放映设置”选项，在“设置放映方式”对话框中设置“放映类型”，如图11-1所示。默认为“演讲者放映（全屏幕）”类型。

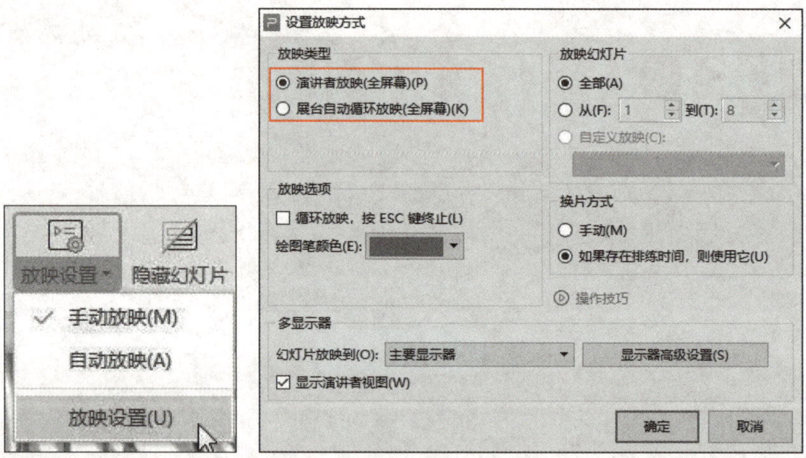

图 11-1

11.1.2 选择幻灯片放映方式

幻灯片的放映方式大致分为3种，分别是从头开始放映、从指定幻灯片开始放映以及自定义放映。

1. 从头开始放映

在“放映”选项卡中单击“从头开始”按钮，或按F5键，幻灯片将进入放映状态，并从第1张幻灯片开始依次放映，如图11-2所示。

> **提示**：在放映过程中，想要停止放映，可按ESC键退出放映状态，返回普通视图界面。

图 11-2

2. 从指定幻灯片开始放映

先选择所需幻灯片，例如选择第3张幻灯片，在“放映”选项卡中单击“当页开始”按钮，或按Shift+F5组合键，即可从第3张幻灯片开始放映，如图11-3所示。

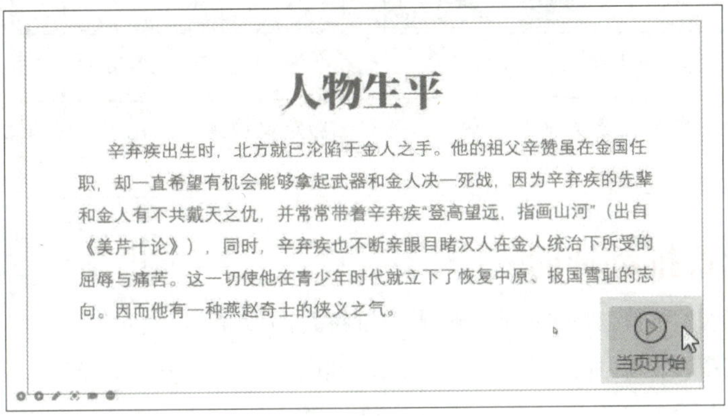

图 11-3

3.自定义放映

如果只想放映某几张幻灯片的内容，就需要进行自定义放映操作了。在“放映”选项卡中单击“自定义放映”按钮，在打开的“自定义放映”对话框中单击“新建”按钮，如图11-4所示。在打开的“定义自定义放映”对话框中，先输入幻灯片放映名称，然后在“在演示文稿中的幻灯片”列表中选择要放映的幻灯片，单击“添加”按钮，此时被选中的幻灯片将添加至右侧“在自定义放映中的幻灯片”列表中，如图11-5所示。

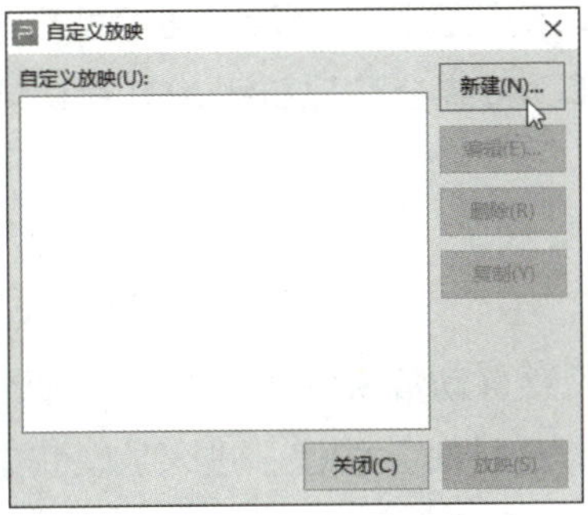

图 11-4

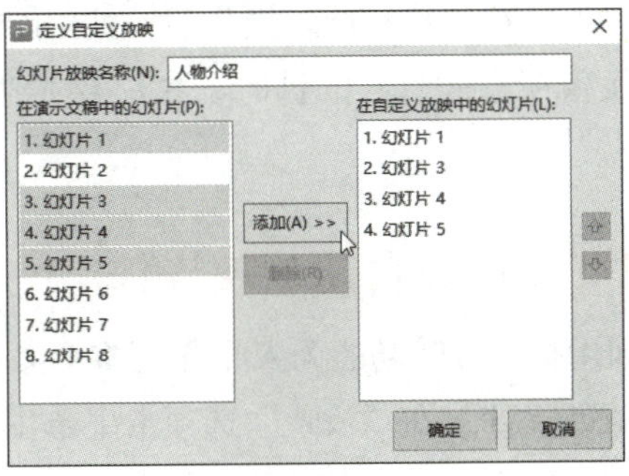

图 11-5

添加完成后，单击“确定”按钮，返回“自定义放映”对话框，如图11-6所示，单击“放映”按钮，系统会按照幻灯片顺序放映指定的幻灯片内容。如果单击“关闭”按钮，可关闭该对话框。当下次要调出设置好的放映方案时，可在“放映”选项卡中单击“放映设置”按钮，在“设置放映方式”对话框的“放映幻灯片”列表中选择“自定义放映”单选按钮，并选择设定的放映名称，单击“确定”按钮，如图11-7所示。

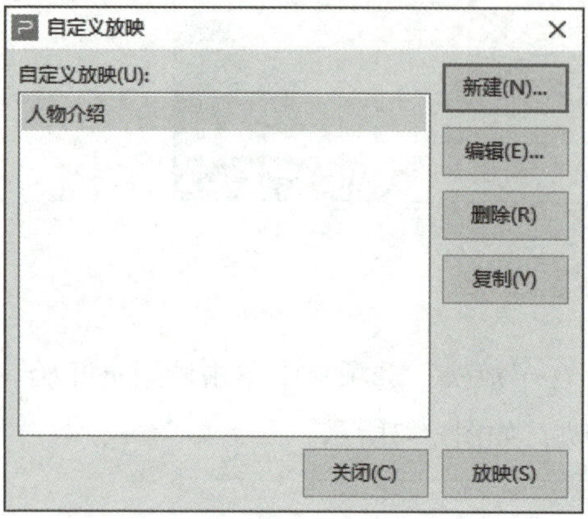

图 11-6

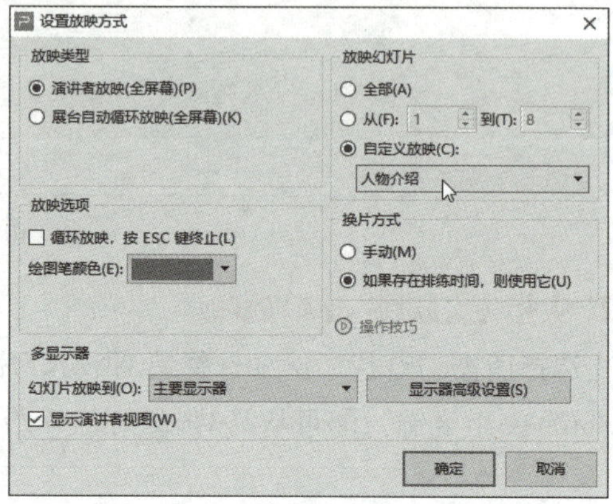

图 11-7

> **提示：** 如果想要删除自定义放映的方案，可打开“自定义放映”对话框，选择放映名称，单击“删除”按钮即可。

11.1.3 设置排练计时

如果想要控制幻灯片的放映时间，可使用排练计时功能进行操作。在“放映”选项卡中单击“排练计时”按钮，幻灯片会进入放映状态，同时会打开“预演”窗口，记录当前幻灯片停留时间，如图11-8所示。

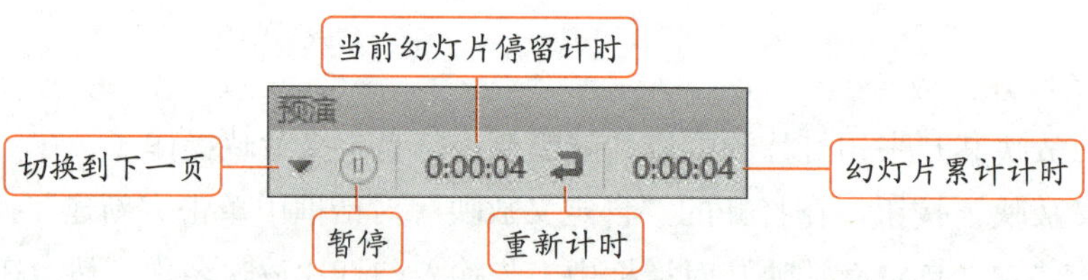

图 11-8

单击该窗口中的“下一页”按钮，可切换到下一页幻灯片，并重新记录下一页幻灯片所停留的时间。结束所有幻灯片计时操作后，按ESC键，系统会打开提示对话框，在此单击“是”按钮，即可保留所有幻灯片的计时。按F5键放映时，系统会按照每张幻灯片记录的时间自动放映。

实例 为幻灯片设置自动放映操作

下面将利用排练计时功能为人物介绍演示文稿设置自动放映操作。

步骤 01 打开原始文件，在“放映”选项卡中单击“排练计时”按钮，进入放映状态，并在“预演”窗口中记录当前幻灯片的停留时间，单击“下一页”按钮，如图11-9所示。

步骤02 进入第2页幻灯片，系统将重新记录该页的停留时间，再次单击“下一页”按钮，进入下一页幻灯片，如图11-10所示。

图 11-9

图 11-10

步骤03 所有幻灯片记录完成后，在打开的提示框中单击“是”按钮，完成排练计时操作，如图11-11所示。

步骤04 在幻灯片浏览视图界面中，会显示出所有幻灯片的记录时间，如图11-12所示。

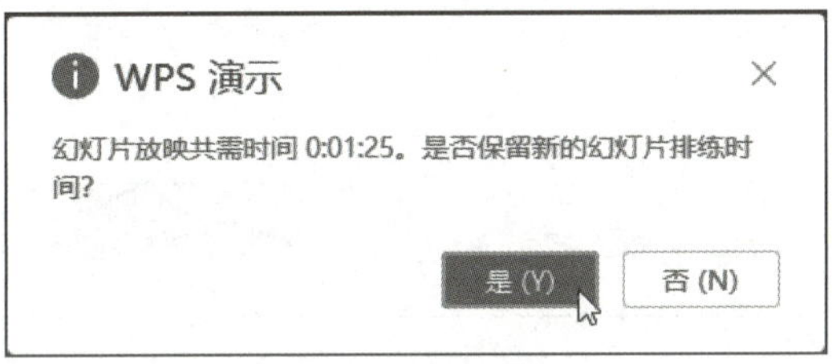

图 11-11

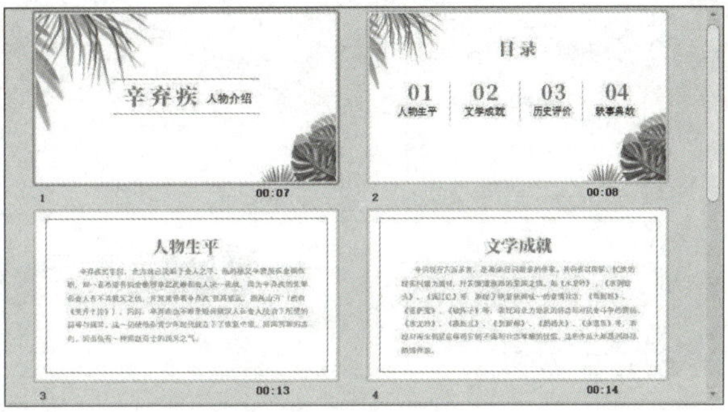

图 11-12

提示：在放映的过程中，用户可以对重点内容进行标记。按F5键进入放映状态，右击，在快捷菜单中选择“墨迹画笔”，并在其级联菜单中选择“荧光笔”选项，拖动荧光笔即可进行标记操作，如图11-13所示。标记完成后，按ESC键退出放映，系统会打开提示框，单击“保留”按钮可保留标记，单击“放弃”按钮则可清除标记，如图11-14所示。

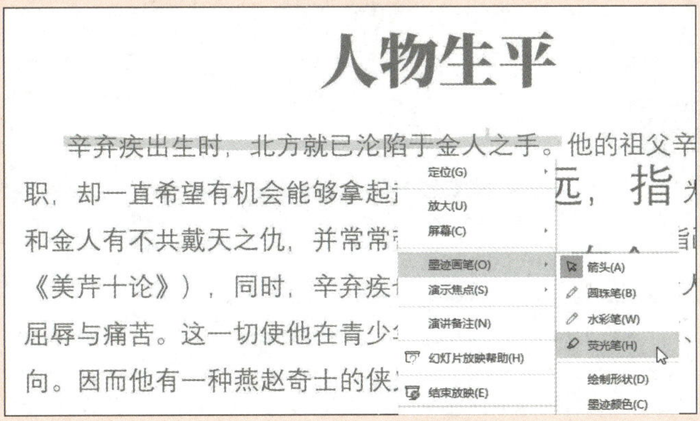

图 11-13

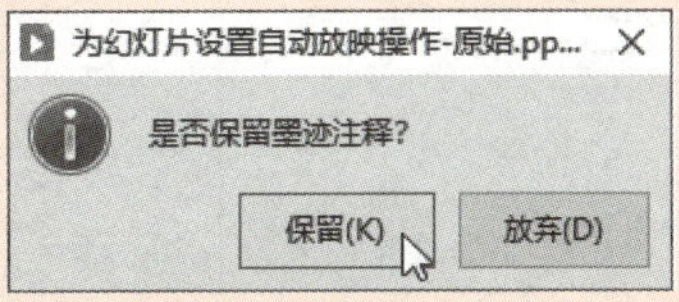

图 11-14

11.2 输出幻灯片

当计算机中没有安装WPS演示软件时，想要浏览幻灯片内容，可将做好的幻灯片输出成其他文件格式，即可解决问题。下面将介绍几种常见的文件格式输出操作。

■11.2.1 输出为PDF

选择“文件”选项，在打开的菜单列表中选择“输出为PDF”选项，在同名对话框中，用户可以对“输出范围”以及“保存目录”进行设置。设置完成后，单击“开始输出”按钮，如图11-15所示。

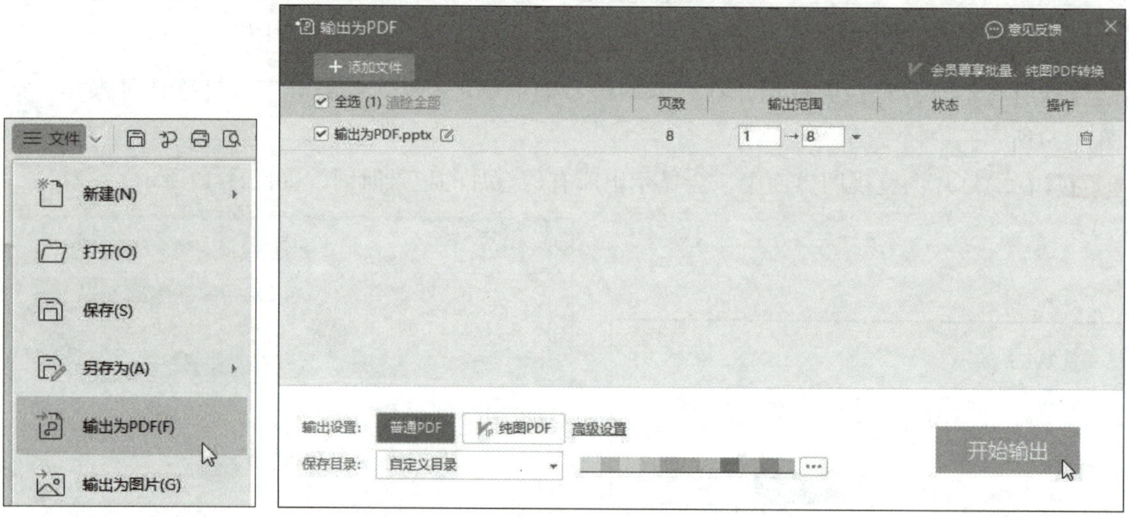

图 11-15

当“状态”一栏中显示“输出成功”字样时，则说明已完成输出操作。用户可以打开输出的文件浏览内容了，如图11-16所示。

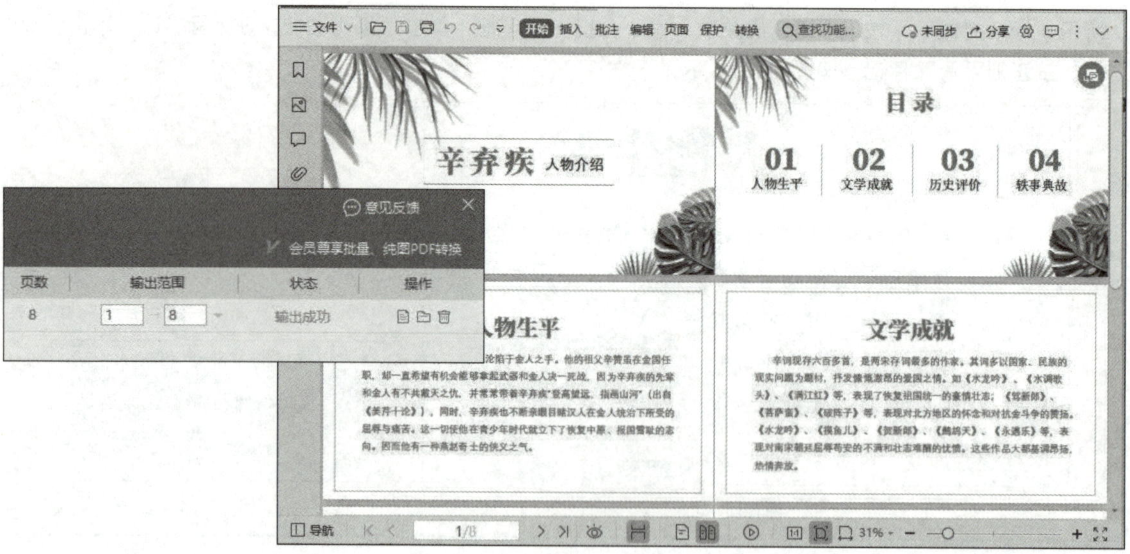

图 11-16

■11.2.2　输出为视频

在“文件”列表中选择“另存为”选项，并在其级联菜单中选择“输出为视频”选项，在打开的“另存文件”对话框中设置好输出路径及文件名，单击“保存”按钮，如图11-17所示。

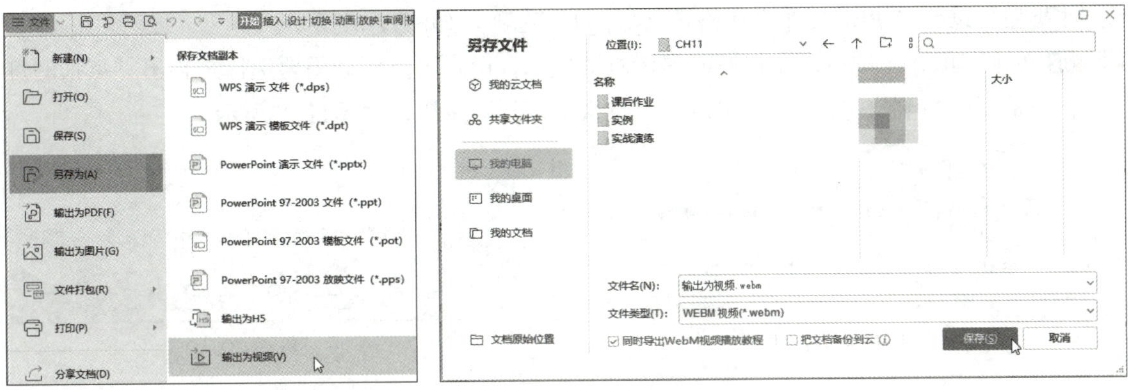

图 11-17

系统会打开提示框，要求下载与安装WebM视频解码器插件，勾选“我已阅读”复选框，然后单击“下载并安装”按钮，如图11-18所示。下载完成后再次弹出提示框，直接单击“完成”按钮，如图11-19所示。

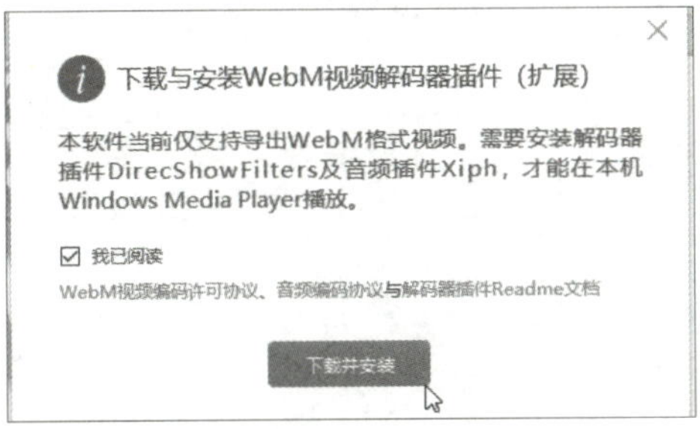

图 11-18

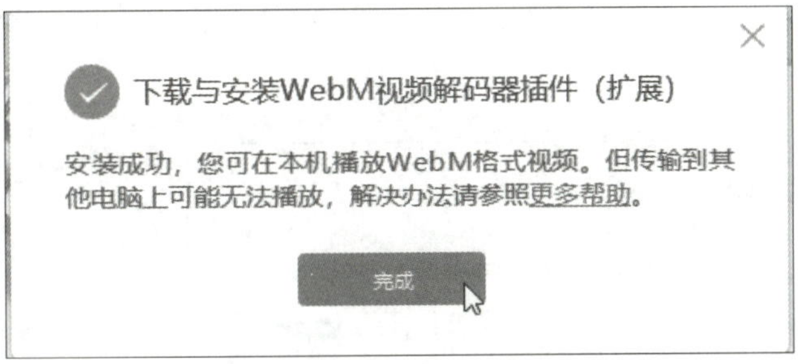

图 11-19

在打开的“正在输出视频格式”对话框中会显示输出进度，输出完成后单击“打开视频”按钮，即可浏览输出结果，如图11-20所示。

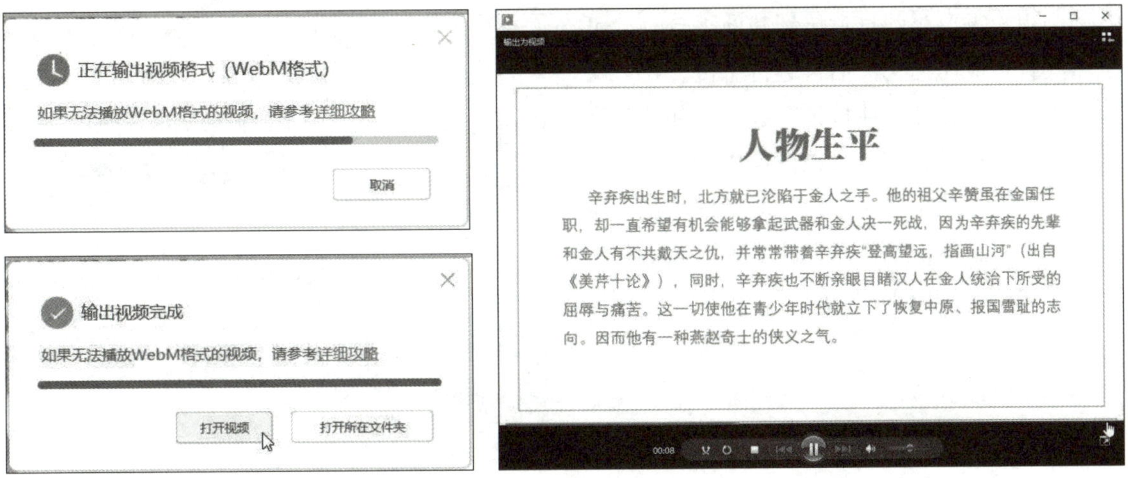

图 11-20

实例 将幻灯片输出为图片

如果用户想要将演示文稿以图片的格式输出，则可以按照以下方法进行操作。

步骤01 打开原始文件，在“文件”列表中选择“另存为”选项，打开“另存文件”对话框，将“文件类型”设为“JPEG文件交换格式（*.jpg）”选项，如图11-21所示。

步骤02 单击“保存”按钮，在打开的提示对话框中，用户可以根据需要选择是输出“每张幻灯片”，还是“仅当前幻灯片”，这里单击“每张幻灯片”按钮，如图11-22所示。

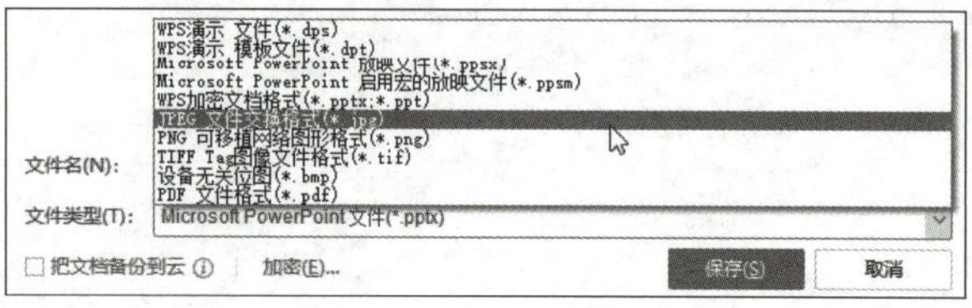

图 11-21

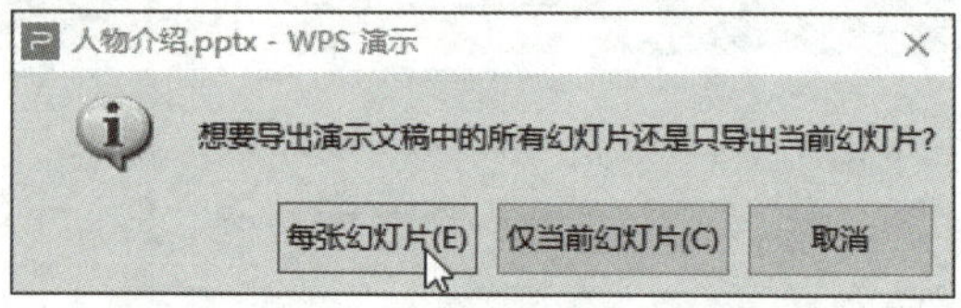

图 11-22

步骤03 系统会再次打开提示对话框，提示图片会以独立的方式保存在某位置中。用户找到保存的路径即可查看输出结果，如图11-23所示。

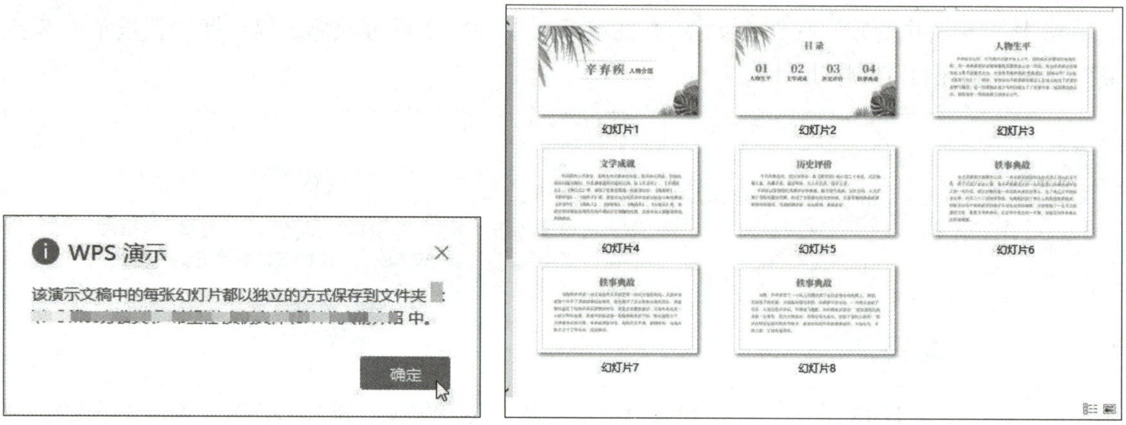

图 11-23

■11.2.3 打包幻灯片

当用户需要将幻灯片传到其他平台时，可以将其打包成压缩文件后再进行上传。在“文件”列表中选择“文件打包”选项，并从其级联菜单中选择“将演示文档打包成压缩文件”选项，打开“演示文件打包”对话框，在“压缩文件名”文本框中输入文件名称，然后单击“浏览”按钮，如图11-24所示。

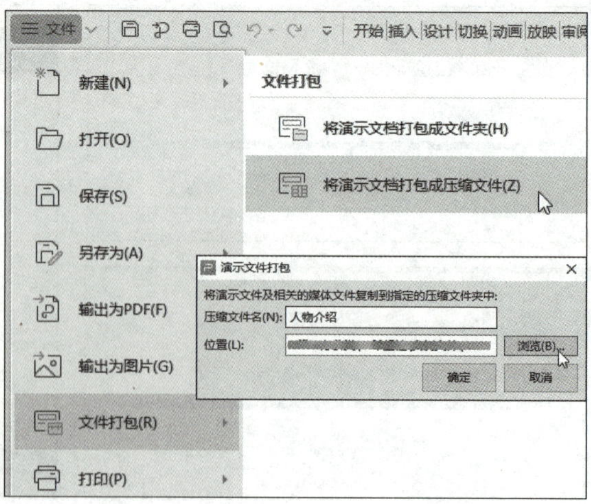

图 11-24

在“选择位置”对话框中指定好保存位置，单击“选择文件夹”按钮，如图11-25所示。

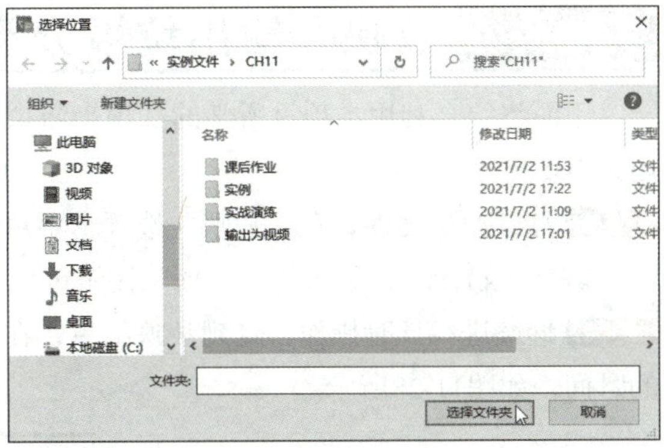

图 11-25

返回“演示文件打包”对话框，单击“确定”按钮。在“已完成打包”对话框中单击“打开压缩文件”按钮，即可查看打包的文件，如图11-26所示。

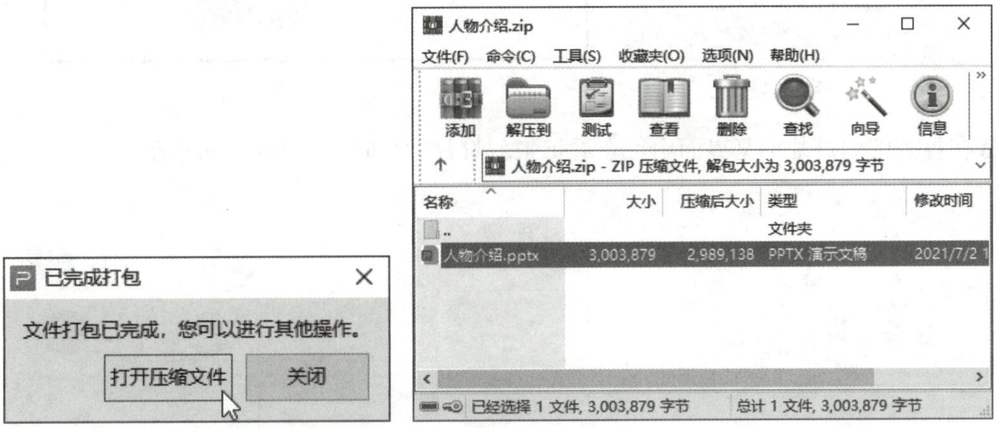

图 11-26

你学会了吗？

实战演练 放映并输出垃圾分类宣传文稿

下面将综合利用本项目所学的知识来将垃圾分类宣传文稿设置为自动放映状态，并将其输出为PDF文件。

步骤01 打开原始文件，在“放映”选项卡中单击“排练计时”按钮，进入放映状态，通过“预演”窗口开始计时，单击“下一项”按钮可切换至下一页幻灯片，如图11-27所示。

步骤02 继续进行计时操作，直到放映结束，在打开的提示框中单击“是”按钮，保留计时排练的时间，如图11-28所示。

图 11-27

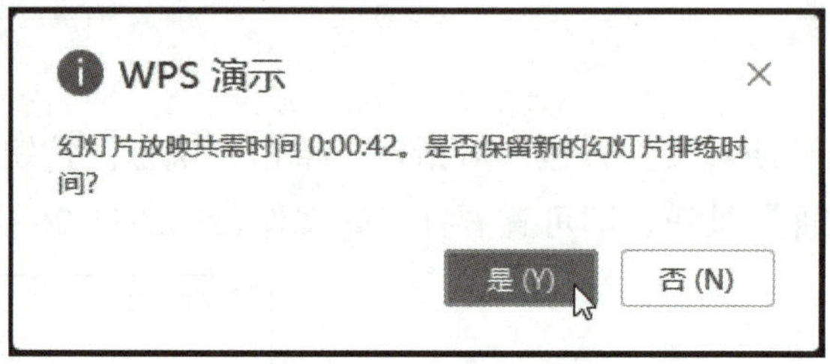

图 11-28

步骤03 在打开的幻灯片浏览界面中可查看每张幻灯片的计时，如图11-29所示。

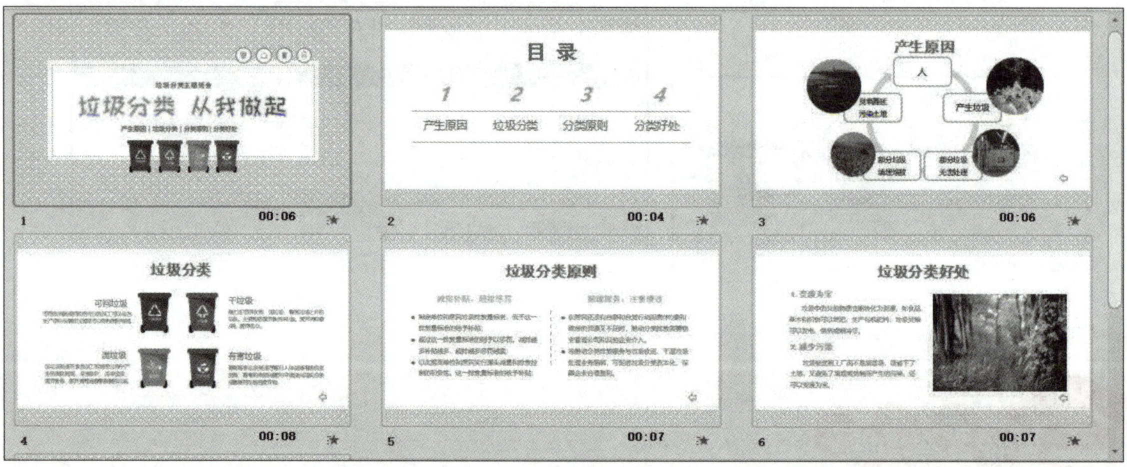

图 11-29

步骤04 选择“文件”选项卡，在打开的菜单中选择“另存为”选项，在“另存文件”对话框中，将“文件类型”设为“PDF文件格式（*.pdf）”选项，如图11-30所示。

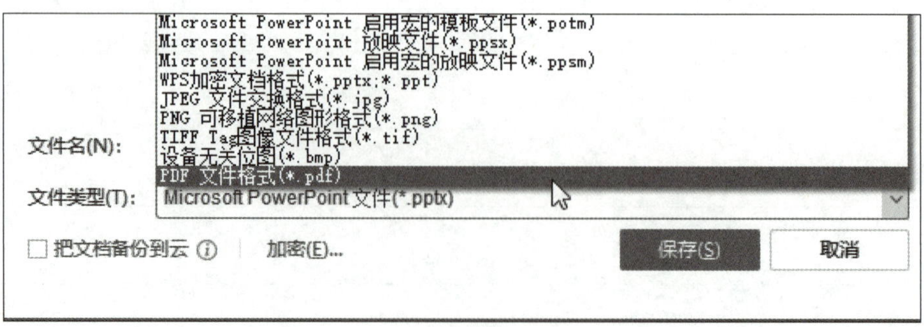

图 11-30

步骤05 单击“保存”按钮，在“输出PDF文件”窗口中会显示导出完成信息，单击“打开文件”按钮，如图11-31所示。

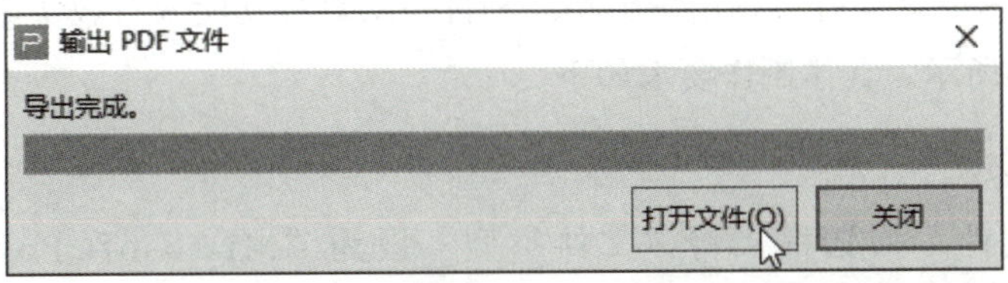

图 11-31

步骤06 系统会以PDF格式来打开该宣传文稿，用户可查看输出的效果，如图11-32所示。

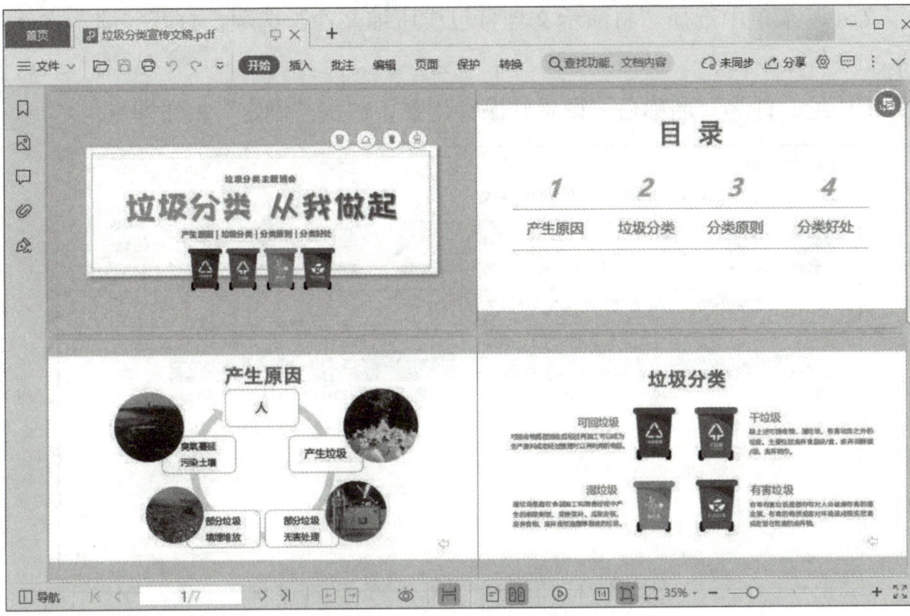

图 11-32

学习体会

课后作业 将教学课件输出为放映模式并打包

学习本项目内容后，读者可利用输出功能和打包幻灯片功能来对教学课件进行输出操作，打包效果如图11-33所示。具体制作要求如下。

1. 输出放映模式

打开“另存文件”对话框，将“文件类型”设为“Microsoft PowerPoint放映文件（*.ppsx）”文件格式即可。

2. 打包教学课件

- 在“文件”菜单中选择“将演示文档打包成压缩文件”选项，打开“演示文件打包”对话框。
- 设置“压缩文件名”名称后，设置好保存位置，单击“确定”按钮即可。

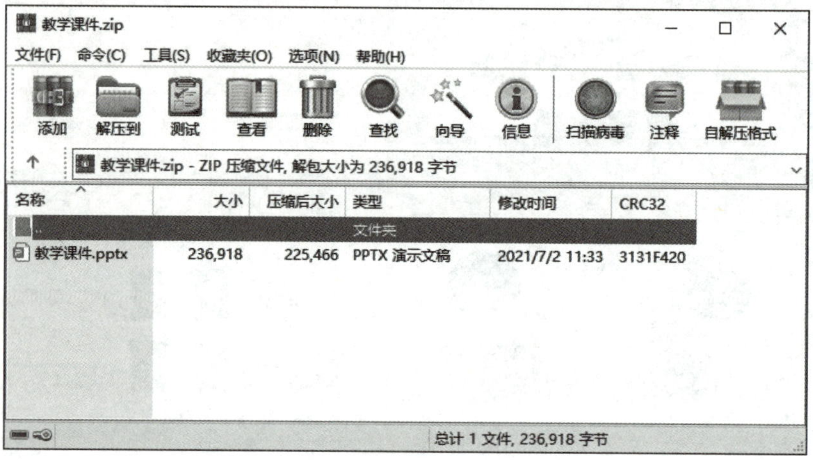

图 11-33

你学会了吗？

WPS 协同应用篇

在之前的项目中介绍了WPS Office常用的三大办公组件的基本操作。本篇将向读者介绍这三大组件的协同应用以及其他常用组件的操作方法，让读者能够综合各组件的优势，高效地完成工作。

项目12

利用 WPS 协同办公

内容概要

WPS文字、表格和演示这三大组件涵盖了办公领域的方方面面，这些组件除了能在各自的领域发挥强大的功能外，还可以进行协同操作，以便提升用户的工作效率。本项目将向读者介绍这三大组件之间的协同应用，以及如何在移动端使用WPS软件查看文件的操作。

数字资源

【本项目素材来源】："素材文件\项目12"目录下

【本项目实战演练最终文件】："素材文件\项目12\实战演练"目录下

12.1 WPS组件间的协作

在日常工作中，经常会将WPS文字、表格和演示这三大组件协同使用。例如，在WPS文字里嵌入WPS表格，或是将WPS表格内容嵌入至WPS演示中进行放映等。下面将对这些协同操作进行简单介绍。

12.1.1 在文档中导入电子表格

如果想要在WPS文字中导入WPS表格内容，可以通过以下两种方法来操作。

1. 使用插入对象功能

在WPS文档中指定好导入的位置，在“插入”选项卡中单击“对象”按钮，在“插入对象”对话框中单击“由文件创建”单选按钮，并单击“浏览”按钮，如图12-1所示。在打开的对话框中选择要导入的WPS表格，单击“打开”按钮，如图12-2所示。

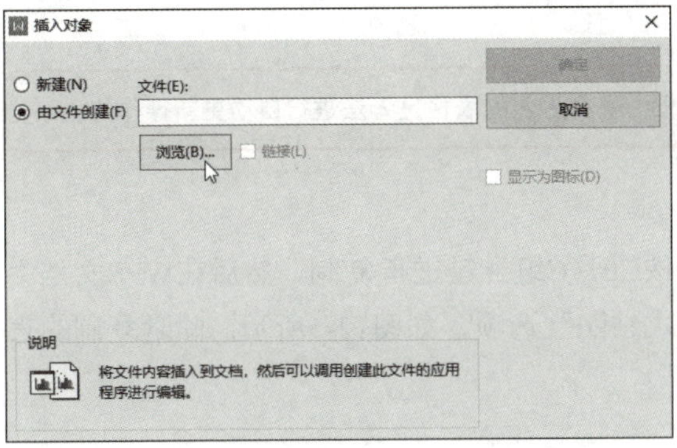

图 12-1

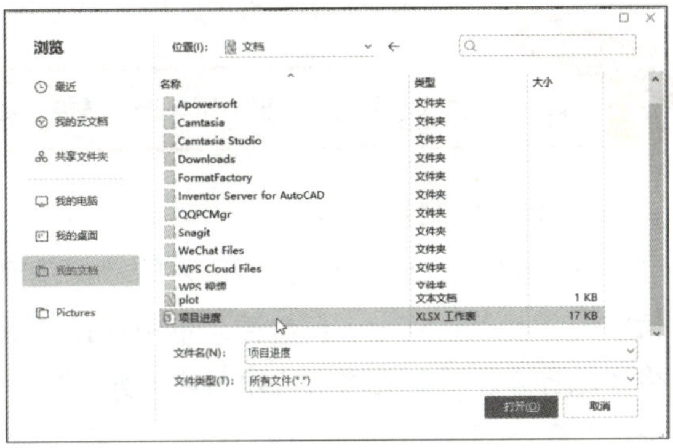

图 12-2

返回“插入对象”对话框，勾选“链接”复选框，将导入的表格与原表格产生关联。然后单击“确定”按钮即可。此时，导入的表格会以图片的形式原封不动地展示出来，如图12-3所示。

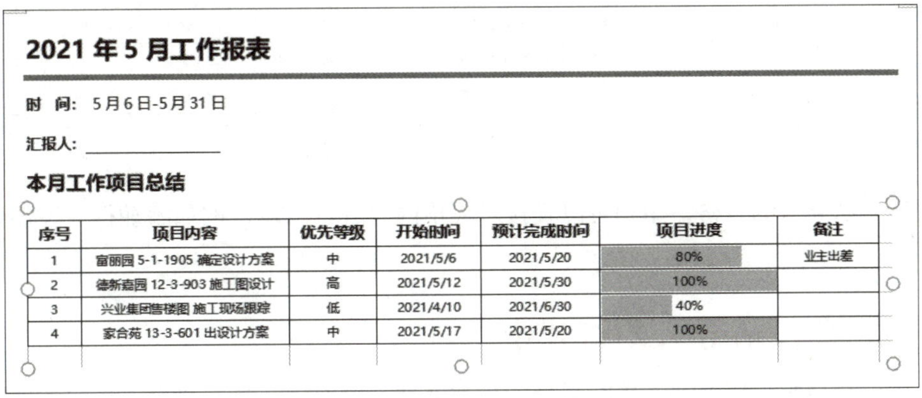

2021 年 5 月工作报表

时　间：5 月 6 日-5 月 31 日

汇报人：________

本月工作项目总结

序号	项目内容	优先等级	开始时间	预计完成时间	项目进度	备注
1	富丽园 5-1-1905 确定设计方案	中	2021/5/6	2021/5/20	80%	业主出差
2	德新嘉园 12-3-903 施工图设计	高	2021/5/12	2021/5/30	100%	
3	兴业集团售楼图 施工现场跟踪	低	2021/4/10	2021/6/30	40%	
4	家合苑 13-3-601 出设计方案	中	2021/5/17	2021/5/20	100%	

图 12-3

如果需要对其中的内容进行修改，可双击导入的表格，系统会启动WPS表格软件，在此进行数据的修改，完成后关闭WPS表格。此时在WPS文档中的表格将会自动更新数据信息，如图12-4所示。

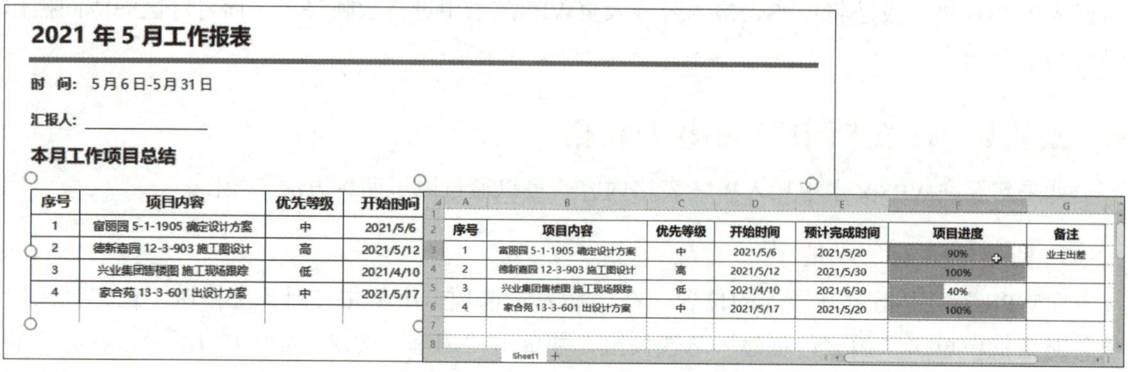

图 12-4

注意事项

如果在“插入对象”对话框中不勾选“链接”复选框，那么导入的表格是无法进行自动更新操作的。

2. 使用复制粘贴功能

打开WPS表格，先选择要导入的数据范围，按Ctrl+C组合键进行复制，然后在WPS文档中指定好插入点，右击，在右键菜单中选择“带格式粘贴”选项，如图12-5所示。此时复制的表格区域将会显示在文档中，如图12-6所示。

图 12-5

2021 年 5 月工作报表

时 间: 5月6日-5月31日

汇报人:

本月工作项目总结

序号	项目内容	优先等级	开始时间	预计完成时间	项目进度	备注
1	富丽园 5-1-1905 确定设计方案	中	2021/5/6	2021/5/20	80%	业主出差
2	德新嘉园 12-3-903 施工图设计	高	2021/5/12	2021/5/30	100%	
3	兴业集团售楼图 施工现场跟踪	低	2021/4/10	2021/6/30	40%	
4	家合苑 13-3-601 出设计方案	中	2021/5/17	2021/5/20	100%	

图 12-6

使用该方法导入的表格，用户可以直接对表格内容进行编辑，例如添加行、添加列、修改数据等。

12.1.2 将图表导入幻灯片中

想要在WPS演示中快速导入WPS表格，用户同样可以使用“插入对象”功能来操作。这里就不再重复介绍了。下面将介绍如何将图表快速导入幻灯片中的操作。

在WPS表格中先选中图表，按Ctrl+C组合键进行复制，打开WPS演示，选中所需幻灯片，在“开始”选项卡中单击“粘贴”下拉按钮，从列表中选择“选择性粘贴”选项。打开“选择性粘贴”对话框，单击“粘贴链接”单选按钮，并在“作为”列表框中选择“WPS图形数据”选项，单击“确定”按钮即可完成图表的导入操作，如图12-7所示。

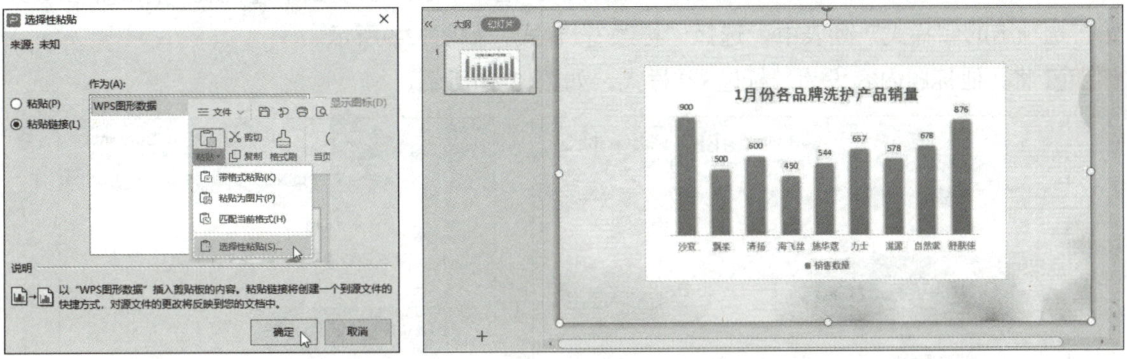

图 12-7

双击幻灯片中的图片，即可打开原始数据图表，在此可对数据进行修改操作，如图12-8所示。

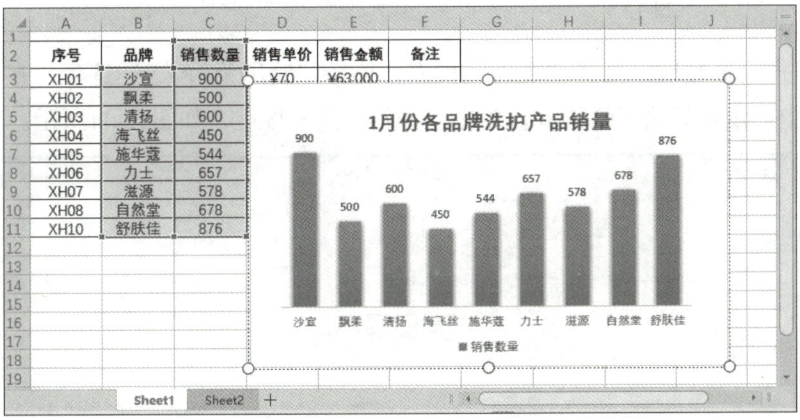

图 12-8

注意事项

在导入图表时，如果用户直接使用Ctrl+V组合键粘贴图表，该图表的颜色会随当前幻灯片主题色而改变。

■12.1.3 将文档导入幻灯片中

要将WPS文档直接导入WPS幻灯片中，可以使用“文件”列表中的“输出为PPTX”选项，然后根据向导进行设置即可。但这里需说明一下，将文档导入幻灯片时，文档内容需要提前设置好大纲格式。

实例 将课件大纲文档导入幻灯片

将WPS文档转换成幻灯片，可以有效地提高幻灯片的制作效率。下面举例介绍具体的操作步骤。

步骤01 打开WPS文档原始文件，先设置标题样式。选中“1.1 认识数据透视表”标题，在“开始”选项卡的“样式”列表中，选择“标题2”样式，如图12-9所示。

步骤02 将其他标题内容设为“标题3”样式，如图12-10所示。

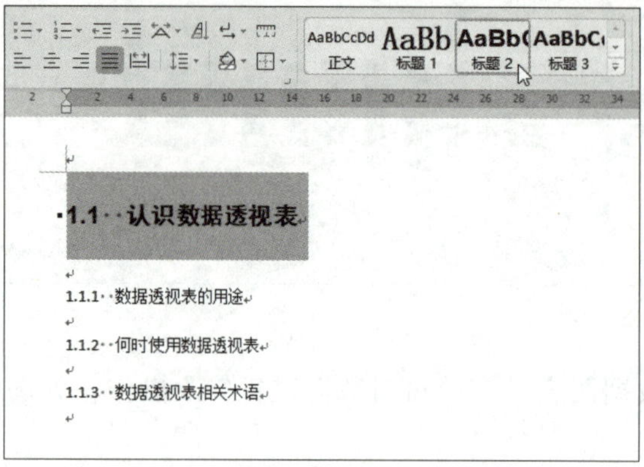

图 12-9

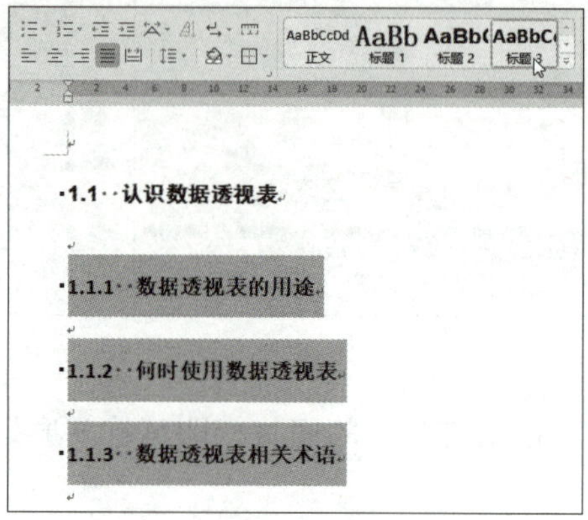

图 12-10

步骤03 标题样式设置好后，打开“文件”列表，选择“输出为PPTX”选项，在打开的“输出为pptx”窗口中，设置好输出的位置，单击“开始转换”按钮，如图12-11所示。

图 12-11

步骤04 稍等片刻，系统将自动打开转换好的PPT文件，在此，需要用户简单地修饰一下页面内容，如图12-12所示。

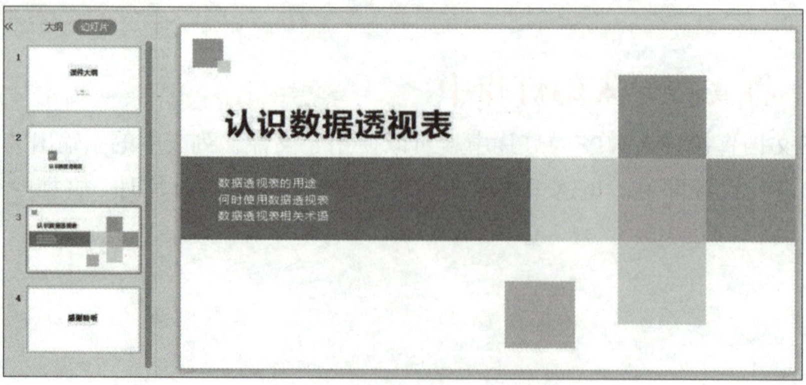

图 12-12

12.2 掌上办公

WPS Office软件除了可以在计算机端使用外，还可以在智能手机端应用。用户在没有计算机的情况下，也能在手机端轻松办公。

当然，除了基本的办公应用外，手机端还可与智能电视、智能投影仪互动，将文档投屏到这些设备上，非常方便。

实例 利用手机端APP修改文档标题格式

下面将以修改“工作证明”标题格式为例，来介绍如何利用手机端处理文档的操作。

步骤01 在手机端进入软件市场，搜索并下载安装WPS Office的APP。将“工作证明”文档保存到手机上。打开WPS Office启动主界面，此时软件会自动检测手机中新加入的文档，选择“工作证明”选项，如图12-13所示。

步骤02 这里会将所有最近下载的文档显示出来，选择“工作证明”文档，如图12-14所示。

图 12-13

图 12-14

步骤03 打开该文档，在此，可以通过拖动操作查看文档的内容。如果需要对内容进行编辑，则在标题栏单击“编辑”按钮，如图12-15所示。

步骤04 此时进入编辑状态中，选中标题“工作证明”，在下方工具栏中单击“文字”按钮，从弹出的级联菜单中单击“字体”按钮，如图12-16所示。

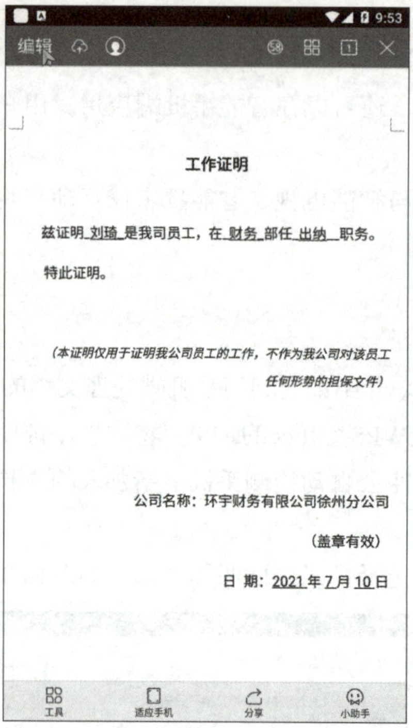

图 12-15

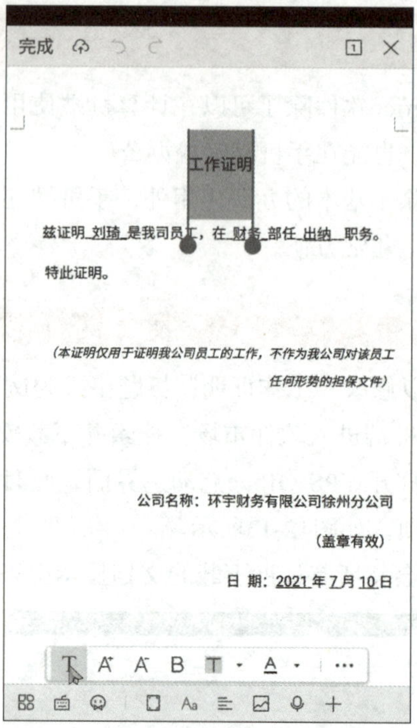

图 12-16

步骤 05 在打开的列表中选择“系统字体”右侧的“查看”选项，如图12-17所示。

步骤 06 在“字体”列表中选择所需字体，这里选择“黑体”，如图12-18所示。

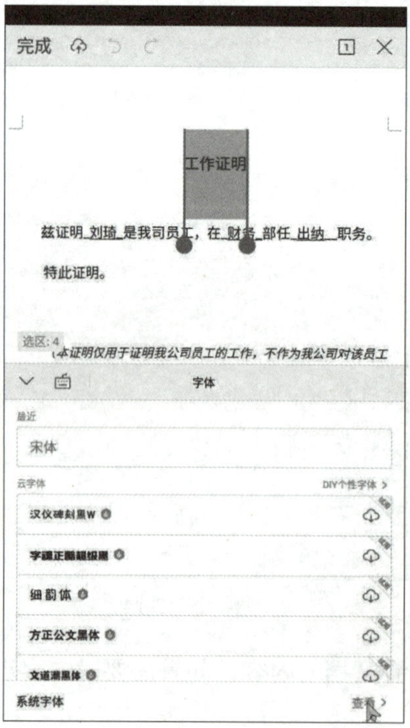

图 12-17

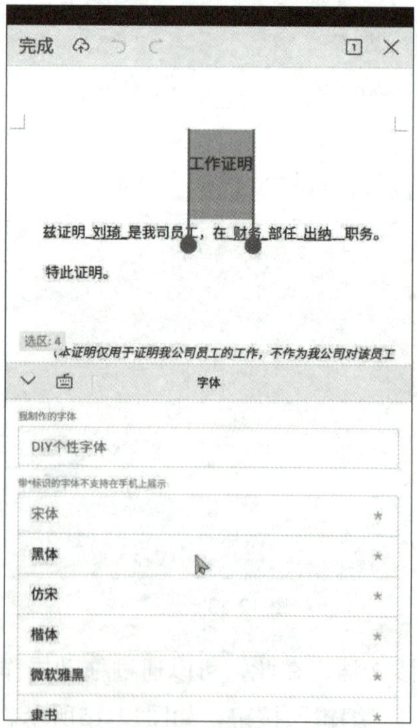

图 12-18

步骤07 选中文档标题，在下方工具栏中单击“更多”按钮，如图12-19所示。

步骤08 在弹出的对话框中单击“字号”按钮，如图12-20所示。

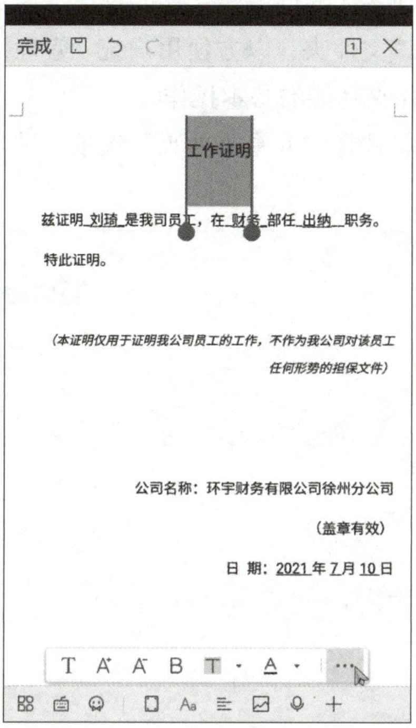

图 12-19

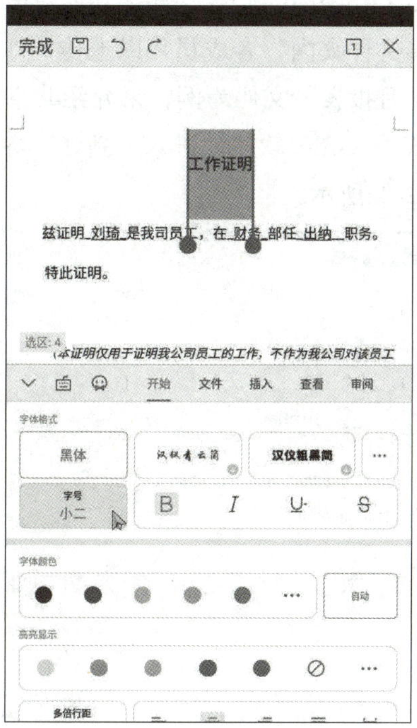

图 12-20

步骤09 将字体设为“一号”，至此，文档标题格式设置完成，如图12-21所示。可以按照同样的方法，设置其他文本格式。

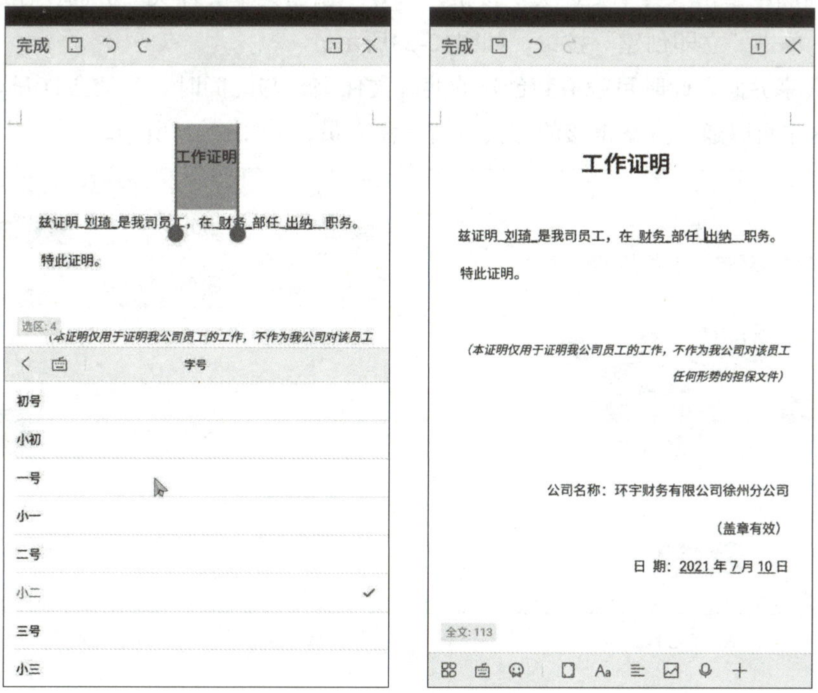

图 12-21

实战演练 共享工作月报表文件

使用WPS Office中的共享文件夹功能可以实现多人共同编辑文档的操作。该功能可以将成员邀请至共享文件夹内，各成员可以上传文件至该文件夹，以方便用户统一管理操作。下面将以共享“工作月报表”文件为例，来介绍共享文件夹功能的基本操作。

步骤 01 启动WPS Office软件，进入“新建”界面，选择“共享文件夹”选项，进入共享文件夹界面，如图12-22所示。

图 12-22

步骤 02 在该界面中单击“共享文件夹”按钮，打开“创建共享文件夹”界面，在这里为共享文件进行命名，单击“立即创建”按钮，如图12-23所示。

步骤 03 进入共享界面，此时可以看到创建的共享文件夹，与此同时，系统会打开“邀请成员”窗口界面，这里可以通过分享链接的方式邀请所需人员，如图12-24所示。

图 12-23

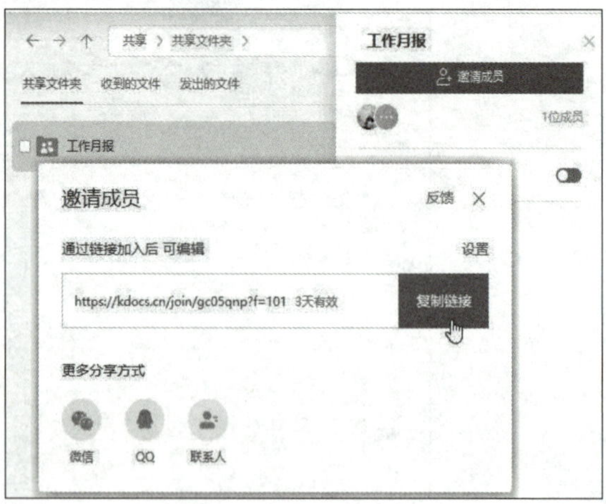

图 12-24

步骤04 待邀请的成员通过验证后，其可在该界面中显示出来，如图12-25所示。

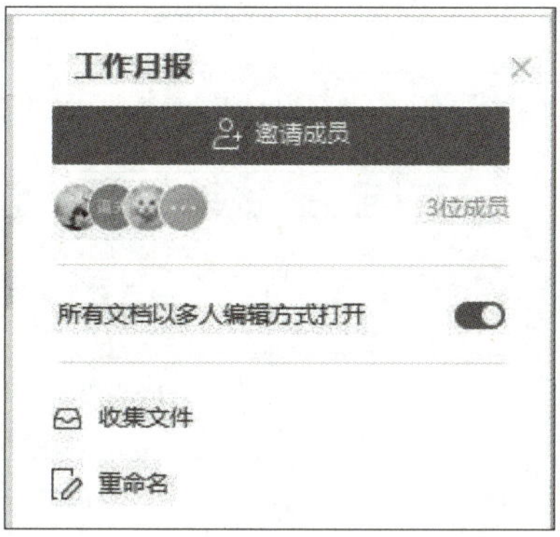

图 12-25

步骤05 在“共享文件夹”界面中，勾选创建的共享名称，双击进入下一级界面，单击“上传文件”按钮，如图12-26所示。

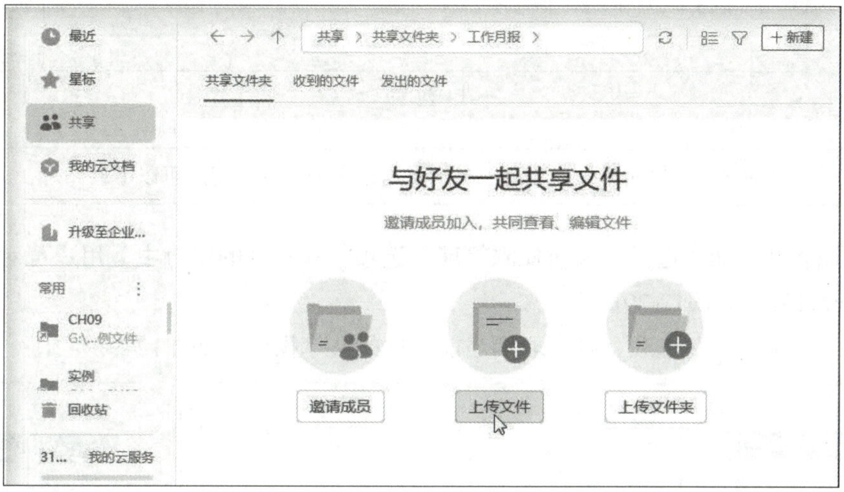

图 12-26

步骤06 在“上传文件”对话框中选择共享的文件，单击“打开”按钮，如图12-27所示。

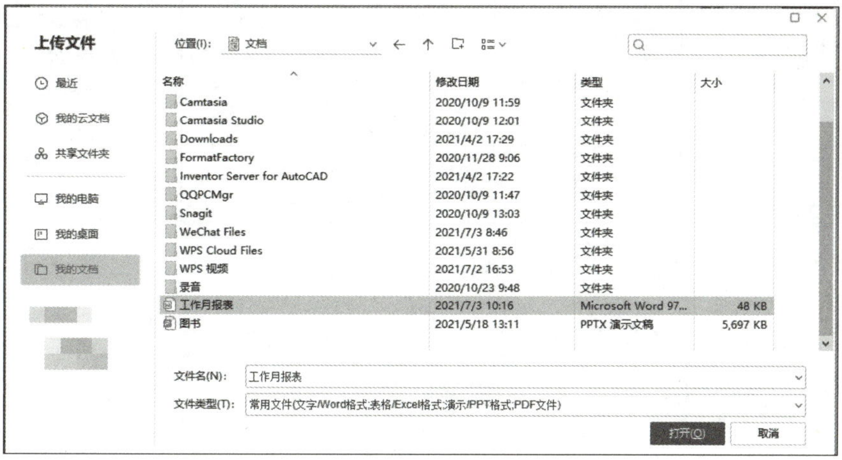

图 12-27

步骤07 上传完毕，被邀请的成员可以在此界面看到共享文件，勾选该文件，单击“下载”按钮即可下载该文件，如图12-28所示。

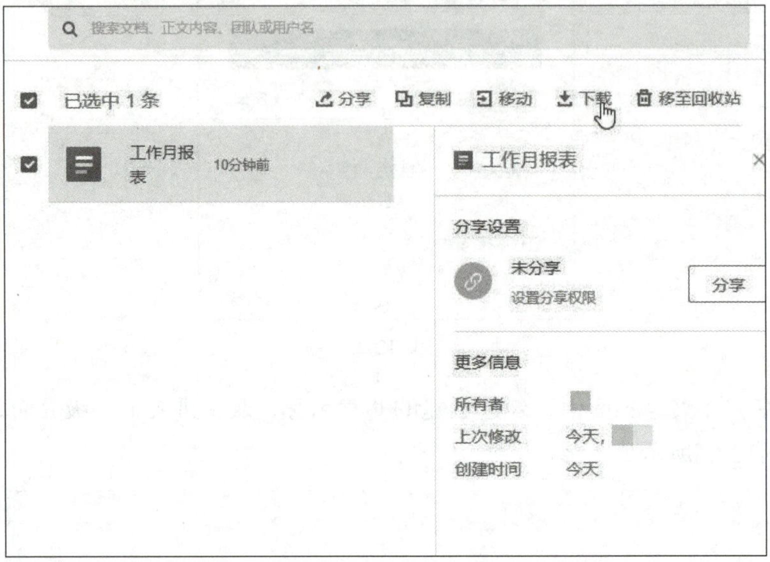

图 12-28

> **提示**：在“收到的文件”界面中可以看到成员们发送过来的文件，用户可以下载归总。

步骤08 在右侧管理界面中选择“成员权限管理”选项，在打开的窗口中，用户可对所有成员的编辑权限进行设置，如图12-29所示。

步骤09 选择“取消共享”选项，则会取消当前文件的共享操作，如图12-30所示。

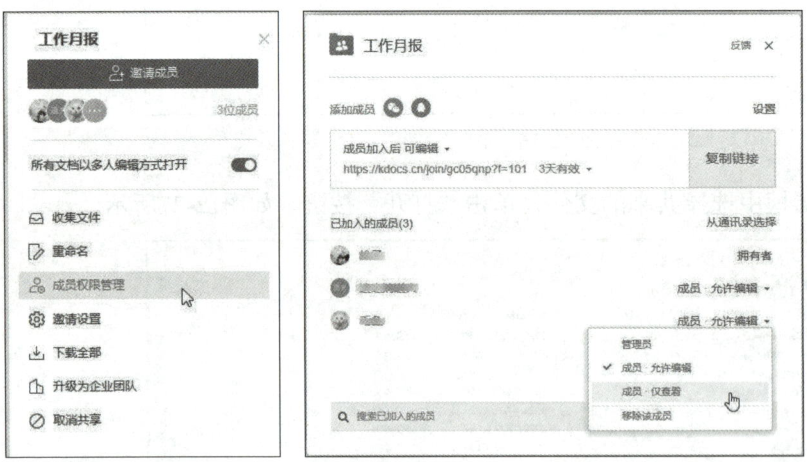

图 12-29

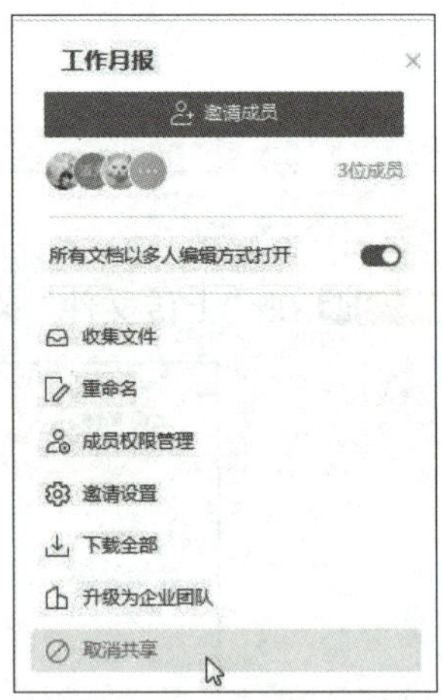

图 12-30

课后作业 在幻灯片中嵌入诗词文档

学习本项目内容后，读者可使用插入对象功能来为幻灯片嵌入WPS文字，操作结果如图12-31所示。具体制作要求如下。

1. 嵌入诗词文档

- 单击“对象”按钮，打开“插入对象”对话框。
- 选择“由文件创建”按钮，导入所需WPS文字文档。
- 勾选“链接”复选框，设置实时更新。

2. 调整嵌入文档大小

使用鼠标拖动的方法，调整嵌入文档的大小即可。

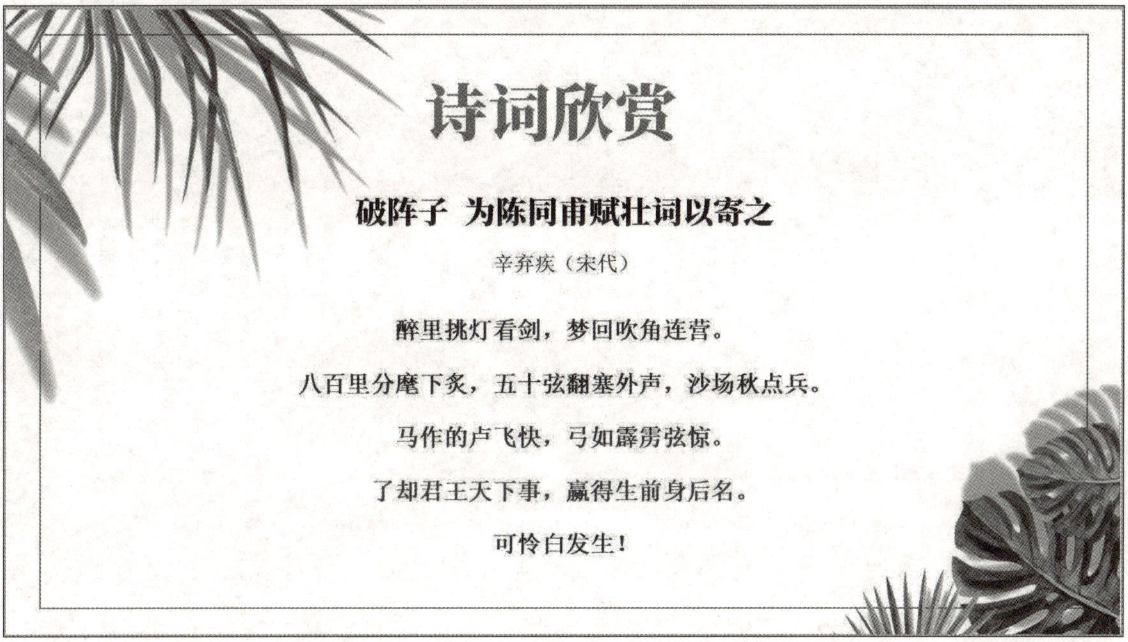

图 12-31

你学会了吗？

项目 13

WPS 其他组件的使用

内容概要

WPS Office中除了文字、表格、演示办公“三剑客”外，还包含了一些其他的常用办公组件，例如目前十分热门的脑图以及PDF等。为了帮助用户快速掌握这些常用组件的使用方法，本项目将对WPS脑图及PDF进行详细讲解。

数字资源

【本项目素材来源】：“素材文件\项目13”目录下

【本项目实战演练最终文件】：“素材文件\项目13\实战演练”目录下

13.1 脑图设计

“脑图”是表达发散性思维的有效图形思维工具，它可以对复杂的工作进行有序梳理，科学地整理知识点，帮助用户更好地处理和回顾工作，激发灵感和创意。

13.1.1 脑图的基本形式

脑图通过文字、线条、颜色、图像等组织结构，把各级主题的关系用相互隶属与相关的层级图表现出来。所有脑图都有一个共同的特点，那就是由一个中心主题发散出去的自然结构，如图13-1所示。

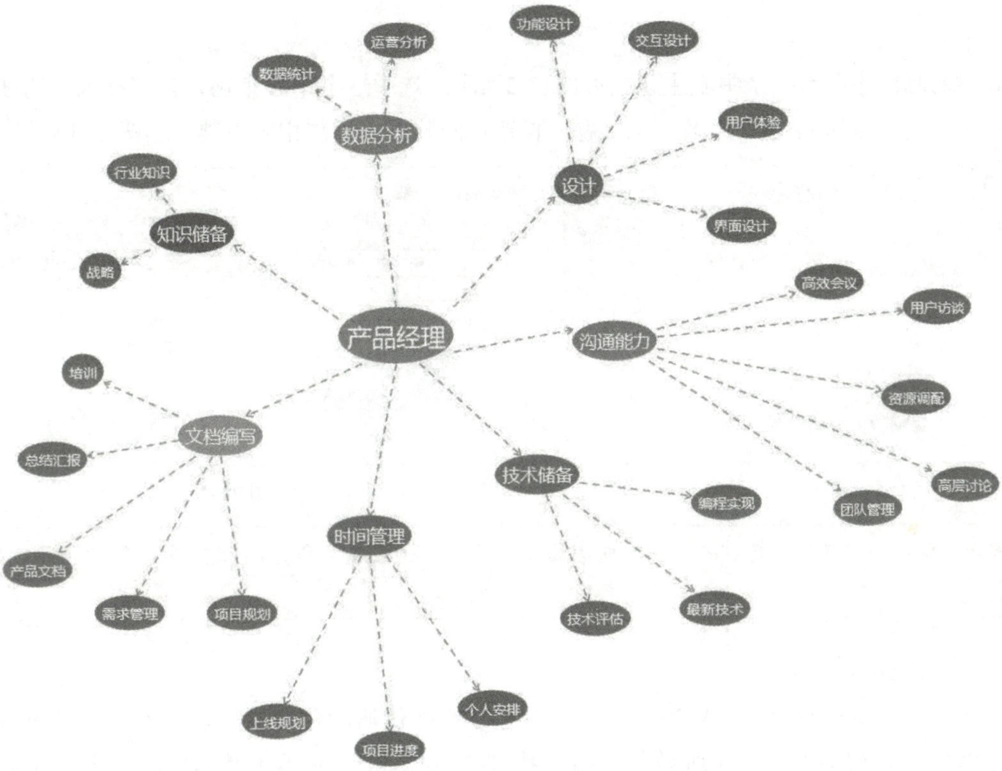

图 13-1

13.1.2 创建脑图

WPS脑图包含了多种类型，例如思维导图、逻辑图、树状组织结构图、组织结构图等，用户只要安装了WPS Office便可使用其中的“脑图”组件创建脑图。

1. 新建脑图

在“新建”界面的顶部选择“脑图”选项，可进入脑图界面，用户可以在此新建空白脑图，如图13-2所示。

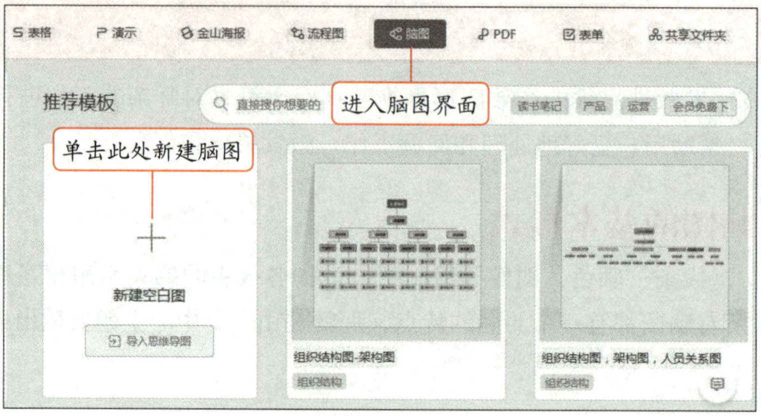

图 13-2

新建的脑图中只有一个中心主题，如图13-3所示。选中这个中心主题，在“插入”选项卡中通过“子主题”“同级主题”以及“父主题”按钮可向脑图中添加相应主题，如图13-4所示。

图 13-3

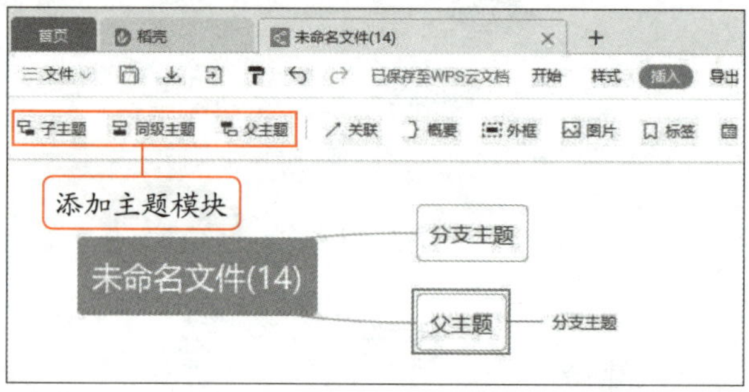

图 13-4

提示：用户也可使用快捷键向脑图中快速添加主题，按Enter键可创建同级主题，按Tab键可创建子主题。

2. 根据模板创建脑图

除了会员专享模板以外，WPS也为用户提供了很多优质的免费模板。进入脑图界面后可以看到这些模板根据类型进行了细致的分组，找到“免费专区”，单击其右侧的“更多模板”选项可显示所有免费模板，如图13-5所示。

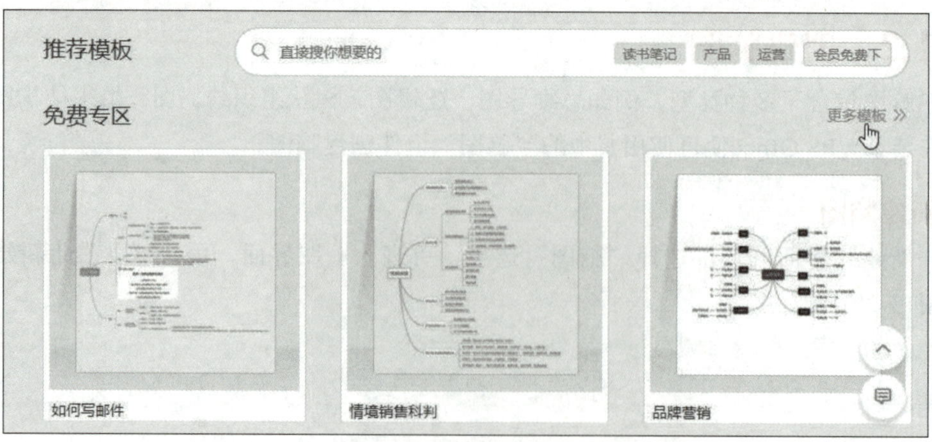

图 13-5

单击需要使用的模板，在随后打开的窗口中单击“使用此模板”按钮，如图13-6所示，便可在WPS中打开该模板。随后在模板基础上创建脑图即可。

图 13-6

提示： 使用脑图功能需要登录WPS账号，若没有登录，在新建脑图或下载脑图模板时会弹出登录窗口，用户可使用微信、手机验证或手机WPS扫码中的任意一种方式登录，如图13-7所示。

图 13-7

13.1.3 在脑图中输入文字

创建脑图后需要在各主题文本框中输入内容。输入内容非常简单，在主题文本框上方双击，进入文本编辑状态，如图13-8所示。随后直接输入文本内容即可，如图13-9所示。输入完成后可按Enter键或在空白处单击确认。

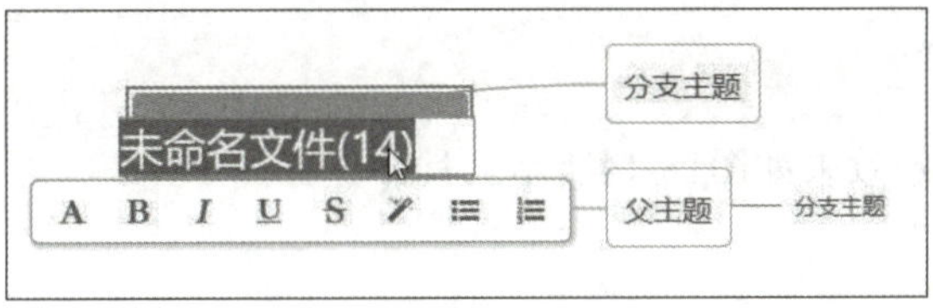

图 13-8

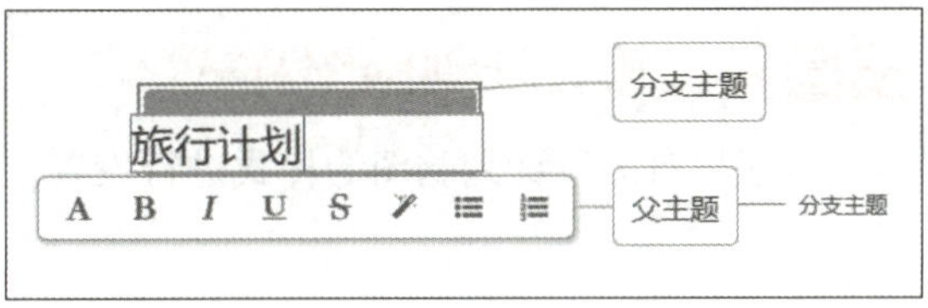

图 13-9

输入文本的时候，文本框下方会显示一个菜单，通过这个菜单中的各种选项可对所选文本的字体效果进行设置，如图13-10所示。

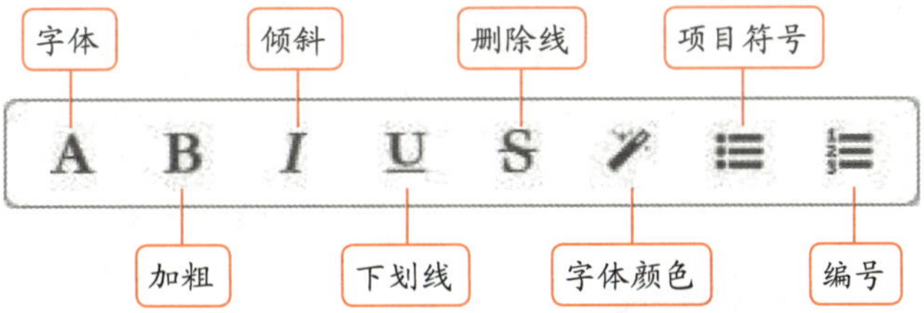

图 13-10

13.1.4 设置脑图样式

脑图制作好后可适当调整样式，通过改变主题模块及连接线的颜色、宽度等让脑图条理更清晰，看起来更美观。

一般来说，同一分支或具有相同特征的主题模块和连接线可以设置成相同样式。单击某个主题模块可将该模块选中，随后打开“样式”选项卡，通过功能区中的不同选项可对所选模块的样式、背景、边框、连接线颜色等进行设置，如图13-11所示。

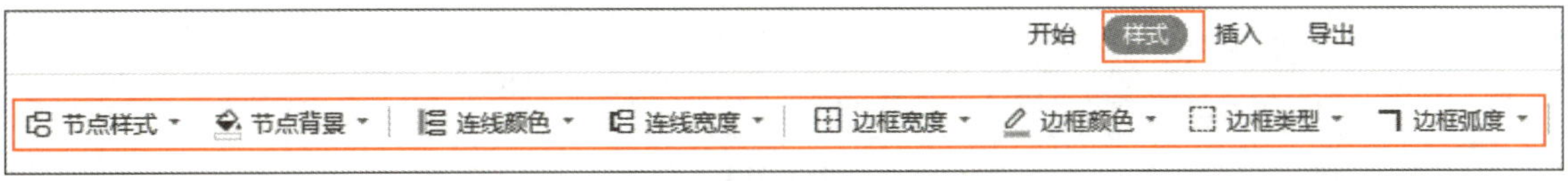

图 13-11

在功能区中单击不同按钮会展开相应的下拉列表，用户可利用下拉列表中的选项执行具体的操作，例如单击“节点样式”下拉按钮，可在展开的列表中选择一个喜欢的主题风格，如图13-12所示；单击“节点背景”下拉按钮，可从下拉列表中选择一种颜色作为主题模块的背景色，如图13-13所示。

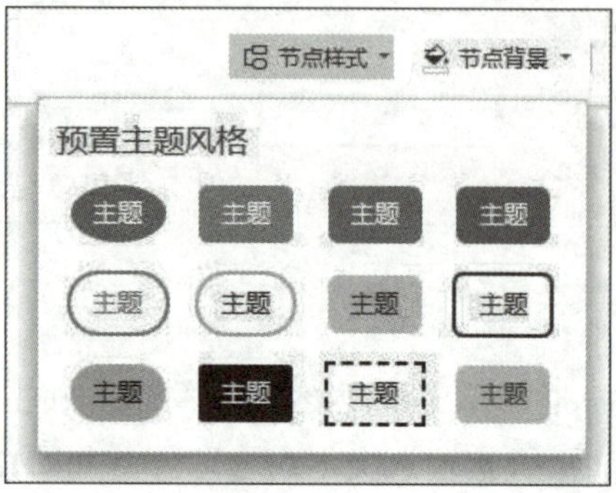

图 13-12

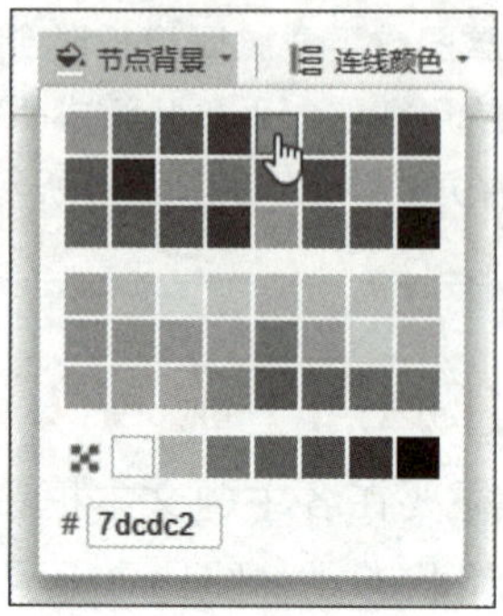

图 13-13

实例 设置旅行计划脑图样式

下面将对旅行计划脑图的样式进行设置。初始效果如图13-14所示。具体步骤如下：

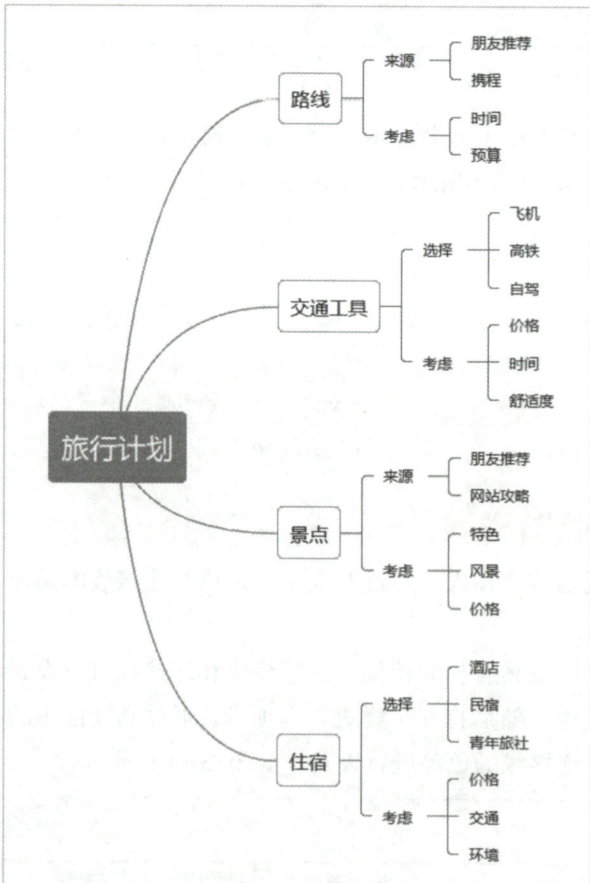

图 13-14

步骤01 打开“样式”选项卡，单击“结构”下拉按钮，在展开的列表中选择“左右分布”选项，将脑图的分支设置为左右分布，如图13-15所示。

步骤02 单击“风格”按钮，在展开的列表中选择一种满意的风格，如图13-16所示。

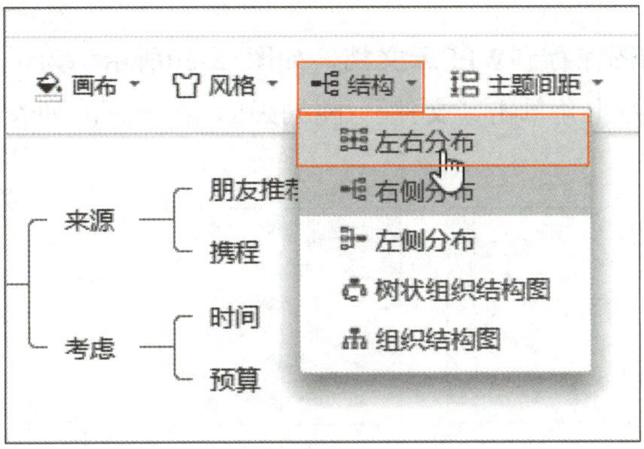

图 13-15

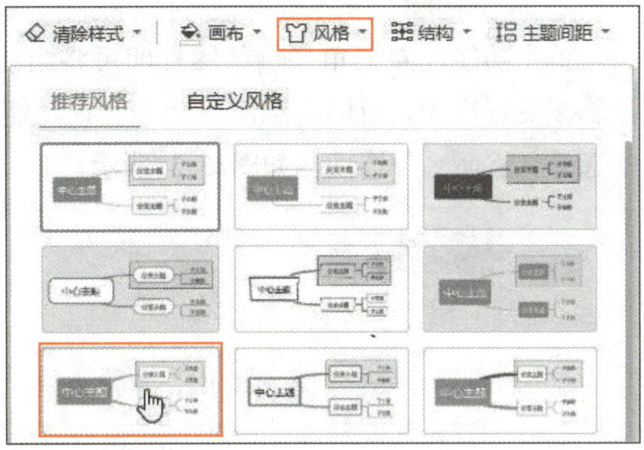

图 13-16

步骤03 单击“主题间距”下拉按钮，在展开的列表中分别设置分支主题和子主题的左右间距及上下间距，如图13-17所示。

步骤04 单击“画布”下拉按钮，在展开的颜色列表中选择脑图的背景色，如图13-18所示。脑图样式设置完成后的效果如图13-19所示。

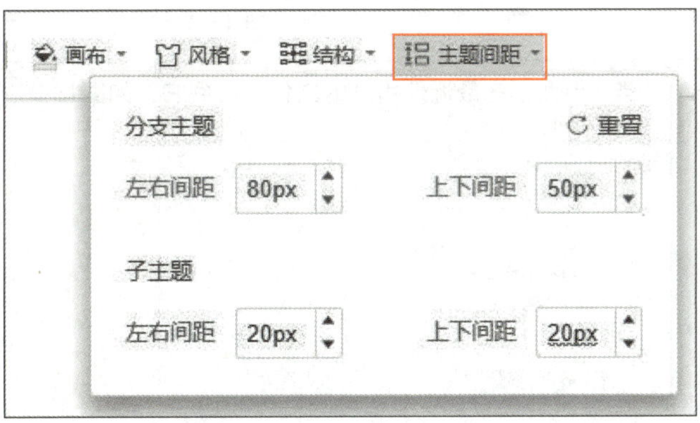

图 13-17

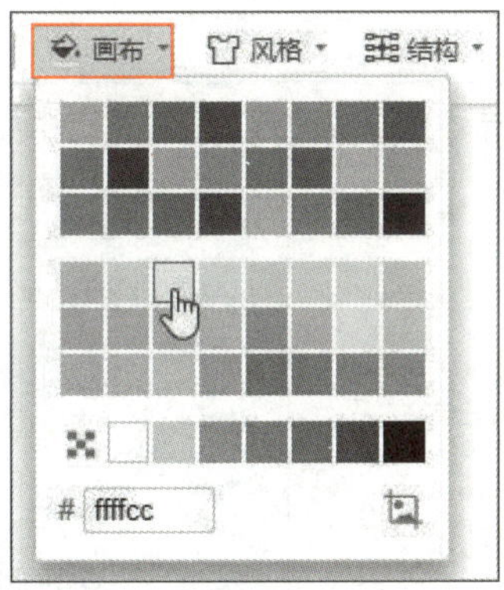

图 13-18

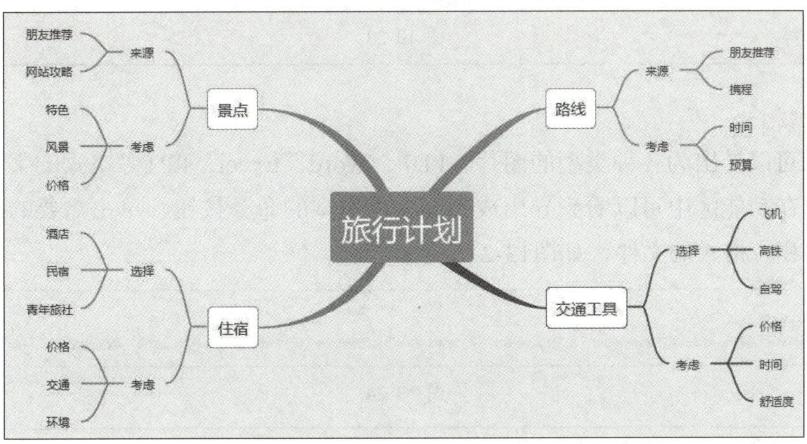

图 13-19

■13.1.5　保存和导出脑图

脑图制作完成后可对其进行保存或将其导出为指定格式的文件。下面先介绍如何保存脑图。

1. 保存脑图

单击功能区左上角“□”图标即可将当前脑图保存到WPS云文档，如图13-20所示。为了让脑图更好辨识，可以对脑图重命名。在功能区左上角单击“文件”下拉按钮，在展开的列表中选择“重命名”选项，如图13-21所示。

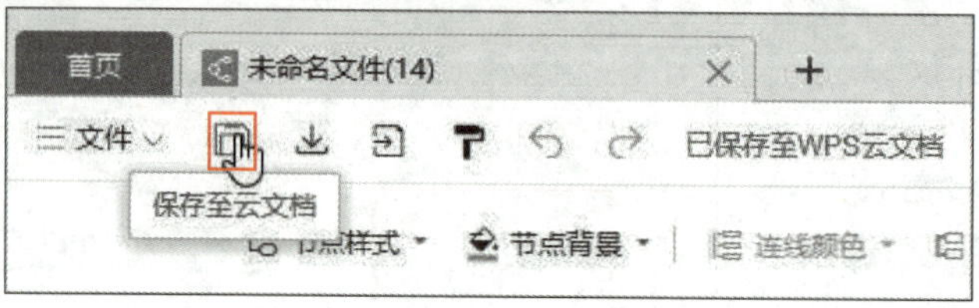

图 13-20

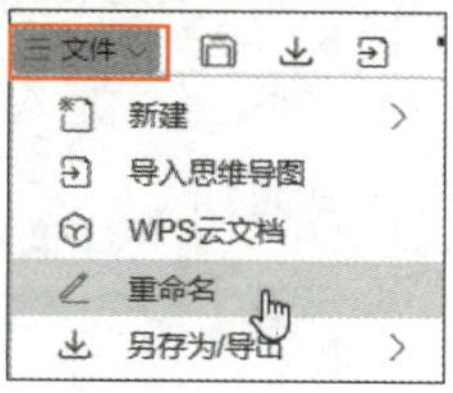

图 13-21

系统随即弹出“重命名”窗口，在文本框中修改脑图的名称，单击“确定”按钮即可完成重命名操作，如图13-22所示。

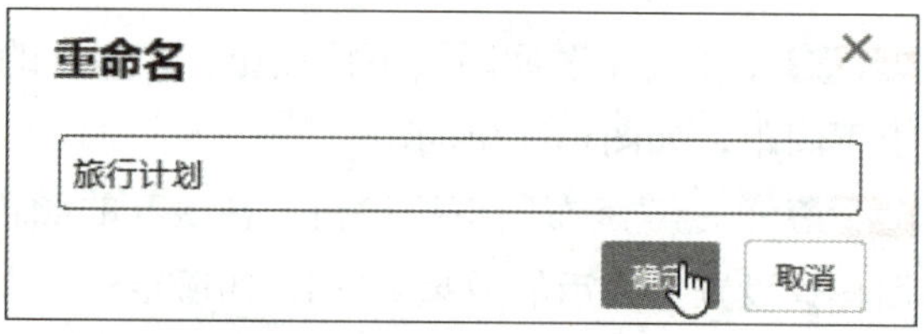

图 13-22

❗ **提示：** 保存脑图后，可在首页中打开“文档”界面，在最近使用过的文件中找到它，如图13-23所示。

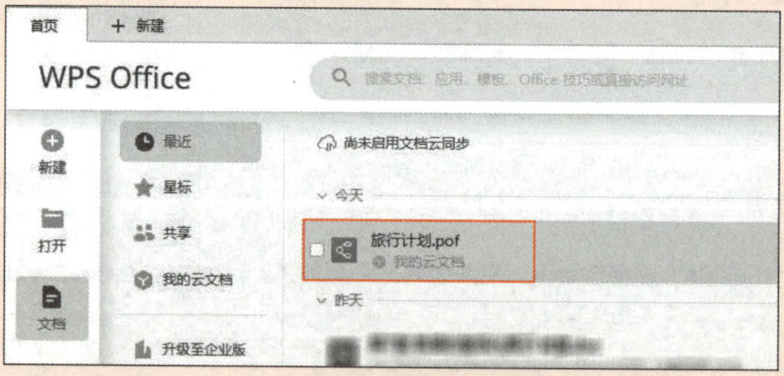

图 13-23

2. 导出脑图

WPS脑图可以导出为各种类型的图片、PDF、Word、Excel、PPT等格式的文件。打开“导出”选项卡，在功能区中可以看到导出成不同文件类型的命令按钮，单击需要的命令按钮，即可将脑图导出相应格式的文件，如图13-24所示。

图 13-24

❗ **提示：** 非会员模式下导出的文件可能会有水印。

13.2 PDF阅读器

所谓PDF其实是一种可移植文档格式，也是一种电子文件格式。这种文件格式与操作系统平台无关，无论是在Windows、UNIX或是苹果公司的Mac OS操作系统中都是通用的。这一特性使PDF格式文件成为电子文档发行以及数字化信息传播的理想文档格式。

而PDF阅读器则是阅读和转换PDF文件的工具。目前市面上的PDF阅读器种类繁多，例如福昕PDF阅读器、迅捷PDF编辑器和WPS PDF阅读器等。

13.2.1 认识WPS PDF阅读器

WPS PDF阅读器其实是WPS Office其中的一个组件，也可以称为金山PDF阅读器。它功能强大且操作简单，支持一键编辑、沉浸式阅读、多种浏览模式、多种文档类型相互转换。

启动WPS Office，打开“新建”界面，选择“PDF”选项即可进入PDF界面，在该界面中可执行新建PDF、文件格式转换等操作，如图13-25所示。

图 13-25

13.2.2 将文档转换成PDF文件

WPS文字、WPS表格、WPS演示、图片等文件均可被转换成PDF文件。下面以WPS文字文档转PDF为例介绍具体操作方法。

在“新建”界面中选择“PDF”选项，接着选择“从文件新建PDF”选项，如图13-26所示。

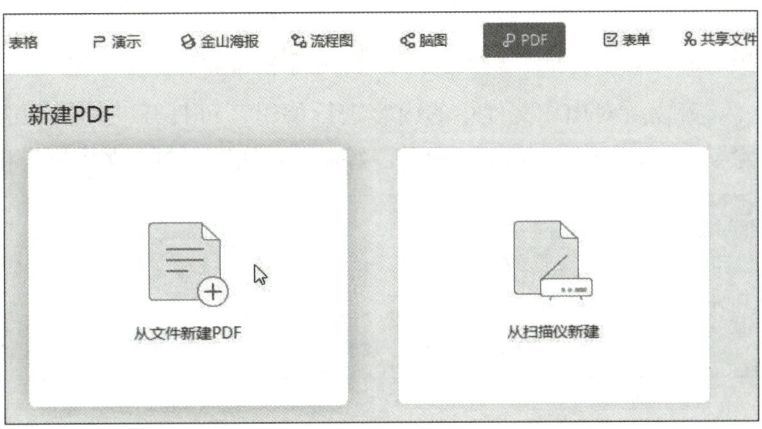

图 13-26

系统随即弹出“打开文件”对话框，在该对话框中找到需要转换成PDF格式的WPS文字文件，将其选中，然后单击“打开”按钮，如图13-27所示。

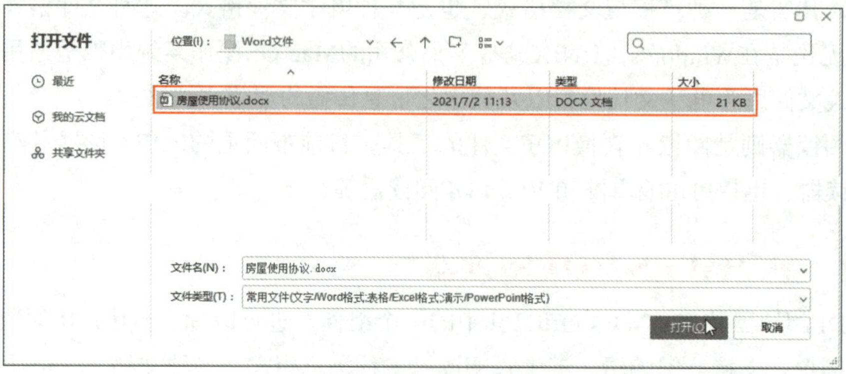

图 13-27

此时WPS文字文档即被转换成PDF格式并自动在WPS中打开，直接单击“保存”按钮，可将转换后的PDF文件保存到计算机中的指定位置，如图13-28所示。

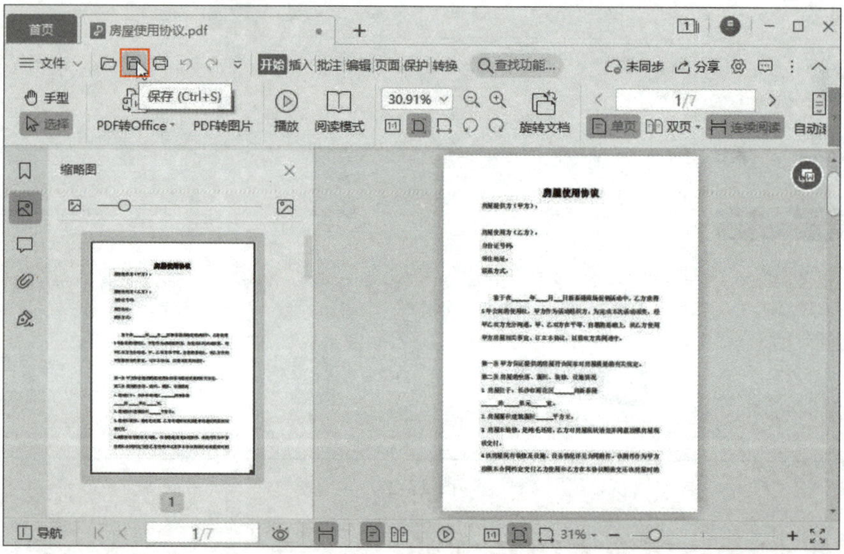

图 13-28

■13.2.3　在PDF文件中编辑文档

若需要对PDF文件中的内容进行编辑，可打开“编辑”选项卡，通过“编辑文字”“擦除”“页眉页脚”“页码”“水印”等命令按钮可对PDF文件执行相应操作，如图13-29所示。

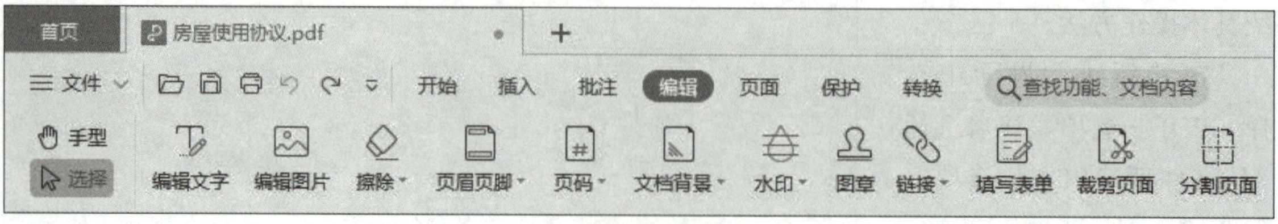

图 13-29

实例 为PDF文件添加水印

下面将为PDF文件添加水印，具体操作步骤如下：

步骤01 打开“编辑”选项卡，单击“水印”下拉按钮，从下拉列表中选择一种需要的水印类型，如图13-30所示。

步骤02 PDF文件随即被添加相应类型的水印，如图13-31所示。

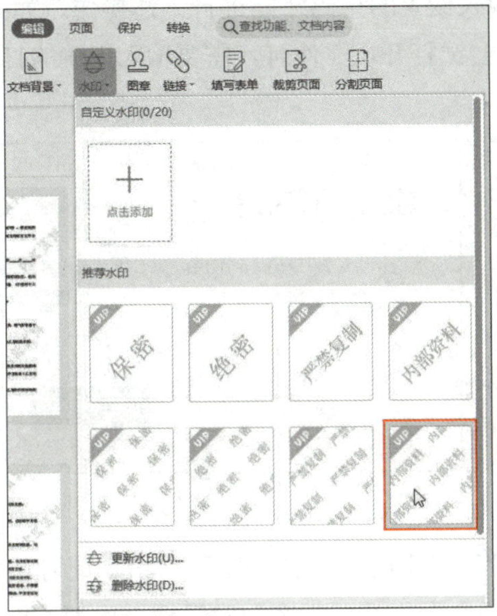

图 13-30

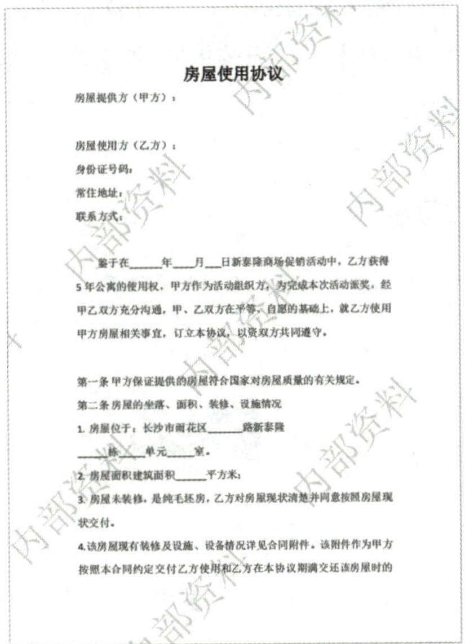

图 13-31

提示：编辑PDF文件的大部分功能需要开通会员才能使用。

13.2.4 为PDF文件设置加密

若想要禁止对PDF进行编辑，可对PDF文件进行加密。下面介绍一下具体操作方法。

在“保护”选项卡中单击“文档加密”按钮，系统随即弹出“加密”对话框，在该对话框中可同时为PDF文件设置打开密码和编辑及页面提取密码。在设置编辑及页面提取密码时还可选择加密项，如图13-32所示。

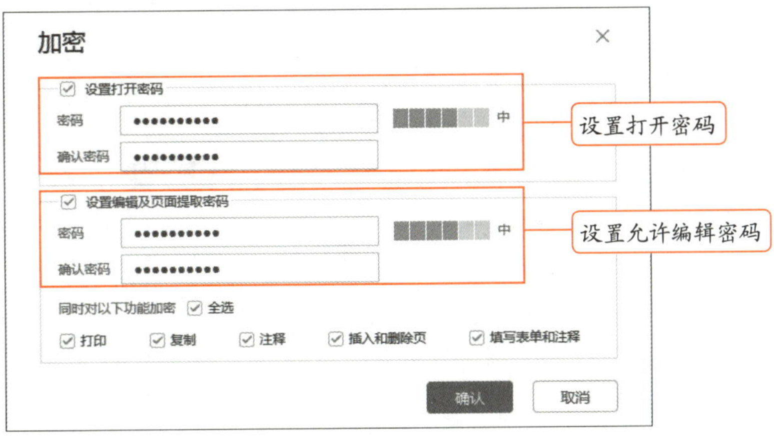

图 13-32

注意事项

设置密码之前需要先勾选“设置打开密码”以及“设置编辑及页面提取密码”左侧的复选框，否则无法输入密码。另外，打开密码和编辑及页面提取密码不能使用同一组密码。

对PDF文件设置密码后，当用户对文件中的内容进行编辑、复制、注释、打印等操作时，会弹出一个“输入权限密码”对话框，只有输入设置的密码才能进行上述操作，如图13-33所示。设置打开密码后关闭该PDF文件，当再次尝试打开该文件时，需要输入正确的打开密码，如图13-34所示。

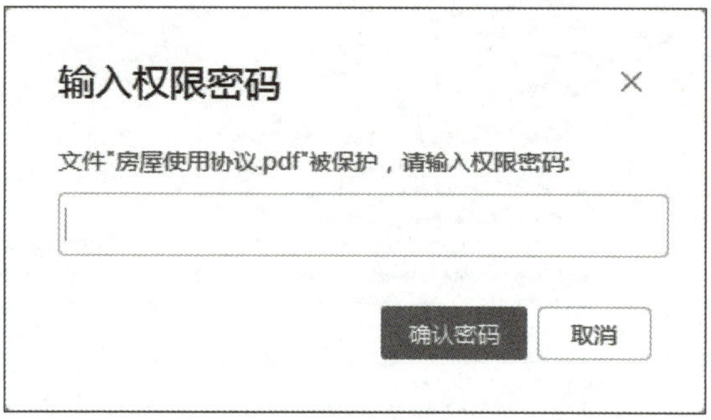

图 13-33

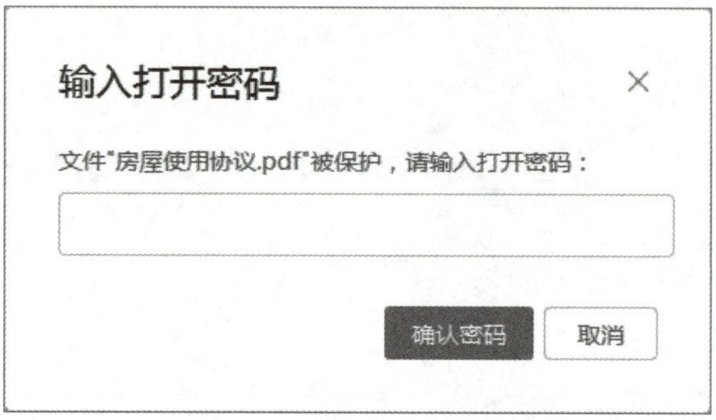

图 13-34

若要去除密码保护，需要再次单击“保护”组中的“文档加密”按钮，此时系统会弹出“输入权限密码”对话框，输入修改权限密码后，会打开“加密”对话框，取消“设置打开密码”或“设置编辑及页面提取密码”左侧复选框的勾选，便可将相应的密码删除，最后单击“确认”按钮即可，如图13-35所示。

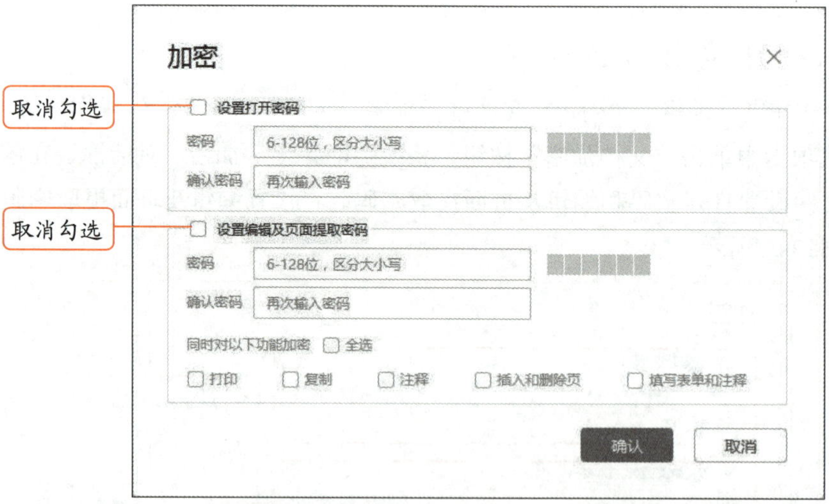

图 13-35

实战演练 制作疫情防护脑图

本次实战演练将利用前面学习过的脑图操作技巧制作一份“疫情防护脑图”。在制作之前，需要先确定脑图的大致类型，制作的时候才不至于手忙脚乱、理不清头绪。下面将详细介绍制作步骤。

步骤01 启动WPS Office，打开“新建”界面，单击“脑图”按钮，在打开的页面中单击“新建空白图”选项，如图13-36所示。

步骤02 新建的脑图中默认包含一个中心主题，双击该主题，进入文本编辑状态，输入“疫情防护”，输入完成后按Enter键确认，如图13-37所示。

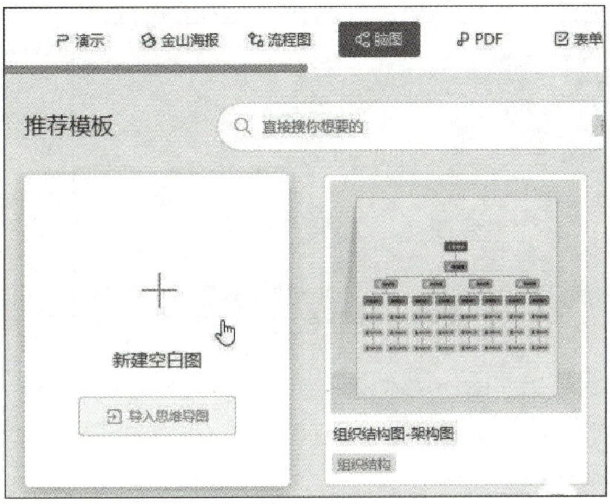

图 13-36

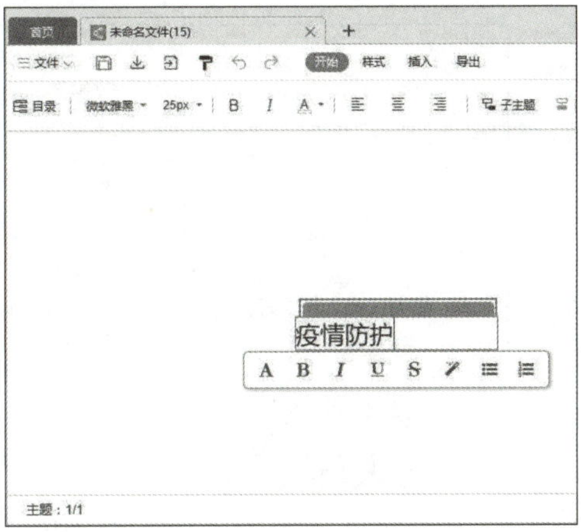

图 13-37

步骤03 选中“疫情防护”中心主题，按Tab键创建一个分支主题，然后在该分支主题中输入文本“尽量不出门”，如图13-38所示。

步骤04 选中“尽量不出门”主题模块，按Tab键创建一个子主题，在子主题中输入文本“勤开窗通风”。随后选中“勤开窗通风”主题，按Enter键，在下方创建一个同级的子主题，如图13-39所示，然后输入相应文本内容。

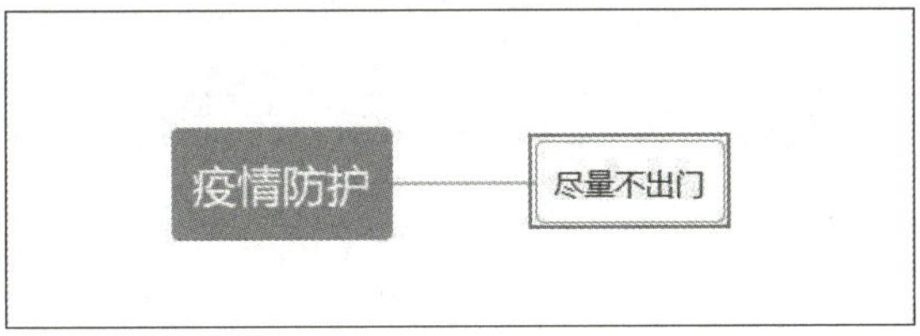

图 13-38

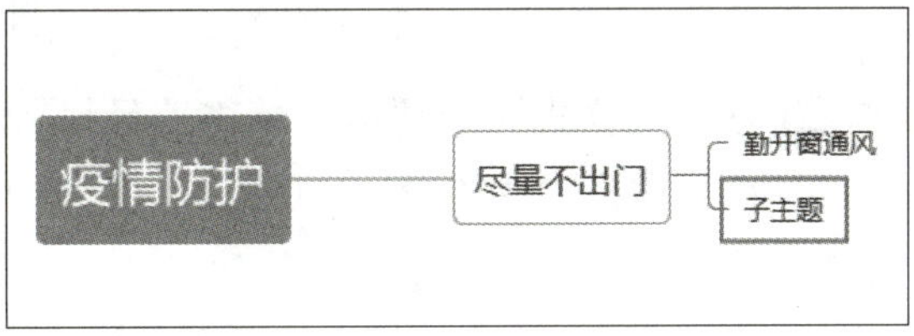

图 13-39

步骤05 选中“尽量不出门”主题，按Enter键创建同级分支主题，如图13-40所示。

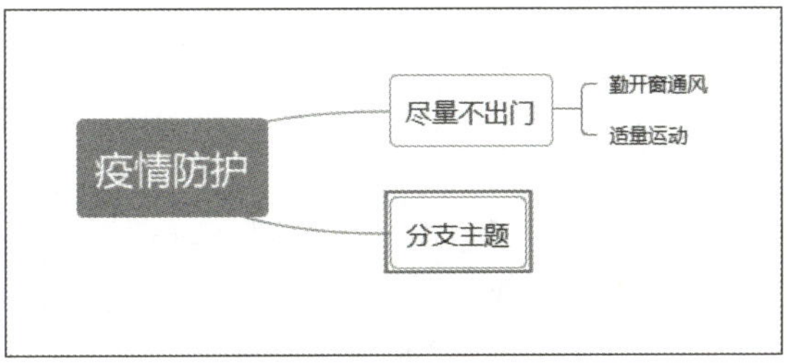

图 13-40

步骤 06 向新创建的主题中输入内容，然后继续使用快捷键向该分支中添加子主题并输入内容，如图13-41所示。

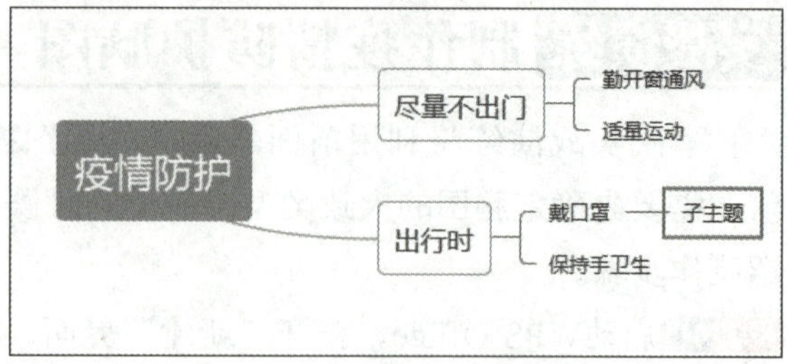

图 13-41

步骤 07 使用Enter和Tab键在需要的位置继续添加分支主题及子主题，在所有主题中输入文本，初步完成脑图的制作，如图13-42所示。接下来还需要对脑图进行适当美化。

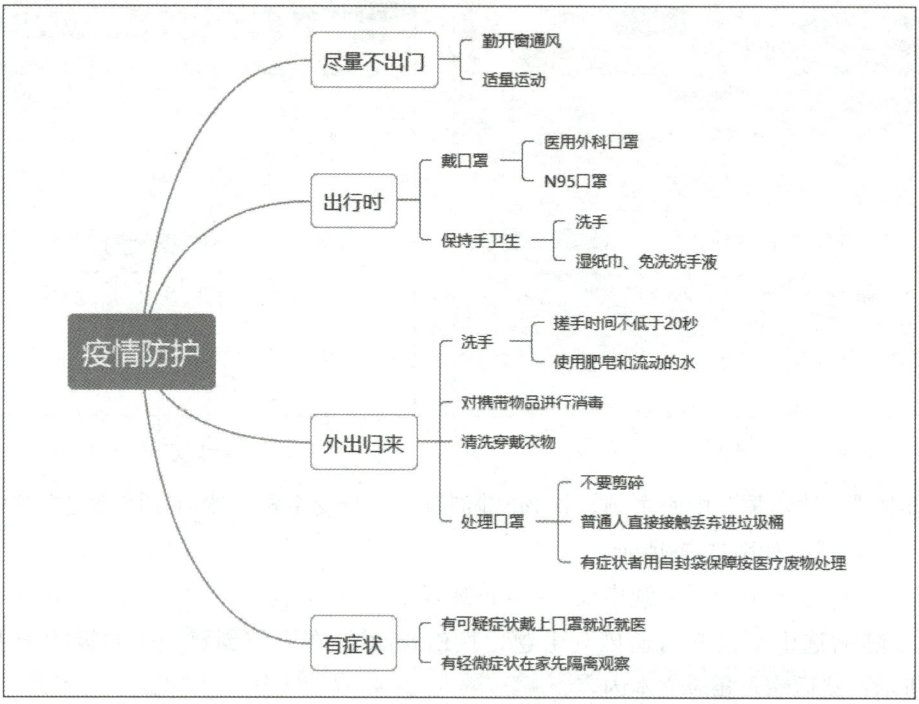

图 13-42

步骤 08 打开“样式”选项卡，单击“风格”按钮，在下拉列表中选择一种脑图风格，如图13-43所示。

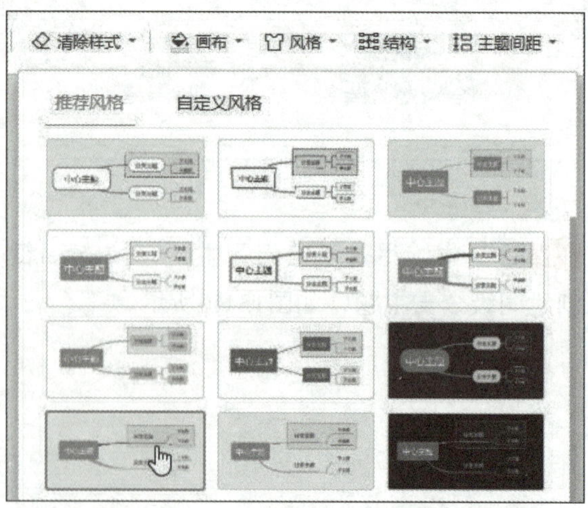

图 13-43

步骤09 选择第一个分支主题中的文本，在下方的快捷菜单中单击“B”按钮，将字体加粗。然后单击“✐”按钮，在展开的列表中选择一种和连接线相近的颜色，将文本字体设置成相应颜色，如图13-44所示。

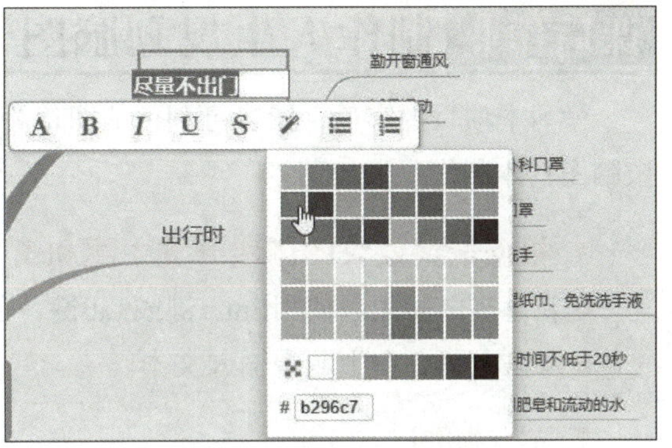

图 13-44

步骤10 参照步骤09设置其他分支主题中的字体样式，至此完成“疫情防护”脑图的制作，如图13-45所示。

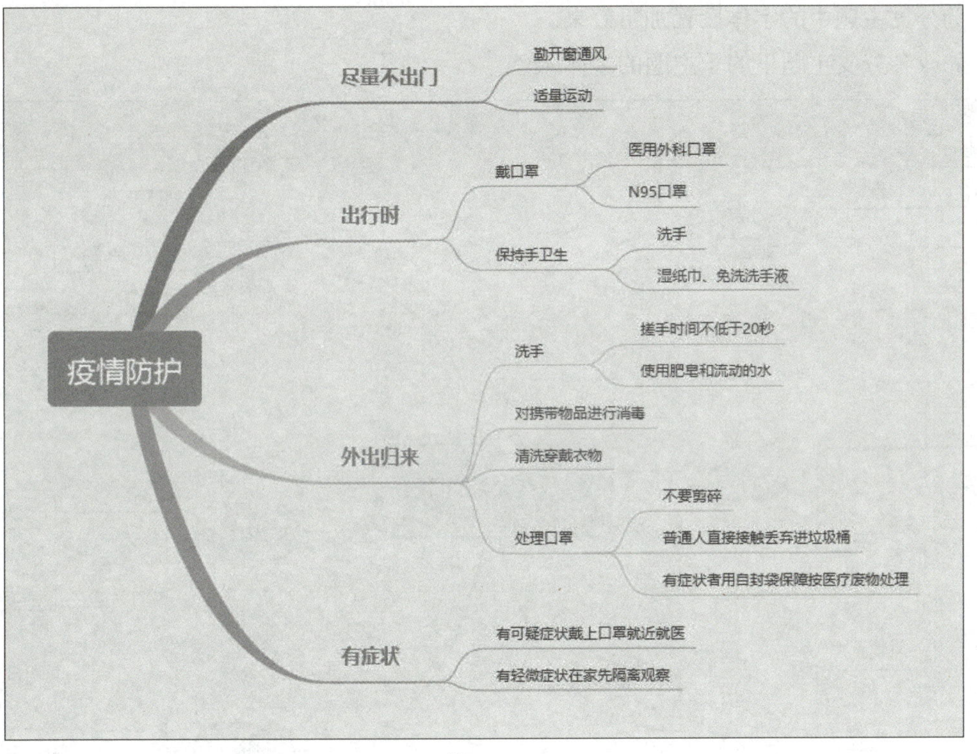

图 13-45

学习体会

课后作业 制作人生规划脑图

学习本项目内容后，读者可利用脑图相关知识来制作人生规划脑图，效果如图13-46所示。该脑图具体制作要求如下。

1. 根据最终效果图创建分支主题和子主题

- 新建空白脑图，使用Enter键或Tab键，创建分支主题或子主题。
- 双击主题，在主题中输入文本。

2. 美化脑图

- 单击“结构”按钮，将脑图设置成左右分布。
- 单击“风格”按钮，为脑图套用样式。
- 单击“节点背景”按钮，分别设置中心主题和其他分支主题的背景。
- 为分支主题中的字体设置加粗效果。
- 修改各分支主题下的子主题的字体颜色。

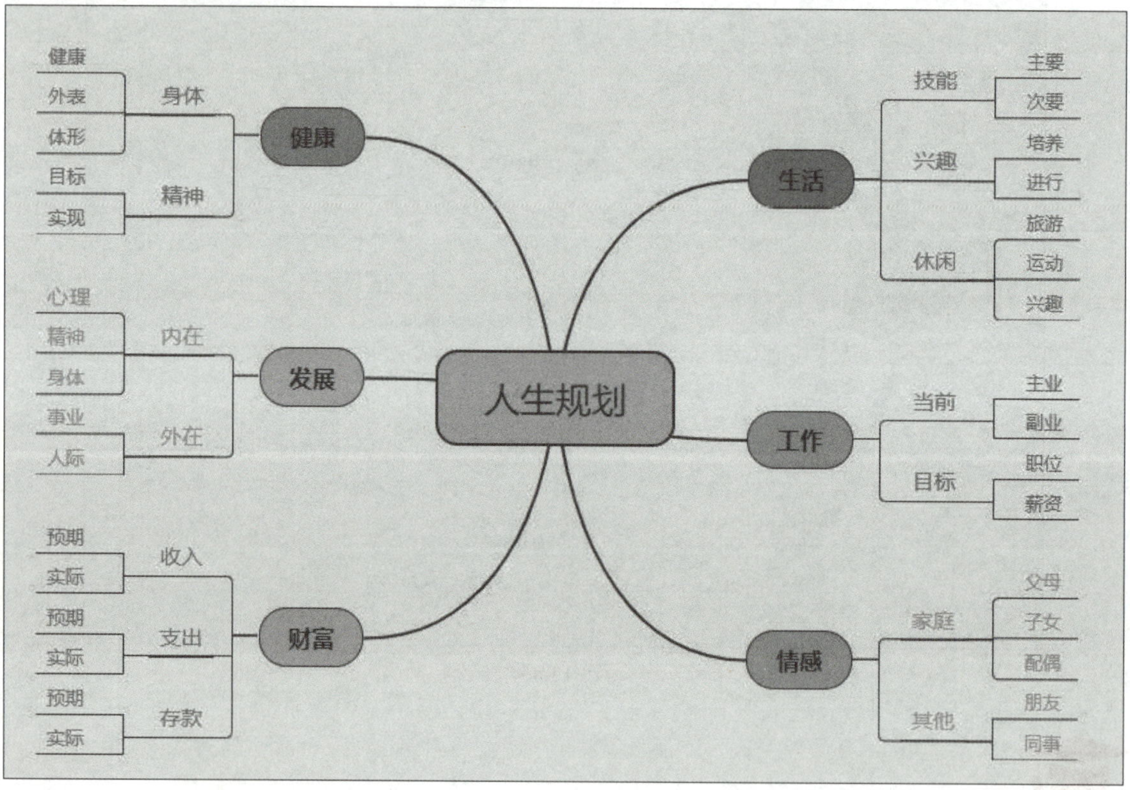

图 13-46

你学会了吗？